BAND 1

Erschienen unter den Titeln:
1. Il Castello; 2. I segreti di Alfea; 3. I ragazzi di Fonterossa;
4. Un'amica per Bloom; 5. Prigioniera del buio; 6. Il mostro della palude

Das Schloss
Konzeption: F. Artibani; Skript: G. Pezzin; Zeichnungen: G. Mart; Tusche: Juliette; Kolorierung: L. Dell'Annunziata

Die Geheimnisse Alfeas
Konzeption und Skript: G. Pezzin; Zeichnungen: M. Bizzi, Gige; Tusche: Juliette; Kolorierung: L. Dell'Annunziata

Die Schüler der Roten Fontäne
Konzeption und Skript: G. Pezzin; Zeichnungen: M. Lilli; Tusche: Juliette; Kolorierung: L. Dell'Annunziata

Eine Freundin für Bloom
Konzeption und Skript: G. Pezzin; Zeichnungen: S. Palumbo; Tusche: Juliette; Kolorierung: P. Lusso, S. Bargiggia

Gefangene der Dunkelheit
Konzeption und Skript: F. Giombini; Zeichnungen (Bleistift und Tusche): V. Nisco; Kolorierung: M. Chee Leong, L. Dell'Annunziata

Das Sumpfmonster
Konzeption und Skript: G. Pezzin; Zeichnungen: M. Lilli; Tusche: M. Bizzi und Mac; Kolorierung: M. Bizzi und C. Sandri

Übersetzung aus dem Italienischen: Matthias Wieland

Erschienen in der
Egmont Comic Collection
verlegt durch Egmont Verlagsgesellschaften mbH,
Ritterstraße 26, 10969 Berlin
Fragen zur Produktsicherheit: safety@egmont.de

2. Auflage
Gestaltung: Laura Bartels
Koordination: Angelika Schönhuber
Korrekturen und Lektorat: Cordula Schneider
Verantwortliche Redakteurin: Annica Strehlow

Printed in the EU
ISBN 978-3-7704-0973-0

www.egmont-shop.de
www.egmont-comic-collection.de
@EgmontComics

story house
EGMONT

Inhaltsverzeichnis

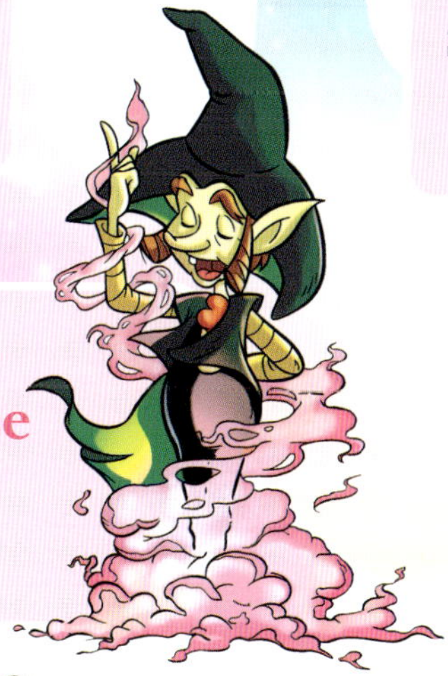

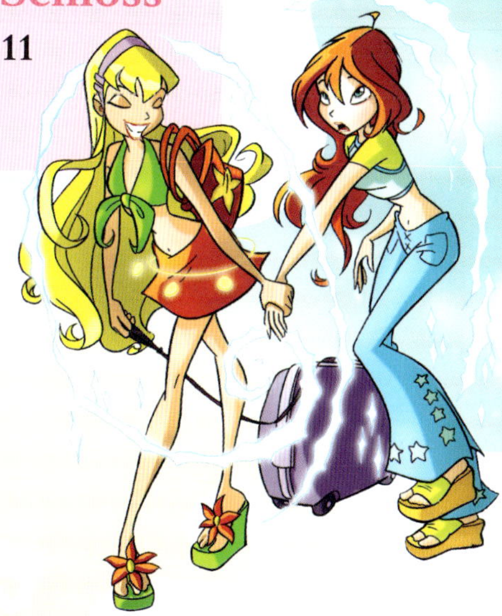

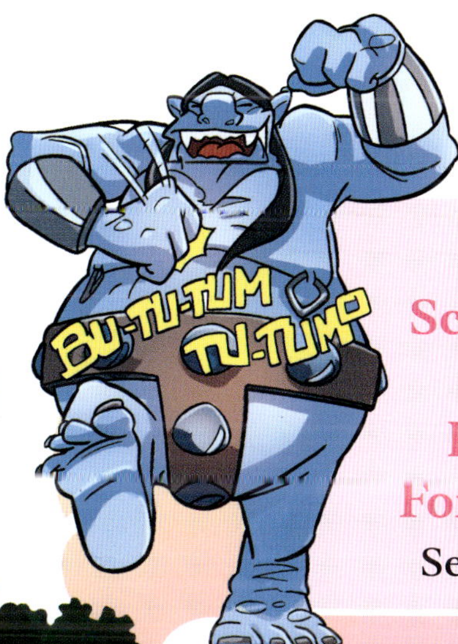

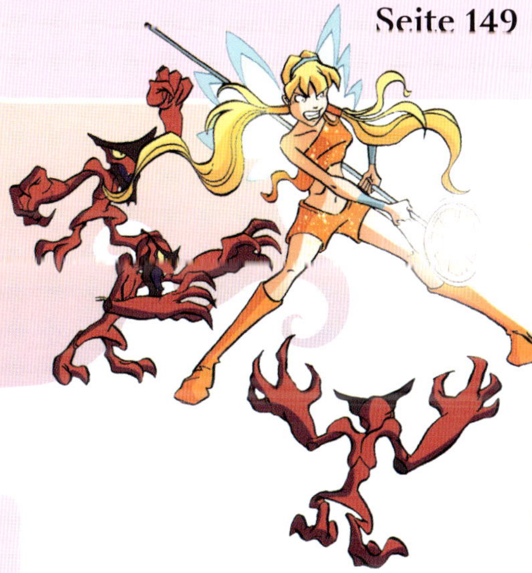

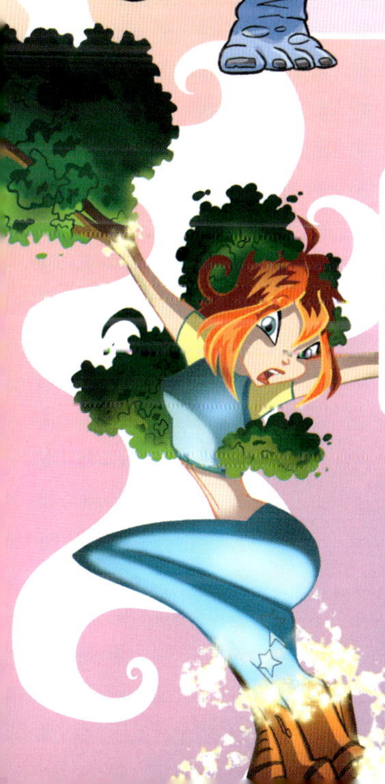

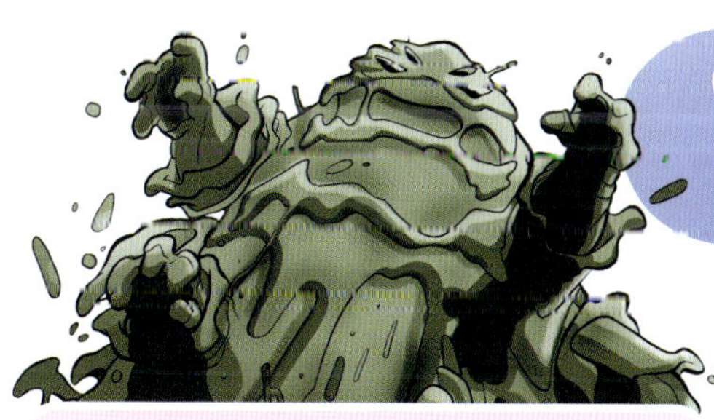

Wer sind die Winx?

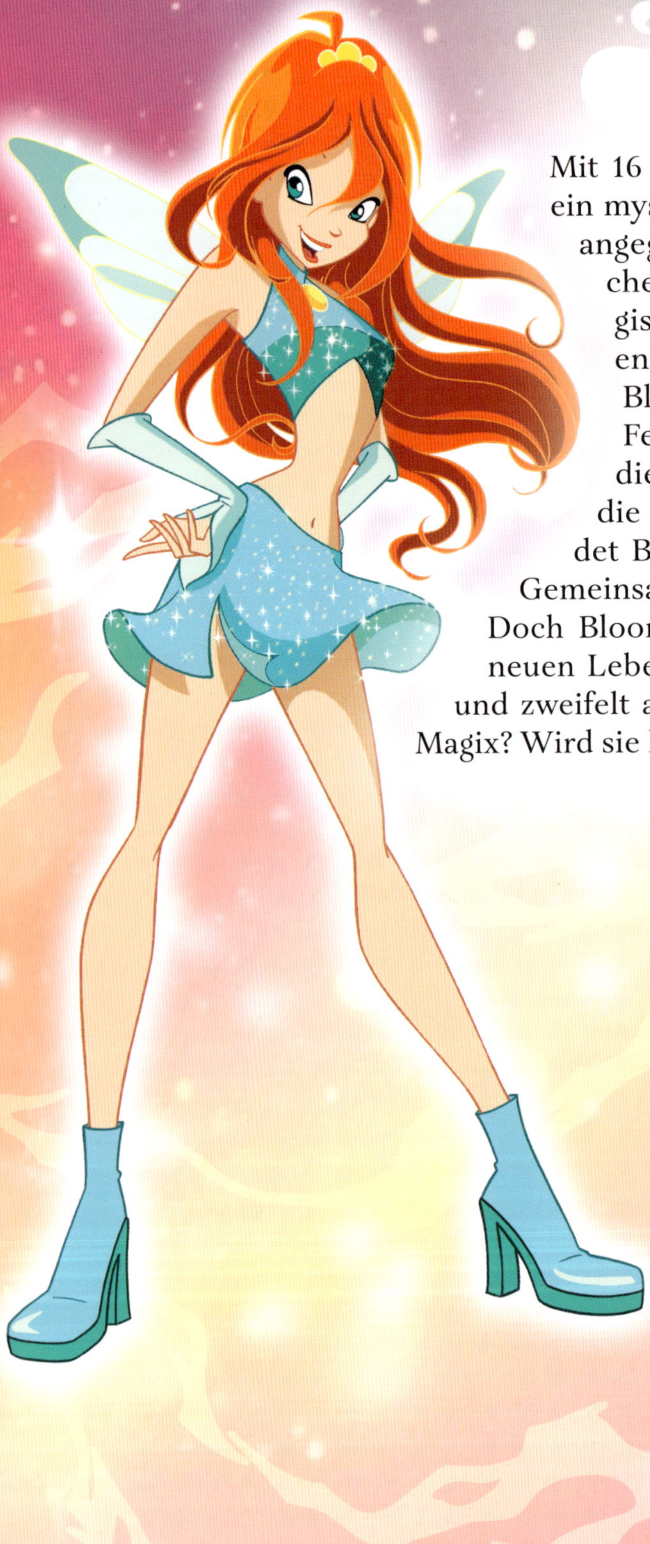

Bloom

Mit 16 Jahren wird Bloom Zeugin, wie ein mysteriöses Mädchen von Monstern angegriffen wird. In dieser gefährlichen Lage entdeckt sie, dass sie magische Kräfte besitzt. Das Mädchen entpuppt sich als die Fee Stella, die Bloom offenbart, dass auch sie eine Fee ist. Gemeinsam reisen sie in die magische Dimension Magix, wo die Feenschule Alfea liegt. Dort findet Bloom schnell neue Freundinnen. Gemeinsam gründen sie den Winx Club. Doch Bloom hat Schwierigkeiten, in ihrem neuen Leben anzukommen. Sie ist unsicher und zweifelt an sich. Gehört sie wirklich nach Magix? Wird sie lernen, eine gute Fee zu sein?

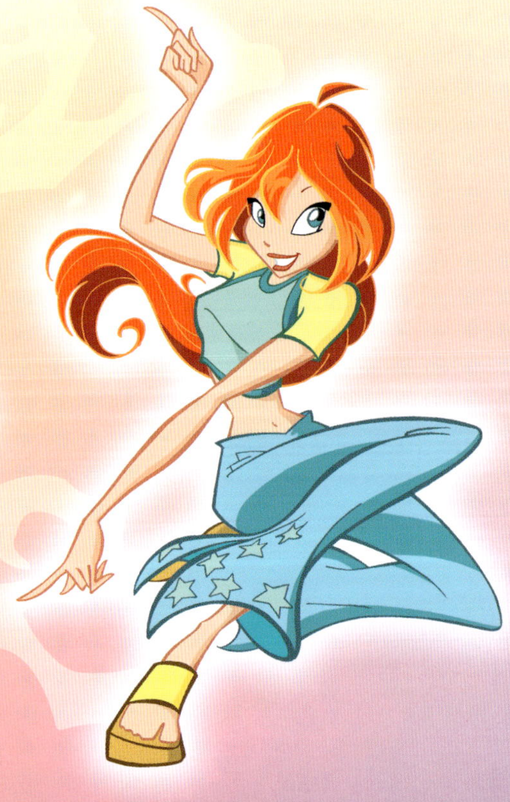

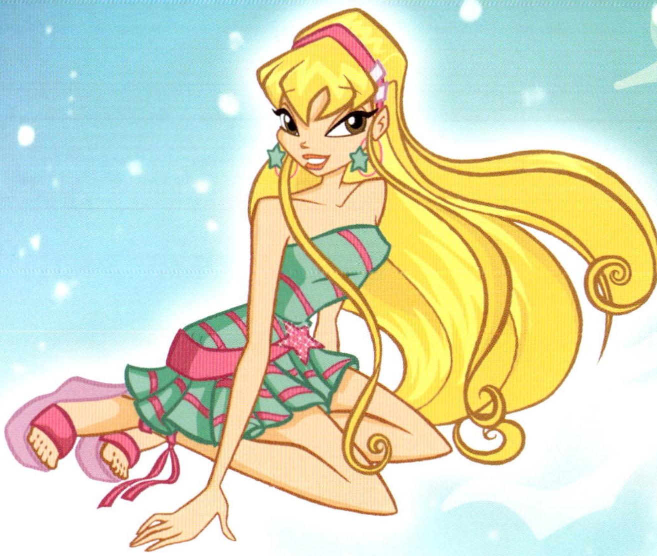

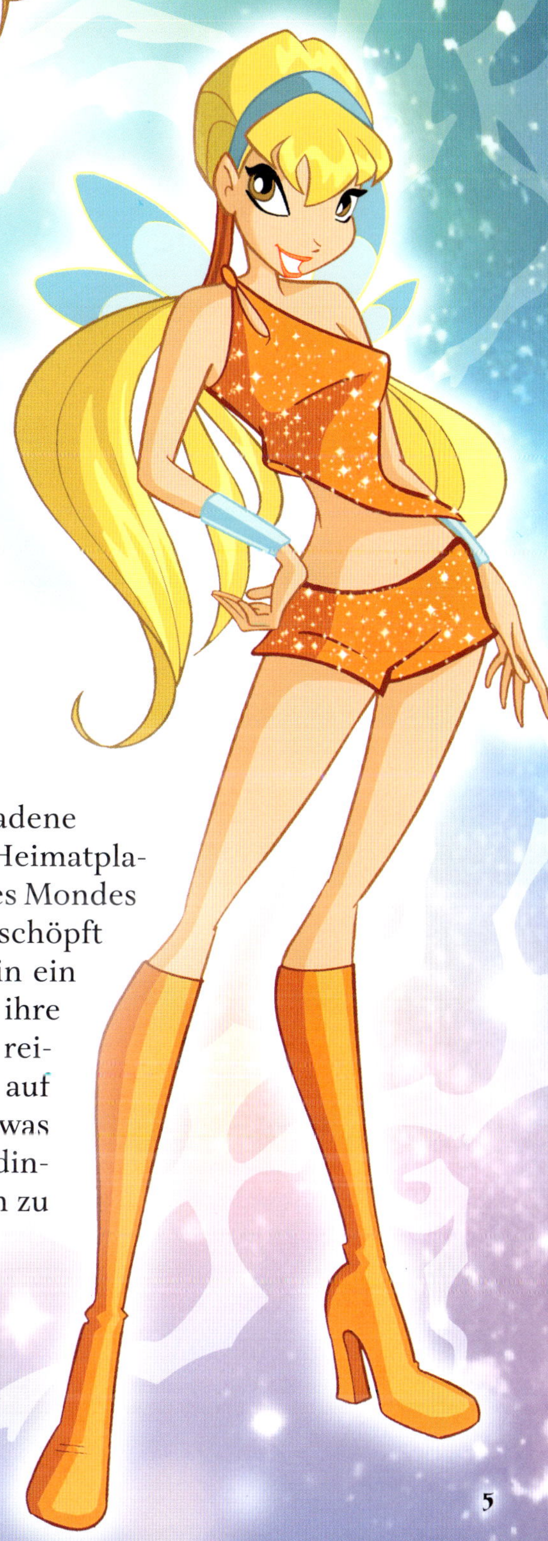

Stella

Stella ist eine hübsche und energiegeladene junge Fee. Sie ist die Thronerbin ihres Heimatplaneten Solaria und die Fee der Sonne, des Mondes und der Sterne. Ihre magische Kraft schöpft sie aus dem Ring von Solaria, den sie in ein Zepter verwandeln kann. Die Trix und ihre Handlanger wollen diesen Ring an sich reißen. Stella liebt Mode und achtet sehr auf ihr Äußeres, wodurch sie manchmal etwas oberflächlich wirkt. Doch ihre Freundinnen sind ihr sehr wichtig und um ihnen zu helfen, würde sie alles tun.

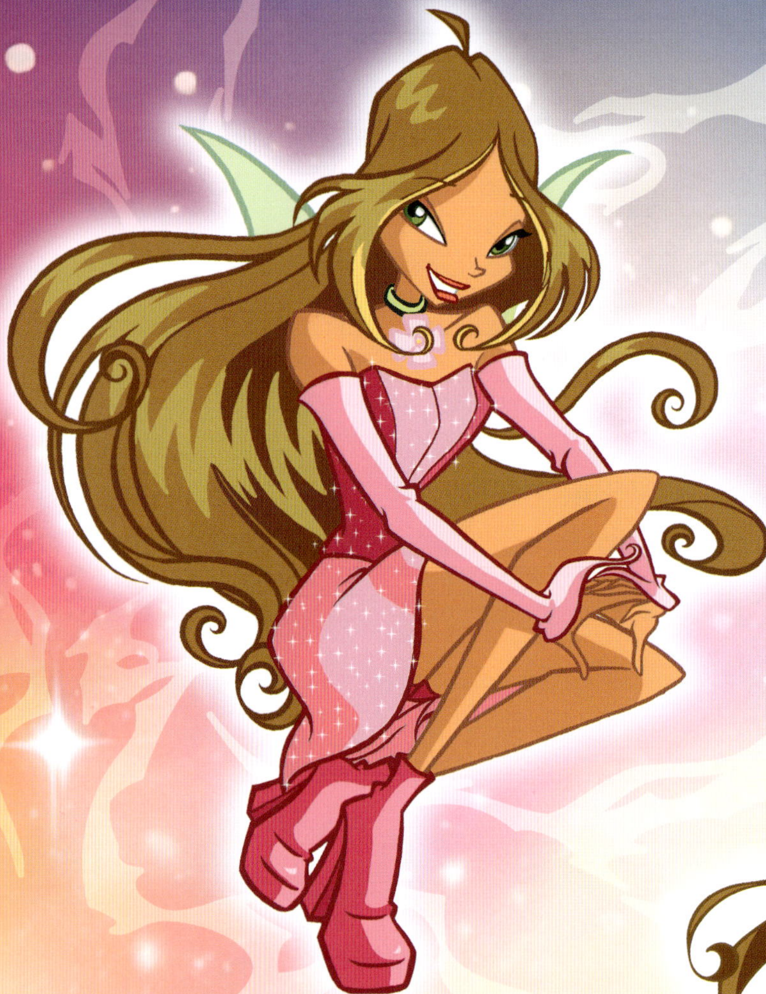

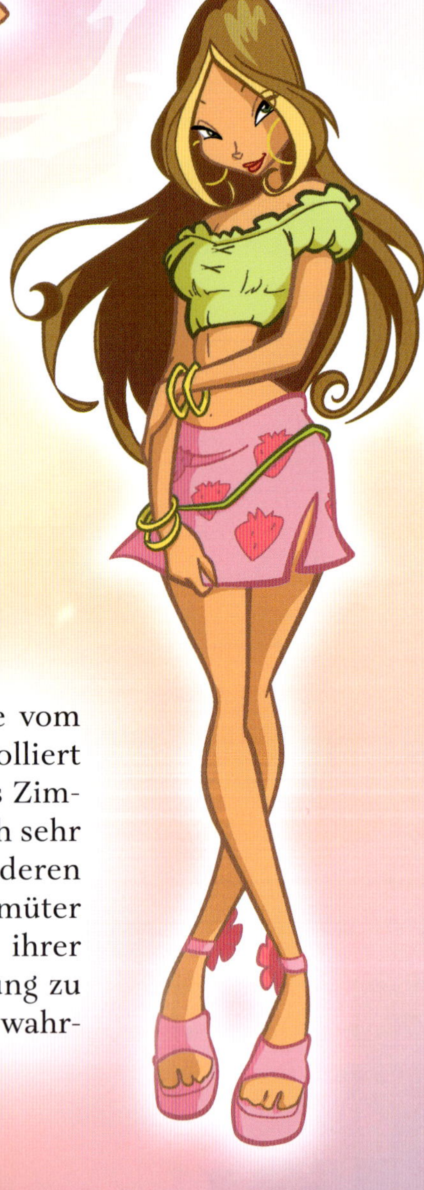

Flora

Flora ist eine junge und einfühlsame Fee vom Planeten Linphea. Mit ihren Kräften kontrolliert sie Pflanzen und die Natur. Sie ist Blooms Zimmergenossin in Alfea. Auch, wenn sie noch sehr jung ist, ist sie ausgeglichener als die anderen Feen und schafft es oft, die erhitzten Gemüter ihrer Freundinnen zu beruhigen. Dank ihrer Kräfte hat sie eine empathische Verbindung zu Pflanzen und kann deren Empfindungen wahrnehmen.

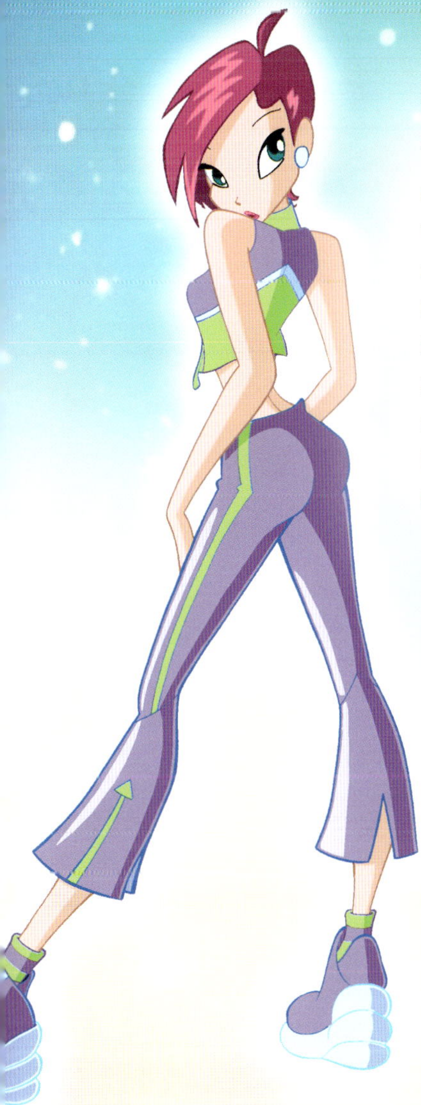

Tecna

Tecna stammt vom Planeten Zenith und ist die Fee der Technologie. Sie ist eine begnadete Erfinderin und der klügste Kopf der Winx. Durch ihr mathematisches Denken ist sie manchmal in ihrer eigenen Welt gefangen. Es fällt ihr schwer, empathisch zu sein und oft sagt sie verletzende Dinge. Gerade mit Bloom gerät sie deshalb immer wieder aneinander. Doch durch die Freundschaft mit den Winx taut sie allmählich auf und lernt, einfühlsamer zu sein.

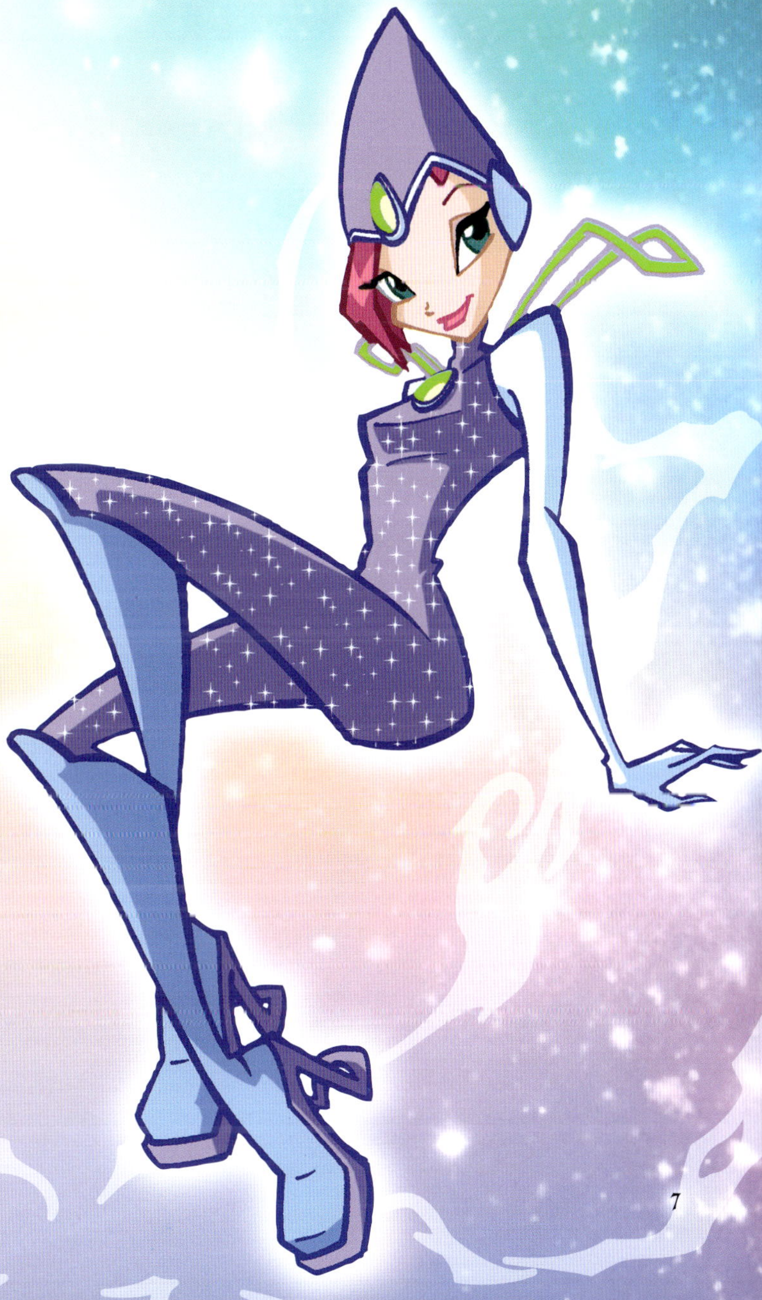

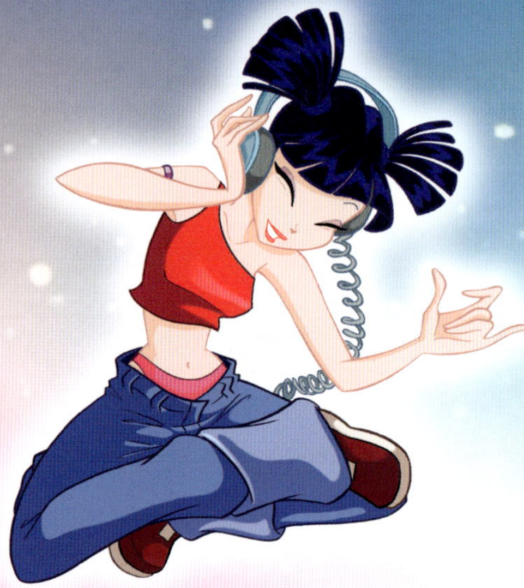

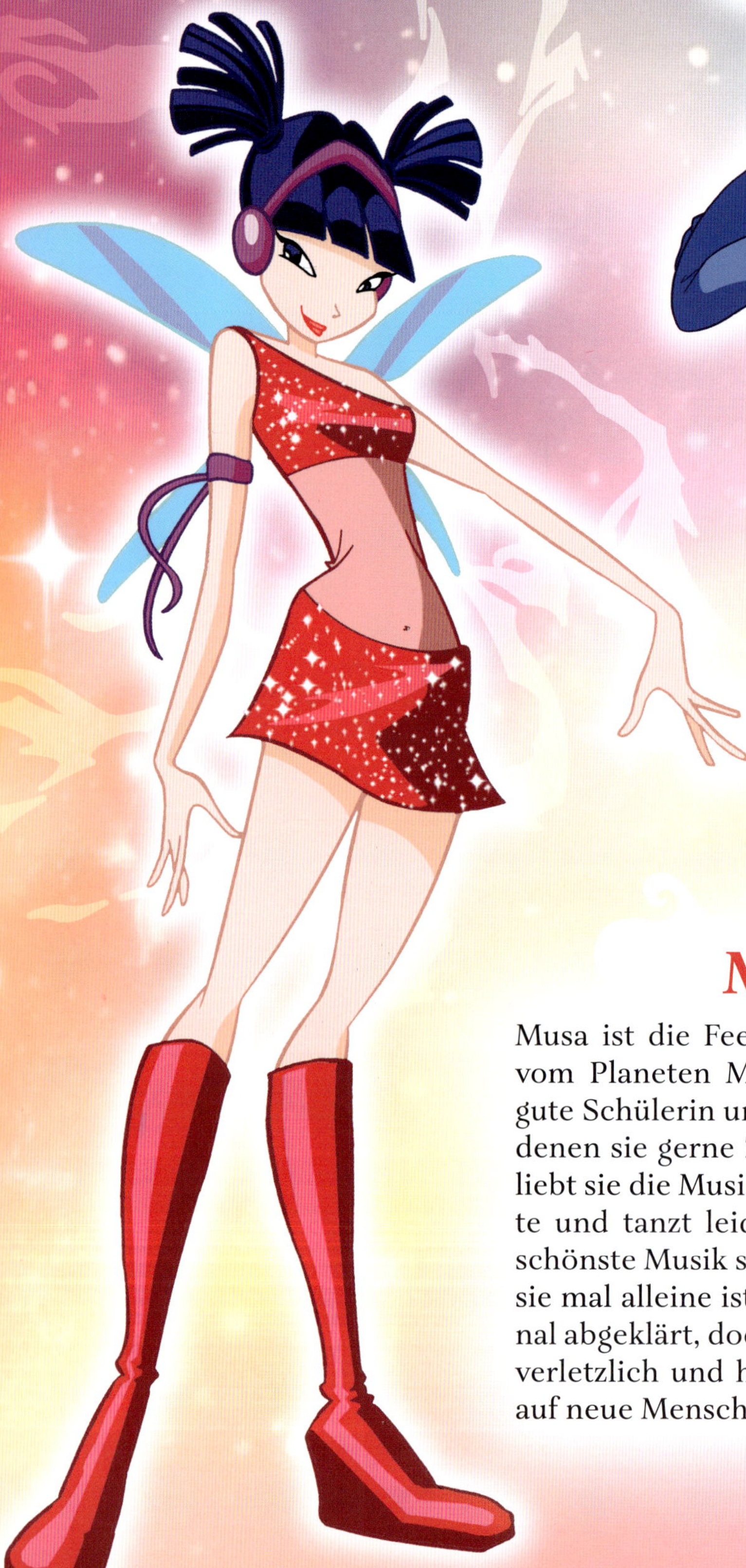

Musa

Musa ist die Fee der Musik und kommt vom Planeten Melody. Sie ist eine sehr gute Schülerin und hat viele Freunde, mit denen sie gerne Zeit verbringt. Natürlich liebt sie die Musik, spielt viele Instrumente und tanzt leidenschaftlich gerne. Die schönste Musik spielt sie allerdings, wenn sie mal alleine ist. Musa gibt sich emotional abgeklärt, doch eigentlich ist sie leicht verletzlich und hat Schwierigkeiten, sich auf neue Menschen einzulassen.

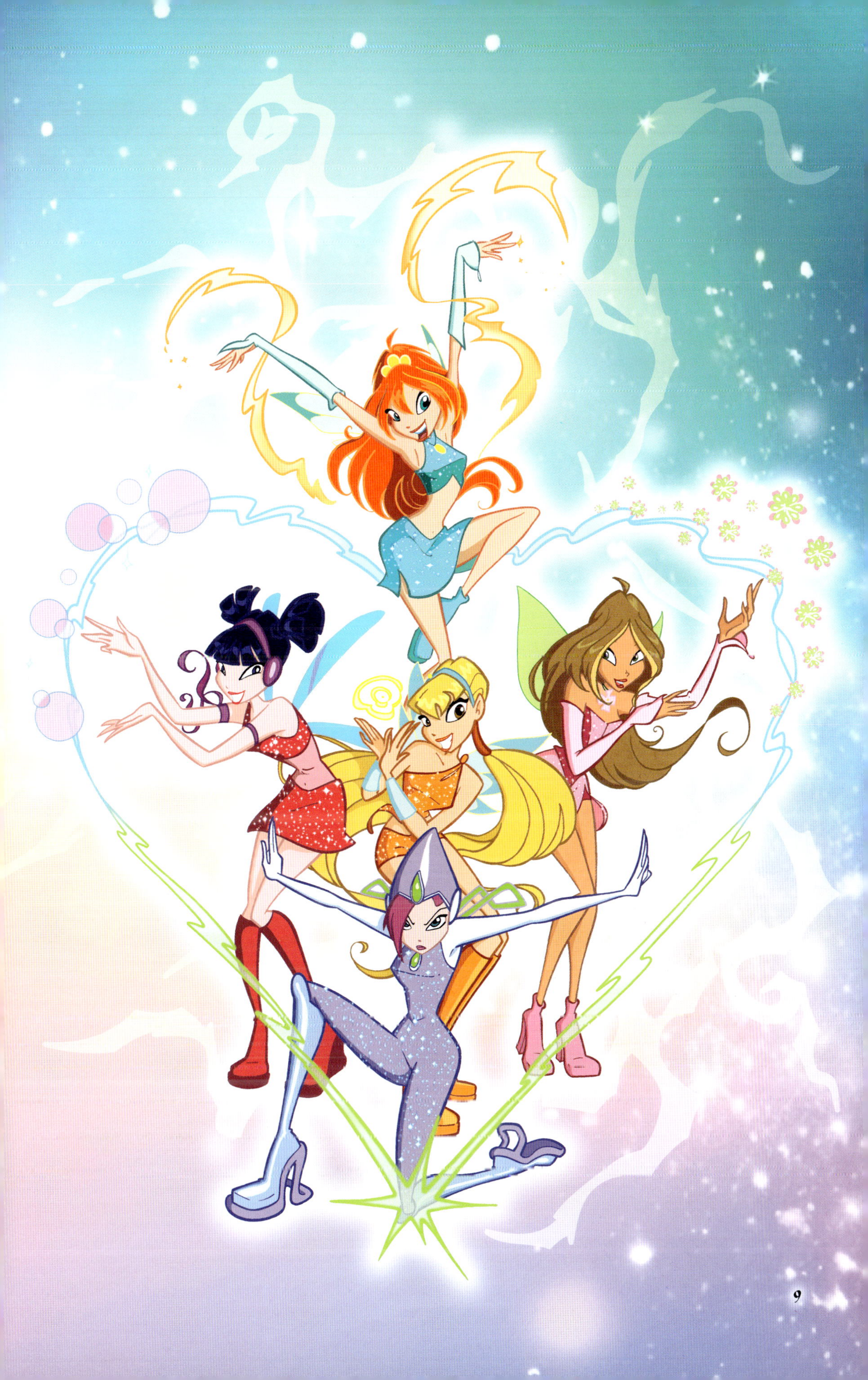

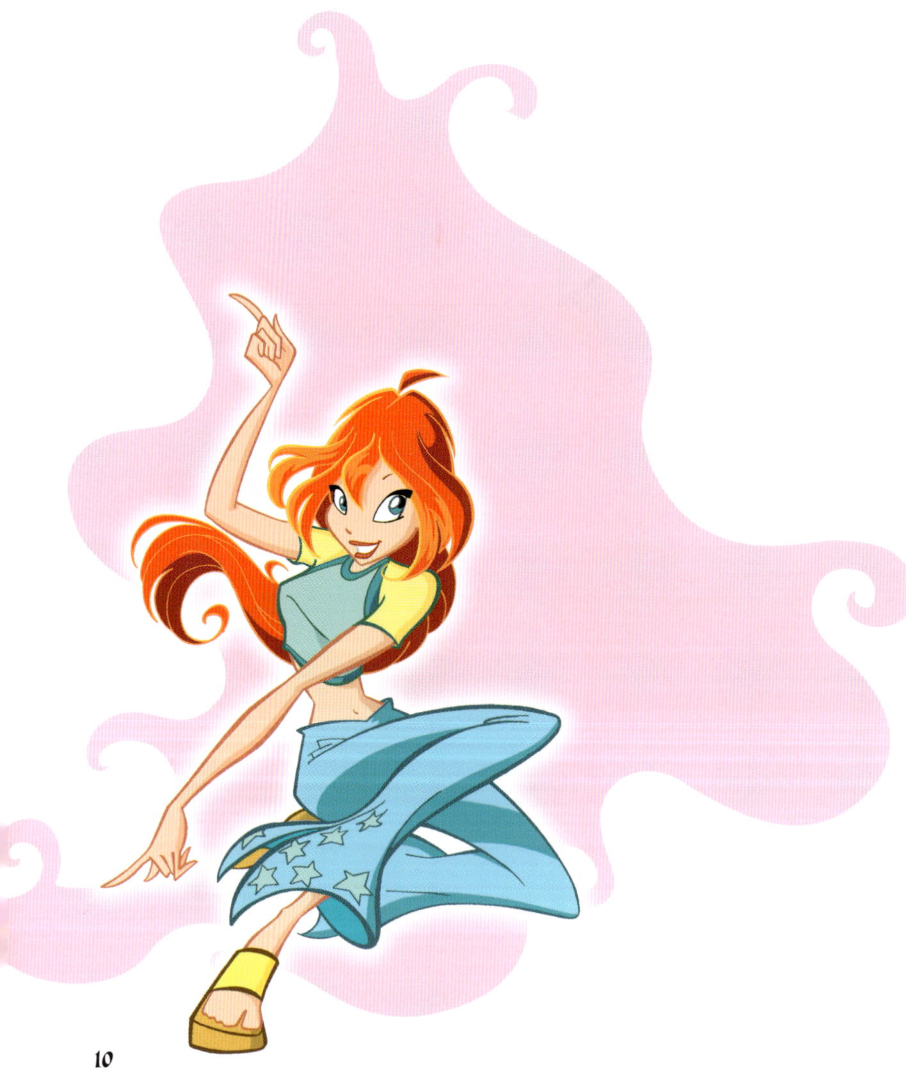

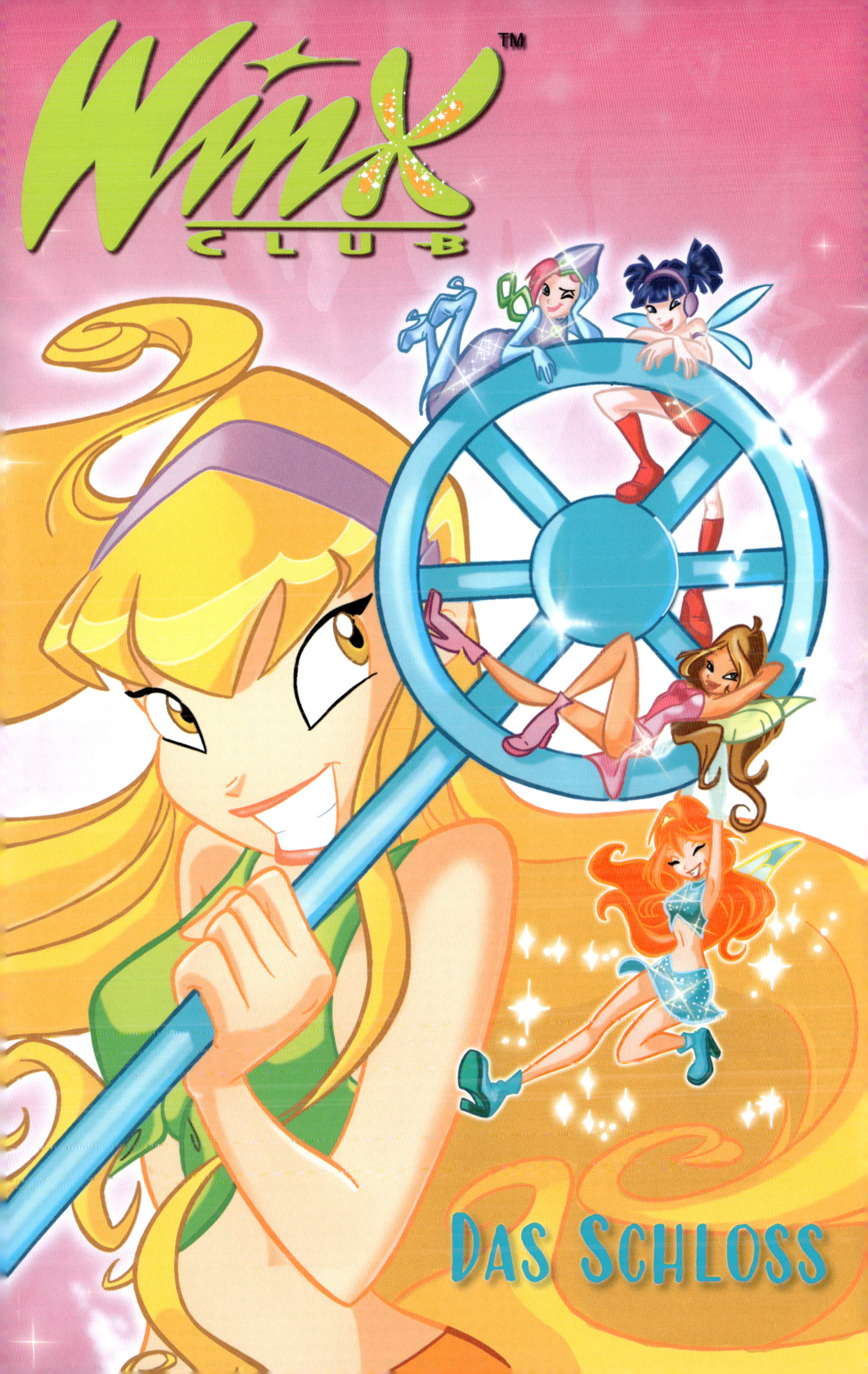
Winx™
CLUB
Das Schloss

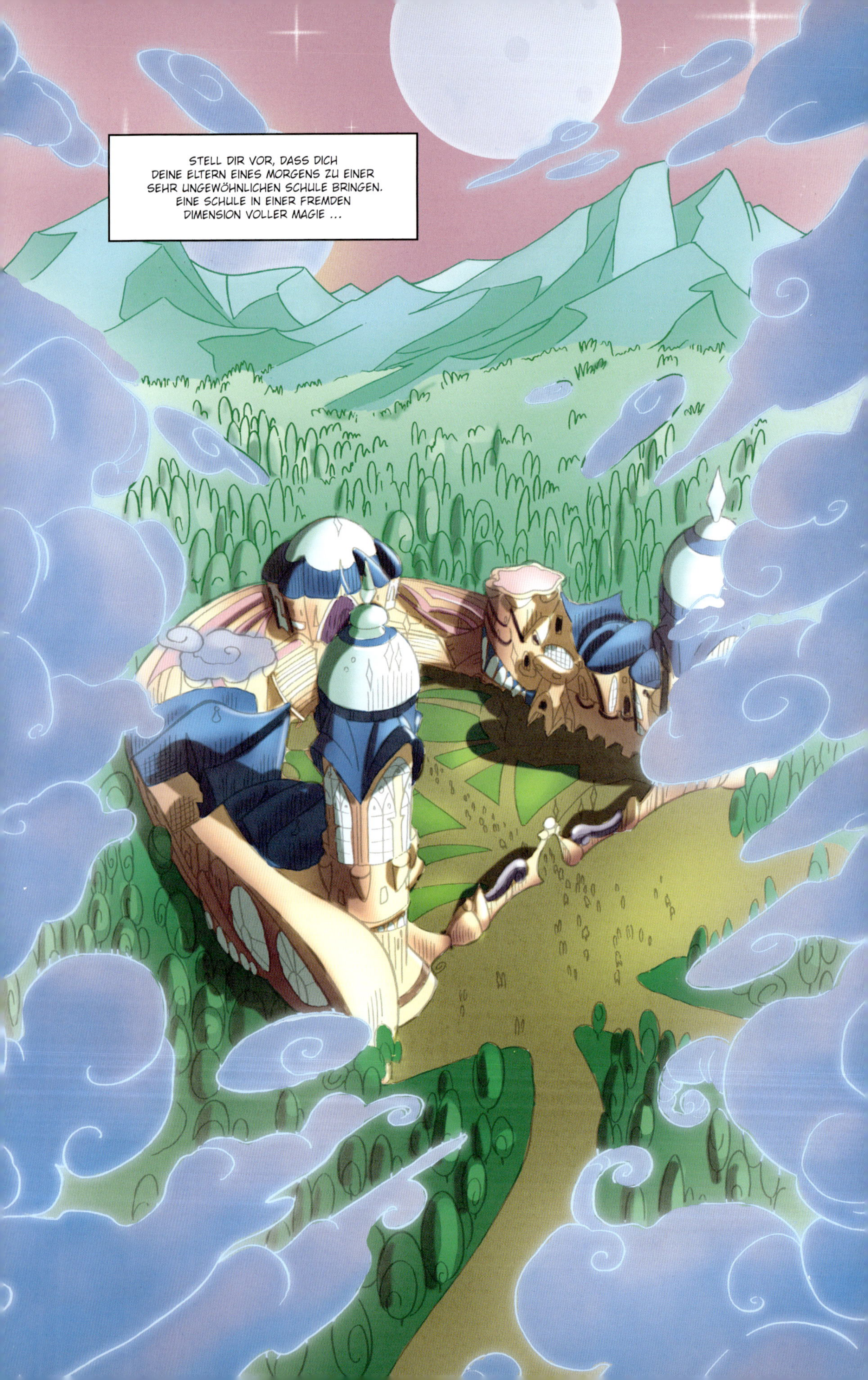
STELL DIR VOR, DASS DICH DEINE ELTERN EINES MORGENS ZU EINER SEHR UNGEWÖHNLICHEN SCHULE BRINGEN. EINE SCHULE IN EINER FREMDEN DIMENSION VOLLER MAGIE ...

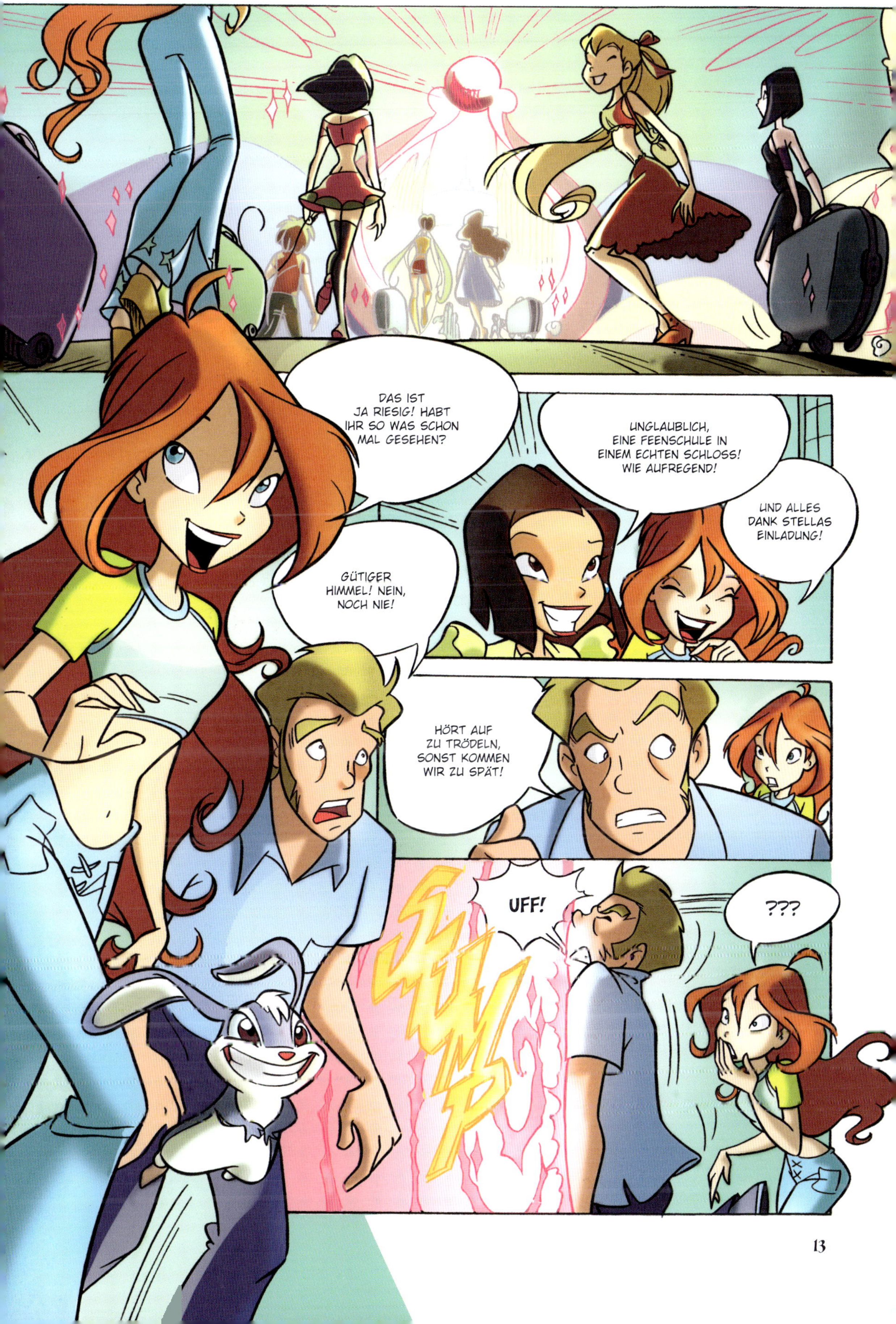
DAS IST JA RIESIG! HABT IHR SO WAS SCHON MAL GESEHEN?
UNGLAUBLICH, EINE FEENSCHULE IN EINEM ECHTEN SCHLOSS! WIE AUFREGEND!
UND ALLES DANK STELLAS EINLADUNG!
GÜTIGER HIMMEL! NEIN, NOCH NIE!
HÖRT AUF ZU TRÖDELN, SONST KOMMEN WIR ZU SPÄT!
UFF!
???
SUMP

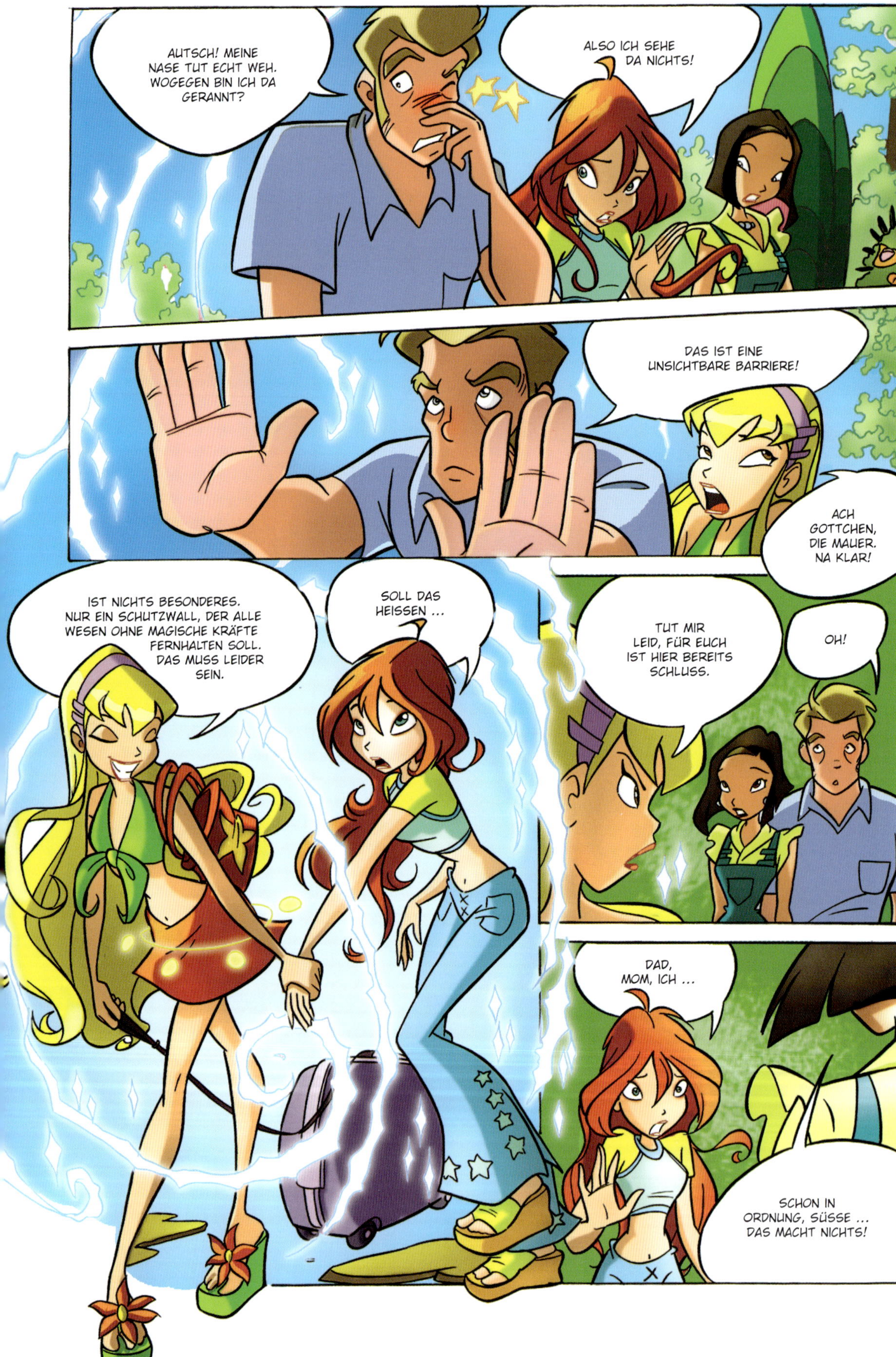
AUTSCH! MEINE NASE TUT ECHT WEH. WOGEGEN BIN ICH DA GERANNT?
ALSO ICH SEHE DA NICHTS!
DAS IST EINE UNSICHTBARE BARRIERE!
ACH GOTTCHEN, DIE MAUER. NA KLAR!
IST NICHTS BESONDERES. NUR EIN SCHUTZWALL, DER ALLE WESEN OHNE MAGISCHE KRÄFTE FERNHALTEN SOLL. DAS MUSS LEIDER SEIN.
SOLL DAS HEISSEN ...
TUT MIR LEID, FÜR EUCH IST HIER BEREITS SCHLUSS.
OH!
DAD, MOM, ICH ...
SCHON IN ORDNUNG, SÜSSE ... DAS MACHT NICHTS!

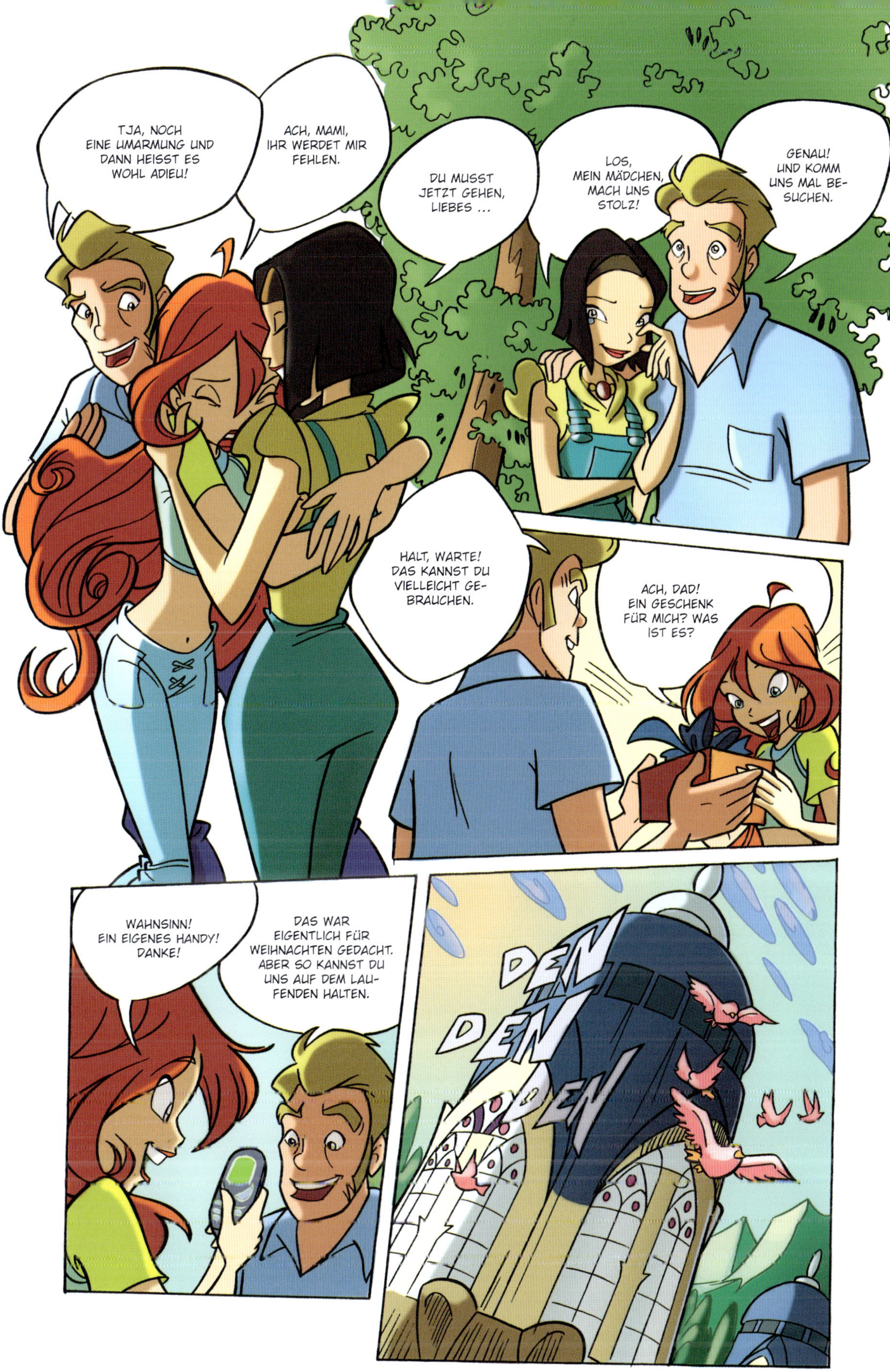
TJA, NOCH EINE UMARMUNG UND DANN HEISST ES WOHL ADIEU!
ACH, MAMI, IHR WERDET MIR FEHLEN.
DU MUSST JETZT GEHEN, LIEBES …
LOS, MEIN MÄDCHEN, MACH UNS STOLZ!
GENAU! UND KOMM UNS MAL BE-SUCHEN.
HALT, WARTE! DAS KANNST DU VIELLEICHT GE-BRAUCHEN.
ACH, DAD! EIN GESCHENK FÜR MICH? WAS IST ES?
WAHNSINN! EIN EIGENES HANDY! DANKE!
DAS WAR EIGENTLICH FÜR WEIHNACHTEN GEDACHT. ABER SO KANNST DU UNS AUF DEM LAU-FENDEN HALTEN.
DEN DEN DEN

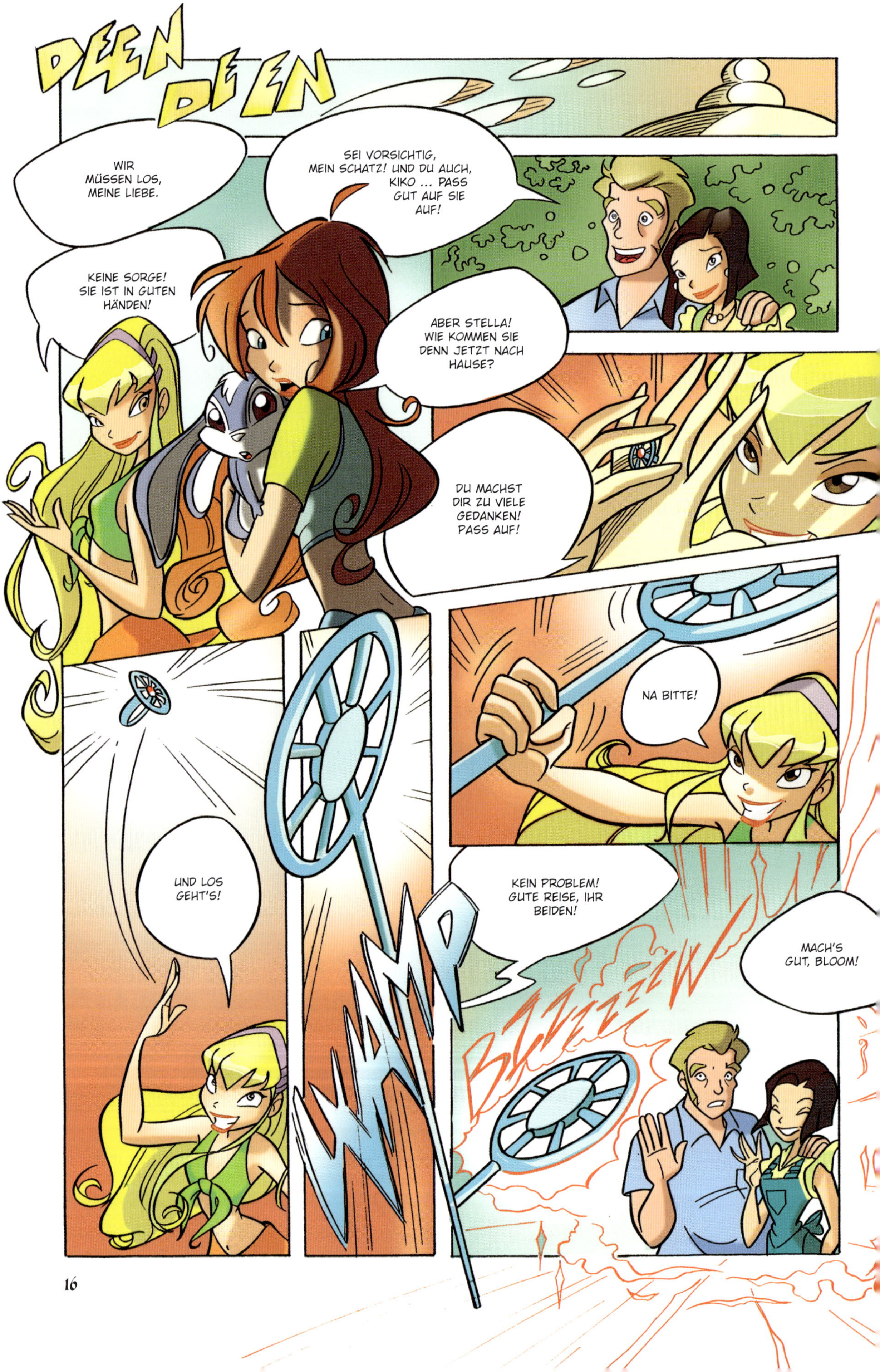
DEEN DEEN
WIR MÜSSEN LOS, MEINE LIEBE.
SEI VORSICHTIG, MEIN SCHATZ! UND DU AUCH, KIKO ... PASS GUT AUF SIE AUF!
KEINE SORGE! SIE IST IN GUTEN HÄNDEN!
ABER STELLA! WIE KOMMEN SIE DENN JETZT NACH HAUSE?
DU MACHST DIR ZU VIELE GEDANKEN! PASS AUF!
NA BITTE!
UND LOS GEHT'S!
WHAMP
KEIN PROBLEM! GUTE REISE, IHR BEIDEN!
MACH'S GUT, BLOOM!
BZZZZZZW

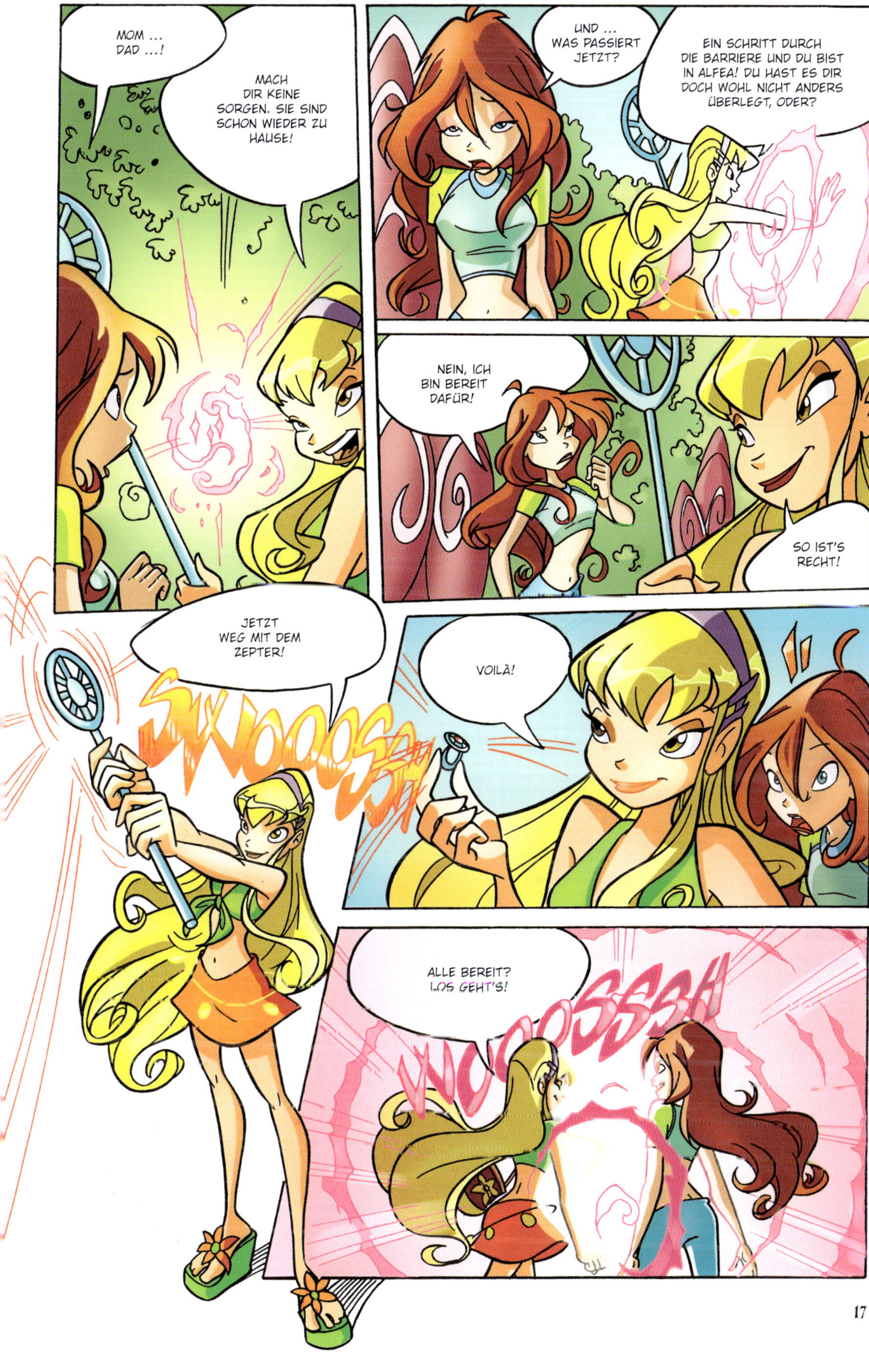
MOM ...
DAD ...!
MACH DIR KEINE SORGEN. SIE SIND SCHON WIEDER ZU HAUSE!
UND ... WAS PASSIERT JETZT?
EIN SCHRITT DURCH DIE BARRIERE UND DU BIST IN ALFEA! DU HAST ES DIR DOCH WOHL NICHT ANDERS ÜBERLEGT, ODER?
NEIN, ICH BIN BEREIT DAFÜR!
SO IST'S RECHT!
JETZT WEG MIT DEM ZEPTER!
SWOOOSH
VOILÀ!
ALLE BEREIT? LOS GEHT'S!
WOOOSSSH

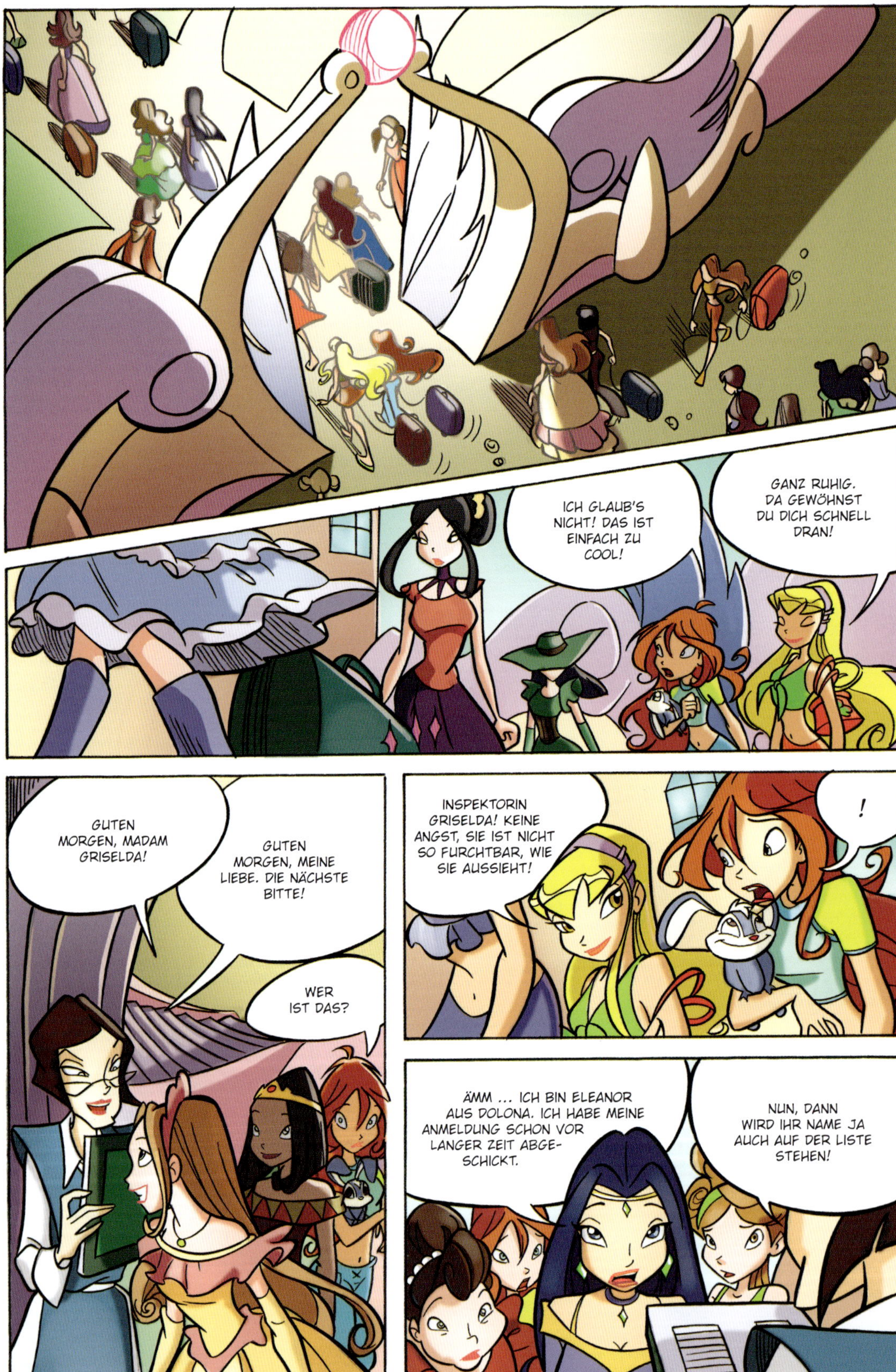
ICH GLAUB'S NICHT! DAS IST EINFACH ZU COOL!
GANZ RUHIG. DA GEWÖHNST DU DICH SCHNELL DRAN!
GUTEN MORGEN, MADAM GRISELDA!
GUTEN MORGEN, MEINE LIEBE. DIE NÄCHSTE BITTE!
WER IST DAS?
INSPEKTORIN GRISELDA! KEINE ANGST, SIE IST NICHT SO FURCHTBAR, WIE SIE AUSSIEHT!
!
ÄMM ... ICH BIN ELEANOR AUS DOLONA. ICH HABE MEINE ANMELDUNG SCHON VOR LANGER ZEIT ABGE-SCHICKT.
NUN, DANN WIRD IHR NAME JA AUCH AUF DER LISTE STEHEN!

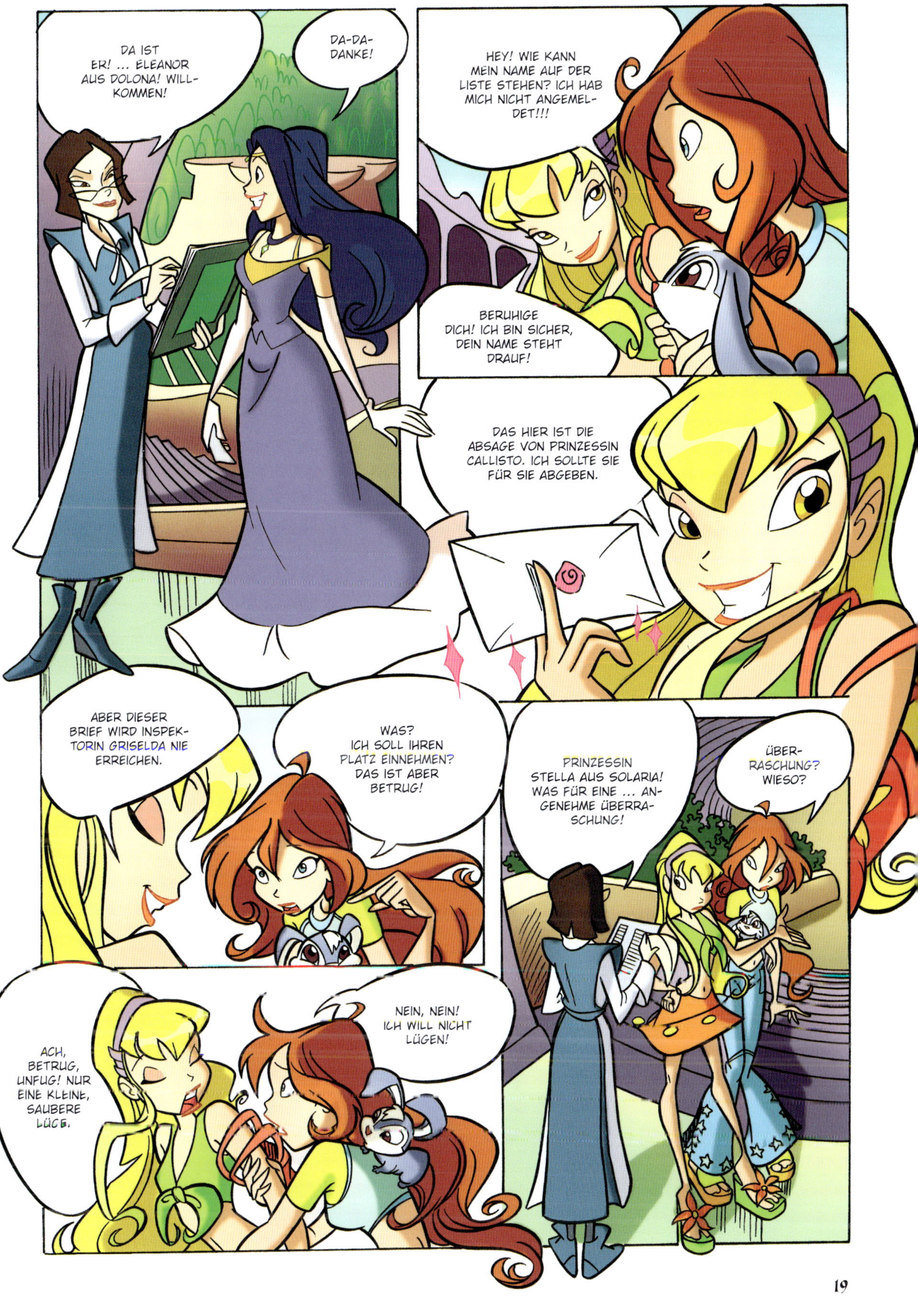
DA IST ER! ... ELEANOR AUS DOLONA! WILLKOMMEN!
DA-DA-DANKE!
HEY! WIE KANN MEIN NAME AUF DER LISTE STEHEN? ICH HAB MICH NICHT ANGEMELDET!!!
BERUHIGE DICH! ICH BIN SICHER, DEIN NAME STEHT DRAUF!
DAS HIER IST DIE ABSAGE VON PRINZESSIN CALLISTO. ICH SOLLTE SIE FÜR SIE ABGEBEN.
ABER DIESER BRIEF WIRD INSPEKTORIN GRISELDA NIE ERREICHEN.
WAS? ICH SOLL IHREN PLATZ EINNEHMEN? DAS IST ABER BETRUG!
ACH, BETRUG, UNFUG! NUR EINE KLEINE, SAUBERE LÜGE.
NEIN, NEIN! ICH WILL NICHT LÜGEN!
PRINZESSIN STELLA AUS SOLARIA! WAS FÜR EINE ... ANGENEHME ÜBERRASCHUNG!
ÜBERRASCHUNG? WIESO?

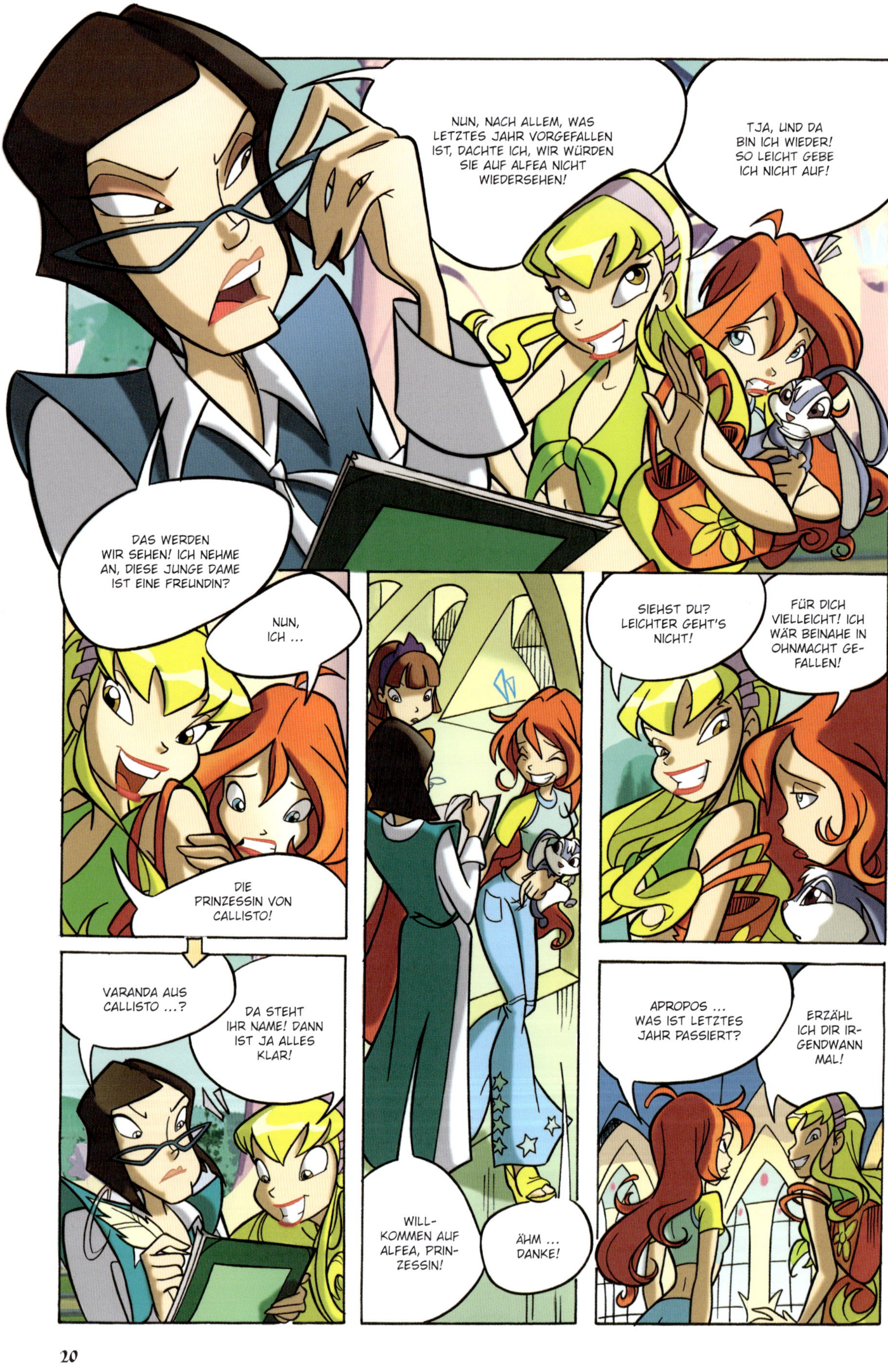
NUN, NACH ALLEM, WAS LETZTES JAHR VORGEFALLEN IST, DACHTE ICH, WIR WÜRDEN SIE AUF ALFEA NICHT WIEDERSEHEN!
TJA, UND DA BIN ICH WIEDER! SO LEICHT GEBE ICH NICHT AUF!
DAS WERDEN WIR SEHEN! ICH NEHME AN, DIESE JUNGE DAME IST EINE FREUNDIN?
NUN, ICH ...
DIE PRINZESSIN VON CALLISTO!
VARANDA AUS CALLISTO ...?
DA STEHT IHR NAME! DANN IST JA ALLES KLAR!
WILL-KOMMEN AUF ALFEA, PRIN-ZESSIN!
ÄHM ... DANKE!
SIEHST DU? LEICHTER GEHT'S NICHT!
FÜR DICH VIELLEICHT! ICH WÄR BEINAHE IN OHNMACHT GE-FALLEN!
APROPOS ... WAS IST LETZTES JAHR PASSIERT?
ERZÄHL ICH DIR IR-GENDWANN MAL!

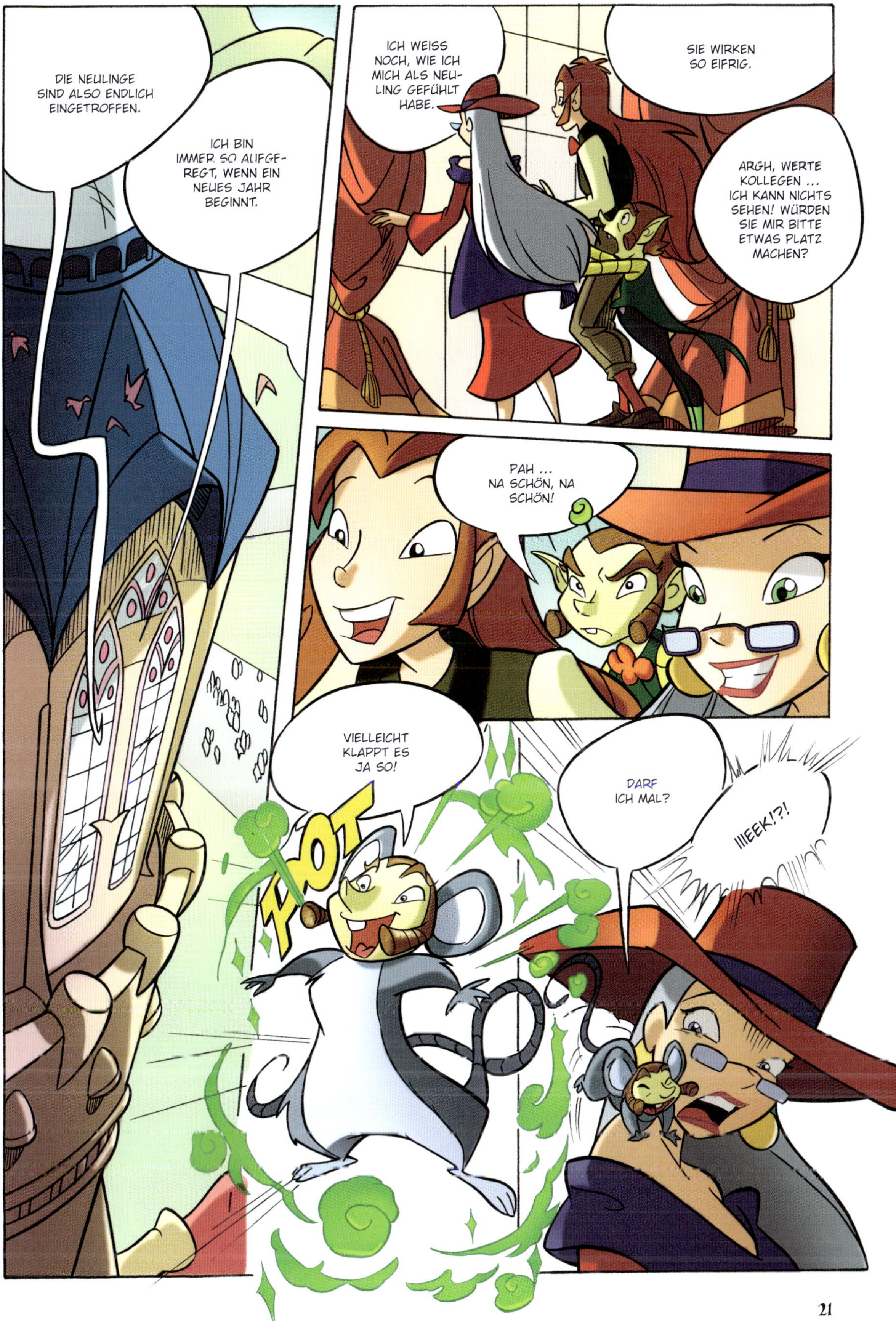
DIE NEULINGE SIND ALSO ENDLICH EINGETROFFEN.
ICH BIN IMMER SO AUFGEREGT, WENN EIN NEUES JAHR BEGINNT.
ICH WEISS NOCH, WIE ICH MICH ALS NEULING GEFÜHLT HABE.
SIE WIRKEN SO EIFRIG.
ARGH, WERTE KOLLEGEN ... ICH KANN NICHTS SEHEN! WÜRDEN SIE MIR BITTE ETWAS PLATZ MACHEN?
PAH ... NA SCHÖN, NA SCHÖN!
VIELLEICHT KLAPPT ES JA SO!
POT
DARF ICH MAL?
IIIEEK!?!

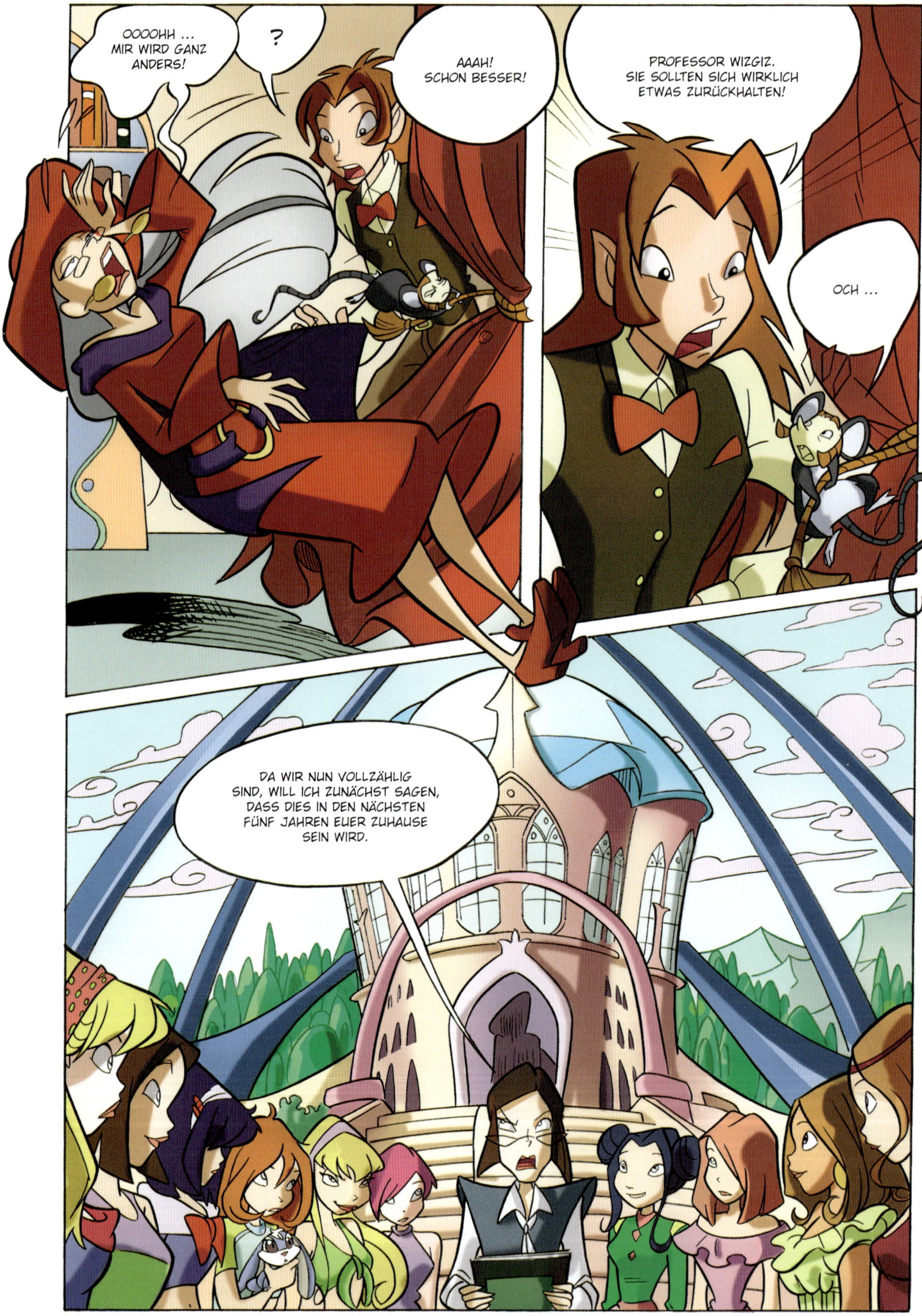
OOOOHH ...
MIR WIRD GANZ
ANDERS!
?
AAAH!
SCHON BESSER!
PROFESSOR WIZGIZ.
SIE SOLLTEN SICH WIRKLICH
ETWAS ZURÜCKHALTEN!
OCH ...
DA WIR NUN VOLLZÄHLIG
SIND, WILL ICH ZUNÄCHST SAGEN,
DASS DIES IN DEN NÄCHSTEN
FÜNF JAHREN EUER ZUHAUSE
SEIN WIRD.

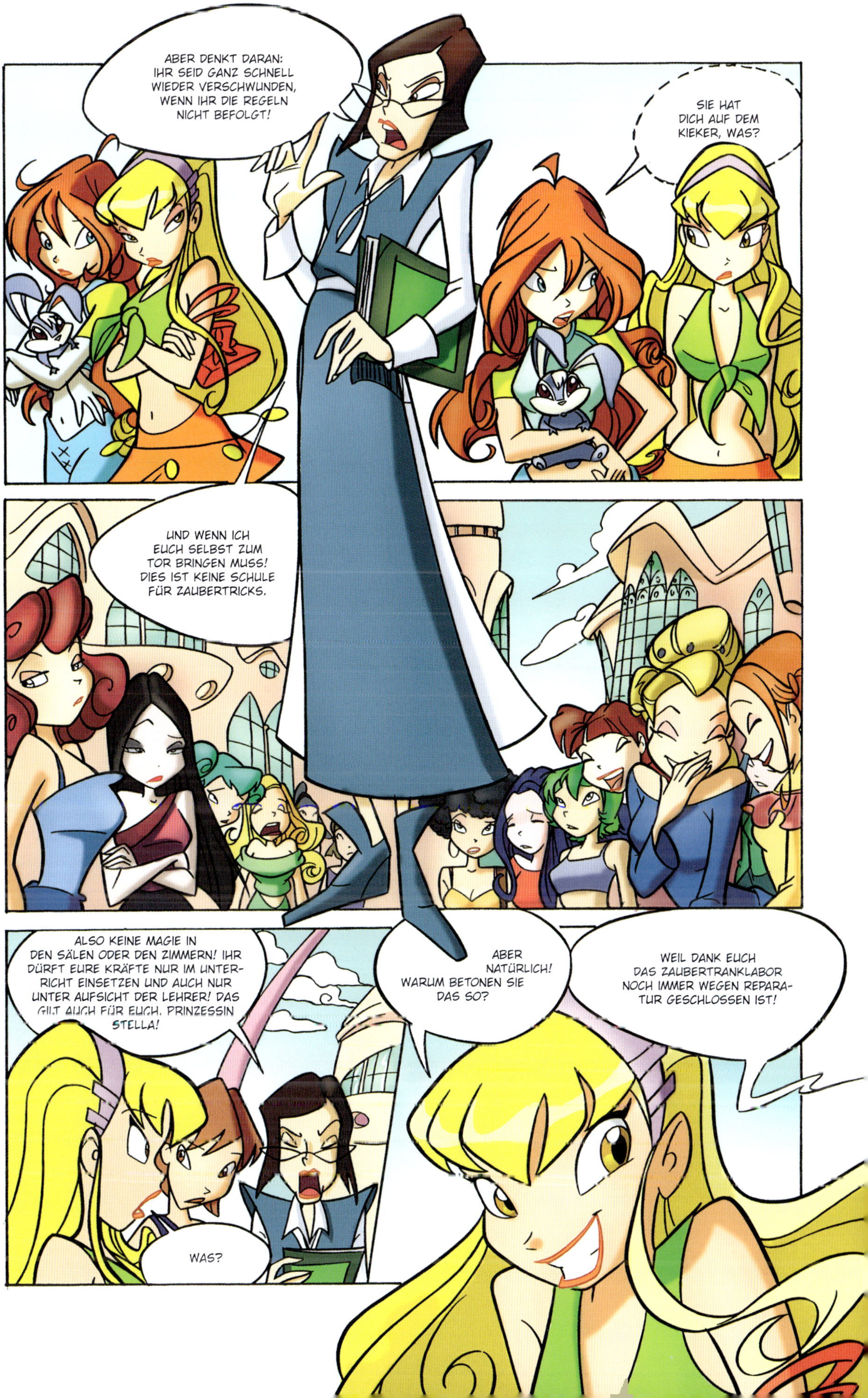

ABER DENKT DARAN: IHR SEID GANZ SCHNELL WIEDER VERSCHWUNDEN, WENN IHR DIE REGELN NICHT BEFOLGT!
SIE HAT DICH AUF DEM KIEKER, WAS?
UND WENN ICH EUCH SELBST ZUM TOR BRINGEN MUSS! DIES IST KEINE SCHULE FÜR ZAUBERTRICKS.
ALSO KEINE MAGIE IN DEN SÄLEN ODER DEN ZIMMERN! IHR DÜRFT EURE KRÄFTE NUR IM UNTERRICHT EINSETZEN UND AUCH NUR UNTER AUFSICHT DER LEHRER! DAS GILT AUCH FÜR EUCH, PRINZESSIN STELLA!
WAS?
ABER NATÜRLICH! WARUM BETONEN SIE DAS SO?
WEIL DANK EUCH DAS ZAUBERTRANKLABOR NOCH IMMER WEGEN REPARATUR GESCHLOSSEN IST!

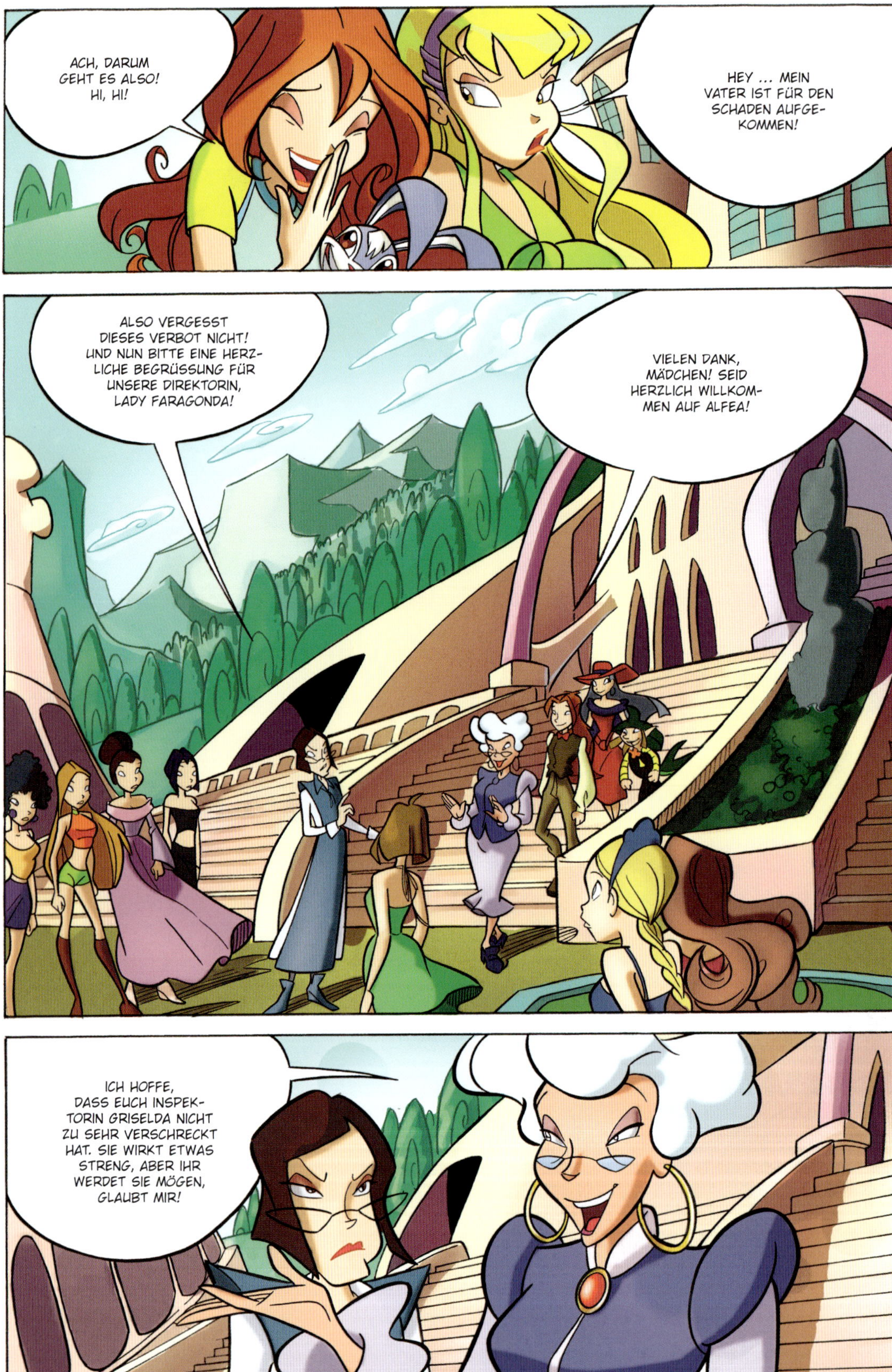
ACH, DARUM GEHT ES ALSO! HI, HI!
HEY ... MEIN VATER IST FÜR DEN SCHADEN AUFGEKOMMEN!
ALSO VERGESST DIESES VERBOT NICHT! UND NUN BITTE EINE HERZLICHE BEGRÜSSUNG FÜR UNSERE DIREKTORIN, LADY FARAGONDA!
VIELEN DANK, MÄDCHEN! SEID HERZLICH WILLKOMMEN AUF ALFEA!
ICH HOFFE, DASS EUCH INSPEKTORIN GRISELDA NICHT ZU SEHR VERSCHRECKT HAT. SIE WIRKT ETWAS STRENG, ABER IHR WERDET SIE MÖGEN, GLAUBT MIR!

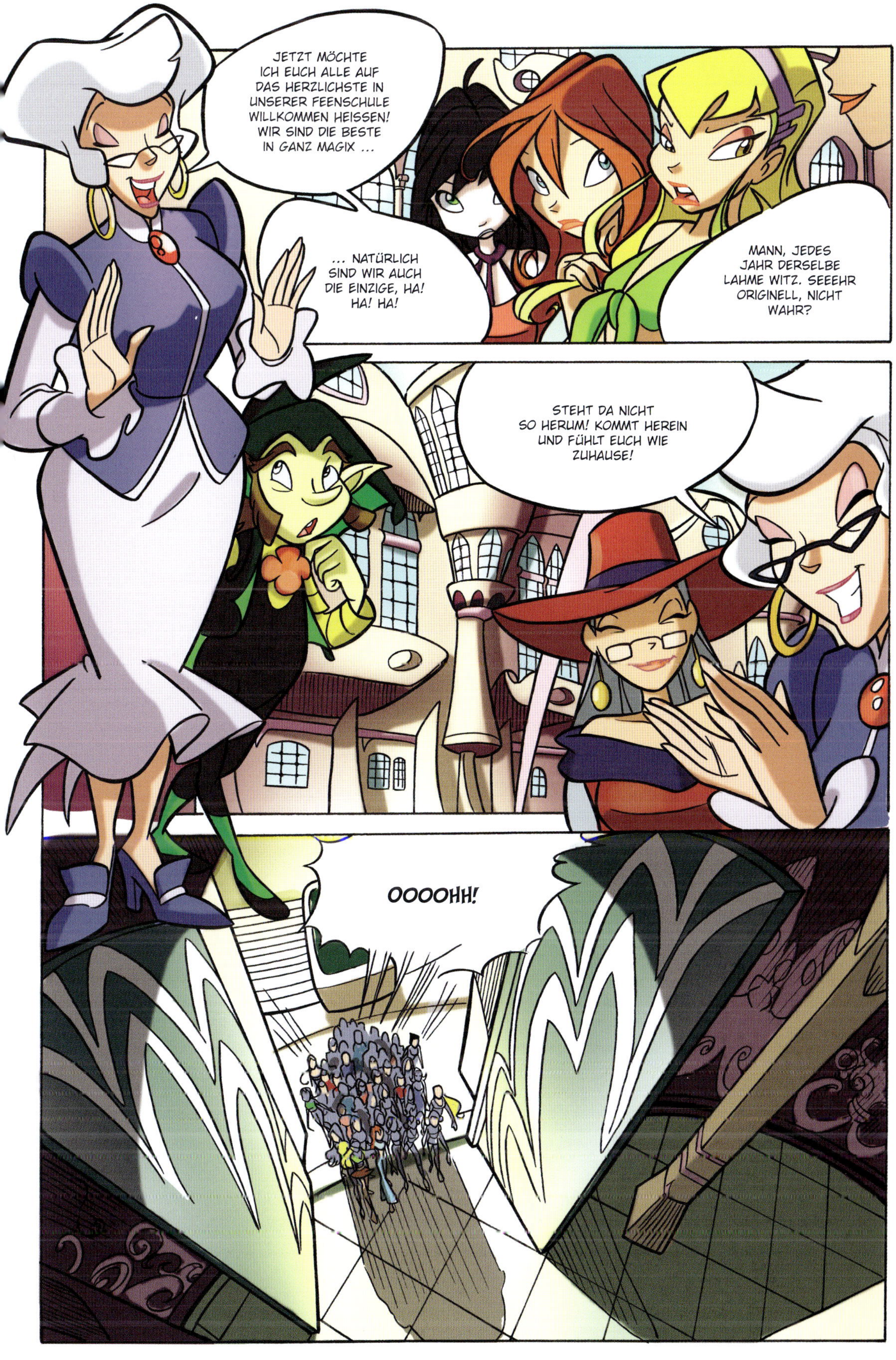
JETZT MÖCHTE ICH EUCH ALLE AUF DAS HERZLICHSTE IN UNSERER FEENSCHULE WILLKOMMEN HEISSEN! WIR SIND DIE BESTE IN GANZ MAGIX ...
... NATÜRLICH SIND WIR AUCH DIE EINZIGE, HA! HA! HA!
MANN, JEDES JAHR DERSELBE LAHME WITZ. SEEEHR ORIGINELL, NICHT WAHR?
STEHT DA NICHT SO HERUM! KOMMT HEREIN UND FÜHLT EUCH WIE ZUHAUSE!
OOOOHH!

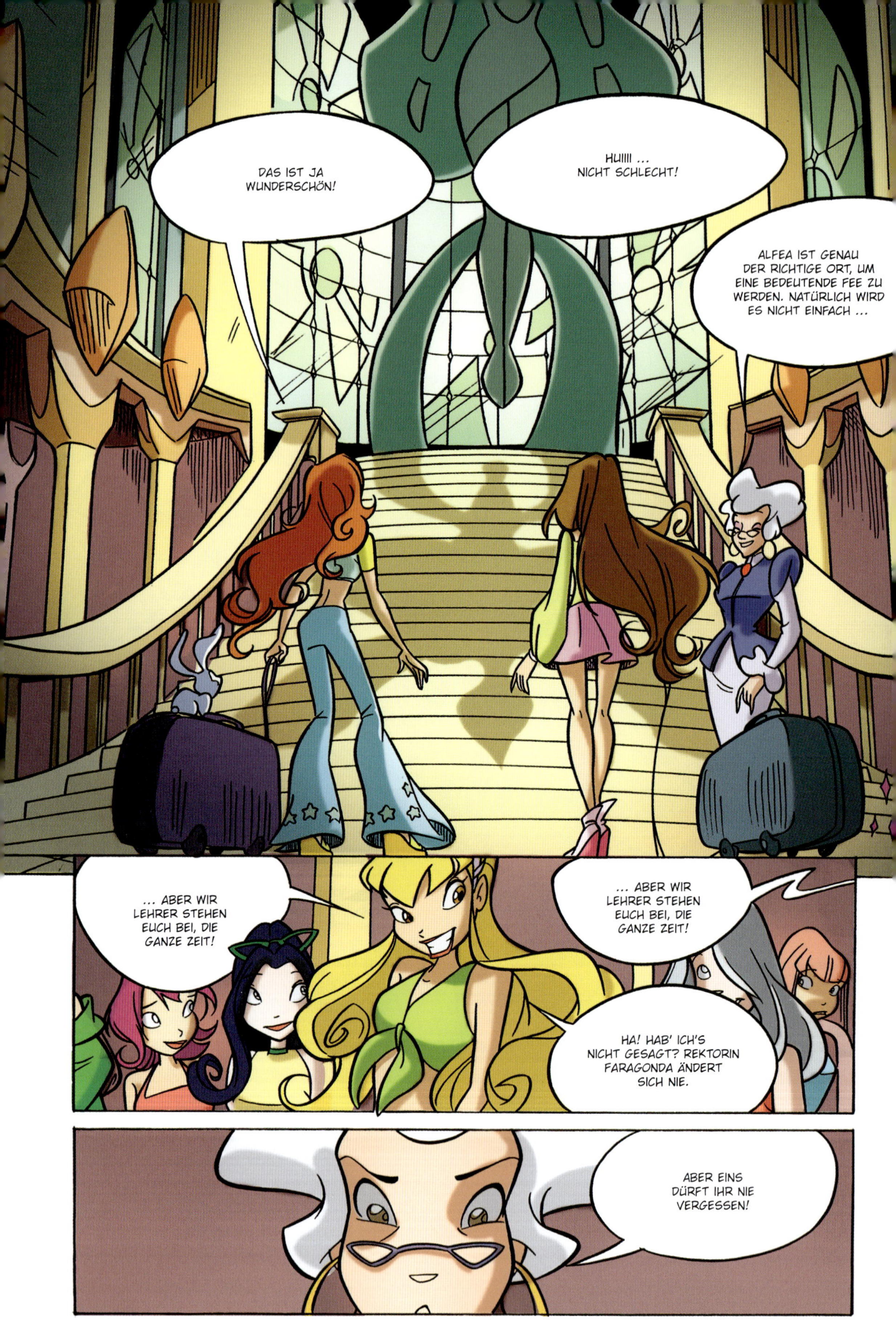

DAS IST JA WUNDERSCHÖN!
HUIIII ... NICHT SCHLECHT!
ALFEA IST GENAU DER RICHTIGE ORT, UM EINE BEDEUTENDE FEE ZU WERDEN. NATÜRLICH WIRD ES NICHT EINFACH ...
... ABER WIR LEHRER STEHEN EUCH BEI, DIE GANZE ZEIT!
... ABER WIR LEHRER STEHEN EUCH BEI, DIE GANZE ZEIT!
HA! HAB' ICH'S NICHT GESAGT? REKTORIN FARAGONDA ÄNDERT SICH NIE.
ABER EINS DÜRFT IHR NIE VERGESSEN!

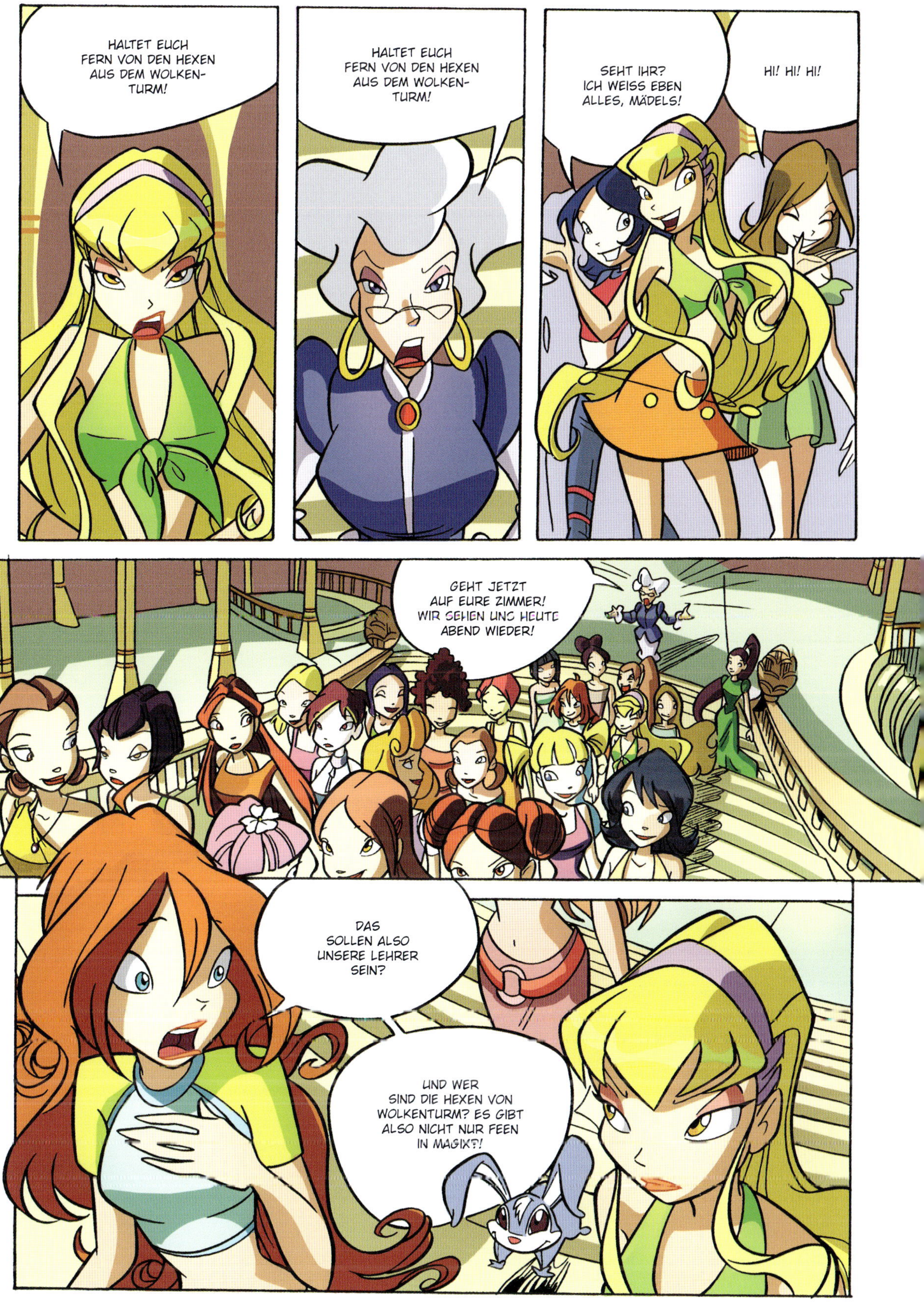
HALTET EUCH FERN VON DEN HEXEN AUS DEM WOLKEN-TURM!
HALTET EUCH FERN VON DEN HEXEN AUS DEM WOLKEN-TURM!
SEHT IHR? ICH WEISS EBEN ALLES, MÄDELS!
HI! HI! HI!
GEHT JETZT AUF EURE ZIMMER! WIR SEHEN UNS HEUTE ABEND WIEDER!
DAS SOLLEN ALSO UNSERE LEHRER SEIN?
UND WER SIND DIE HEXEN VON WOLKENTURM? ES GIBT ALSO NICHT NUR FEEN IN MAGIX?!

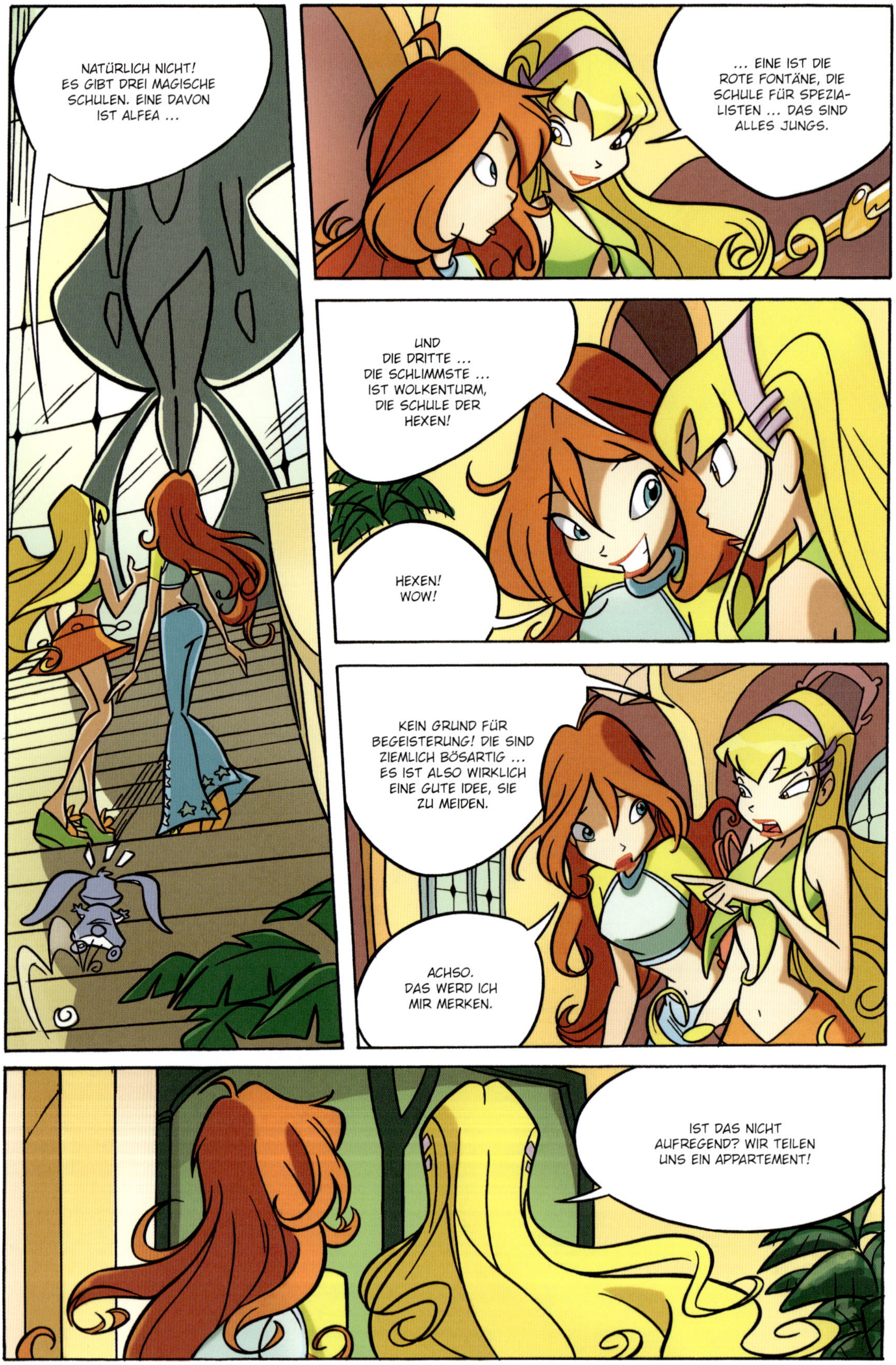
NATÜRLICH NICHT! ES GIBT DREI MAGISCHE SCHULEN. EINE DAVON IST ALFEA ...
... EINE IST DIE ROTE FONTÄNE, DIE SCHULE FÜR SPEZIALISTEN ... DAS SIND ALLES JUNGS.
UND DIE DRITTE ... DIE SCHLIMMSTE ... IST WOLKENTURM, DIE SCHULE DER HEXEN!
HEXEN! WOW!
KEIN GRUND FÜR BEGEISTERUNG! DIE SIND ZIEMLICH BÖSARTIG ... ES IST ALSO WIRKLICH EINE GUTE IDEE, SIE ZU MEIDEN.
ACHSO. DAS WERD ICH MIR MERKEN.
IST DAS NICHT AUFREGEND? WIR TEILEN UNS EIN APPARTEMENT!

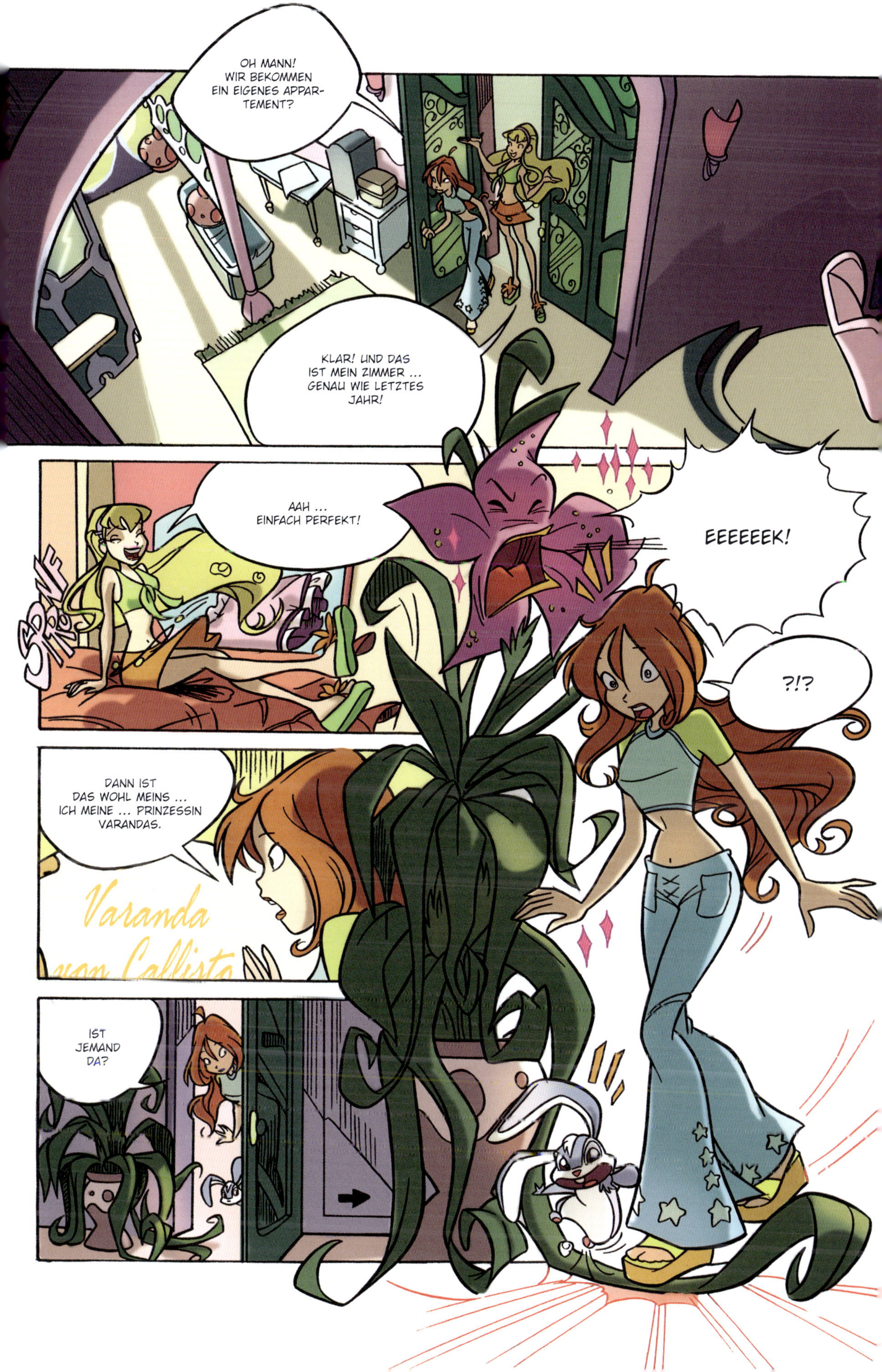
OH MANN! WIR BEKOMMEN EIN EIGENES APPARTEMENT?
KLAR! UND DAS IST MEIN ZIMMER ... GENAU WIE LETZTES JAHR!
AAH ... EINFACH PERFEKT!
EEEEEEK!
?!?
DANN IST DAS WOHL MEINS ... ICH MEINE ... PRINZESSIN VARANDAS.
Varanda
IST JEMAND DA?

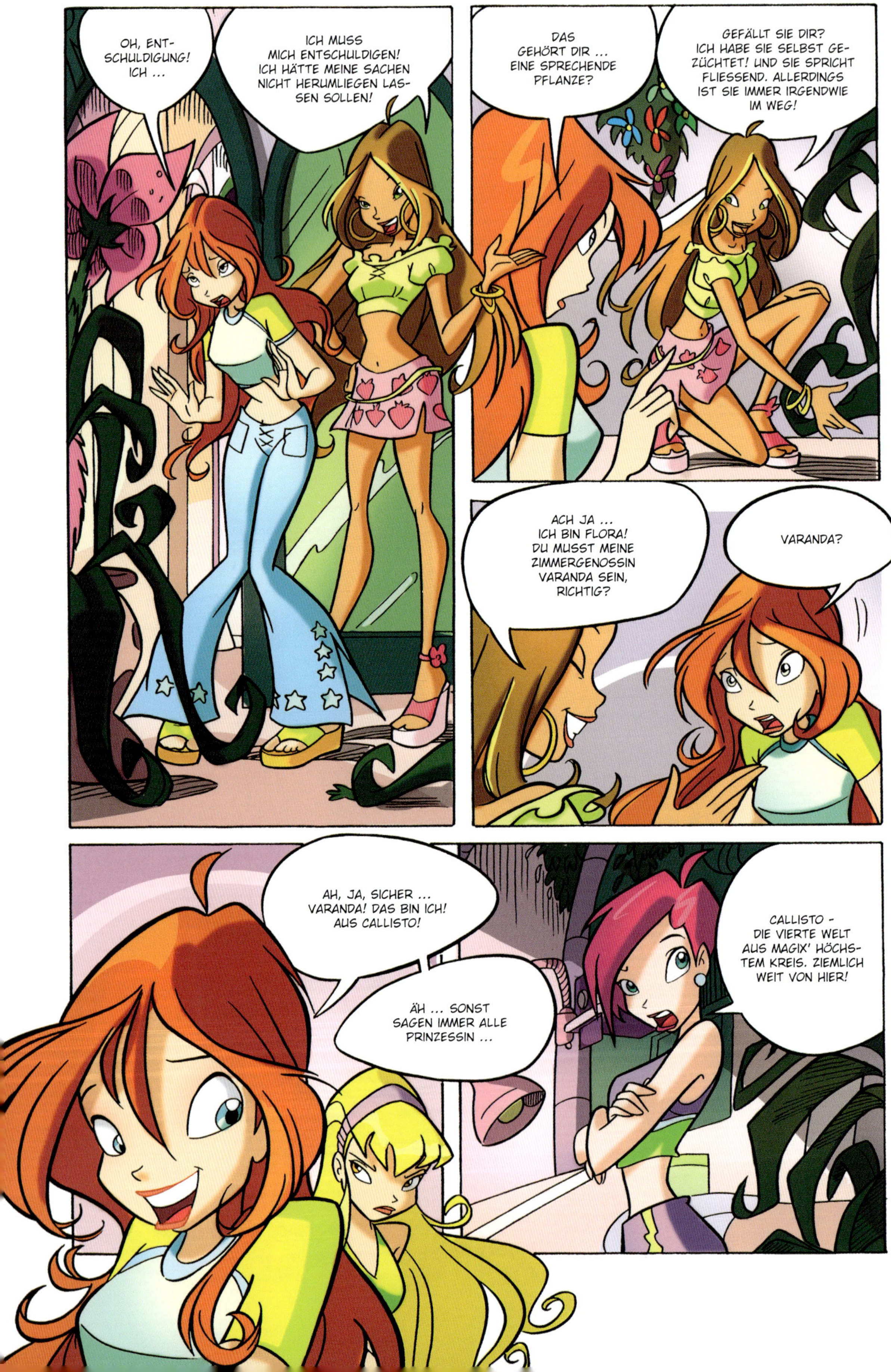
OH, ENT-SCHULDIGUNG! ICH ...
ICH MUSS MICH ENTSCHULDIGEN! ICH HÄTTE MEINE SACHEN NICHT HERUMLIEGEN LAS-SEN SOLLEN!
DAS GEHÖRT DIR ... EINE SPRECHENDE PFLANZE?
GEFÄLLT SIE DIR? ICH HABE SIE SELBST GE-ZÜCHTET! UND SIE SPRICHT FLIESSEND. ALLERDINGS IST SIE IMMER IRGENDWIE IM WEG!
ACH JA ... ICH BIN FLORA! DU MUSST MEINE ZIMMERGENOSSIN VARANDA SEIN, RICHTIG?
VARANDA?
AH, JA, SICHER ... VARANDA! DAS BIN ICH! AUS CALLISTO!
ÄH ... SONST SAGEN IMMER ALLE PRINZESSIN ...
CALLISTO - DIE VIERTE WELT AUS MAGIX' HÖCHS-TEM KREIS. ZIEMLICH WEIT VON HIER!

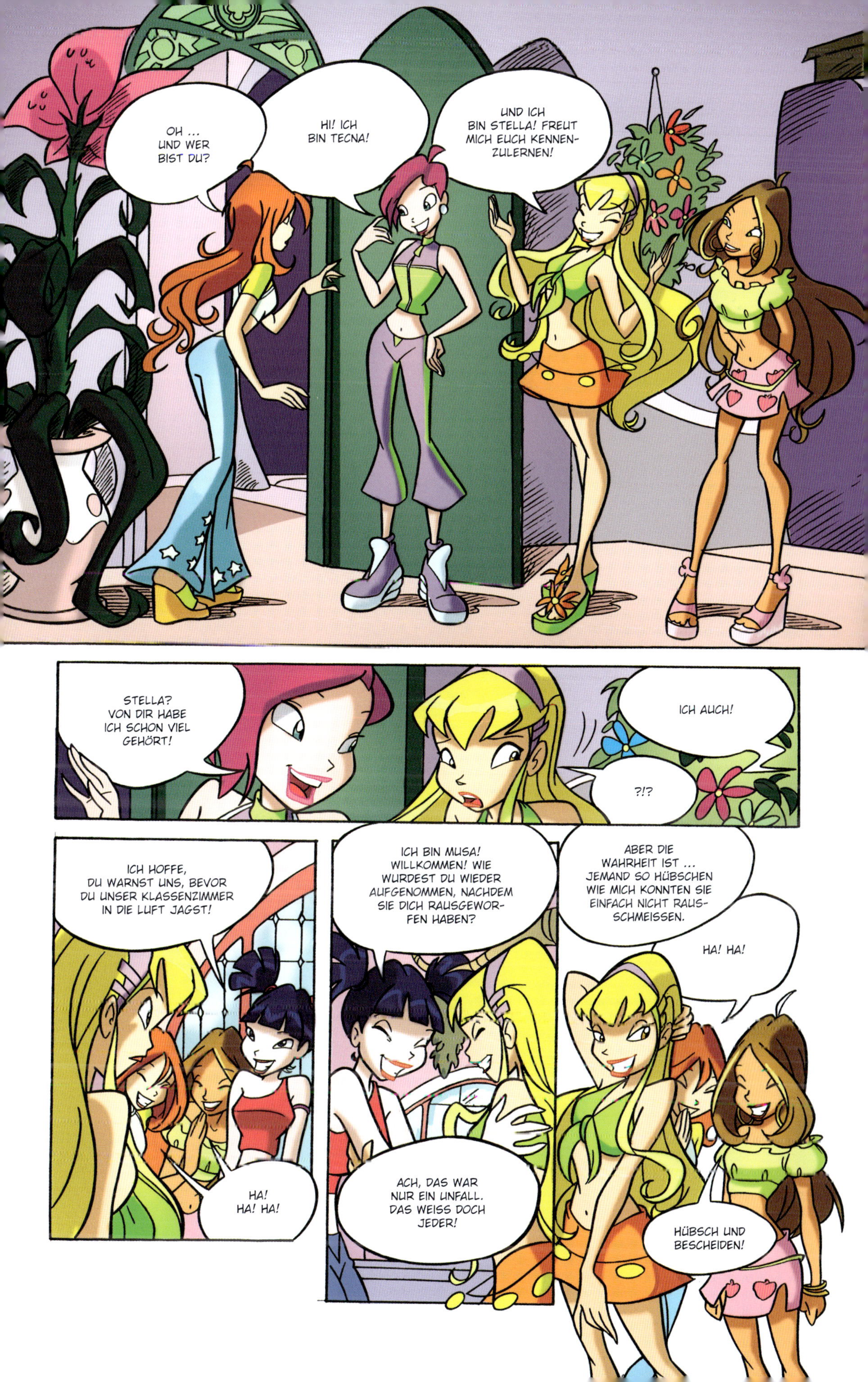
OH ...
UND WER
BIST DU?
HI! ICH
BIN TECNA!
UND ICH
BIN STELLA! FREUT
MICH EUCH KENNEN-
ZULERNEN!
STELLA?
VON DIR HABE
ICH SCHON VIEL
GEHÖRT!
ICH AUCH!
?!?
ICH HOFFE,
DU WARNST UNS, BEVOR
DU UNSER KLASSENZIMMER
IN DIE LUFT JAGST!
HA!
HA! HA!
ICH BIN MUSA!
WILLKOMMEN! WIE
WURDEST DU WIEDER
AUFGENOMMEN, NACHDEM
SIE DICH RAUSGEWOR-
FEN HABEN?
ACH, DAS WAR
NUR EIN UNFALL.
DAS WEISS DOCH
JEDER!
ABER DIE
WAHRHEIT IST ...
JEMAND SO HÜBSCHEN
WIE MICH KONNTEN SIE
EINFACH NICHT RAUS-
SCHMEISSEN.
HA! HA!
HÜBSCH UND
BESCHEIDEN!

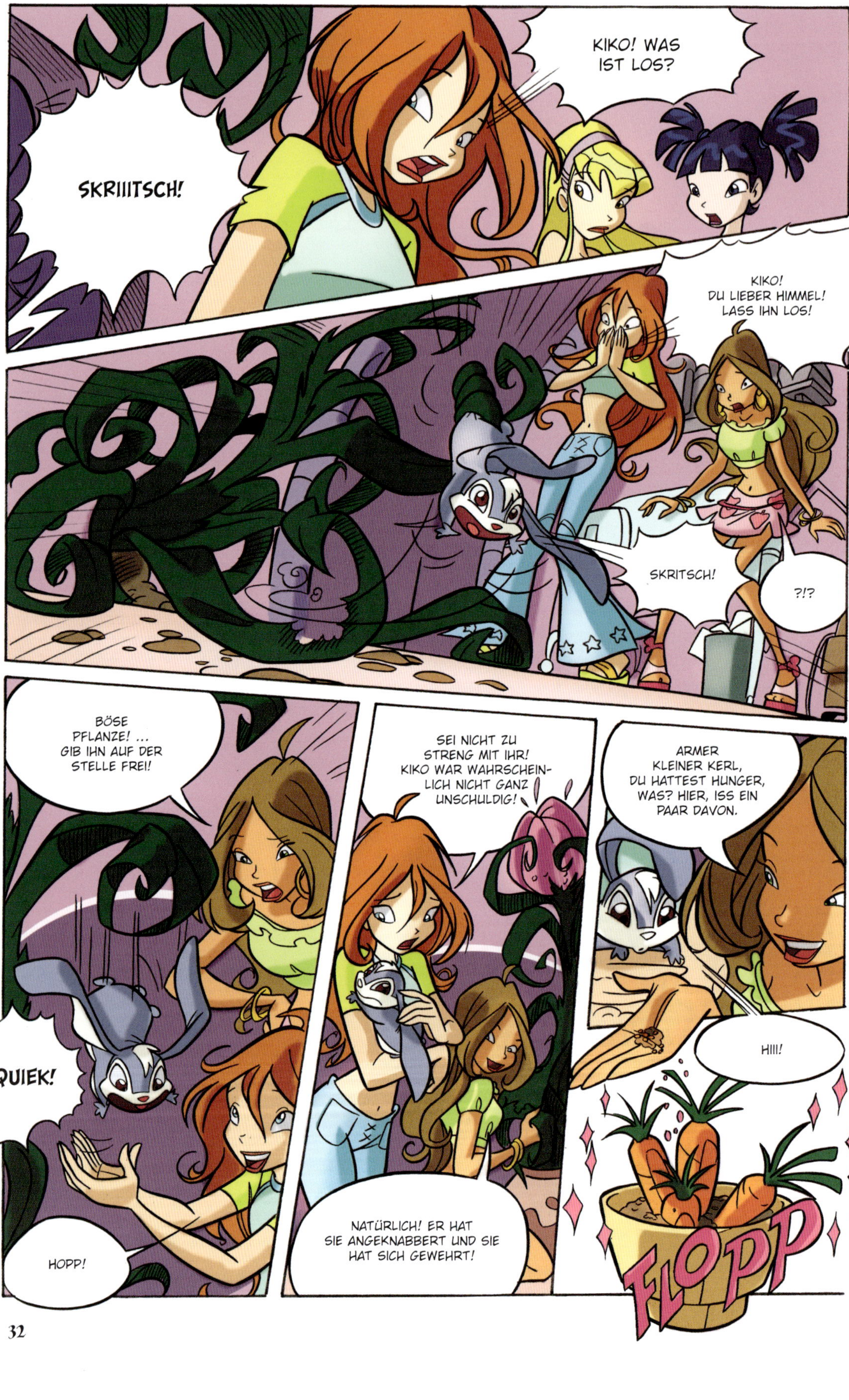
SKRIIITSCH!
KIKO! WAS IST LOS?
KIKO! DU LIEBER HIMMEL! LASS IHN LOS!
SKRITSCH!
?!?
BÖSE PFLANZE! ... GIB IHN AUF DER STELLE FREI!
QUIEK!
HOPP!
SEI NICHT ZU STRENG MIT IHR! KIKO WAR WAHRSCHEINLICH NICHT GANZ UNSCHULDIG!
NATÜRLICH! ER HAT SIE ANGEKNABBERT UND SIE HAT SICH GEWEHRT!
ARMER KLEINER KERL, DU HATTEST HUNGER, WAS? HIER, ISS EIN PAAR DAVON.
HIII!
FLOPP

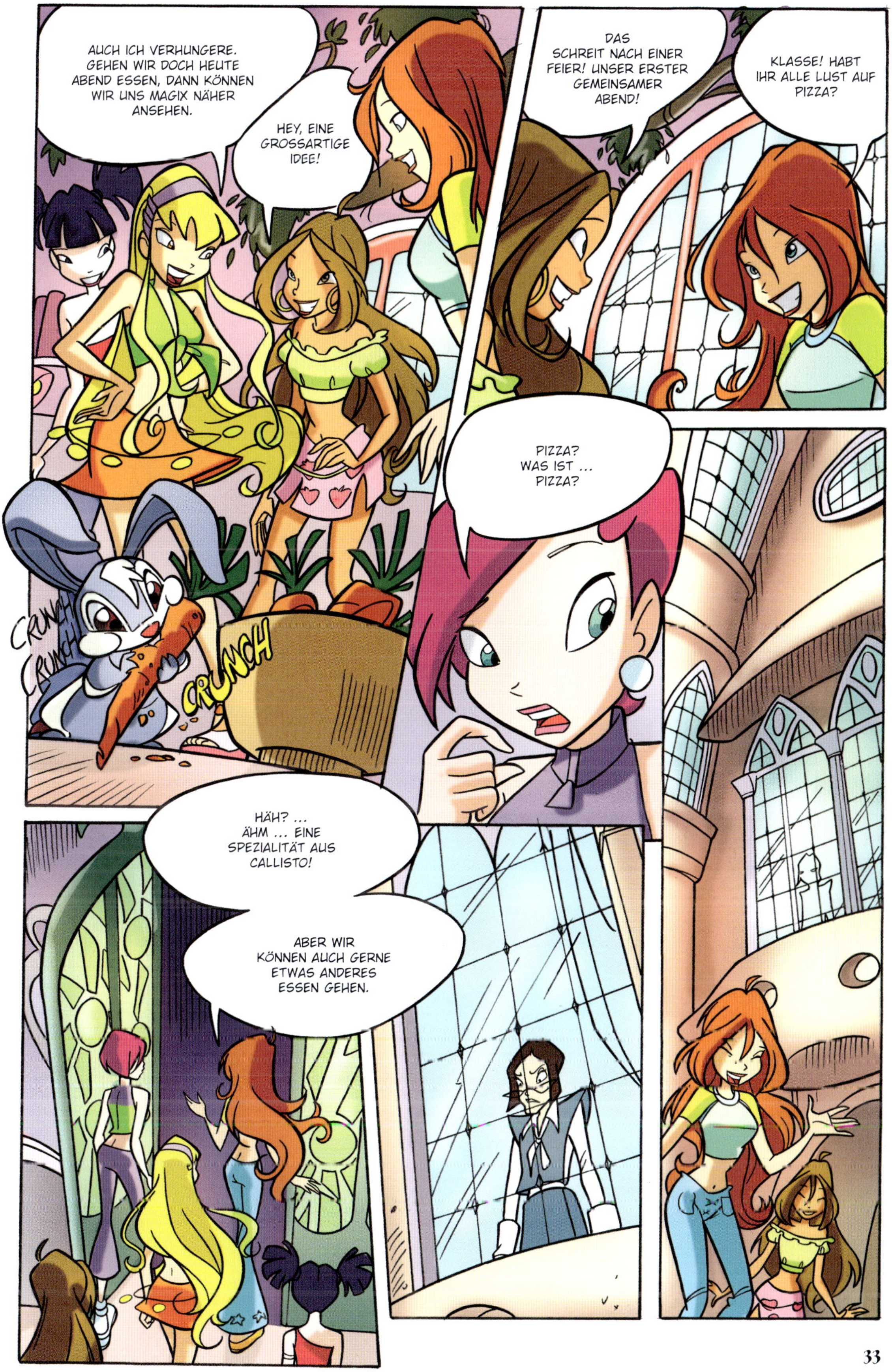
AUCH ICH VERHUNGERE. GEHEN WIR DOCH HEUTE ABEND ESSEN, DANN KÖNNEN WIR UNS MAGIX NÄHER ANSEHEN.
HEY, EINE GROSSARTIGE IDEE!
CRUNCH
CRUNCH
CRUNCH
DAS SCHREIT NACH EINER FEIER! UNSER ERSTER GEMEINSAMER ABEND!
KLASSE! HABT IHR ALLE LUST AUF PIZZA?
PIZZA? WAS IST ... PIZZA?
HÄH? ... ÄHM ... EINE SPEZIALITÄT AUS CALLISTO!
ABER WIR KÖNNEN AUCH GERNE ETWAS ANDERES ESSEN GEHEN.

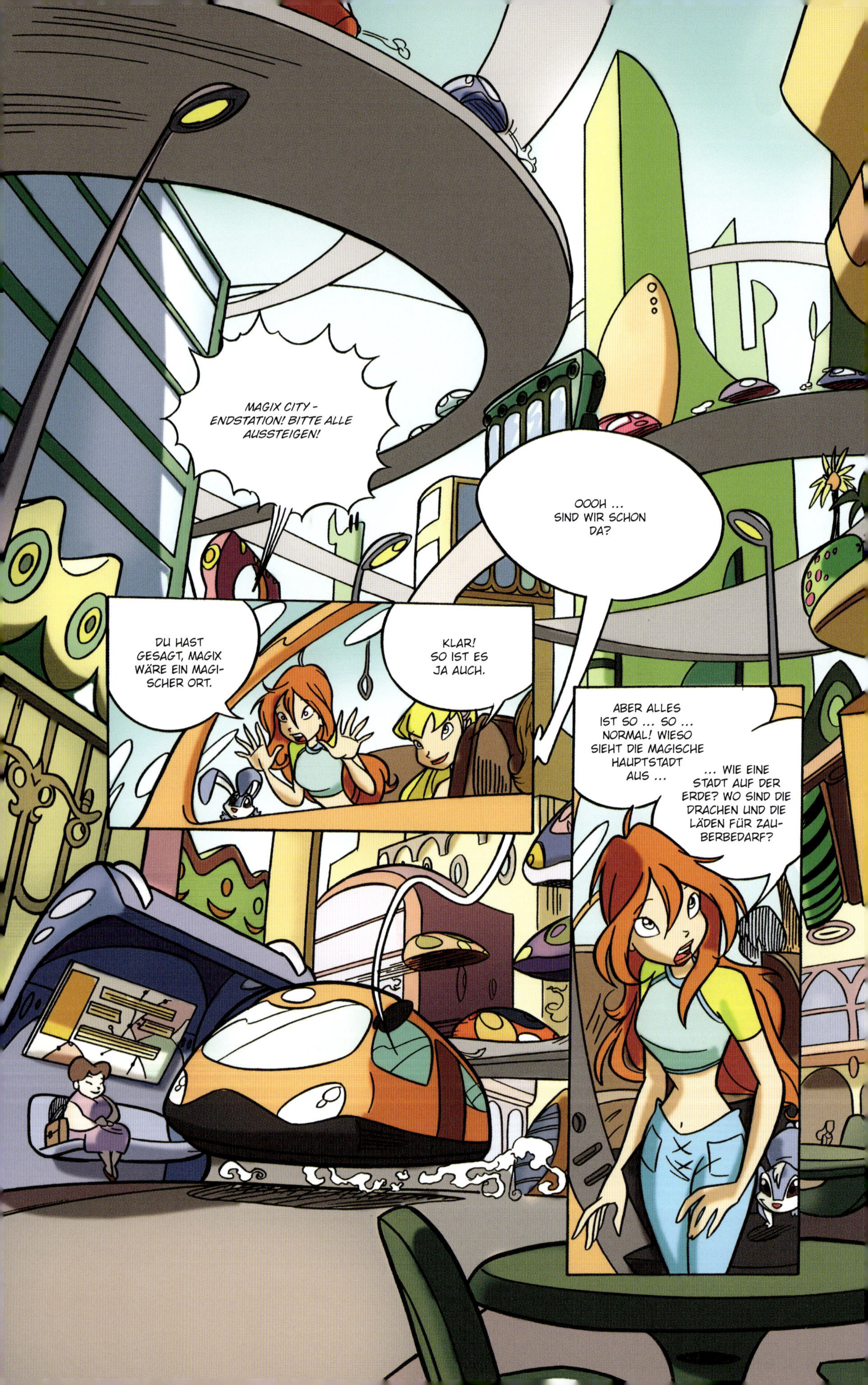
MAGIX CITY – ENDSTATION! BITTE ALLE AUSSTEIGEN!
OOOH ... SIND WIR SCHON DA?
DU HAST GESAGT, MAGIX WÄRE EIN MAGISCHER ORT.
KLAR! SO IST ES JA AUCH.
ABER ALLES IST SO ... SO ... NORMAL! WIESO SIEHT DIE MAGISCHE HAUPTSTADT AUS ...
... WIE EINE STADT AUF DER ERDE? WO SIND DIE DRACHEN UND DIE LÄDEN FÜR ZAUBERBEDARF?

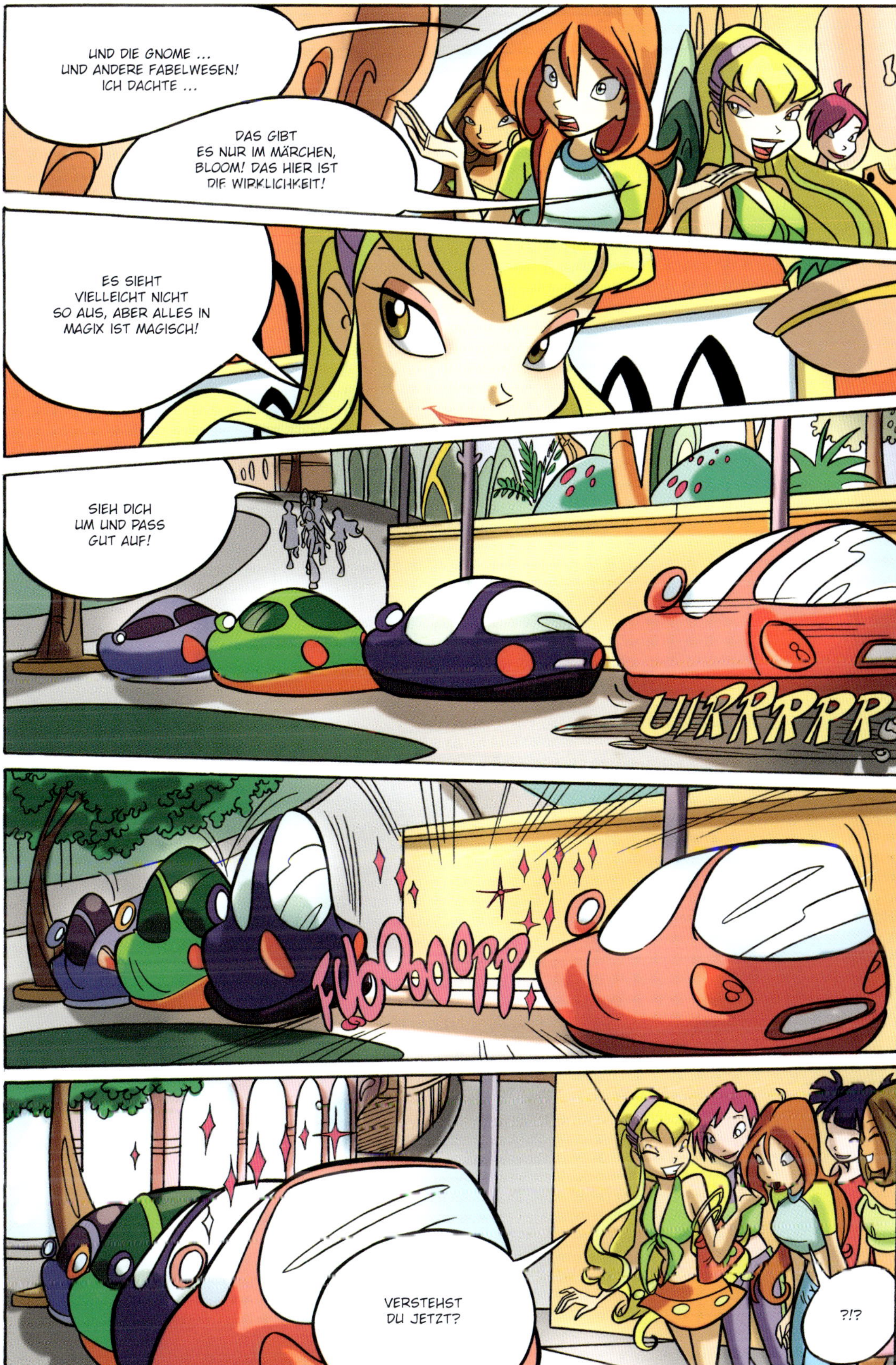
UND DIE GNOME ... UND ANDERE FABELWESEN! ICH DACHTE ...
DAS GIBT ES NUR IM MÄRCHEN, BLOOM! DAS HIER IST DIE WIRKLICHKEIT!
ES SIEHT VIELLEICHT NICHT SO AUS, ABER ALLES IN MAGIX IST MAGISCH!
SIEH DICH UM UND PASS GUT AUF!
UIRRRRPR
FUOOOOPP
VERSTEHST DU JETZT?
?!?

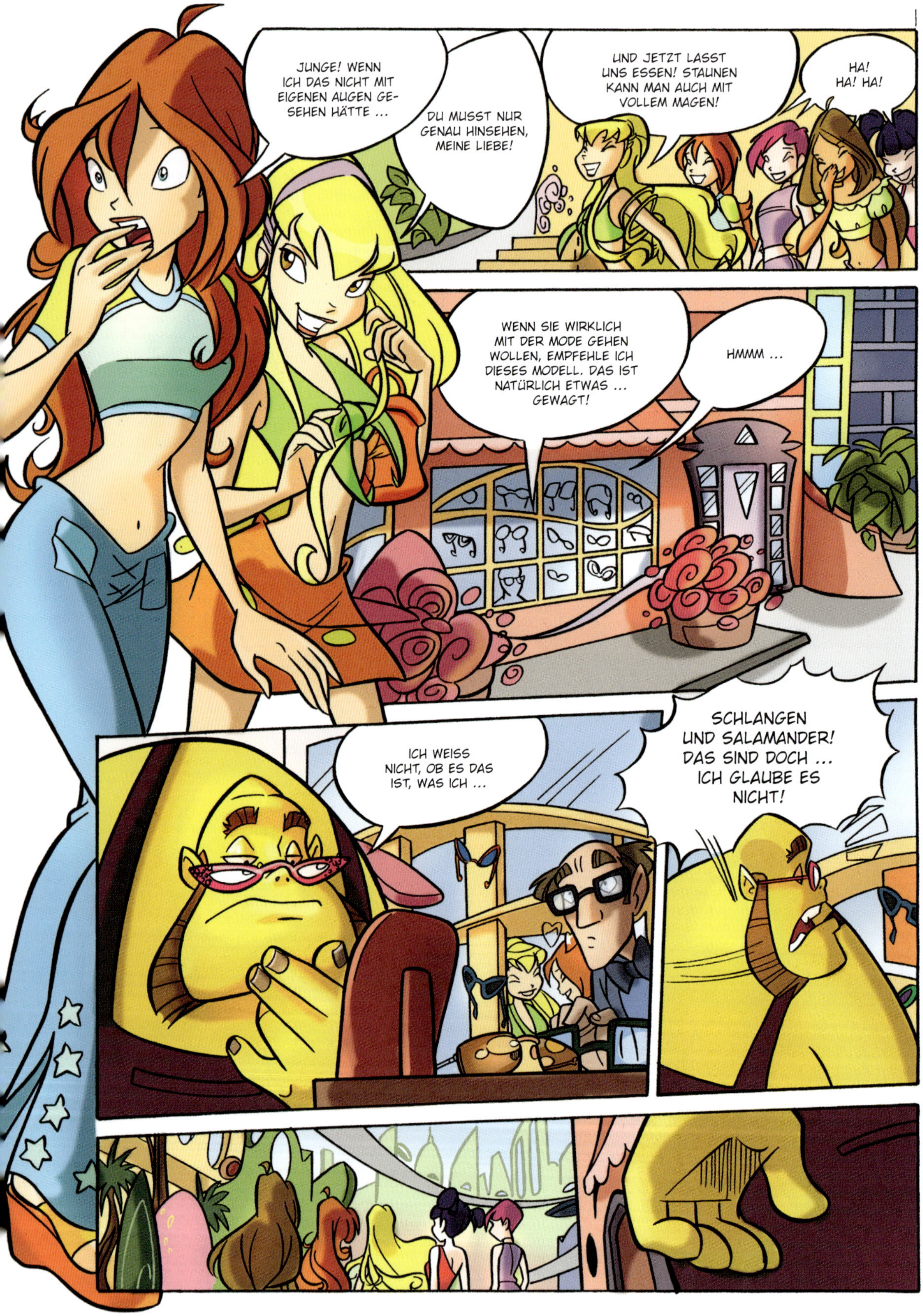
JUNGE! WENN ICH DAS NICHT MIT EIGENEN AUGEN GESEHEN HÄTTE ...
DU MUSST NUR GENAU HINSEHEN, MEINE LIEBE!
UND JETZT LASST UNS ESSEN! STAUNEN KANN MAN AUCH MIT VOLLEM MAGEN!
HA! HA! HA!
WENN SIE WIRKLICH MIT DER MODE GEHEN WOLLEN, EMPFEHLE ICH DIESES MODELL. DAS IST NATÜRLICH ETWAS ... GEWAGT!
HMMM ...
ICH WEISS NICHT, OB ES DAS IST, WAS ICH ...
SCHLANGEN UND SALAMANDER! DAS SIND DOCH ... ICH GLAUBE ES NICHT!

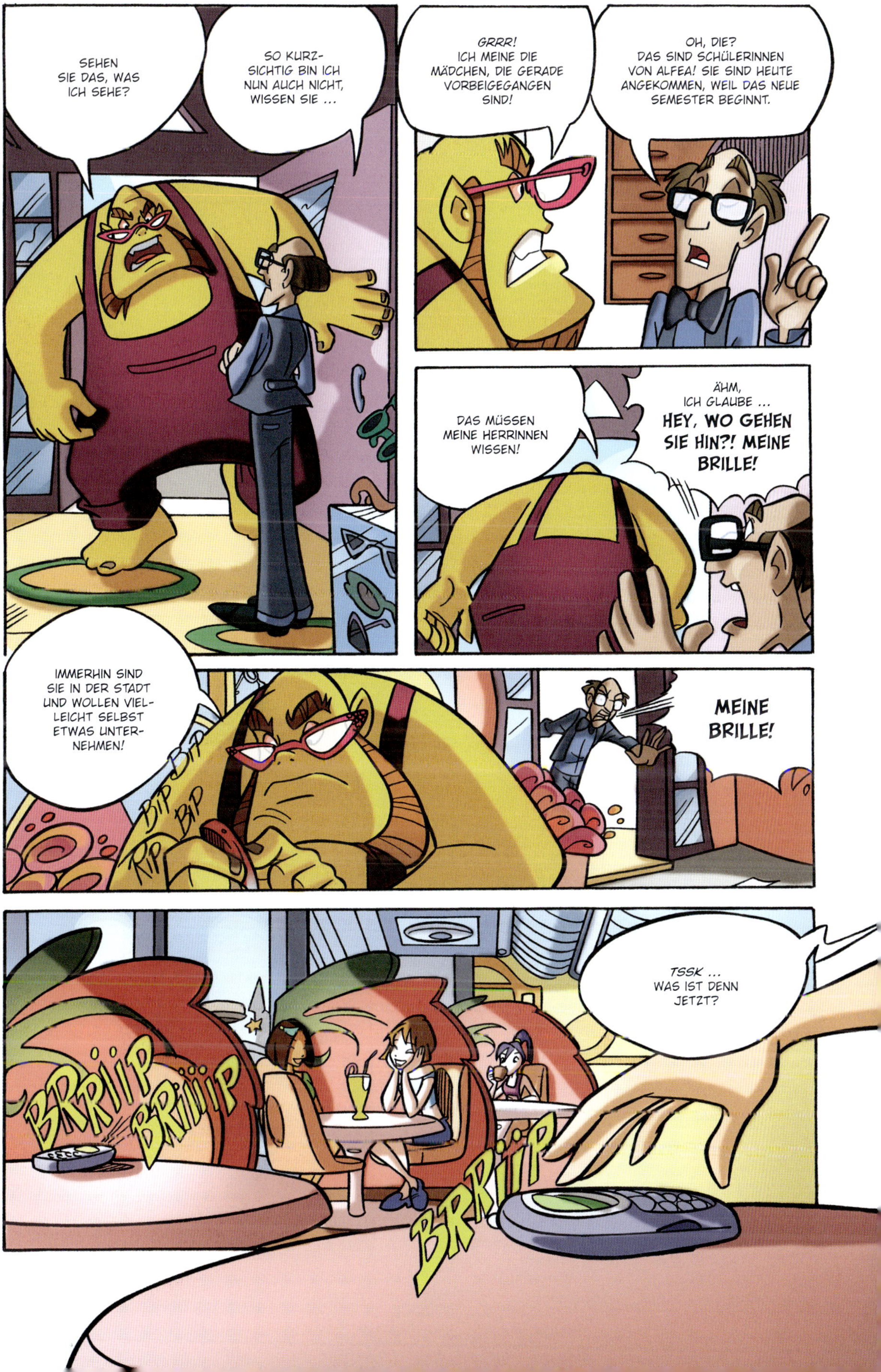
SEHEN SIE DAS, WAS ICH SEHE?
SO KURZSICHTIG BIN ICH NUN AUCH NICHT, WISSEN SIE …
GRRR! ICH MEINE DIE MÄDCHEN, DIE GERADE VORBEIGEGANGEN SIND!
OH, DIE? DAS SIND SCHÜLERINNEN VON ALFEA! SIE SIND HEUTE ANGEKOMMEN, WEIL DAS NEUE SEMESTER BEGINNT.
DAS MÜSSEN MEINE HERRINNEN WISSEN!
ÄHM, ICH GLAUBE … HEY, WO GEHEN SIE HIN?! MEINE BRILLE!
IMMERHIN SIND SIE IN DER STADT UND WOLLEN VIELLEICHT SELBST ETWAS UNTERNEHMEN!
BIP BIP BIP BIP
MEINE BRILLE!
BRRIIP BRRIIP
TSSK … WAS IST DENN JETZT?
BRRIIP

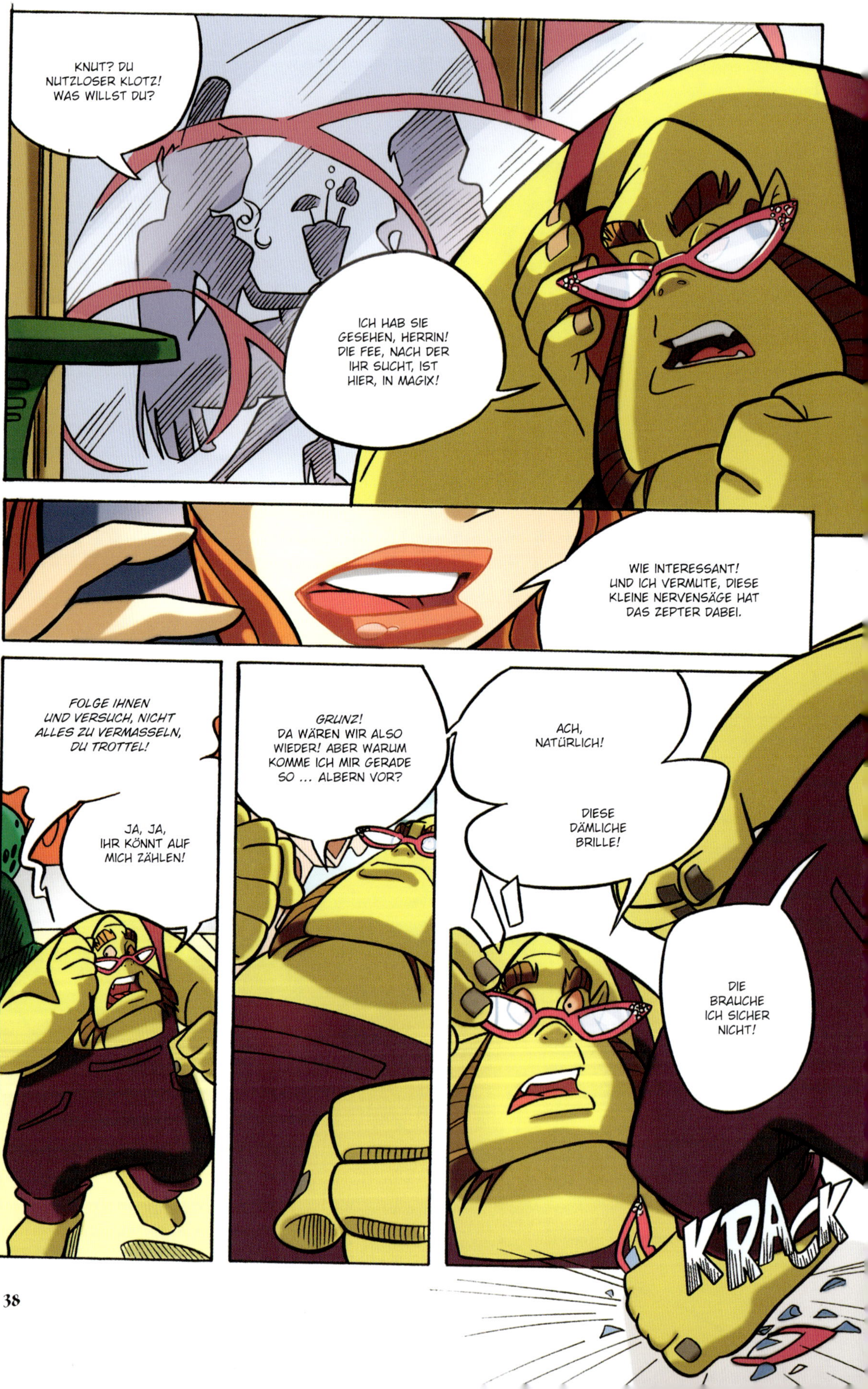
KNUT? DU NUTZLOSER KLOTZ! WAS WILLST DU?
ICH HAB SIE GESEHEN, HERRIN! DIE FEE, NACH DER IHR SUCHT, IST HIER, IN MAGIX!
WIE INTERESSANT! UND ICH VERMUTE, DIESE KLEINE NERVENSÄGE HAT DAS ZEPTER DABEI.
FOLGE IHNEN UND VERSUCH, NICHT ALLES ZU VERMASSELN, DU TROTTEL!
JA, JA, IHR KÖNNT AUF MICH ZÄHLEN!
GRUNZ! DA WÄREN WIR ALSO WIEDER! ABER WARUM KOMME ICH MIR GERADE SO ... ALBERN VOR?
ACH, NATÜRLICH!
DIESE DÄMLICHE BRILLE!
DIE BRAUCHE ICH SICHER NICHT!
KRACK

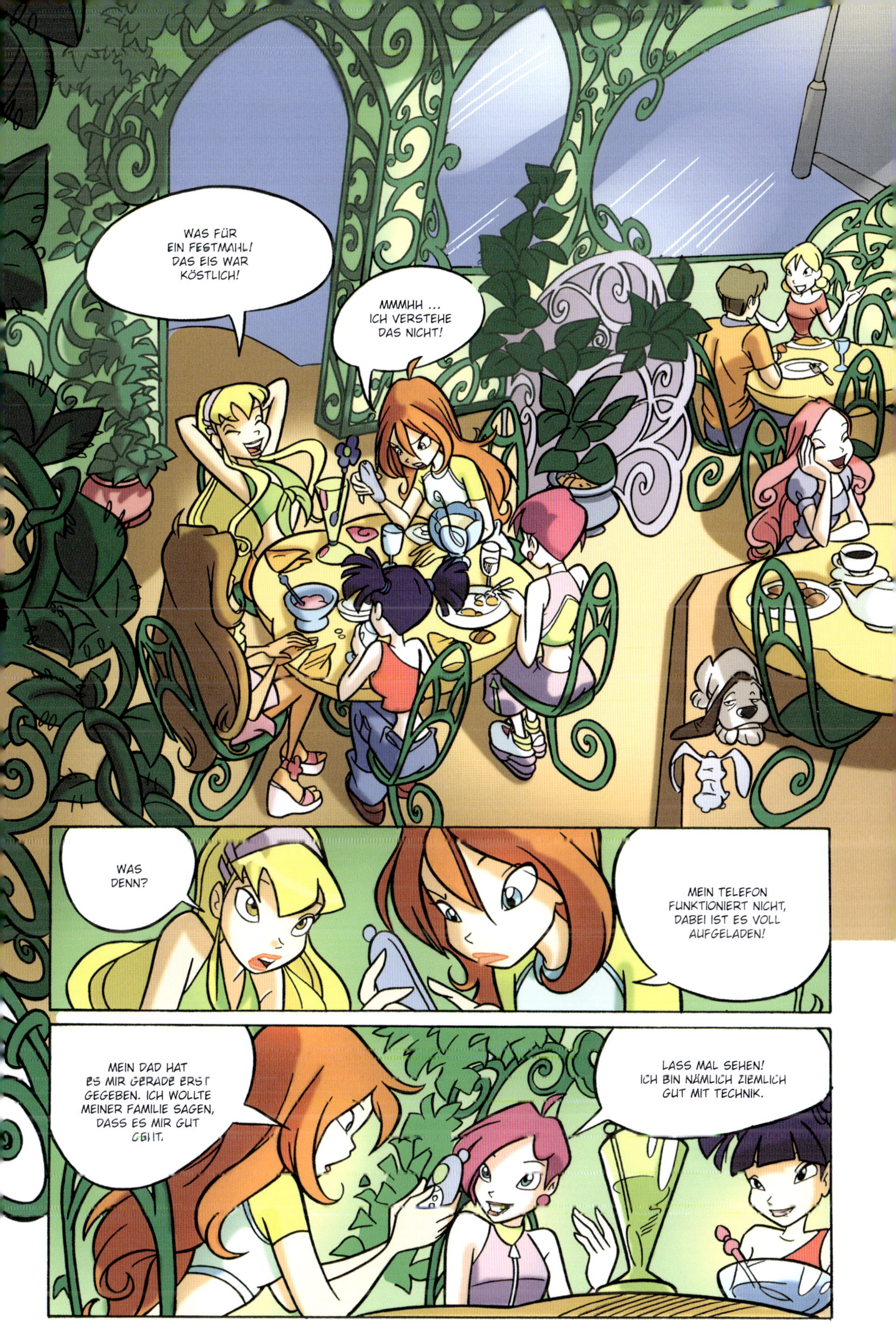
WAS FÜR EIN FESTMAHL! DAS EIS WAR KÖSTLICH!
MMMHH ... ICH VERSTEHE DAS NICHT!
WAS DENN?
MEIN TELEFON FUNKTIONIERT NICHT, DABEI IST ES VOLL AUFGELADEN!
MEIN DAD HAT ES MIR GERADE ERST GEGEBEN. ICH WOLLTE MEINER FAMILIE SAGEN, DASS ES MIR GUT GEHT.
LASS MAL SEHEN! ICH BIN NÄMLICH ZIEMLICH GUT MIT TECHNIK.

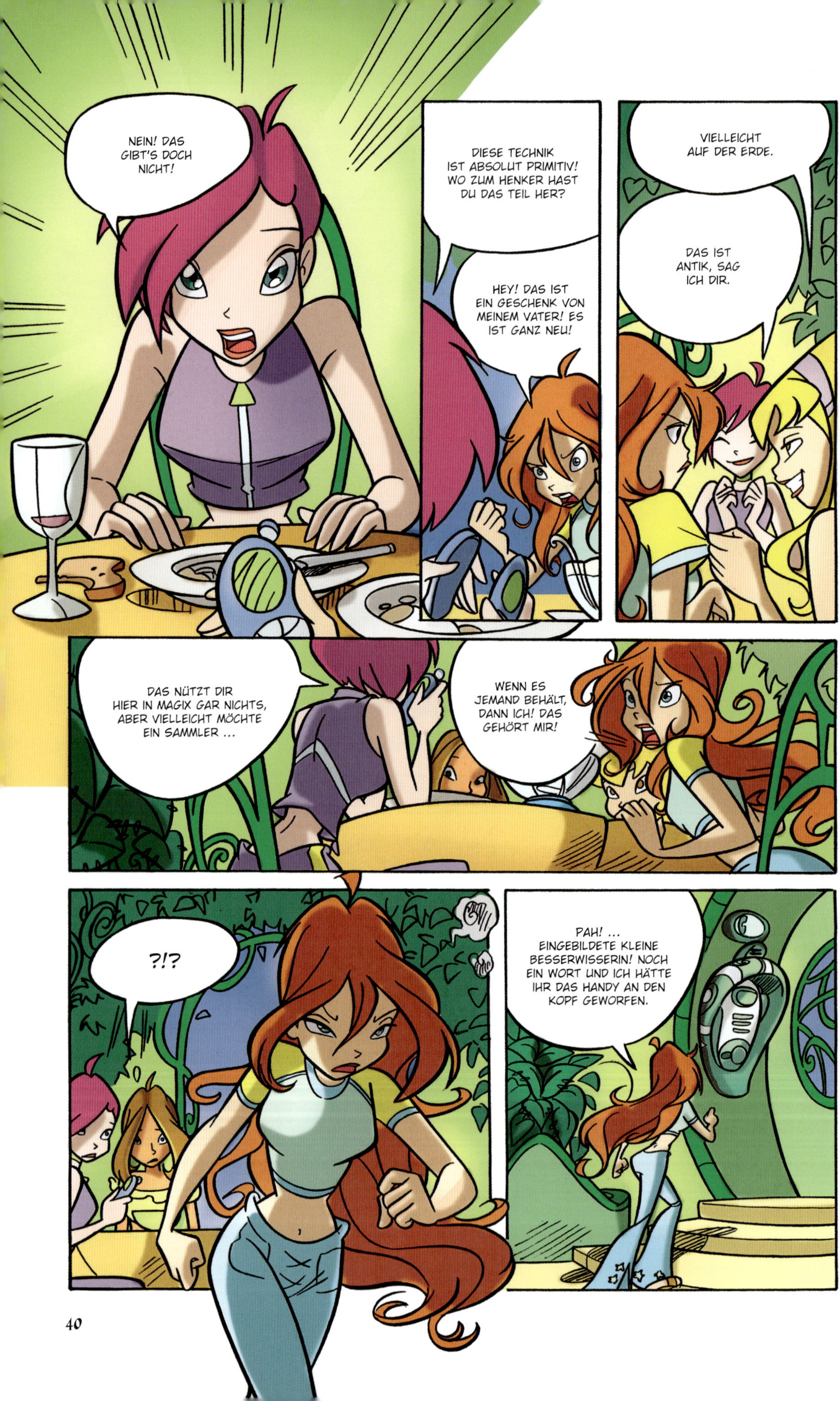
NEIN! DAS GIBT'S DOCH NICHT!
DIESE TECHNIK IST ABSOLUT PRIMITIV! WO ZUM HENKER HAST DU DAS TEIL HER?
HEY! DAS IST EIN GESCHENK VON MEINEM VATER! ES IST GANZ NEU!
VIELLEICHT AUF DER ERDE.
DAS IST ANTIK, SAG ICH DIR.
DAS NÜTZT DIR HIER IN MAGIX GAR NICHTS, ABER VIELLEICHT MÖCHTE EIN SAMMLER ...
WENN ES JEMAND BEHÄLT, DANN ICH! DAS GEHÖRT MIR!
?!?
PAH! ... EINGEBILDETE KLEINE BESSERWISSERIN! NOCH EIN WORT UND ICH HÄTTE IHR DAS HANDY AN DEN KOPF GEWORFEN.

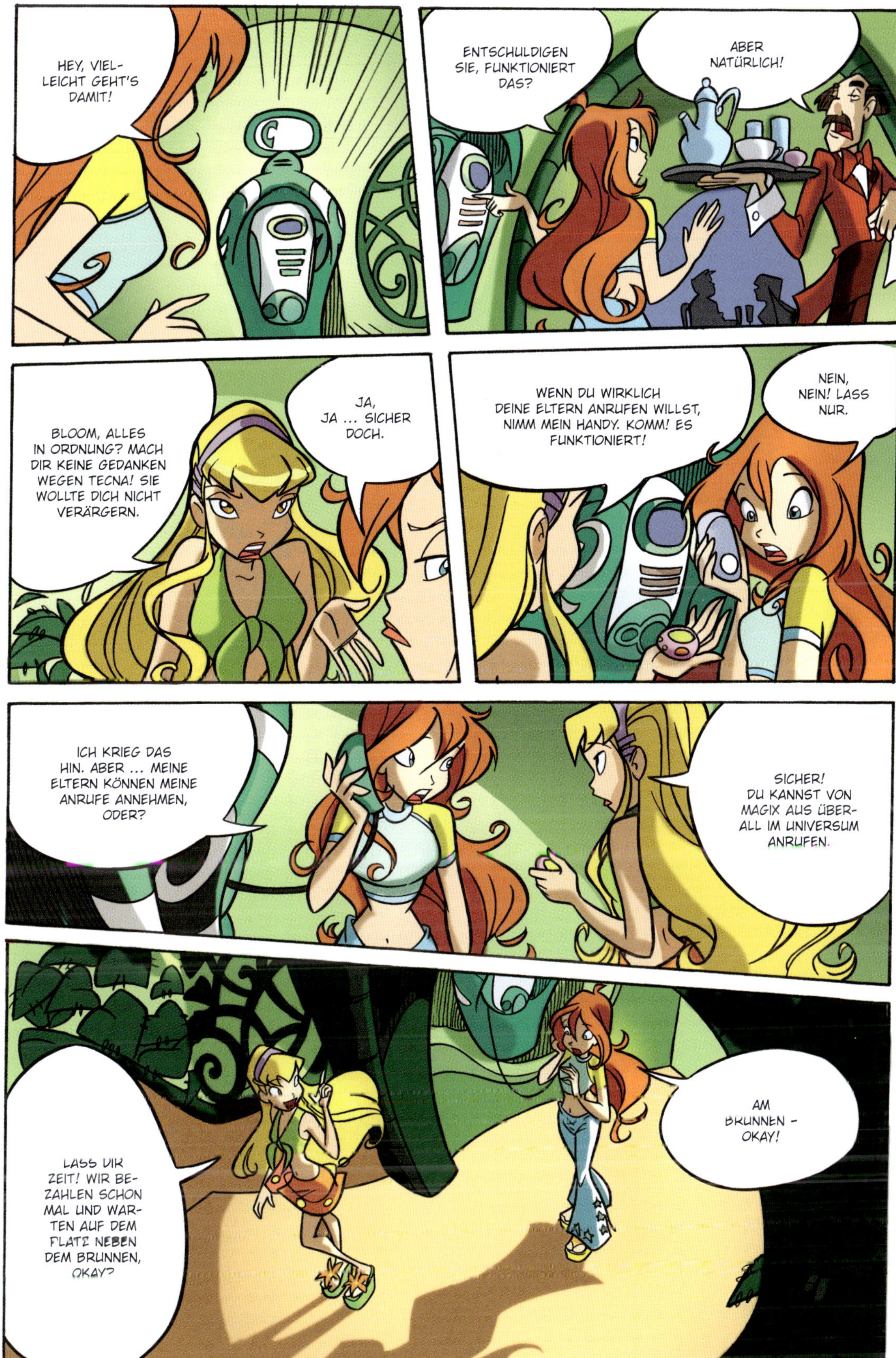
HEY, VIEL-
LEICHT GEHT'S
DAMIT!
ENTSCHULDIGEN
SIE, FUNKTIONIERT
DAS?
ABER
NATÜRLICH!
BLOOM, ALLES
IN ORDNUNG? MACH
DIR KEINE GEDANKEN
WEGEN TECNA! SIE
WOLLTE DICH NICHT
VERÄRGERN.
JA,
JA ... SICHER
DOCH.
WENN DU WIRKLICH
DEINE ELTERN ANRUFEN WILLST,
NIMM MEIN HANDY. KOMM! ES
FUNKTIONIERT!
NEIN,
NEIN! LASS
NUR.
ICH KRIEG DAS
HIN. ABER ... MEINE
ELTERN KÖNNEN MEINE
ANRUFE ANNEHMEN,
ODER?
SICHER!
DU KANNST VON
MAGIX AUS ÜBER-
ALL IM UNIVERSUM
ANRUFEN.
LASS DIR
ZEIT! WIR BE-
ZAHLEN SCHON
MAL UND WAR-
TEN AUF DEM
PLATZ NEBEN
DEM BRUNNEN,
OKAY?
AM
BRUNNEN -
OKAY!

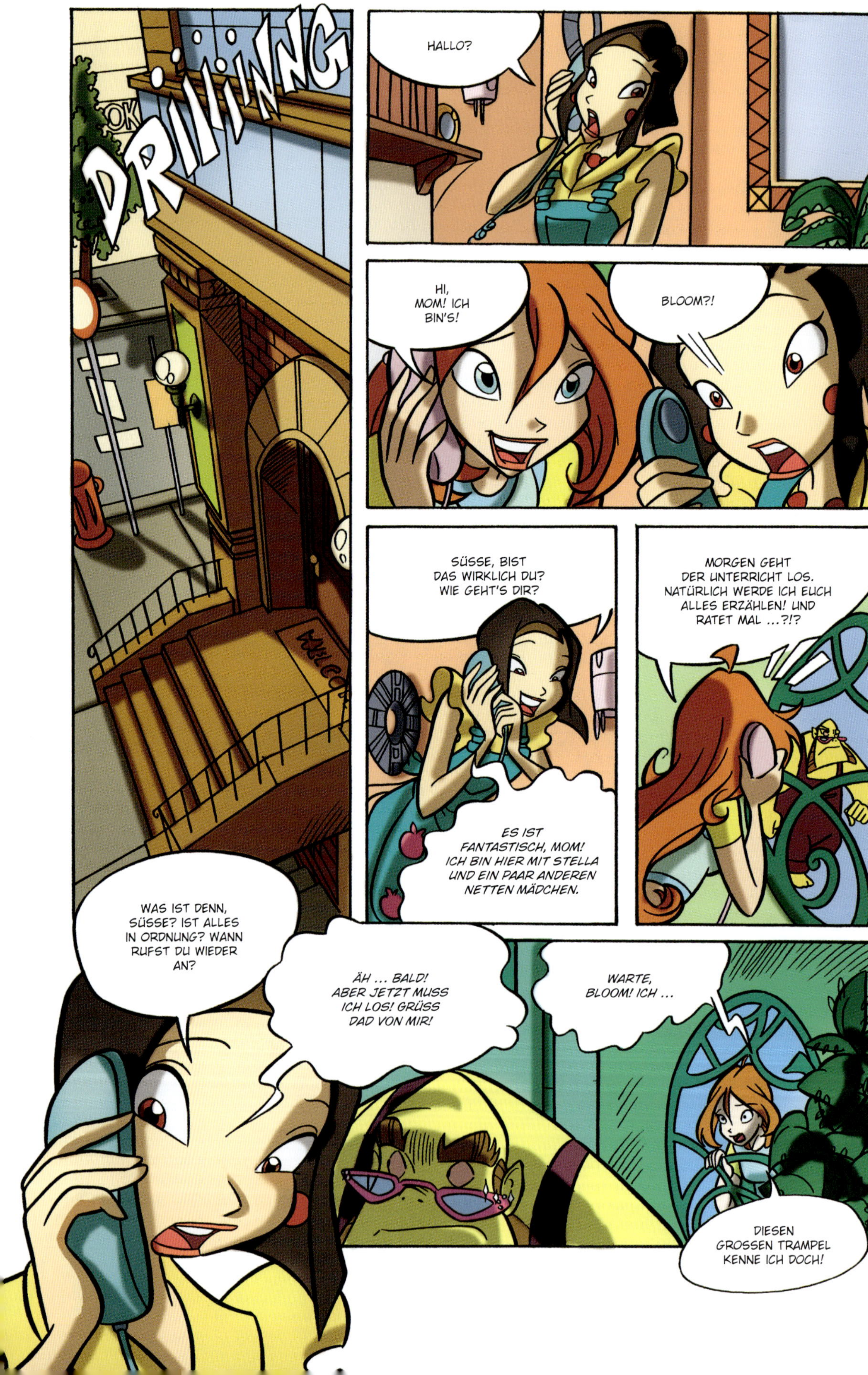
DRIIIIINNG
HALLO?
HI, MOM! ICH BIN'S!
BLOOM?!
SÜSSE, BIST DAS WIRKLICH DU? WIE GEHT'S DIR?
ES IST FANTASTISCH, MOM! ICH BIN HIER MIT STELLA UND EIN PAAR ANDEREN NETTEN MÄDCHEN.
MORGEN GEHT DER UNTERRICHT LOS. NATÜRLICH WERDE ICH EUCH ALLES ERZÄHLEN! UND RATET MAL ...?!?
WAS IST DENN, SÜSSE? IST ALLES IN ORDNUNG? WANN RUFST DU WIEDER AN?
ÄH ... BALD! ABER JETZT MUSS ICH LOS! GRÜSS DAD VON MIR!
WARTE, BLOOM! ICH ...
DIESEN GROSSEN TRAMPEL KENNE ICH DOCH!

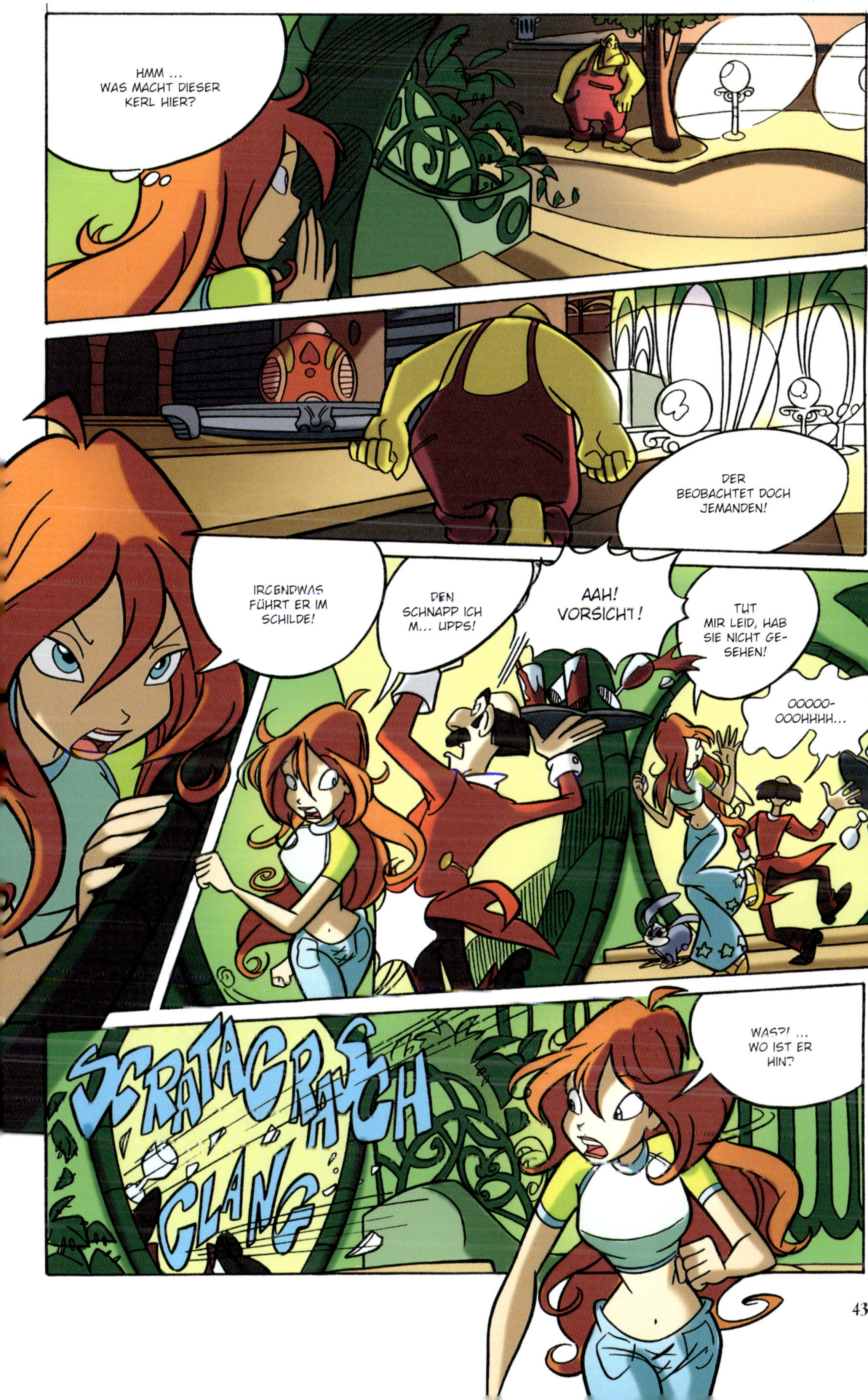
HMM ...
WAS MACHT DIESER KERL HIER?
DER BEOBACHTET DOCH JEMANDEN!
IRGENDWAS FÜHRT ER IM SCHILDE!
DEN SCHNAPP ICH M... UPPS!
AAH! VORSICHT!
TUT MIR LEID, HAB SIE NICHT GESEHEN!
OOOOO-OOOHHHH...
SCRATACRASCH
CLANG
WAS?! ... WO IST ER HIN?

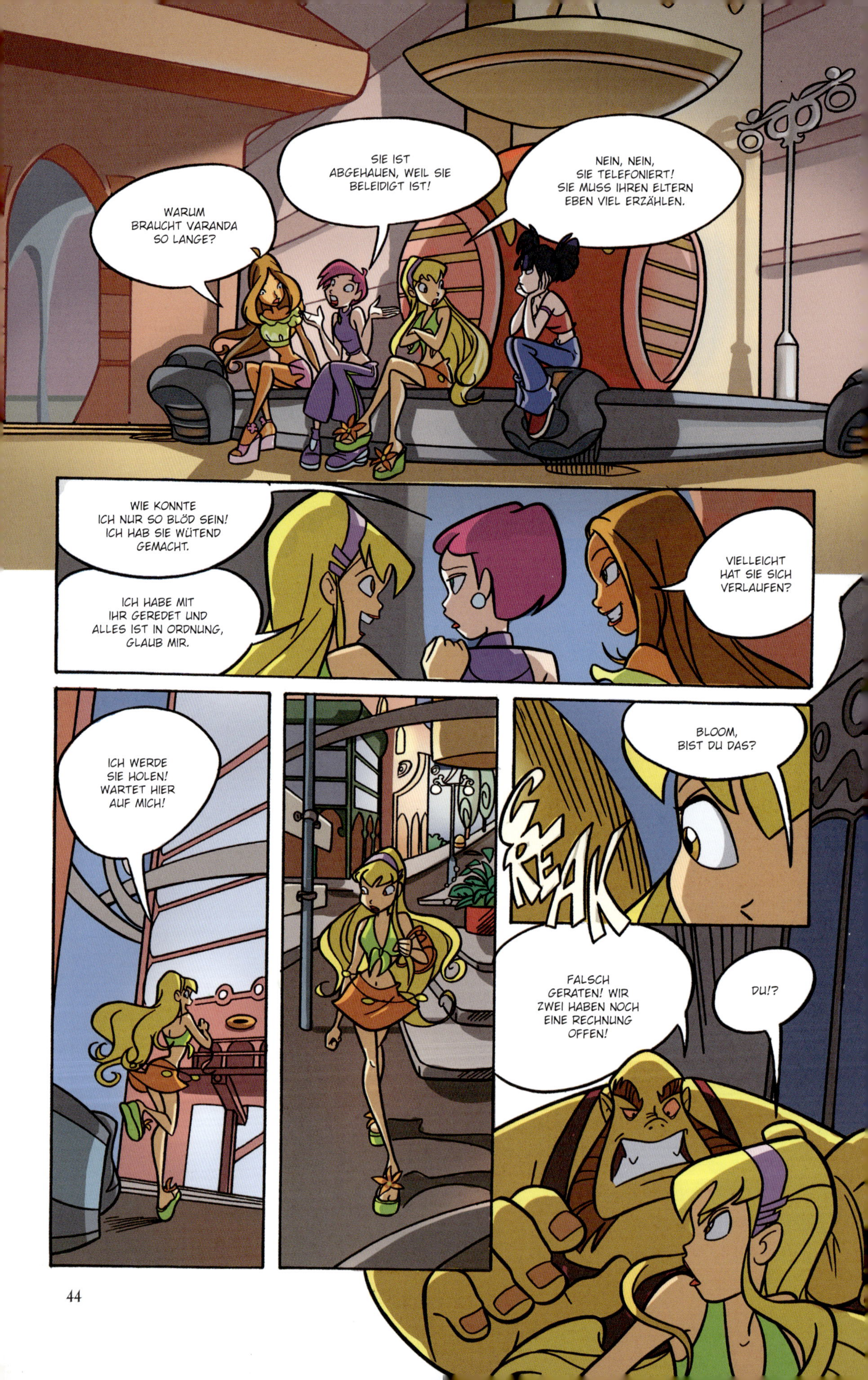
WARUM BRAUCHT VARANDA SO LANGE?
SIE IST ABGEHAUEN, WEIL SIE BELEIDIGT IST!
NEIN, NEIN, SIE TELEFONIERT! SIE MUSS IHREN ELTERN EBEN VIEL ERZÄHLEN.
WIE KONNTE ICH NUR SO BLÖD SEIN! ICH HAB SIE WÜTEND GEMACHT.
ICH HABE MIT IHR GEREDET UND ALLES IST IN ORDNUNG, GLAUB MIR.
VIELLEICHT HAT SIE SICH VERLAUFEN?
ICH WERDE SIE HOLEN! WARTET HIER AUF MICH!
BLOOM, BIST DU DAS?
CREAK
FALSCH GERATEN! WIR ZWEI HABEN NOCH EINE RECHNUNG OFFEN!
DU!?

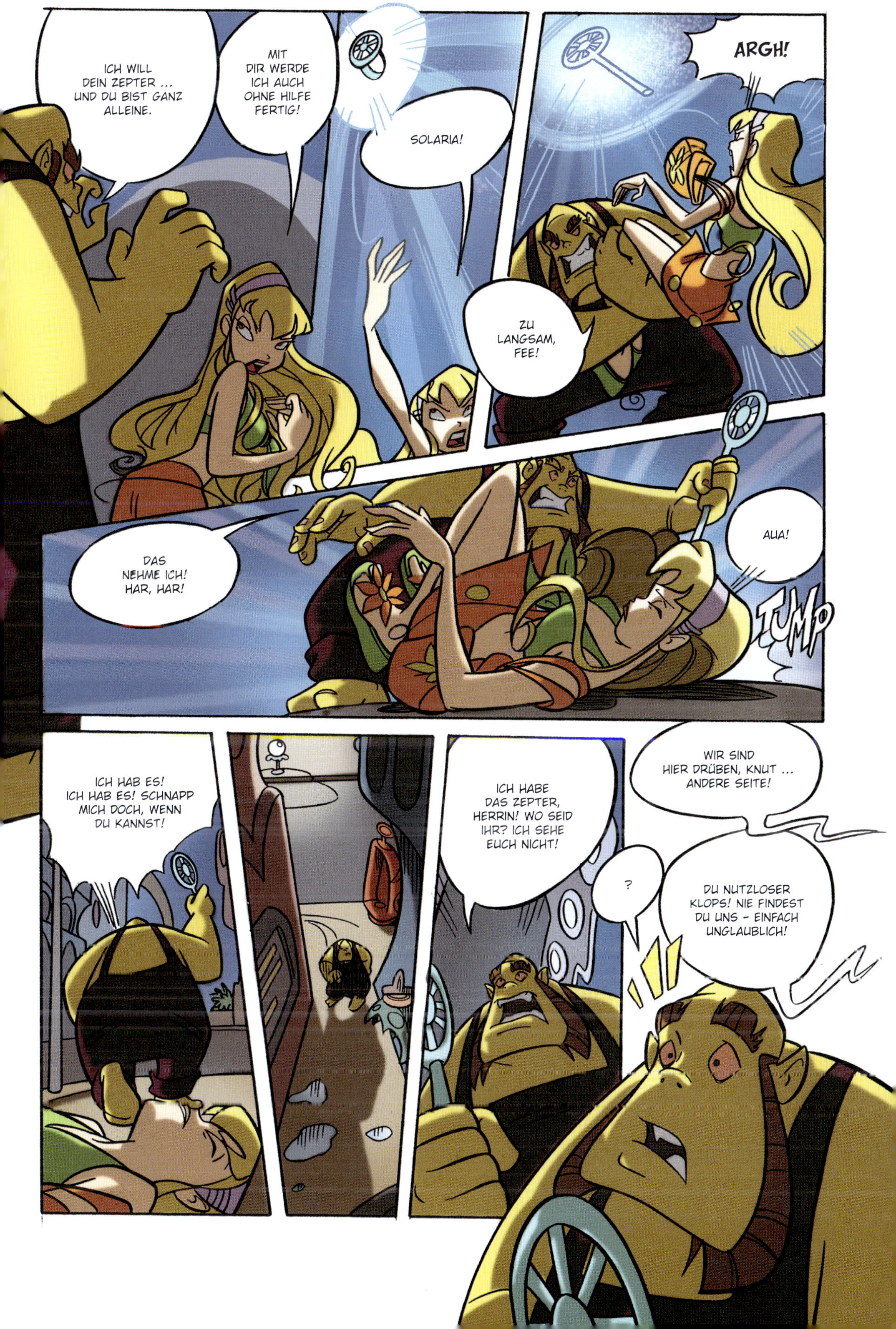
ICH WILL DEIN ZEPTER ... UND DU BIST GANZ ALLEINE.
MIT DIR WERDE ICH AUCH OHNE HILFE FERTIG!
SOLARIA!
ARGH!
ZU LANGSAM, FEE!
DAS NEHME ICH! HAR, HAR!
AUA!
TUMP
ICH HAB ES! ICH HAB ES! SCHNAPP MICH DOCH, WENN DU KANNST!
ICH HABE DAS ZEPTER, HERRIN! WO SEID IHR? ICH SEHE EUCH NICHT!
WIR SIND HIER DRÜBEN, KNUT ... ANDERE SEITE!
?
DU NUTZLOSER KLOPS! NIE FINDEST DU UNS – EINFACH UNGLAUBLICH!

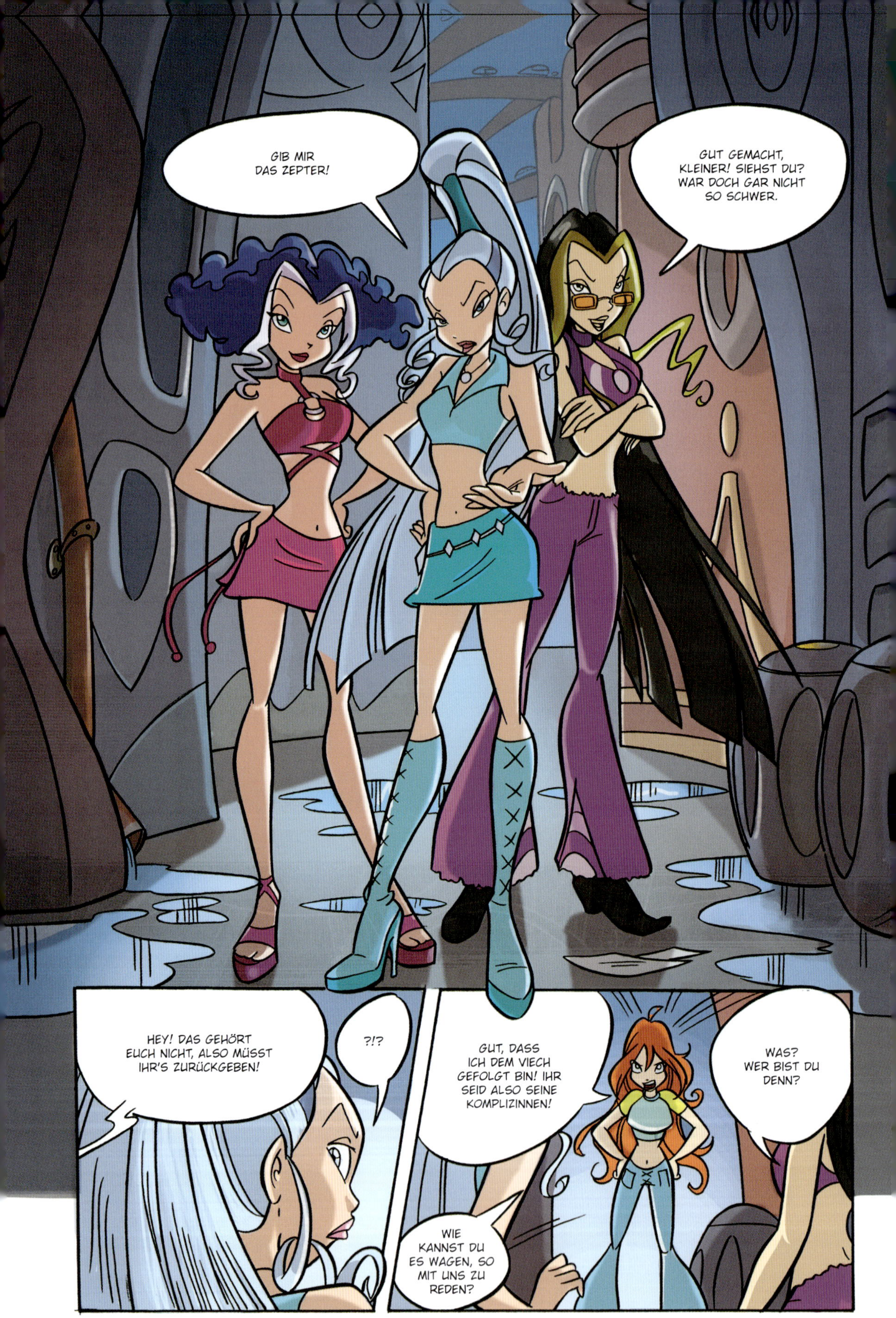
GIB MIR DAS ZEPTER!
GUT GEMACHT, KLEINER! SIEHST DU? WAR DOCH GAR NICHT SO SCHWER.
HEY! DAS GEHÖRT EUCH NICHT, ALSO MÜSST IHR'S ZURÜCKGEBEN!
?!?
GUT, DASS ICH DEM VIECH GEFOLGT BIN! IHR SEID ALSO SEINE KOMPLIZINNEN!
WAS? WER BIST DU DENN?
WIE KANNST DU ES WAGEN, SO MIT UNS ZU REDEN?

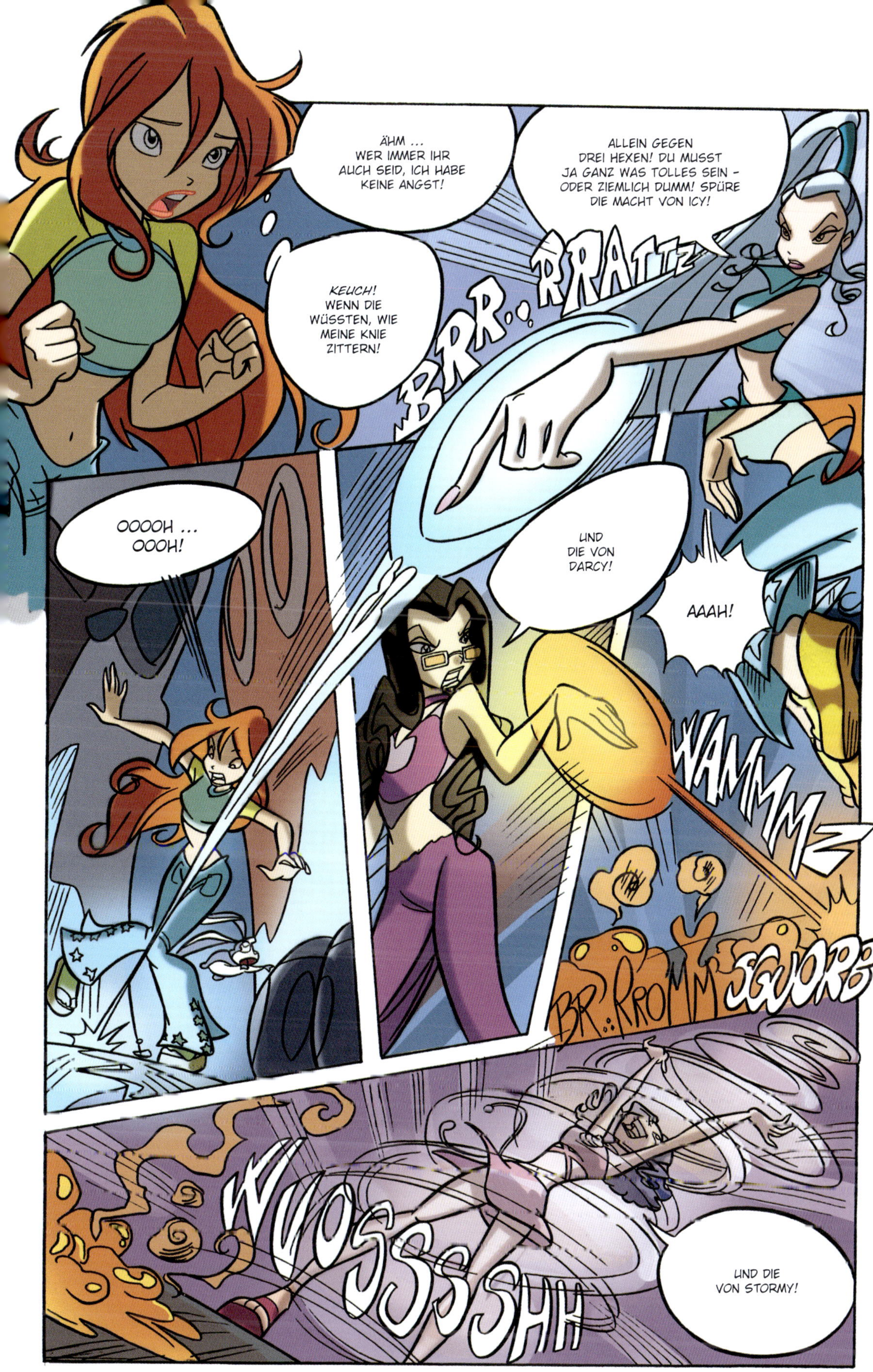
ÄHM ...
WER IMMER IHR AUCH SEID, ICH HABE KEINE ANGST!
KEUCH! WENN DIE WÜSSTEN, WIE MEINE KNIE ZITTERN!
ALLEIN GEGEN DREI HEXEN! DU MUSST JA GANZ WAS TOLLES SEIN - ODER ZIEMLICH DUMM! SPÜRE DIE MACHT VON ICY!
BRR..RRATTZ
OOOOH ... OOOH!
UND DIE VON DARCY!
AAAH!
WAMMMZ
BR..RROMM
SGUORB
WUOSSSSSHH
UND DIE VON STORMY!

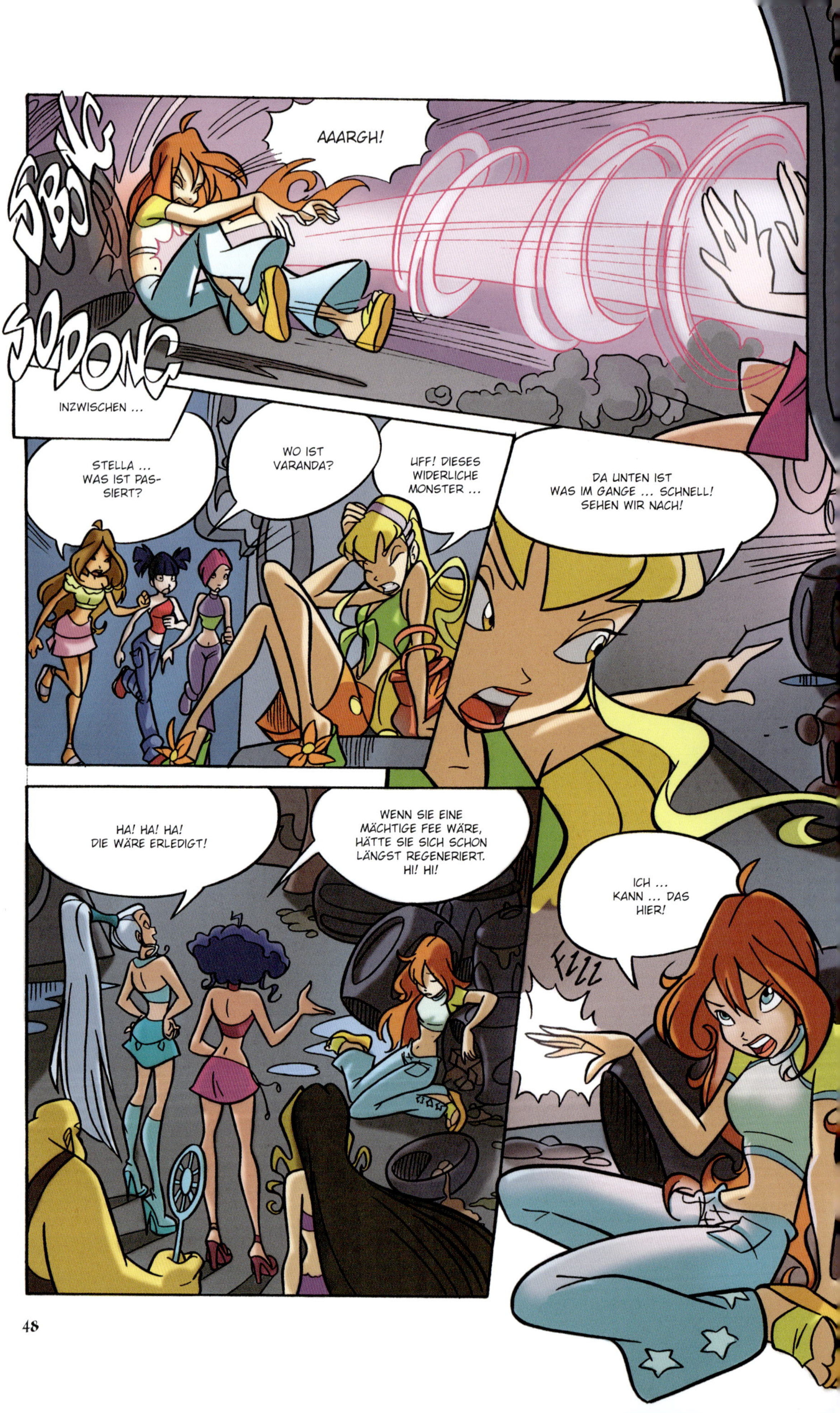

SBANG
AAARGH!
SDONG
INZWISCHEN ...
STELLA ... WAS IST PASSIERT?
WO IST VARANDA?
UFF! DIESES WIDERLICHE MONSTER ...
DA UNTEN IST WAS IM GANGE ... SCHNELL! SEHEN WIR NACH!
HA! HA! HA! DIE WÄRE ERLEDIGT!
WENN SIE EINE MÄCHTIGE FEE WÄRE, HÄTTE SIE SICH SCHON LÄNGST REGENERIERT. HI! HI!
ICH ... KANN ... DAS HIER!
FZZZ

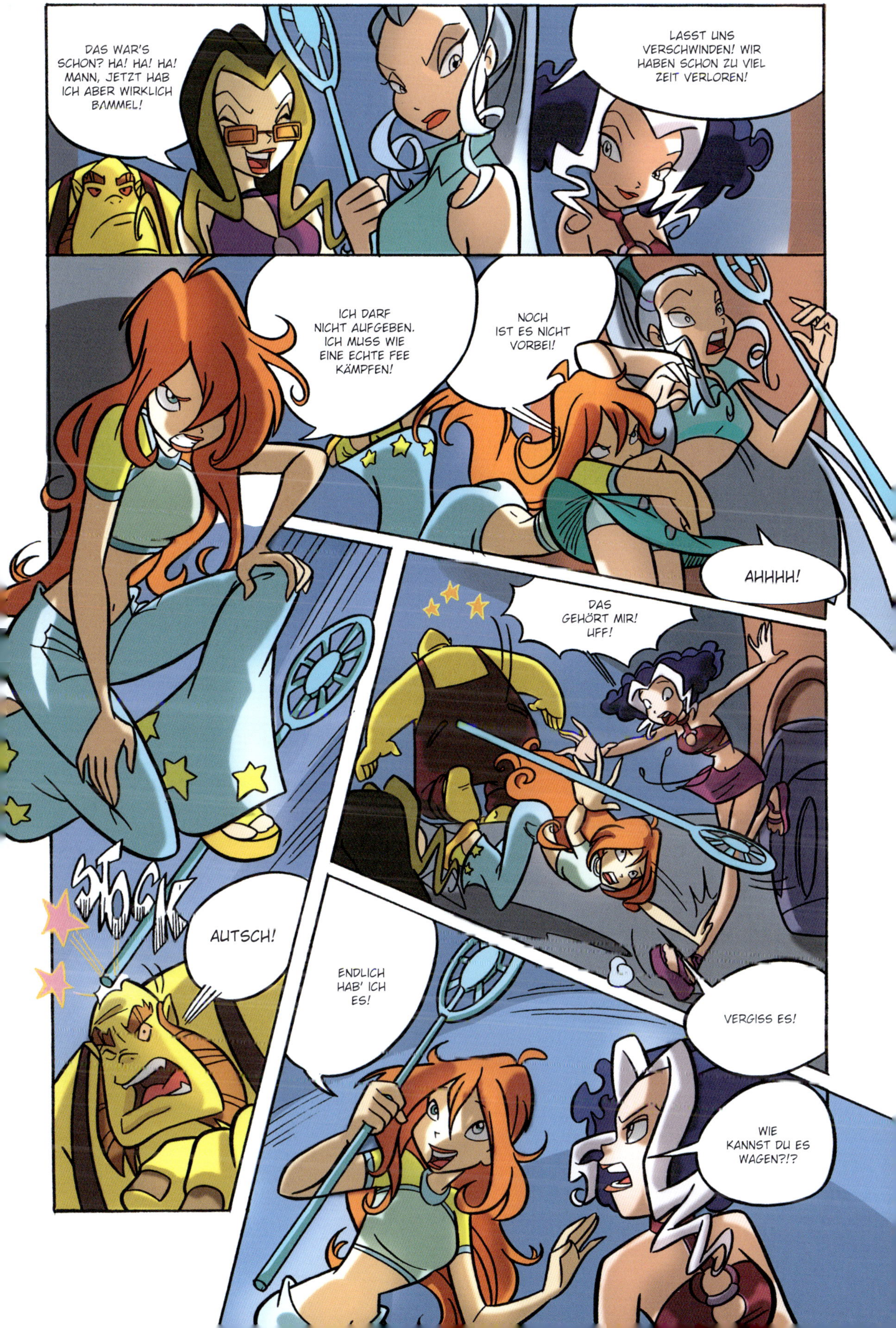
DAS WAR'S SCHON? HA! HA! HA! MANN, JETZT HAB ICH ABER WIRKLICH BAMMEL!
LASST UNS VERSCHWINDEN! WIR HABEN SCHON ZU VIEL ZEIT VERLOREN!
ICH DARF NICHT AUFGEBEN. ICH MUSS WIE EINE ECHTE FEE KÄMPFEN!
NOCH IST ES NICHT VORBEI!
AHHHH!
DAS GEHÖRT MIR! UFF!
AUTSCH!
ENDLICH HAB' ICH ES!
VERGISS ES!
WIE KANNST DU ES WAGEN?!?

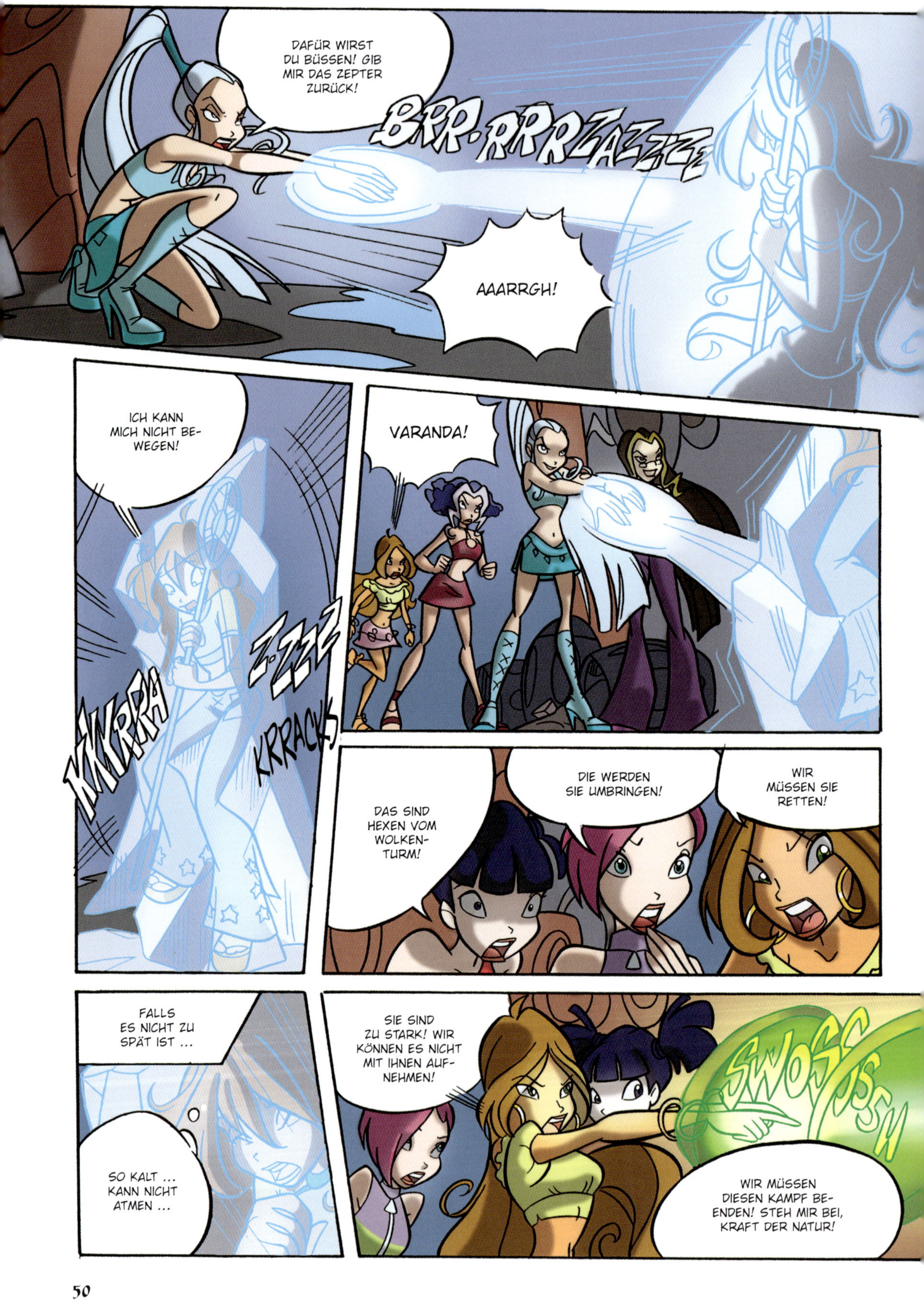
DAFÜR WIRST DU BÜSSEN! GIB MIR DAS ZEPTER ZURÜCK!
BRR-RRRZAZZZE
AAARRGH!
ICH KANN MICH NICHT BE-WEGEN!
KNNRRA
Z-ZZZ
KRRACKS
VARANDA!
DAS SIND HEXEN VOM WOLKEN-TURM!
DIE WERDEN SIE UMBRINGEN!
WIR MÜSSEN SIE RETTEN!
FALLS ES NICHT ZU SPÄT IST …
SO KALT … KANN NICHT ATMEN …
SIE SIND ZU STARK! WIR KÖNNEN ES NICHT MIT IHNEN AUF-NEHMEN!
SWOSCH
WIR MÜSSEN DIESEN KAMPF BE-ENDEN! STEH MIR BEI, KRAFT DER NATUR!

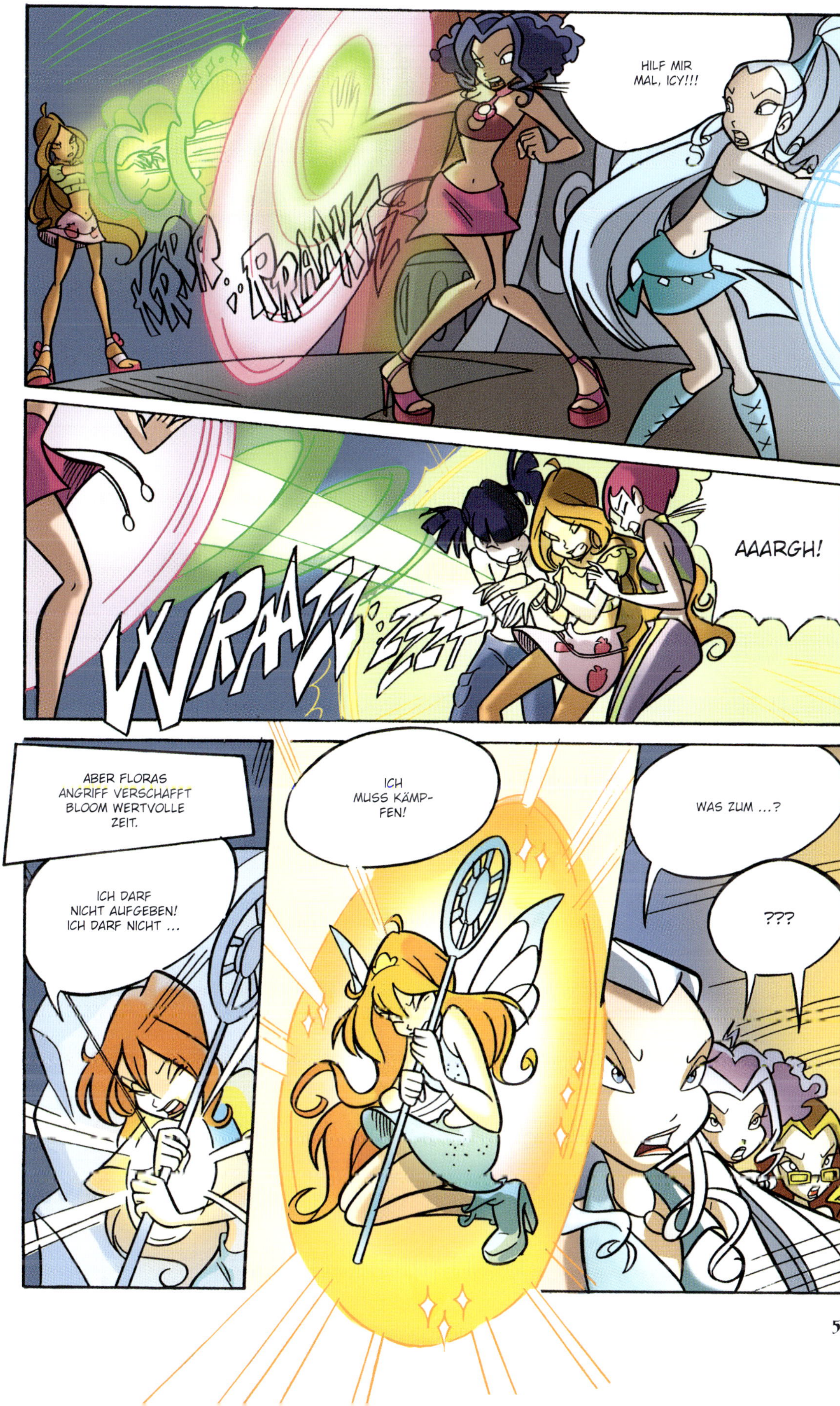
HILF MIR MAL, ICY!!!
KRRR...RRAHHT!
WRAZZ...ZZZT
AAARGH!
ABER FLORAS ANGRIFF VERSCHAFFT BLOOM WERTVOLLE ZEIT.
ICH DARF NICHT AUFGEBEN! ICH DARF NICHT ...
ICH MUSS KÄMP-FEN!
WAS ZUM ...?
???

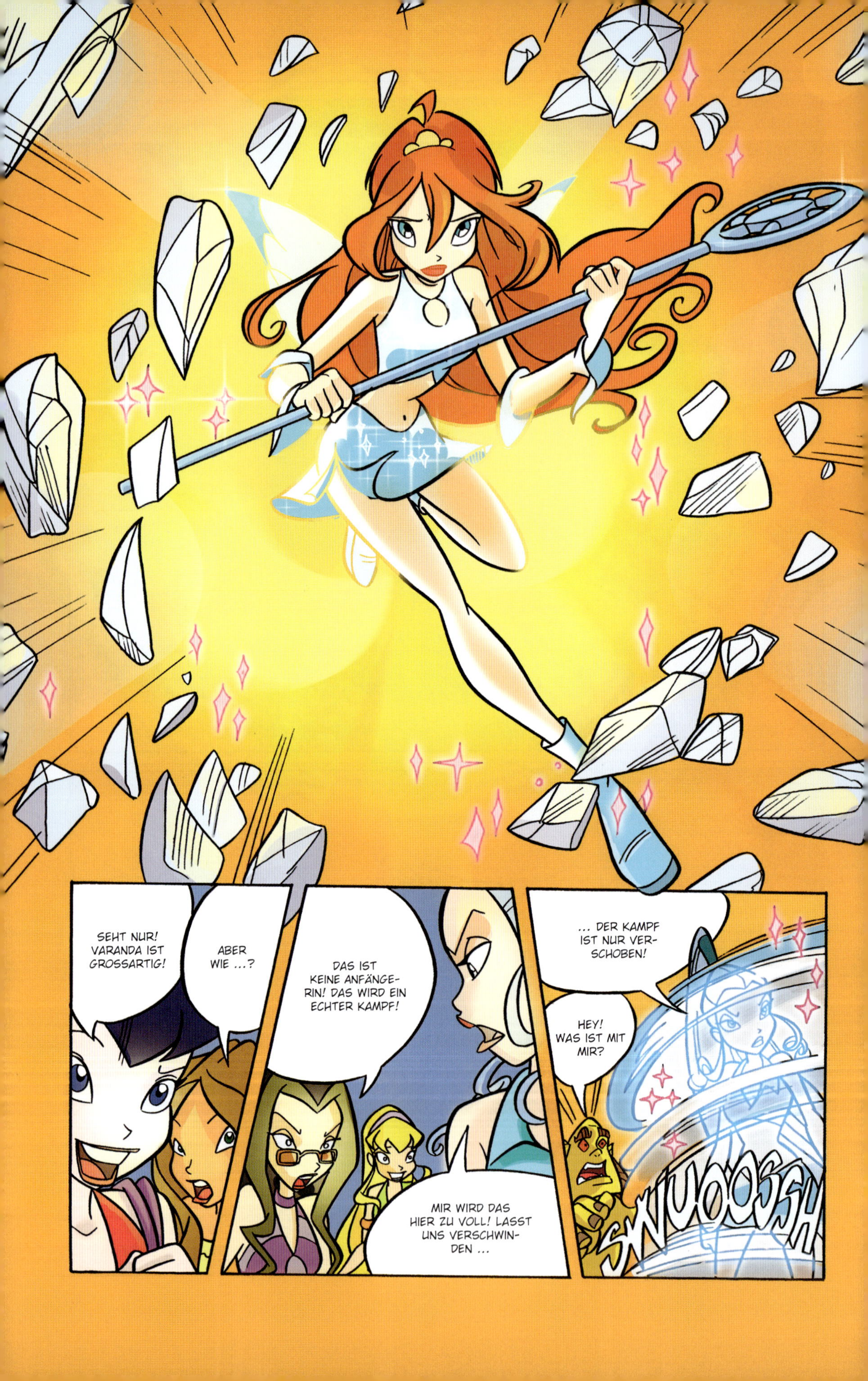
SEHT NUR! VARANDA IST GROSSARTIG!
ABER WIE ...?
DAS IST KEINE ANFÄNGE-RIN! DAS WIRD EIN ECHTER KAMPF!
MIR WIRD DAS HIER ZU VOLL! LASST UNS VERSCHWIN-DEN ...
... DER KAMPF IST NUR VER-SCHOBEN!
HEY! WAS IST MIT MIR?
SWUOOSSH

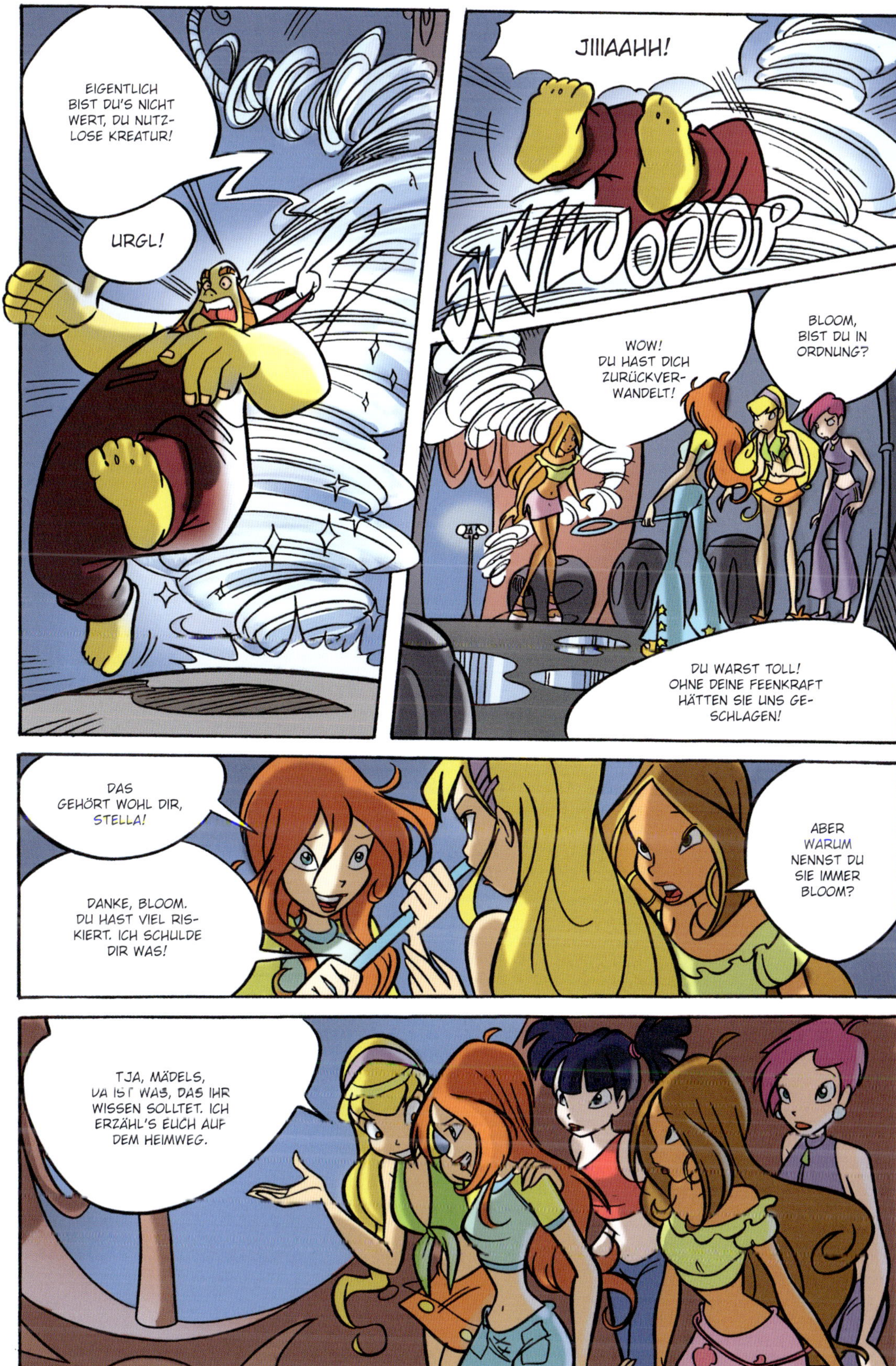
EIGENTLICH BIST DU'S NICHT WERT, DU NUTZLOSE KREATUR!
URGL!
JIIIAAHH!
SWIIIWOOOOP
WOW! DU HAST DICH ZURÜCKVERWANDELT!
BLOOM, BIST DU IN ORDNUNG?
DU WARST TOLL! OHNE DEINE FEENKRAFT HÄTTEN SIE UNS GESCHLAGEN!
DAS GEHÖRT WOHL DIR, STELLA!
DANKE, BLOOM. DU HAST VIEL RISKIERT. ICH SCHULDE DIR WAS!
ABER WARUM NENNST DU SIE IMMER BLOOM?
TJA, MÄDELS, DA IST WAS, DAS IHR WISSEN SOLLTET. ICH ERZÄHL'S EUCH AUF DEM HEIMWEG.

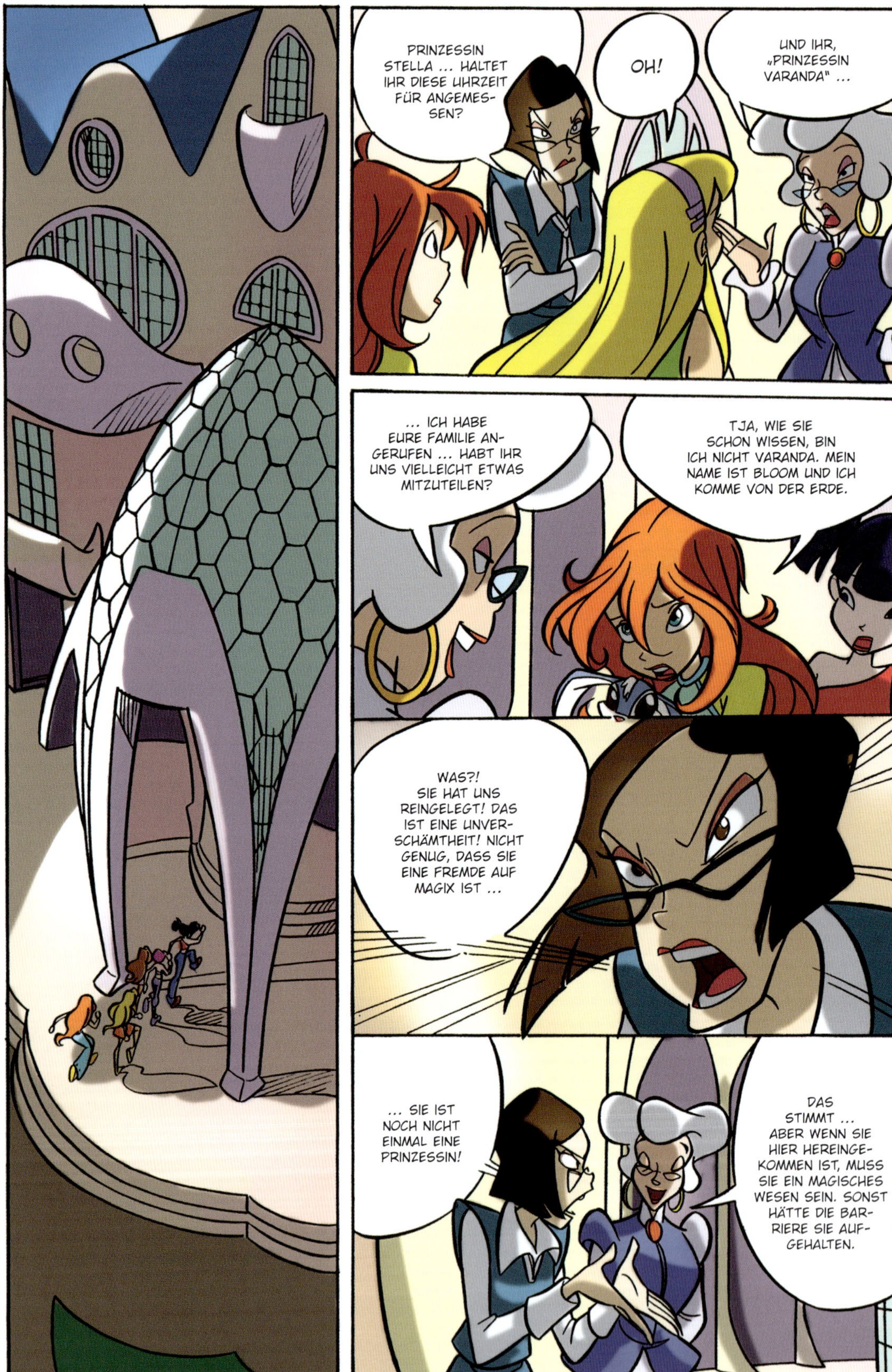
PRINZESSIN STELLA … HALTET IHR DIESE UHRZEIT FÜR ANGEMESSEN?
OH!
UND IHR, „PRINZESSIN VARANDA" …
… ICH HABE EURE FAMILIE ANGERUFEN … HABT IHR UNS VIELLEICHT ETWAS MITZUTEILEN?
TJA, WIE SIE SCHON WISSEN, BIN ICH NICHT VARANDA. MEIN NAME IST BLOOM UND ICH KOMME VON DER ERDE.
WAS?! SIE HAT UNS REINGELEGT! DAS IST EINE UNVERSCHÄMTHEIT! NICHT GENUG, DASS SIE EINE FREMDE AUF MAGIX IST …
… SIE IST NOCH NICHT EINMAL EINE PRINZESSIN!
DAS STIMMT … ABER WENN SIE HIER HEREINGEKOMMEN IST, MUSS SIE EIN MAGISCHES WESEN SEIN. SONST HÄTTE DIE BARRIERE SIE AUFGEHALTEN.

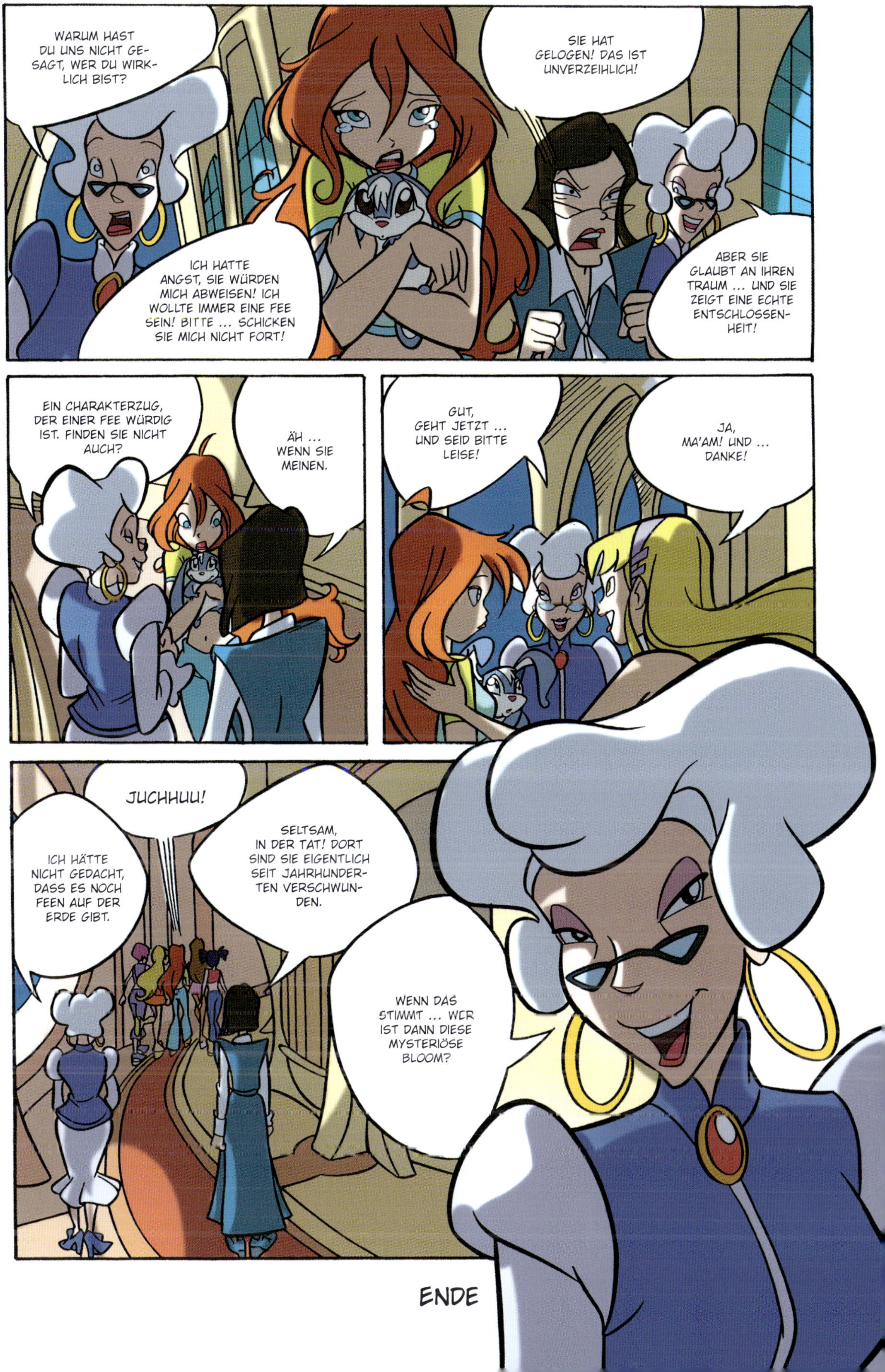
WARUM HAST DU UNS NICHT GESAGT, WER DU WIRKLICH BIST?
ICH HATTE ANGST, SIE WÜRDEN MICH ABWEISEN! ICH WOLLTE IMMER EINE FEE SEIN! BITTE ... SCHICKEN SIE MICH NICHT FORT!
SIE HAT GELOGEN! DAS IST UNVERZEIHLICH!
ABER SIE GLAUBT AN IHREN TRAUM ... UND SIE ZEIGT EINE ECHTE ENTSCHLOSSENHEIT!
EIN CHARAKTERZUG, DER EINER FEE WÜRDIG IST. FINDEN SIE NICHT AUCH?
ÄH ... WENN SIE MEINEN.
GUT, GEHT JETZT ... UND SEID BITTE LEISE!
JA, MA'AM! UND ... DANKE!
JUCHHUU!
ICH HÄTTE NICHT GEDACHT, DASS ES NOCH FEEN AUF DER ERDE GIBT.
SELTSAM, IN DER TAT! DORT SIND SIE EIGENTLICH SEIT JAHRHUNDERTEN VERSCHWUNDEN.
WENN DAS STIMMT ... WER IST DANN DIESE MYSTERIÖSE BLOOM?

ENDE

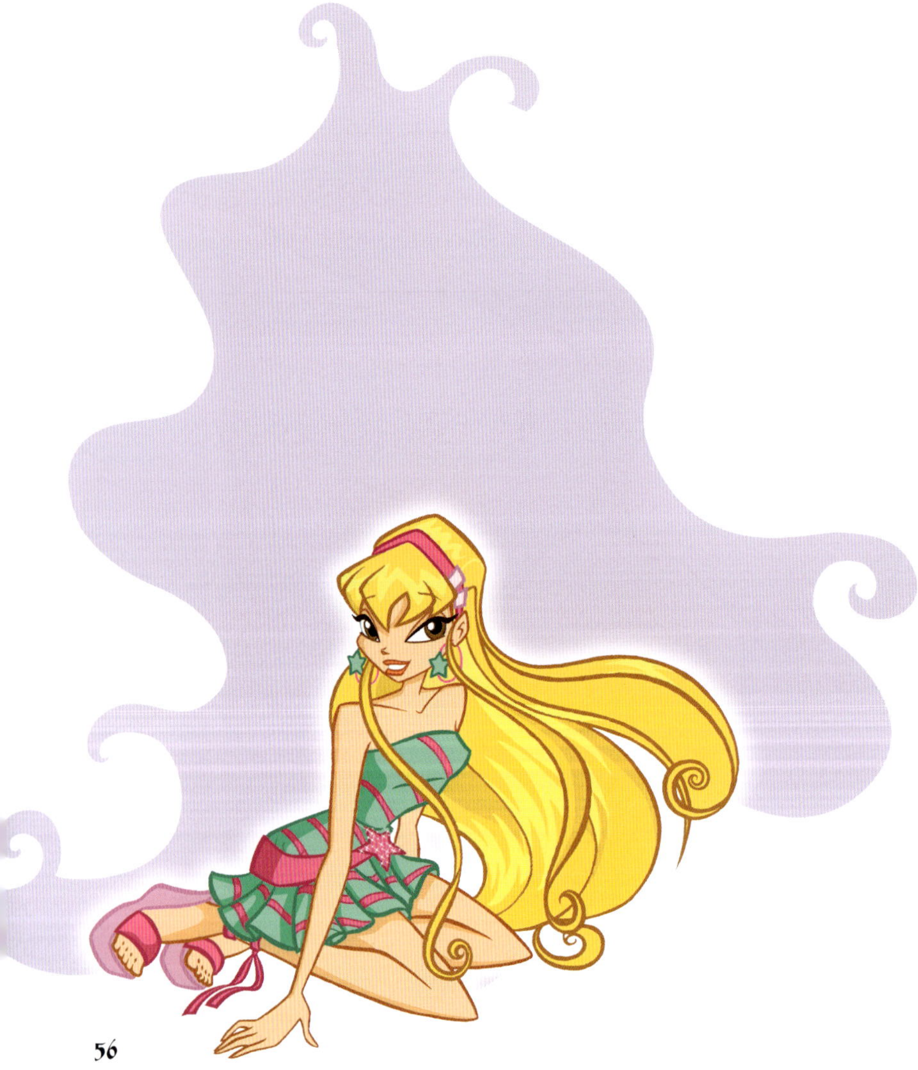

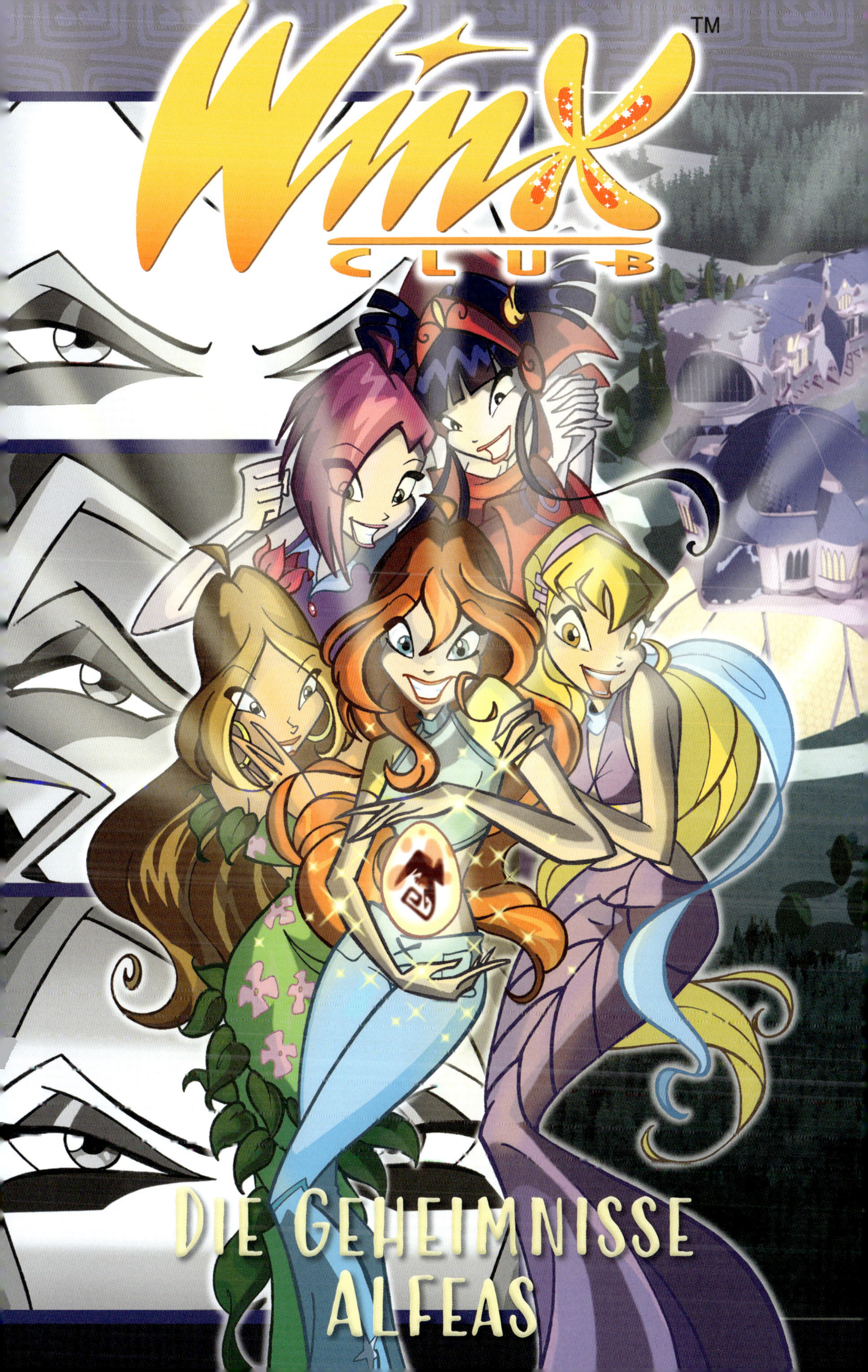
Winx™
CLUB
DIE GEHEIMNISSE
ALFEAS

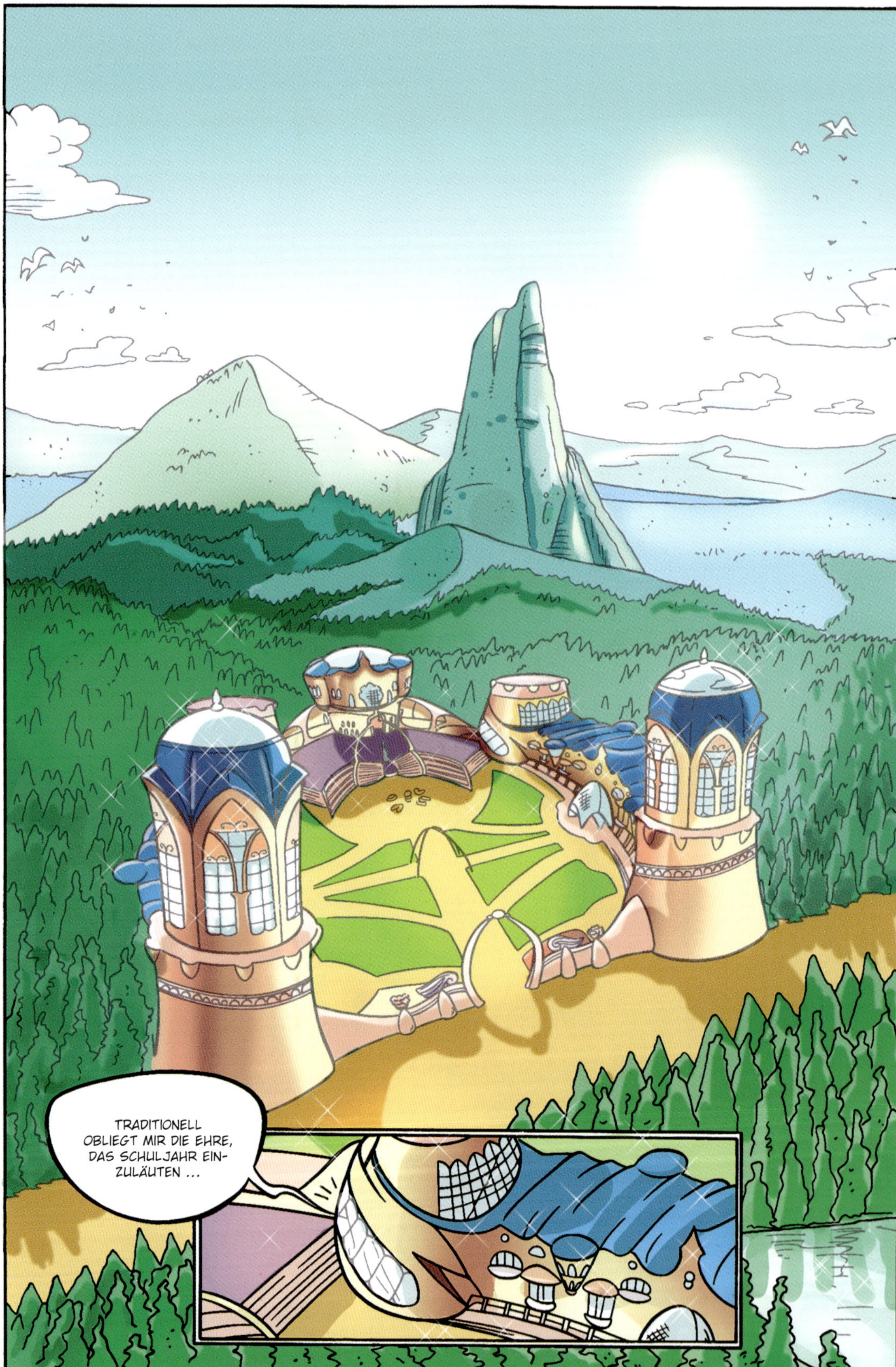
TRADITIONELL OBLIEGT MIR DIE EHRE, DAS SCHULJAHR EIN-ZULÄUTEN ...

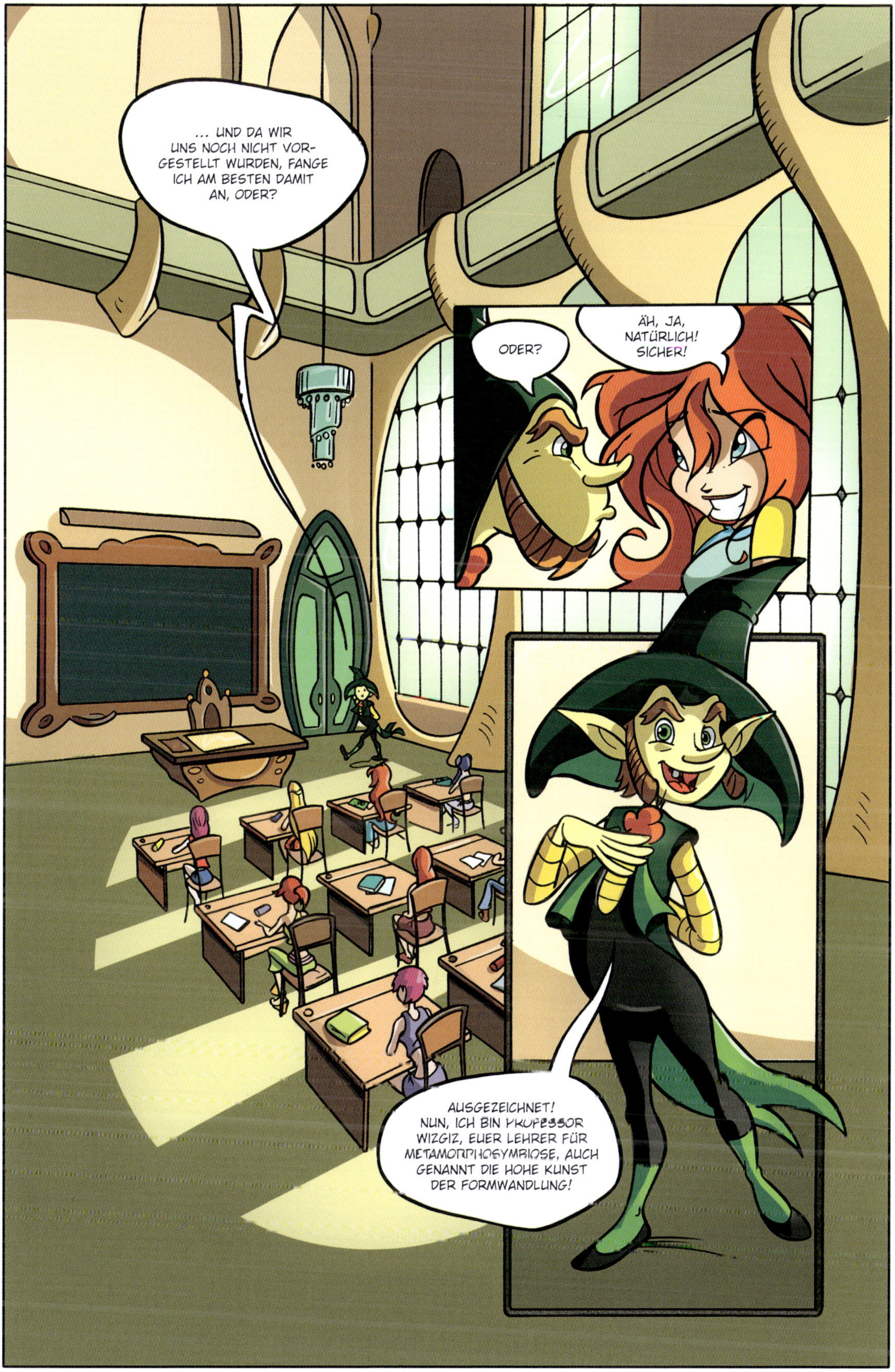
... UND DA WIR UNS NOCH NICHT VORGESTELLT WURDEN, FANGE ICH AM BESTEN DAMIT AN, ODER?
ODER?
ÄH, JA, NATÜRLICH! SICHER!
AUSGEZEICHNET! NUN, ICH BIN PROFESSOR WIZGIZ, EUER LEHRER FÜR METAMORPHOSYMBIOSE, AUCH GENANNT DIE HOHE KUNST DER FORMWANDLUNG!

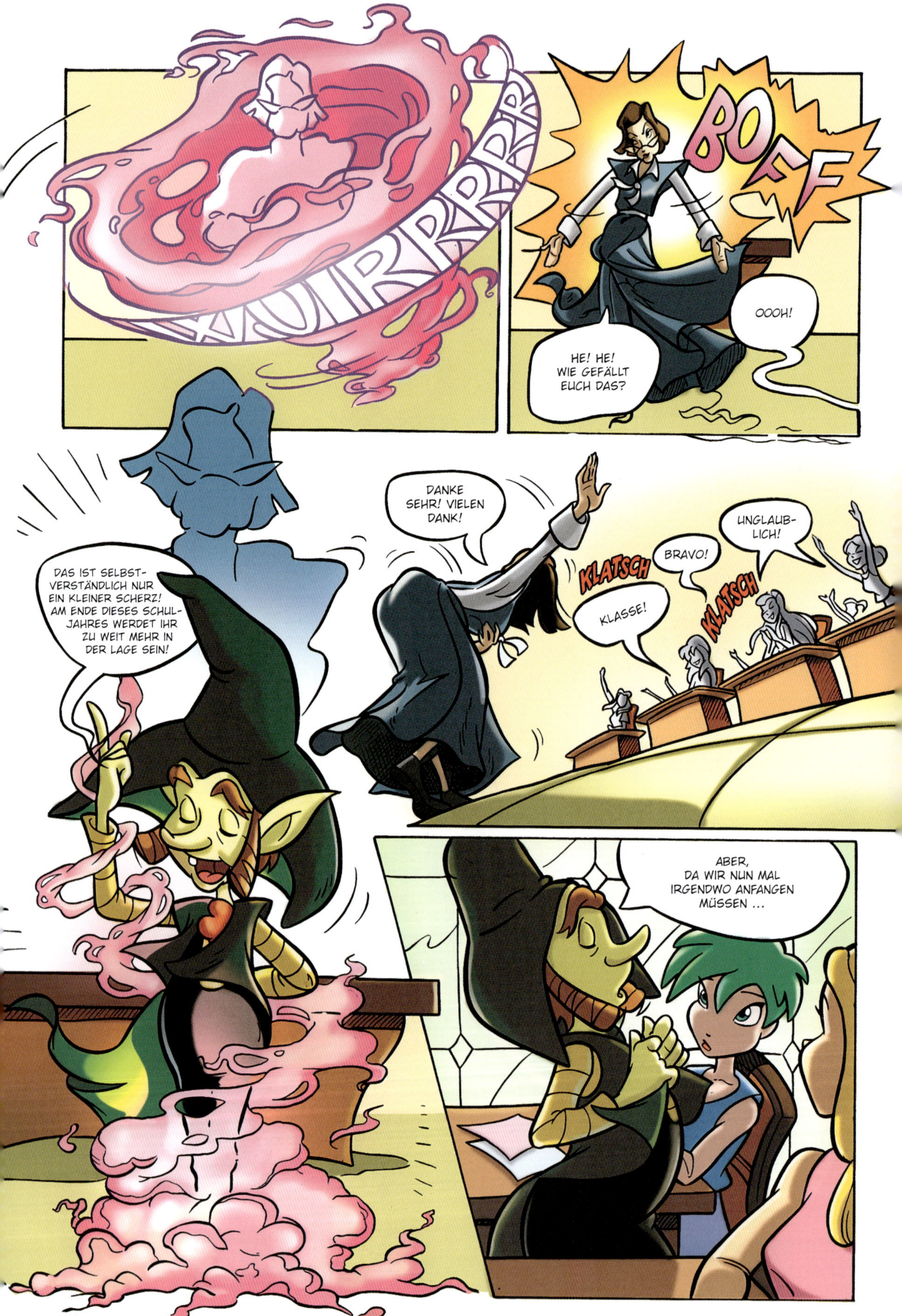
WUIRRRRR
BOFF
HE! HE! WIE GEFÄLLT EUCH DAS?
OOOH!
DANKE SEHR! VIELEN DANK!
UNGLAUB-LICH!
BRAVO!
KLATSCH
KLASSE!
KLATSCH
DAS IST SELBST-VERSTÄNDLICH NUR EIN KLEINER SCHERZ! AM ENDE DIESES SCHUL-JAHRES WERDET IHR ZU WEIT MEHR IN DER LAGE SEIN!
ABER, DA WIR NUN MAL IRGENDWO ANFANGEN MÜSSEN ...

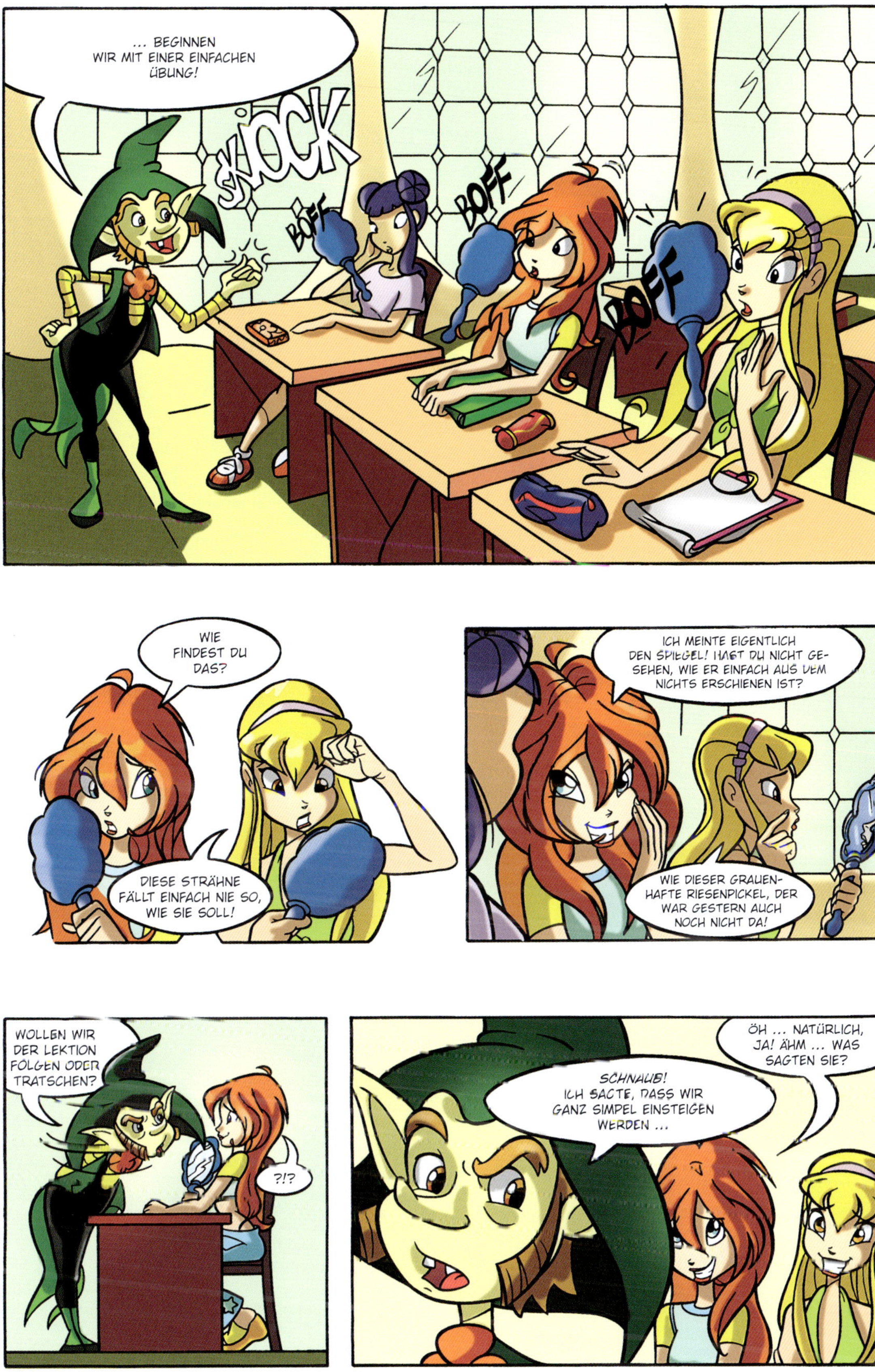
... BEGINNEN WIR MIT EINER EINFACHEN ÜBUNG!
SKLOCK
BOFF
BOFF
BOFF
WIE FINDEST DU DAS?
DIESE STRÄHNE FÄLLT EINFACH NIE SO, WIE SIE SOLL!
ICH MEINTE EIGENTLICH DEN SPIEGEL! HAST DU NICHT GESEHEN, WIE ER EINFACH AUS DEM NICHTS ERSCHIENEN IST?
WIE DIESER GRAUENHAFTE RIESENPICKEL, DER WAR GESTERN AUCH NOCH NICHT DA!
WOLLEN WIR DER LEKTION FOLGEN ODER TRATSCHEN?
?!?
ÖH ... NATÜRLICH, JA! ÄHM ... WAS SAGTEN SIE?
SCHNAUB! ICH SAGTE, DASS WIR GANZ SIMPEL EINSTEIGEN WERDEN ...

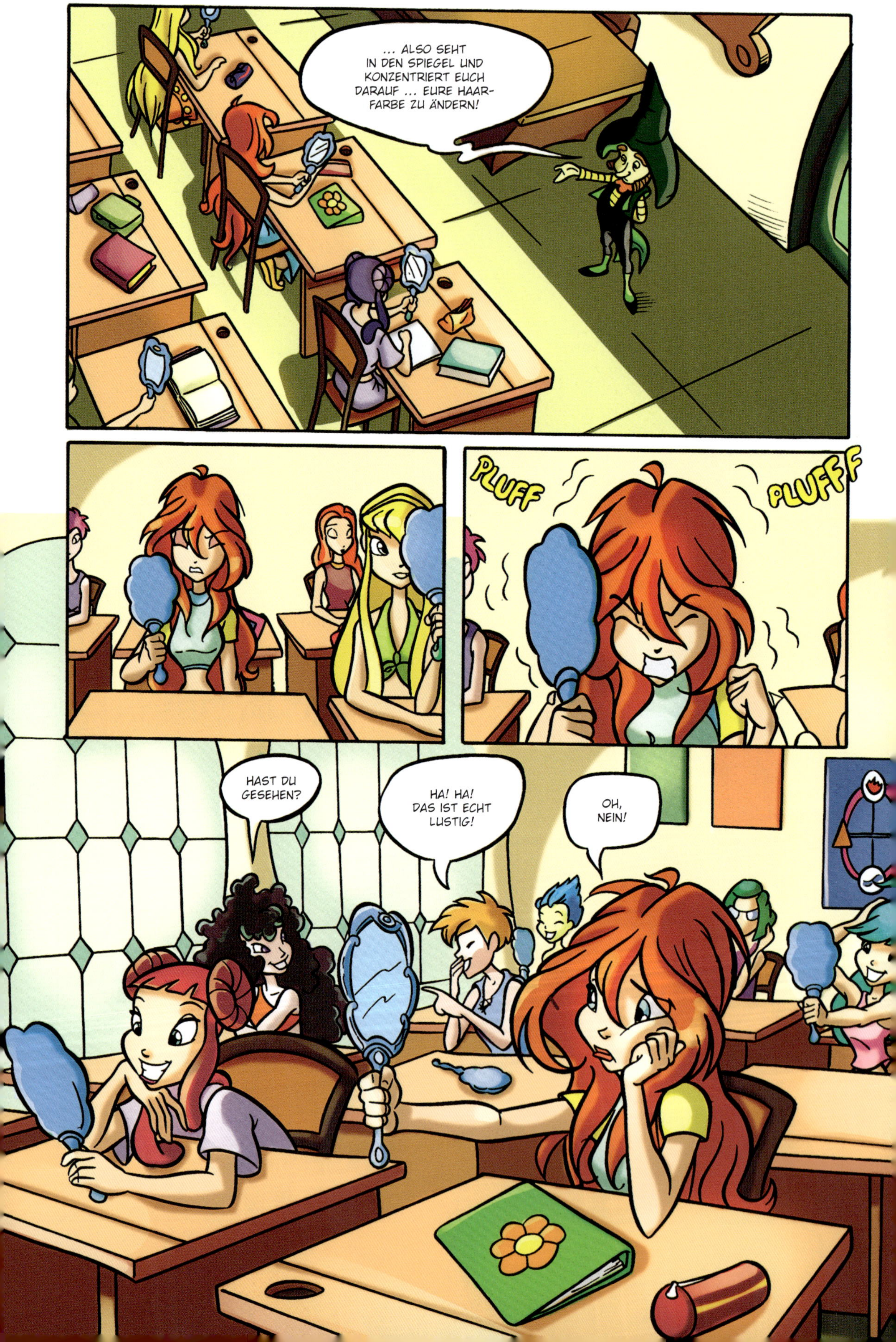
... ALSO SEHT IN DEN SPIEGEL UND KONZENTRIERT EUCH DARAUF ... EURE HAAR-FARBE ZU ÄNDERN!
PLUFF
PLUFFF
HAST DU GESEHEN?
HA! HA! DAS IST ECHT LUSTIG!
OH, NEIN!

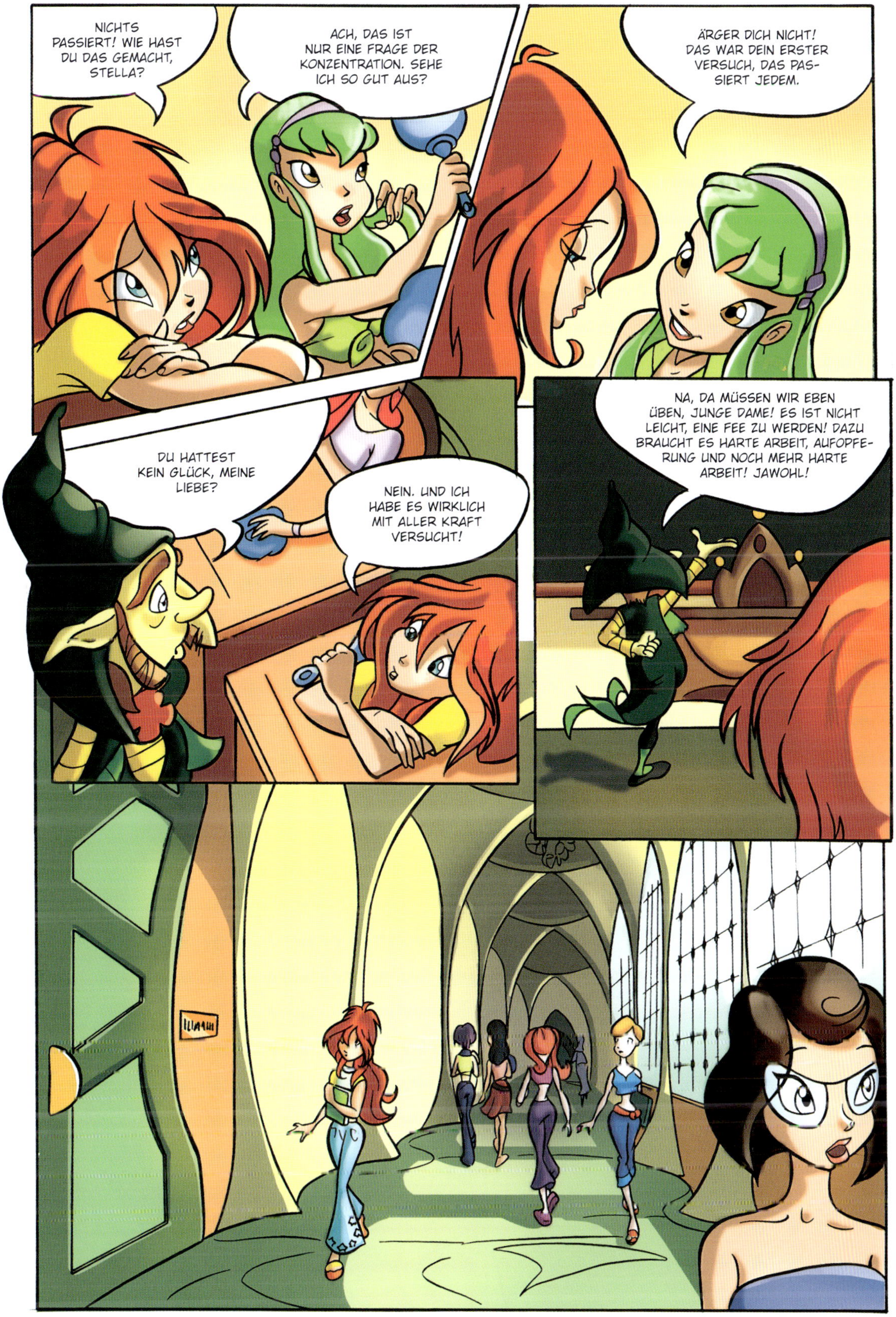
NICHTS PASSIERT! WIE HAST DU DAS GEMACHT, STELLA?
ACH, DAS IST NUR EINE FRAGE DER KONZENTRATION. SEHE ICH SO GUT AUS?
ÄRGER DICH NICHT! DAS WAR DEIN ERSTER VERSUCH, DAS PASSIERT JEDEM.
DU HATTEST KEIN GLÜCK, MEINE LIEBE?
NEIN. UND ICH HABE ES WIRKLICH MIT ALLER KRAFT VERSUCHT!
NA, DA MÜSSEN WIR EBEN ÜBEN, JUNGE DAME! ES IST NICHT LEICHT, EINE FEE ZU WERDEN! DAZU BRAUCHT ES HARTE ARBEIT, AUFOPFERUNG UND NOCH MEHR HARTE ARBEIT! JAWOHL!

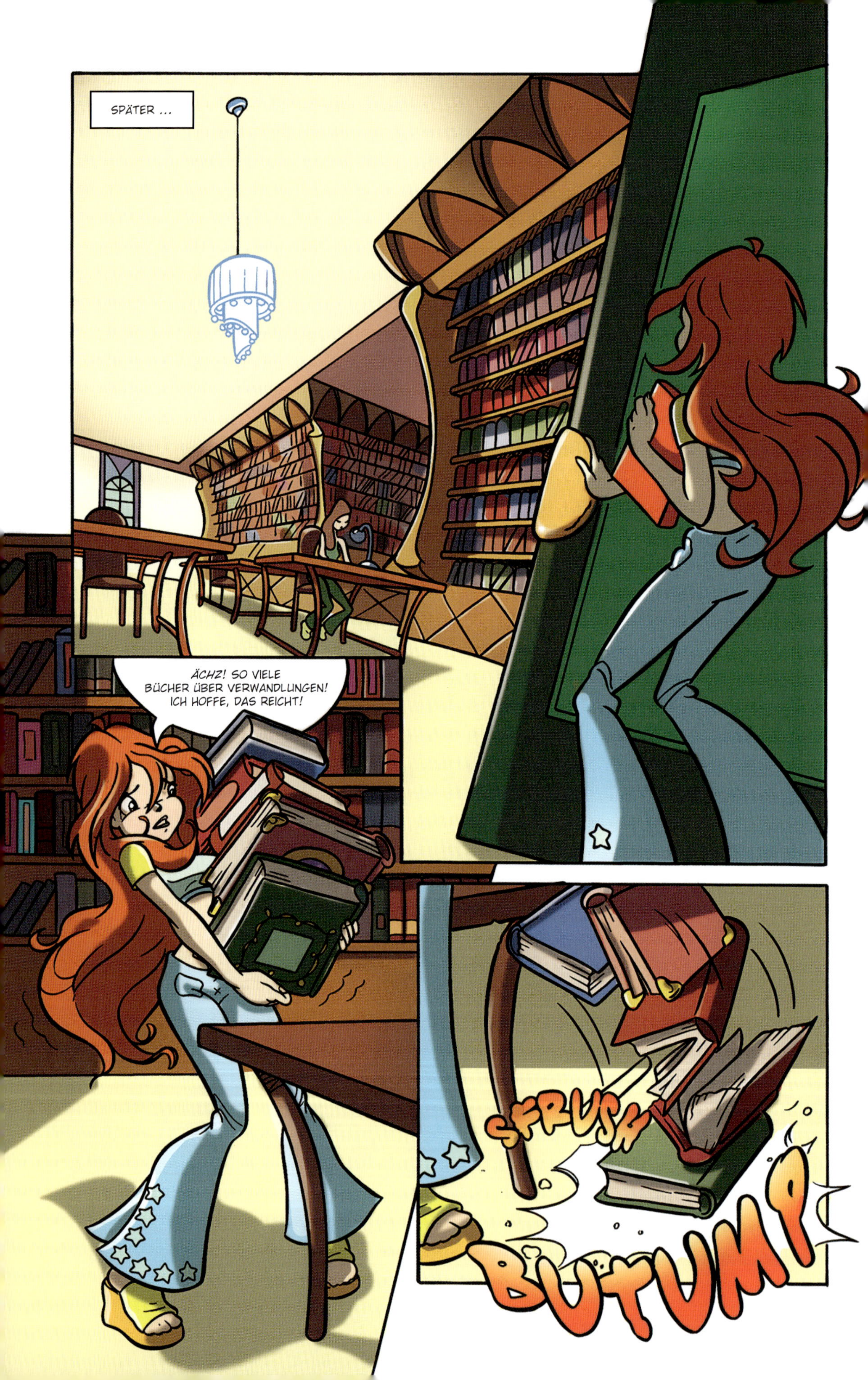
SPÄTER ...
ÄCHZ! SO VIELE BÜCHER ÜBER VERWANDLUNGEN! ICH HOFFE, DAS REICHT!
SFRUSH
BUTUMP

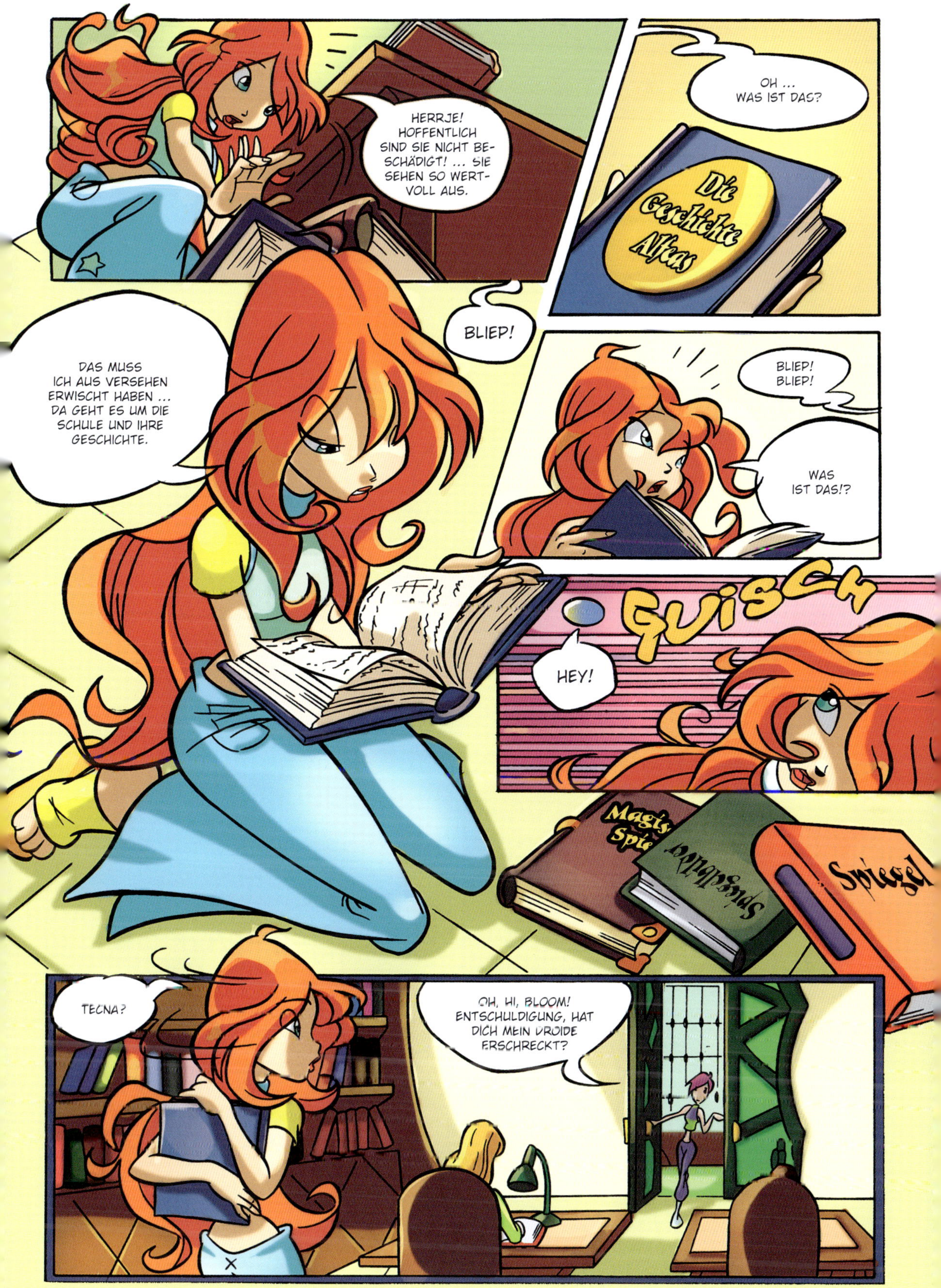
HERRJE! HOFFENTLICH SIND SIE NICHT BE- SCHÄDIGT! ... SIE SEHEN SO WERT- VOLL AUS.
OH ... WAS IST DAS?
Die Geschichte Alfeas
DAS MUSS ICH AUS VERSEHEN ERWISCHT HABEN ... DA GEHT ES UM DIE SCHULE UND IHRE GESCHICHTE.
BLIEP!
BLIEP! BLIEP!
WAS IST DAS!?
QUISCH
HEY!
Spiegelbilder
Spiegel
TECNA?
OH, HI, BLOOM! ENTSCHULDIGUNG, HAT DICH MEIN DROIDE ERSCHRECKT?

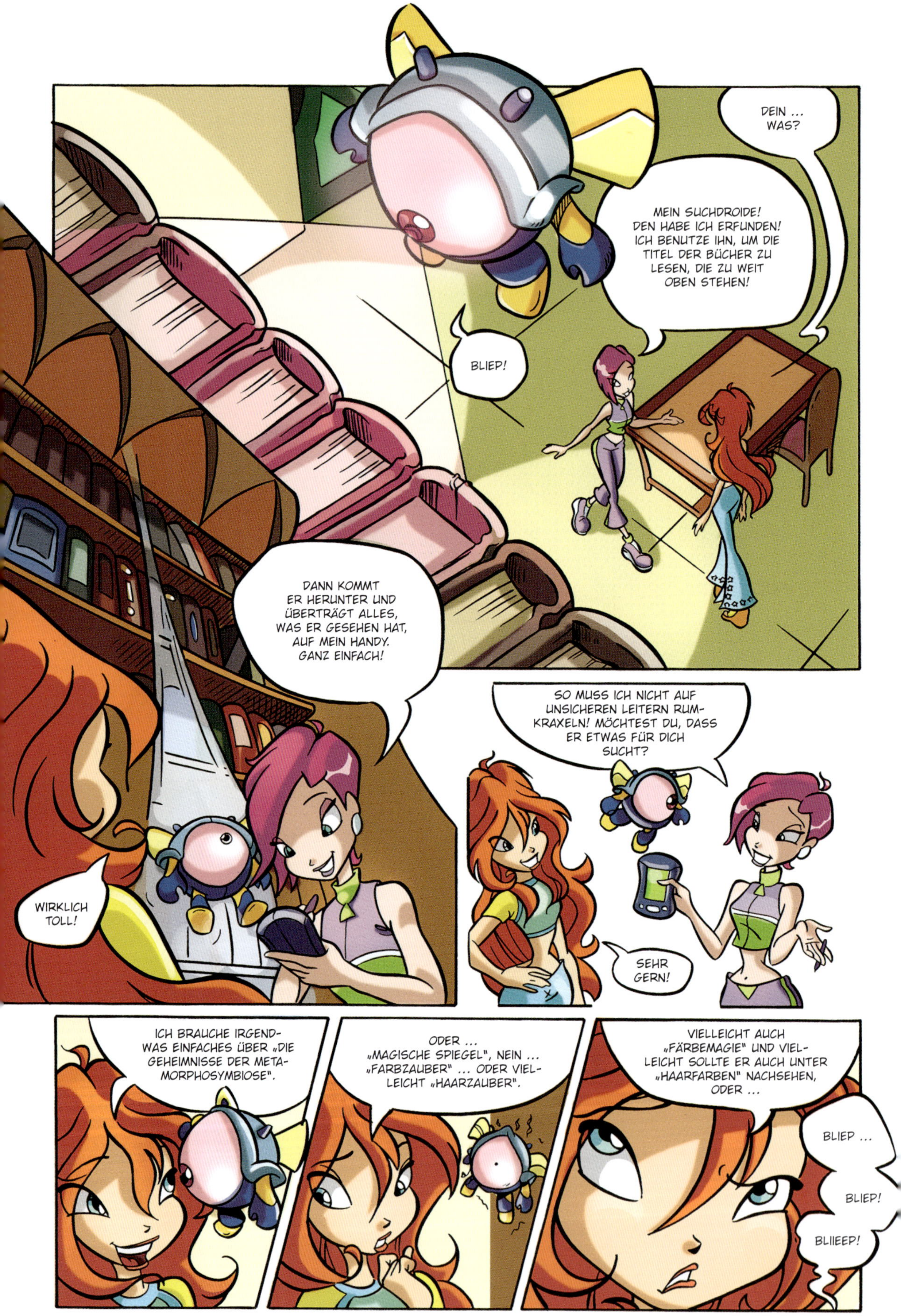
DEIN ... WAS?
MEIN SUCHDROIDE! DEN HABE ICH ERFUNDEN! ICH BENUTZE IHN, UM DIE TITEL DER BÜCHER ZU LESEN, DIE ZU WEIT OBEN STEHEN!
BLIEP!
DANN KOMMT ER HERUNTER UND ÜBERTRÄGT ALLES, WAS ER GESEHEN HAT, AUF MEIN HANDY. GANZ EINFACH!
WIRKLICH TOLL!
SO MUSS ICH NICHT AUF UNSICHEREN LEITERN RUMKRAXELN! MÖCHTEST DU, DASS ER ETWAS FÜR DICH SUCHT?
SEHR GERN!
ICH BRAUCHE IRGENDWAS EINFACHES ÜBER „DIE GEHEIMNISSE DER METAMORPHOSYMBIOSE".
ODER ... „MAGISCHE SPIEGEL", NEIN ... „FARBZAUBER" ... ODER VIELLEICHT „HAARZAUBER".
VIELLEICHT AUCH „FÄRBEMAGIE" UND VIELLEICHT SOLLTE ER AUCH UNTER „HAARFARBEN" NACHSEHEN, ODER ...
BLIEP ...
BLIEP!
BLIIEEP!

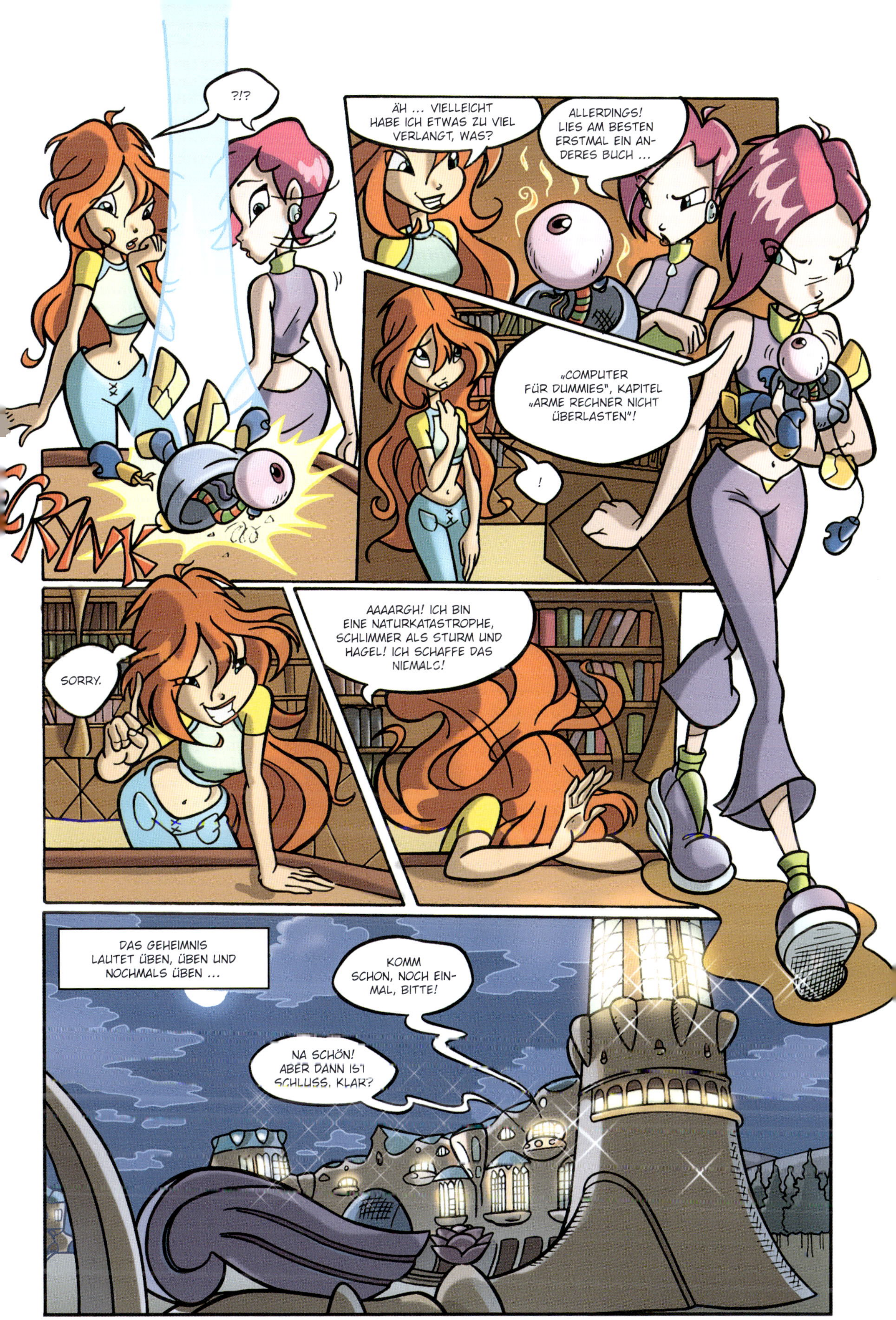
?!?
GRYNK
ÄH ... VIELLEICHT HABE ICH ETWAS ZU VIEL VERLANGT, WAS?
ALLERDINGS! LIES AM BESTEN ERSTMAL EIN ANDERES BUCH ...
„COMPUTER FÜR DUMMIES", KAPITEL „ARME RECHNER NICHT ÜBERLASTEN"!
!
SORRY.
AAAARGH! ICH BIN EINE NATURKATASTROPHE, SCHLIMMER ALS STURM UND HAGEL! ICH SCHAFFE DAS NIEMALS!
DAS GEHEIMNIS LAUTET ÜBEN, ÜBEN UND NOCHMALS ÜBEN ...
KOMM SCHON, NOCH EINMAL, BITTE!
NA SCHÖN! ABER DANN IST SCHLUSS, KLAR?

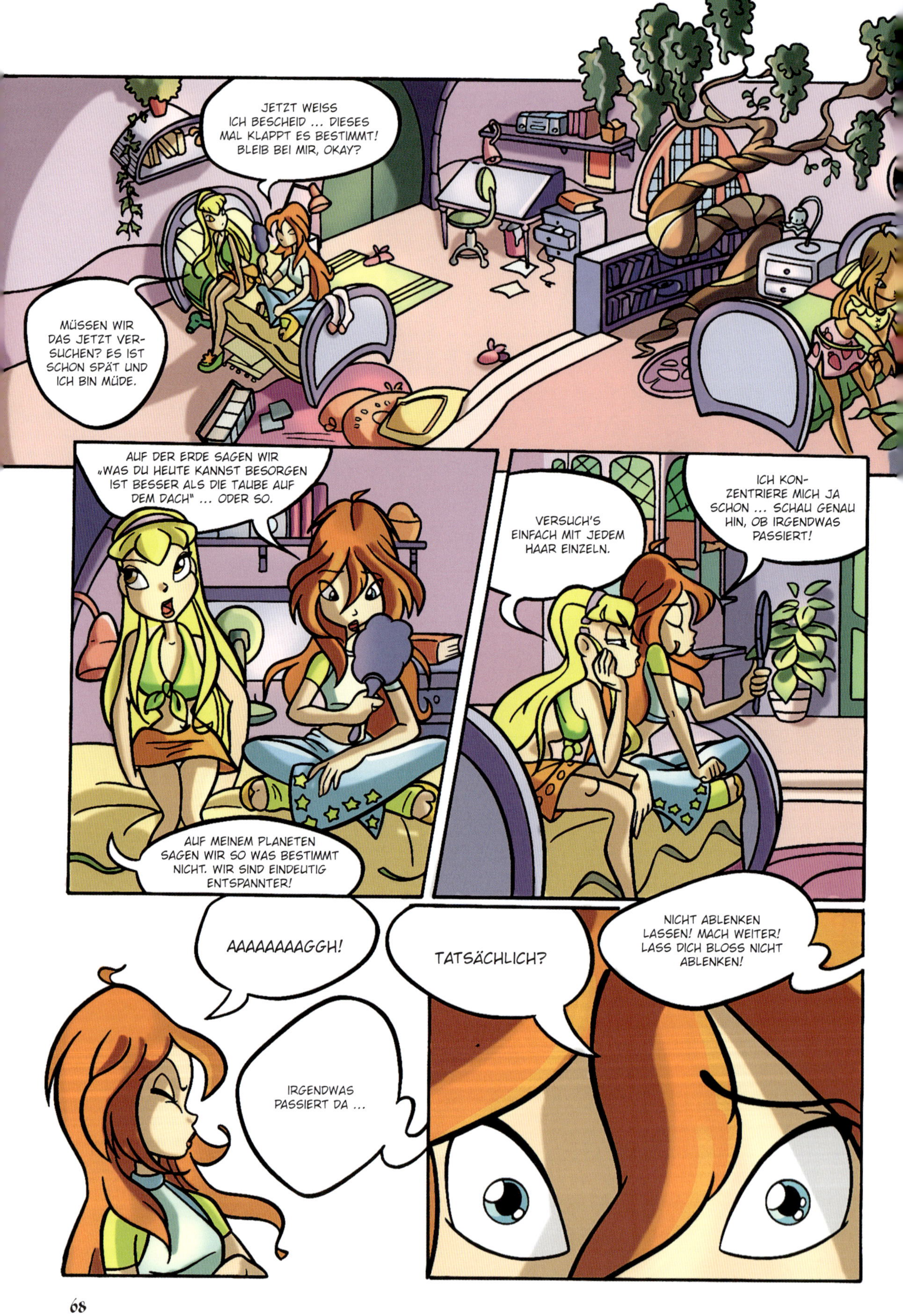
JETZT WEISS ICH BESCHEID ... DIESES MAL KLAPPT ES BESTIMMT! BLEIB BEI MIR, OKAY?
MÜSSEN WIR DAS JETZT VERSUCHEN? ES IST SCHON SPÄT UND ICH BIN MÜDE.
AUF DER ERDE SAGEN WIR „WAS DU HEUTE KANNST BESORGEN IST BESSER ALS DIE TAUBE AUF DEM DACH" ... ODER SO.
AUF MEINEM PLANETEN SAGEN WIR SO WAS BESTIMMT NICHT. WIR SIND EINDEUTIG ENTSPANNTER!
VERSUCH'S EINFACH MIT JEDEM HAAR EINZELN.
ICH KONZENTRIERE MICH JA SCHON ... SCHAU GENAU HIN, OB IRGENDWAS PASSIERT!
AAAAAAAAGGH!
IRGENDWAS PASSIERT DA ...
TATSÄCHLICH?
NICHT ABLENKEN LASSEN! MACH WEITER! LASS DICH BLOSS NICHT ABLENKEN!

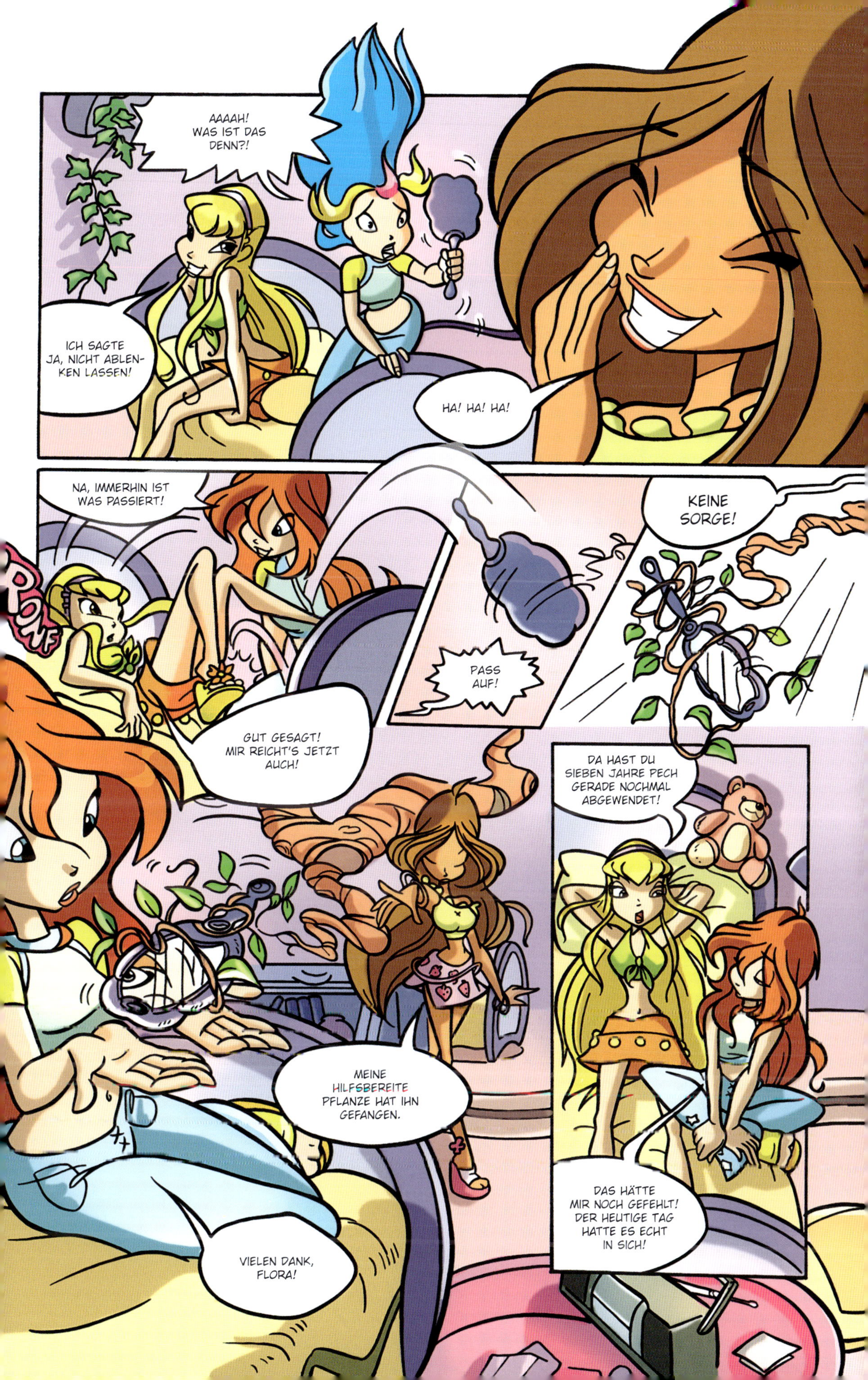
AAAAH!
WAS IST DAS
DENN?!
ICH SAGTE
JA, NICHT ABLEN-
KEN LASSEN!
HA! HA! HA!
NA, IMMERHIN IST
WAS PASSIERT!
RONF
PASS
AUF!
KEINE
SORGE!
GUT GESAGT!
MIR REICHT'S JETZT
AUCH!
MEINE
HILFSBEREITE
PFLANZE HAT IHN
GEFANGEN.
VIELEN DANK,
FLORA!
DA HAST DU
SIEBEN JAHRE PECH
GERADE NOCHMAL
ABGEWENDET!
DAS HÄTTE
MIR NOCH GEFEHLT!
DER HEUTIGE TAG
HATTE ES ECHT
IN SICH!

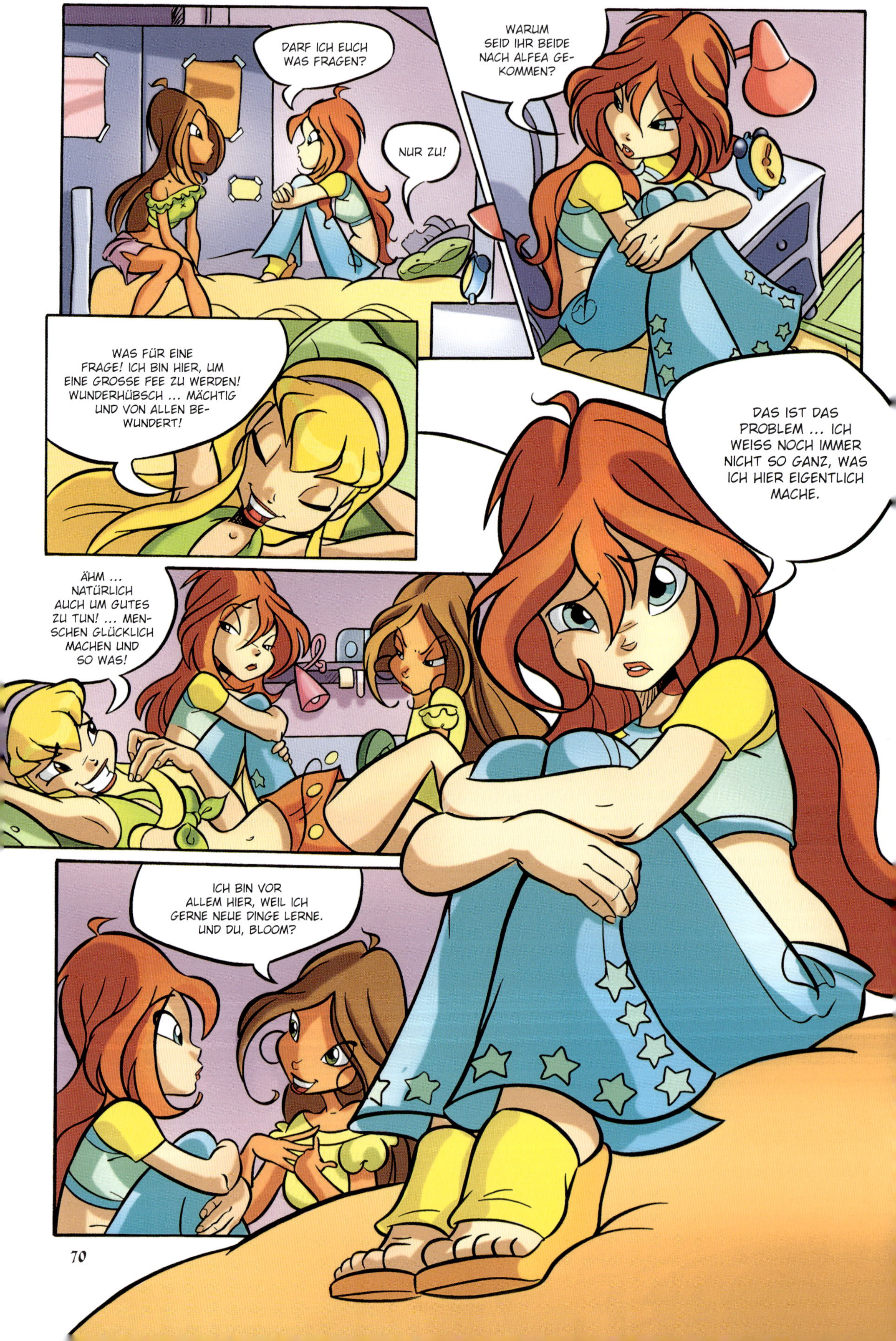
DARF ICH EUCH WAS FRAGEN?
NUR ZU!
WARUM SEID IHR BEIDE NACH ALFEA GEKOMMEN?
WAS FÜR EINE FRAGE! ICH BIN HIER, UM EINE GROSSE FEE ZU WERDEN! WUNDERHÜBSCH ... MÄCHTIG UND VON ALLEN BEWUNDERT!
ÄHM ... NATÜRLICH AUCH UM GUTES ZU TUN! ... MENSCHEN GLÜCKLICH MACHEN UND SO WAS!
ICH BIN VOR ALLEM HIER, WEIL ICH GERNE NEUE DINGE LERNE. UND DU, BLOOM?
DAS IST DAS PROBLEM ... ICH WEISS NOCH IMMER NICHT SO GANZ, WAS ICH HIER EIGENTLICH MACHE.

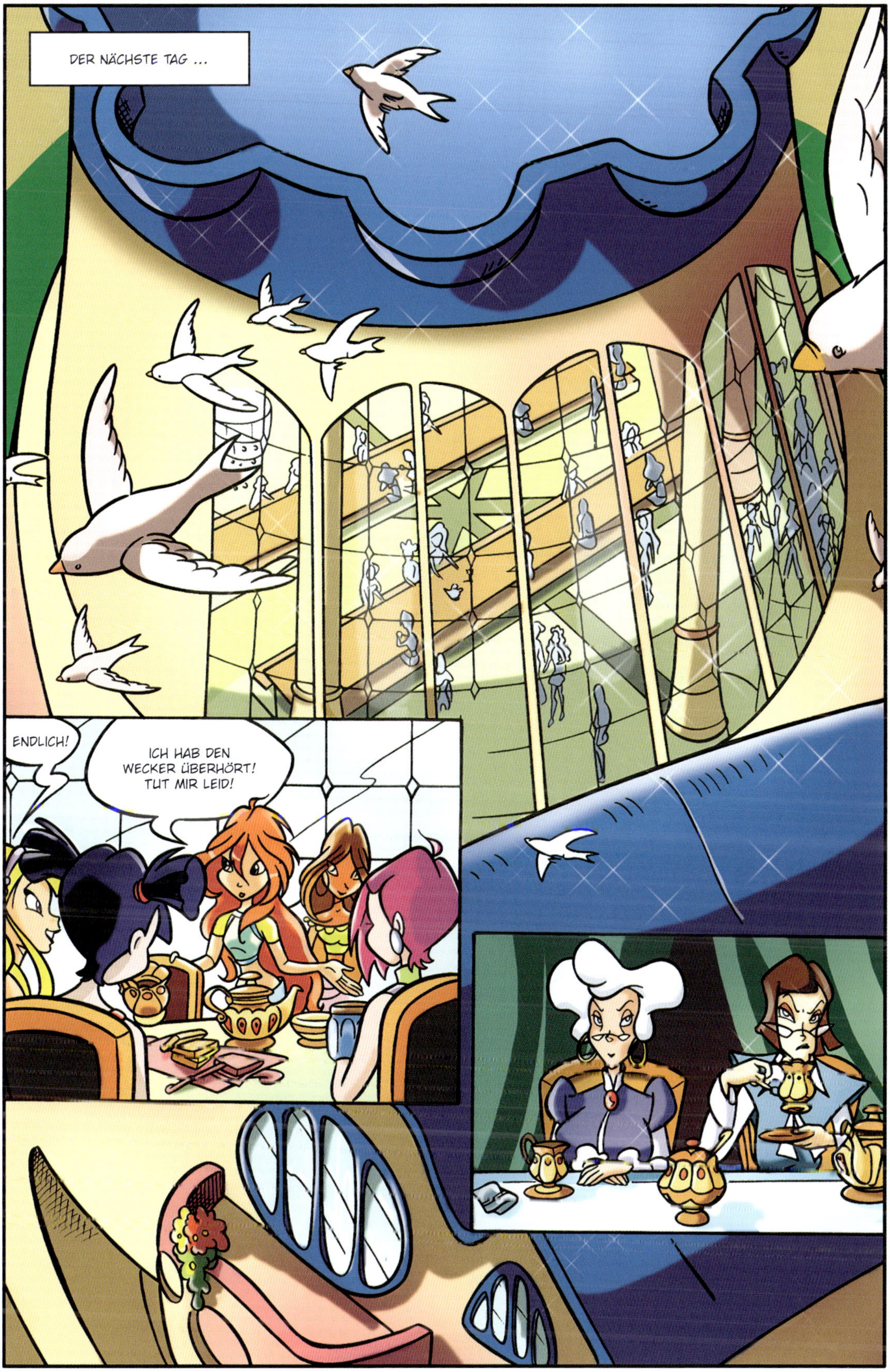
DER NÄCHSTE TAG ...
ENDLICH!
ICH HAB DEN WECKER ÜBERHÖRT! TUT MIR LEID!

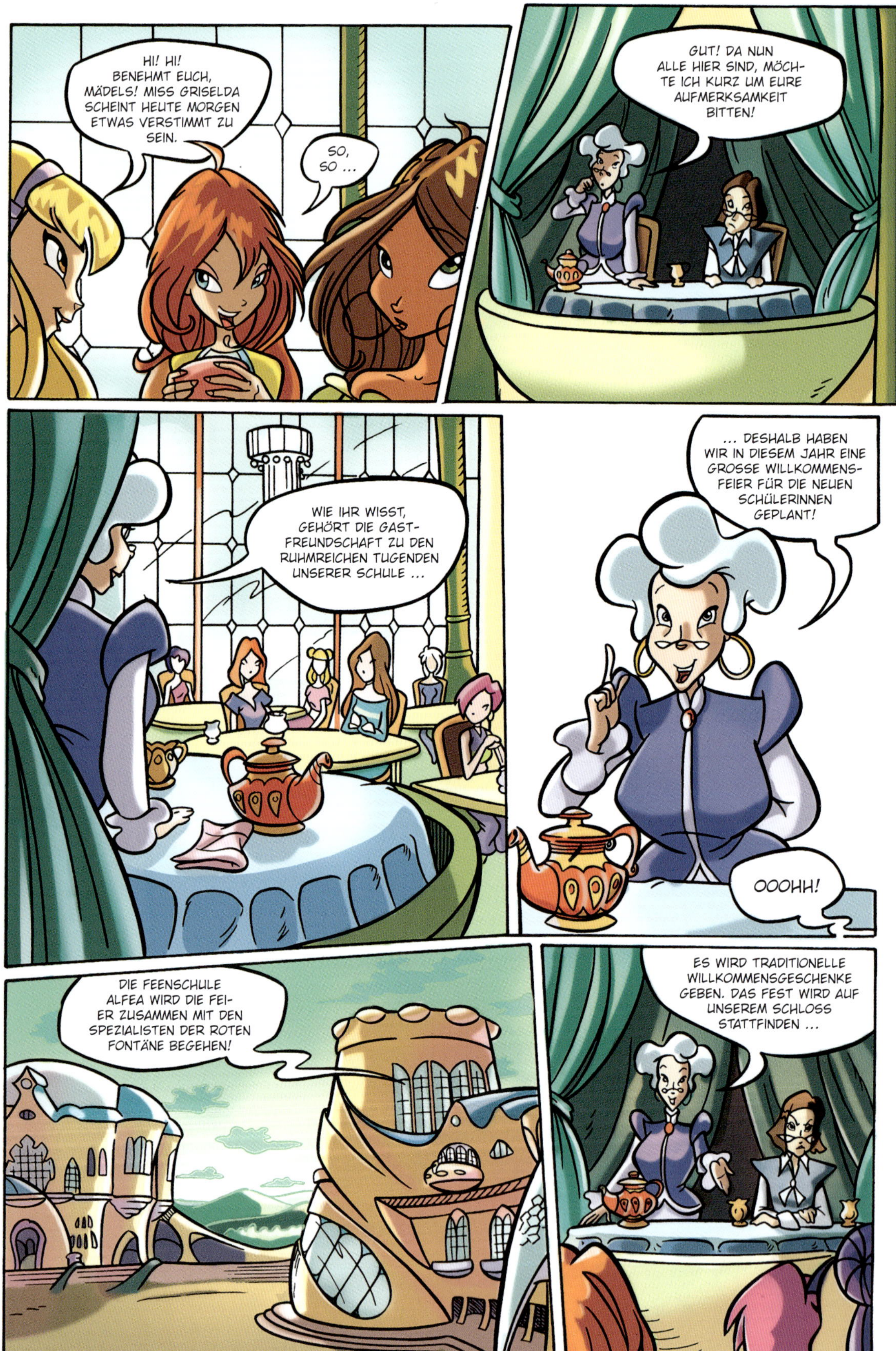
HI! HI! BENEHMT EUCH, MÄDELS! MISS GRISELDA SCHEINT HEUTE MORGEN ETWAS VERSTIMMT ZU SEIN.
SO, SO ...
GUT! DA NUN ALLE HIER SIND, MÖCHTE ICH KURZ UM EURE AUFMERKSAMKEIT BITTEN!
WIE IHR WISST, GEHÖRT DIE GASTFREUNDSCHAFT ZU DEN RUHMREICHEN TUGENDEN UNSERER SCHULE ...
... DESHALB HABEN WIR IN DIESEM JAHR EINE GROSSE WILLKOMMENSFEIER FÜR DIE NEUEN SCHÜLERINNEN GEPLANT!
OOOHH!
DIE FEENSCHULE ALFEA WIRD DIE FEIER ZUSAMMEN MIT DEN SPEZIALISTEN DER ROTEN FONTÄNE BEGEHEN!
ES WIRD TRADITIONELLE WILLKOMMENSGESCHENKE GEBEN. DAS FEST WIRD AUF UNSEREM SCHLOSS STATTFINDEN ...

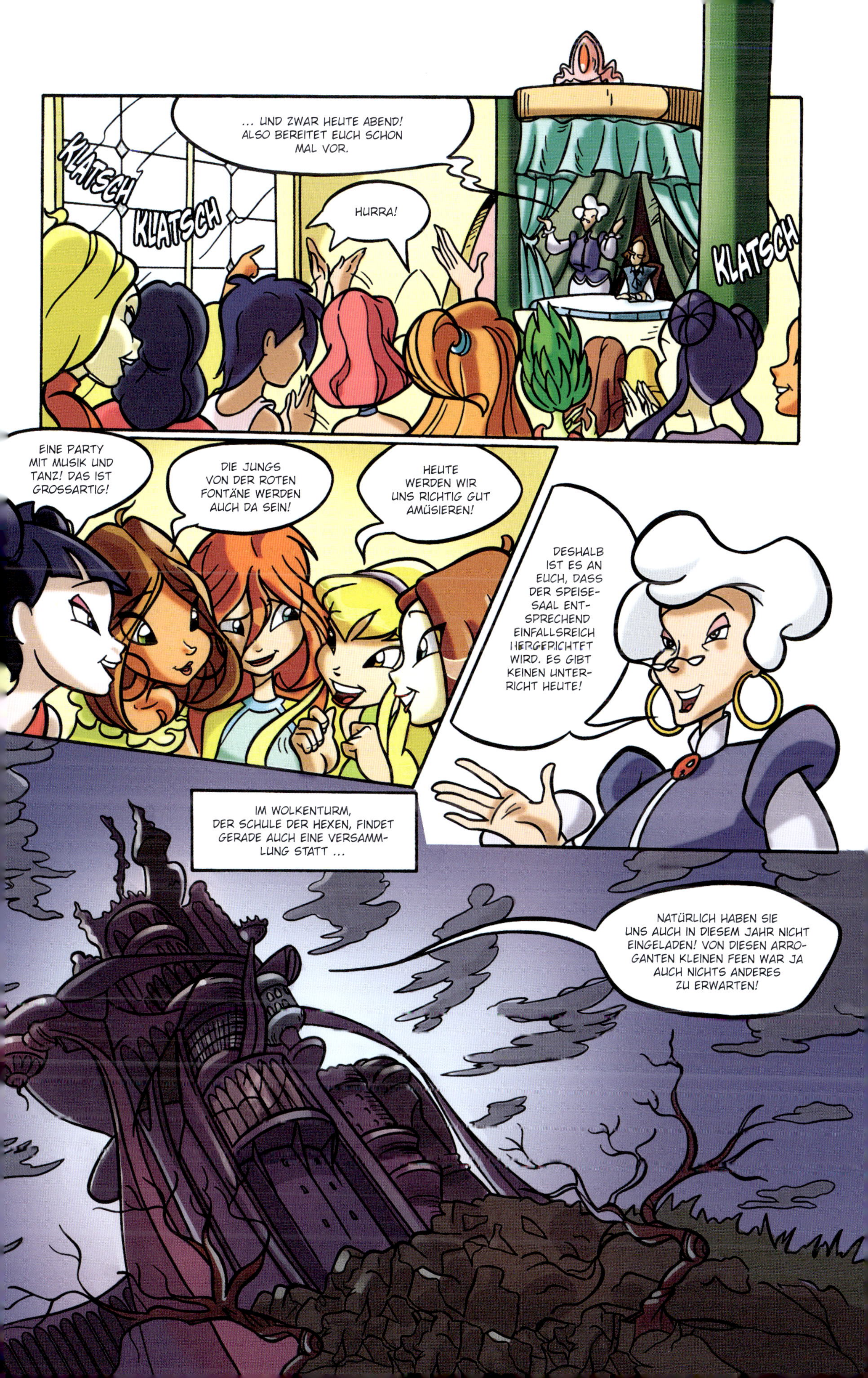
... UND ZWAR HEUTE ABEND! ALSO BEREITET EUCH SCHON MAL VOR.
KLATSCH
KLATSCH
HURRA!
KLATSCH
EINE PARTY MIT MUSIK UND TANZ! DAS IST GROSSARTIG!
DIE JUNGS VON DER ROTEN FONTÄNE WERDEN AUCH DA SEIN!
HEUTE WERDEN WIR UNS RICHTIG GUT AMÜSIEREN!
DESHALB IST ES AN EUCH, DASS DER SPEISE-SAAL ENT-SPRECHEND EINFALLSREICH HERGERICHTET WIRD. ES GIBT KEINEN UNTER-RICHT HEUTE!
IM WOLKENTURM, DER SCHULE DER HEXEN, FINDET GERADE AUCH EINE VERSAMM-LUNG STATT ...
NATÜRLICH HABEN SIE UNS AUCH IN DIESEM JAHR NICHT EINGELADEN! VON DIESEN ARRO-GANTEN KLEINEN FEEN WAR JA AUCH NICHTS ANDERES ZU ERWARTEN!

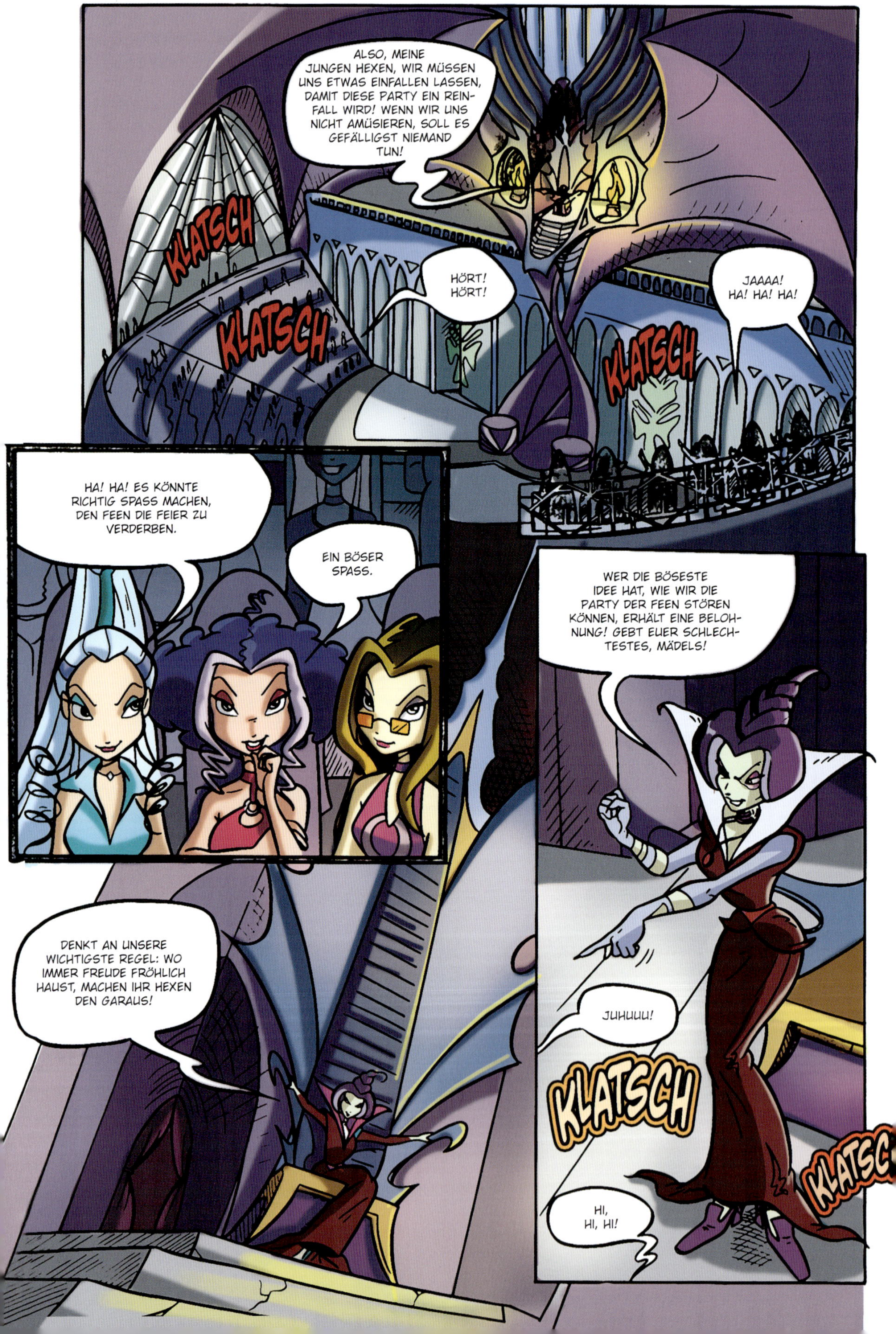
ALSO, MEINE JUNGEN HEXEN, WIR MÜSSEN UNS ETWAS EINFALLEN LASSEN, DAMIT DIESE PARTY EIN REINFALL WIRD! WENN WIR UNS NICHT AMÜSIEREN, SOLL ES GEFÄLLIGST NIEMAND TUN!
KLATSCH
KLATSCH
HÖRT! HÖRT!
JAAAA! HA! HA! HA!
KLATSCH
HA! HA! ES KÖNNTE RICHTIG SPASS MACHEN, DEN FEEN DIE FEIER ZU VERDERBEN.
EIN BÖSER SPASS.
WER DIE BÖSESTE IDEE HAT, WIE WIR DIE PARTY DER FEEN STÖREN KÖNNEN, ERHÄLT EINE BELOHNUNG! GEBT EUER SCHLECHTESTES, MÄDELS!
DENKT AN UNSERE WICHTIGSTE REGEL: WO IMMER FREUDE FRÖHLICH HAUST, MACHEN IHR HEXEN DEN GARAUS!
JUHUUU!
KLATSCH
HI, HI, HI!

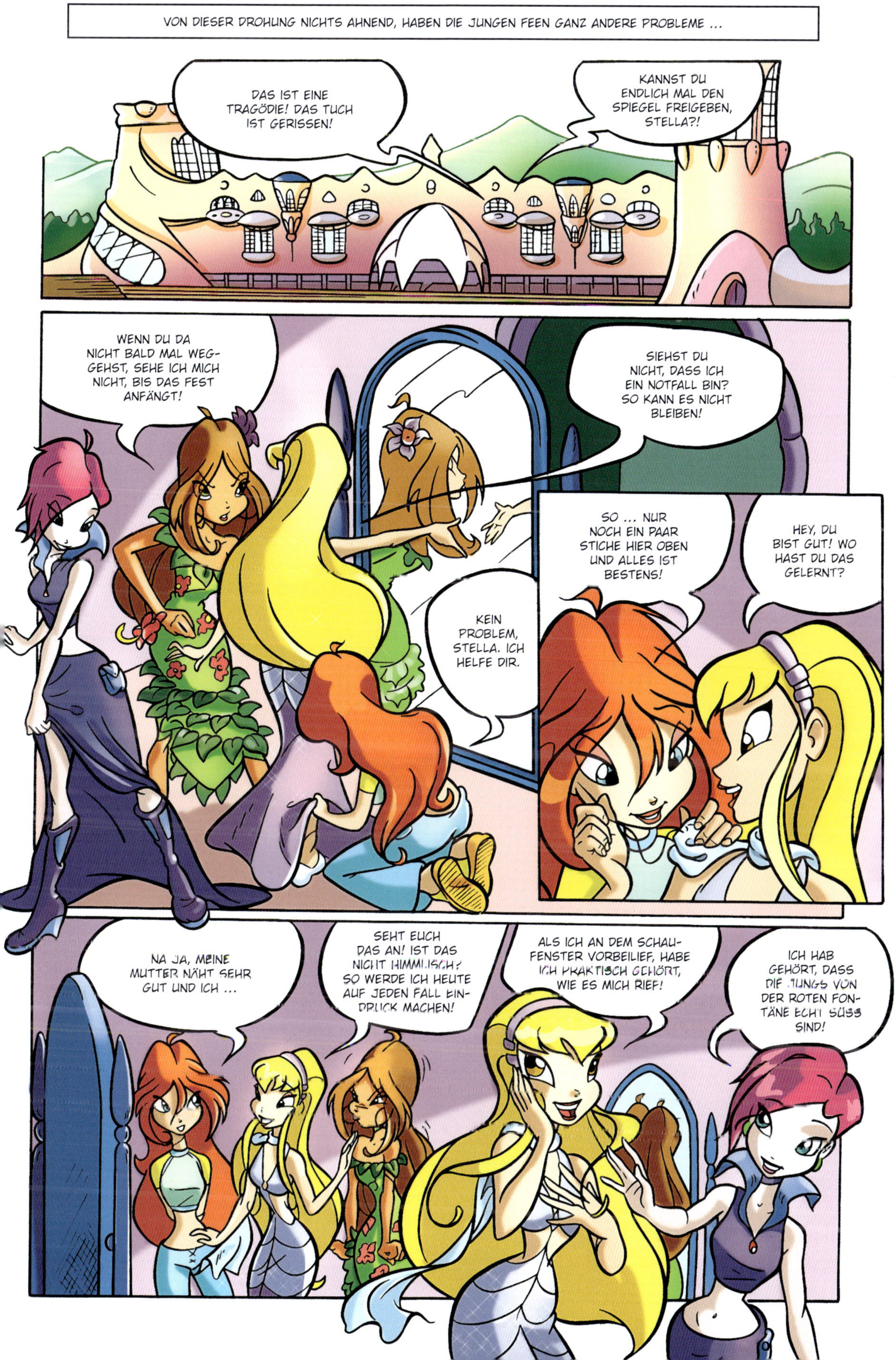
VON DIESER DROHUNG NICHTS AHNEND, HABEN DIE JUNGEN FEEN GANZ ANDERE PROBLEME ...
DAS IST EINE TRAGÖDIE! DAS TUCH IST GERISSEN!
KANNST DU ENDLICH MAL DEN SPIEGEL FREIGEBEN, STELLA?!
WENN DU DA NICHT BALD MAL WEG-GEHST, SEHE ICH MICH NICHT, BIS DAS FEST ANFÄNGT!
SIEHST DU NICHT, DASS ICH EIN NOTFALL BIN? SO KANN ES NICHT BLEIBEN!
KEIN PROBLEM, STELLA. ICH HELFE DIR.
SO ... NUR NOCH EIN PAAR STICHE HIER OBEN UND ALLES IST BESTENS!
HEY, DU BIST GUT! WO HAST DU DAS GELERNT?
NA JA, MEINE MUTTER NÄHT SEHR GUT UND ICH ...
SEHT EUCH DAS AN! IST DAS NICHT HIMMLISCH? SO WERDE ICH HEUTE AUF JEDEN FALL EIN-DRUCK MACHEN!
ALS ICH AN DEM SCHAU-FENSTER VORBEILIEF, HABE ICH PRAKTISCH GEHÖRT, WIE ES MICH RIEF!
ICH HAB GEHÖRT, DASS DIE JUNGS VON DER ROTEN FON-TÄNE ECHT SÜSS SIND!

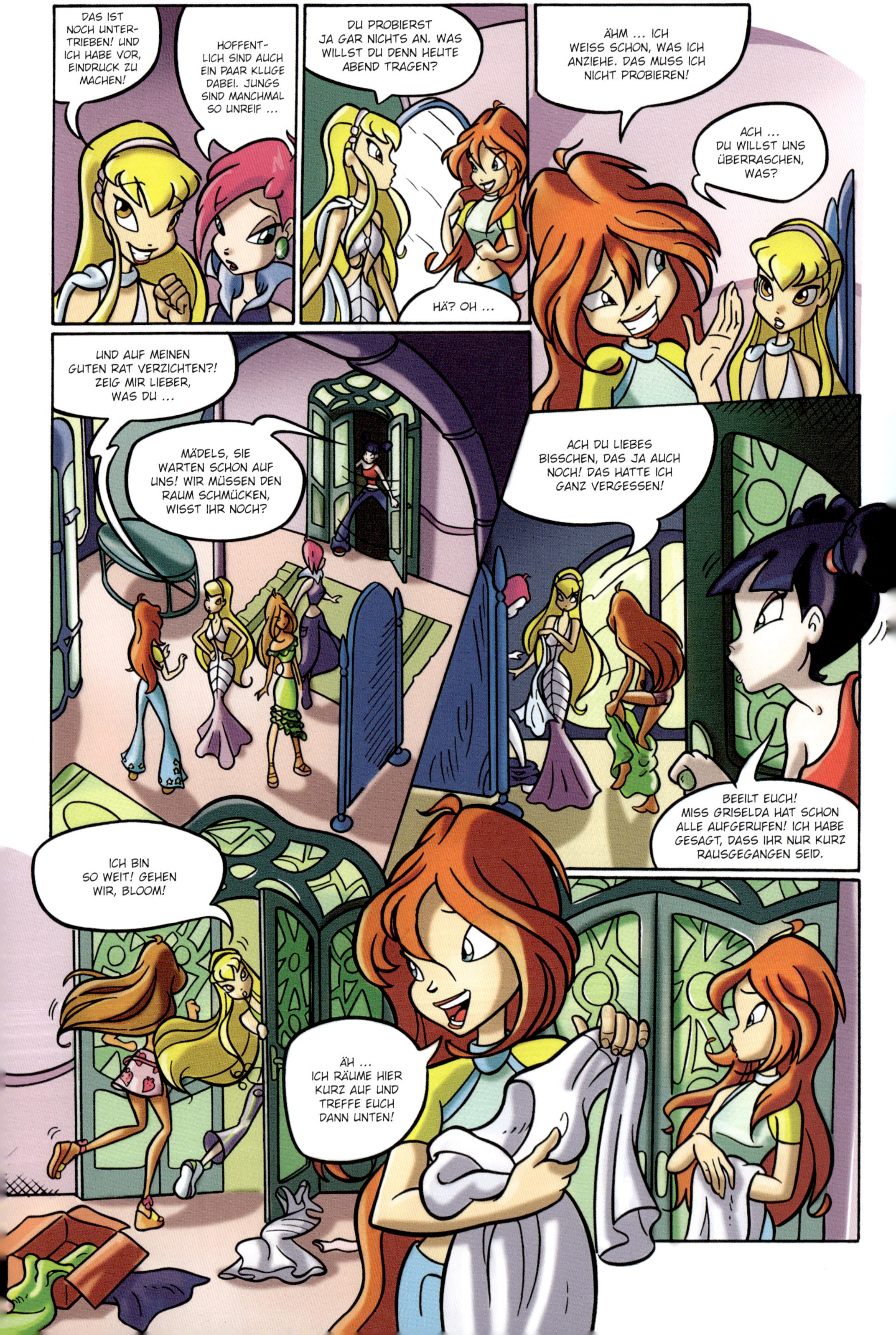
DAS IST NOCH UNTERTRIEBEN! UND ICH HABE VOR, EINDRUCK ZU MACHEN!
HOFFENTLICH SIND AUCH EIN PAAR KLUGE DABEI. JUNGS SIND MANCHMAL SO UNREIF …
DU PROBIERST JA GAR NICHTS AN. WAS WILLST DU DENN HEUTE ABEND TRAGEN?
HÄ? OH …
ÄHM … ICH WEISS SCHON, WAS ICH ANZIEHE. DAS MUSS ICH NICHT PROBIEREN!
ACH … DU WILLST UNS ÜBERRASCHEN, WAS?
UND AUF MEINEN GUTEN RAT VERZICHTEN?! ZEIG MIR LIEBER, WAS DU …
MÄDELS, SIE WARTEN SCHON AUF UNS! WIR MÜSSEN DEN RAUM SCHMÜCKEN, WISST IHR NOCH?
ACH DU LIEBES BISSCHEN, DAS JA AUCH NOCH! DAS HATTE ICH GANZ VERGESSEN!
BEEILT EUCH! MISS GRISELDA HAT SCHON ALLE AUFGERUFEN! ICH HABE GESAGT, DASS IHR NUR KURZ RAUSGEGANGEN SEID.
ICH BIN SO WEIT! GEHEN WIR, BLOOM!
ÄH … ICH RÄUME HIER KURZ AUF UND TREFFE EUCH DANN UNTEN!

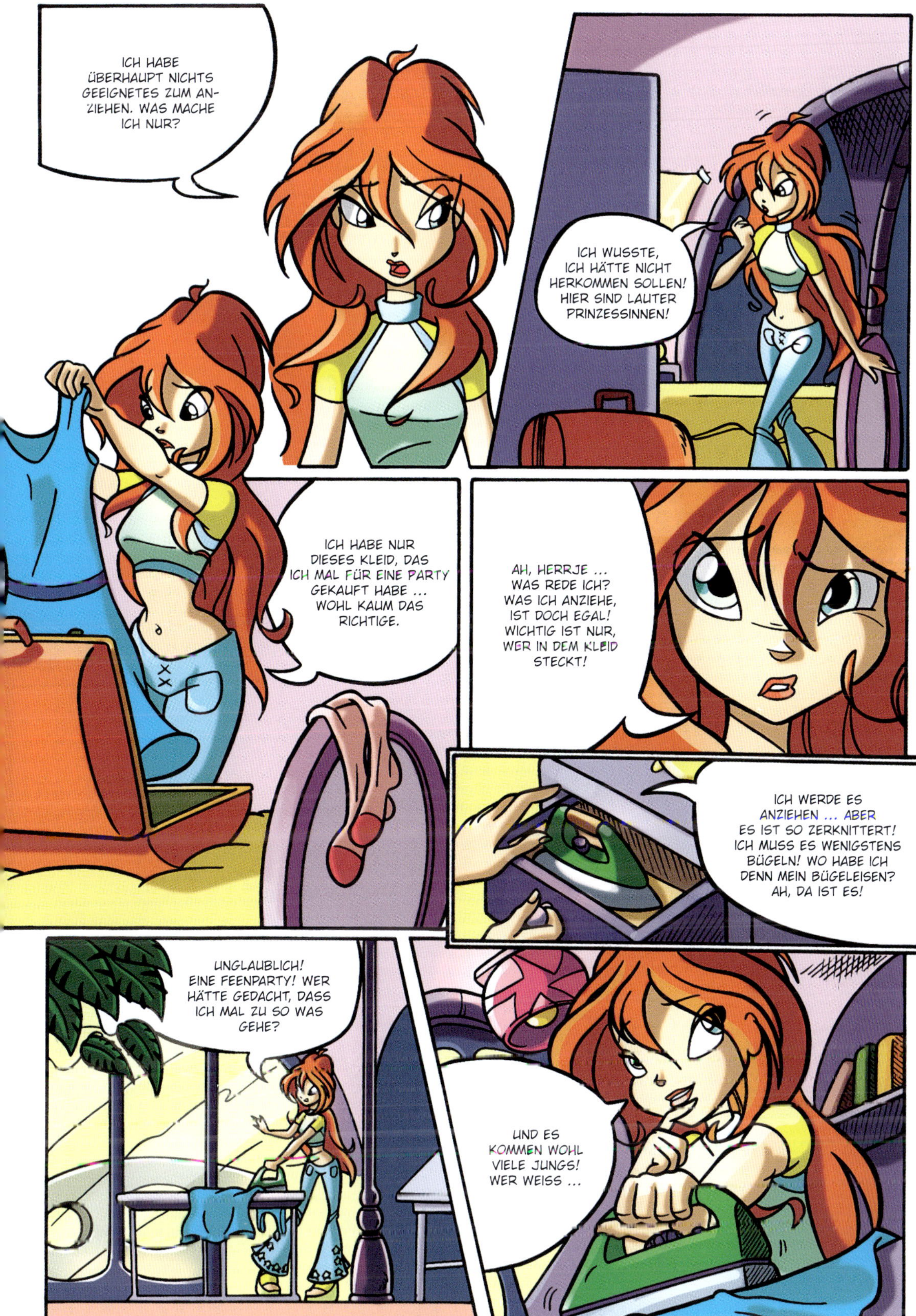
ICH HABE ÜBERHAUPT NICHTS GEEIGNETES ZUM AN-ZIEHEN. WAS MACHE ICH NUR?
ICH WUSSTE, ICH HÄTTE NICHT HERKOMMEN SOLLEN! HIER SIND LAUTER PRINZESSINNEN!
ICH HABE NUR DIESES KLEID, DAS ICH MAL FÜR EINE PARTY GEKAUFT HABE ... WOHL KAUM DAS RICHTIGE.
AH, HERRJE ... WAS REDE ICH? WAS ICH ANZIEHE, IST DOCH EGAL! WICHTIG IST NUR, WER IN DEM KLEID STECKT!
ICH WERDE ES ANZIEHEN ... ABER ES IST SO ZERKNITTERT! ICH MUSS ES WENIGSTENS BÜGELN! WO HABE ICH DENN MEIN BÜGELEISEN? AH, DA IST ES!
UNGLAUBLICH! EINE FEENPARTY! WER HÄTTE GEDACHT, DASS ICH MAL ZU SO WAS GEHE?
UND ES KOMMEN WOHL VIELE JUNGS! WER WEISS ...

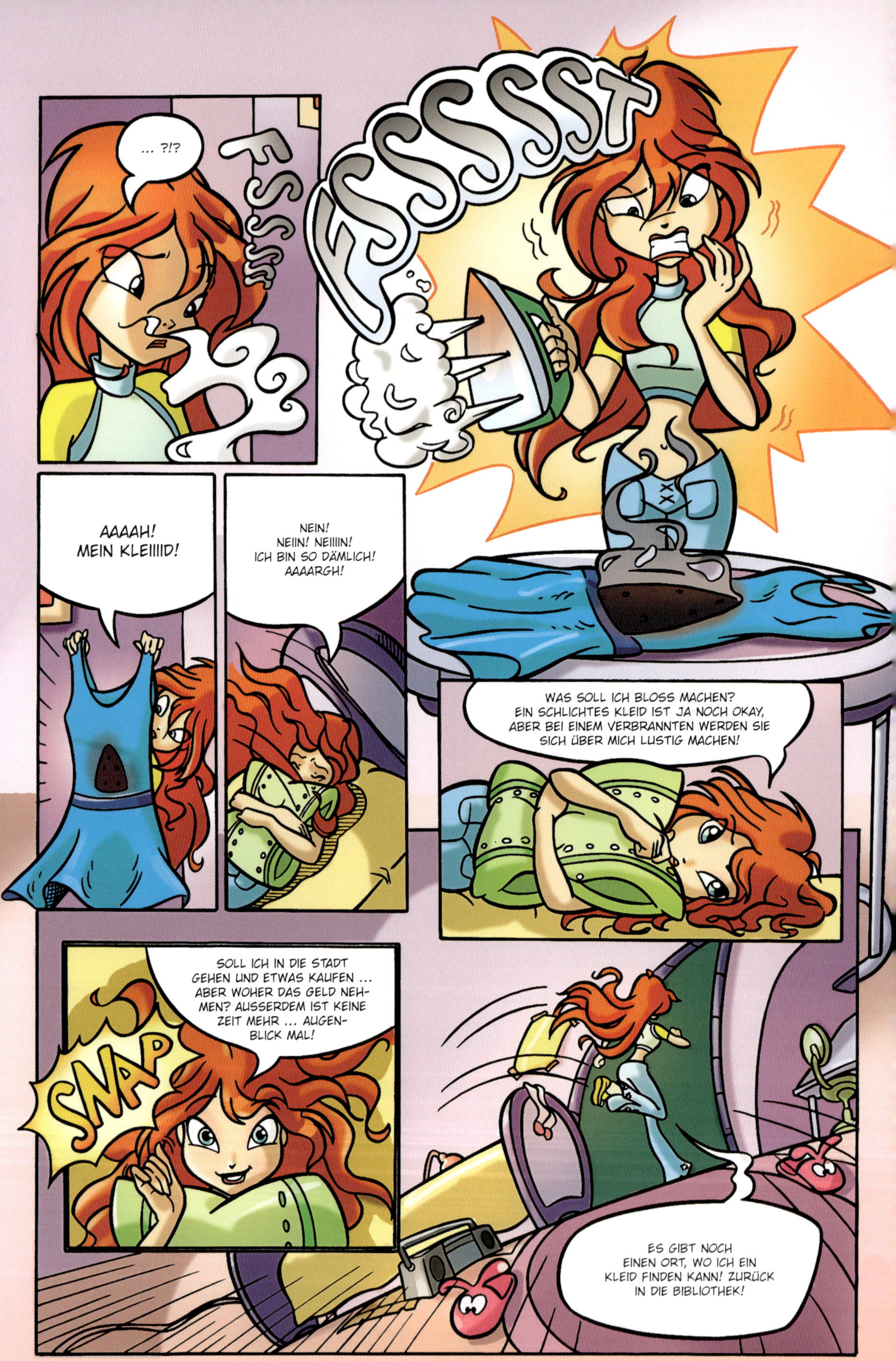
... ?!?
FSSSSS
FSSSSST
AAAAH! MEIN KLEIIIID!
NEIN! NEIIN! NEIIIIN! ICH BIN SO DÄMLICH! AAAARGH!
WAS SOLL ICH BLOSS MACHEN? EIN SCHLICHTES KLEID IST JA NOCH OKAY, ABER BEI EINEM VERBRANNTEN WERDEN SIE SICH ÜBER MICH LUSTIG MACHEN!
SOLL ICH IN DIE STADT GEHEN UND ETWAS KAUFEN ... ABER WOHER DAS GELD NEHMEN? AUSSERDEM IST KEINE ZEIT MEHR ... AUGENBLICK MAL!
SNAP
ES GIBT NOCH EINEN ORT, WO ICH EIN KLEID FINDEN KANN! ZURÜCK IN DIE BIBLIOTHEK!

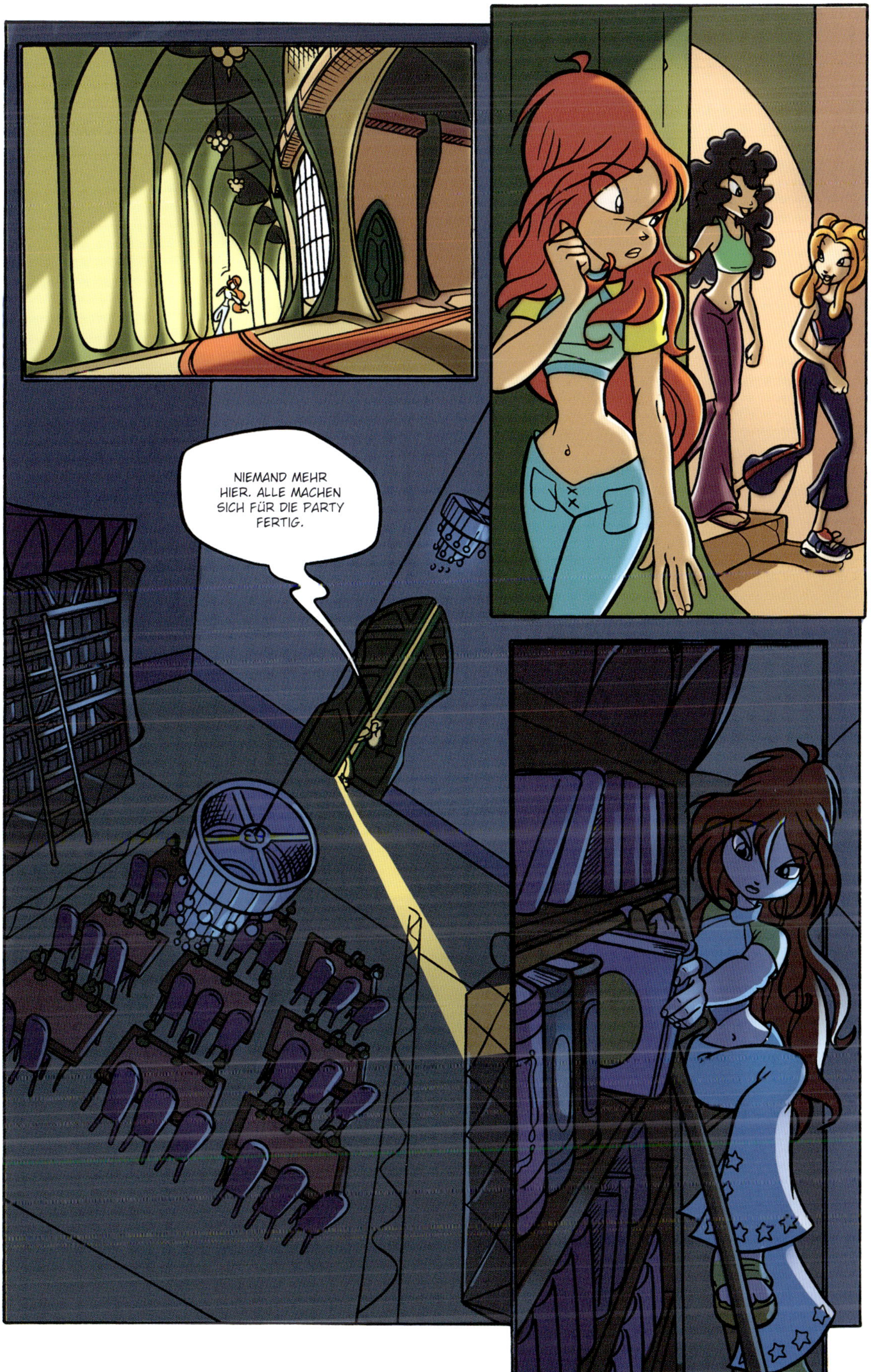
NIEMAND MEHR HIER. ALLE MACHEN SICH FÜR DIE PARTY FERTIG.

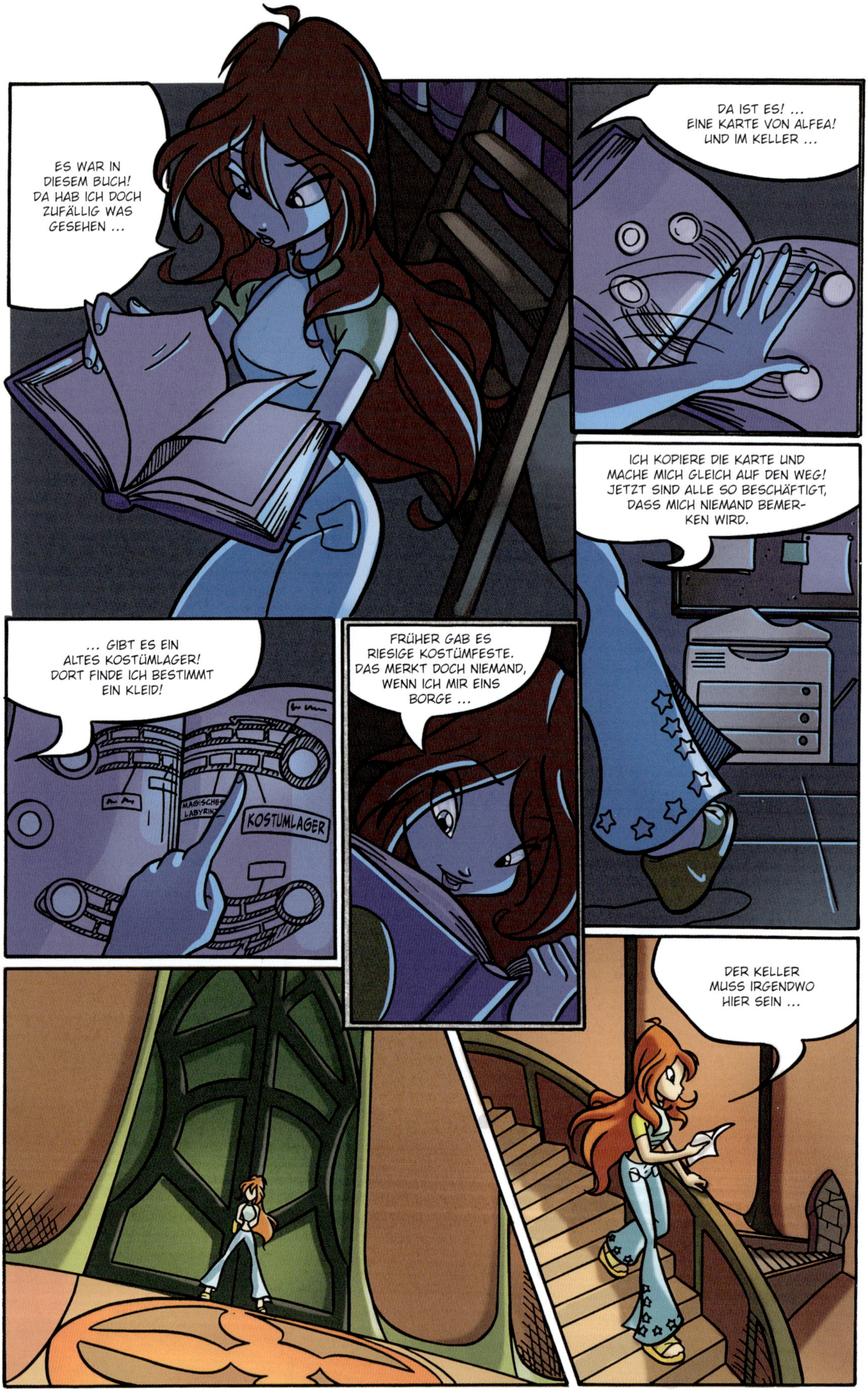

ES WAR IN DIESEM BUCH! DA HAB ICH DOCH ZUFÄLLIG WAS GESEHEN ...
DA IST ES! ... EINE KARTE VON ALFEA! UND IM KELLER ...
ICH KOPIERE DIE KARTE UND MACHE MICH GLEICH AUF DEN WEG! JETZT SIND ALLE SO BESCHÄFTIGT, DASS MICH NIEMAND BEMERKEN WIRD.
... GIBT ES EIN ALTES KOSTÜMLAGER! DORT FINDE ICH BESTIMMT EIN KLEID!
MAGISCHES LABYRINTH
KOSTÜMLAGER
FRÜHER GAB ES RIESIGE KOSTÜMFESTE. DAS MERKT DOCH NIEMAND, WENN ICH MIR EINS BORGE ...
DER KELLER MUSS IRGENDWO HIER SEIN ...

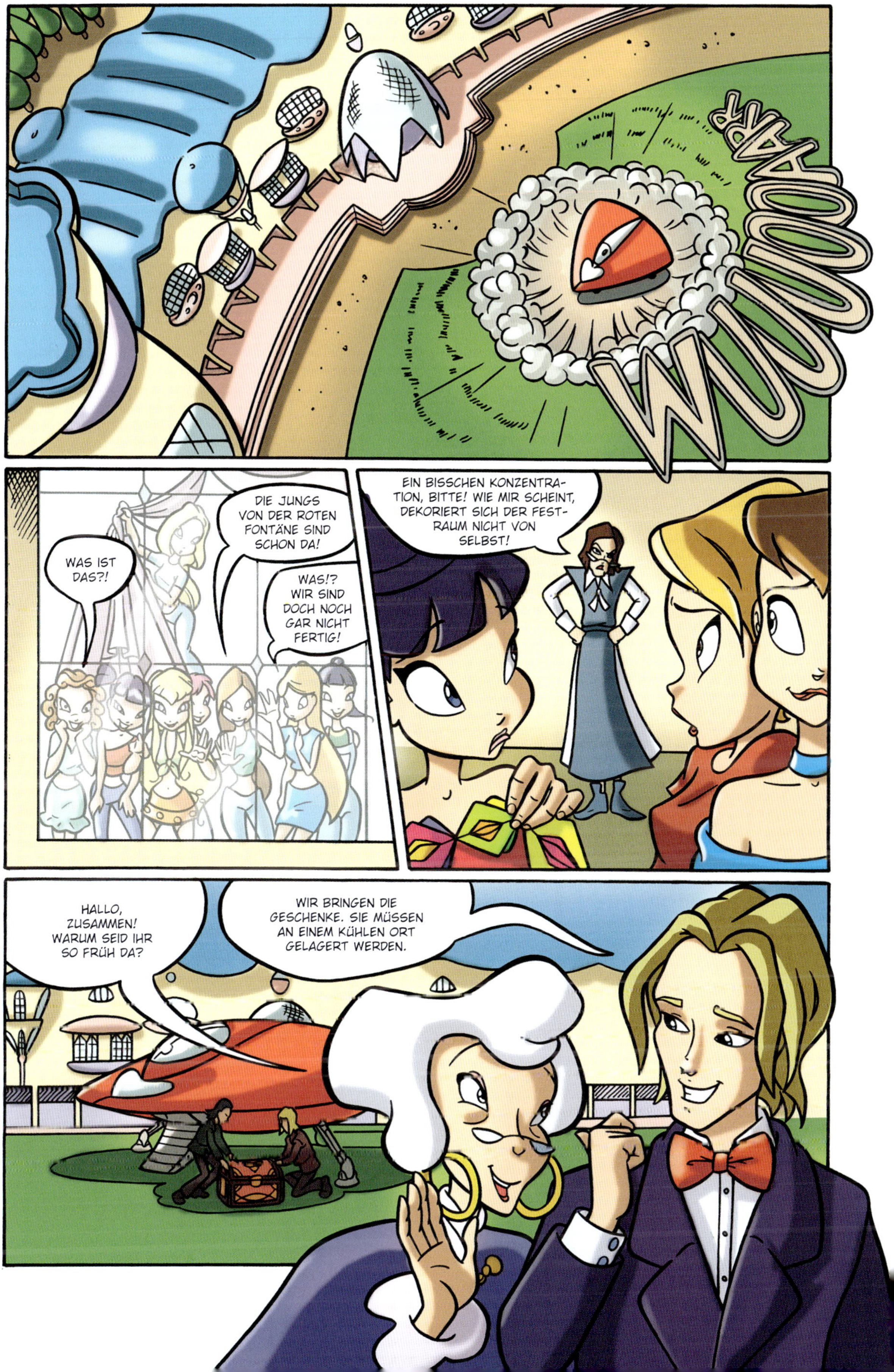

WUOOOAAR
WAS IST DAS?!
DIE JUNGS VON DER ROTEN FONTÄNE SIND SCHON DA!
WAS!? WIR SIND DOCH NOCH GAR NICHT FERTIG!
EIN BISSCHEN KONZENTRATION, BITTE! WIE MIR SCHEINT, DEKORIERT SICH DER FESTRAUM NICHT VON SELBST!
HALLO, ZUSAMMEN! WARUM SEID IHR SO FRÜH DA?
WIR BRINGEN DIE GESCHENKE. SIE MÜSSEN AN EINEM KÜHLEN ORT GELAGERT WERDEN.

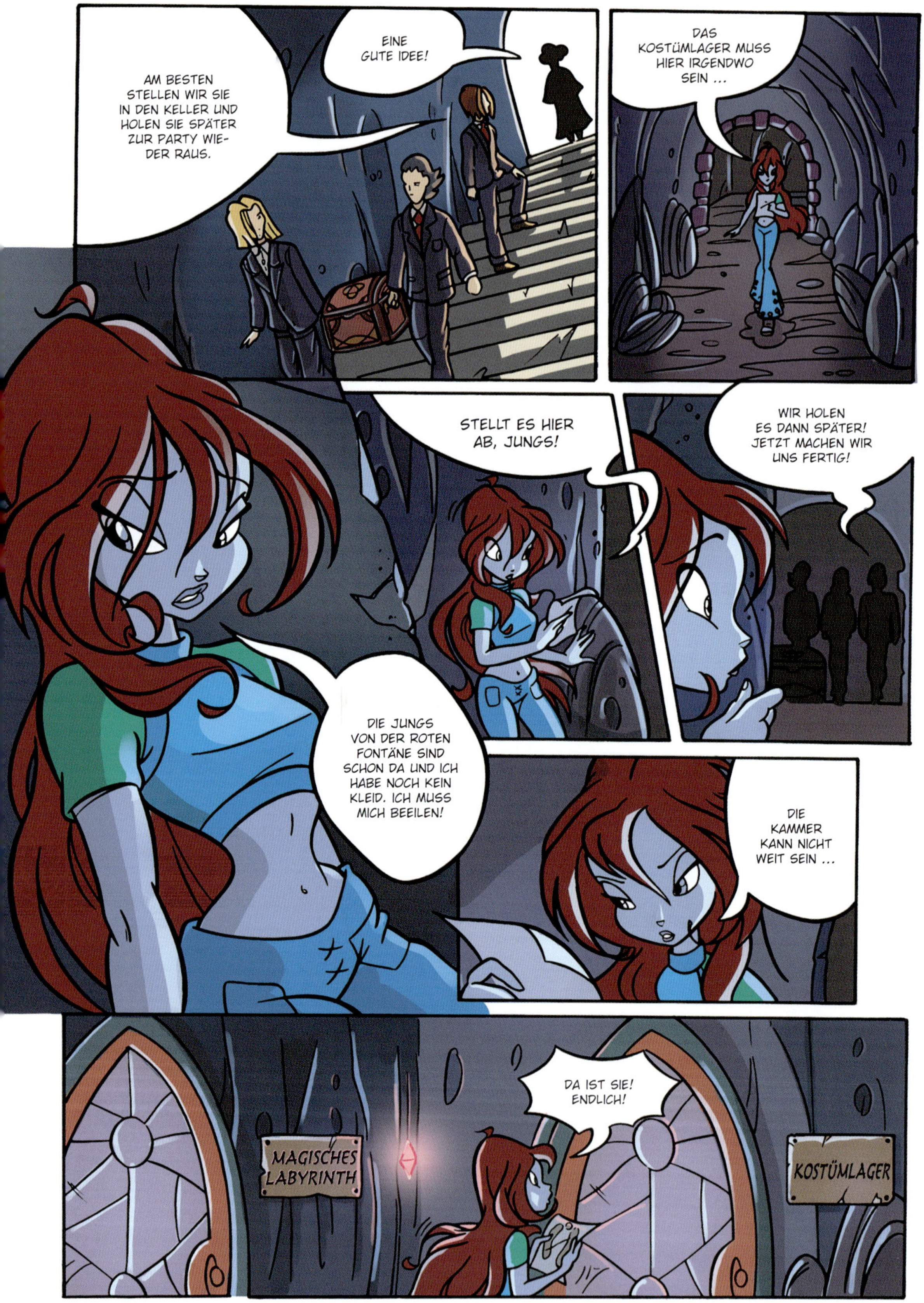
AM BESTEN STELLEN WIR SIE IN DEN KELLER UND HOLEN SIE SPÄTER ZUR PARTY WIEDER RAUS.
EINE GUTE IDEE!
DAS KOSTÜMLAGER MUSS HIER IRGENDWO SEIN …
DIE JUNGS VON DER ROTEN FONTÄNE SIND SCHON DA UND ICH HABE NOCH KEIN KLEID. ICH MUSS MICH BEEILEN!
STELLT ES HIER AB, JUNGS!
WIR HOLEN ES DANN SPÄTER! JETZT MACHEN WIR UNS FERTIG!
DIE KAMMER KANN NICHT WEIT SEIN …
DA IST SIE! ENDLICH!
MAGISCHES LABYRINTH
KOSTÜMLAGER

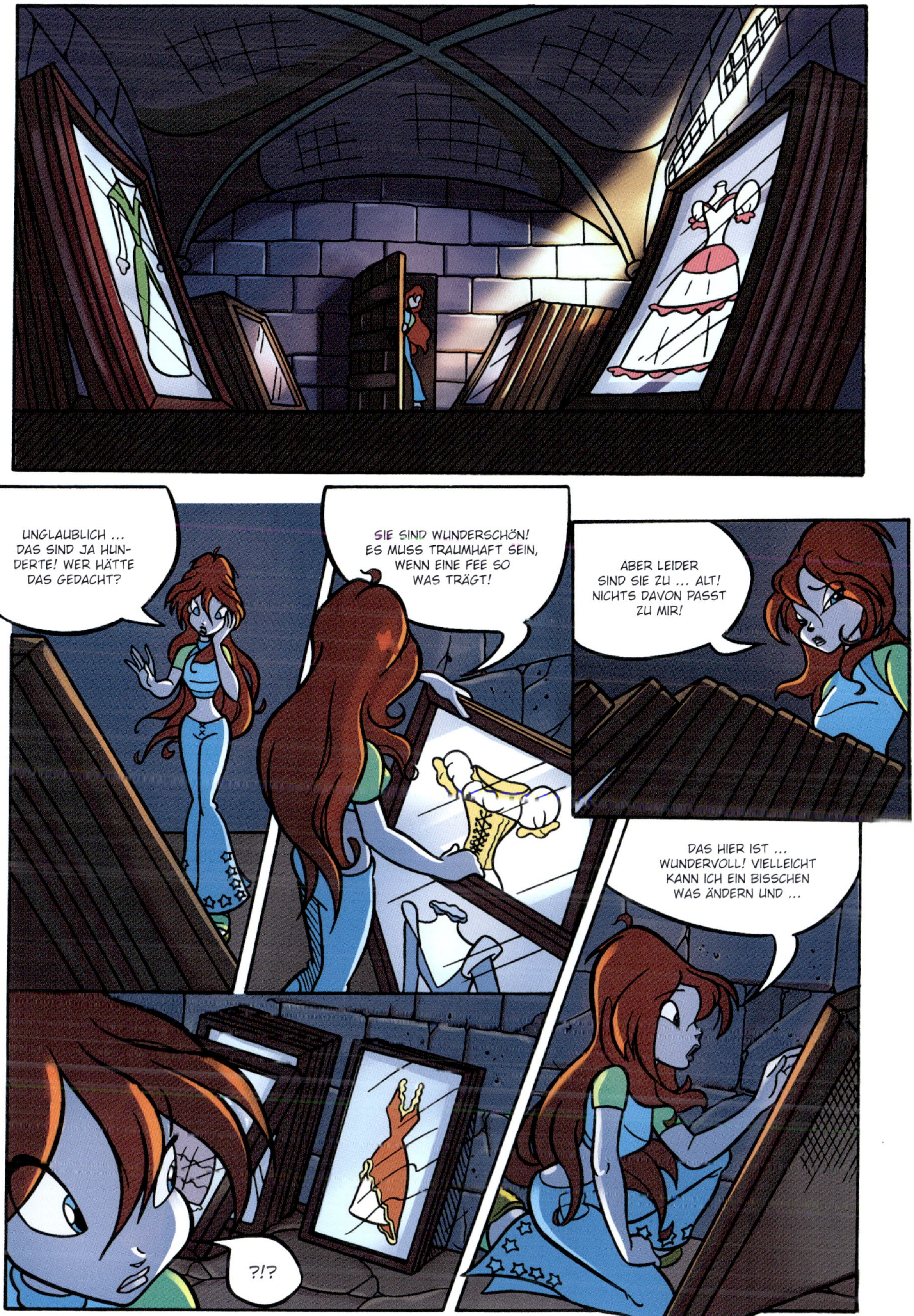
UNGLAUBLICH ... DAS SIND JA HUNDERTE! WER HÄTTE DAS GEDACHT?
SIE SIND WUNDERSCHÖN! ES MUSS TRAUMHAFT SEIN, WENN EINE FEE SO WAS TRÄGT!
ABER LEIDER SIND SIE ZU ... ALT! NICHTS DAVON PASST ZU MIR!
DAS HIER IST ... WUNDERVOLL! VIELLEICHT KANN ICH EIN BISSCHEN WAS ÄNDERN UND ...
?!?

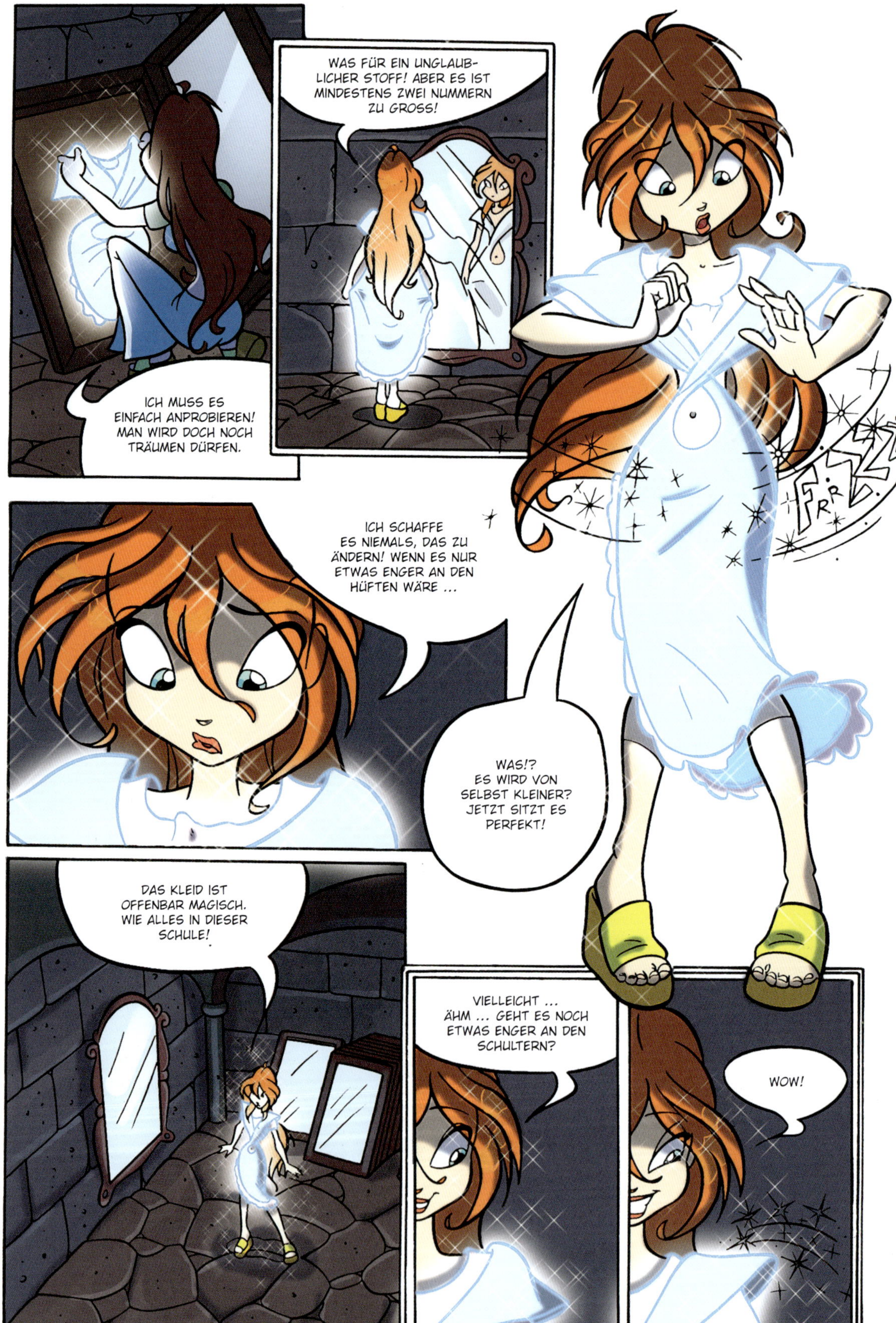
ICH MUSS ES EINFACH ANPROBIEREN! MAN WIRD DOCH NOCH TRÄUMEN DÜRFEN.
WAS FÜR EIN UNGLAUB-LICHER STOFF! ABER ES IST MINDESTENS ZWEI NUMMERN ZU GROSS!
ICH SCHAFFE ES NIEMALS, DAS ZU ÄNDERN! WENN ES NUR ETWAS ENGER AN DEN HÜFTEN WÄRE …
FRRR
WAS!? ES WIRD VON SELBST KLEINER? JETZT SITZT ES PERFEKT!
DAS KLEID IST OFFENBAR MAGISCH. WIE ALLES IN DIESER SCHULE!
VIELLEICHT … ÄHM … GEHT ES NOCH ETWAS ENGER AN DEN SCHULTERN?
WOW!

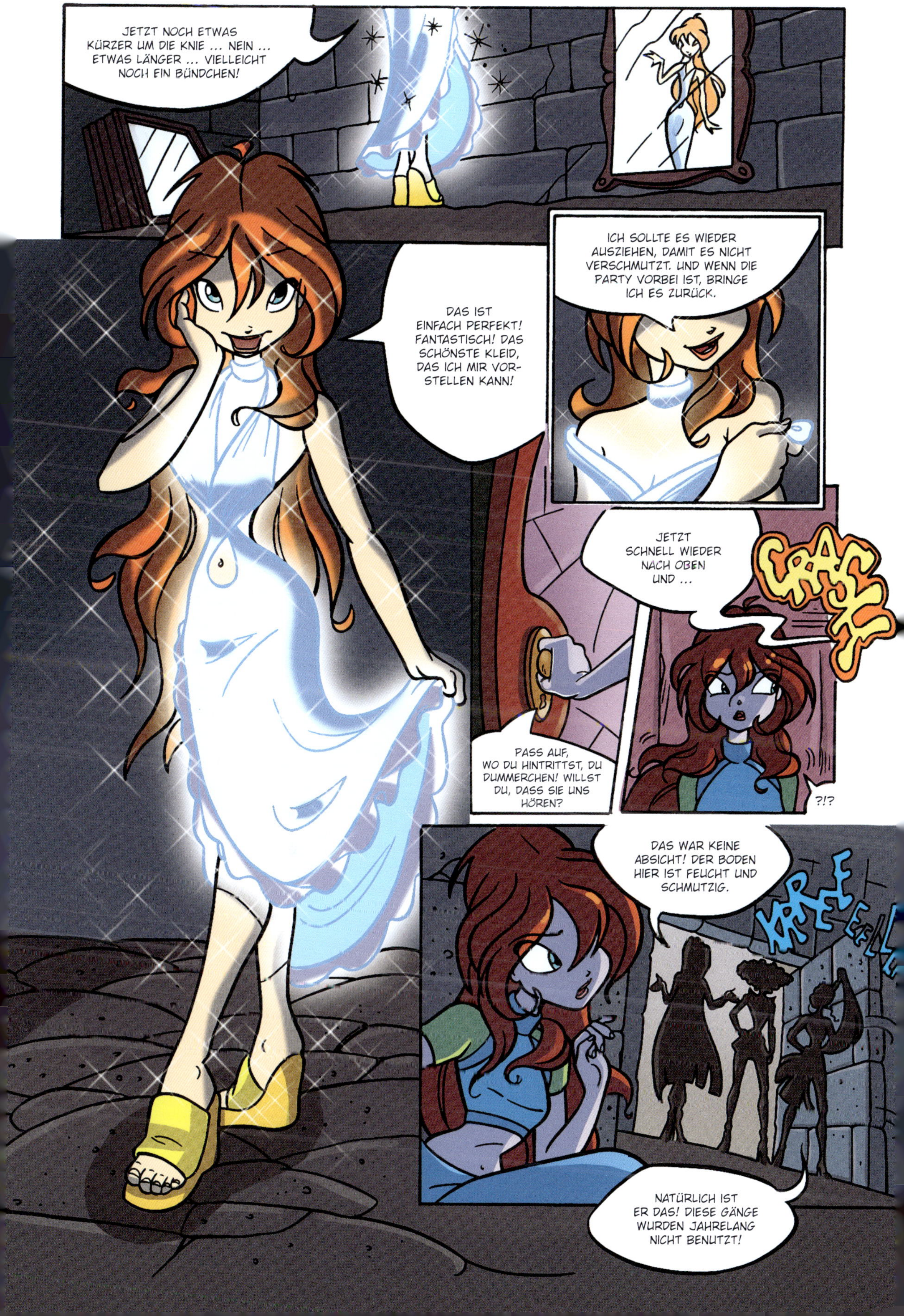

JETZT NOCH ETWAS KÜRZER UM DIE KNIE ... NEIN ... ETWAS LÄNGER ... VIELLEICHT NOCH EIN BÜNDCHEN!
DAS IST EINFACH PERFEKT! FANTASTISCH! DAS SCHÖNSTE KLEID, DAS ICH MIR VORSTELLEN KANN!
ICH SOLLTE ES WIEDER AUSZIEHEN, DAMIT ES NICHT VERSCHMUTZT. UND WENN DIE PARTY VORBEI IST, BRINGE ICH ES ZURÜCK.
JETZT SCHNELL WIEDER NACH OBEN UND ...
CRASH
PASS AUF, WO DU HINTRITTST, DU DUMMERCHEN! WILLST DU, DASS SIE UNS HÖREN?
?!?
DAS WAR KEINE ABSICHT! DER BODEN HIER IST FEUCHT UND SCHMUTZIG.
KREEEEELL
NATÜRLICH IST ER DAS! DIESE GÄNGE WURDEN JAHRELANG NICHT BENUTZT!

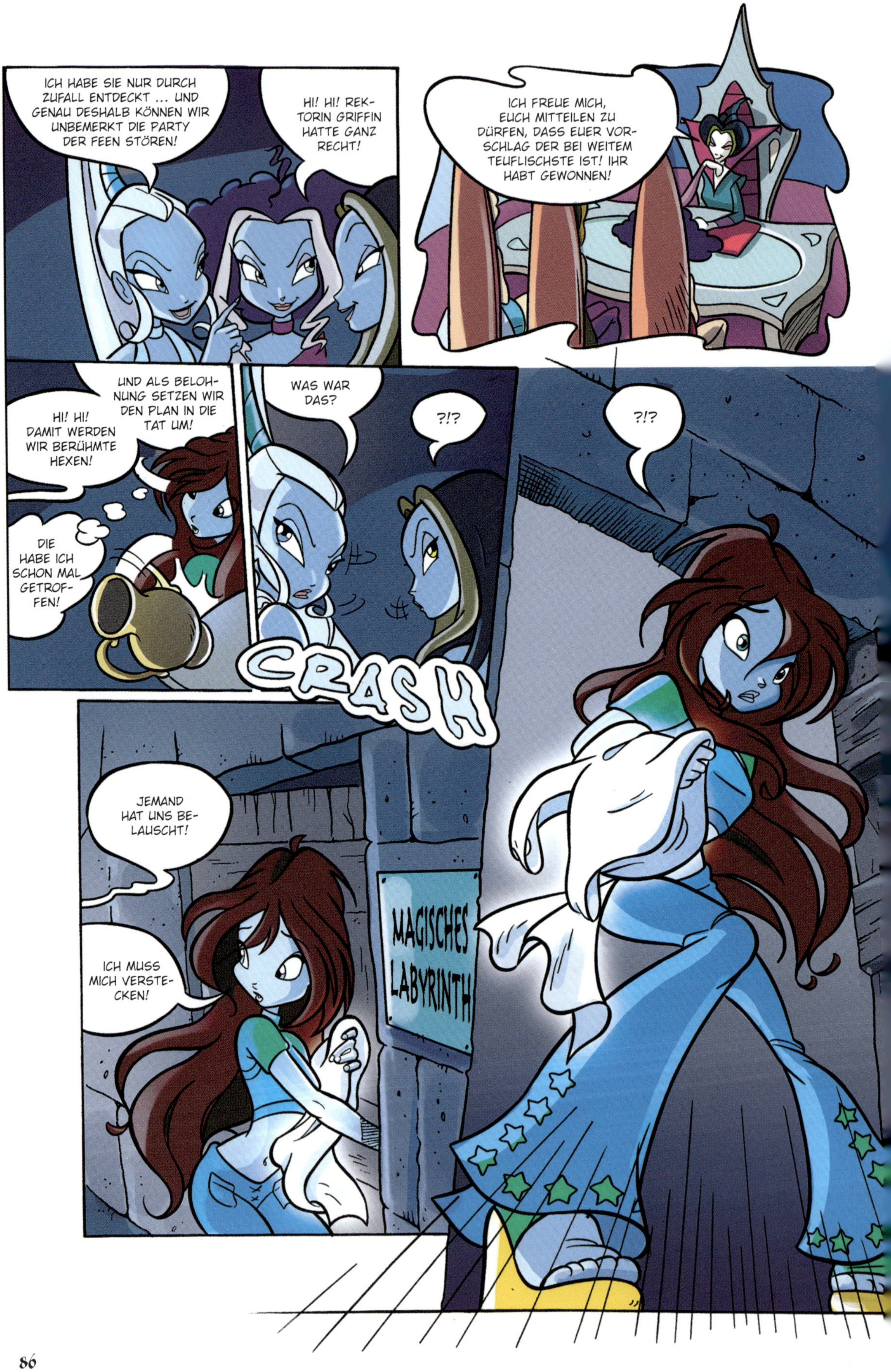

ICH HABE SIE NUR DURCH ZUFALL ENTDECKT ... UND GENAU DESHALB KÖNNEN WIR UNBEMERKT DIE PARTY DER FEEN STÖREN!
HI! HI! REKTORIN GRIFFIN HATTE GANZ RECHT!
ICH FREUE MICH, EUCH MITTEILEN ZU DÜRFEN, DASS EUER VORSCHLAG DER BEI WEITEM TEUFLISCHSTE IST! IHR HABT GEWONNEN!
UND ALS BELOHNUNG SETZEN WIR DEN PLAN IN DIE TAT UM!
HI! HI! DAMIT WERDEN WIR BERÜHMTE HEXEN!
DIE HABE ICH SCHON MAL GETROFFEN!
WAS WAR DAS?
?!?
?!?
CRASH
JEMAND HAT UNS BELAUSCHT!
ICH MUSS MICH VERSTECKEN!
MAGISCHES LABYRINTH

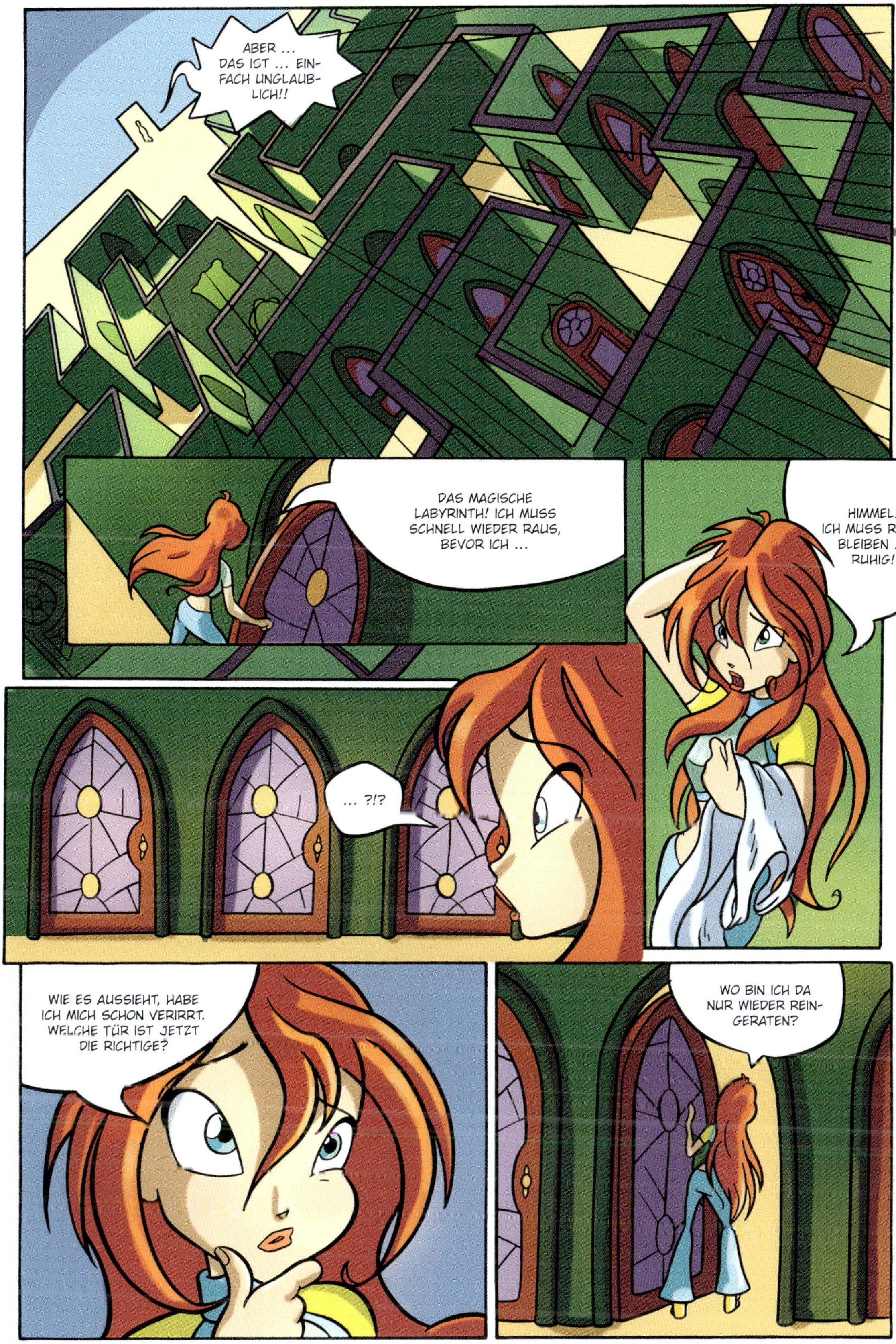
ABER ... DAS IST ... EIN-FACH UNGLAUB-LICH!!
DAS MAGISCHE LABYRINTH! ICH MUSS SCHNELL WIEDER RAUS, BEVOR ICH ...
HIMMEL! ICH MUSS RUHIG BLEIBEN ... RUHIG!
... ?!?
WIE ES AUSSIEHT, HABE ICH MICH SCHON VERIRRT. WELCHE TÜR IST JETZT DIE RICHTIGE?
WO BIN ICH DA NUR WIEDER REIN-GERATEN?

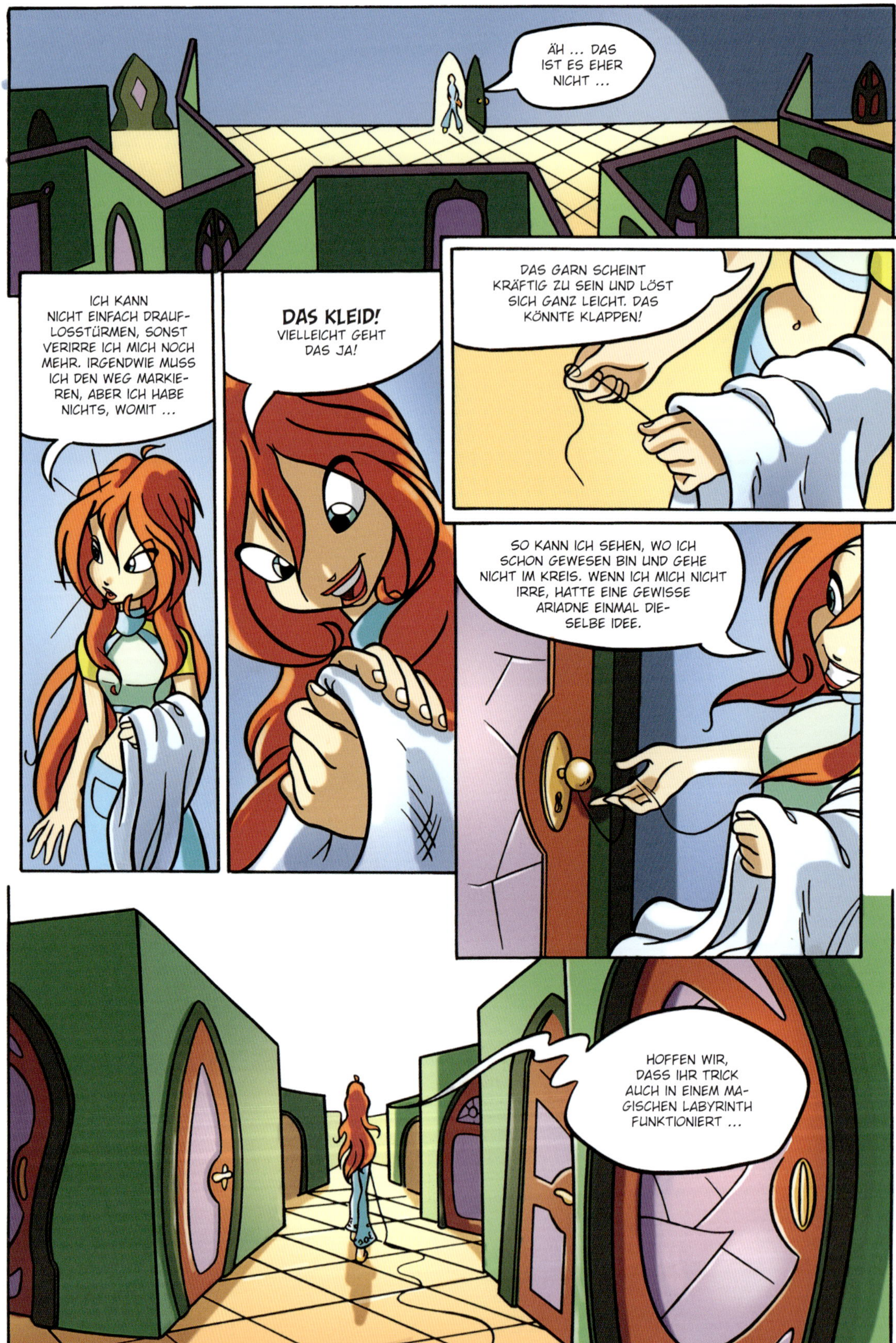
ÄH … DAS IST ES EHER NICHT …
ICH KANN NICHT EINFACH DRAUF-LOSSTÜRMEN, SONST VERIRRE ICH MICH NOCH MEHR. IRGENDWIE MUSS ICH DEN WEG MARKIE-REN, ABER ICH HABE NICHTS, WOMIT …
DAS KLEID! VIELLEICHT GEHT DAS JA!
DAS GARN SCHEINT KRÄFTIG ZU SEIN UND LÖST SICH GANZ LEICHT. DAS KÖNNTE KLAPPEN!
SO KANN ICH SEHEN, WO ICH SCHON GEWESEN BIN UND GEHE NICHT IM KREIS. WENN ICH MICH NICHT IRRE, HATTE EINE GEWISSE ARIADNE EINMAL DIE-SELBE IDEE.
HOFFEN WIR, DASS IHR TRICK AUCH IN EINEM MA-GISCHEN LABYRINTH FUNKTIONIERT …

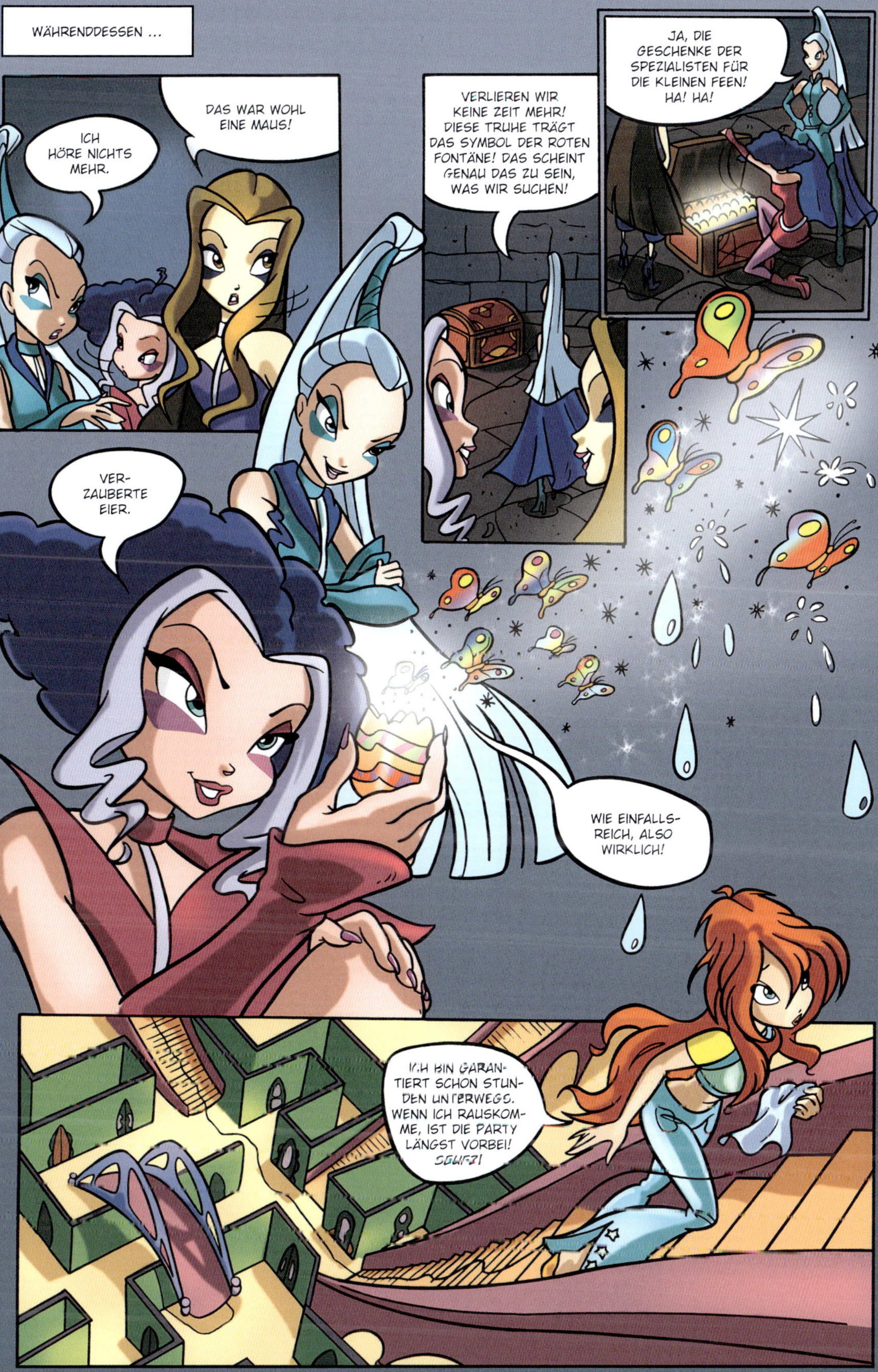
WÄHRENDDESSEN ...
ICH HÖRE NICHTS MEHR.
DAS WAR WOHL EINE MAUS!
VERLIEREN WIR KEINE ZEIT MEHR! DIESE TRUHE TRÄGT DAS SYMBOL DER ROTEN FONTÄNE! DAS SCHEINT GENAU DAS ZU SEIN, WAS WIR SUCHEN!
JA, DIE GESCHENKE DER SPEZIALISTEN FÜR DIE KLEINEN FEEN! HA! HA!
VERZAUBERTE EIER.
WIE EINFALLSREICH, ALSO WIRKLICH!
ICH BIN GARANTIERT SCHON STUNDEN UNTERWEGS. WENN ICH RAUSKOMME, IST DIE PARTY LÄNGST VORBEI! SEUFZ!

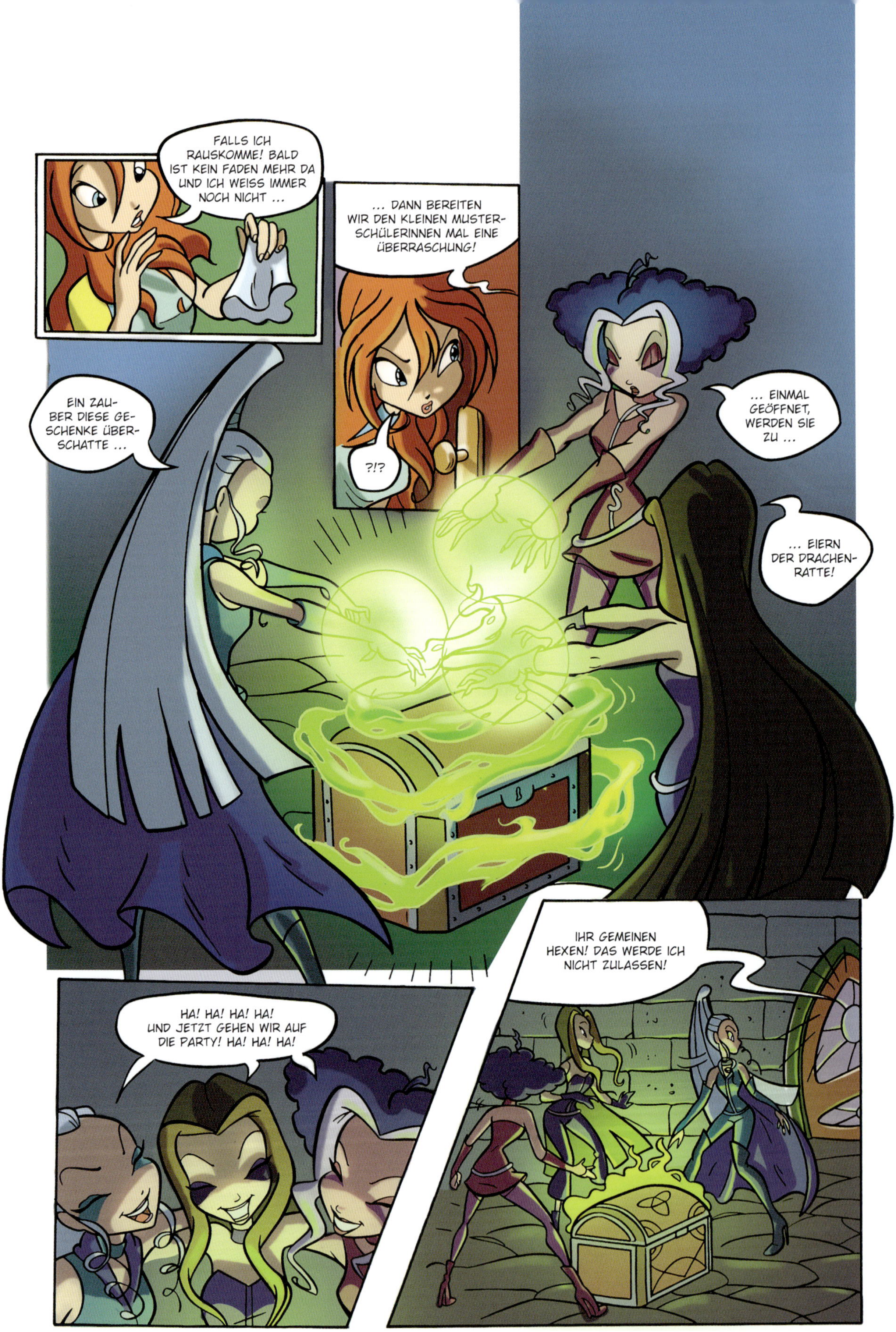
FALLS ICH RAUSKOMME! BALD IST KEIN FADEN MEHR DA UND ICH WEISS IMMER NOCH NICHT ...
... DANN BEREITEN WIR DEN KLEINEN MUSTER-SCHÜLERINNEN MAL EINE ÜBERRASCHUNG!
EIN ZAUBER DIESE GESCHENKE ÜBERSCHATTE ...
?!?
... EINMAL GEÖFFNET, WERDEN SIE ZU ...
... EIERN DER DRACHENRATTE!
HA! HA! HA! HA! UND JETZT GEHEN WIR AUF DIE PARTY! HA! HA! HA!
IHR GEMEINEN HEXEN! DAS WERDE ICH NICHT ZULASSEN!

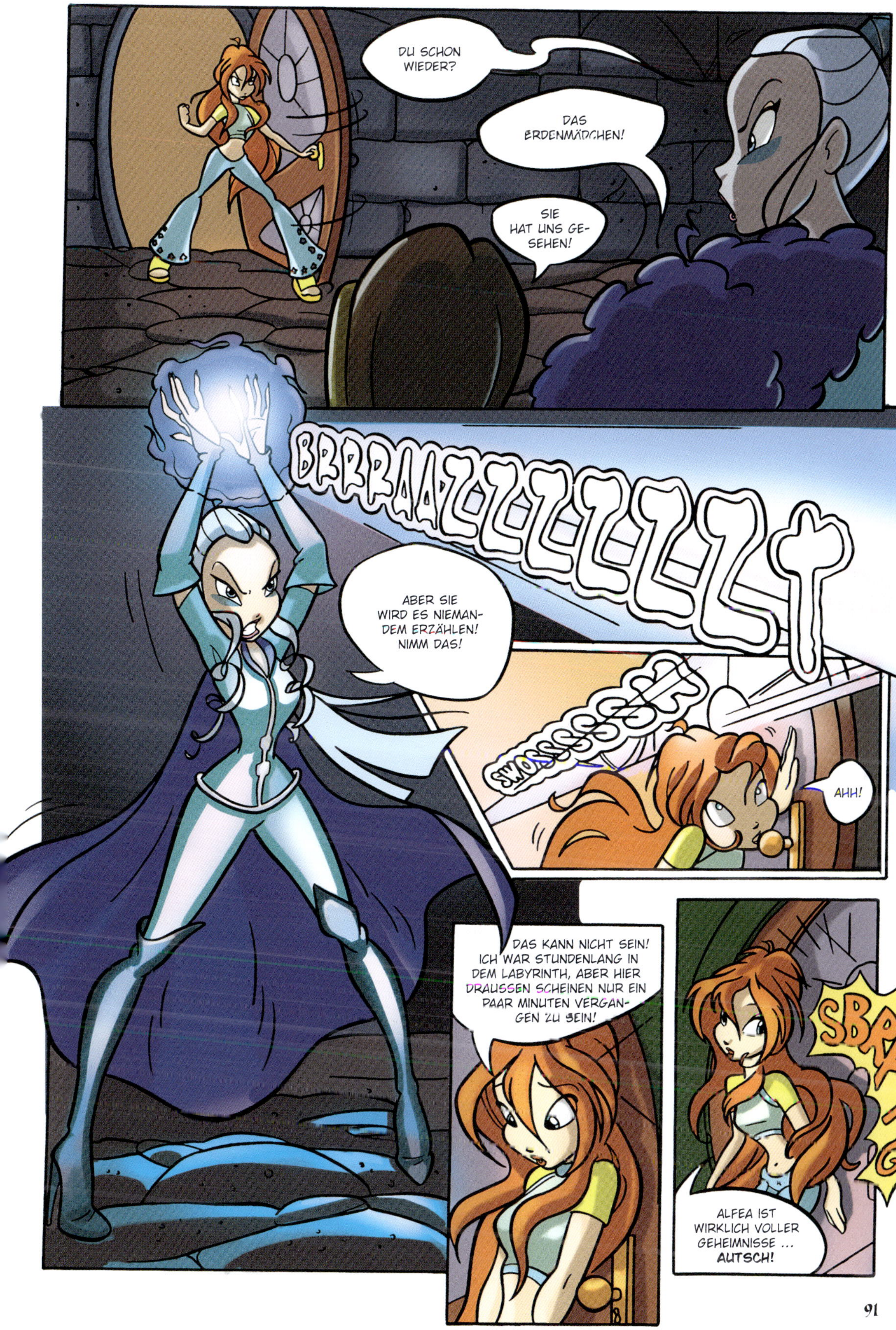
DU SCHON WIEDER?
DAS ERDENMÄDCHEN!
SIE HAT UNS GESEHEN!
BRRRAAZZZZZT
ABER SIE WIRD ES NIEMANDEM ERZÄHLEN! NIMM DAS!
SWOSSSSSH
AHH!
DAS KANN NICHT SEIN! ICH WAR STUNDENLANG IN DEM LABYRINTH, ABER HIER DRAUSSEN SCHEINEN NUR EIN PAAR MINUTEN VERGANGEN ZU SEIN!
SBRANG
ALFEA IST WIRKLICH VOLLER GEHEIMNISSE ... **AUTSCH!**

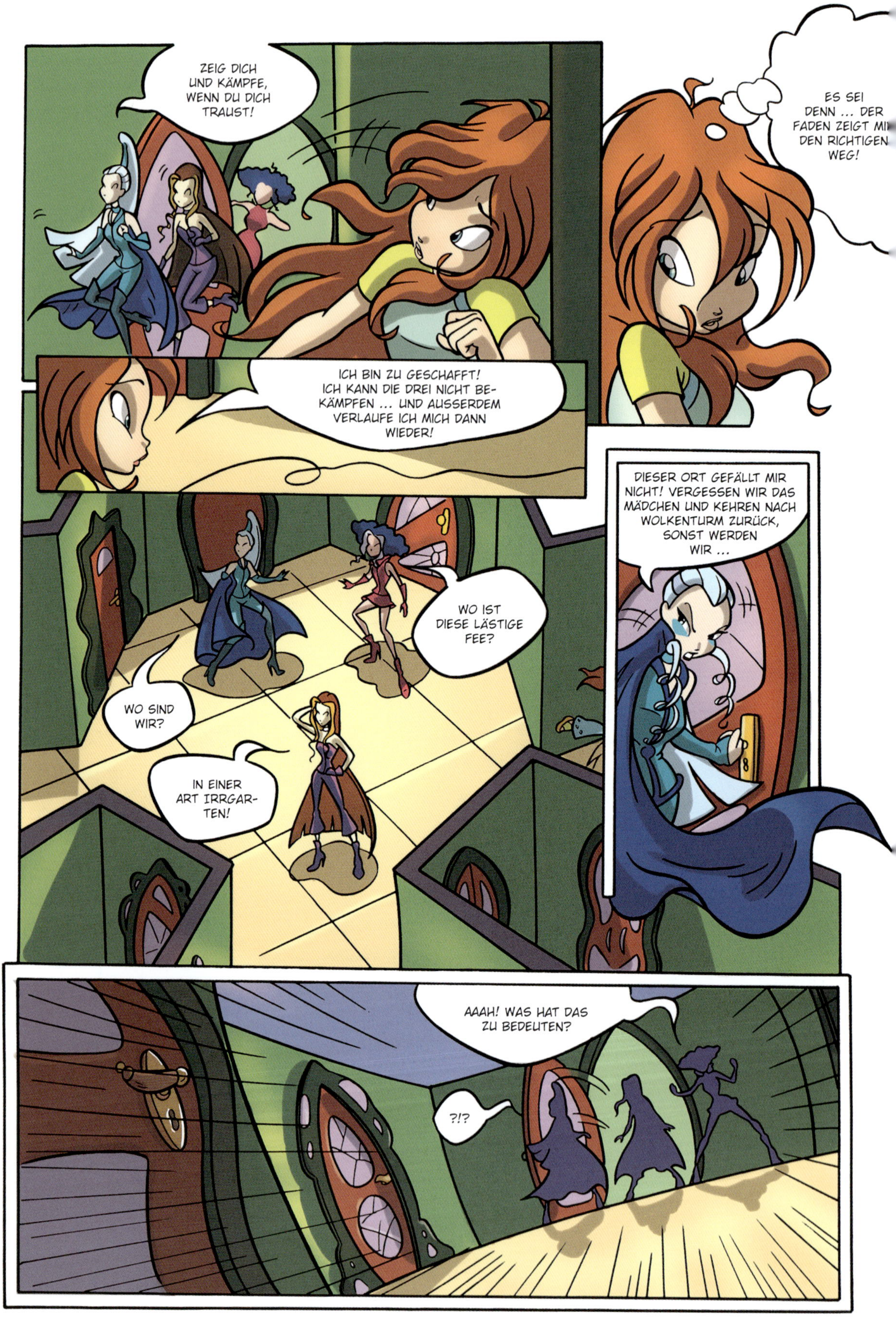
ZEIG DICH UND KÄMPFE, WENN DU DICH TRAUST!
ES SEI DENN ... DER FADEN ZEIGT MI DEN RICHTIGEN WEG!
ICH BIN ZU GESCHAFFT! ICH KANN DIE DREI NICHT BEKÄMPFEN ... UND AUSSERDEM VERLAUFE ICH MICH DANN WIEDER!
WO IST DIESE LÄSTIGE FEE?
WO SIND WIR?
IN EINER ART IRRGARTEN!
DIESER ORT GEFÄLLT MIR NICHT! VERGESSEN WIR DAS MÄDCHEN UND KEHREN NACH WOLKENTURM ZURÜCK, SONST WERDEN WIR ...
AAAH! WAS HAT DAS ZU BEDEUTEN?
?!?

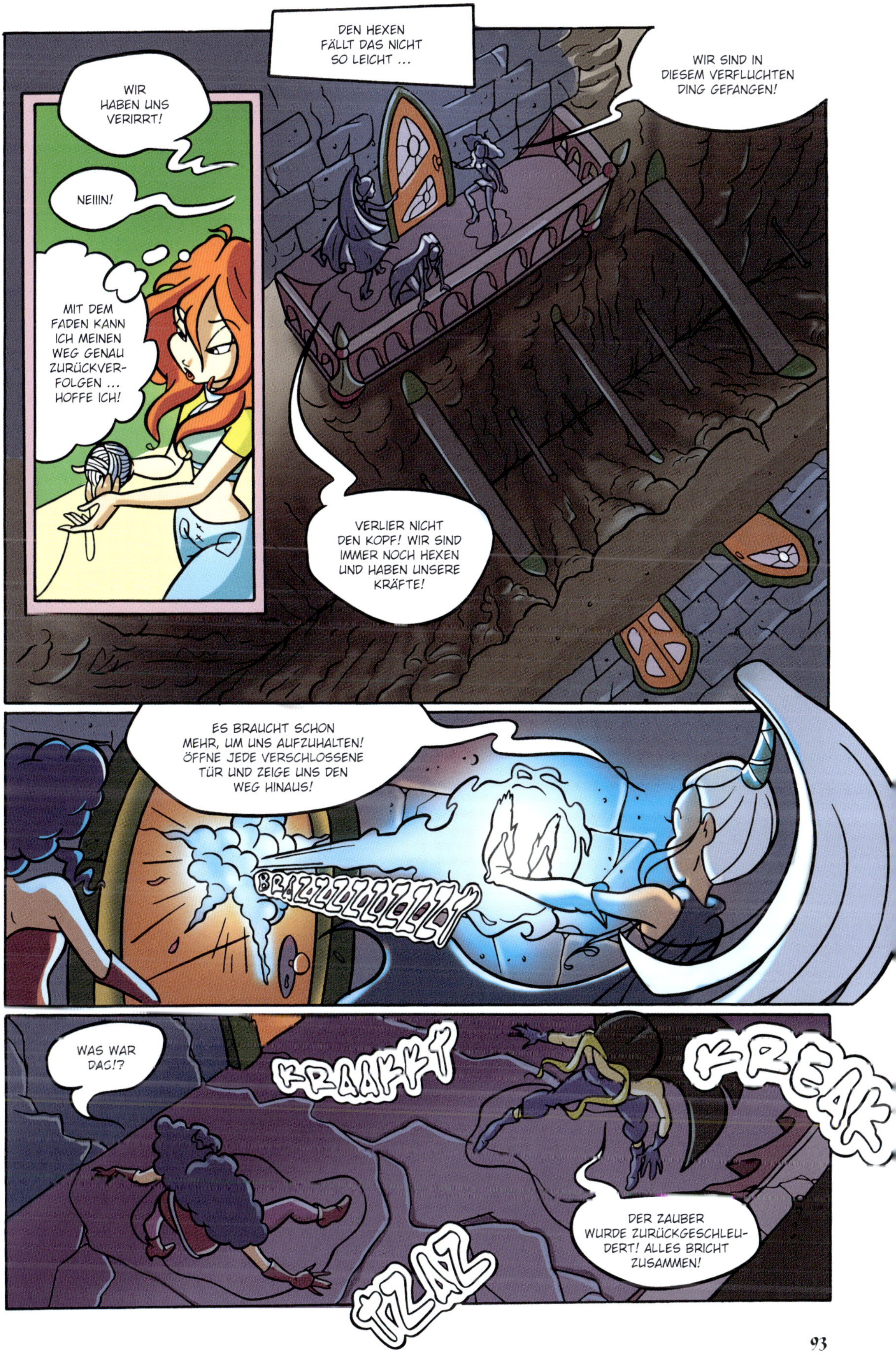
DEN HEXEN FÄLLT DAS NICHT SO LEICHT ...
WIR HABEN UNS VERIRRT!
NEIIIN!
MIT DEM FADEN KANN ICH MEINEN WEG GENAU ZURÜCKVERFOLGEN ... HOFFE ICH!
WIR SIND IN DIESEM VERFLUCHTEN DING GEFANGEN!
VERLIER NICHT DEN KOPF! WIR SIND IMMER NOCH HEXEN UND HABEN UNSERE KRÄFTE!
ES BRAUCHT SCHON MEHR, UM UNS AUFZUHALTEN! ÖFFNE JEDE VERSCHLOSSENE TÜR UND ZEIGE UNS DEN WEG HINAUS!
WAS WAR DAS!?
KRAAKKT
KREAK
DER ZAUBER WURDE ZURÜCKGESCHLEUDERT! ALLES BRICHT ZUSAMMEN!
TZAZ

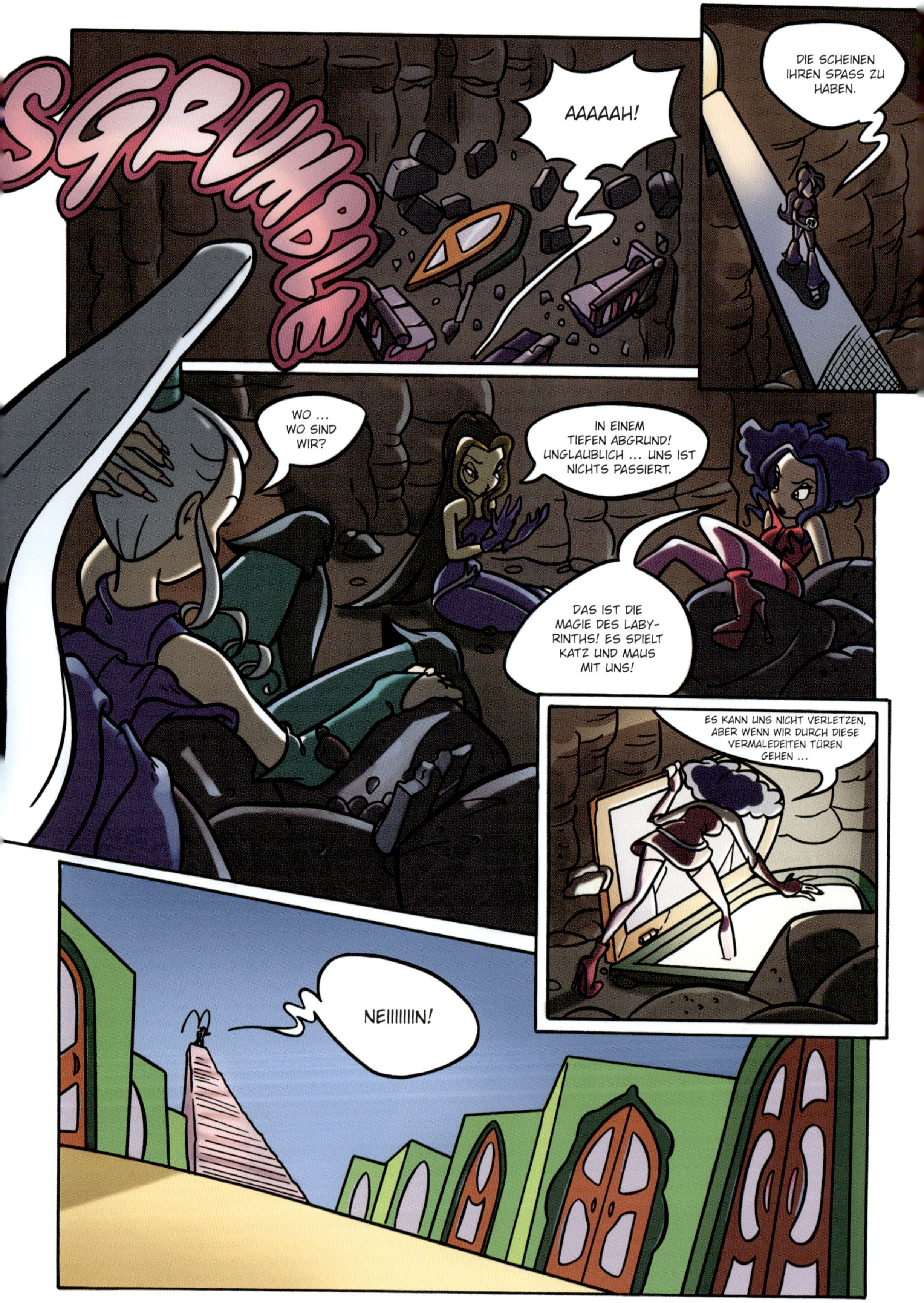
SGRUMBLE
AAAAAH!
DIE SCHEINEN IHREN SPASS ZU HABEN.
WO ... WO SIND WIR?
IN EINEM TIEFEN ABGRUND! UNGLAUBLICH ... UNS IST NICHTS PASSIERT.
DAS IST DIE MAGIE DES LABY-RINTHS! ES SPIELT KATZ UND MAUS MIT UNS!
ES KANN UNS NICHT VERLETZEN, ABER WENN WIR DURCH DIESE VERMALEDEITEN TÜREN GEHEN ...
NEIIIIIIIN!

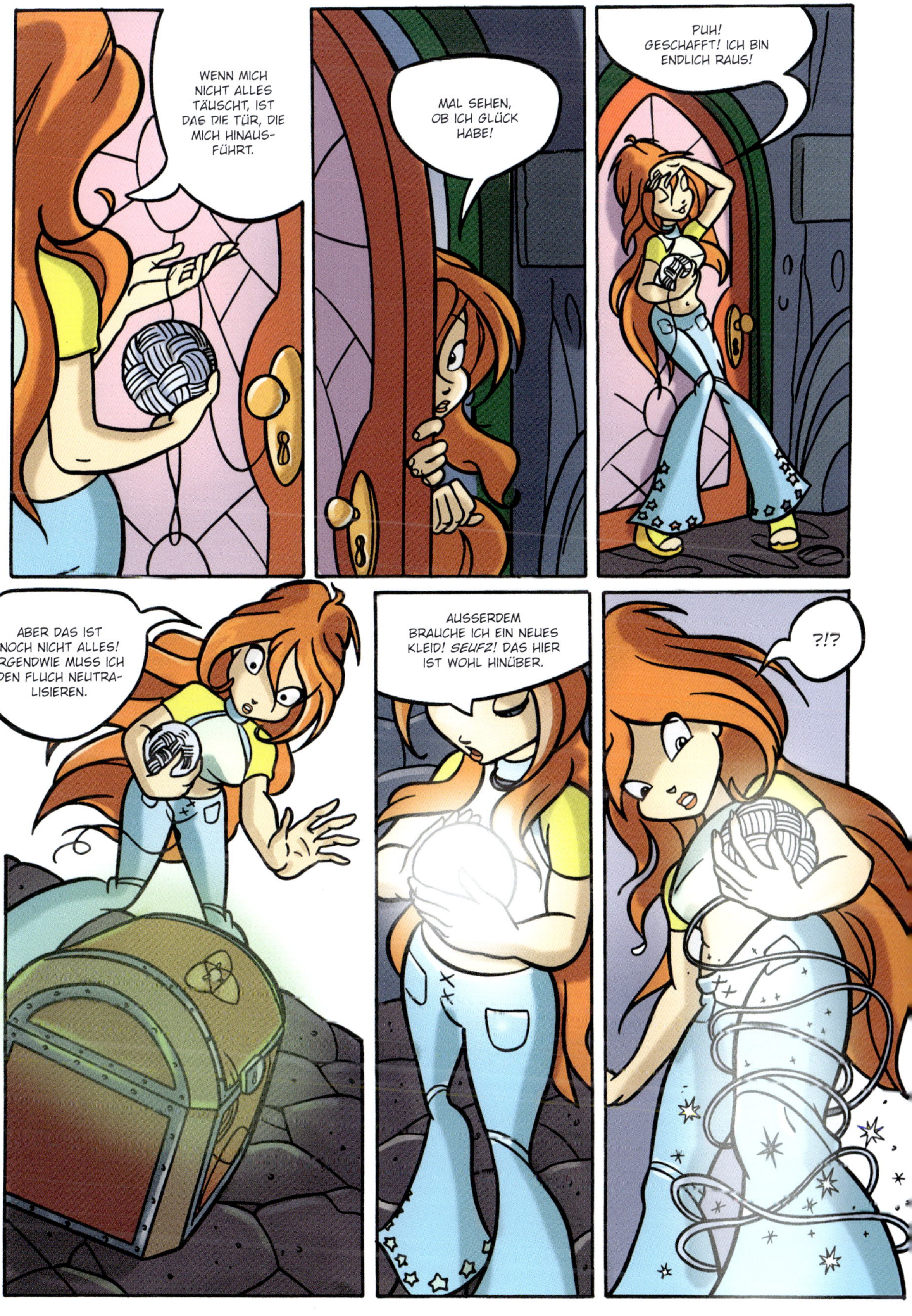
WENN MICH NICHT ALLES TÄUSCHT, IST DAS DIE TÜR, DIE MICH HINAUS-FÜHRT.
MAL SEHEN, OB ICH GLÜCK HABE!
PUH! GESCHAFFT! ICH BIN ENDLICH RAUS!
ABER DAS IST NOCH NICHT ALLES! IRGENDWIE MUSS ICH DEN FLUCH NEUTRA-LISIEREN.
AUSSERDEM BRAUCHE ICH EIN NEUES KLEID! *SEUFZ!* DAS HIER IST WOHL HINÜBER.
?!?

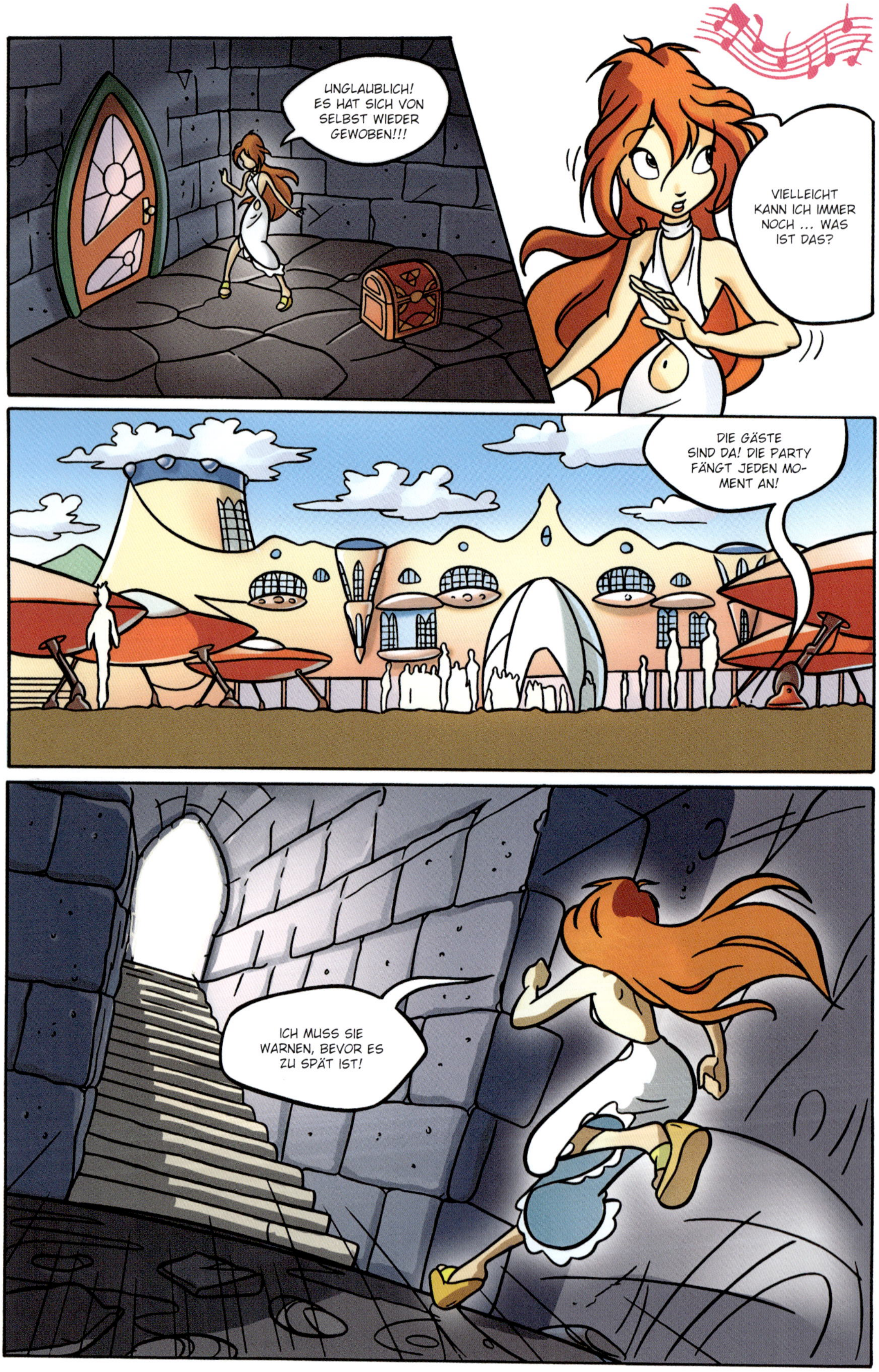
UNGLAUBLICH! ES HAT SICH VON SELBST WIEDER GEWOBEN!!!
VIELLEICHT KANN ICH IMMER NOCH ... WAS IST DAS?
DIE GÄSTE SIND DA! DIE PARTY FÄNGT JEDEN MOMENT AN!
ICH MUSS SIE WARNEN, BEVOR ES ZU SPÄT IST!

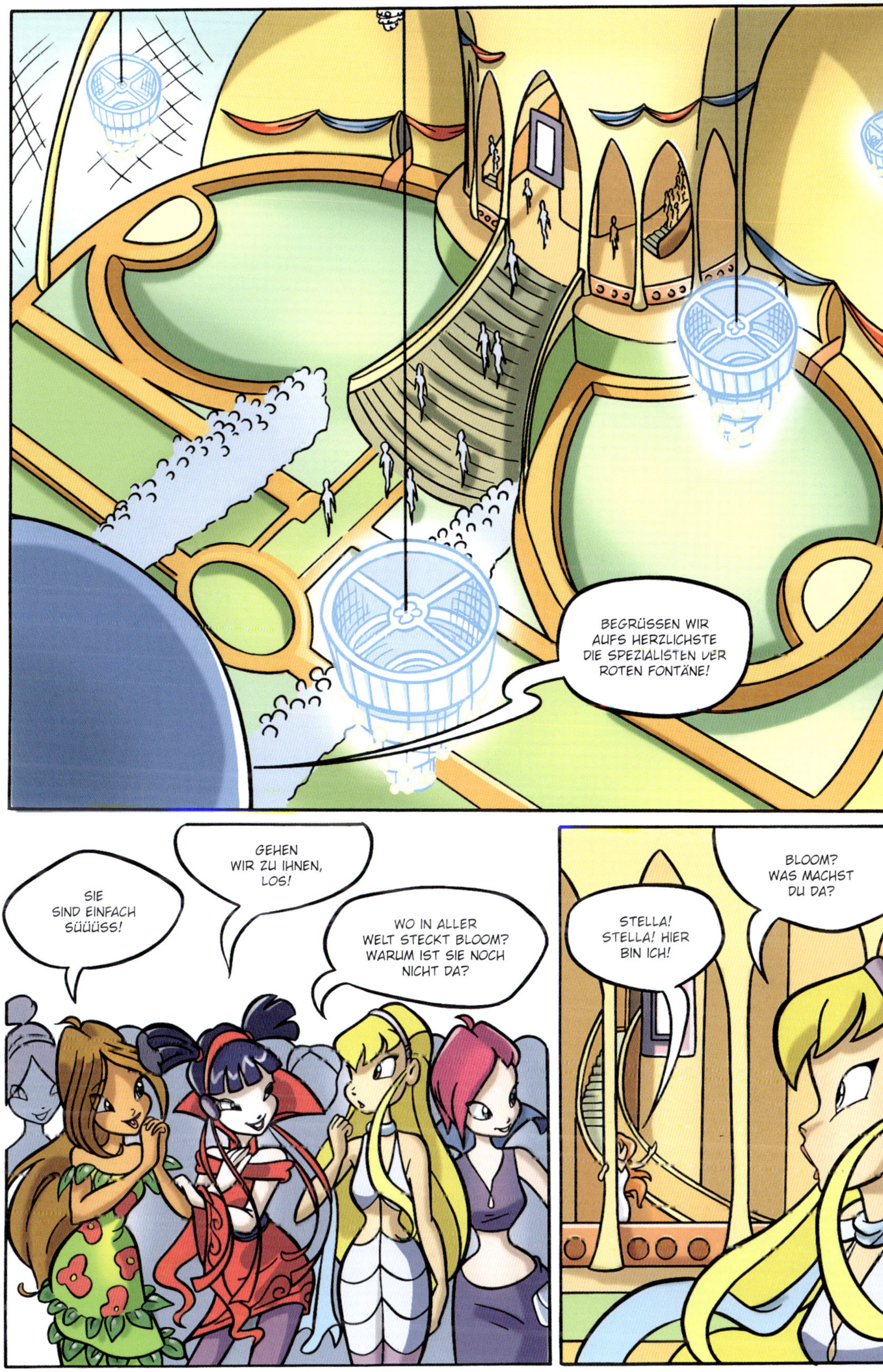
BEGRÜSSEN WIR AUFS HERZLICHSTE DIE SPEZIALISTEN DER ROTEN FONTÄNE!
SIE SIND EINFACH SÜÜÜSS!
GEHEN WIR ZU IHNEN, LOS!
WO IN ALLER WELT STECKT BLOOM? WARUM IST SIE NOCH NICHT DA?
BLOOM? WAS MACHST DU DA?
STELLA! STELLA! HIER BIN ICH!

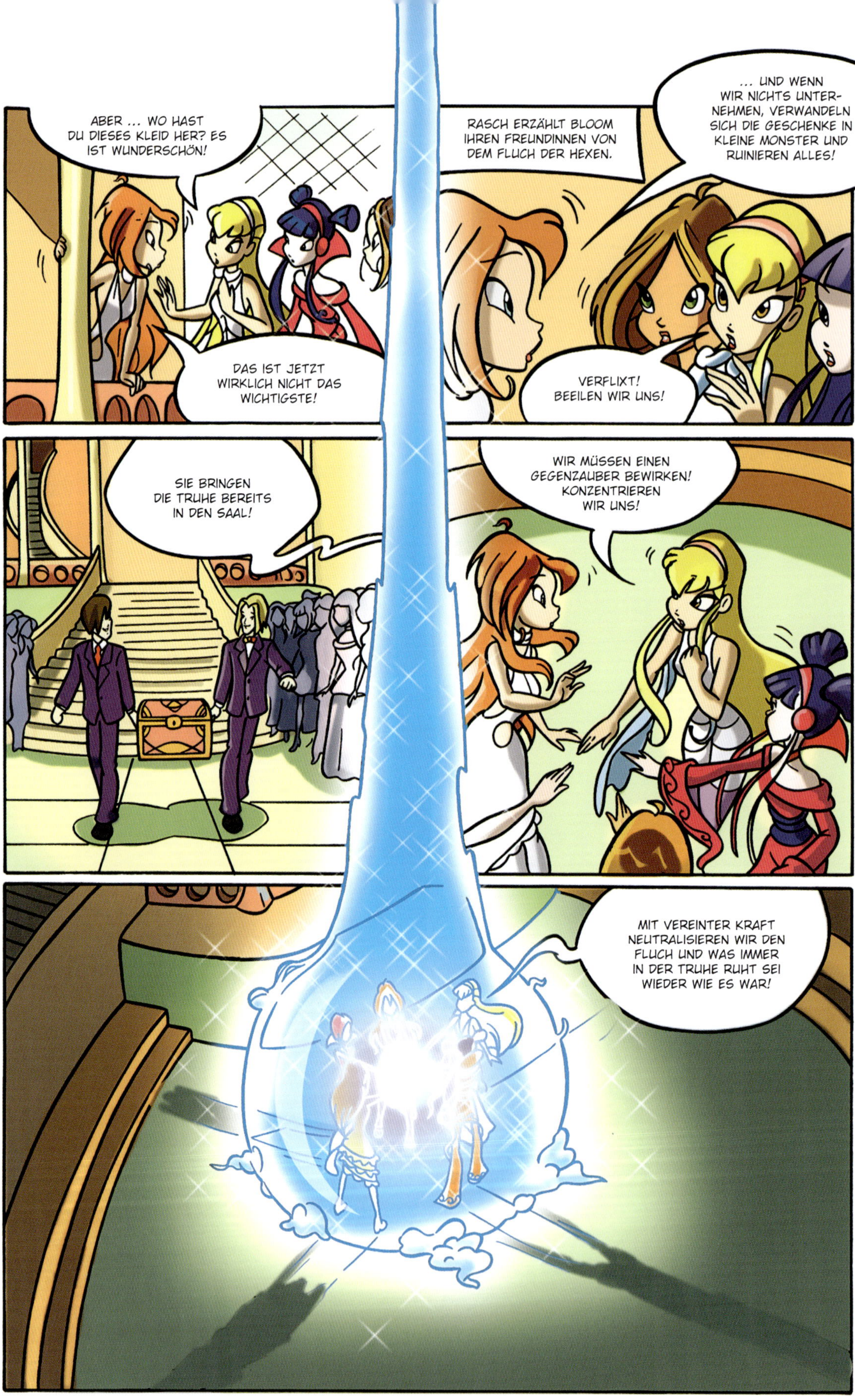
ABER ... WO HAST DU DIESES KLEID HER? ES IST WUNDERSCHÖN!
DAS IST JETZT WIRKLICH NICHT DAS WICHTIGSTE!
RASCH ERZÄHLT BLOOM IHREN FREUNDINNEN VON DEM FLUCH DER HEXEN.
... UND WENN WIR NICHTS UNTER-NEHMEN, VERWANDELN SICH DIE GESCHENKE IN KLEINE MONSTER UND RUINIEREN ALLES!
VERFLIXT! BEEILEN WIR UNS!
SIE BRINGEN DIE TRUHE BEREITS IN DEN SAAL!
WIR MÜSSEN EINEN GEGENZAUBER BEWIRKEN! KONZENTRIEREN WIR UNS!
MIT VEREINTER KRAFT NEUTRALISIEREN WIR DEN FLUCH UND WAS IMMER IN DER TRUHE RUHT SEI WIEDER WIE ES WAR!

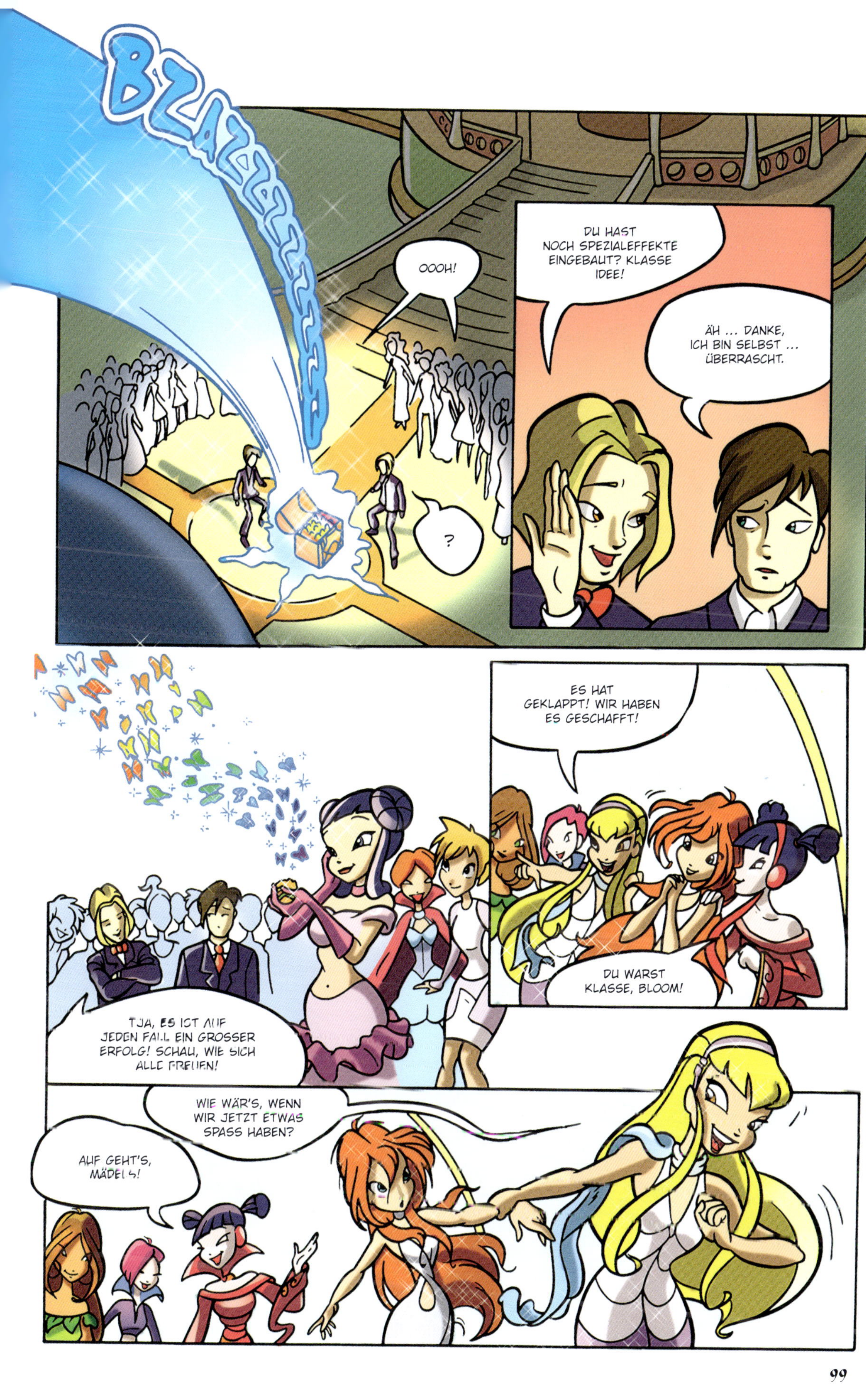
BZAAZZZZZ
OOOH!
?
DU HAST NOCH SPEZIALEFFEKTE EINGEBAUT? KLASSE IDEE!
ÄH ... DANKE, ICH BIN SELBST ... ÜBERRASCHT.
TJA, ES IST AUF JEDEN FALL EIN GROSSER ERFOLG! SCHAU, WIE SICH ALLE FREUEN!
ES HAT GEKLAPPT! WIR HABEN ES GESCHAFFT!
DU WARST KLASSE, BLOOM!
WIE WÄR'S, WENN WIR JETZT ETWAS SPASS HABEN?
AUF GEHT'S, MÄDELS!

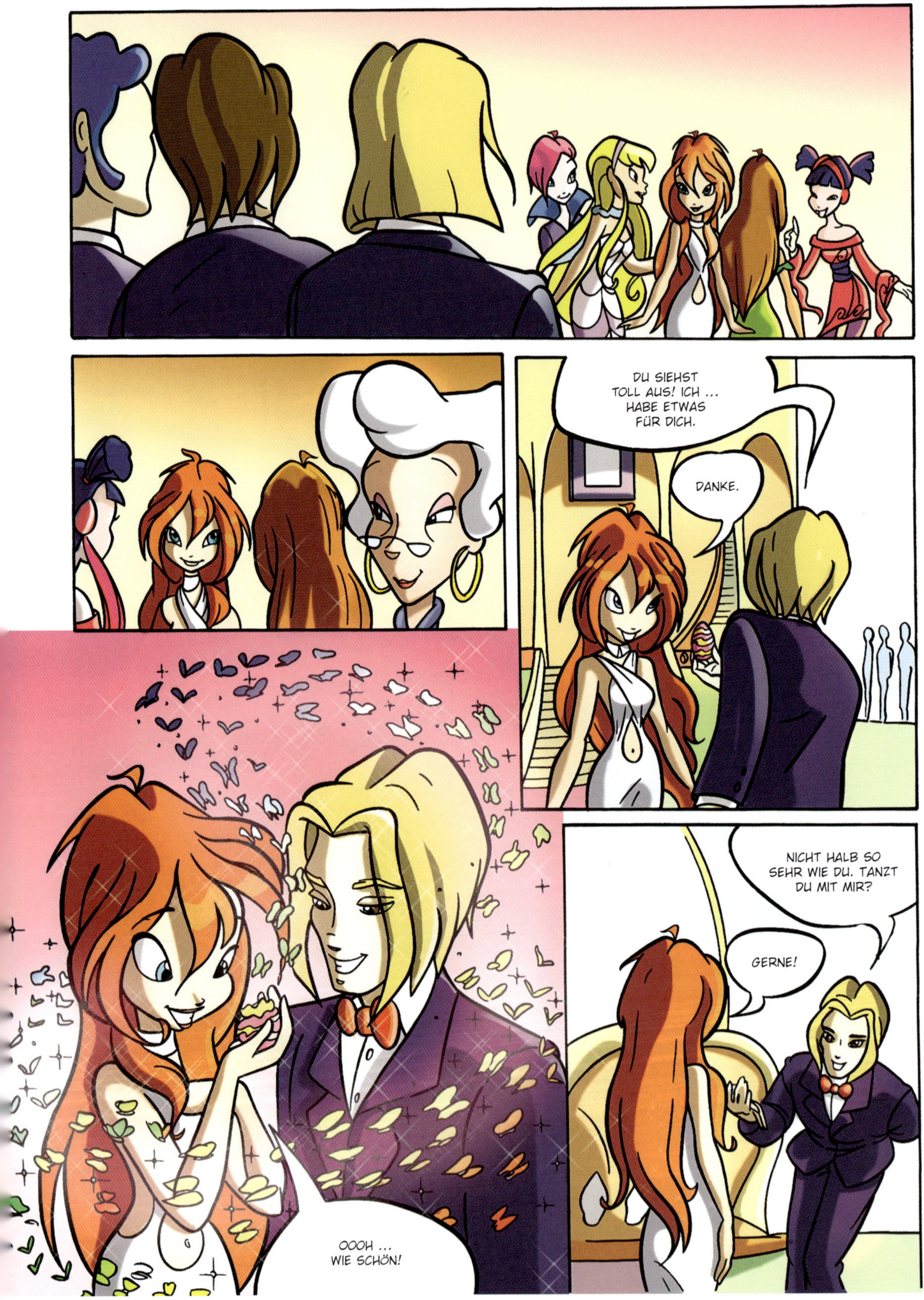

DU SIEHST TOLL AUS! ICH ... HABE ETWAS FÜR DICH.
DANKE.
OOOH ... WIE SCHÖN!
NICHT HALB SO SEHR WIE DU. TANZT DU MIT MIR?
GERNE!

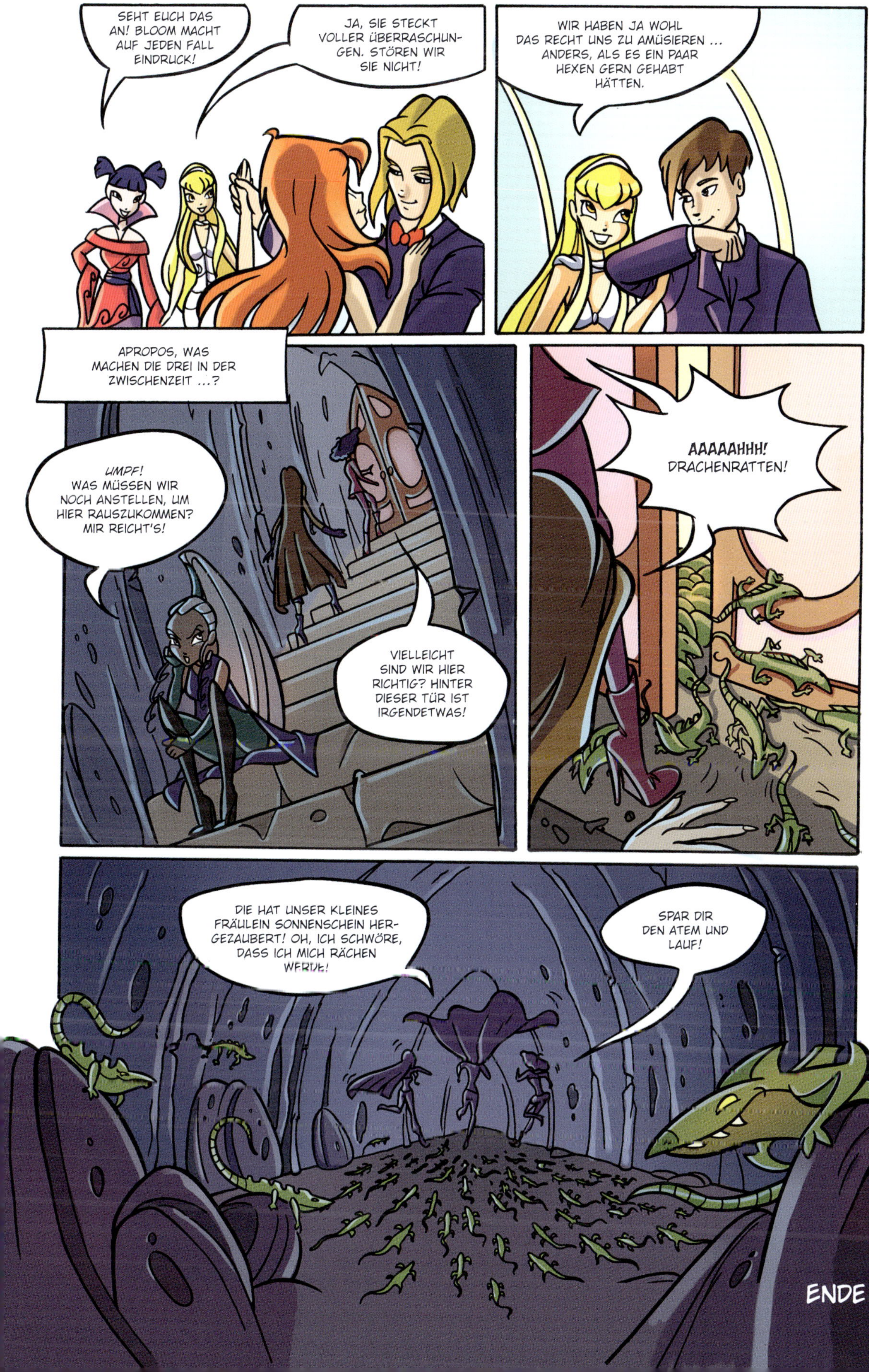
SEHT EUCH DAS AN! BLOOM MACHT AUF JEDEN FALL EINDRUCK!
JA, SIE STECKT VOLLER ÜBERRASCHUNGEN. STÖREN WIR SIE NICHT!
WIR HABEN JA WOHL DAS RECHT UNS ZU AMÜSIEREN ... ANDERS, ALS ES EIN PAAR HEXEN GERN GEHABT HÄTTEN.
APROPOS, WAS MACHEN DIE DREI IN DER ZWISCHENZEIT ...?
UMPF! WAS MÜSSEN WIR NOCH ANSTELLEN, UM HIER RAUSZUKOMMEN? MIR REICHT'S!
VIELLEICHT SIND WIR HIER RICHTIG? HINTER DIESER TÜR IST IRGENDETWAS!
AAAAAHHH! DRACHENRATTEN!
DIE HAT UNSER KLEINES FRÄULEIN SONNENSCHEIN HERGEZAUBERT! OH, ICH SCHWÖRE, DASS ICH MICH RÄCHEN WERDE!
SPAR DIR DEN ATEM UND LAUF!
ENDE

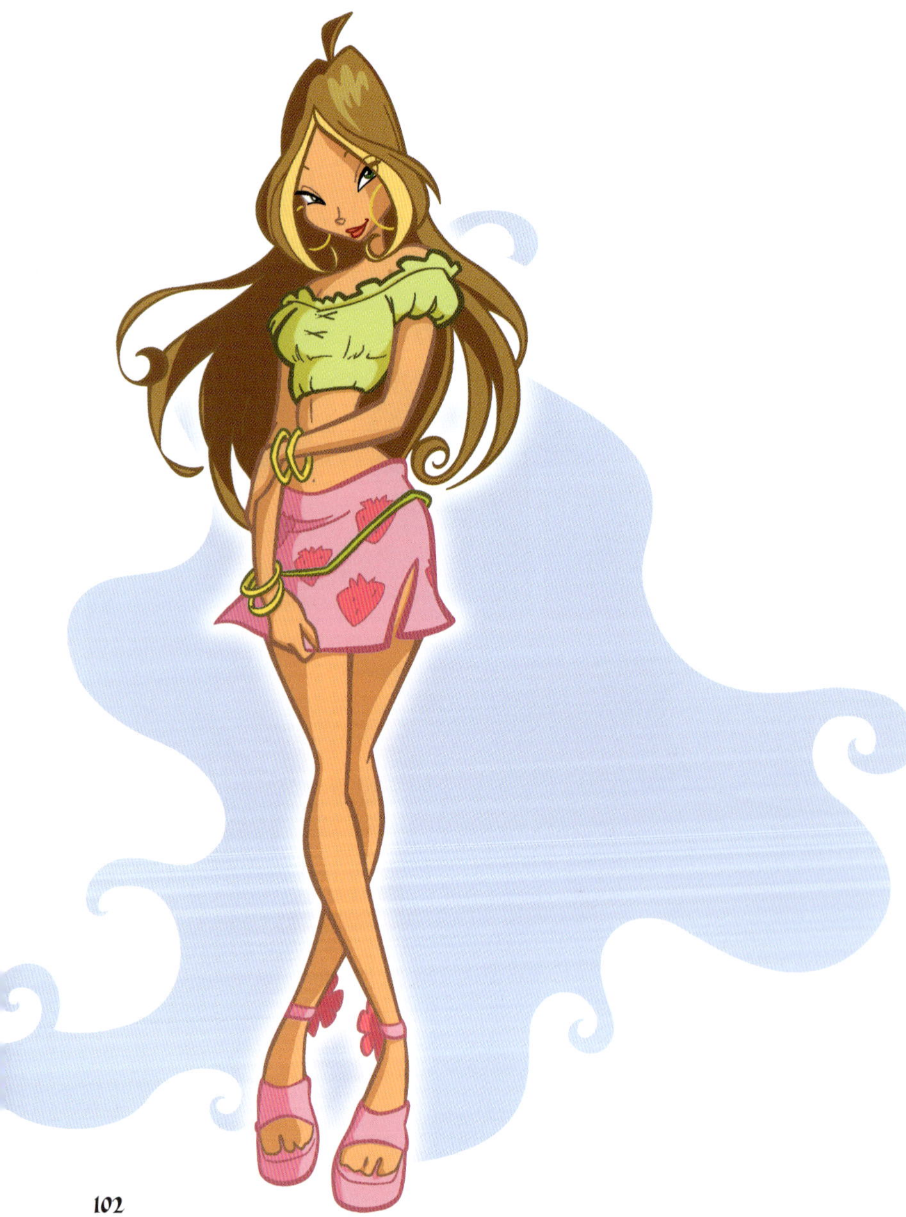

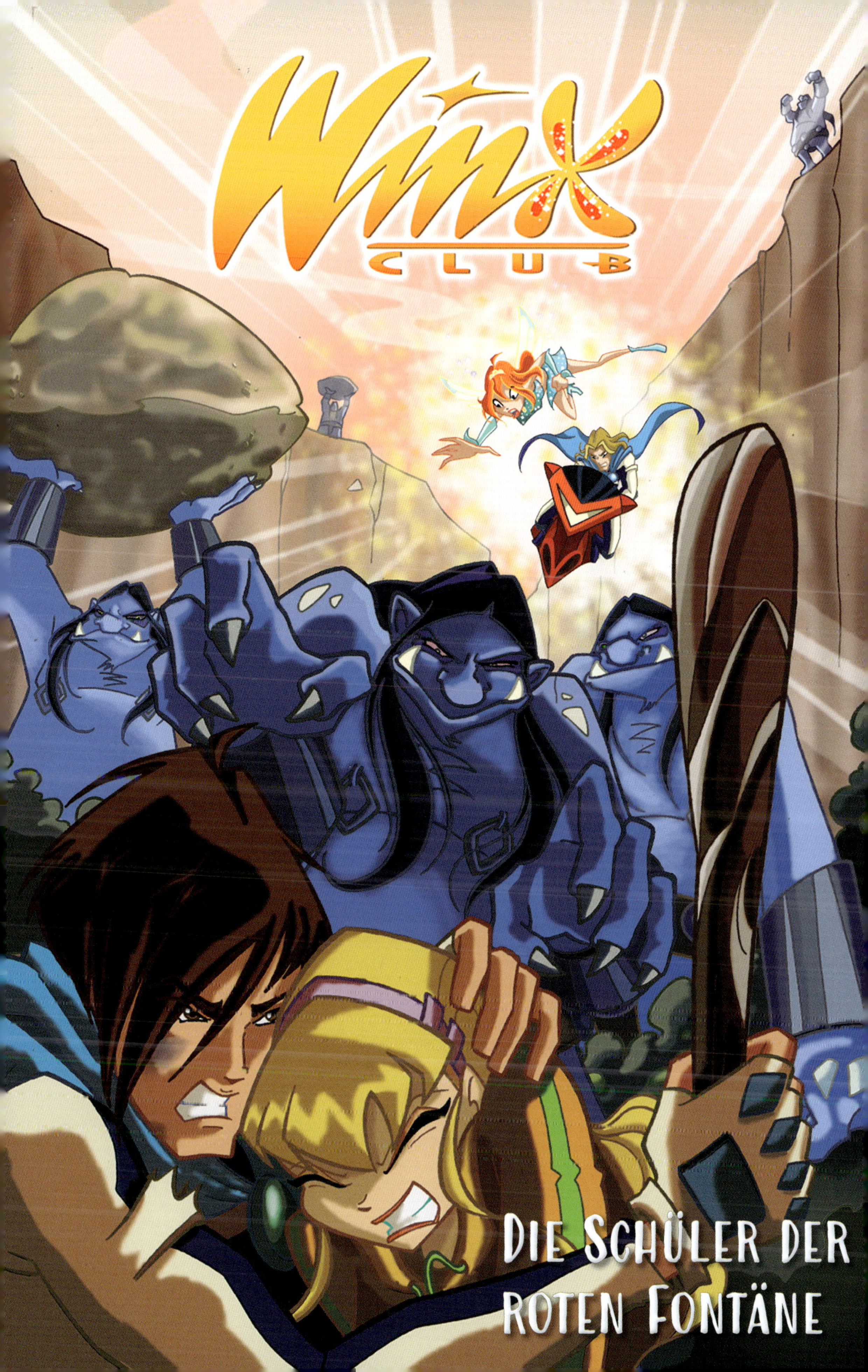
Winx
CLUB
DIE SCHÜLER DER
ROTEN FONTÄNE

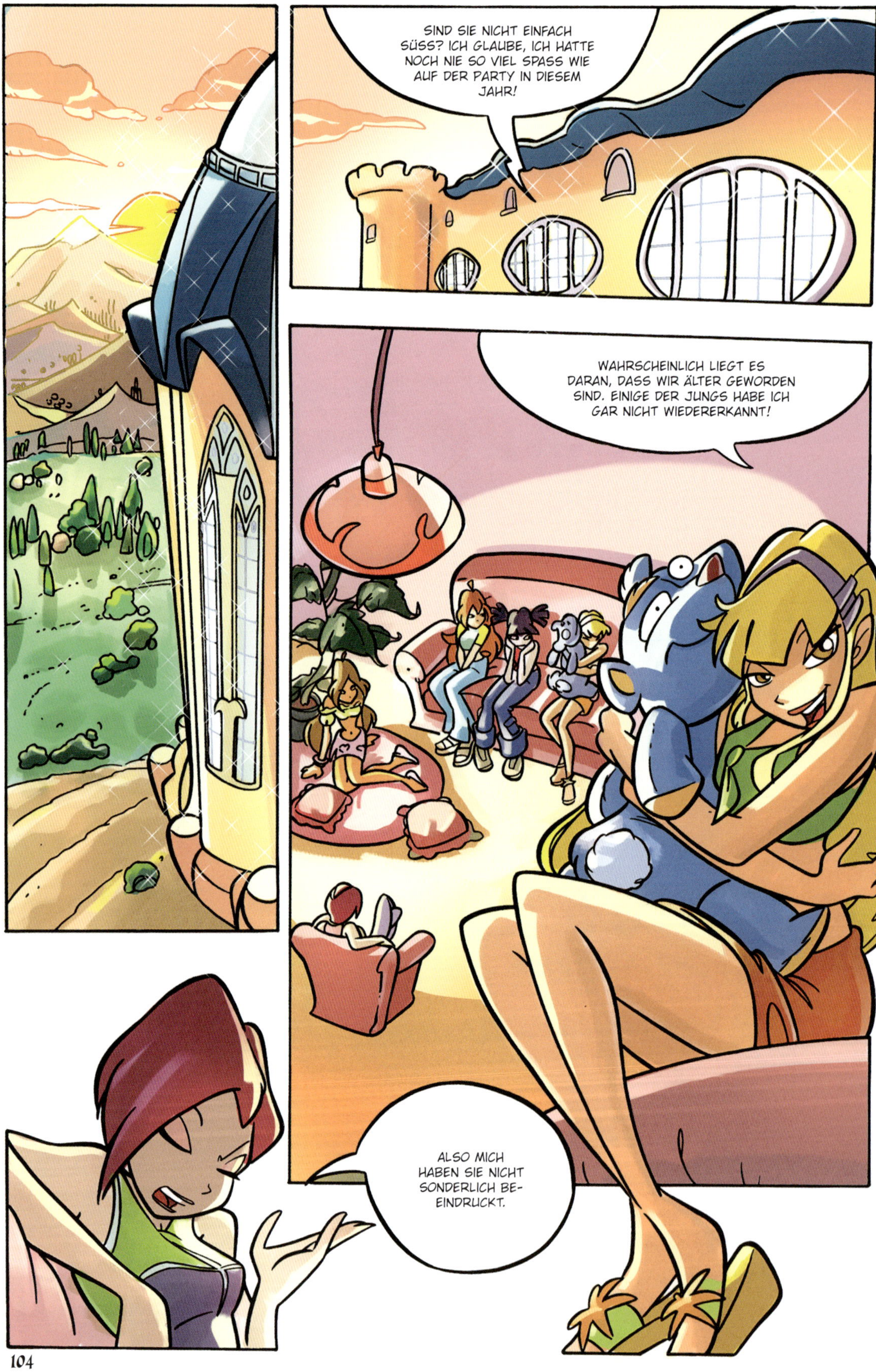
SIND SIE NICHT EINFACH SÜSS? ICH GLAUBE, ICH HATTE NOCH NIE SO VIEL SPASS WIE AUF DER PARTY IN DIESEM JAHR!
WAHRSCHEINLICH LIEGT ES DARAN, DASS WIR ÄLTER GEWORDEN SIND. EINIGE DER JUNGS HABE ICH GAR NICHT WIEDERERKANNT!
ALSO MICH HABEN SIE NICHT SONDERLICH BE-EINDRUCKT.

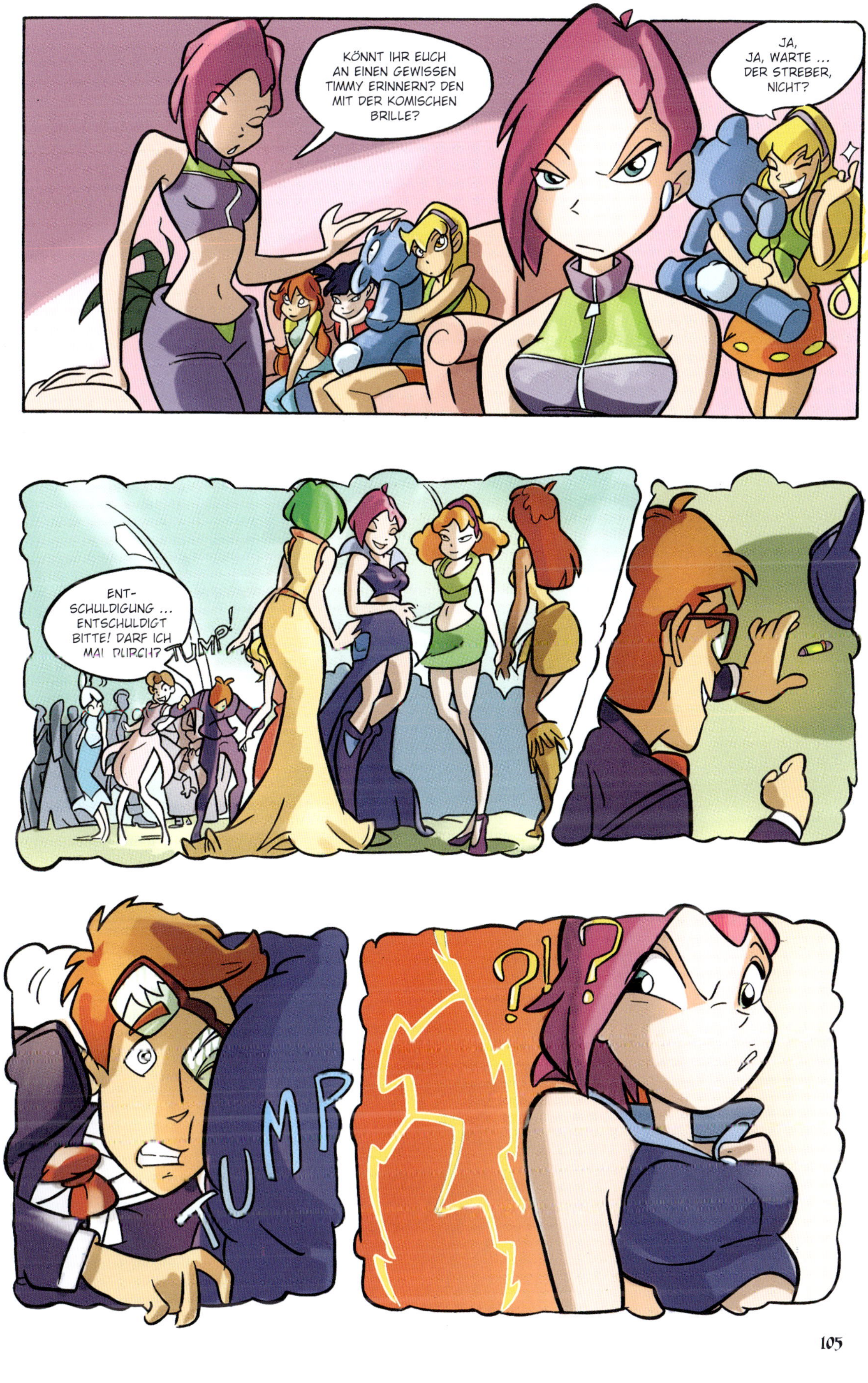
KÖNNT IHR EUCH AN EINEN GEWISSEN TIMMY ERINNERN? DEN MIT DER KOMISCHEN BRILLE?
JA, JA, WARTE ... DER STREBER, NICHT?
ENT-SCHULDIGUNG ... ENTSCHULDIGT BITTE! DARF ICH MAL DURCH?
TUMP!
TUMP
?!?

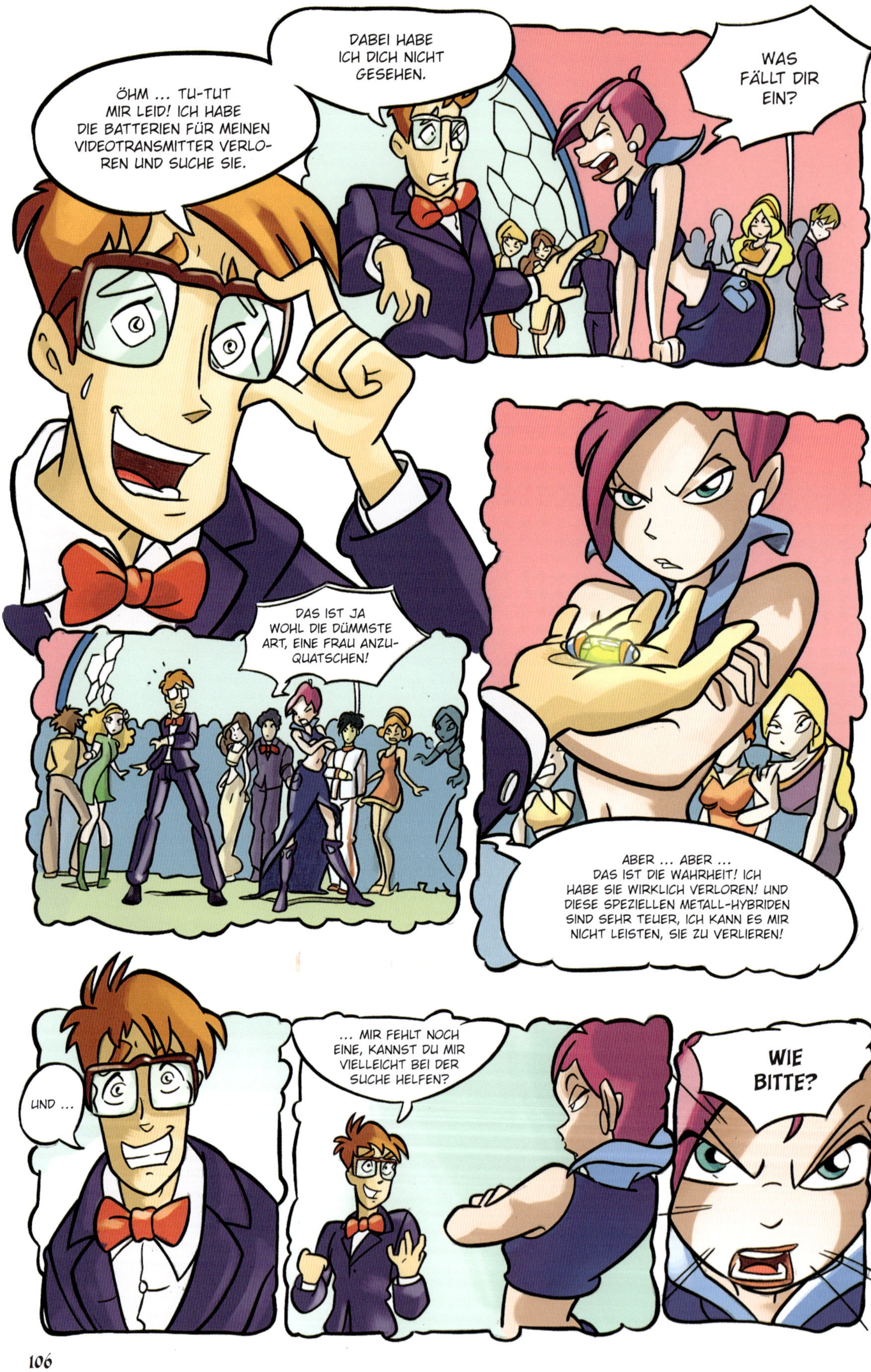

ÖHM ... TU-TUT MIR LEID! ICH HABE DIE BATTERIEN FÜR MEINEN VIDEOTRANSMITTER VERLOREN UND SUCHE SIE.
DABEI HABE ICH DICH NICHT GESEHEN.
WAS FÄLLT DIR EIN?
DAS IST JA WOHL DIE DÜMMSTE ART, EINE FRAU ANZUQUATSCHEN!
ABER ... ABER ... DAS IST DIE WAHRHEIT! ICH HABE SIE WIRKLICH VERLOREN! UND DIESE SPEZIELLEN METALL-HYBRIDEN SIND SEHR TEUER, ICH KANN ES MIR NICHT LEISTEN, SIE ZU VERLIEREN!
UND ...
... MIR FEHLT NOCH EINE, KANNST DU MIR VIELLEICHT BEI DER SUCHE HELFEN?
WIE BITTE?

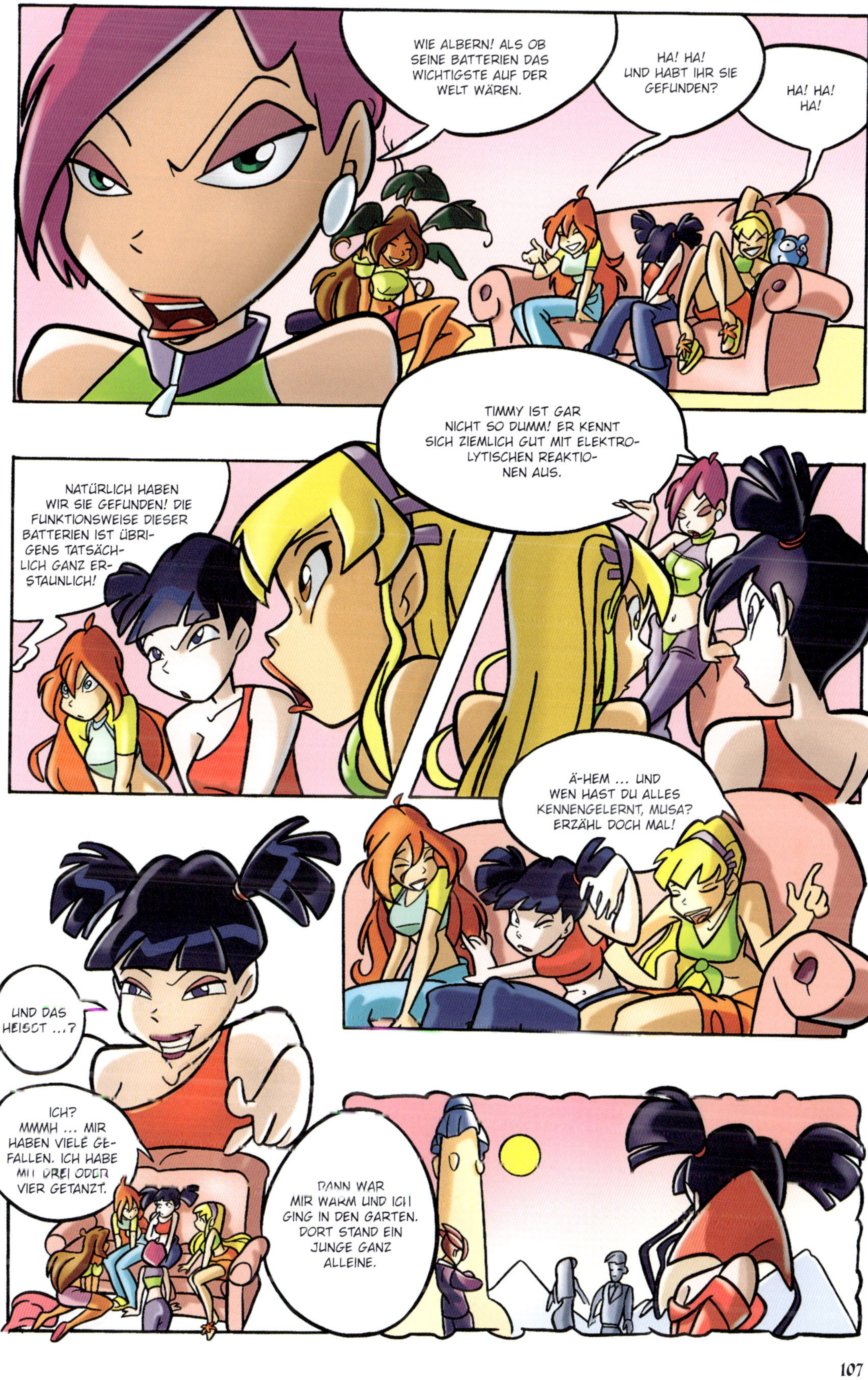
WIE ALBERN! ALS OB SEINE BATTERIEN DAS WICHTIGSTE AUF DER WELT WÄREN.
HA! HA! UND HABT IHR SIE GEFUNDEN?
HA! HA! HA!
TIMMY IST GAR NICHT SO DUMM! ER KENNT SICH ZIEMLICH GUT MIT ELEKTROLYTISCHEN REAKTIONEN AUS.
NATÜRLICH HABEN WIR SIE GEFUNDEN! DIE FUNKTIONSWEISE DIESER BATTERIEN IST ÜBRIGENS TATSÄCHLICH GANZ ERSTAUNLICH!
Ä-HEM ... UND WEN HAST DU ALLES KENNENGELERNT, MUSA? ERZÄHL DOCH MAL!
UND DAS HEISST ...?
ICH? MMMH ... MIR HABEN VIELE GEFALLEN. ICH HABE MIT DREI ODER VIER GETANZT.
DANN WAR MIR WARM UND ICH GING IN DEN GARTEN. DORT STAND EIN JUNGE GANZ ALLEINE.

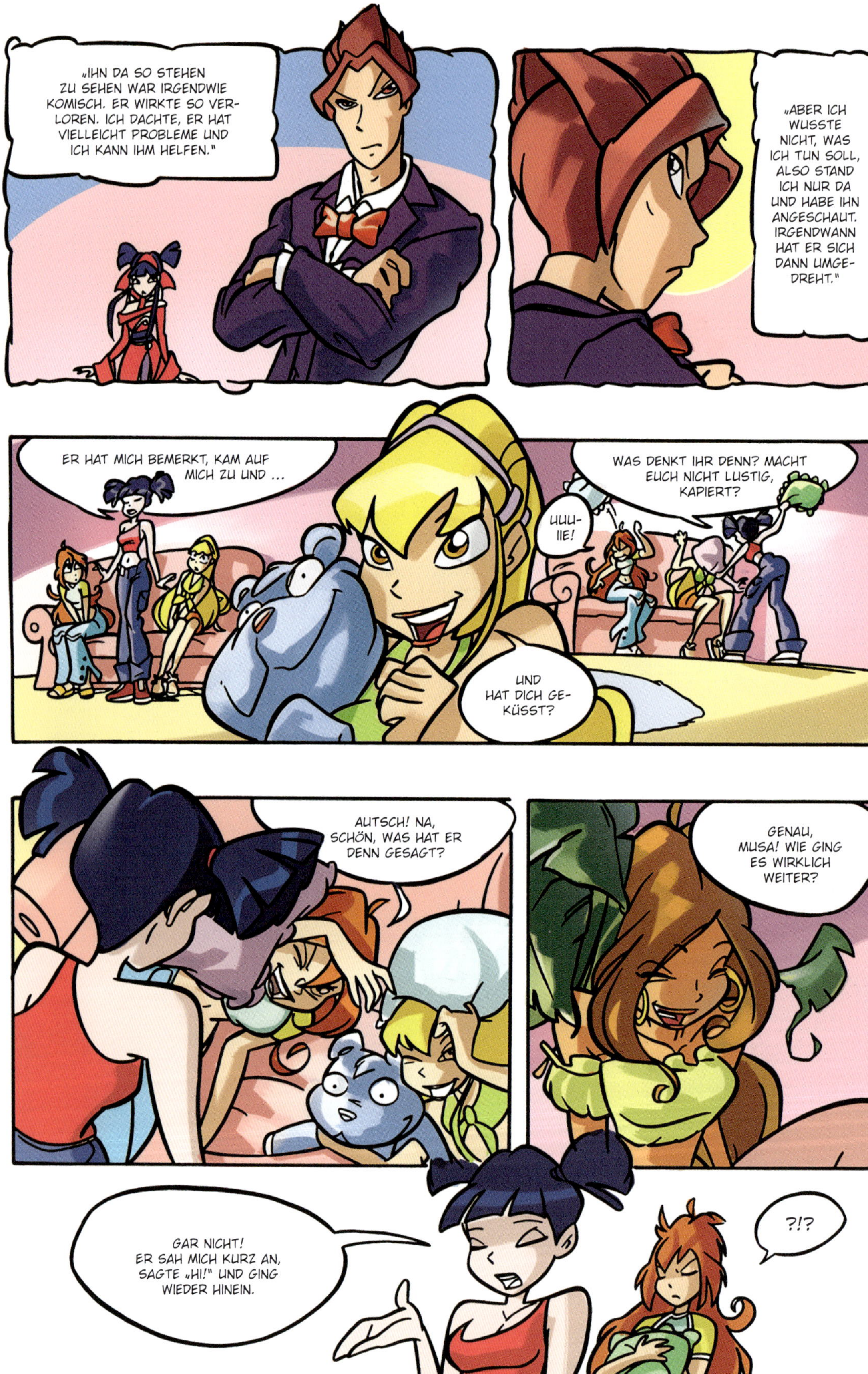
„IHN DA SO STEHEN ZU SEHEN WAR IRGENDWIE KOMISCH. ER WIRKTE SO VERLOREN. ICH DACHTE, ER HAT VIELLEICHT PROBLEME UND ICH KANN IHM HELFEN."
„ABER ICH WUSSTE NICHT, WAS ICH TUN SOLL, ALSO STAND ICH NUR DA UND HABE IHN ANGESCHAUT. IRGENDWANN HAT ER SICH DANN UMGEDREHT."
ER HAT MICH BEMERKT, KAM AUF MICH ZU UND …
UND HAT DICH GEKÜSST?
UUU-IIE!
WAS DENKT IHR DENN? MACHT EUCH NICHT LUSTIG, KAPIERT?
AUTSCH! NA, SCHÖN, WAS HAT ER DENN GESAGT?
GENAU, MUSA! WIE GING ES WIRKLICH WEITER?
GAR NICHT! ER SAH MICH KURZ AN, SAGTE „HI!" UND GING WIEDER HINEIN.
?!?

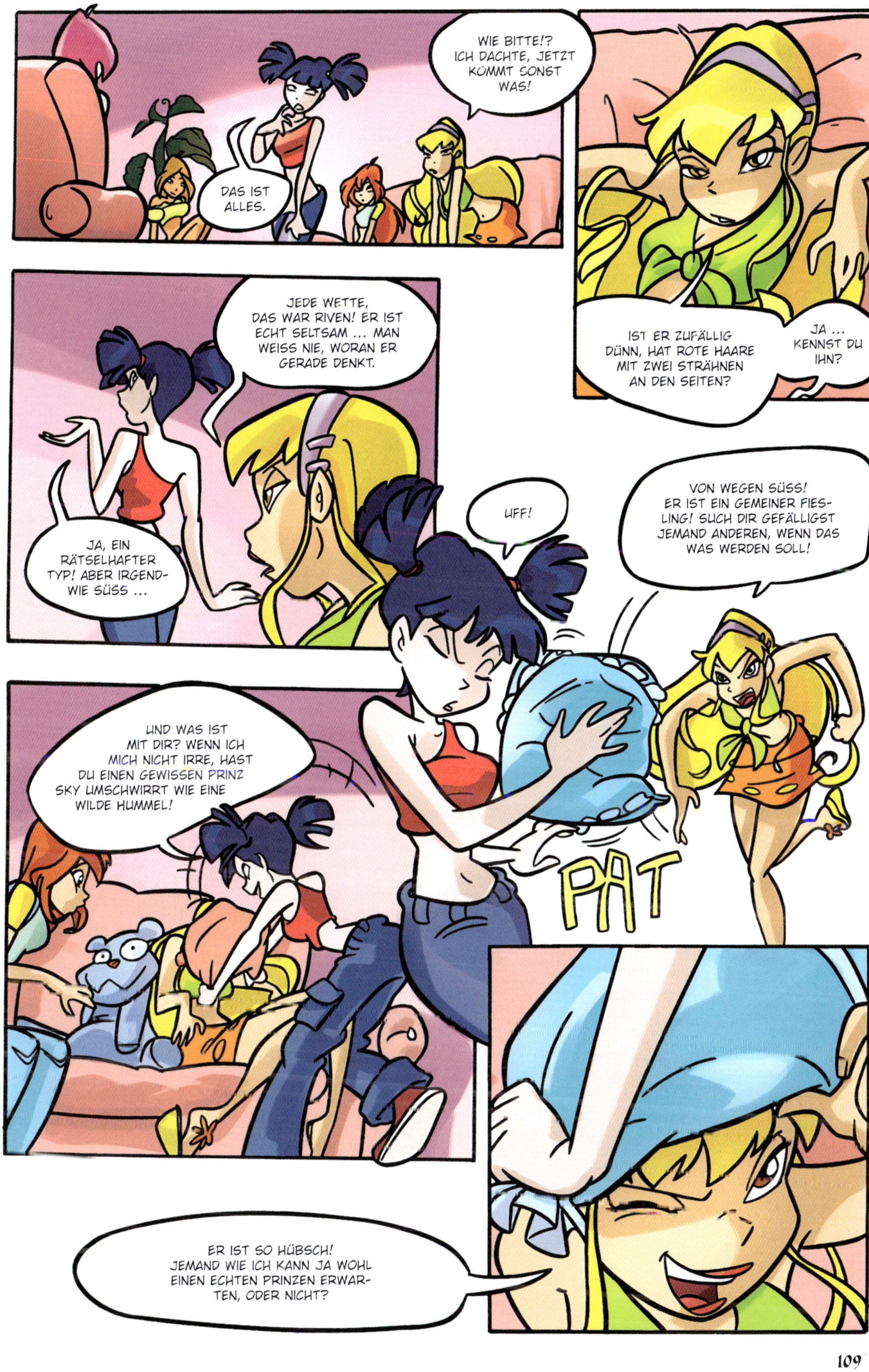
DAS IST ALLES.
WIE BITTE!? ICH DACHTE, JETZT KOMMT SONST WAS!
IST ER ZUFÄLLIG DÜNN, HAT ROTE HAARE MIT ZWEI STRÄHNEN AN DEN SEITEN?
JA ... KENNST DU IHN?
JEDE WETTE, DAS WAR RIVEN! ER IST ECHT SELTSAM ... MAN WEISS NIE, WORAN ER GERADE DENKT.
JA, EIN RÄTSELHAFTER TYP! ABER IRGEND-WIE SÜSS ...
UFF!
VON WEGEN SÜSS! ER IST EIN GEMEINER FIES-LING! SUCH DIR GEFÄLLIGST JEMAND ANDEREN, WENN DAS WAS WERDEN SOLL!
UND WAS IST MIT DIR? WENN ICH MICH NICHT IRRE, HAST DU EINEN GEWISSEN PRINZ SKY UMSCHWIRRT WIE EINE WILDE HUMMEL!
PAT
ER IST SO HÜBSCH! JEMAND WIE ICH KANN JA WOHL EINEN ECHTEN PRINZEN ERWAR-TEN, ODER NICHT?

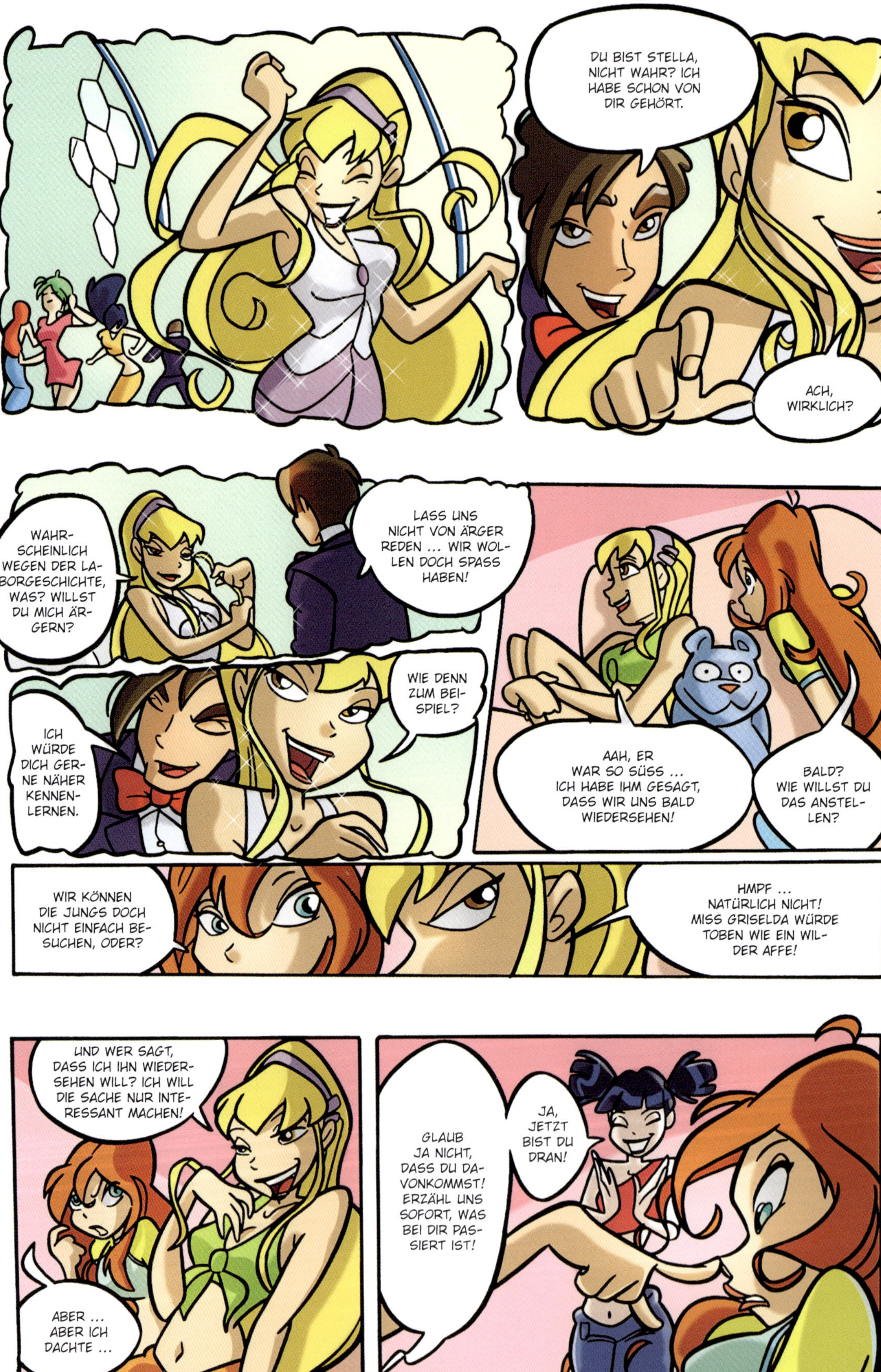
DU BIST STELLA, NICHT WAHR? ICH HABE SCHON VON DIR GEHÖRT.
ACH, WIRKLICH?
WAHRSCHEINLICH WEGEN DER LABORGESCHICHTE, WAS? WILLST DU MICH ÄRGERN?
LASS UNS NICHT VON ÄRGER REDEN ... WIR WOLLEN DOCH SPASS HABEN!
ICH WÜRDE DICH GERNE NÄHER KENNENLERNEN.
WIE DENN ZUM BEISPIEL?
AAH, ER WAR SO SÜSS ... ICH HABE IHM GESAGT, DASS WIR UNS BALD WIEDERSEHEN!
BALD? WIE WILLST DU DAS ANSTELLEN?
WIR KÖNNEN DIE JUNGS DOCH NICHT EINFACH BESUCHEN, ODER?
HMPF ... NATÜRLICH NICHT! MISS GRISELDA WÜRDE TOBEN WIE EIN WILDER AFFE!
UND WER SAGT, DASS ICH IHN WIEDERSEHEN WILL? ICH WILL DIE SACHE NUR INTERESSANT MACHEN!
ABER ... ABER ICH DACHTE ...
GLAUB JA NICHT, DASS DU DAVONKOMMST! ERZÄHL UNS SOFORT, WAS BEI DIR PASSIERT IST!
JA, JETZT BIST DU DRAN!

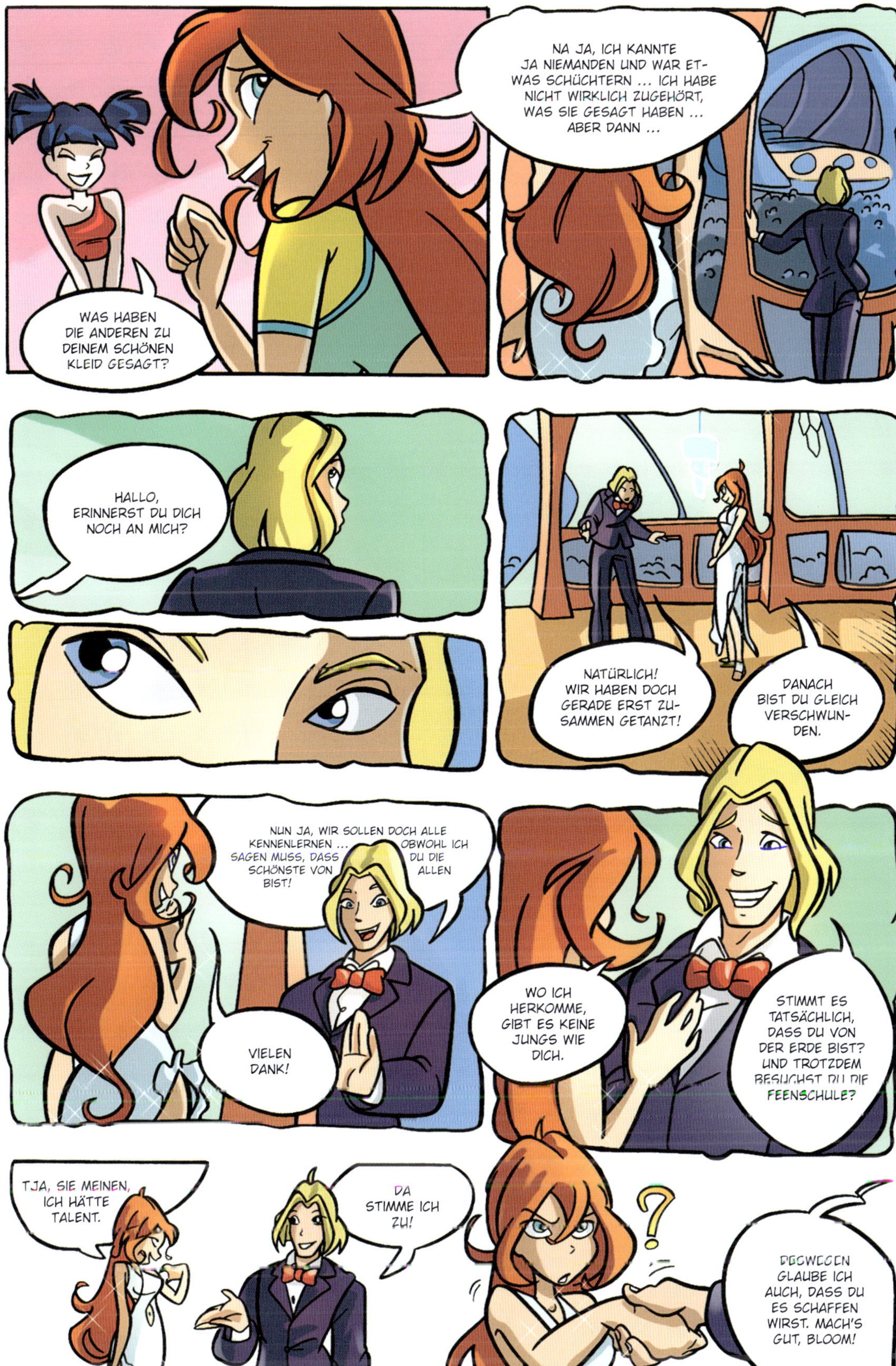
WAS HABEN DIE ANDEREN ZU DEINEM SCHÖNEN KLEID GESAGT?
NA JA, ICH KANNTE JA NIEMANDEN UND WAR ETWAS SCHÜCHTERN ... ICH HABE NICHT WIRKLICH ZUGEHÖRT, WAS SIE GESAGT HABEN ... ABER DANN ...
HALLO, ERINNERST DU DICH NOCH AN MICH?
NATÜRLICH! WIR HABEN DOCH GERADE ERST ZUSAMMEN GETANZT!
DANACH BIST DU GLEICH VERSCHWUNDEN.
NUN JA, WIR SOLLEN DOCH ALLE KENNENLERNEN ... OBWOHL ICH SAGEN MUSS, DASS DU DIE SCHÖNSTE VON ALLEN BIST!
VIELEN DANK!
WO ICH HERKOMME, GIBT ES KEINE JUNGS WIE DICH.
STIMMT ES TATSÄCHLICH, DASS DU VON DER ERDE BIST? UND TROTZDEM BESUCHST DU DIE FEENSCHULE?
TJA, SIE MEINEN, ICH HÄTTE TALENT.
DA STIMME ICH ZU!
DESWEGEN GLAUBE ICH AUCH, DASS DU ES SCHAFFEN WIRST. MACH'S GUT, BLOOM!

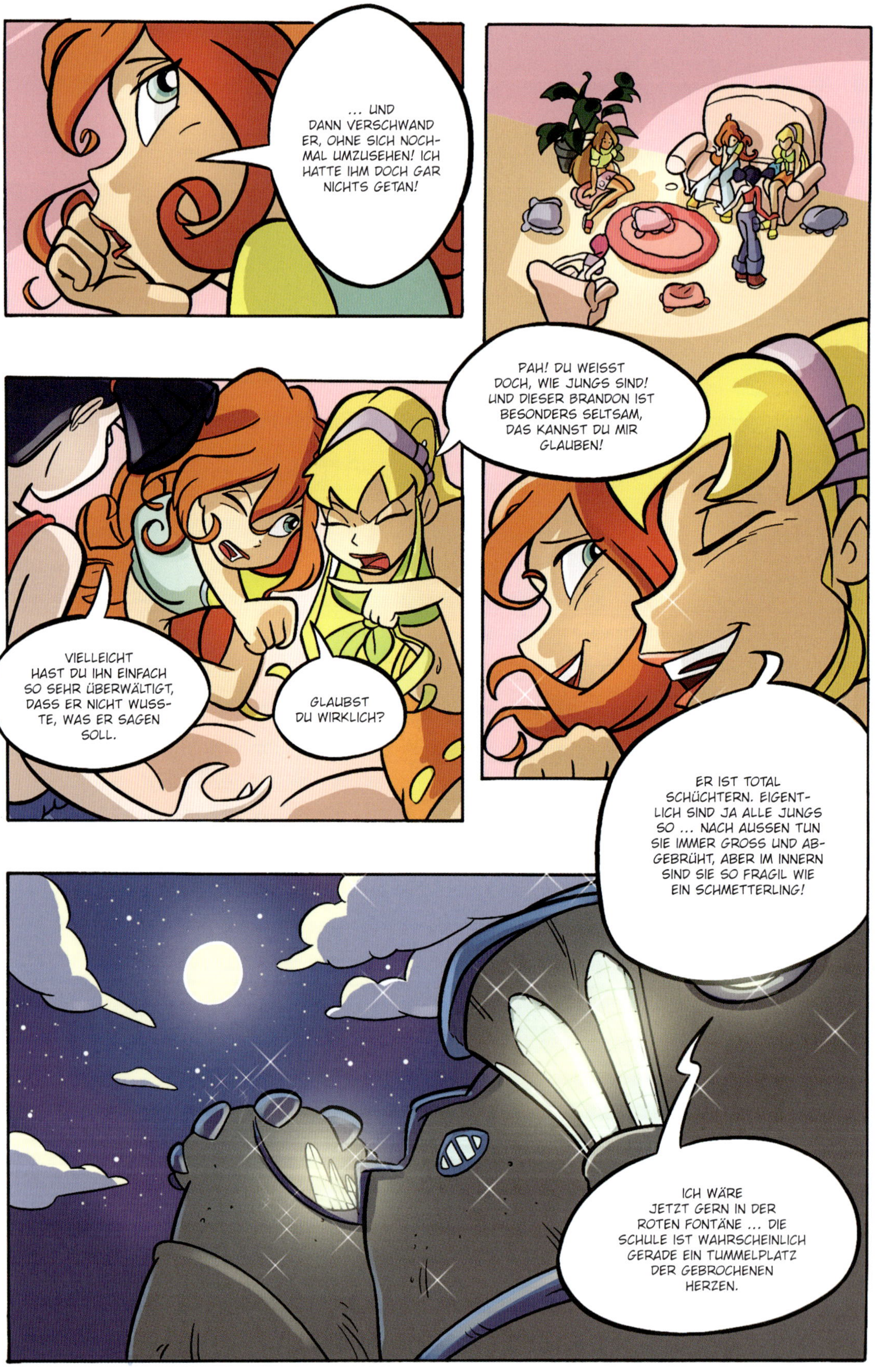
… UND DANN VERSCHWAND ER, OHNE SICH NOCHMAL UMZUSEHEN! ICH HATTE IHM DOCH GAR NICHTS GETAN!
VIELLEICHT HAST DU IHN EINFACH SO SEHR ÜBERWÄLTIGT, DASS ER NICHT WUSSTE, WAS ER SAGEN SOLL.
GLAUBST DU WIRKLICH?
PAH! DU WEISST DOCH, WIE JUNGS SIND! UND DIESER BRANDON IST BESONDERS SELTSAM, DAS KANNST DU MIR GLAUBEN!
ER IST TOTAL SCHÜCHTERN. EIGENTLICH SIND JA ALLE JUNGS SO … NACH AUSSEN TUN SIE IMMER GROSS UND ABGEBRÜHT, ABER IM INNERN SIND SIE SO FRAGIL WIE EIN SCHMETTERLING!
ICH WÄRE JETZT GERN IN DER ROTEN FONTÄNE … DIE SCHULE IST WAHRSCHEINLICH GERADE EIN TUMMELPLATZ DER GEBROCHENEN HERZEN.

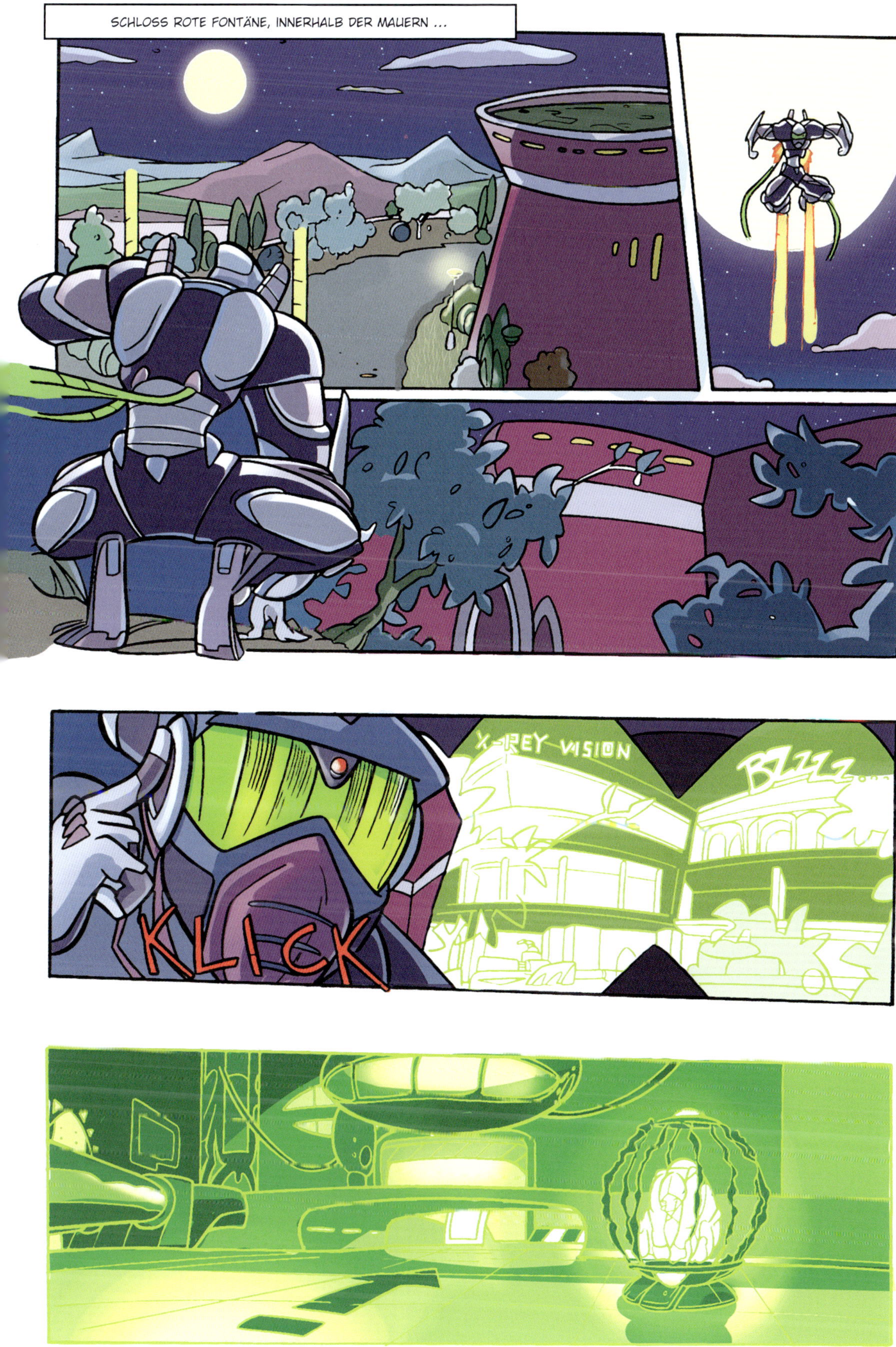
SCHLOSS ROTE FONTÄNE, INNERHALB DER MAUERN ...
KLICK
X-REY VISION
BZZZZ...

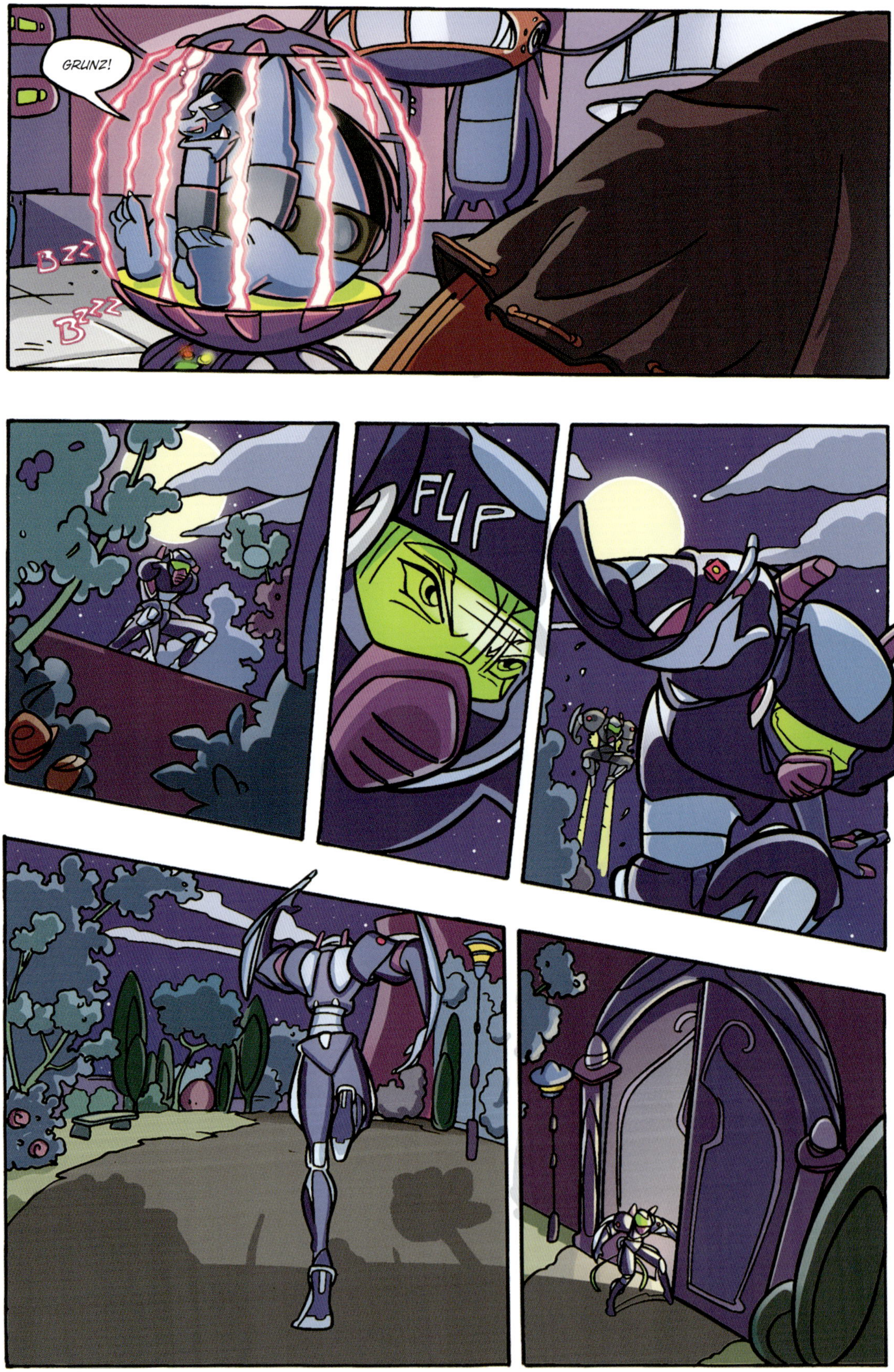
GRUNZ!
BZZZ
BZZZ
FLIP

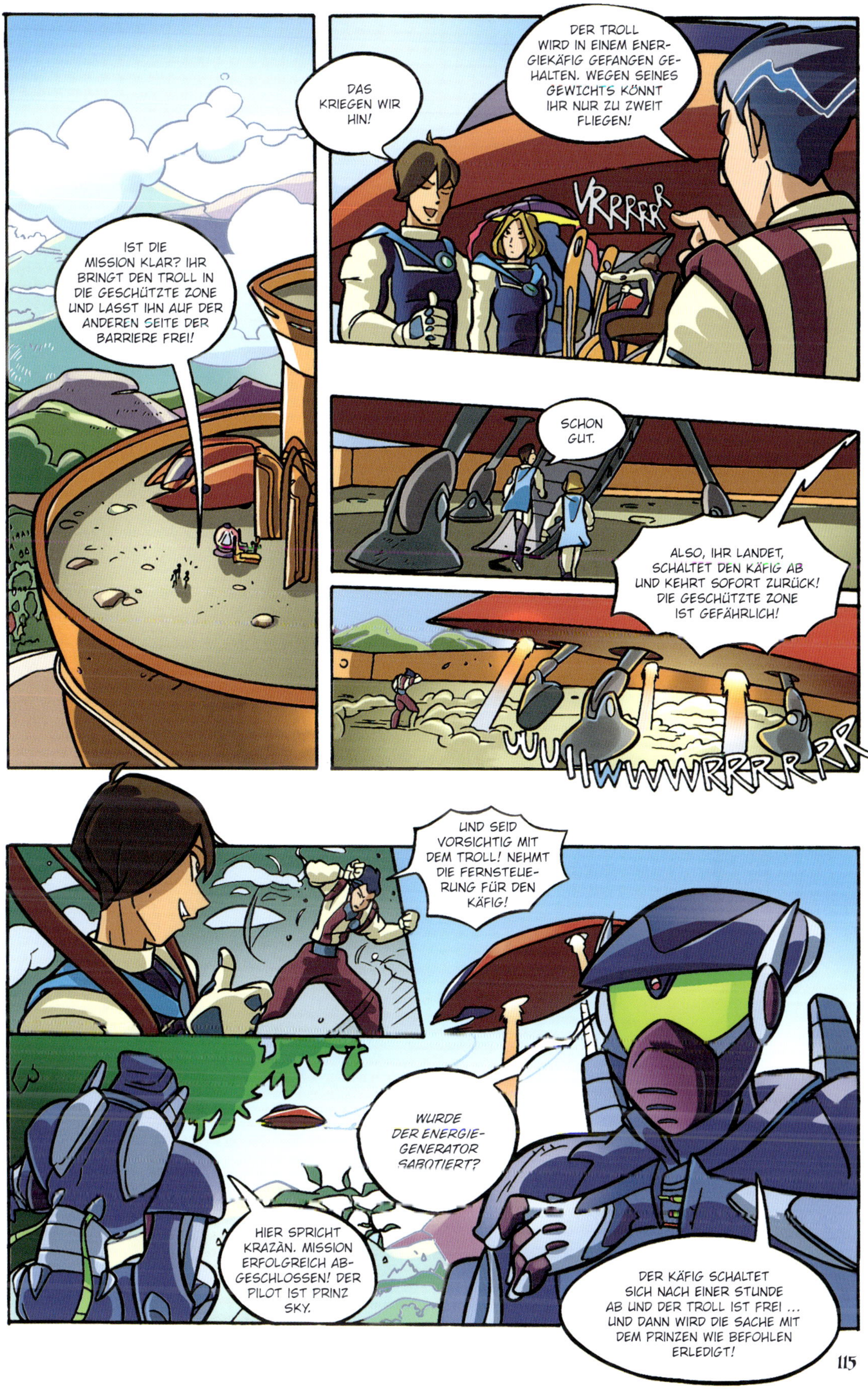
IST DIE MISSION KLAR? IHR BRINGT DEN TROLL IN DIE GESCHÜTZTE ZONE UND LASST IHN AUF DER ANDEREN SEITE DER BARRIERE FREI!
DAS KRIEGEN WIR HIN!
DER TROLL WIRD IN EINEM ENERGIEKÄFIG GEFANGEN GEHALTEN. WEGEN SEINES GEWICHTS KÖNNT IHR NUR ZU ZWEIT FLIEGEN!
VRRRRRR
SCHON GUT.
ALSO, IHR LANDET, SCHALTET DEN KÄFIG AB UND KEHRT SOFORT ZURÜCK! DIE GESCHÜTZTE ZONE IST GEFÄHRLICH!
WUUHWWWRRRRRRR
UND SEID VORSICHTIG MIT DEM TROLL! NEHMT DIE FERNSTEUERUNG FÜR DEN KÄFIG!
WURDE DER ENERGIEGENERATOR SABOTIERT?
HIER SPRICHT KRAZÀN. MISSION ERFOLGREICH ABGESCHLOSSEN! DER PILOT IST PRINZ SKY.
DER KÄFIG SCHALTET SICH NACH EINER STUNDE AB UND DER TROLL IST FREI ... UND DANN WIRD DIE SACHE MIT DEM PRINZEN WIE BEFOHLEN ERLEDIGT!

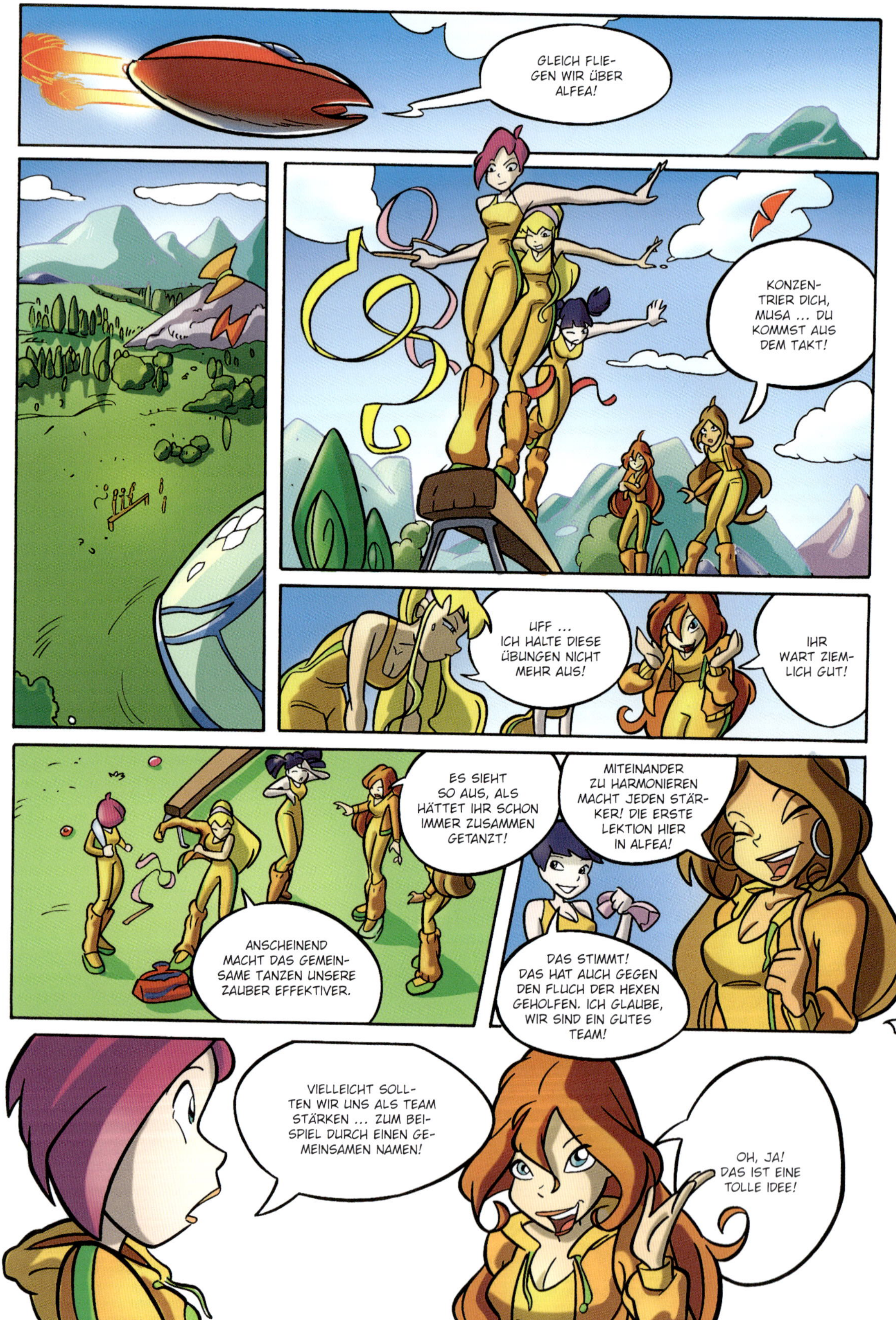
GLEICH FLIEGEN WIR ÜBER ALFEA!
KONZENTRIER DICH, MUSA ... DU KOMMST AUS DEM TAKT!
UFF ... ICH HALTE DIESE ÜBUNGEN NICHT MEHR AUS!
IHR WART ZIEMLICH GUT!
ANSCHEINEND MACHT DAS GEMEINSAME TANZEN UNSERE ZAUBER EFFEKTIVER.
ES SIEHT SO AUS, ALS HÄTTET IHR SCHON IMMER ZUSAMMEN GETANZT!
MITEINANDER ZU HARMONIEREN MACHT JEDEN STÄRKER! DIE ERSTE LEKTION HIER IN ALFEA!
DAS STIMMT! DAS HAT AUCH GEGEN DEN FLUCH DER HEXEN GEHOLFEN. ICH GLAUBE, WIR SIND EIN GUTES TEAM!
VIELLEICHT SOLLTEN WIR UNS ALS TEAM STÄRKEN ... ZUM BEISPIEL DURCH EINEN GEMEINSAMEN NAMEN!
OH, JA! DAS IST EINE TOLLE IDEE!

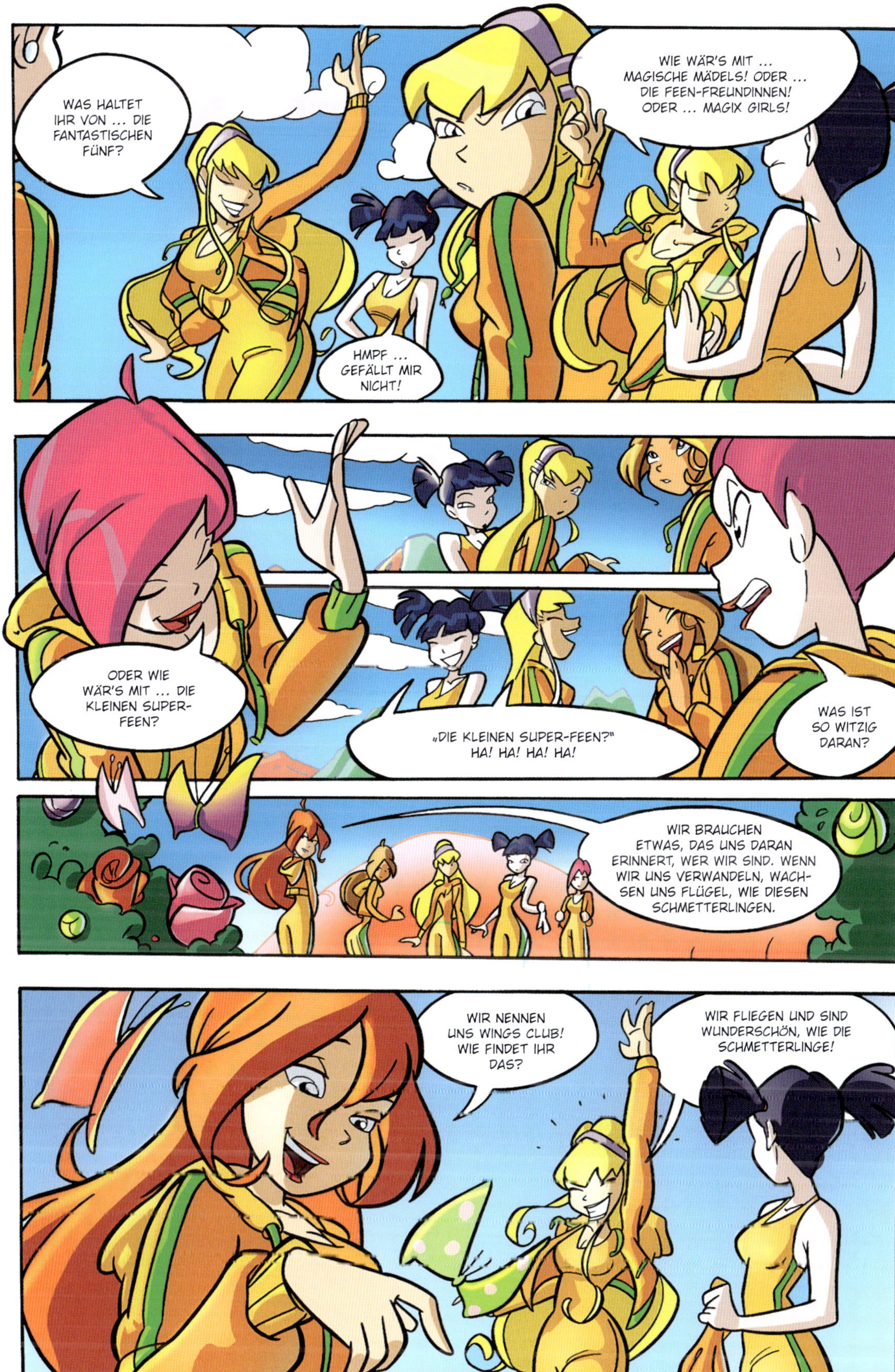
WAS HALTET IHR VON ... DIE FANTASTISCHEN FÜNF?
WIE WÄR'S MIT ... MAGISCHE MÄDELS! ODER ... DIE FEEN-FREUNDINNEN! ODER ... MAGIX GIRLS!
HMPF ... GEFÄLLT MIR NICHT!
ODER WIE WÄR'S MIT ... DIE KLEINEN SUPER-FEEN?
„DIE KLEINEN SUPER-FEEN?" HA! HA! HA! HA!
WAS IST SO WITZIG DARAN?
WIR BRAUCHEN ETWAS, DAS UNS DARAN ERINNERT, WER WIR SIND. WENN WIR UNS VERWANDELN, WACHSEN UNS FLÜGEL, WIE DIESEN SCHMETTERLINGEN.
WIR NENNEN UNS WINGS CLUB! WIE FINDET IHR DAS?
WIR FLIEGEN UND SIND WUNDERSCHÖN, WIE DIE SCHMETTERLINGE!

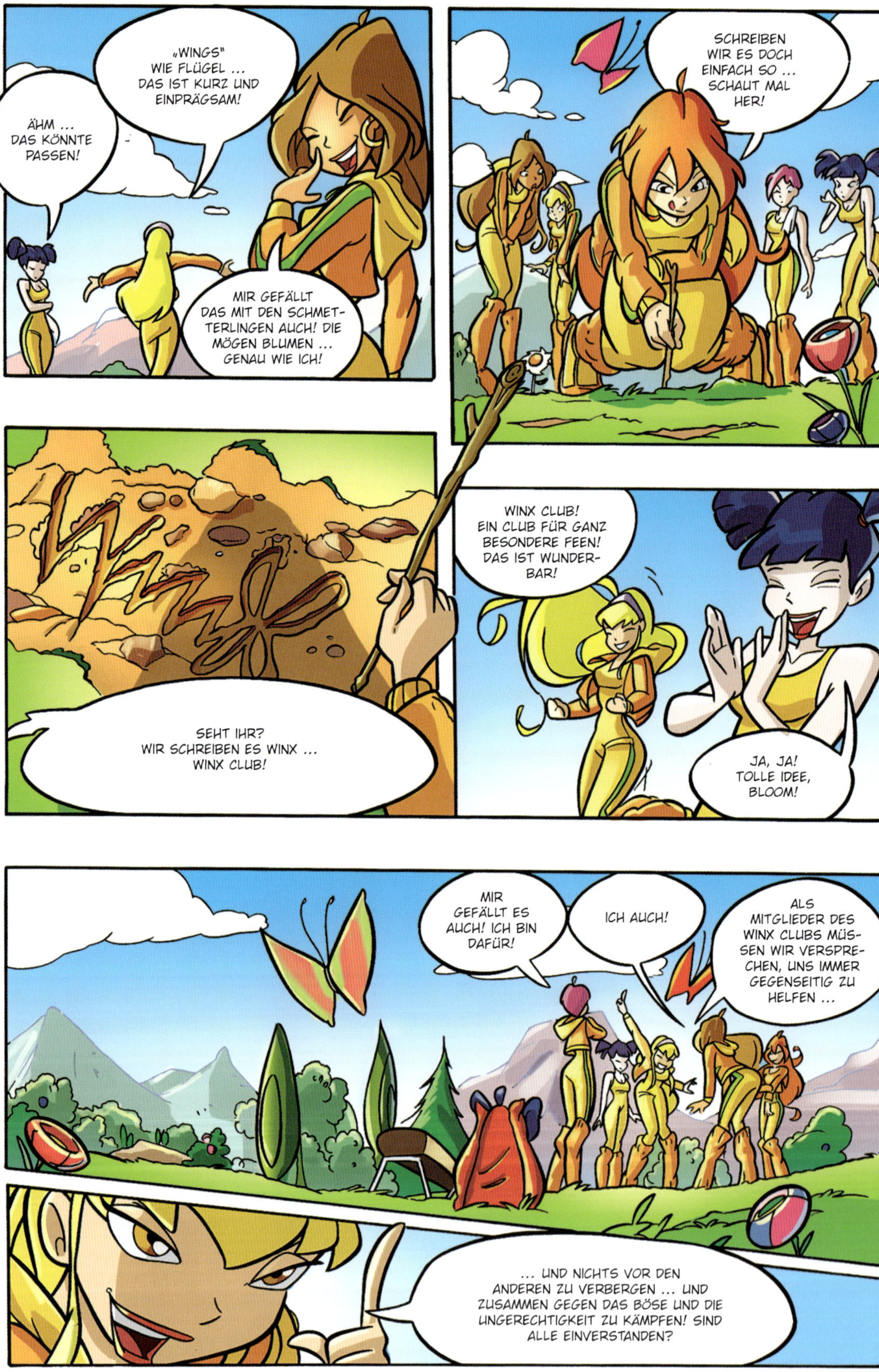
ÄHM ... DAS KÖNNTE PASSEN!
„WINGS" WIE FLÜGEL ... DAS IST KURZ UND EINPRÄGSAM!
MIR GEFÄLLT DAS MIT DEN SCHMETTERLINGEN AUCH! DIE MÖGEN BLUMEN ... GENAU WIE ICH!
SCHREIBEN WIR ES DOCH EINFACH SO ... SCHAUT MAL HER!
SEHT IHR? WIR SCHREIBEN ES WINX ... WINX CLUB!
WINX CLUB! EIN CLUB FÜR GANZ BESONDERE FEEN! DAS IST WUNDERBAR!
JA, JA! TOLLE IDEE, BLOOM!
MIR GEFÄLLT ES AUCH! ICH BIN DAFÜR!
ICH AUCH!
ALS MITGLIEDER DES WINX CLUBS MÜSSEN WIR VERSPRECHEN, UNS IMMER GEGENSEITIG ZU HELFEN ...
... UND NICHTS VOR DEN ANDEREN ZU VERBERGEN ... UND ZUSAMMEN GEGEN DAS BÖSE UND DIE UNGERECHTIGKEIT ZU KÄMPFEN! SIND ALLE EINVERSTANDEN?

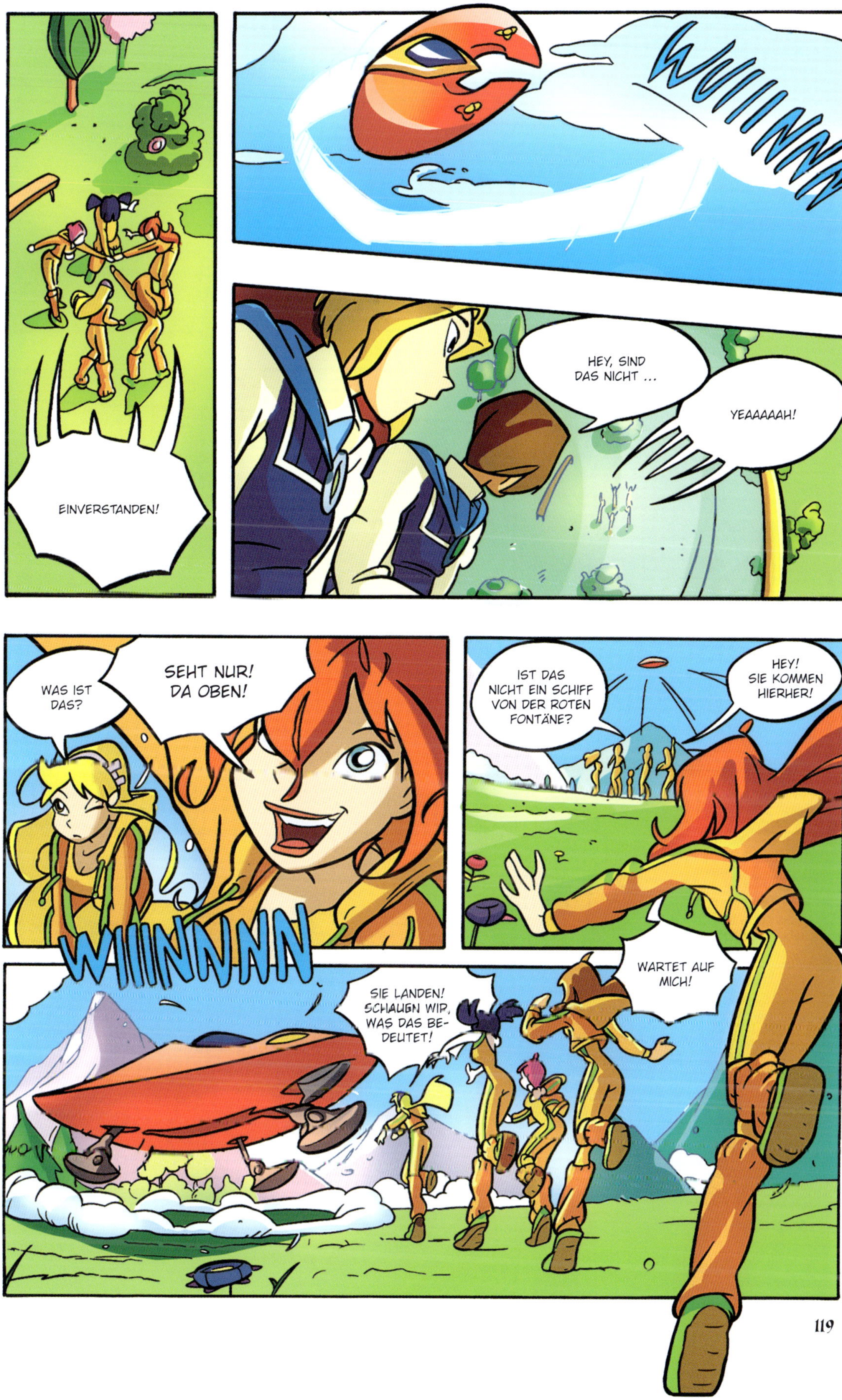
WUIINNN
EINVERSTANDEN!
HEY, SIND DAS NICHT ...
YEAAAAAH!
WAS IST DAS?
SEHT NUR! DA OBEN!
IST DAS NICHT EIN SCHIFF VON DER ROTEN FONTÄNE?
HEY! SIE KOMMEN HIERHER!
WIIINNNN
SIE LANDEN! SCHAUEN WIR, WAS DAS BE- DEUTET!
WARTET AUF MICH!

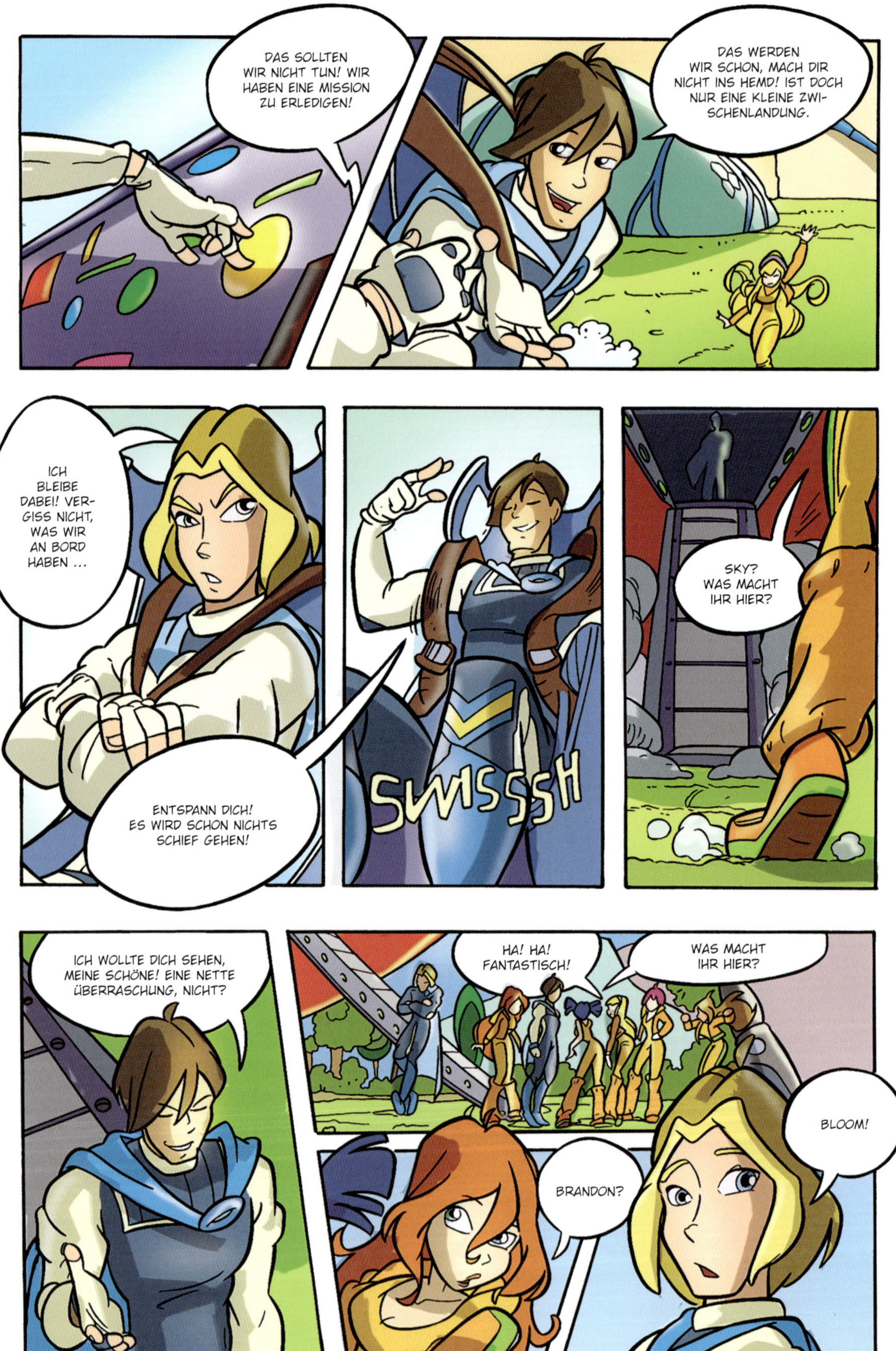
DAS SOLLTEN WIR NICHT TUN! WIR HABEN EINE MISSION ZU ERLEDIGEN!
DAS WERDEN WIR SCHON, MACH DIR NICHT INS HEMD! IST DOCH NUR EINE KLEINE ZWISCHENLANDUNG.
ICH BLEIBE DABEI! VERGISS NICHT, WAS WIR AN BORD HABEN ...
ENTSPANN DICH! ES WIRD SCHON NICHTS SCHIEF GEHEN!
SWISSSH
SKY? WAS MACHT IHR HIER?
ICH WOLLTE DICH SEHEN, MEINE SCHÖNE! EINE NETTE ÜBERRASCHUNG, NICHT?
HA! HA! FANTASTISCH!
WAS MACHT IHR HIER?
BLOOM!
BRANDON?

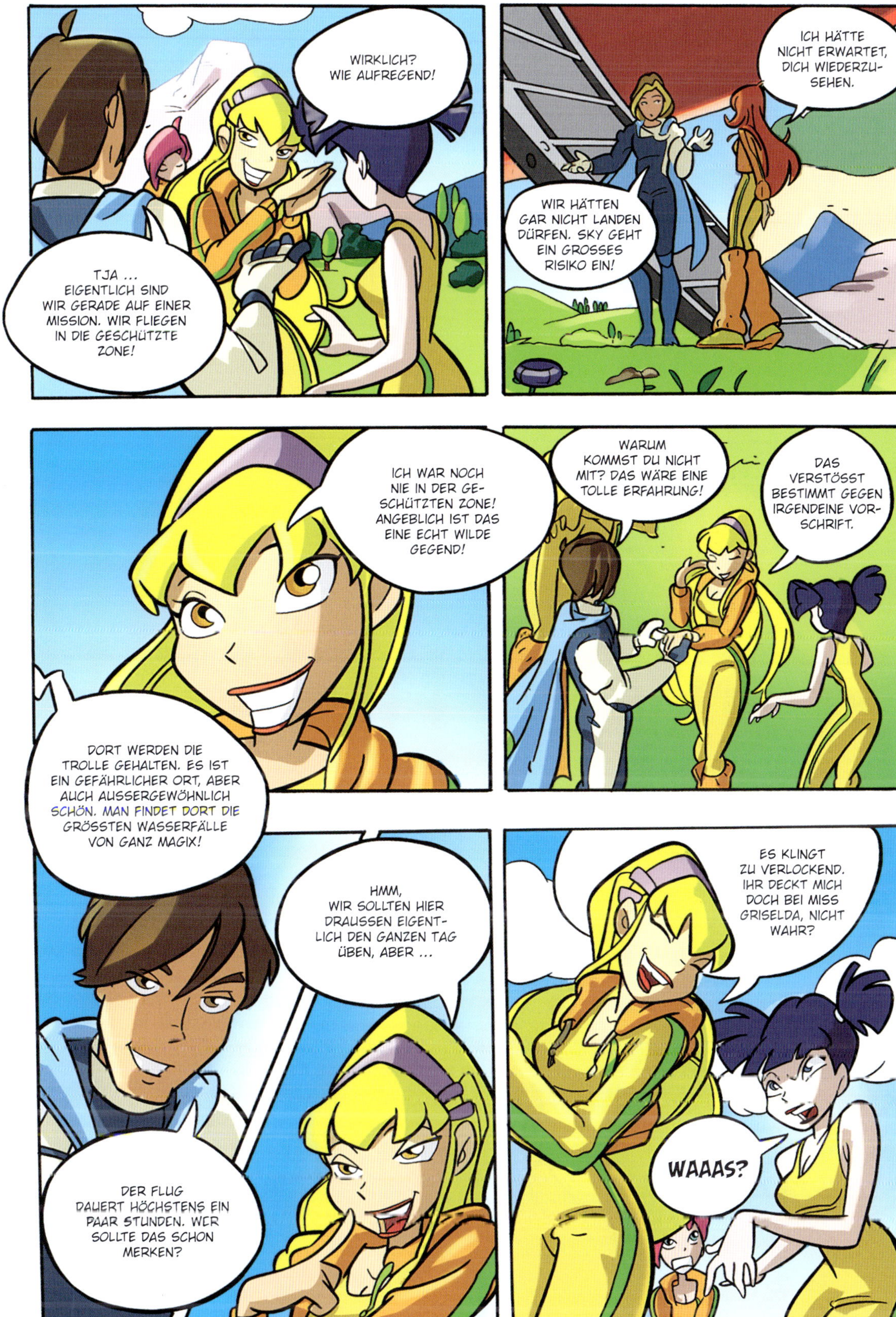
WIRKLICH? WIE AUFREGEND!
TJA ... EIGENTLICH SIND WIR GERADE AUF EINER MISSION. WIR FLIEGEN IN DIE GESCHÜTZTE ZONE!
ICH HÄTTE NICHT ERWARTET, DICH WIEDERZUSEHEN.
WIR HÄTTEN GAR NICHT LANDEN DÜRFEN. SKY GEHT EIN GROSSES RISIKO EIN!
ICH WAR NOCH NIE IN DER GESCHÜTZTEN ZONE! ANGEBLICH IST DAS EINE ECHT WILDE GEGEND!
DORT WERDEN DIE TROLLE GEHALTEN. ES IST EIN GEFÄHRLICHER ORT, ABER AUCH AUSSERGEWÖHNLICH SCHÖN. MAN FINDET DORT DIE GRÖSSTEN WASSERFÄLLE VON GANZ MAGIX!
WARUM KOMMST DU NICHT MIT? DAS WÄRE EINE TOLLE ERFAHRUNG!
DAS VERSTÖSST BESTIMMT GEGEN IRGENDEINE VORSCHRIFT.
HMM, WIR SOLLTEN HIER DRAUSSEN EIGENTLICH DEN GANZEN TAG ÜBEN, ABER ...
DER FLUG DAUERT HÖCHSTENS EIN PAAR STUNDEN. WER SOLLTE DAS SCHON MERKEN?
ES KLINGT ZU VERLOCKEND. IHR DECKT MICH DOCH BEI MISS GRISELDA, NICHT WAHR?
WAAAS?

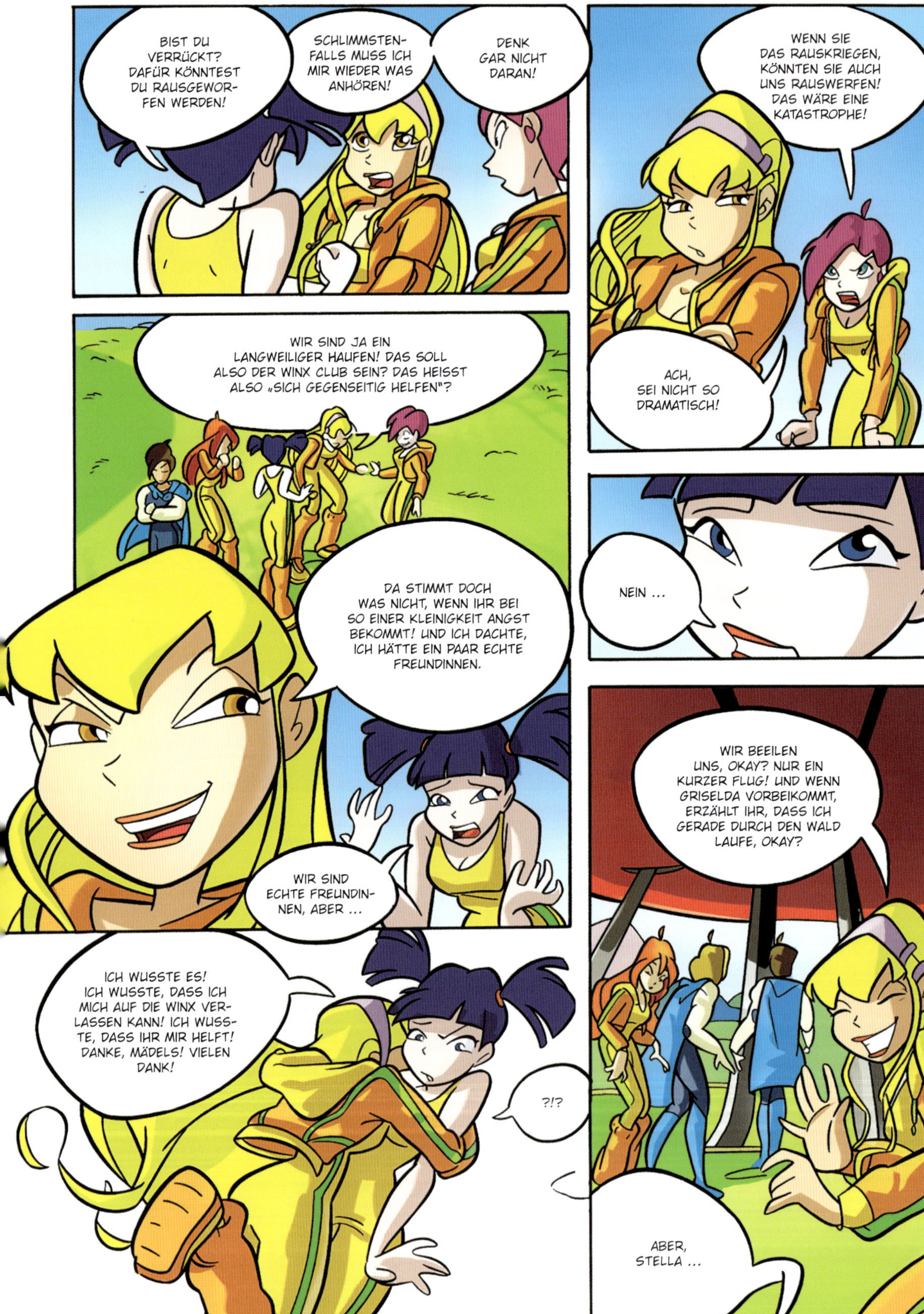
BIST DU VERRÜCKT? DAFÜR KÖNNTEST DU RAUSGEWORFEN WERDEN!
SCHLIMMSTENFALLS MUSS ICH MIR WIEDER WAS ANHÖREN!
DENK GAR NICHT DARAN!
WENN SIE DAS RAUSKRIEGEN, KÖNNTEN SIE AUCH UNS RAUSWERFEN! DAS WÄRE EINE KATASTROPHE!
ACH, SEI NICHT SO DRAMATISCH!
WIR SIND JA EIN LANGWEILIGER HAUFEN! DAS SOLL ALSO DER WINX CLUB SEIN? DAS HEISST ALSO „SICH GEGENSEITIG HELFEN"?
DA STIMMT DOCH WAS NICHT, WENN IHR BEI SO EINER KLEINIGKEIT ANGST BEKOMMT! UND ICH DACHTE, ICH HÄTTE EIN PAAR ECHTE FREUNDINNEN.
WIR SIND ECHTE FREUNDINNEN, ABER …
NEIN …
ICH WUSSTE ES! ICH WUSSTE, DASS ICH MICH AUF DIE WINX VERLASSEN KANN! ICH WUSSTE, DASS IHR MIR HELFT! DANKE, MÄDELS! VIELEN DANK!
?!?
WIR BEEILEN UNS, OKAY? NUR EIN KURZER FLUG! UND WENN GRISELDA VORBEIKOMMT, ERZÄHLT IHR, DASS ICH GERADE DURCH DEN WALD LAUFE, OKAY?
ABER, STELLA …

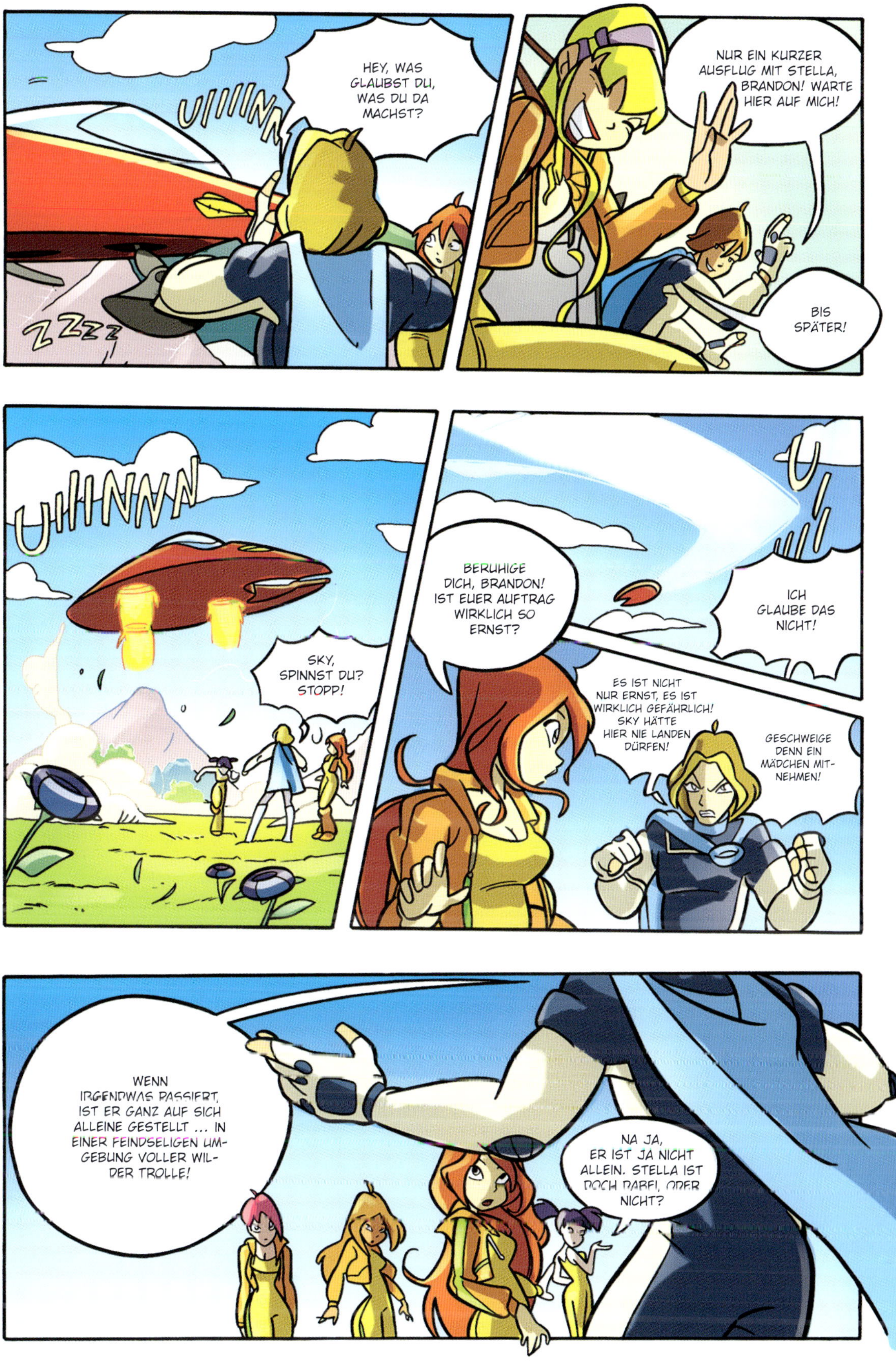
UIIIINN
ZZZZ
HEY, WAS GLAUBST DU, WAS DU DA MACHST?
NUR EIN KURZER AUSFLUG MIT STELLA, BRANDON! WARTE HIER AUF MICH!
BIS SPÄTER!
UIIINNN
SKY, SPINNST DU? STOPP!
BERUHIGE DICH, BRANDON! IST EUER AUFTRAG WIRKLICH SO ERNST?
ICH GLAUBE DAS NICHT!
ES IST NICHT NUR ERNST, ES IST WIRKLICH GEFÄHRLICH! SKY HÄTTE HIER NIE LANDEN DÜRFEN!
GESCHWEIGE DENN EIN MÄDCHEN MIT-NEHMEN!
WENN IRGENDWAS PASSIERT, IST ER GANZ AUF SICH ALLEINE GESTELLT ... IN EINER FEINDSELIGEN UM-GEBUNG VOLLER WIL-DER TROLLE!
NA JA, ER IST JA NICHT ALLEIN. STELLA IST DOCH DABEI, ODER NICHT?

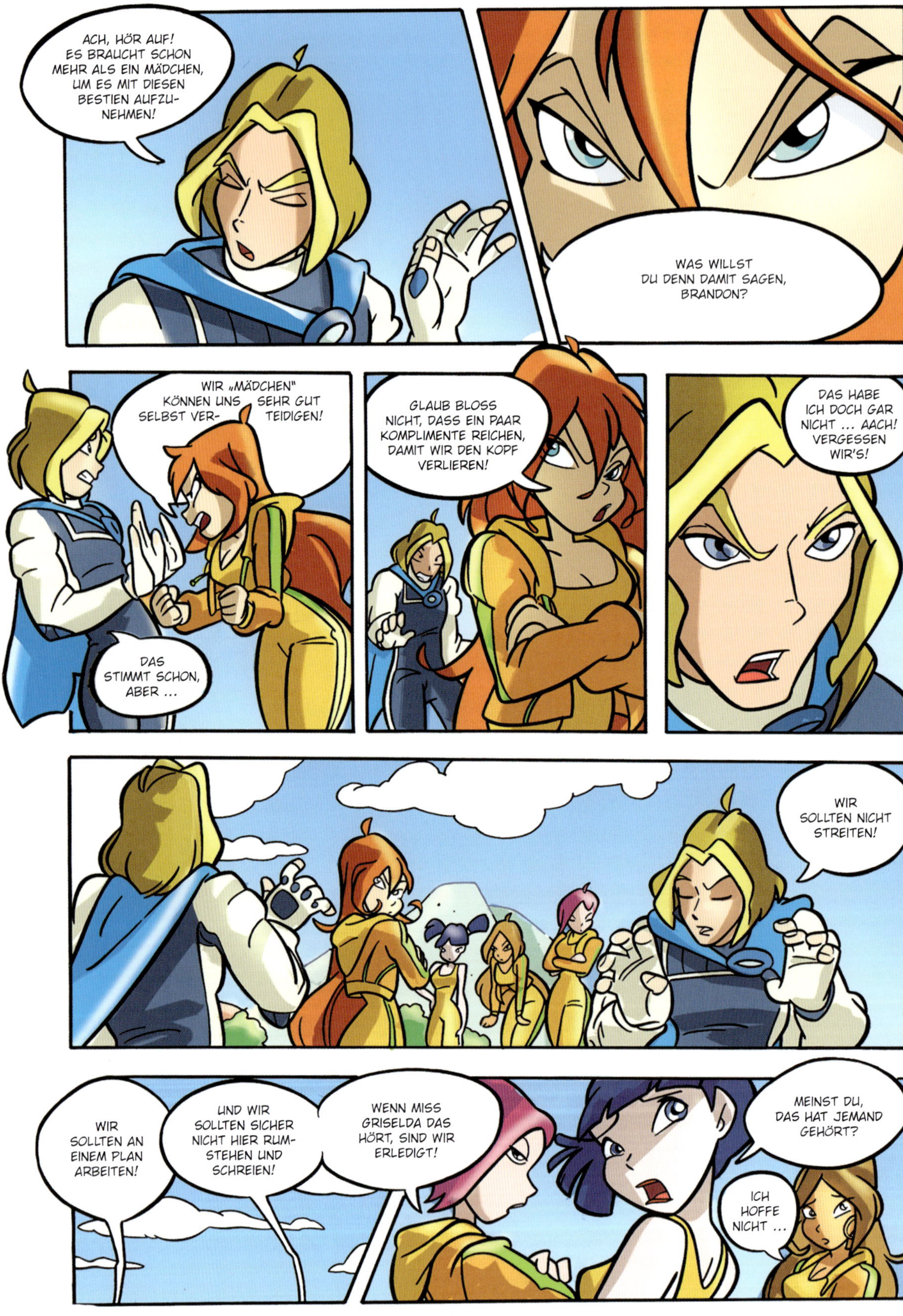
ACH, HÖR AUF! ES BRAUCHT SCHON MEHR ALS EIN MÄDCHEN, UM ES MIT DIESEN BESTIEN AUFZUNEHMEN!
WAS WILLST DU DENN DAMIT SAGEN, BRANDON?
WIR „MÄDCHEN" KÖNNEN UNS SELBST VERTEIDIGEN! SEHR GUT
DAS STIMMT SCHON, ABER ...
GLAUB BLOSS NICHT, DASS EIN PAAR KOMPLIMENTE REICHEN, DAMIT WIR DEN KOPF VERLIEREN!
DAS HABE ICH DOCH GAR NICHT ... AACH! VERGESSEN WIR'S!
WIR SOLLTEN NICHT STREITEN!
WIR SOLLTEN AN EINEM PLAN ARBEITEN!
UND WIR SOLLTEN SICHER NICHT HIER RUMSTEHEN UND SCHREIEN!
WENN MISS GRISELDA DAS HÖRT, SIND WIR ERLEDIGT!
MEINST DU, DAS HAT JEMAND GEHÖRT?
ICH HOFFE NICHT ...

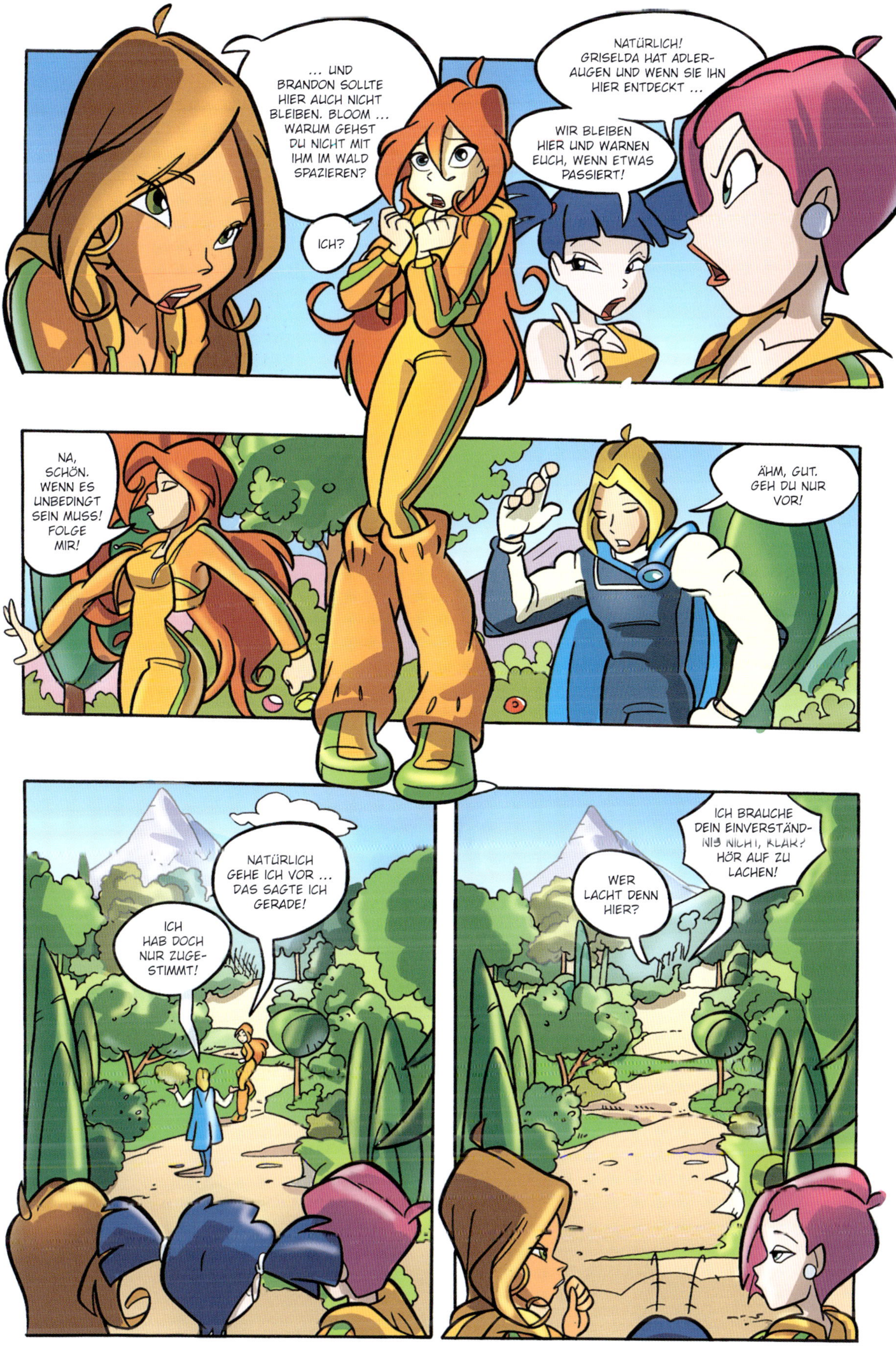
... UND BRANDON SOLLTE HIER AUCH NICHT BLEIBEN. BLOOM ... WARUM GEHST DU NICHT MIT IHM IM WALD SPAZIEREN?
ICH?
NATÜRLICH! GRISELDA HAT ADLER-AUGEN UND WENN SIE IHN HIER ENTDECKT ...
WIR BLEIBEN HIER UND WARNEN EUCH, WENN ETWAS PASSIERT!
NA, SCHÖN. WENN ES UNBEDINGT SEIN MUSS! FOLGE MIR!
ÄHM, GUT. GEH DU NUR VOR!
NATÜRLICH GEHE ICH VOR ... DAS SAGTE ICH GERADE!
ICH HAB DOCH NUR ZUGE-STIMMT!
ICH BRAUCHE DEIN EINVERSTÄND-NIS NICHT, KLAR? HÖR AUF ZU LACHEN!
WER LACHT DENN HIER?

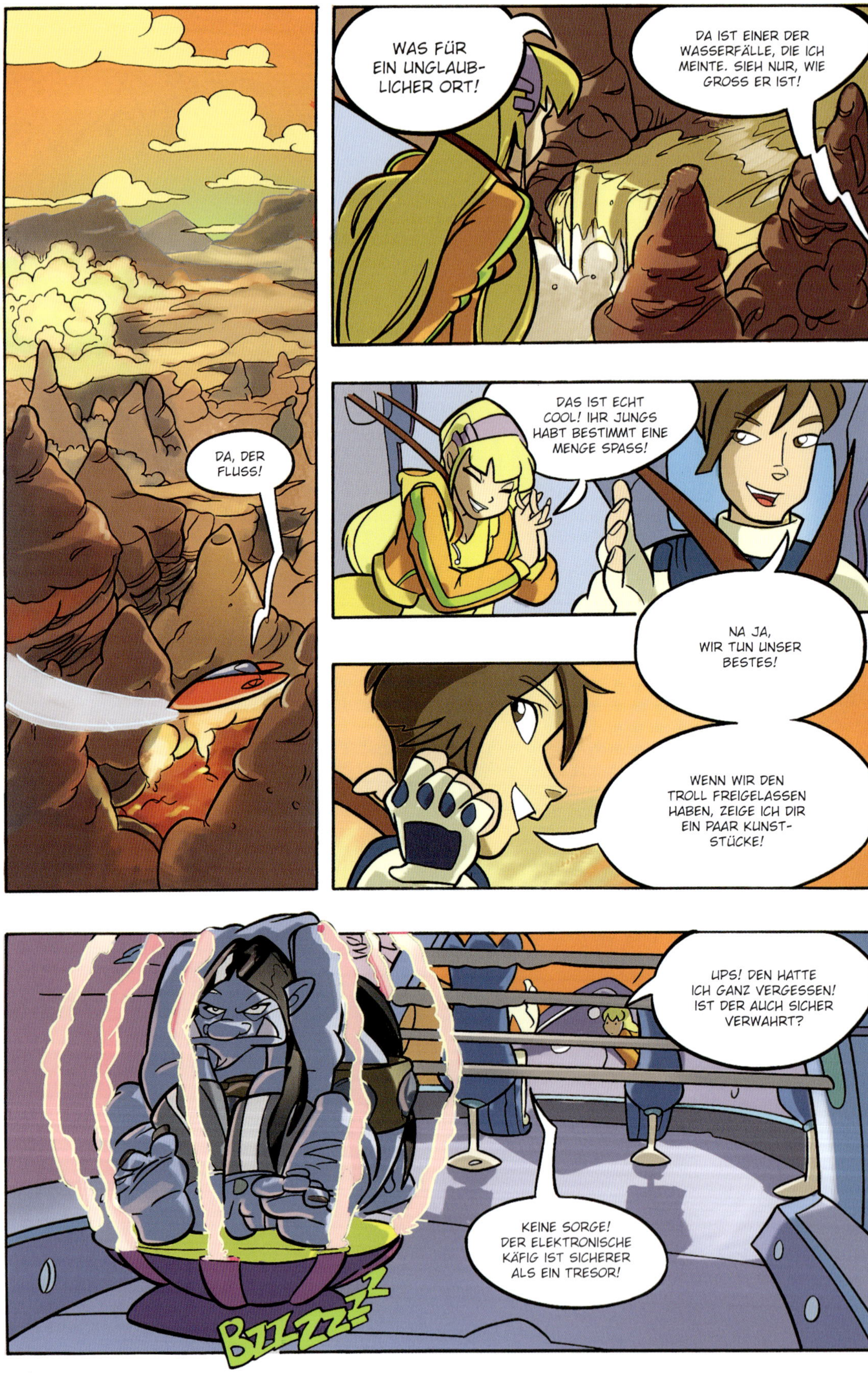
DA, DER FLUSS!
WAS FÜR EIN UNGLAUB-LICHER ORT!
DA IST EINER DER WASSERFÄLLE, DIE ICH MEINTE. SIEH NUR, WIE GROSS ER IST!
DAS IST ECHT COOL! IHR JUNGS HABT BESTIMMT EINE MENGE SPASS!
NA JA, WIR TUN UNSER BESTES!
WENN WIR DEN TROLL FREIGELASSEN HABEN, ZEIGE ICH DIR EIN PAAR KUNST-STÜCKE!
UPS! DEN HATTE ICH GANZ VERGESSEN! IST DER AUCH SICHER VERWAHRT?
KEINE SORGE! DER ELEKTRONISCHE KÄFIG IST SICHERER ALS EIN TRESOR!
BZZZZZZ

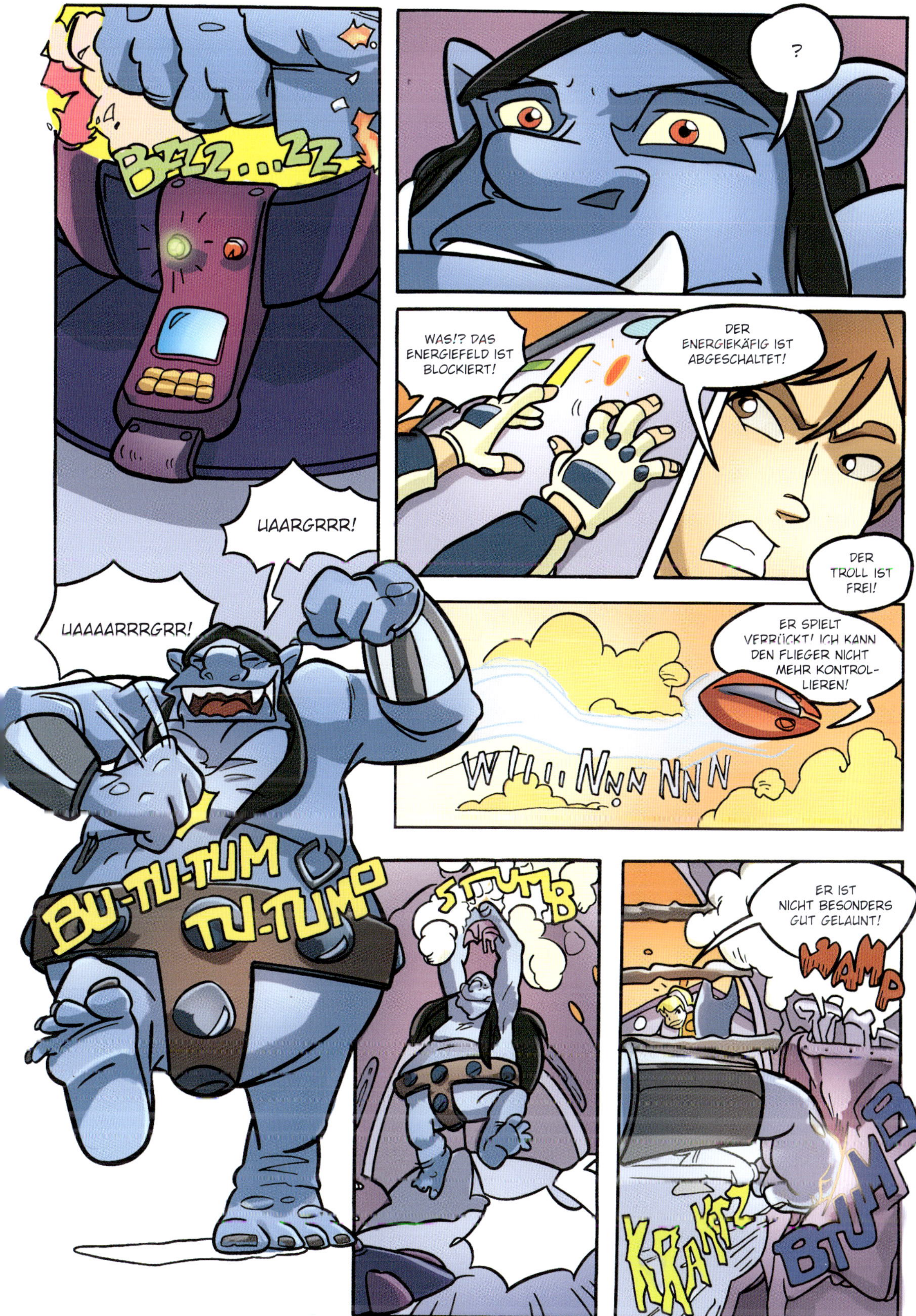
BZZZ...ZZ
?
WAS!? DAS ENERGIEFELD IST BLOCKIERT!
DER ENERGIEKÄFIG IST ABGESCHALTET!
HAARGRRR!
DER TROLL IST FREI!
HAAAARRRGRR!
ER SPIELT VERRÜCKT! ICH KANN DEN FLIEGER NICHT MEHR KONTROL-LIEREN!
WIIIINNN NNN
BU-TU-TUM TU-TUMP
STUMB
ER IST NICHT BESONDERS GUT GELAUNT!
WAMP
KRAKTZ
BTUMB

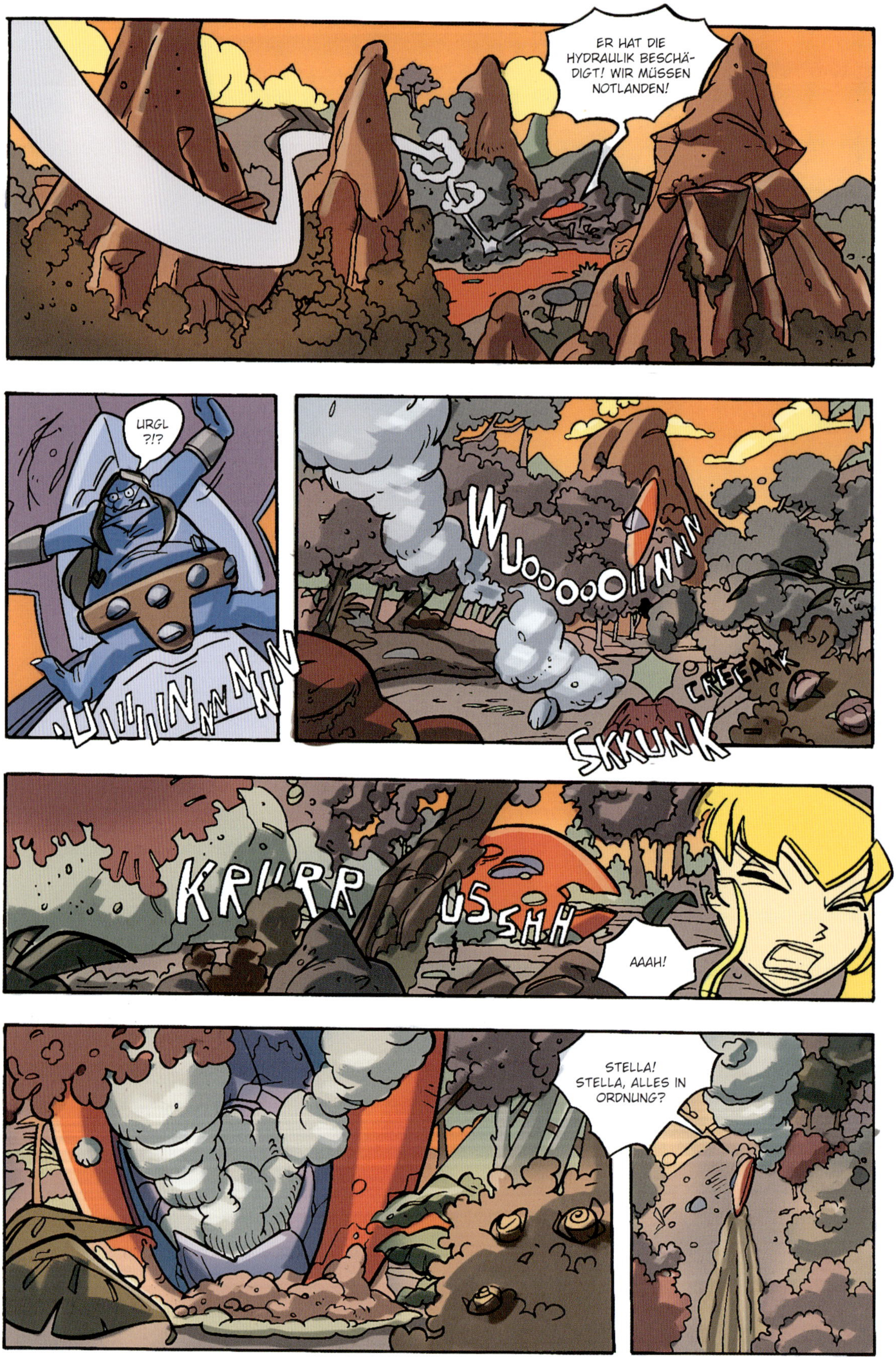
ER HAT DIE HYDRAULIK BESCHÄDIGT! WIR MÜSSEN NOTLANDEN!
URGL ?!?
UIIIINNNNN
WUOOOOOOIINNN
CREEAAK
SKKUNK
KRURR
USSHH
AAAH!
STELLA! STELLA, ALLES IN ORDNUNG?

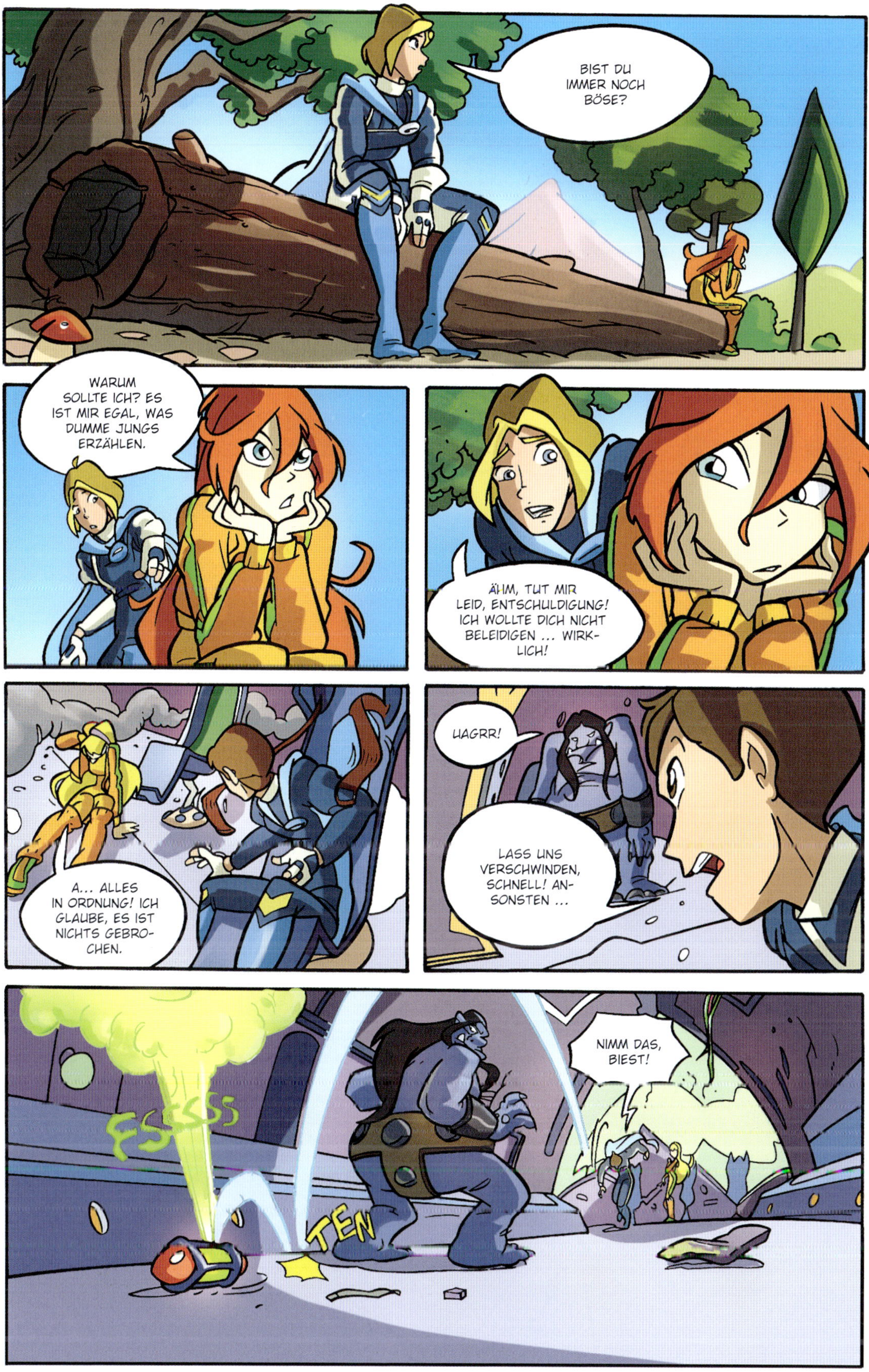
BIST DU IMMER NOCH BÖSE?
WARUM SOLLTE ICH? ES IST MIR EGAL, WAS DUMME JUNGS ERZÄHLEN.
ÄHM, TUT MIR LEID, ENTSCHULDIGUNG! ICH WOLLTE DICH NICHT BELEIDIGEN ... WIRK-LICH!
A... ALLES IN ORDNUNG! ICH GLAUBE, ES IST NICHTS GEBRO-CHEN.
UAGRR!
LASS UNS VERSCHWINDEN, SCHNELL! AN-SONSTEN ...
FSSSSS
NIMM DAS, BIEST!
TEN

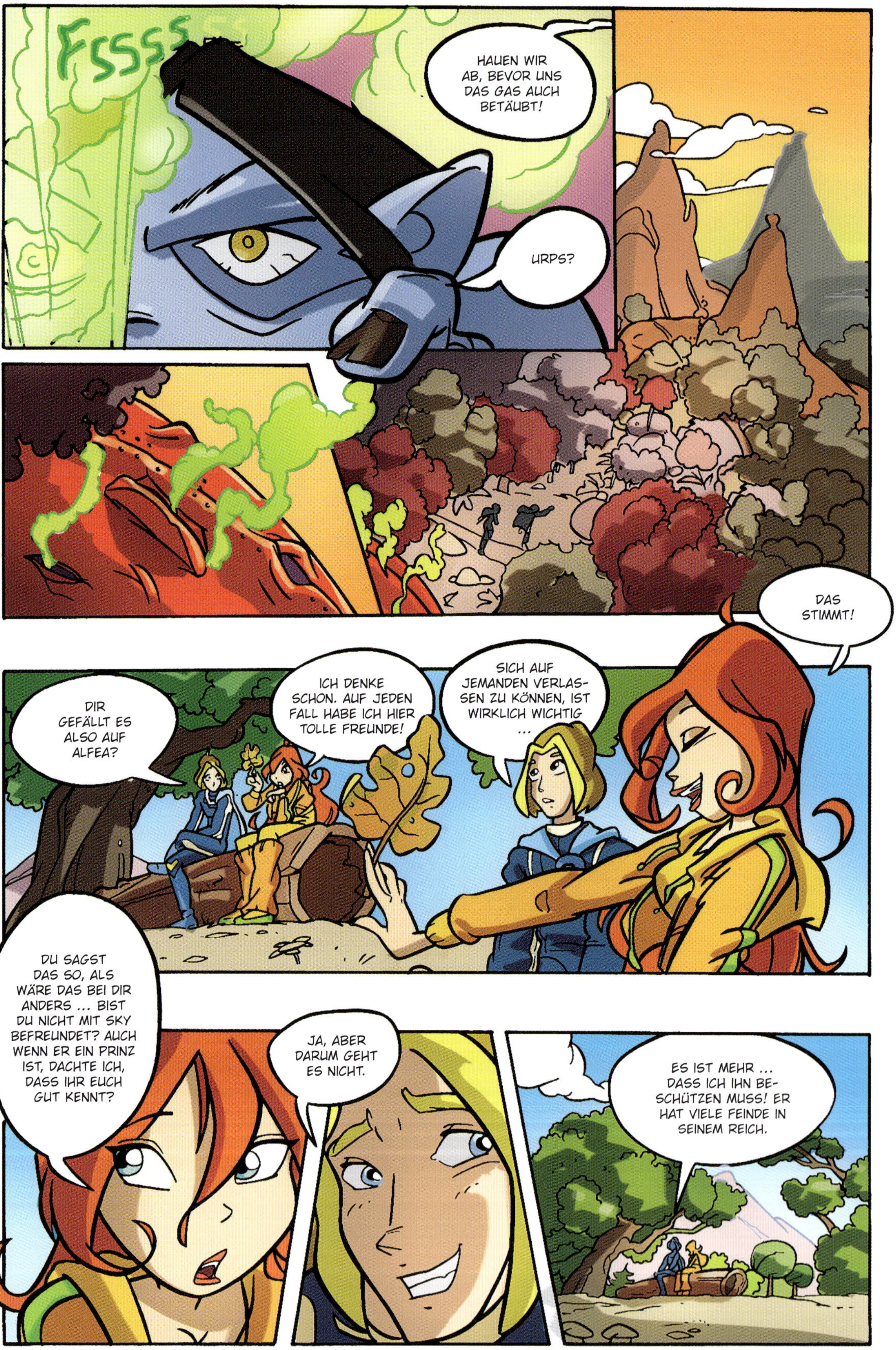
Fssss
HAUEN WIR AB, BEVOR UNS DAS GAS AUCH BETÄUBT!
URPS?
DIR GEFÄLLT ES ALSO AUF ALFEA?
ICH DENKE SCHON. AUF JEDEN FALL HABE ICH HIER TOLLE FREUNDE!
SICH AUF JEMANDEN VERLASSEN ZU KÖNNEN, IST WIRKLICH WICHTIG ...
DAS STIMMT!
DU SAGST DAS SO, ALS WÄRE DAS BEI DIR ANDERS ... BIST DU NICHT MIT SKY BEFREUNDET? AUCH WENN ER EIN PRINZ IST, DACHTE ICH, DASS IHR EUCH GUT KENNT?
JA, ABER DARUM GEHT ES NICHT.
ES IST MEHR ... DASS ICH IHN BESCHÜTZEN MUSS! ER HAT VIELE FEINDE IN SEINEM REICH.

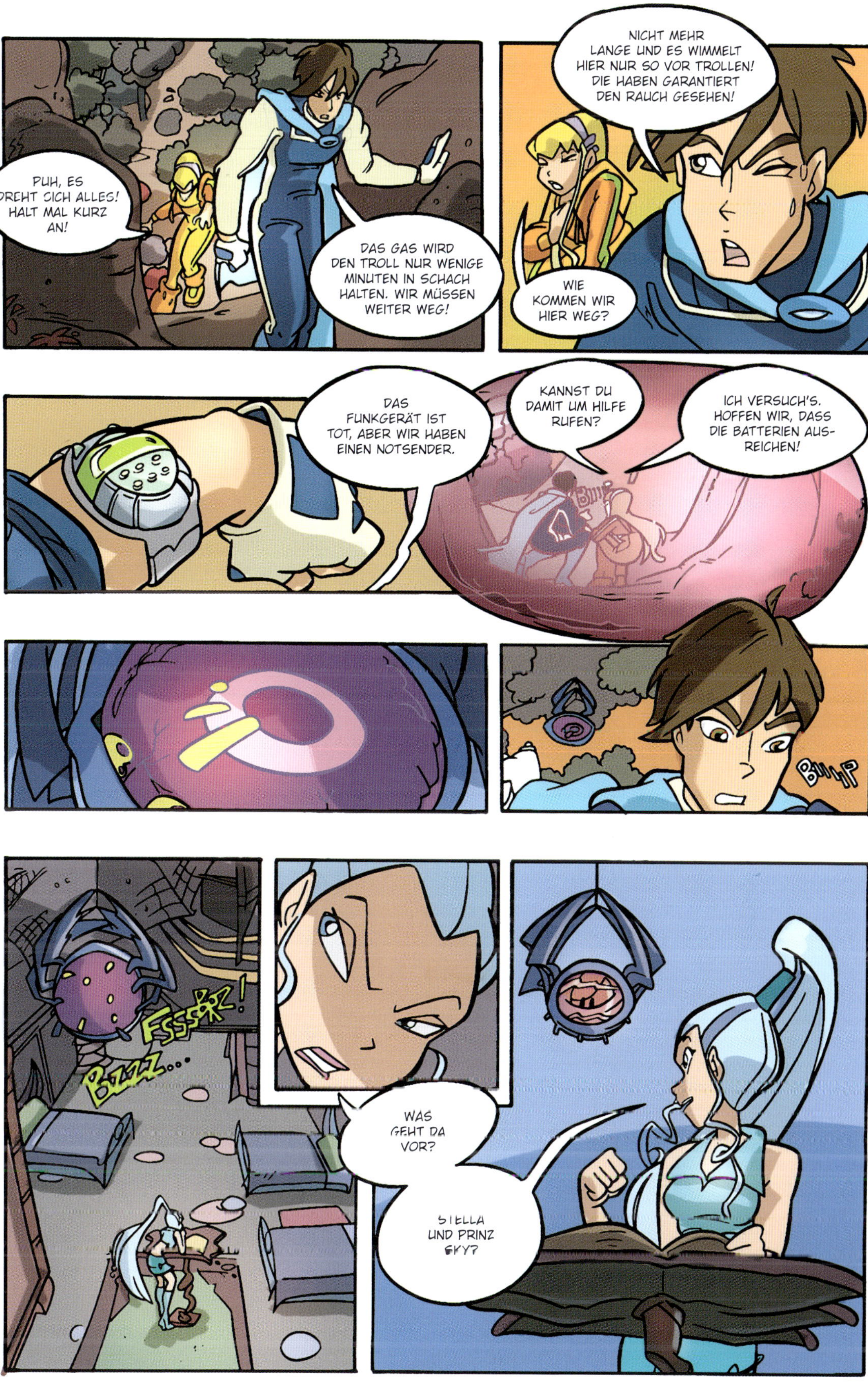
PUH, ES DREHT SICH ALLES! HALT MAL KURZ AN!
DAS GAS WIRD DEN TROLL NUR WENIGE MINUTEN IN SCHACH HALTEN. WIR MÜSSEN WEITER WEG!
NICHT MEHR LANGE UND ES WIMMELT HIER NUR SO VOR TROLLEN! DIE HABEN GARANTIERT DEN RAUCH GESEHEN!
WIE KOMMEN WIR HIER WEG?
DAS FUNKGERÄT IST TOT, ABER WIR HABEN EINEN NOTSENDER.
KANNST DU DAMIT UM HILFE RUFEN?
ICH VERSUCH'S. HOFFEN WIR, DASS DIE BATTERIEN AUSREICHEN!
BLIIP
BLIIP
FSSSSRRZ!
BZZZZ...
WAS GEHT DA VOR?
STELLA UND PRINZ SKY?

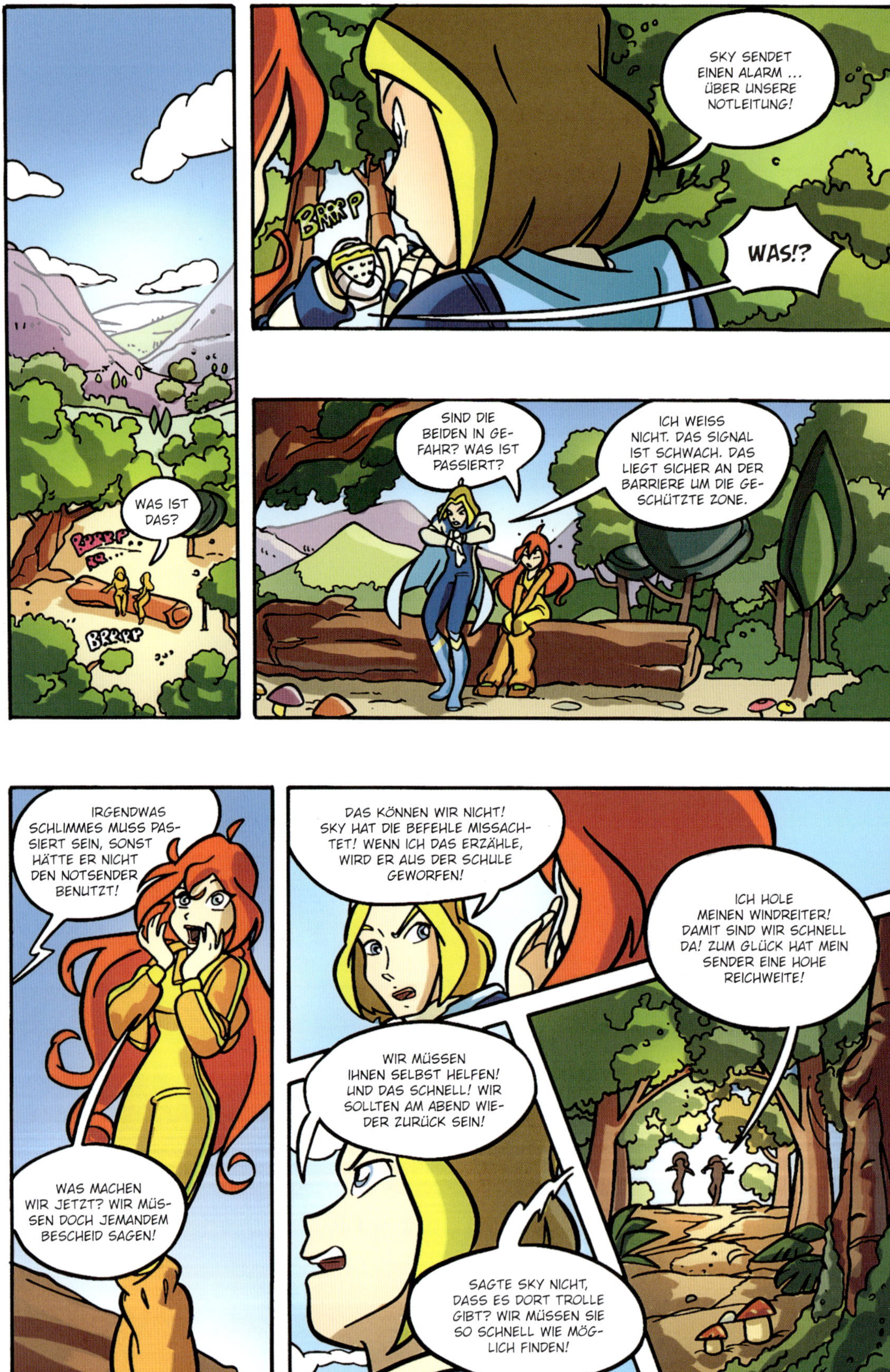
BRRRP
SKY SENDET EINEN ALARM ... ÜBER UNSERE NOTLEITUNG!
WAS!?
WAS IST DAS?
BRRRP
BRRRP
SIND DIE BEIDEN IN GEFAHR? WAS IST PASSIERT?
ICH WEISS NICHT. DAS SIGNAL IST SCHWACH. DAS LIEGT SICHER AN DER BARRIERE UM DIE GESCHÜTZTE ZONE.
IRGENDWAS SCHLIMMES MUSS PASSIERT SEIN, SONST HÄTTE ER NICHT DEN NOTSENDER BENUTZT!
WAS MACHEN WIR JETZT? WIR MÜSSEN DOCH JEMANDEM BESCHEID SAGEN!
DAS KÖNNEN WIR NICHT! SKY HAT DIE BEFEHLE MISSACHTET! WENN ICH DAS ERZÄHLE, WIRD ER AUS DER SCHULE GEWORFEN!
WIR MÜSSEN IHNEN SELBST HELFEN! UND DAS SCHNELL! WIR SOLLTEN AM ABEND WIEDER ZURÜCK SEIN!
SAGTE SKY NICHT, DASS ES DORT TROLLE GIBT? WIR MÜSSEN SIE SO SCHNELL WIE MÖGLICH FINDEN!
ICH HOLE MEINEN WINDREITER! DAMIT SIND WIR SCHNELL DA! ZUM GLÜCK HAT MEIN SENDER EINE HOHE REICHWEITE!

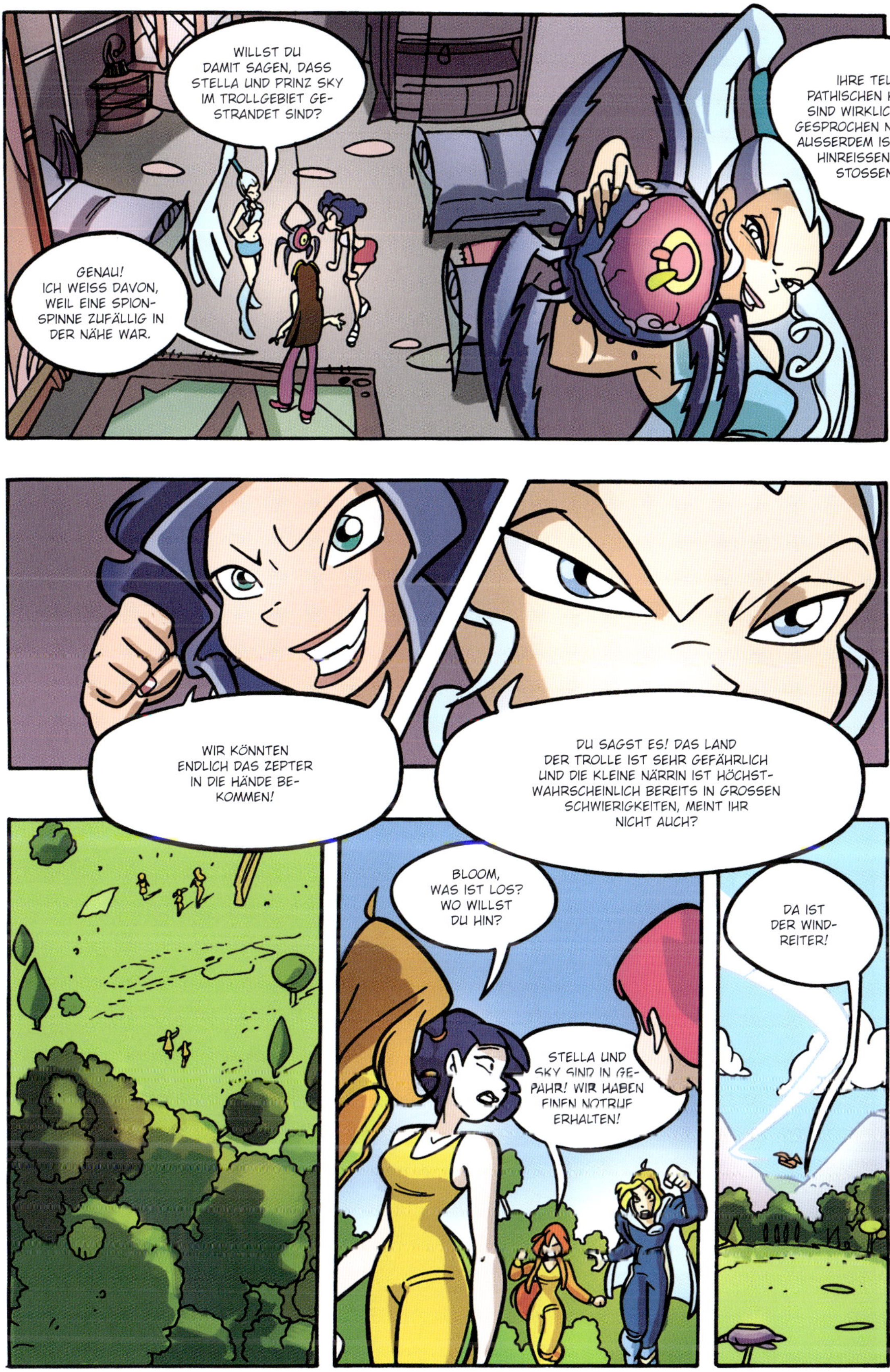
WILLST DU DAMIT SAGEN, DASS STELLA UND PRINZ SKY IM TROLLGEBIET GESTRANDET SIND?
GENAU! ICH WEISS DAVON, WEIL EINE SPIONSPINNE ZUFÄLLIG IN DER NÄHE WAR.
IHRE TELEPATHISCHEN KRÄFTE SIND WIRKLICH AUSGESPROCHEN NÜTZLICH AUSSERDEM IST SIE SO HINREISSEND ABSTOSSEND!
WIR KÖNNTEN ENDLICH DAS ZEPTER IN DIE HÄNDE BEKOMMEN!
DU SAGST ES! DAS LAND DER TROLLE IST SEHR GEFÄHRLICH UND DIE KLEINE NÄRRIN IST HÖCHSTWAHRSCHEINLICH BEREITS IN GROSSEN SCHWIERIGKEITEN, MEINT IHR NICHT AUCH?
BLOOM, WAS IST LOS? WO WILLST DU HIN?
STELLA UND SKY SIND IN GEFAHR! WIR HABEN EINEN NOTRUF ERHALTEN!
DA IST DER WINDREITER!

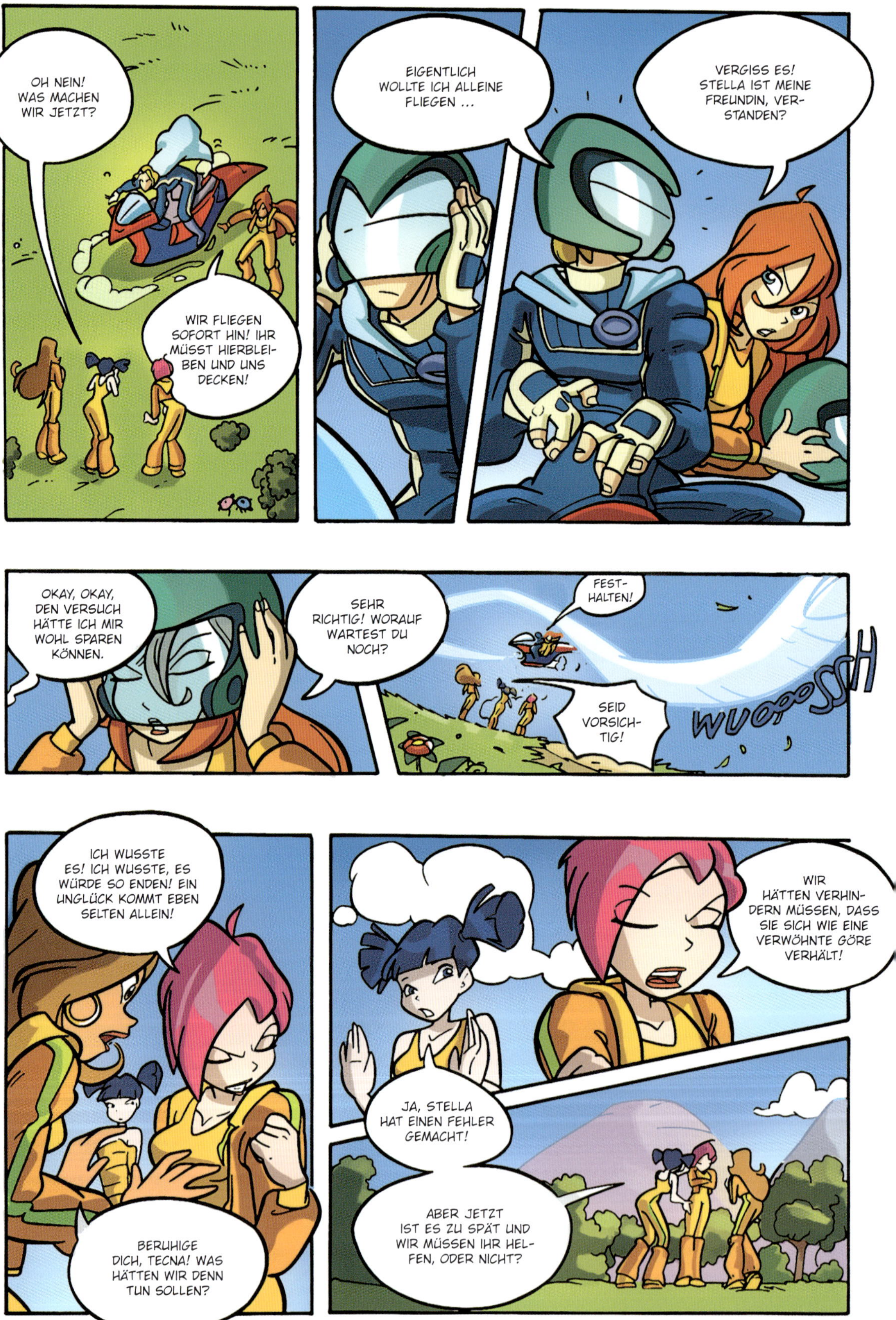
OH NEIN! WAS MACHEN WIR JETZT?
WIR FLIEGEN SOFORT HIN! IHR MÜSST HIERBLEIBEN UND UNS DECKEN!
EIGENTLICH WOLLTE ICH ALLEINE FLIEGEN …
VERGISS ES! STELLA IST MEINE FREUNDIN, VERSTANDEN?
OKAY, OKAY, DEN VERSUCH HÄTTE ICH MIR WOHL SPAREN KÖNNEN.
SEHR RICHTIG! WORAUF WARTEST DU NOCH?
FESTHALTEN!
SEID VORSICHTIG!
WUOOOSSH
ICH WUSSTE ES! ICH WUSSTE, ES WÜRDE SO ENDEN! EIN UNGLÜCK KOMMT EBEN SELTEN ALLEIN!
BERUHIGE DICH, TECNA! WAS HÄTTEN WIR DENN TUN SOLLEN?
WIR HÄTTEN VERHINDERN MÜSSEN, DASS SIE SICH WIE EINE VERWÖHNTE GÖRE VERHÄLT!
JA, STELLA HAT EINEN FEHLER GEMACHT!
ABER JETZT IST ES ZU SPÄT UND WIR MÜSSEN IHR HELFEN, ODER NICHT?

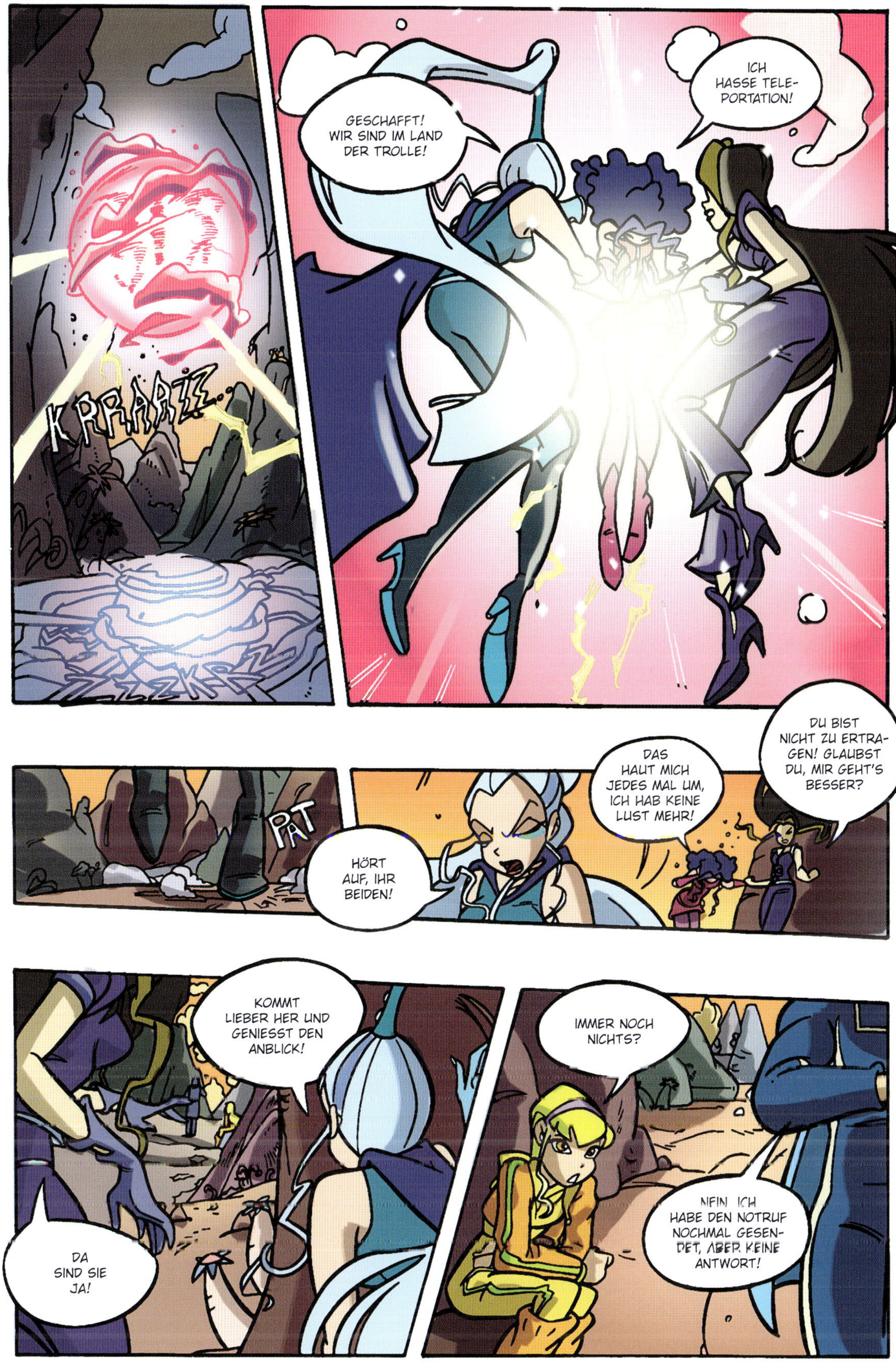
KRRAAZZ...
GESCHAFFT! WIR SIND IM LAND DER TROLLE!
ICH HASSE TELE-PORTATION!
PAT
HÖRT AUF, IHR BEIDEN!
DAS HAUT MICH JEDES MAL UM, ICH HAB KEINE LUST MEHR!
DU BIST NICHT ZU ERTRA-GEN! GLAUBST DU, MIR GEHT'S BESSER?
KOMMT LIEBER HER UND GENIESST DEN ANBLICK!
DA SIND SIE JA!
IMMER NOCH NICHTS?
NEIN. ICH HABE DEN NOTRUF NOCHMAL GESEN-DET, ABER KEINE ANTWORT!

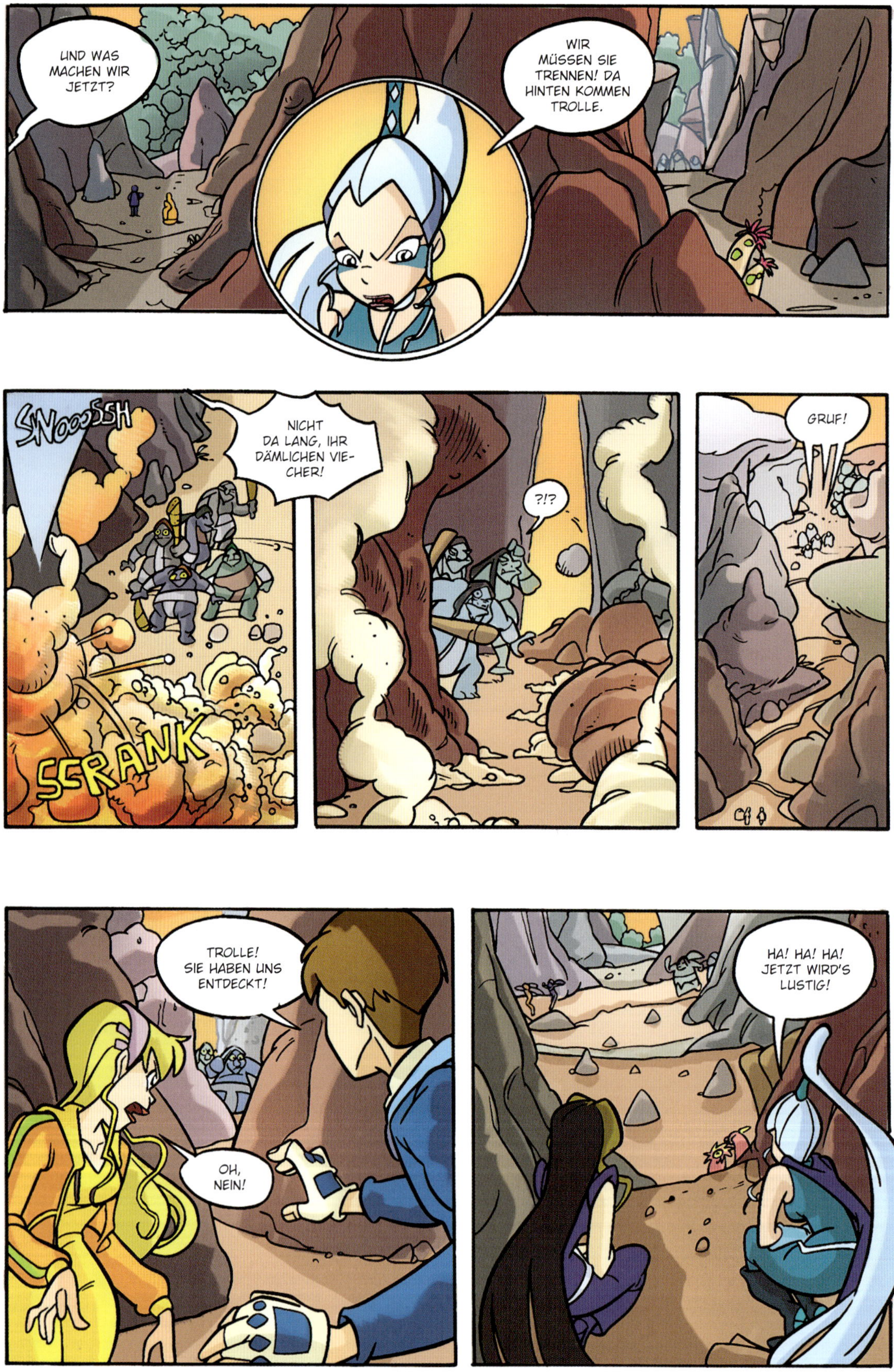
UND WAS MACHEN WIR JETZT?
WIR MÜSSEN SIE TRENNEN! DA HINTEN KOMMEN TROLLE.
SWOOOSSH
NICHT DA LANG, IHR DÄMLICHEN VIE-CHER!
SCRANK
?!?
GRUF!
TROLLE! SIE HABEN UNS ENTDECKT!
OH, NEIN!
HA! HA! HA! JETZT WIRD'S LUSTIG!

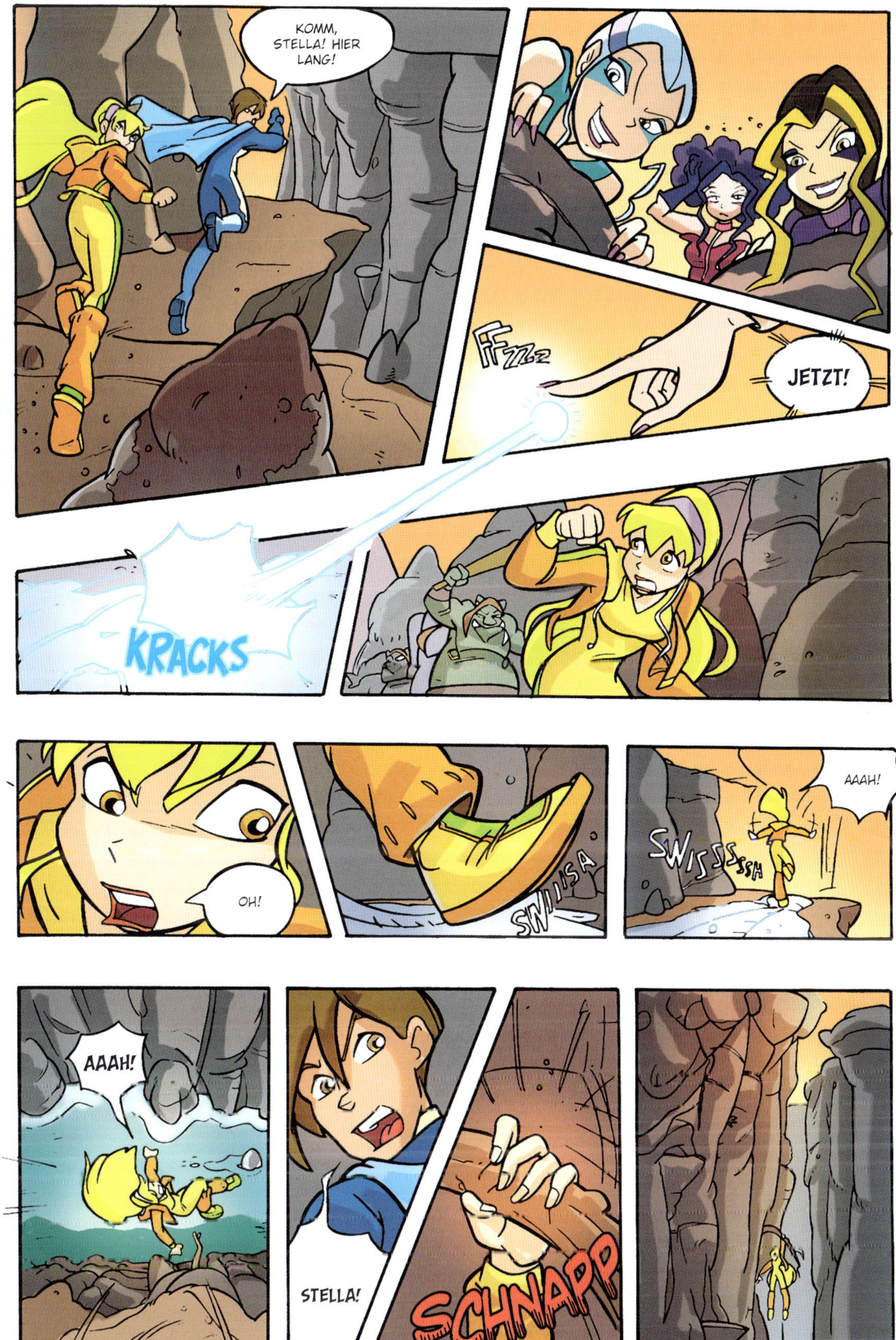

KOMM, STELLA! HIER LANG!
FFZZZZ
JETZT!
KRACKS
OH!
SWIIISA
SWISSSSSH
AAAH!
AAAH!
STELLA!
SCHNAPP

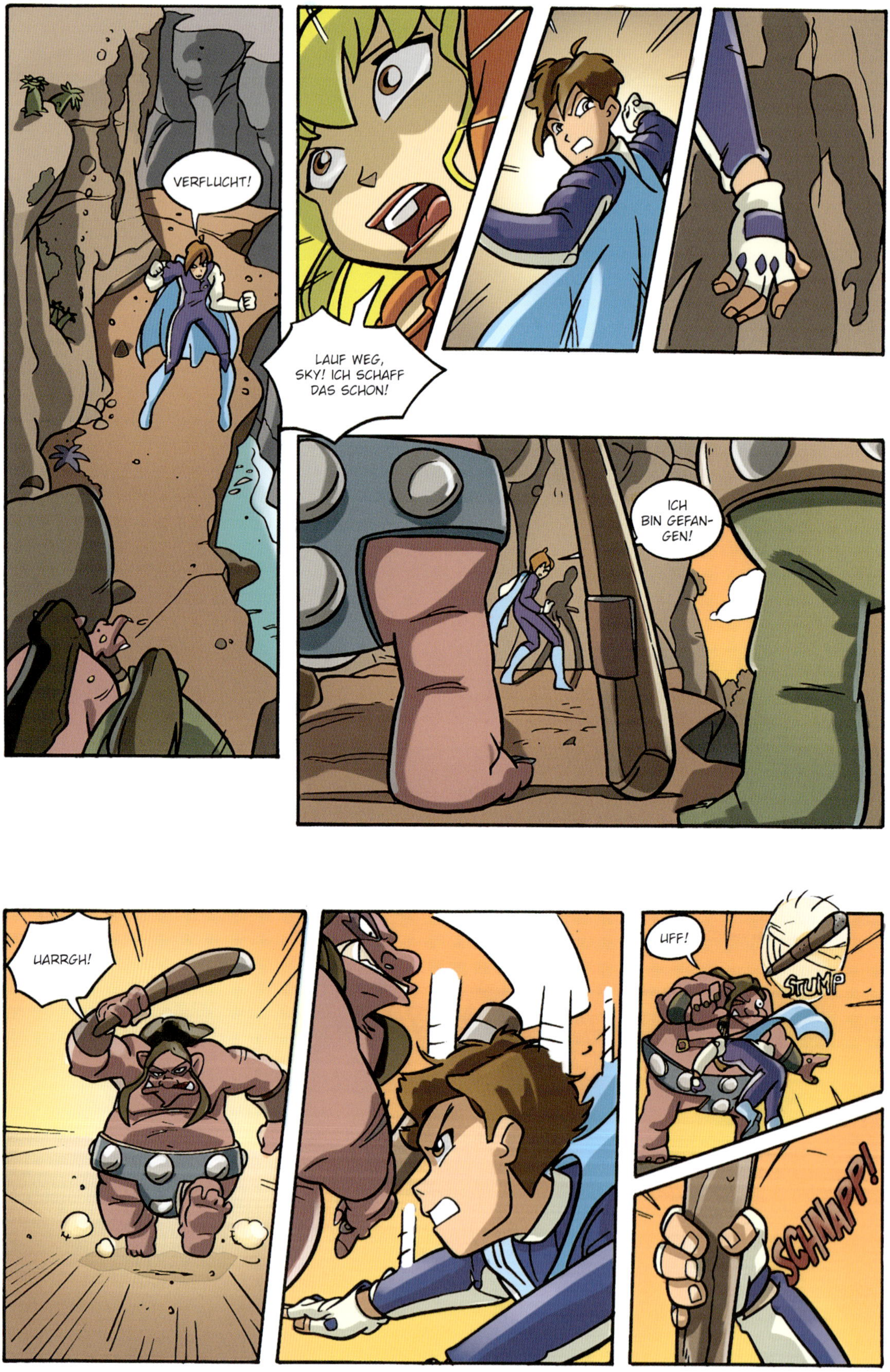
VERFLUCHT!
LAUF WEG, SKY! ICH SCHAFF DAS SCHON!
ICH BIN GEFANGEN!
UARRGH!
UFF!
STUMP
SCHNAPP!

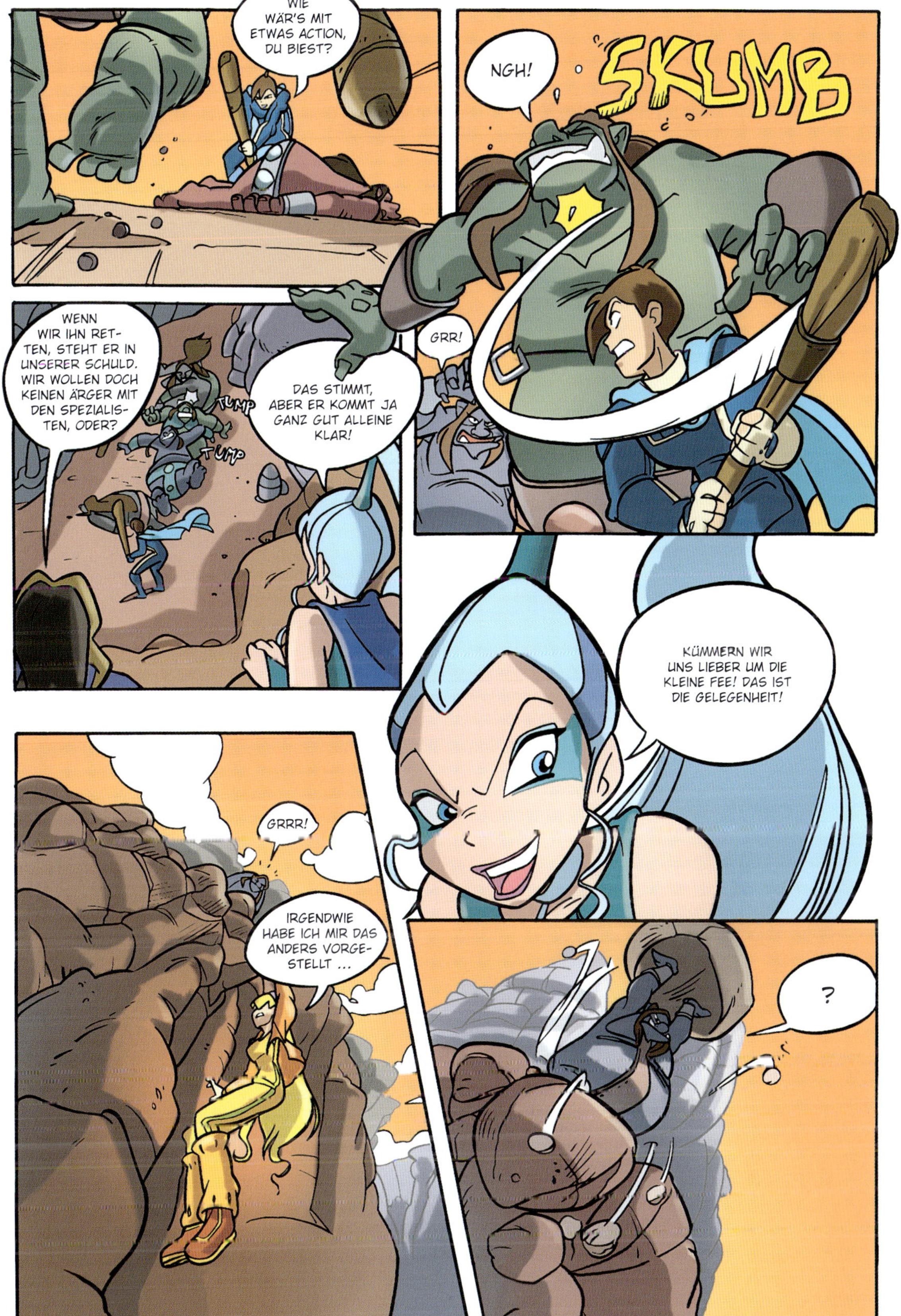

WIE WÄR'S MIT ETWAS ACTION, DU BIEST?
NGH!
SKUMB
WENN WIR IHN RETTEN, STEHT ER IN UNSERER SCHULD. WIR WOLLEN DOCH KEINEN ÄRGER MIT DEN SPEZIALISTEN, ODER?
TUMP
TUMP
DAS STIMMT, ABER ER KOMMT JA GANZ GUT ALLEINE KLAR!
GRR!
KÜMMERN WIR UNS LIEBER UM DIE KLEINE FEE! DAS IST DIE GELEGENHEIT!
GRRR!
IRGENDWIE HABE ICH MIR DAS ANDERS VORGESTELLT ...
?

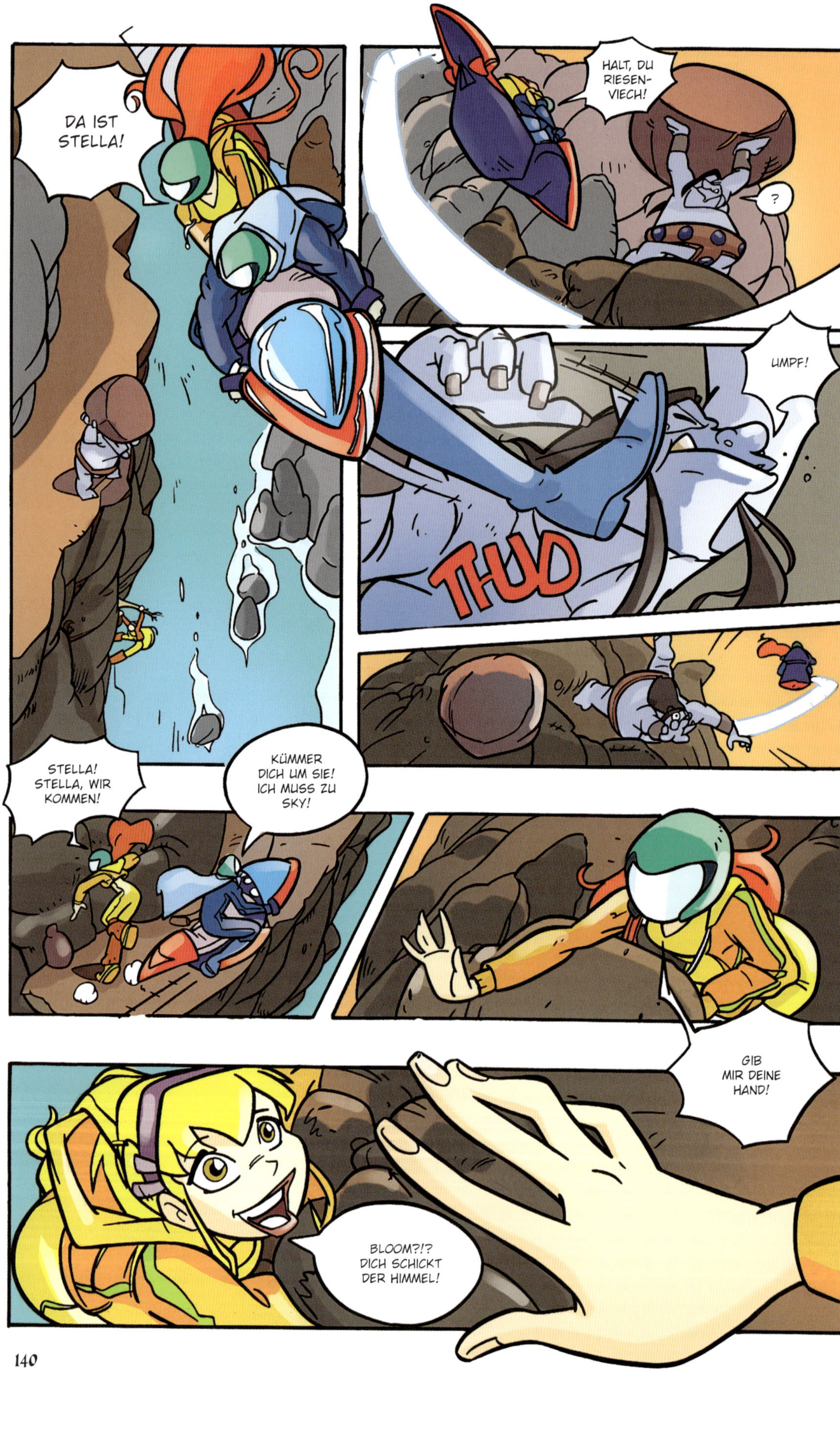

DA IST STELLA!
HALT, DU RIESEN-VIECH!
?
UMPF!
THUD
STELLA! STELLA, WIR KOMMEN!
KÜMMER DICH UM SIE! ICH MUSS ZU SKY!
GIB MIR DEINE HAND!
BLOOM?!? DICH SCHICKT DER HIMMEL!

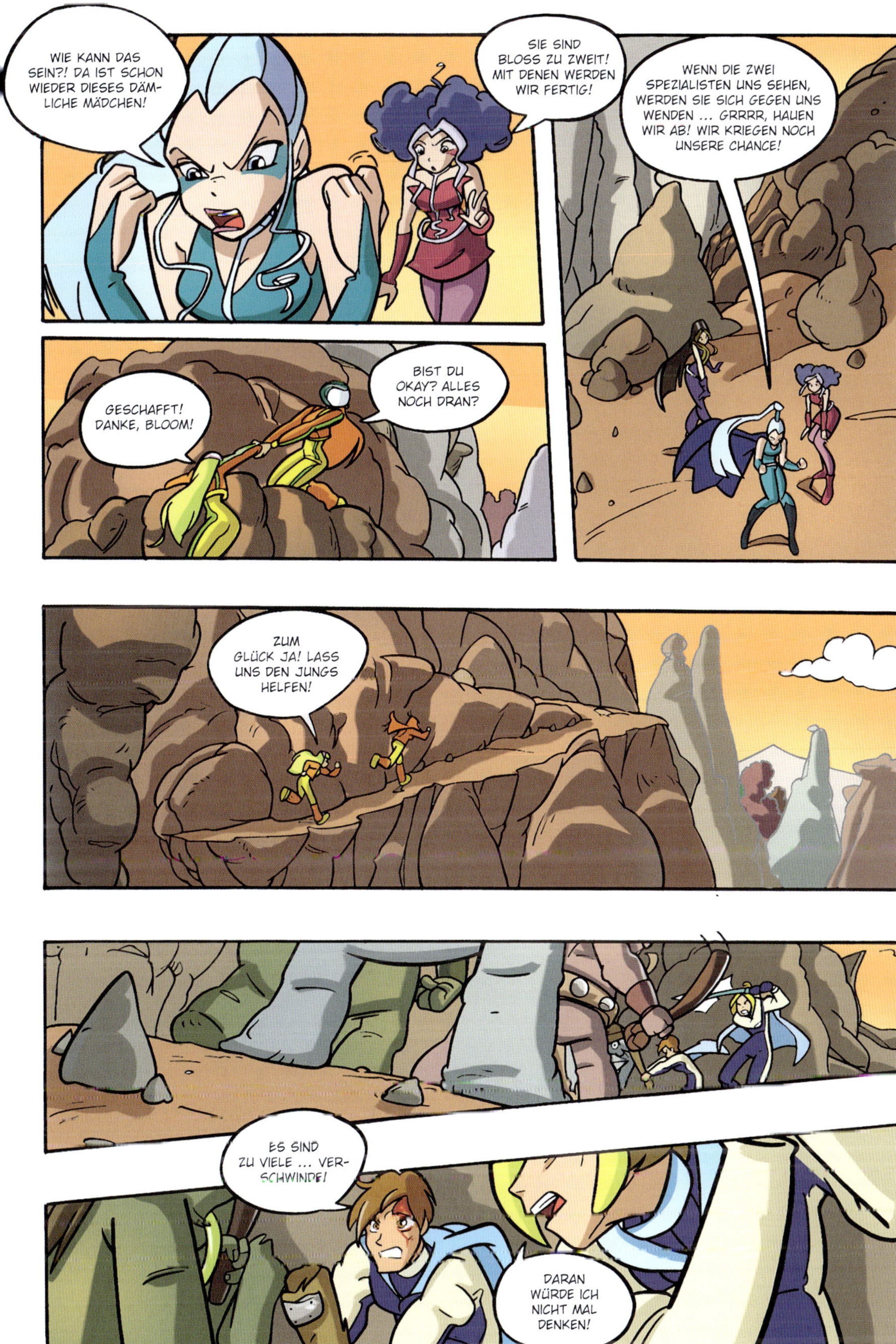
WIE KANN DAS SEIN?! DA IST SCHON WIEDER DIESES DÄMLICHE MÄDCHEN!
SIE SIND BLOSS ZU ZWEIT! MIT DENEN WERDEN WIR FERTIG!
WENN DIE ZWEI SPEZIALISTEN UNS SEHEN, WERDEN SIE SICH GEGEN UNS WENDEN ... GRRRR, HAUEN WIR AB! WIR KRIEGEN NOCH UNSERE CHANCE!
GESCHAFFT! DANKE, BLOOM!
BIST DU OKAY? ALLES NOCH DRAN?
ZUM GLÜCK JA! LASS UNS DEN JUNGS HELFEN!
ES SIND ZU VIELE ... VERSCHWINDE!
DARAN WÜRDE ICH NICHT MAL DENKEN!

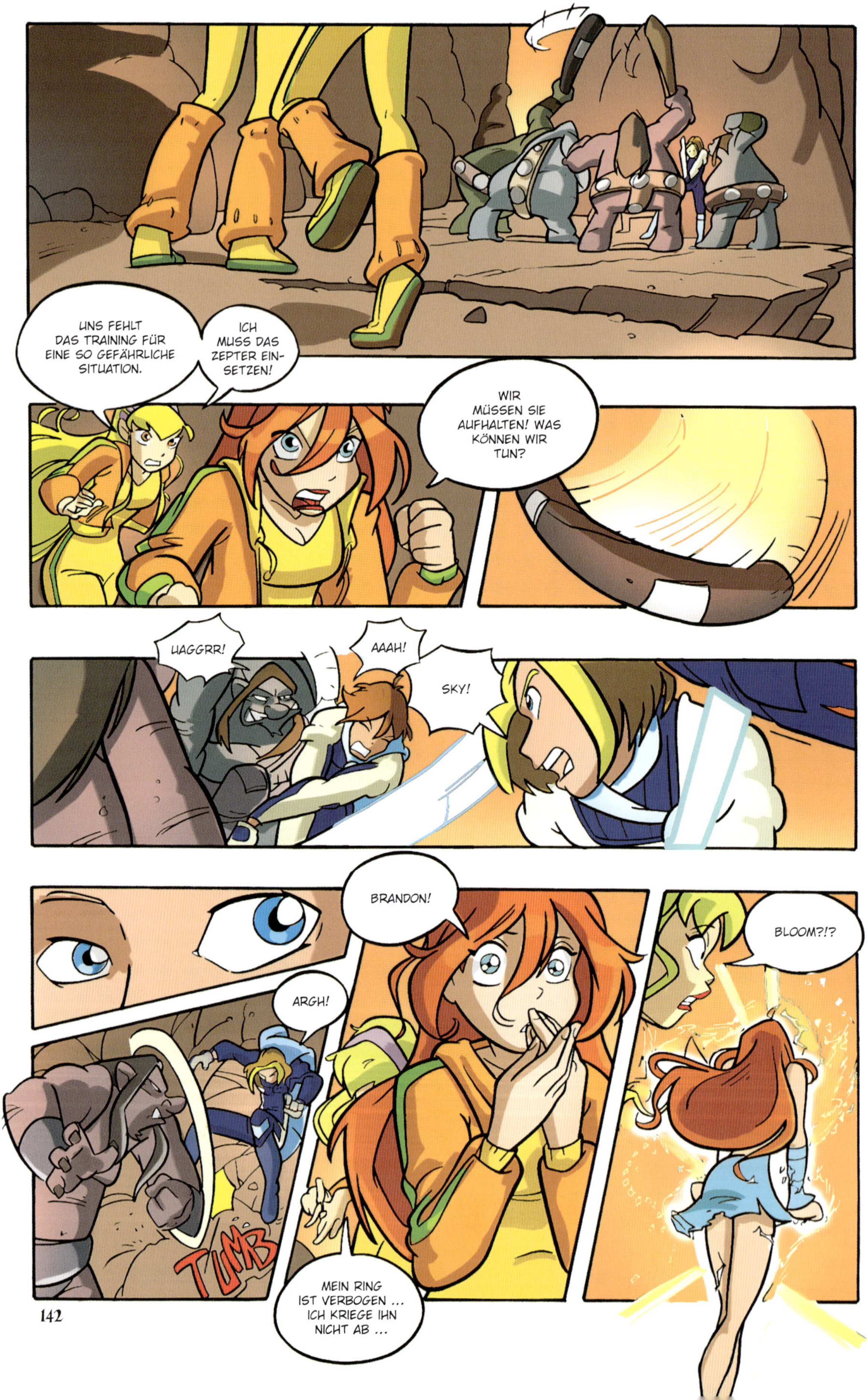

UNS FEHLT DAS TRAINING FÜR EINE SO GEFÄHRLICHE SITUATION.
ICH MUSS DAS ZEPTER EINSETZEN!
WIR MÜSSEN SIE AUFHALTEN! WAS KÖNNEN WIR TUN?
UAGGRR!
AAAH!
SKY!
BRANDON!
ARGH!
TUMB
MEIN RING IST VERBOGEN … ICH KRIEGE IHN NICHT AB …
BLOOM?!?

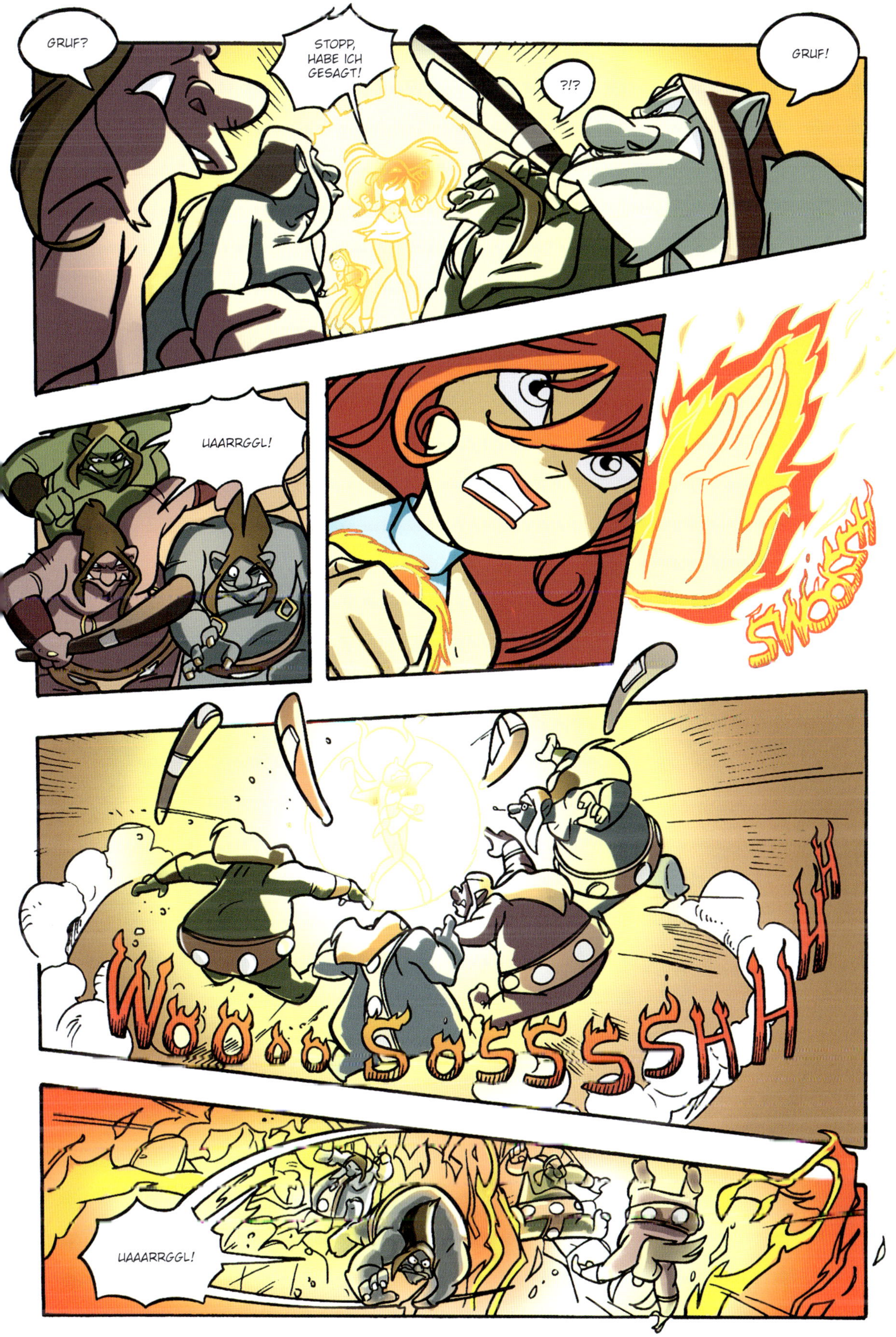
GRUF?
STOPP, HABE ICH GESAGT!
?!?
GRUF!
UAARRGGL!
SWOOSH
WOOOOSOSSSSSHHH
UAAARRGGL!

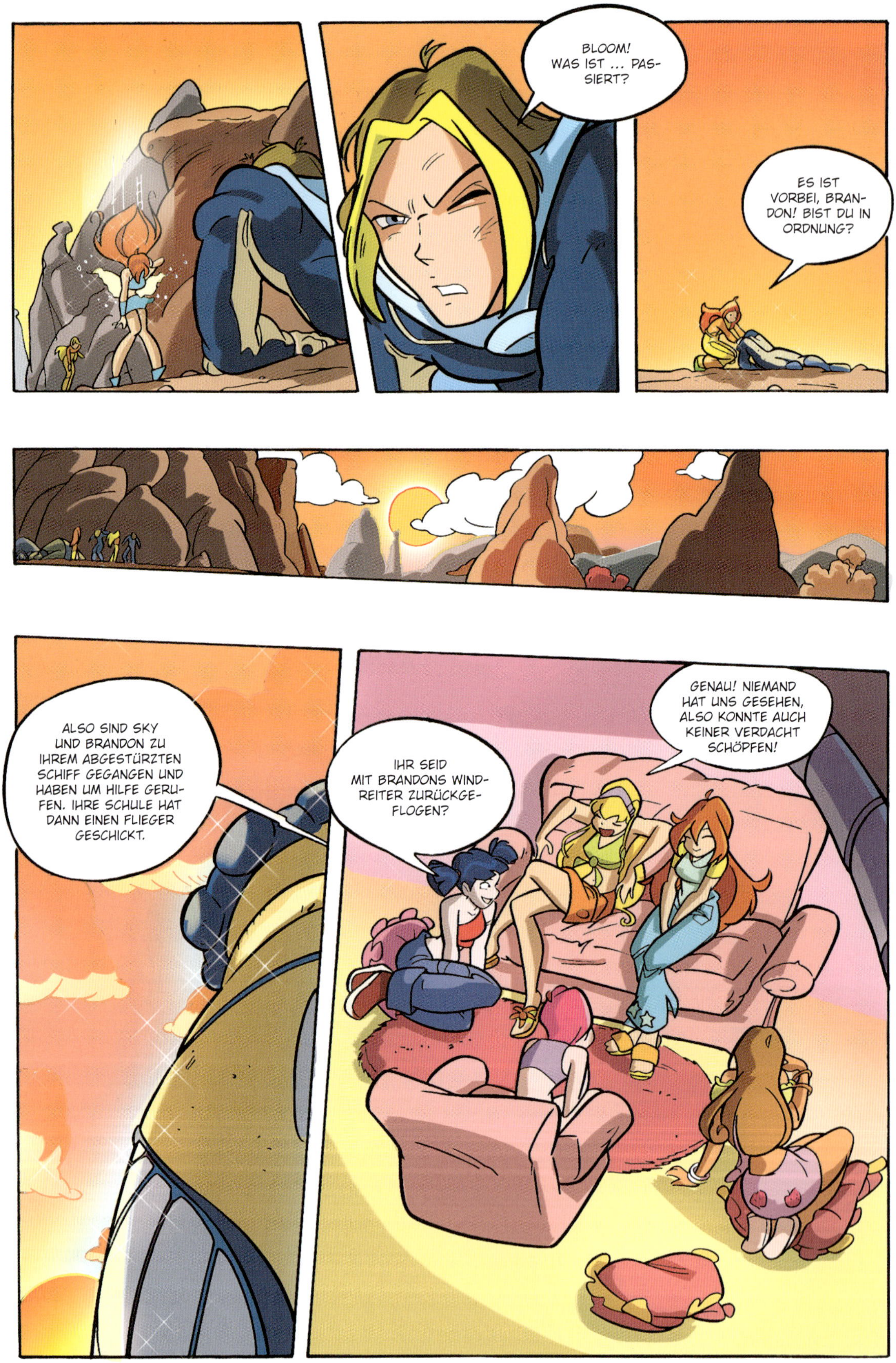
BLOOM! WAS IST ... PASSIERT?
ES IST VORBEI, BRANDON! BIST DU IN ORDNUNG?
ALSO SIND SKY UND BRANDON ZU IHREM ABGESTÜRZTEN SCHIFF GEGANGEN UND HABEN UM HILFE GERUFEN. IHRE SCHULE HAT DANN EINEN FLIEGER GESCHICKT.
IHR SEID MIT BRANDONS WINDREITER ZURÜCKGEFLOGEN?
GENAU! NIEMAND HAT UNS GESEHEN, ALSO KONNTE AUCH KEINER VERDACHT SCHÖPFEN!

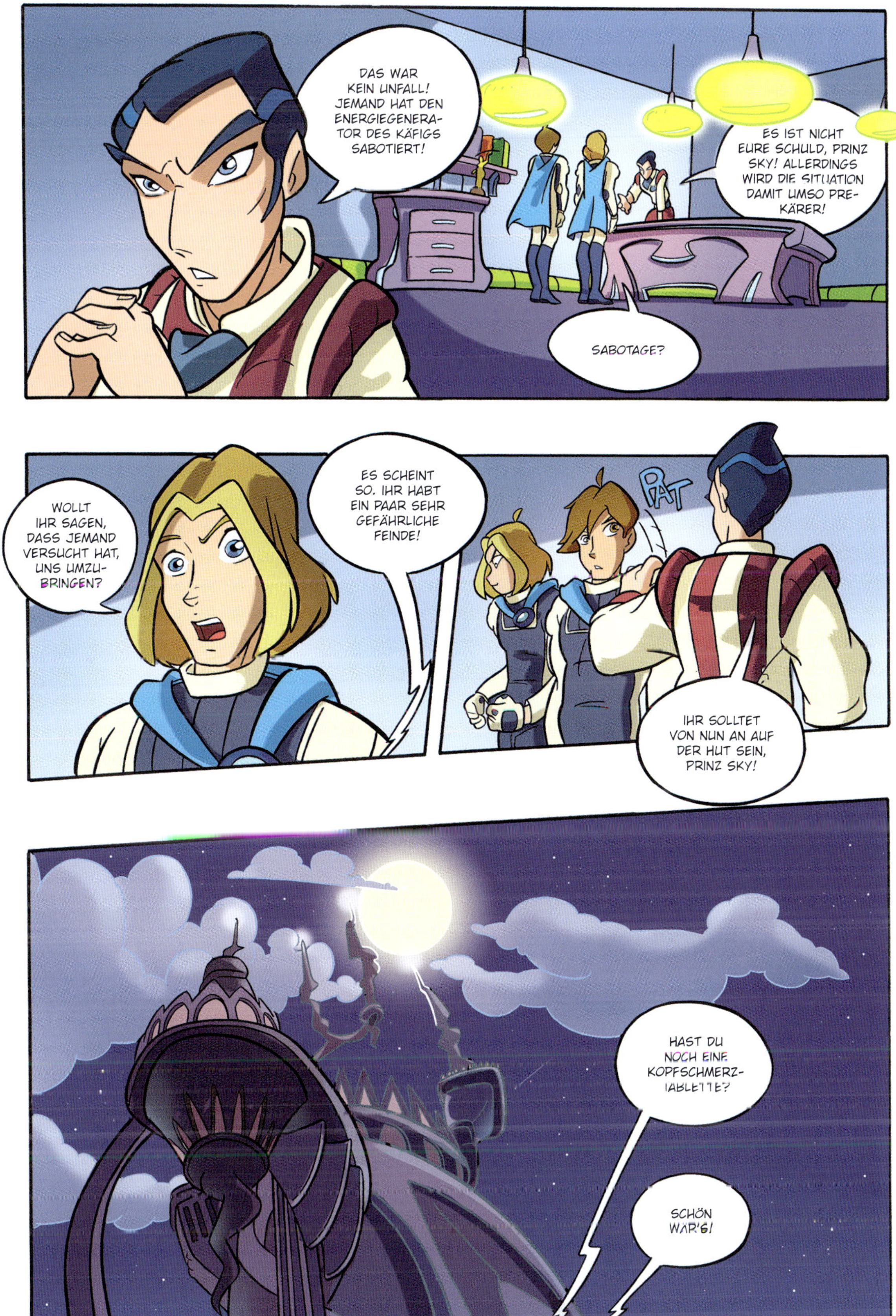
DAS WAR KEIN UNFALL! JEMAND HAT DEN ENERGIEGENERATOR DES KÄFIGS SABOTIERT!
ES IST NICHT EURE SCHULD, PRINZ SKY! ALLERDINGS WIRD DIE SITUATION DAMIT UMSO PREKÄRER!
SABOTAGE?
WOLLT IHR SAGEN, DASS JEMAND VERSUCHT HAT, UNS UMZUBRINGEN?
ES SCHEINT SO. IHR HABT EIN PAAR SEHR GEFÄHRLICHE FEINDE!
PAT
IHR SOLLTET VON NUN AN AUF DER HUT SEIN, PRINZ SKY!
HAST DU NOCH EINE KOPFSCHMERZTABLETTE?
SCHÖN WAR'S!

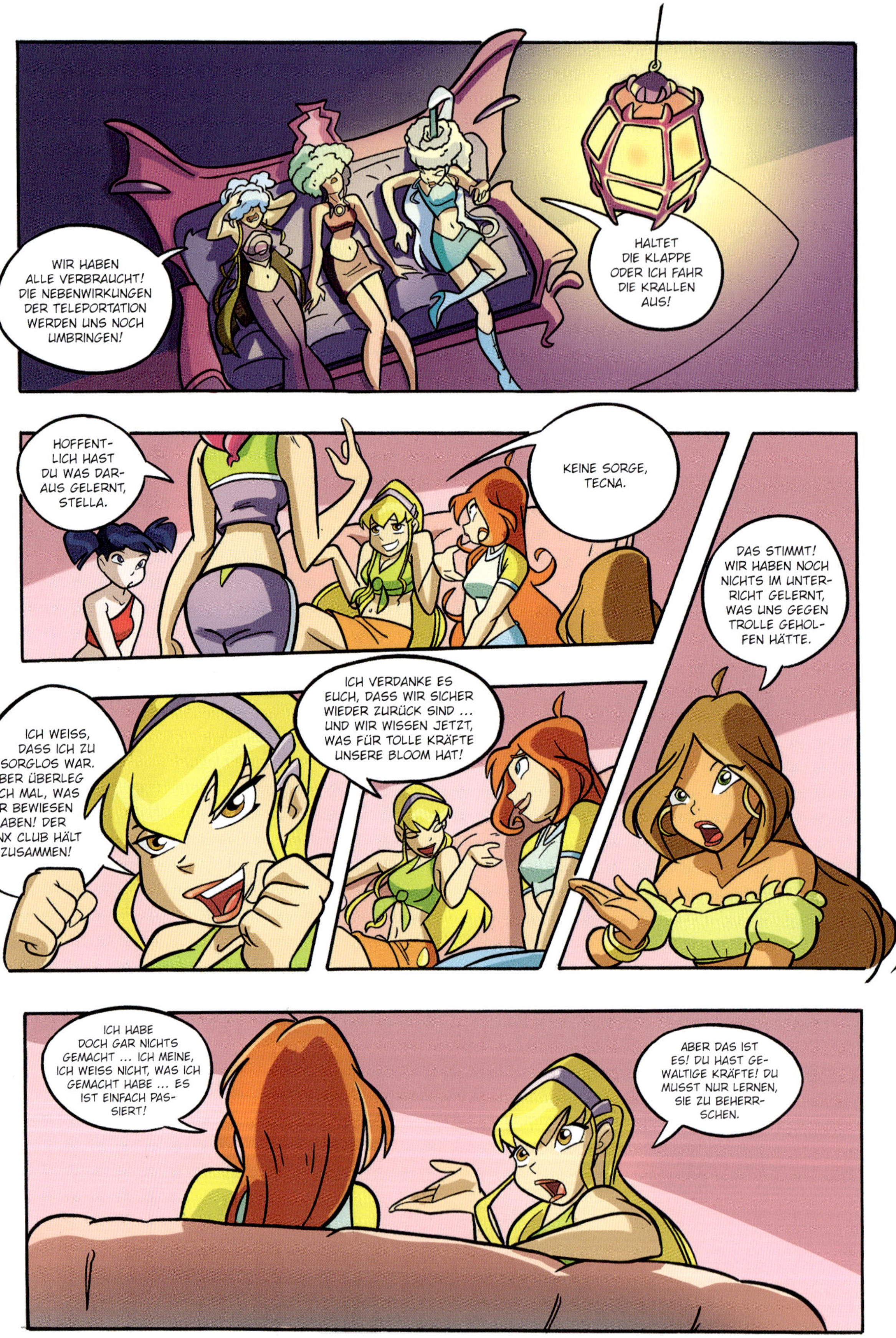
WIR HABEN ALLE VERBRAUCHT! DIE NEBENWIRKUNGEN DER TELEPORTATION WERDEN UNS NOCH UMBRINGEN!
HALTET DIE KLAPPE ODER ICH FAHR DIE KRALLEN AUS!
HOFFENTLICH HAST DU WAS DARAUS GELERNT, STELLA.
KEINE SORGE, TECNA.
DAS STIMMT! WIR HABEN NOCH NICHTS IM UNTERRICHT GELERNT, WAS UNS GEGEN TROLLE GEHOLFEN HÄTTE.
ICH WEISS, DASS ICH ZU SORGLOS WAR. ABER ÜBERLEG DOCH MAL, WAS WIR BEWIESEN HABEN! DER WINX CLUB HÄLT ZUSAMMEN!
ICH VERDANKE ES EUCH, DASS WIR SICHER WIEDER ZURÜCK SIND … UND WIR WISSEN JETZT, WAS FÜR TOLLE KRÄFTE UNSERE BLOOM HAT!
ICH HABE DOCH GAR NICHTS GEMACHT … ICH MEINE, ICH WEISS NICHT, WAS ICH GEMACHT HABE … ES IST EINFACH PASSIERT!
ABER DAS IST ES! DU HAST GEWALTIGE KRÄFTE! DU MUSST NUR LERNEN, SIE ZU BEHERRSCHEN.

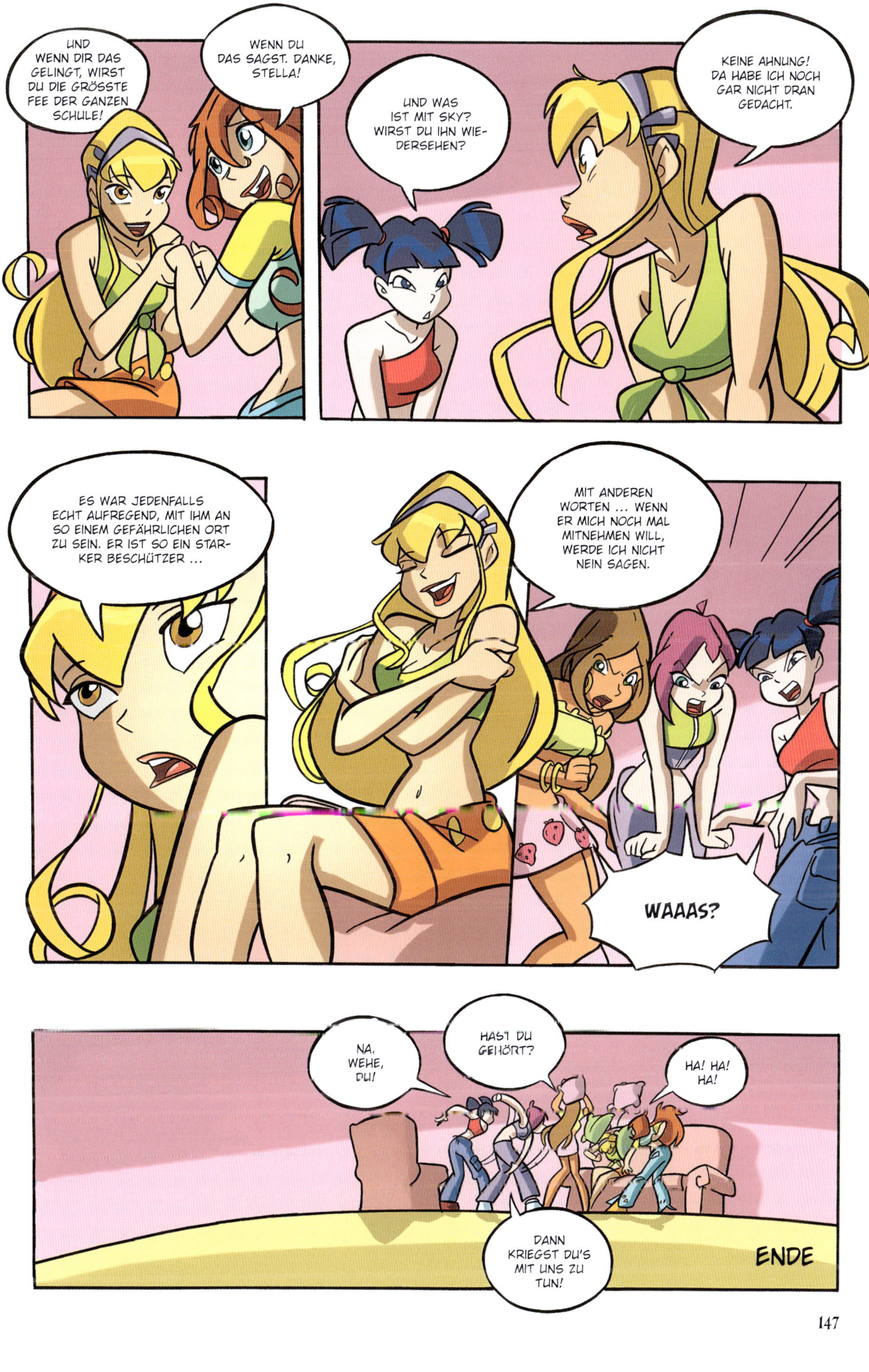
UND WENN DIR DAS GELINGT, WIRST DU DIE GRÖSSTE FEE DER GANZEN SCHULE!
WENN DU DAS SAGST. DANKE, STELLA!
UND WAS IST MIT SKY? WIRST DU IHN WIEDERSEHEN?
KEINE AHNUNG! DA HABE ICH NOCH GAR NICHT DRAN GEDACHT.
ES WAR JEDENFALLS ECHT AUFREGEND, MIT IHM AN SO EINEM GEFÄHRLICHEN ORT ZU SEIN. ER IST SO EIN STARKER BESCHÜTZER …
MIT ANDEREN WORTEN … WENN ER MICH NOCH MAL MITNEHMEN WILL, WERDE ICH NICHT NEIN SAGEN.
WAAAS?
NA, WEHE, DU!
HAST DU GEHÖRT?
HA! HA! HA!
DANN KRIEGST DU'S MIT UNS ZU TUN!
ENDE

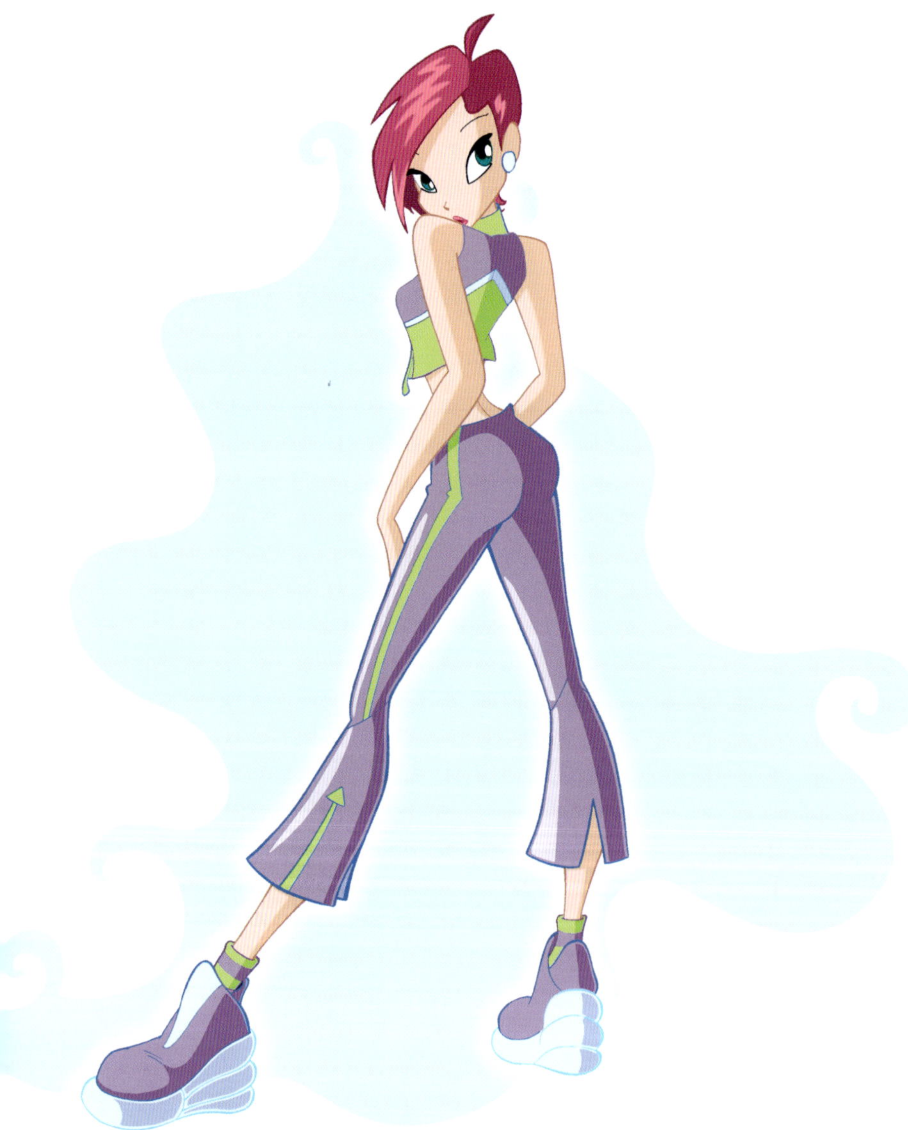

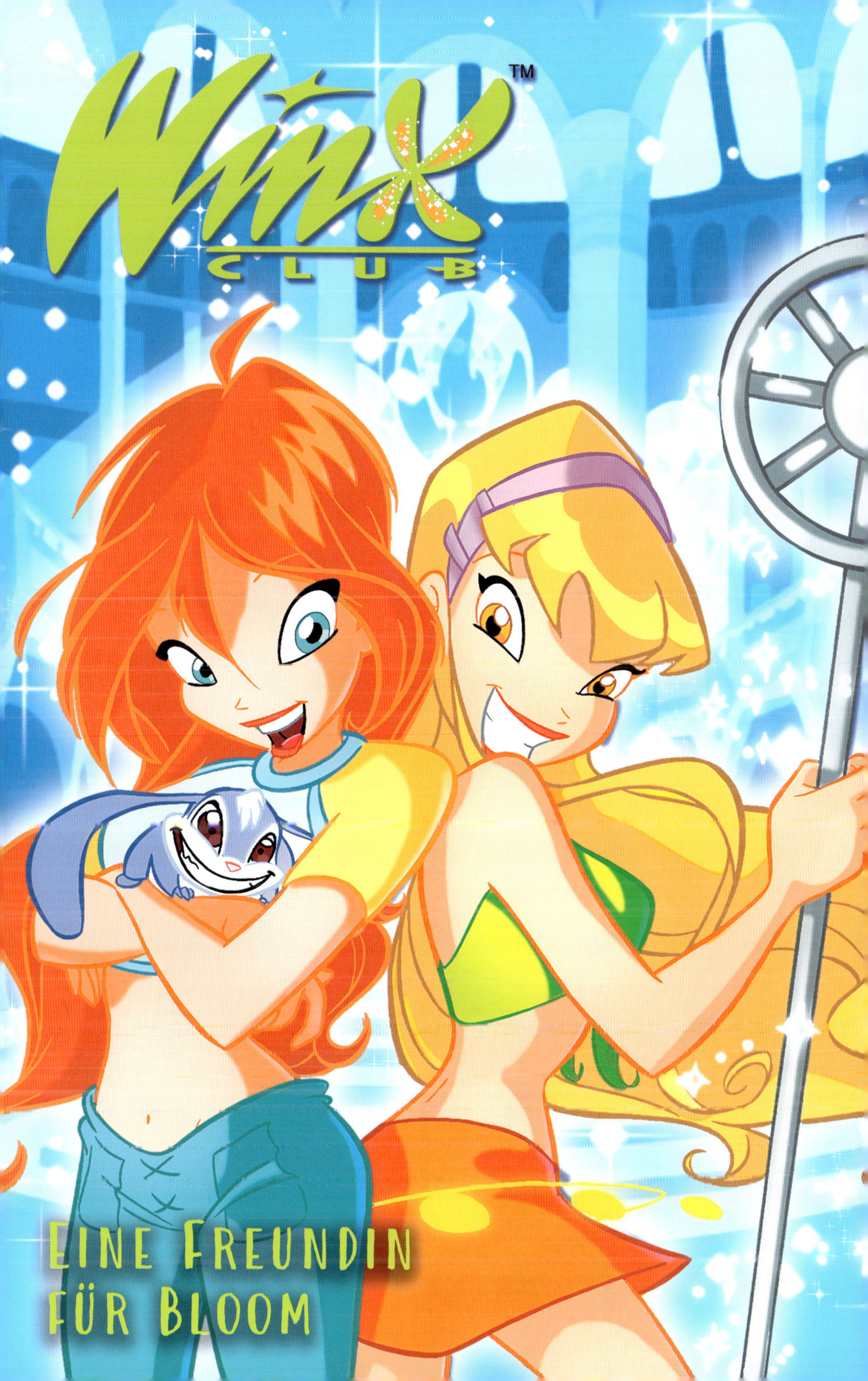
Winx Club™
Eine Freundin
für Bloom

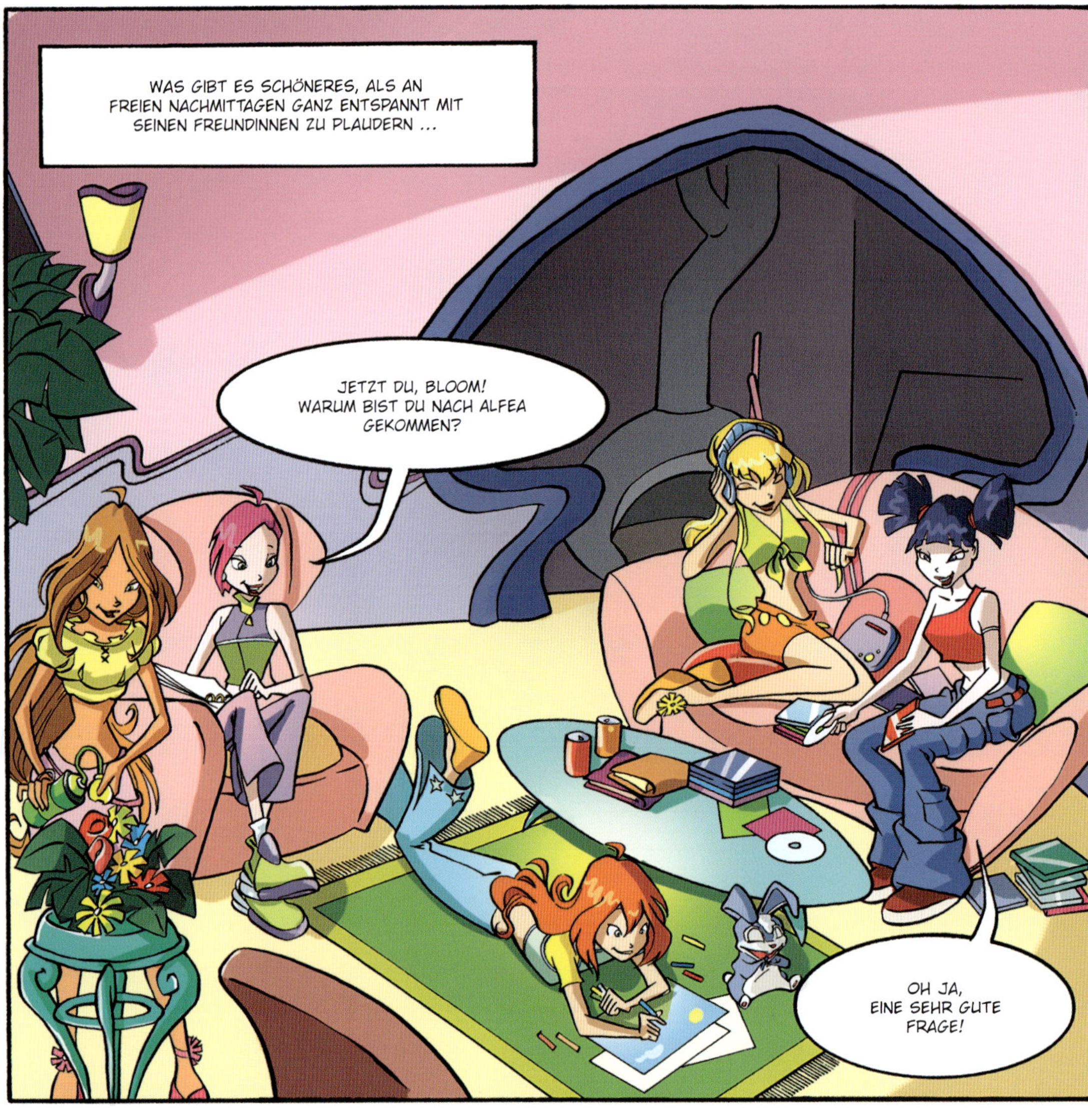
WAS GIBT ES SCHÖNERES, ALS AN FREIEN NACHMITTAGEN GANZ ENTSPANNT MIT SEINEN FREUNDINNEN ZU PLAUDERN …
JETZT DU, BLOOM! WARUM BIST DU NACH ALFEA GEKOMMEN?
OH JA, EINE SEHR GUTE FRAGE!

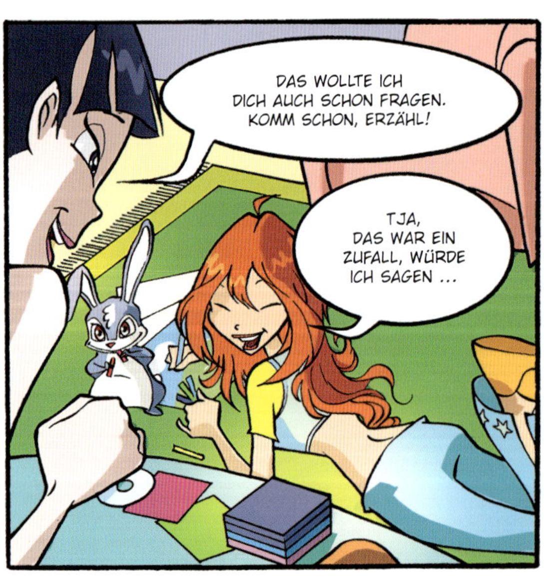
DAS WOLLTE ICH DICH AUCH SCHON FRAGEN. KOMM SCHON, ERZÄHL!
TJA, DAS WAR EIN ZUFALL, WÜRDE ICH SAGEN …

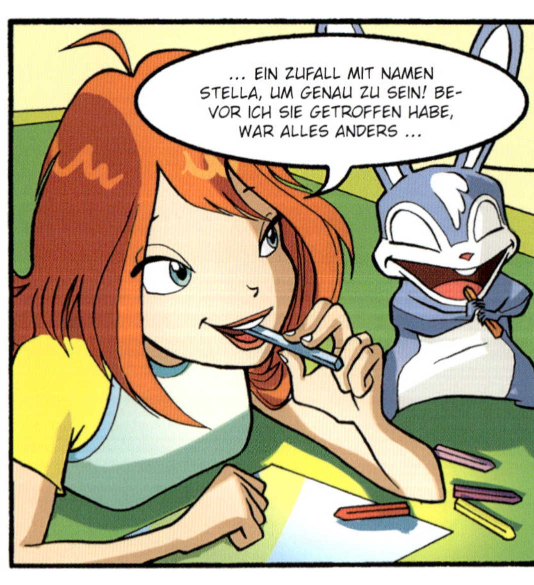
… EIN ZUFALL MIT NAMEN STELLA, UM GENAU ZU SEIN! BEVOR ICH SIE GETROFFEN HABE, WAR ALLES ANDERS …

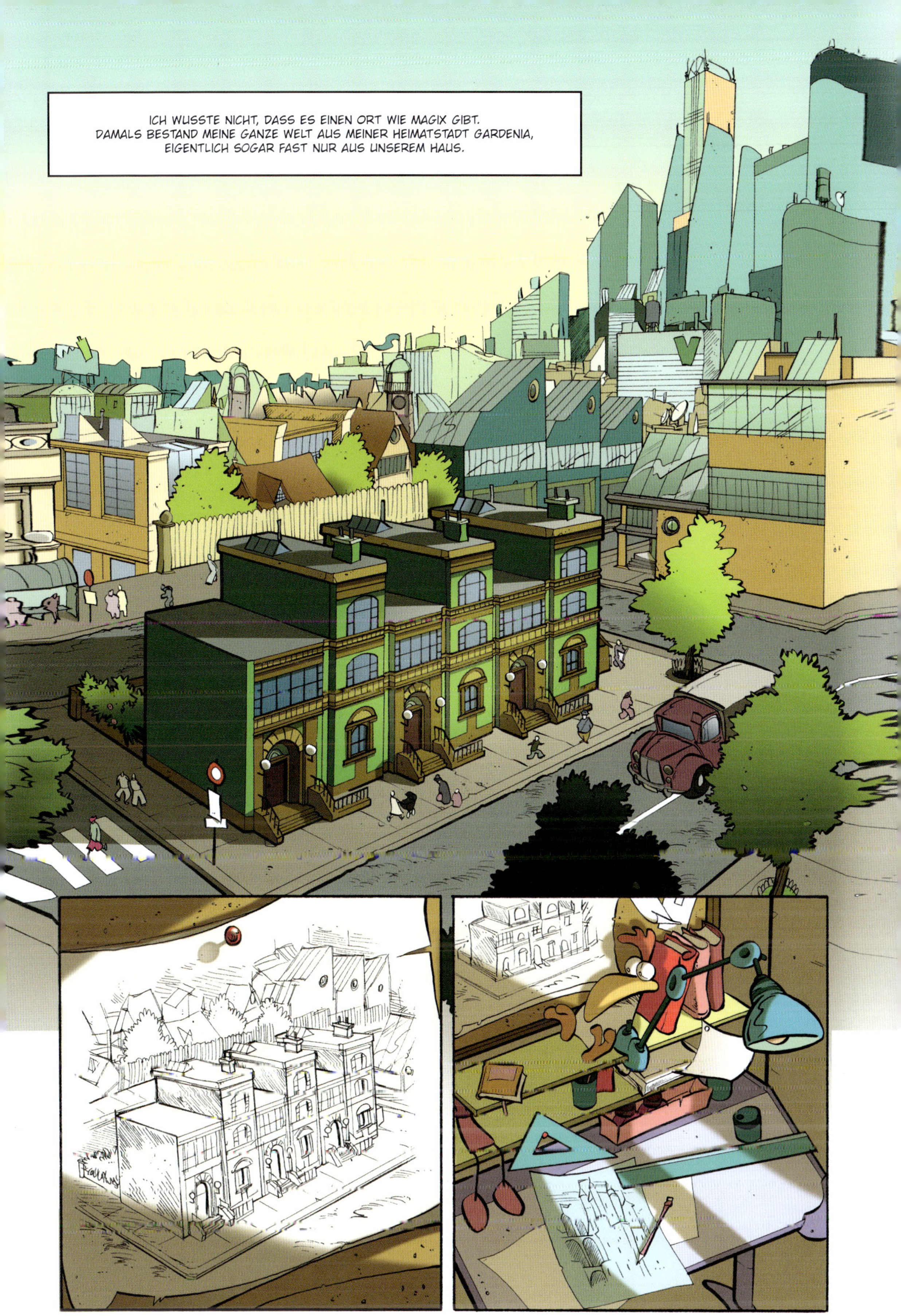
ICH WUSSTE NICHT, DASS ES EINEN ORT WIE MAGIX GIBT.
DAMALS BESTAND MEINE GANZE WELT AUS MEINER HEIMATSTADT GARDENIA,
EIGENTLICH SOGAR FAST NUR AUS UNSEREM HAUS.

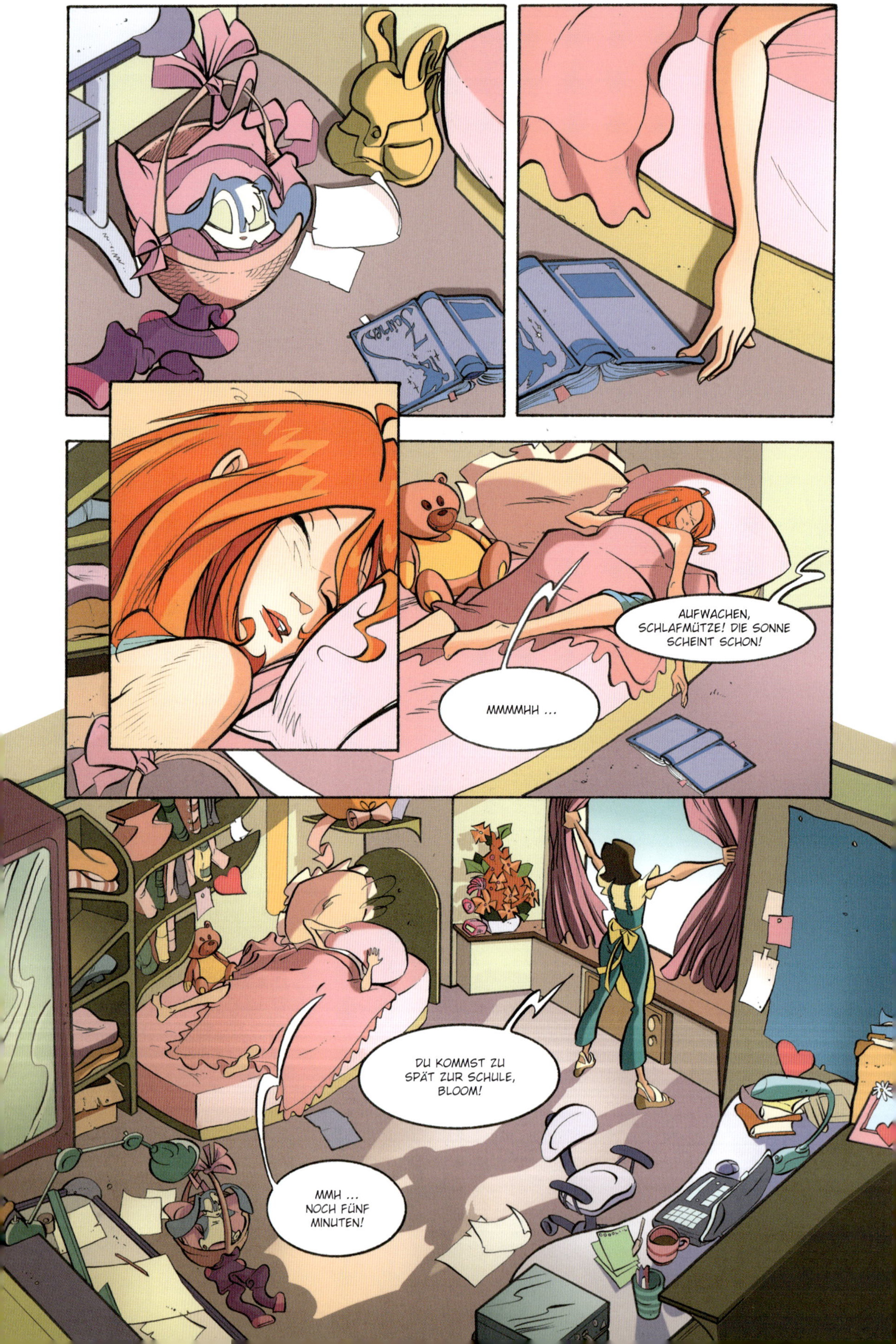
AUFWACHEN, SCHLAFMÜTZE! DIE SONNE SCHEINT SCHON!
MMMMHH …
DU KOMMST ZU SPÄT ZUR SCHULE, BLOOM!
MMH … NOCH FÜNF MINUTEN!

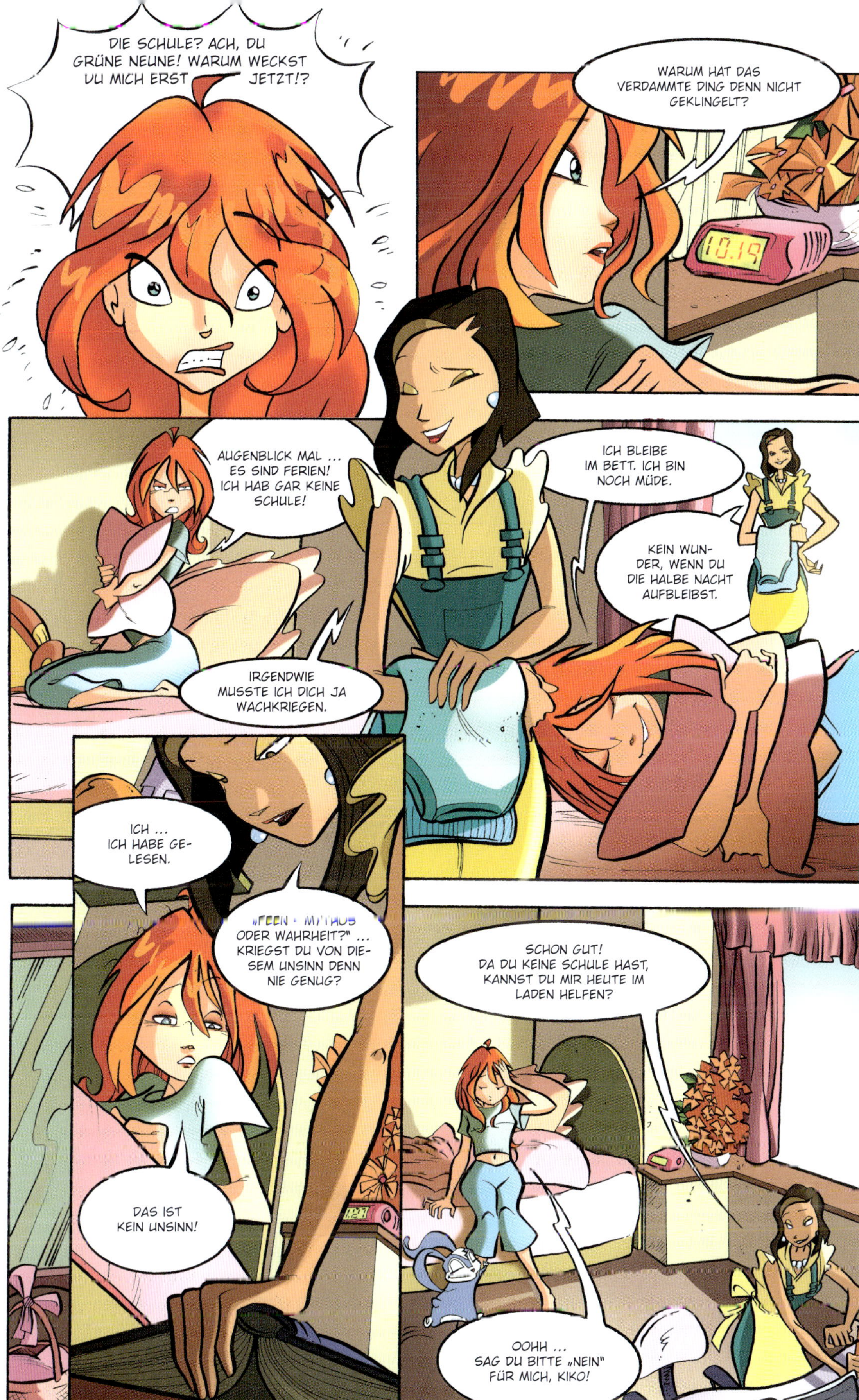

DIE SCHULE? ACH, DU GRÜNE NEUNE! WARUM WECKST DU MICH ERST JETZT!?
WARUM HAT DAS VERDAMMTE DING DENN NICHT GEKLINGELT?
10:19
AUGENBLICK MAL ... ES SIND FERIEN! ICH HAB GAR KEINE SCHULE!
IRGENDWIE MUSSTE ICH DICH JA WACHKRIEGEN.
ICH BLEIBE IM BETT. ICH BIN NOCH MÜDE.
KEIN WUNDER, WENN DU DIE HALBE NACHT AUFBLEIBST.
ICH ... ICH HABE GELESEN.
„FEEN - MYTHOS ODER WAHRHEIT?" ... KRIEGST DU VON DIESEM UNSINN DENN NIE GENUG?
DAS IST KEIN UNSINN!
SCHON GUT! DA DU KEINE SCHULE HAST, KANNST DU MIR HEUTE IM LADEN HELFEN?
OOHH ... SAG DU BITTE „NEIN" FÜR MICH, KIKO!

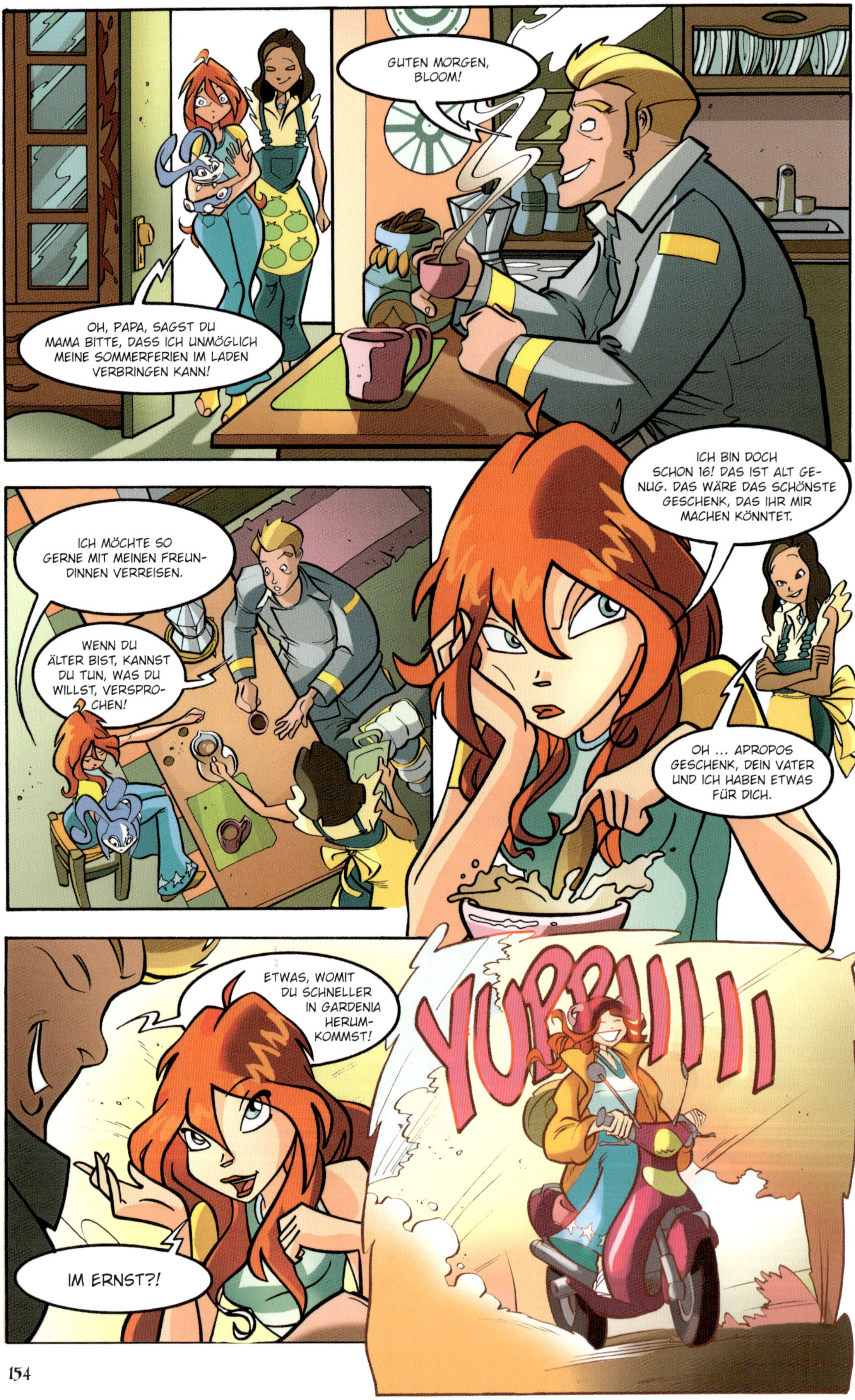
GUTEN MORGEN, BLOOM!
OH, PAPA, SAGST DU MAMA BITTE, DASS ICH UNMÖGLICH MEINE SOMMERFERIEN IM LADEN VERBRINGEN KANN!
ICH MÖCHTE SO GERNE MIT MEINEN FREUNDINNEN VERREISEN.
WENN DU ÄLTER BIST, KANNST DU TUN, WAS DU WILLST, VERSPROCHEN!
ICH BIN DOCH SCHON 16! DAS IST ALT GENUG. DAS WÄRE DAS SCHÖNSTE GESCHENK, DAS IHR MIR MACHEN KÖNNTET.
OH ... APROPOS GESCHENK, DEIN VATER UND ICH HABEN ETWAS FÜR DICH.
ETWAS, WOMIT DU SCHNELLER IN GARDENIA HERUMKOMMST!
IM ERNST?!
YUPPIIIII

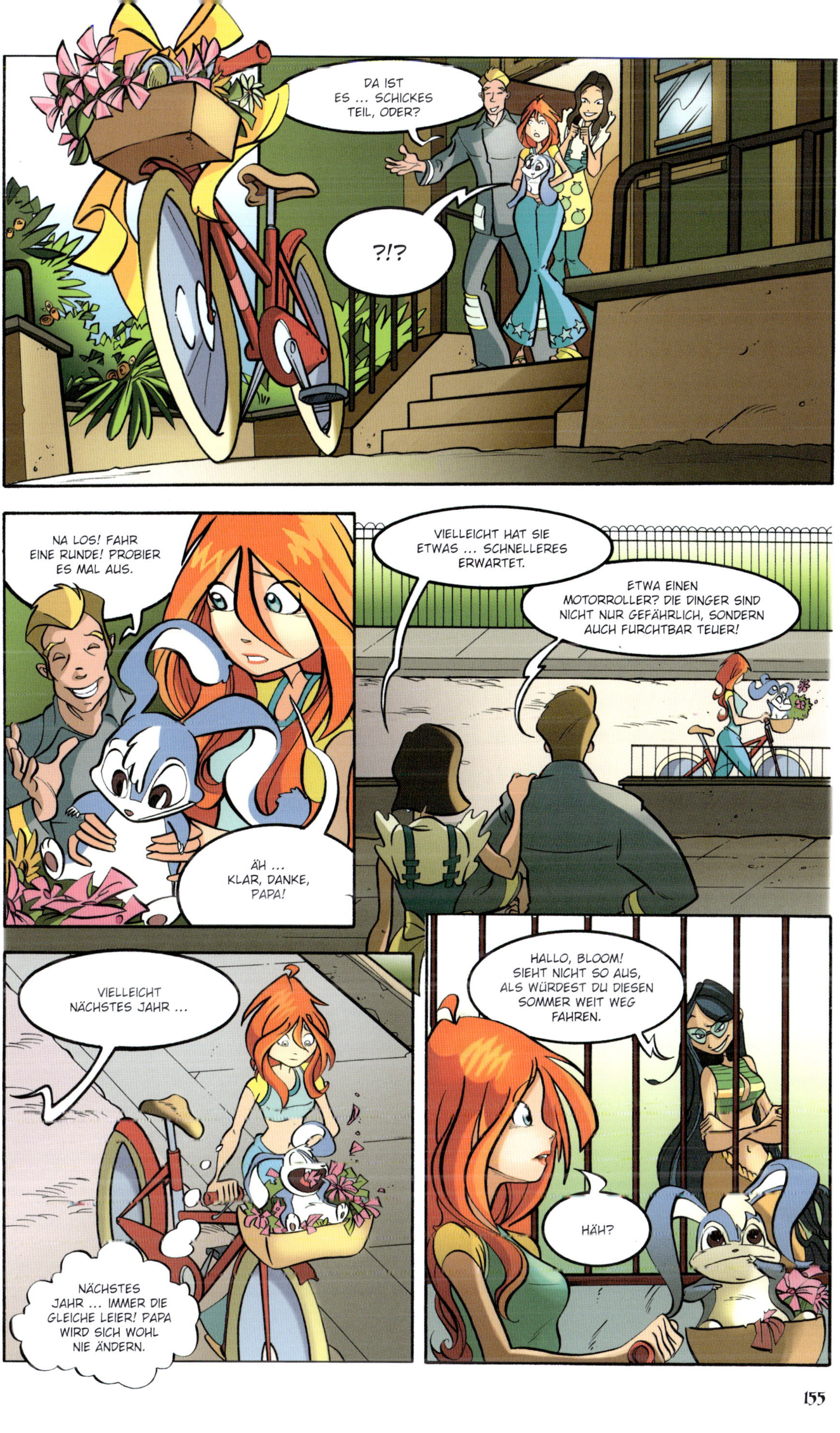
DA IST
ES ... SCHICKES
TEIL, ODER?
?!?
NA LOS! FAHR
EINE RUNDE! PROBIER
ES MAL AUS.
ÄH ...
KLAR, DANKE,
PAPA!
VIELLEICHT HAT SIE
ETWAS ... SCHNELLERES
ERWARTET.
ETWA EINEN
MOTORROLLER? DIE DINGER SIND
NICHT NUR GEFÄHRLICH, SONDERN
AUCH FURCHTBAR TEUER!
VIELLEICHT
NÄCHSTES JAHR ...
NÄCHSTES
JAHR ... IMMER DIE
GLEICHE LEIER! PAPA
WIRD SICH WOHL
NIE ÄNDERN.
HALLO, BLOOM!
SIEHT NICHT SO AUS,
ALS WÜRDEST DU DIESEN
SOMMER WEIT WEG
FAHREN.
HÄH?

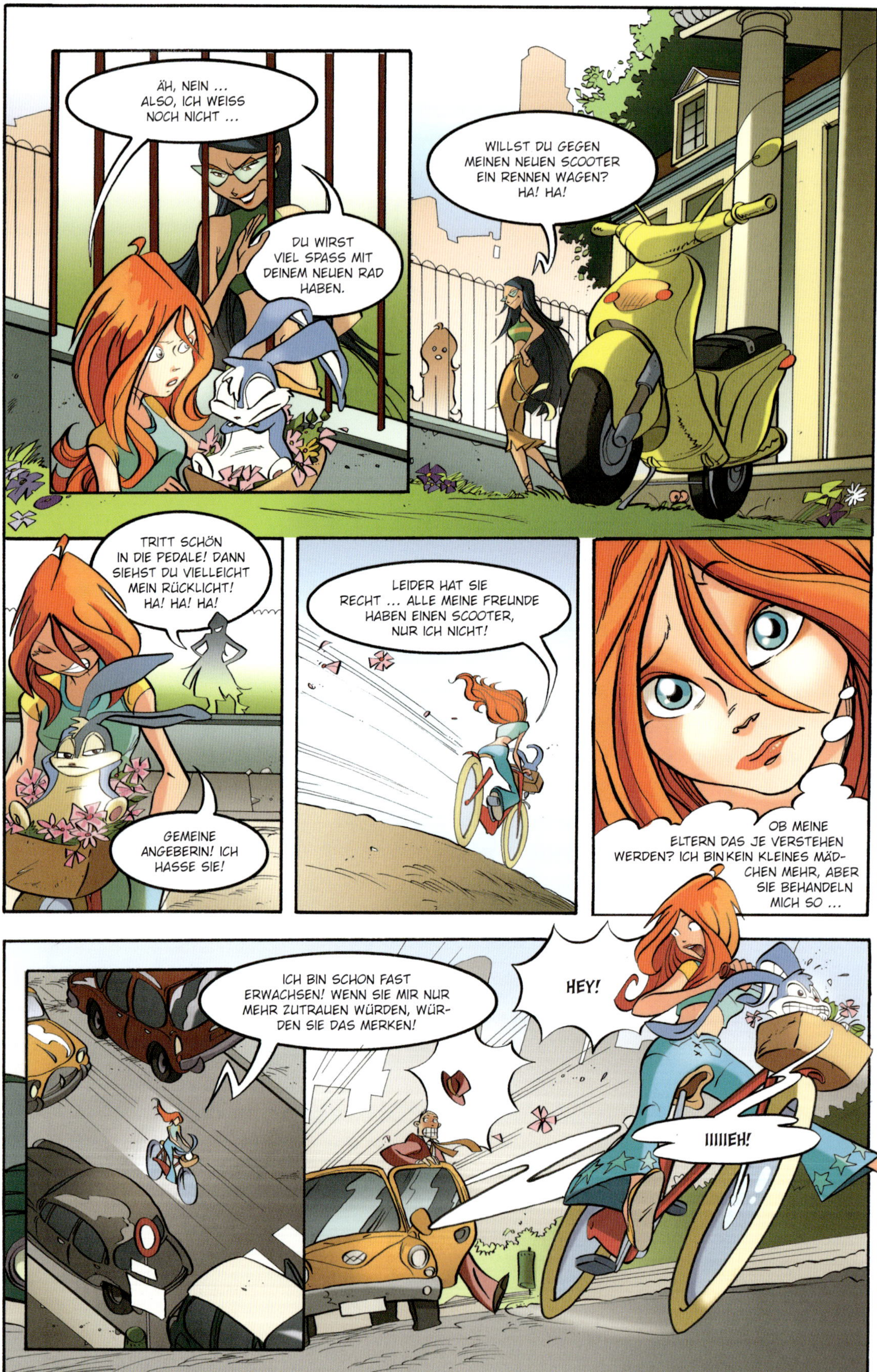
ÄH, NEIN …
ALSO, ICH WEISS
NOCH NICHT …
DU WIRST
VIEL SPASS MIT
DEINEM NEUEN RAD
HABEN.
WILLST DU GEGEN
MEINEN NEUEN SCOOTER
EIN RENNEN WAGEN?
HA! HA!
TRITT SCHÖN
IN DIE PEDALE! DANN
SIEHST DU VIELLEICHT
MEIN RÜCKLICHT!
HA! HA! HA!
GEMEINE
ANGEBERIN! ICH
HASSE SIE!
LEIDER HAT SIE
RECHT … ALLE MEINE FREUNDE
HABEN EINEN SCOOTER,
NUR ICH NICHT!
OB MEINE
ELTERN DAS JE VERSTEHEN
WERDEN? ICH BIN KEIN KLEINES MÄD-
CHEN MEHR, ABER
SIE BEHANDELN
MICH SO …
ICH BIN SCHON FAST
ERWACHSEN! WENN SIE MIR NUR
MEHR ZUTRAUEN WÜRDEN, WÜR-
DEN SIE DAS MERKEN!
HEY!
IIIIIEH!

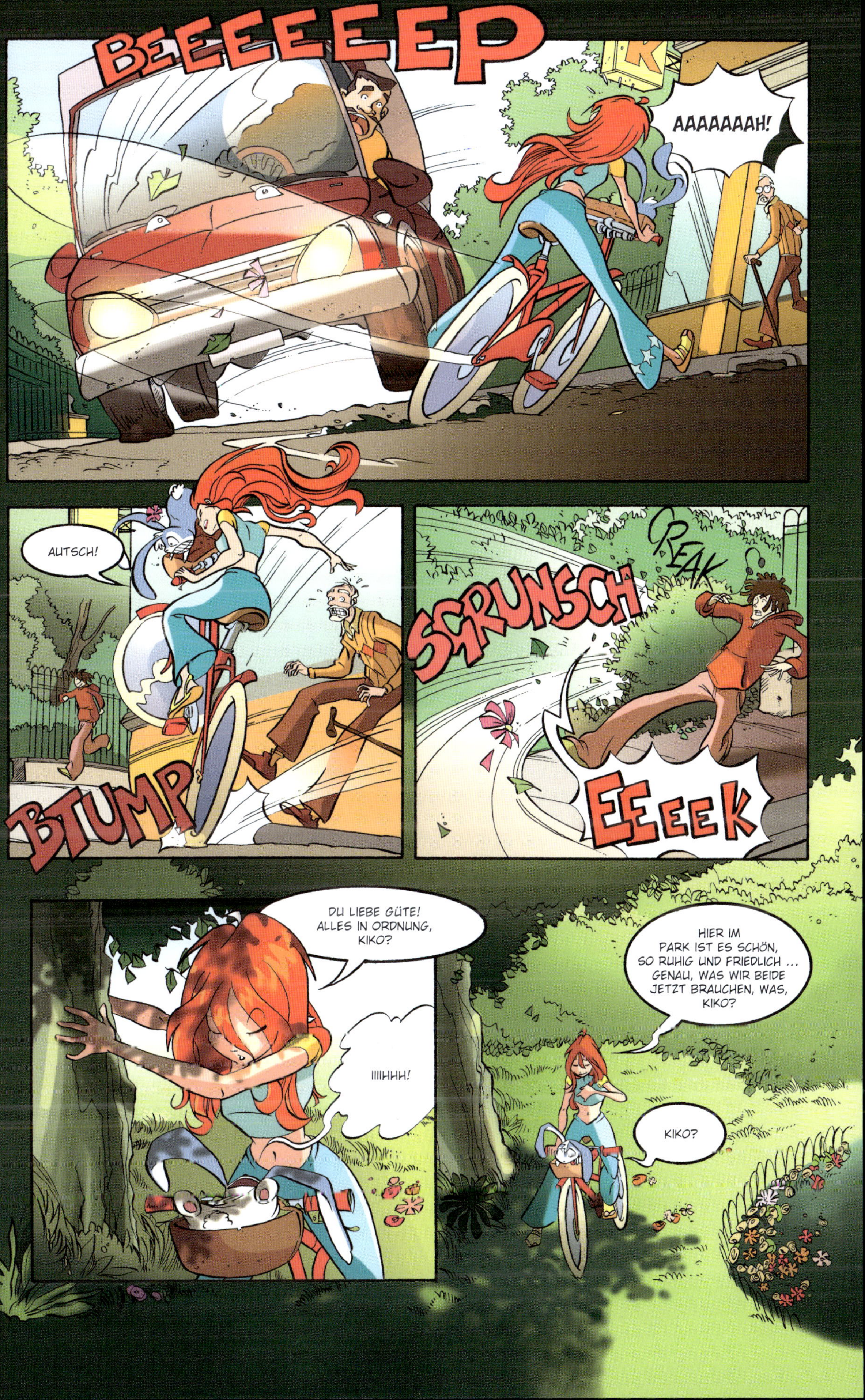

BEEEEEEP
AAAAAAAH!
AUTSCH!
BTUMP
SGRUNSCH
CREAK
EEEEK
DU LIEBE GÜTE! ALLES IN ORDNUNG, KIKO?
IIIIIHHH!
HIER IM PARK IST ES SCHÖN, SO RUHIG UND FRIEDLICH ... GENAU, WAS WIR BEIDE JETZT BRAUCHEN, WAS, KIKO?
KIKO?

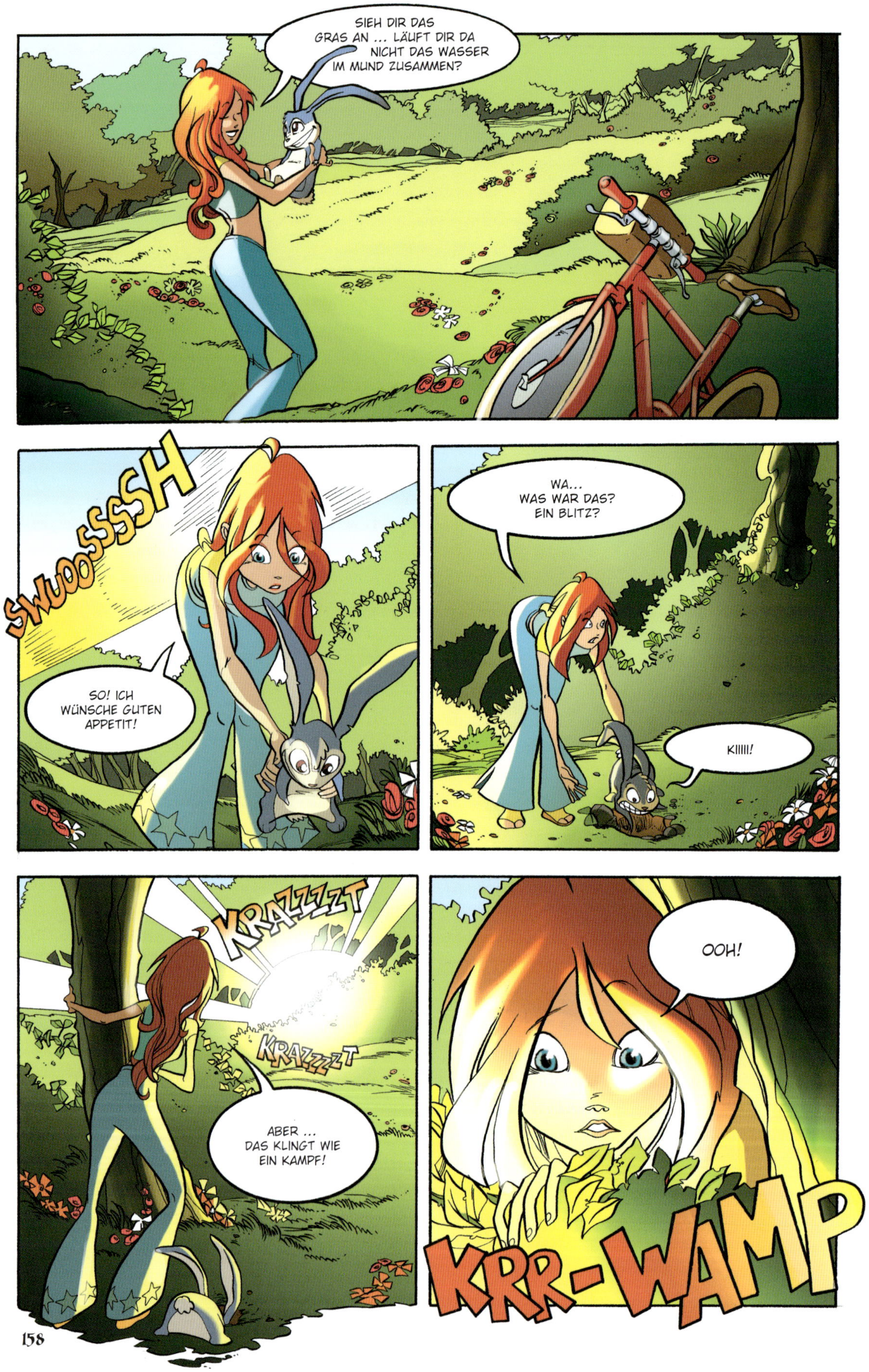
SIEH DIR DAS GRAS AN ... LÄUFT DIR DA NICHT DAS WASSER IM MUND ZUSAMMEN?
SWUOOSSSSH
SO! ICH WÜNSCHE GUTEN APPETIT!
WA... WAS WAR DAS? EIN BLITZ?
KIIIII!
KRAZZZZT
KRAZZZZT
ABER ... DAS KLINGT WIE EIN KAMPF!
OOH!
KRR-WAMP

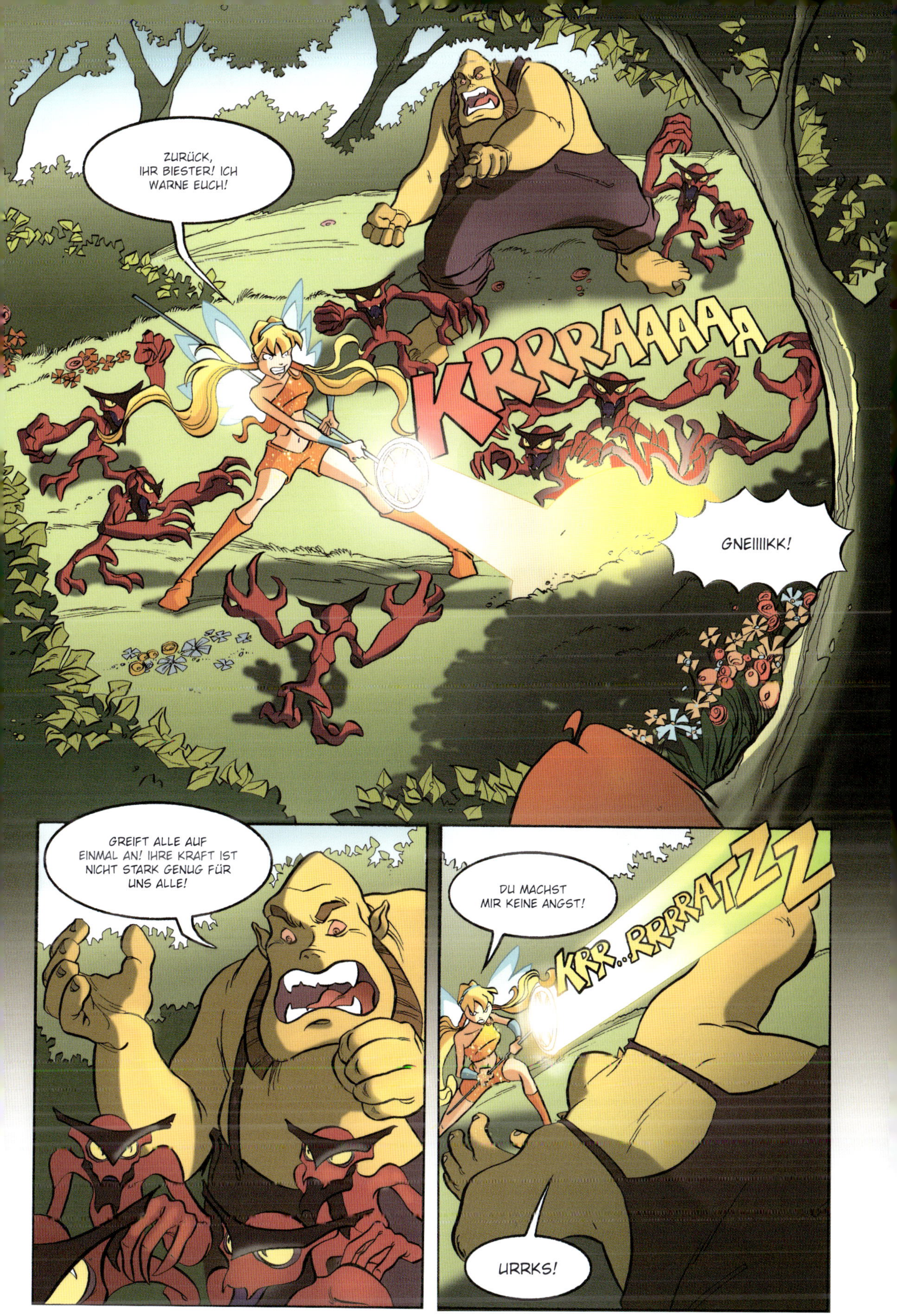
ZURÜCK, IHR BIESTER! ICH WARNE EUCH!
KRRRAAAAA
GNEIIIIKK!
GREIFT ALLE AUF EINMAL AN! IHRE KRAFT IST NICHT STARK GENUG FÜR UNS ALLE!
DU MACHST MIR KEINE ANGST!
KRR...RRRRATZZ
URRKS!

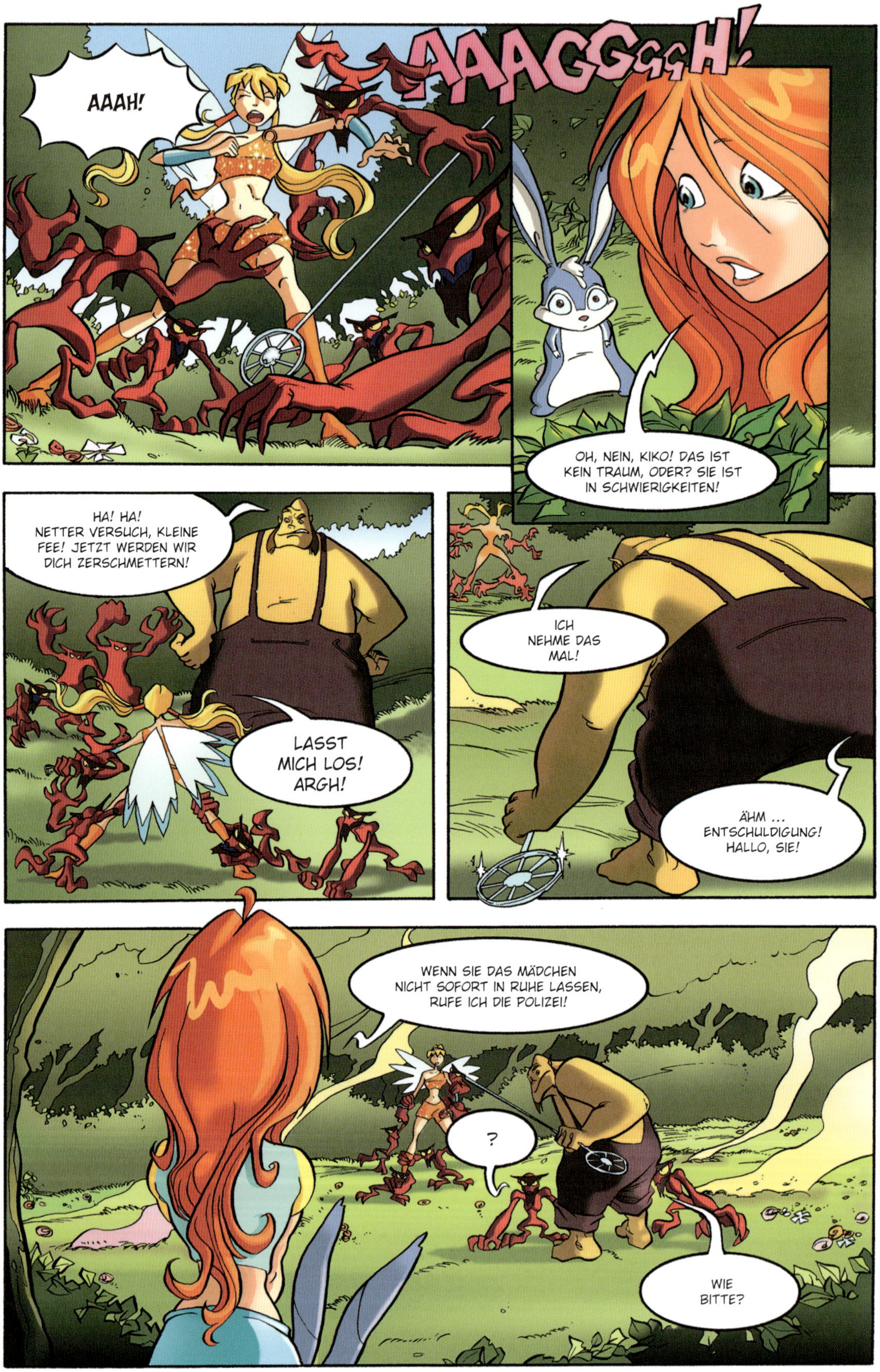
AAAH!
AAAGGGGH!
OH, NEIN, KIKO! DAS IST KEIN TRAUM, ODER? SIE IST IN SCHWIERIGKEITEN!
HA! HA! NETTER VERSUCH, KLEINE FEE! JETZT WERDEN WIR DICH ZERSCHMETTERN!
LASST MICH LOS! ARGH!
ICH NEHME DAS MAL!
ÄHM ... ENTSCHULDIGUNG! HALLO, SIE!
WENN SIE DAS MÄDCHEN NICHT SOFORT IN RUHE LASSEN, RUFE ICH DIE POLIZEI!
?
WIE BITTE?

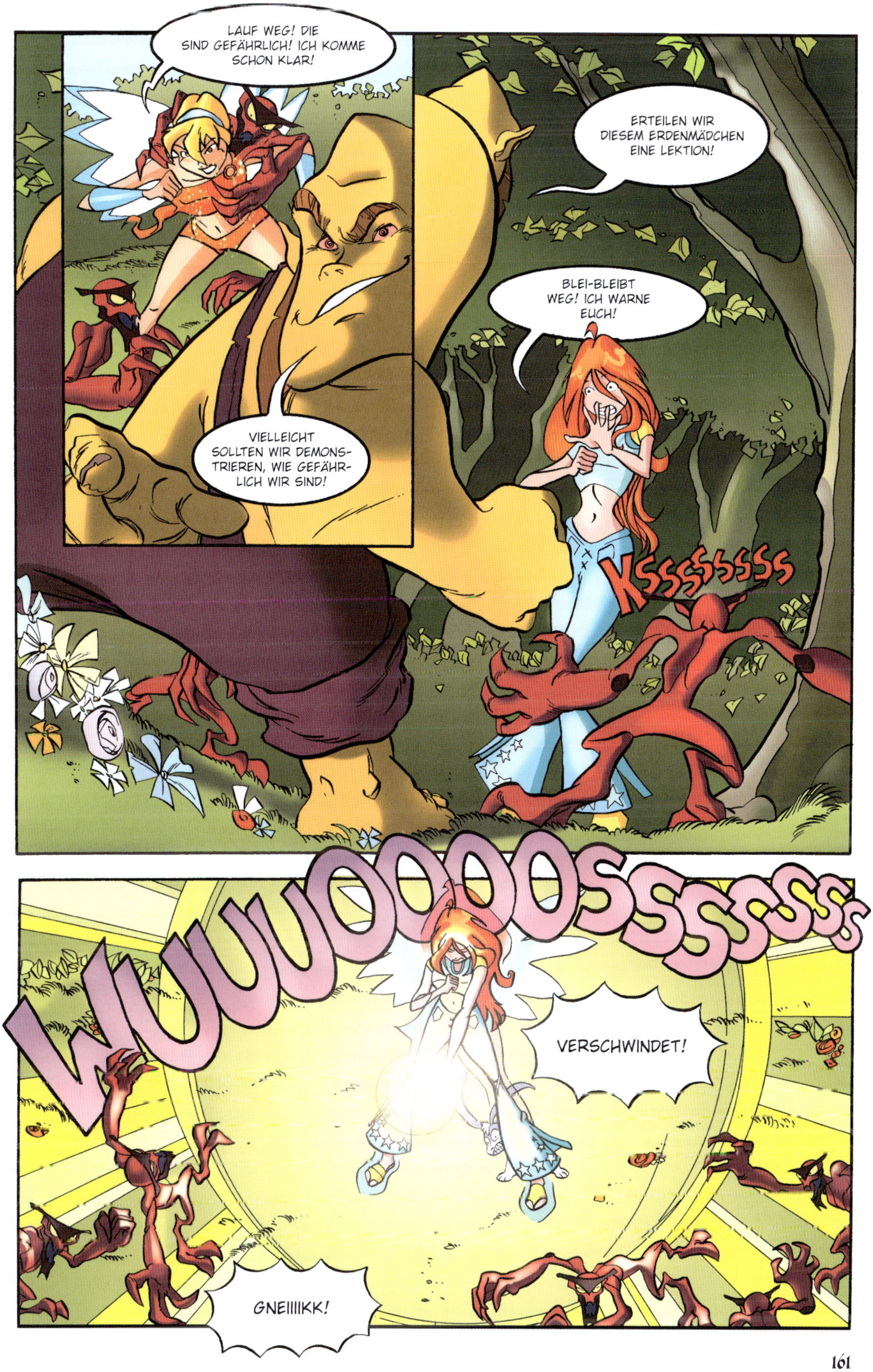
LAUF WEG! DIE SIND GEFÄHRLICH! ICH KOMME SCHON KLAR!
ERTEILEN WIR DIESEM ERDENMÄDCHEN EINE LEKTION!
BLEI-BLEIBT WEG! ICH WARNE EUCH!
VIELLEICHT SOLLTEN WIR DEMONSTRIEREN, WIE GEFÄHRLICH WIR SIND!
KSSSSSSS
WUUUOOOOOSSSSSSSS
VERSCHWINDET!
GNEIIIIKK!

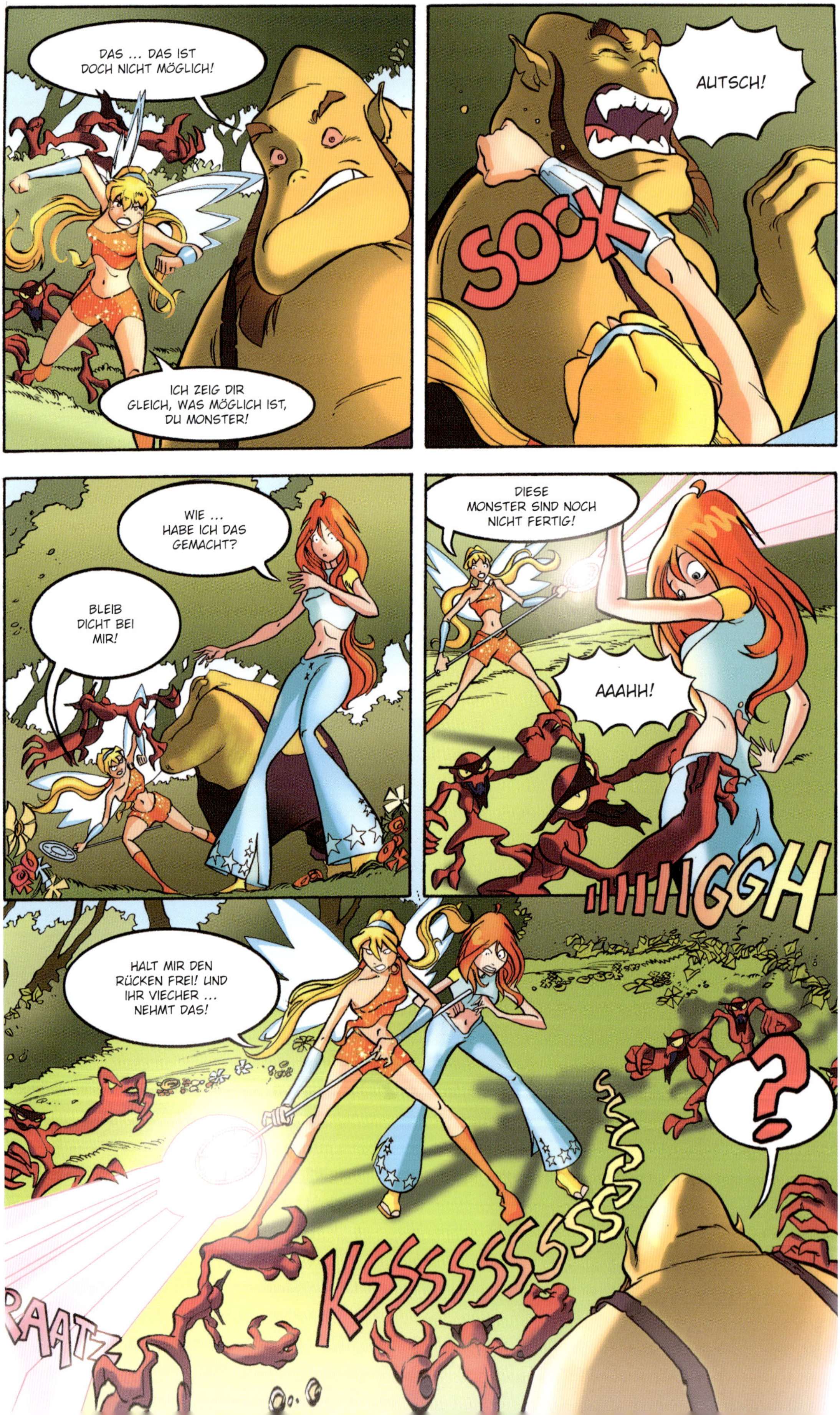
DAS ... DAS IST DOCH NICHT MÖGLICH!
ICH ZEIG DIR GLEICH, WAS MÖGLICH IST, DU MONSTER!
SOCK
AUTSCH!
WIE ... HABE ICH DAS GEMACHT?
BLEIB DICHT BEI MIR!
DIESE MONSTER SIND NOCH NICHT FERTIG!
AAAHH!
IIIIIIGGH
HALT MIR DEN RÜCKEN FREI! UND IHR VIECHER ... NEHMT DAS!
?
KSSSSSSSSS
RAATZ

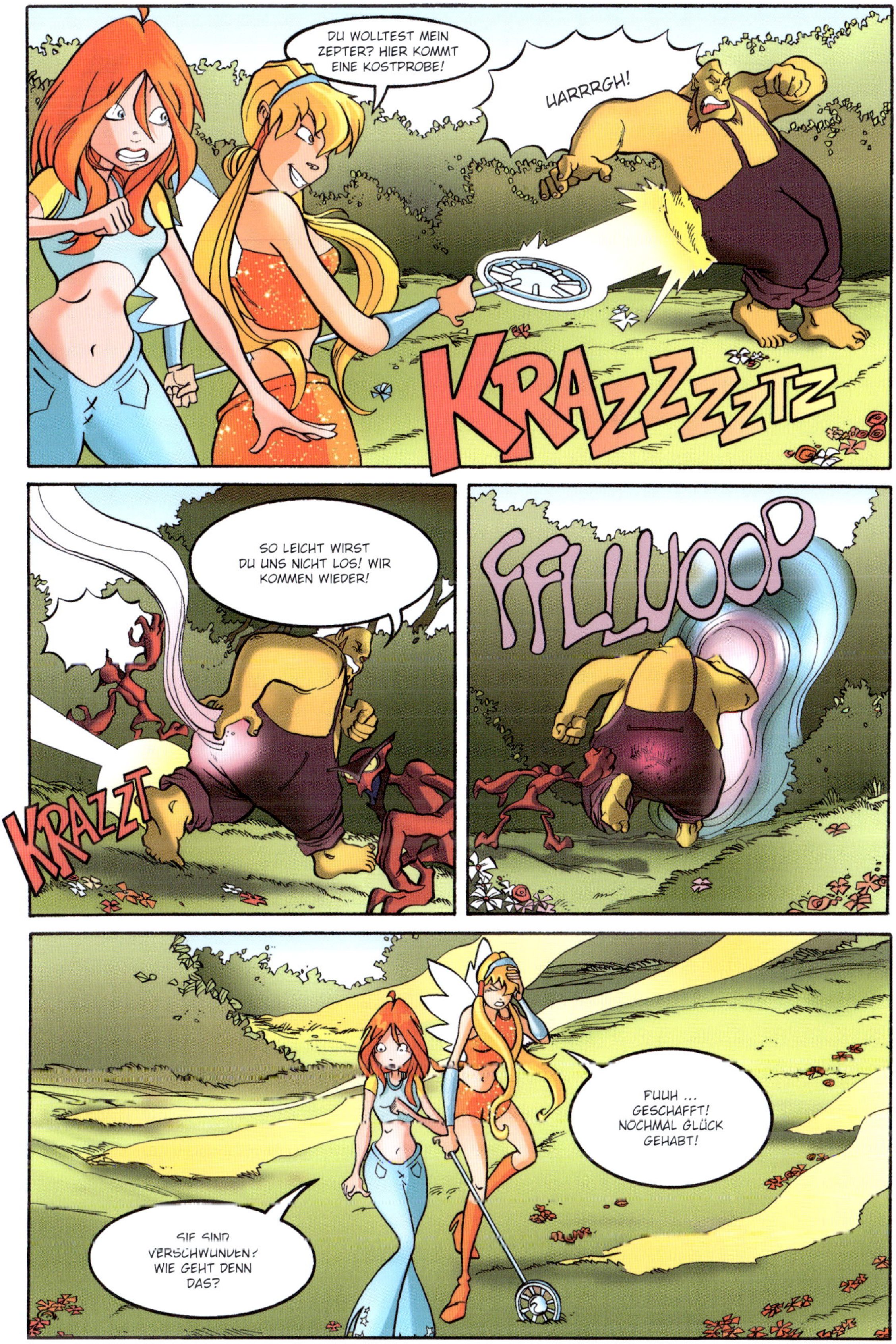
DU WOLLTEST MEIN ZEPTER? HIER KOMMT EINE KOSTPROBE!
UARRRGH!
KRAZZZZTZ
SO LEICHT WIRST DU UNS NICHT LOS! WIR KOMMEN WIEDER!
KRAZZT
FFLLUOOP
FUUH ... GESCHAFFT! NOCHMAL GLÜCK GEHABT!
SIE SIND VERSCHWUNDEN? WIE GEHT DENN DAS?

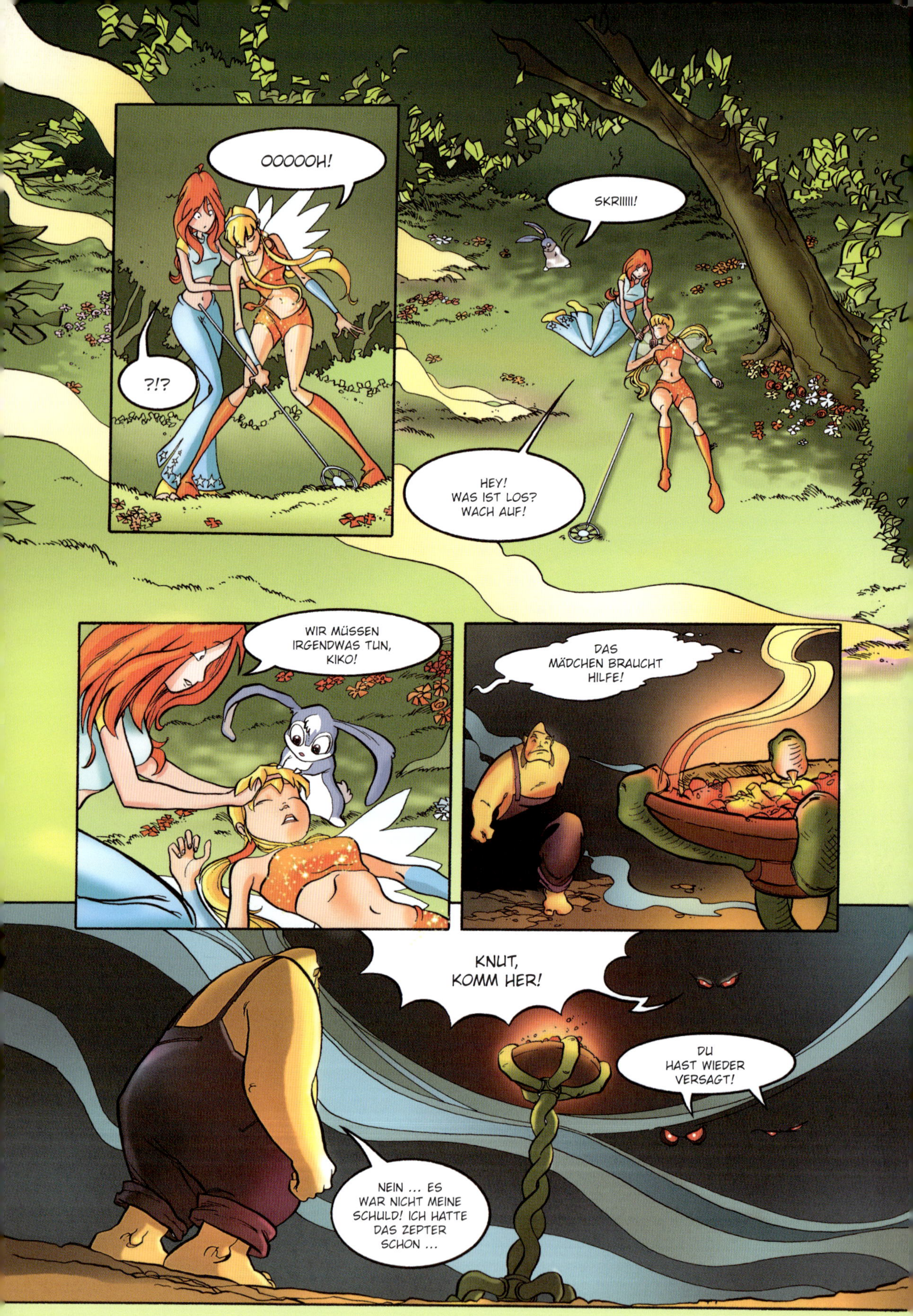

OOOOOH!
?!?
SKRIIIII!
HEY!
WAS IST LOS?
WACH AUF!
WIR MÜSSEN IRGENDWAS TUN, KIKO!
DAS MÄDCHEN BRAUCHT HILFE!
KNUT, KOMM HER!
DU HAST WIEDER VERSAGT!
NEIN ... ES WAR NICHT MEINE SCHULD! ICH HATTE DAS ZEPTER SCHON ...

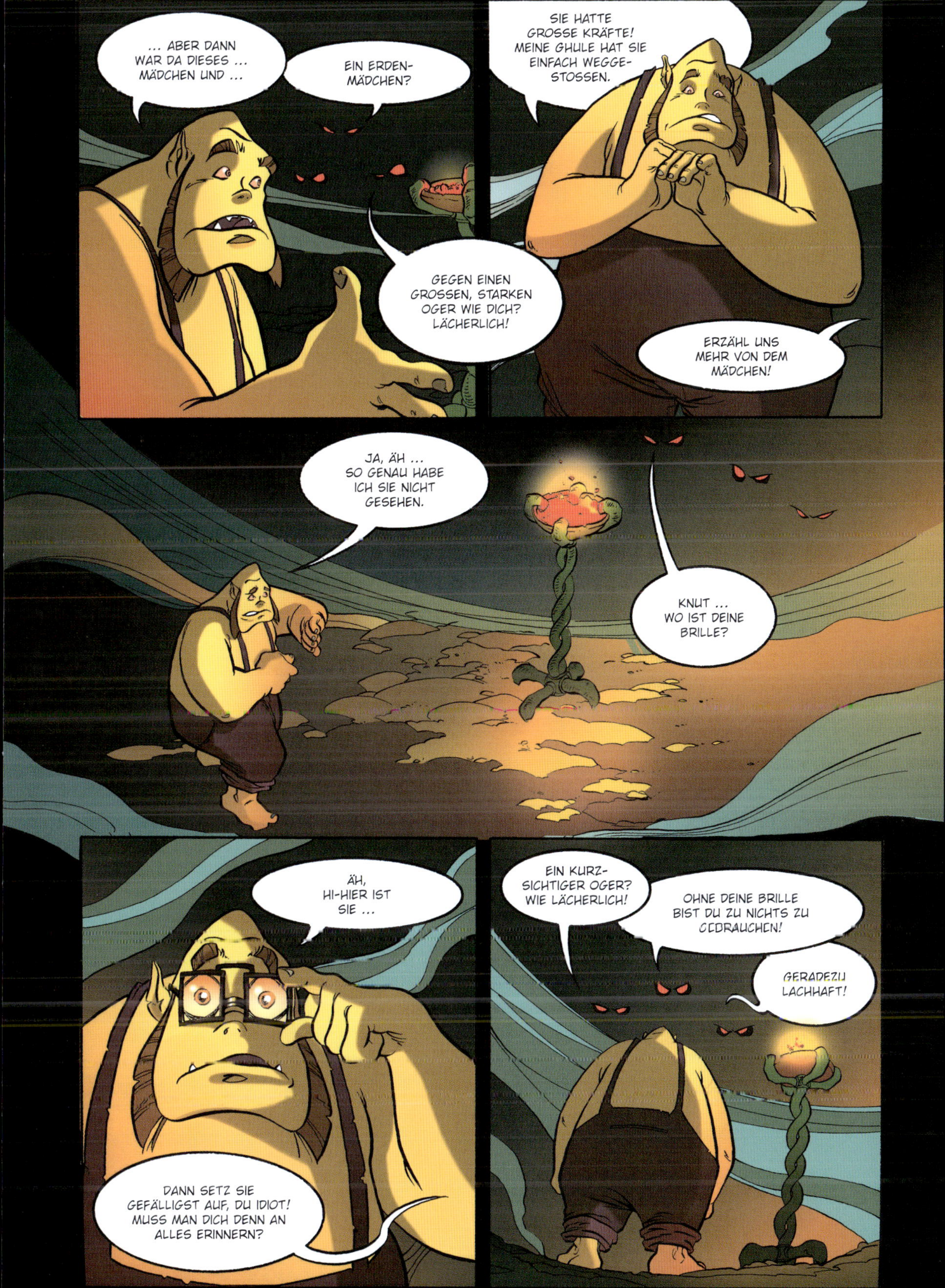
... ABER DANN WAR DA DIESES ... MÄDCHEN UND ...
EIN ERDEN-MÄDCHEN?
GEGEN EINEN GROSSEN, STARKEN OGER WIE DICH? LÄCHERLICH!
SIE HATTE GROSSE KRÄFTE! MEINE GHULE HAT SIE EINFACH WEGGE-STOSSEN.
ERZÄHL UNS MEHR VON DEM MÄDCHEN!
JA, ÄH ... SO GENAU HABE ICH SIE NICHT GESEHEN.
KNUT ... WO IST DEINE BRILLE?
ÄH, HI-HIER IST SIE ...
DANN SETZ SIE GEFÄLLIGST AUF, DU IDIOT! MUSS MAN DICH DENN AN ALLES ERINNERN?
EIN KURZ-SICHTIGER OGER? WIE LÄCHERLICH!
OHNE DEINE BRILLE BIST DU ZU NICHTS ZU GEBRAUCHEN!
GERADEZU LACHHAFT!

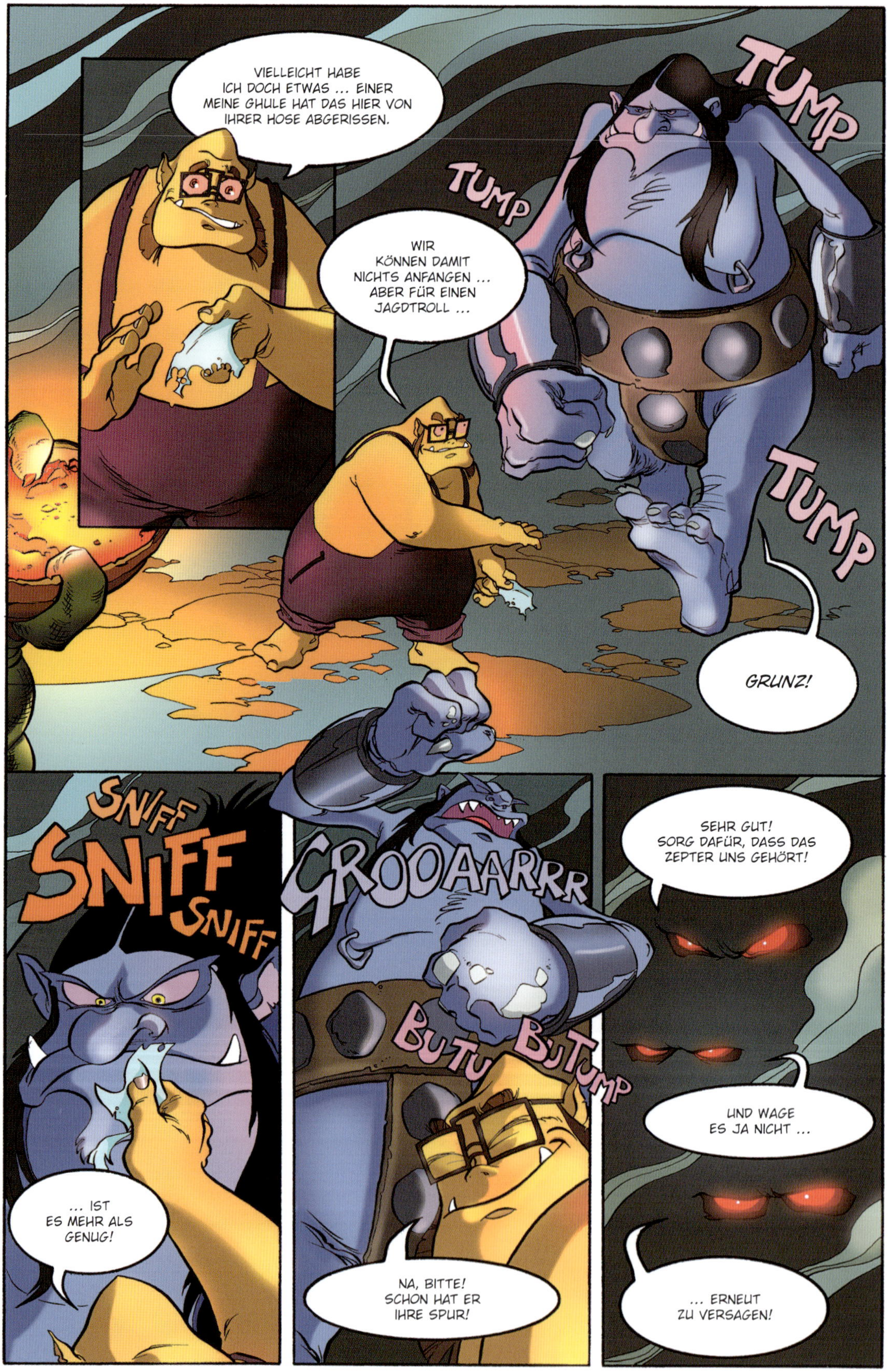
VIELLEICHT HABE ICH DOCH ETWAS ... EINER MEINE GHULE HAT DAS HIER VON IHRER HOSE ABGERISSEN.
TUMP
TUMP
WIR KÖNNEN DAMIT NICHTS ANFANGEN ... ABER FÜR EINEN JAGDTROLL ...
TUMP
GRUNZ!
SNIFF
SNIFF
SNIFF
... IST ES MEHR ALS GENUG!
GROOAARRR
BUTU
BUTUMP
NA, BITTE! SCHON HAT ER IHRE SPUR!
SEHR GUT! SORG DAFÜR, DASS DAS ZEPTER UNS GEHÖRT!
UND WAGE ES JA NICHT ...
... ERNEUT ZU VERSAGEN!

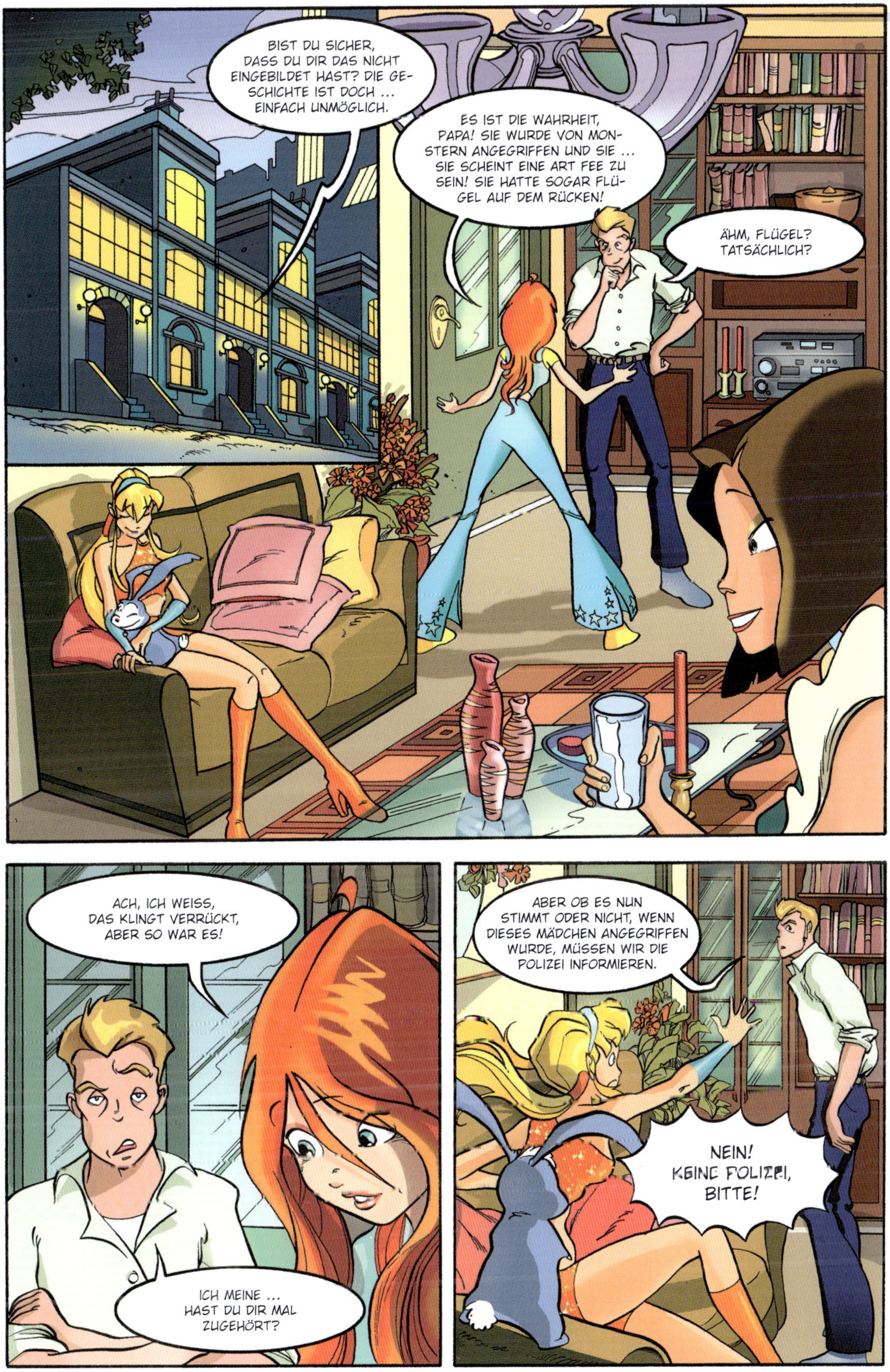
BIST DU SICHER, DASS DU DIR DAS NICHT EINGEBILDET HAST? DIE GESCHICHTE IST DOCH … EINFACH UNMÖGLICH.
ES IST DIE WAHRHEIT, PAPA! SIE WURDE VON MONSTERN ANGEGRIFFEN UND SIE … SIE SCHEINT EINE ART FEE ZU SEIN! SIE HATTE SOGAR FLÜGEL AUF DEM RÜCKEN!
ÄHM, FLÜGEL? TATSÄCHLICH?
ACH, ICH WEISS, DAS KLINGT VERRÜCKT, ABER SO WAR ES!
ICH MEINE … HAST DU DIR MAL ZUGEHÖRT?
ABER OB ES NUN STIMMT ODER NICHT, WENN DIESES MÄDCHEN ANGEGRIFFEN WURDE, MÜSSEN WIR DIE POLIZEI INFORMIEREN.
NEIN! KEINE POLIZEI, BITTE!

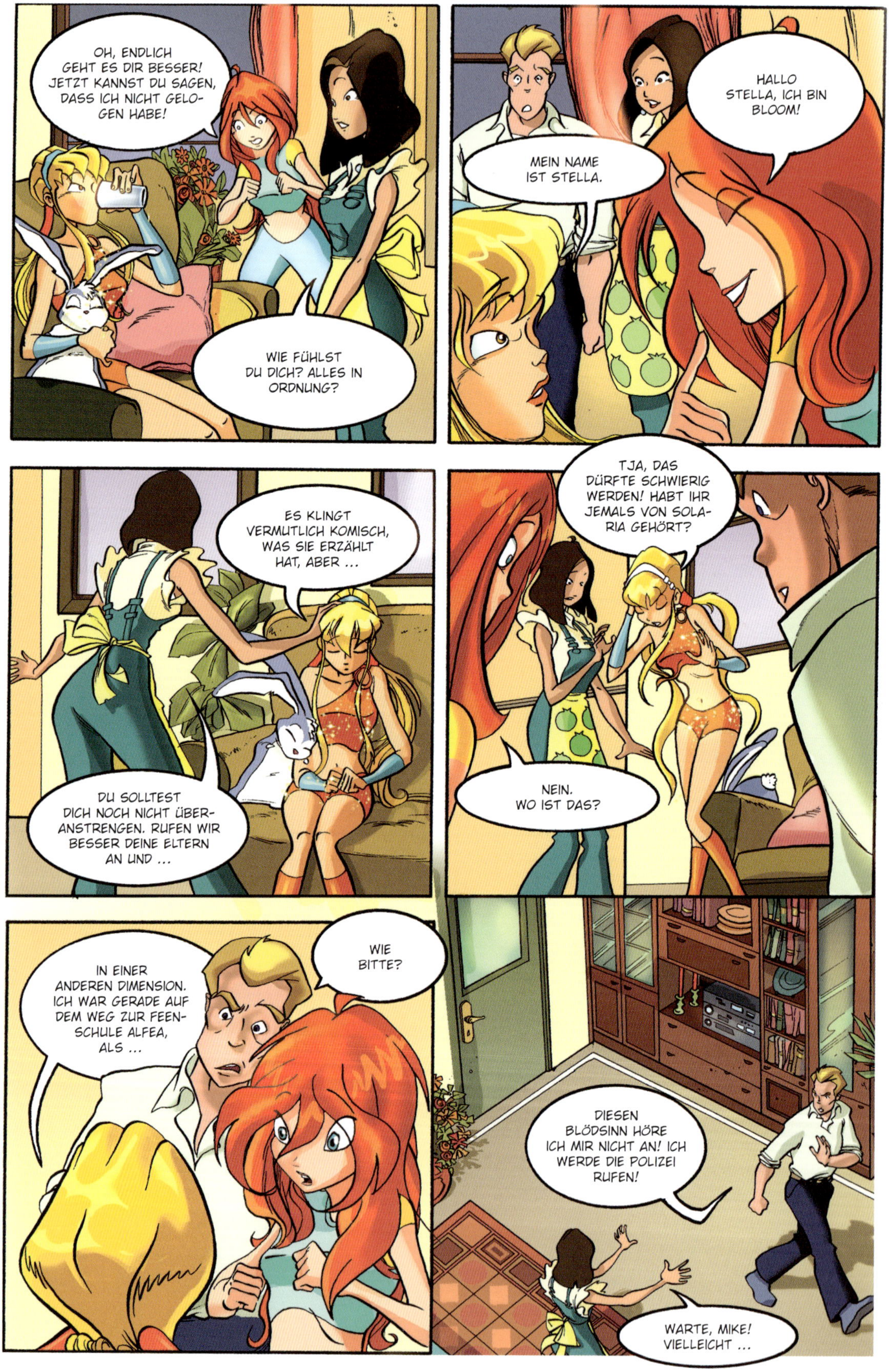
OH, ENDLICH GEHT ES DIR BESSER! JETZT KANNST DU SAGEN, DASS ICH NICHT GELOGEN HABE!
WIE FÜHLST DU DICH? ALLES IN ORDNUNG?
HALLO STELLA, ICH BIN BLOOM!
MEIN NAME IST STELLA.
ES KLINGT VERMUTLICH KOMISCH, WAS SIE ERZÄHLT HAT, ABER ...
DU SOLLTEST DICH NOCH NICHT ÜBERANSTRENGEN. RUFEN WIR BESSER DEINE ELTERN AN UND ...
TJA, DAS DÜRFTE SCHWIERIG WERDEN! HABT IHR JEMALS VON SOLARIA GEHÖRT?
NEIN. WO IST DAS?
IN EINER ANDEREN DIMENSION. ICH WAR GERADE AUF DEM WEG ZUR FEENSCHULE ALFEA, ALS ...
WIE BITTE?
DIESEN BLÖDSINN HÖRE ICH MIR NICHT AN! ICH WERDE DIE POLIZEI RUFEN!
WARTE, MIKE! VIELLEICHT ...

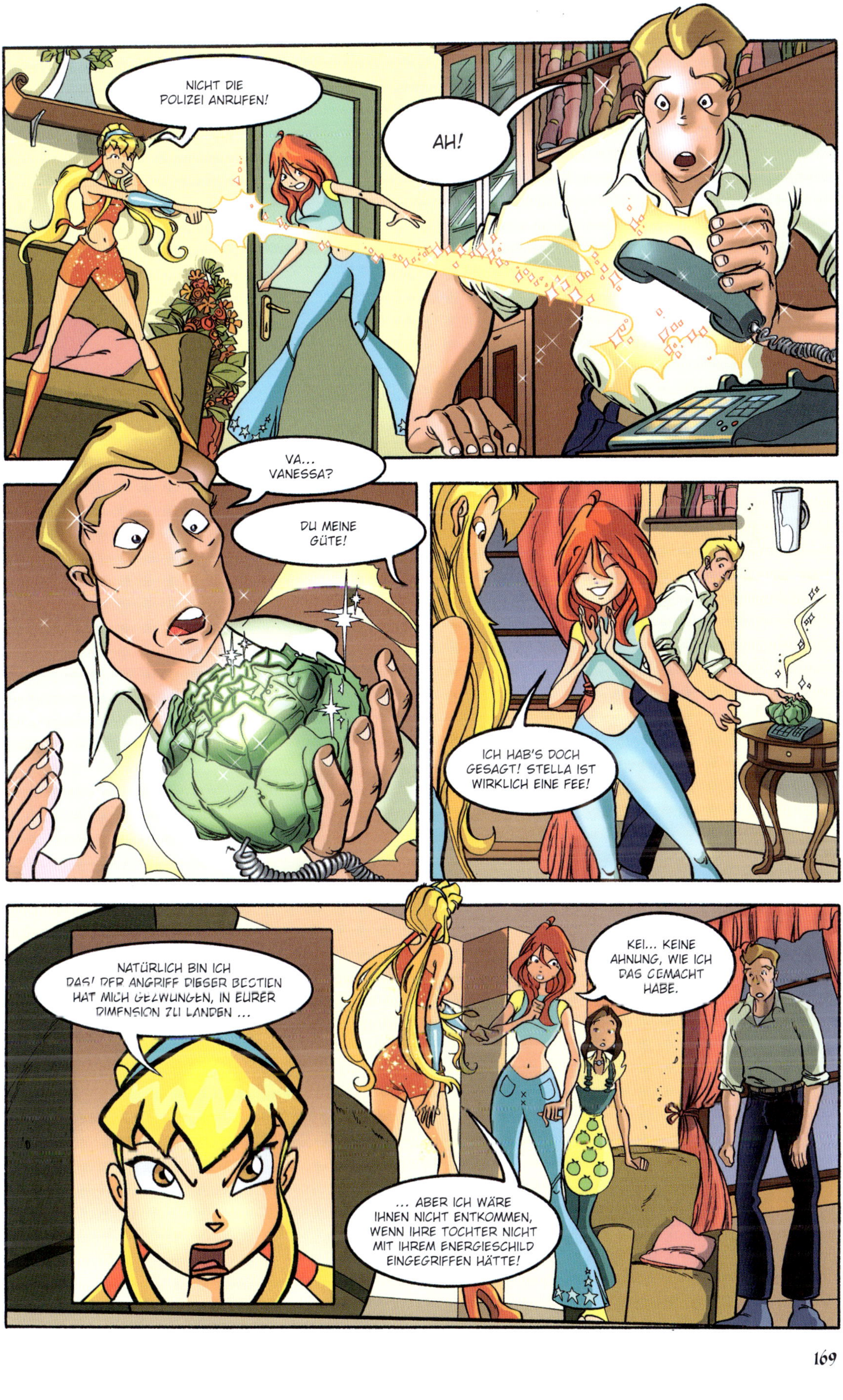

NICHT DIE POLIZEI ANRUFEN!
AH!
VA... VANESSA?
DU MEINE GÜTE!
ICH HAB'S DOCH GESAGT! STELLA IST WIRKLICH EINE FEE!
NATÜRLICH BIN ICH DAS! DER ANGRIFF DIESER BESTIEN HAT MICH GEZWUNGEN, IN EURER DIMENSION ZU LANDEN ...
KEI... KEINE AHNUNG, WIE ICH DAS GEMACHT HABE.
... ABER ICH WÄRE IHNEN NICHT ENTKOMMEN, WENN IHRE TOCHTER NICHT MIT IHREM ENERGIESCHILD EINGEGRIFFEN HÄTTE!

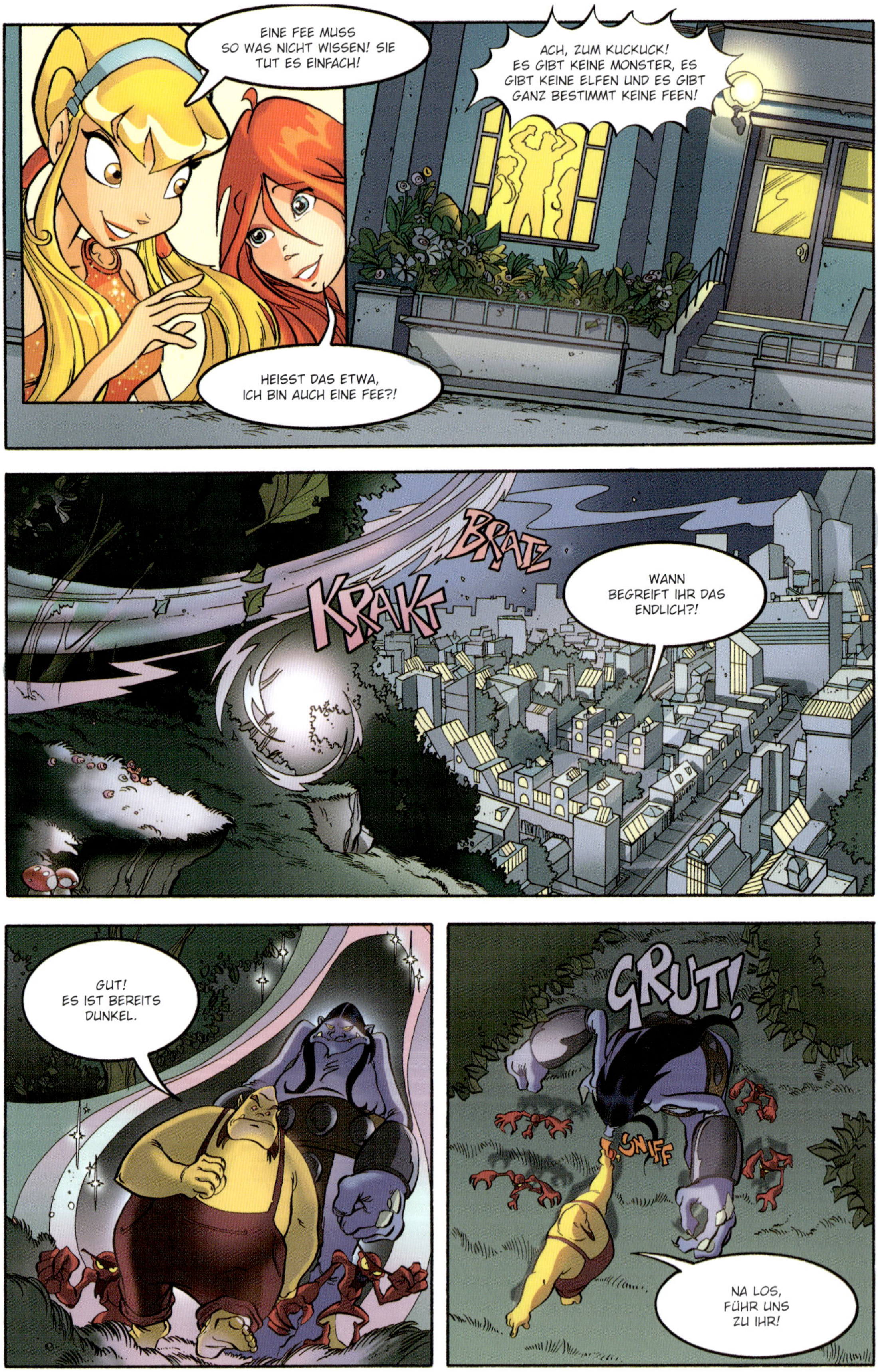
EINE FEE MUSS SO WAS NICHT WISSEN! SIE TUT ES EINFACH!
ACH, ZUM KUCKUCK! ES GIBT KEINE MONSTER, ES GIBT KEINE ELFEN UND ES GIBT GANZ BESTIMMT KEINE FEEN!
HEISST DAS ETWA, ICH BIN AUCH EINE FEE?!
BRATZ
KRAKT
WANN BEGREIFT IHR DAS ENDLICH?!
GUT! ES IST BEREITS DUNKEL.
GRUT!
SNIFF
NA LOS, FÜHR UNS ZU IHR!

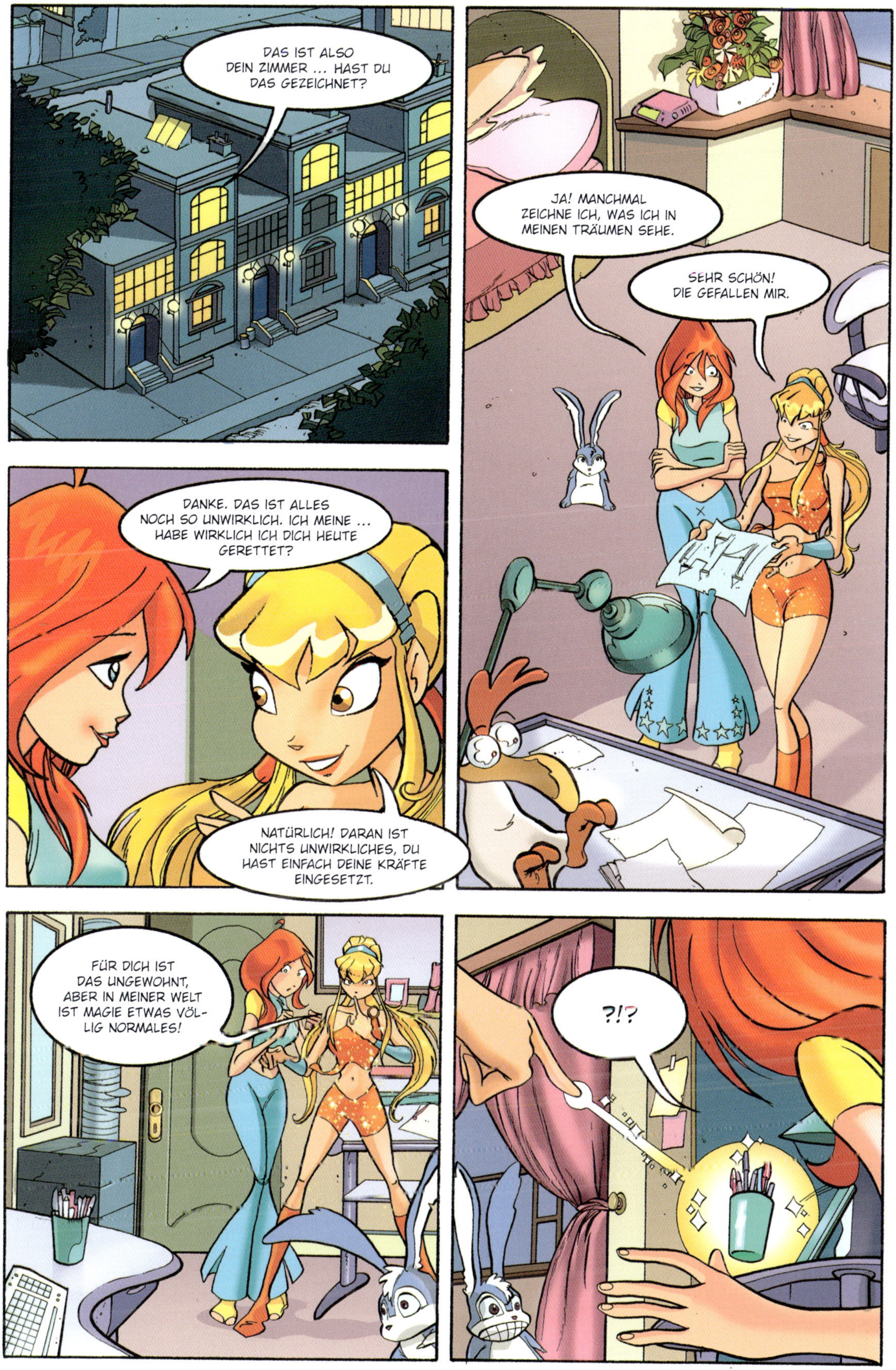
DAS IST ALSO DEIN ZIMMER ... HAST DU DAS GEZEICHNET?
JA! MANCHMAL ZEICHNE ICH, WAS ICH IN MEINEN TRÄUMEN SEHE.
SEHR SCHÖN! DIE GEFALLEN MIR.
DANKE. DAS IST ALLES NOCH SO UNWIRKLICH. ICH MEINE ... HABE WIRKLICH ICH DICH HEUTE GERETTET?
NATÜRLICH! DARAN IST NICHTS UNWIRKLICHES, DU HAST EINFACH DEINE KRÄFTE EINGESETZT.
FÜR DICH IST DAS UNGEWOHNT, ABER IN MEINER WELT IST MAGIE ETWAS VÖL-LIG NORMALES!
?!?

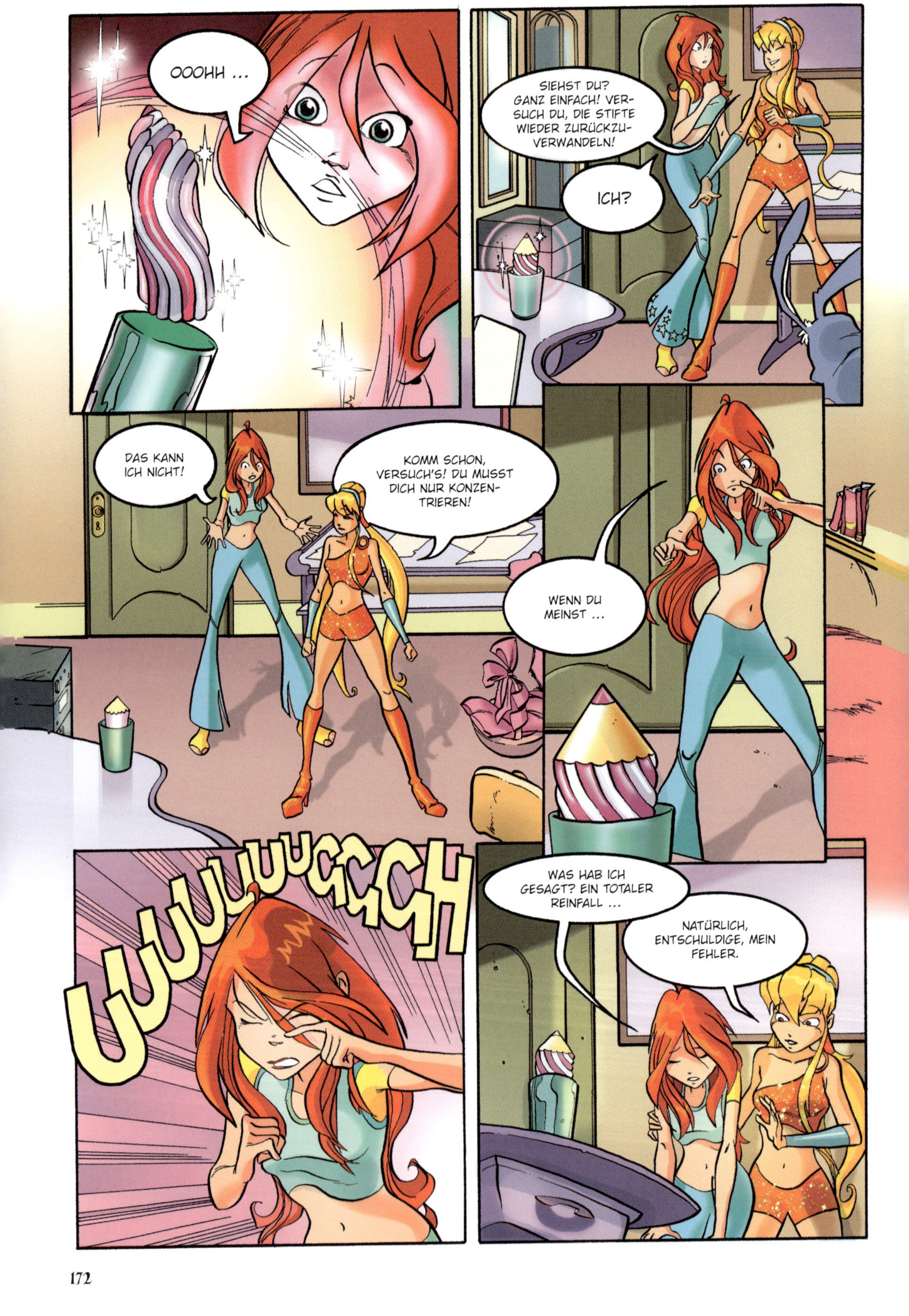
OOOHH ...
SIEHST DU? GANZ EINFACH! VERSUCH DU, DIE STIFTE WIEDER ZURÜCKZUVERWANDELN!
ICH?
DAS KANN ICH NICHT!
KOMM SCHON, VERSUCH'S! DU MUSST DICH NUR KONZENTRIEREN!
WENN DU MEINST ...
UUUUUUUGGGH
WAS HAB ICH GESAGT? EIN TOTALER REINFALL ...
NATÜRLICH, ENTSCHULDIGE, MEIN FEHLER.

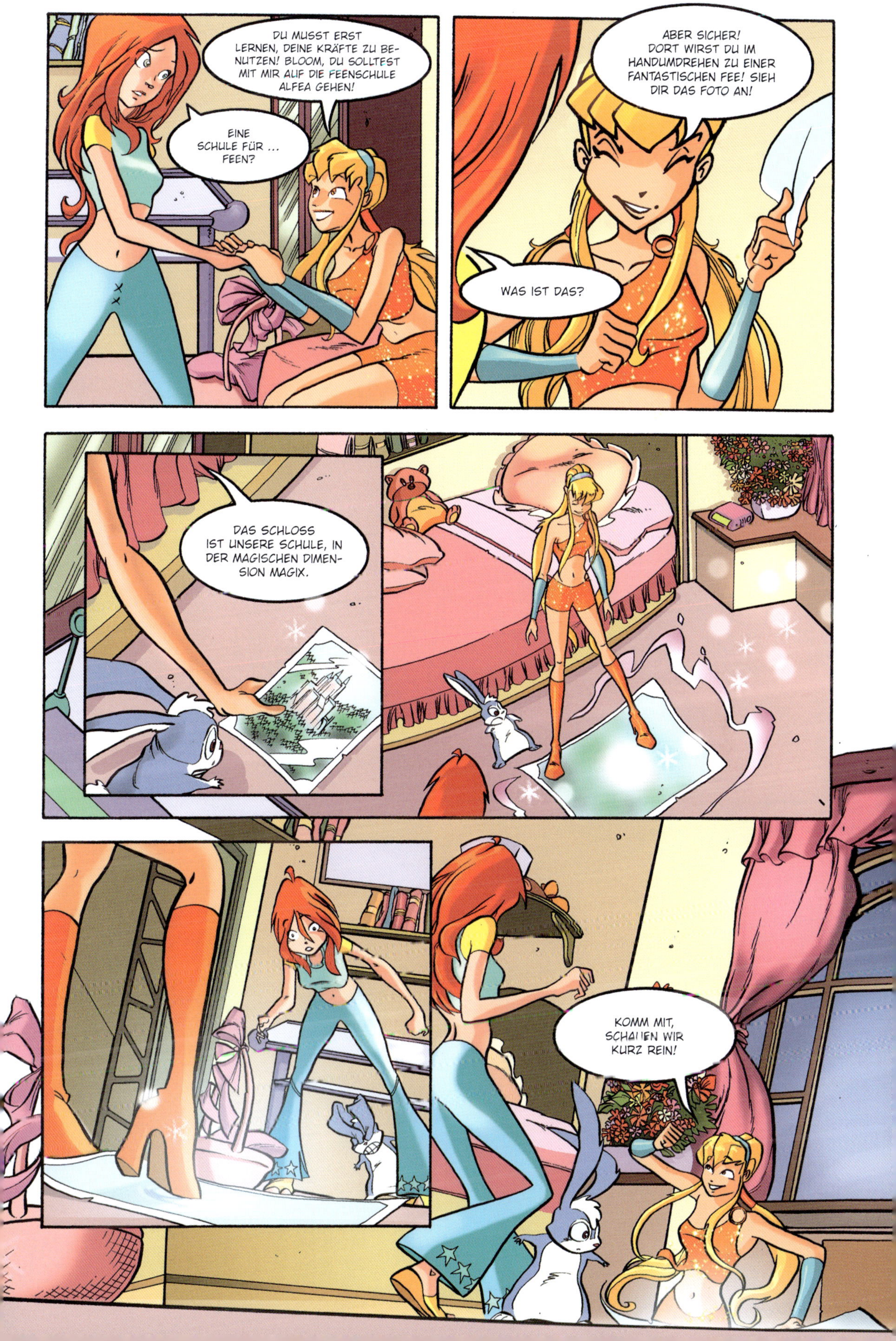
DU MUSST ERST LERNEN, DEINE KRÄFTE ZU BENUTZEN! BLOOM, DU SOLLTEST MIT MIR AUF DIE FEENSCHULE ALFEA GEHEN!
EINE SCHULE FÜR ... FEEN?
ABER SICHER! DORT WIRST DU IM HANDUMDREHEN ZU EINER FANTASTISCHEN FEE! SIEH DIR DAS FOTO AN!
WAS IST DAS?
DAS SCHLOSS IST UNSERE SCHULE, IN DER MAGISCHEN DIMENSION MAGIX.
KOMM MIT, SCHAUEN WIR KURZ REIN!

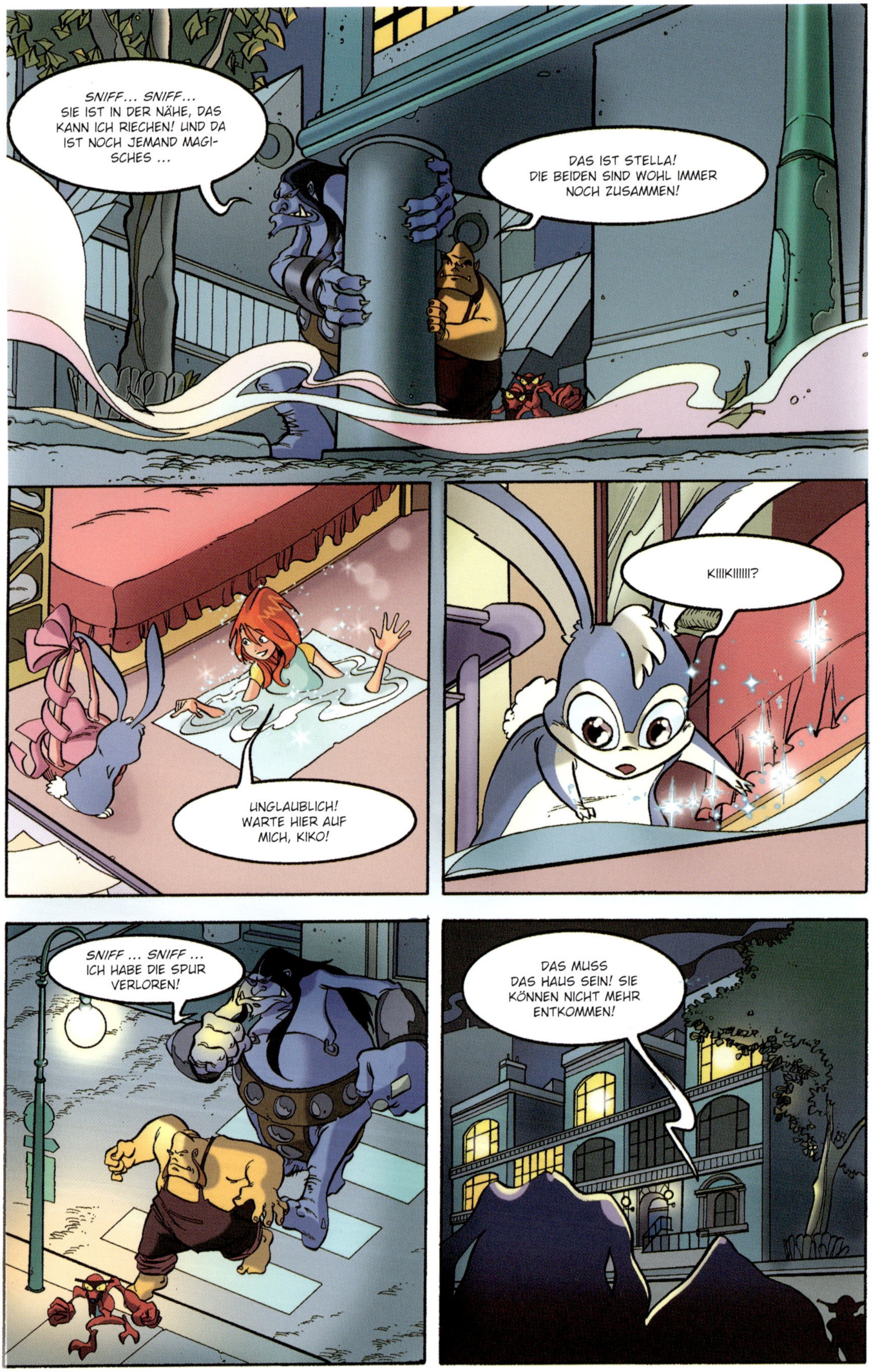
SNIFF... SNIFF...
SIE IST IN DER NÄHE, DAS KANN ICH RIECHEN! UND DA IST NOCH JEMAND MAGISCHES ...
DAS IST STELLA! DIE BEIDEN SIND WOHL IMMER NOCH ZUSAMMEN!
UNGLAUBLICH! WARTE HIER AUF MICH, KIKO!
KIIIKIIIII?
SNIFF ... SNIFF ... ICH HABE DIE SPUR VERLOREN!
DAS MUSS DAS HAUS SEIN! SIE KÖNNEN NICHT MEHR ENTKOMMEN!

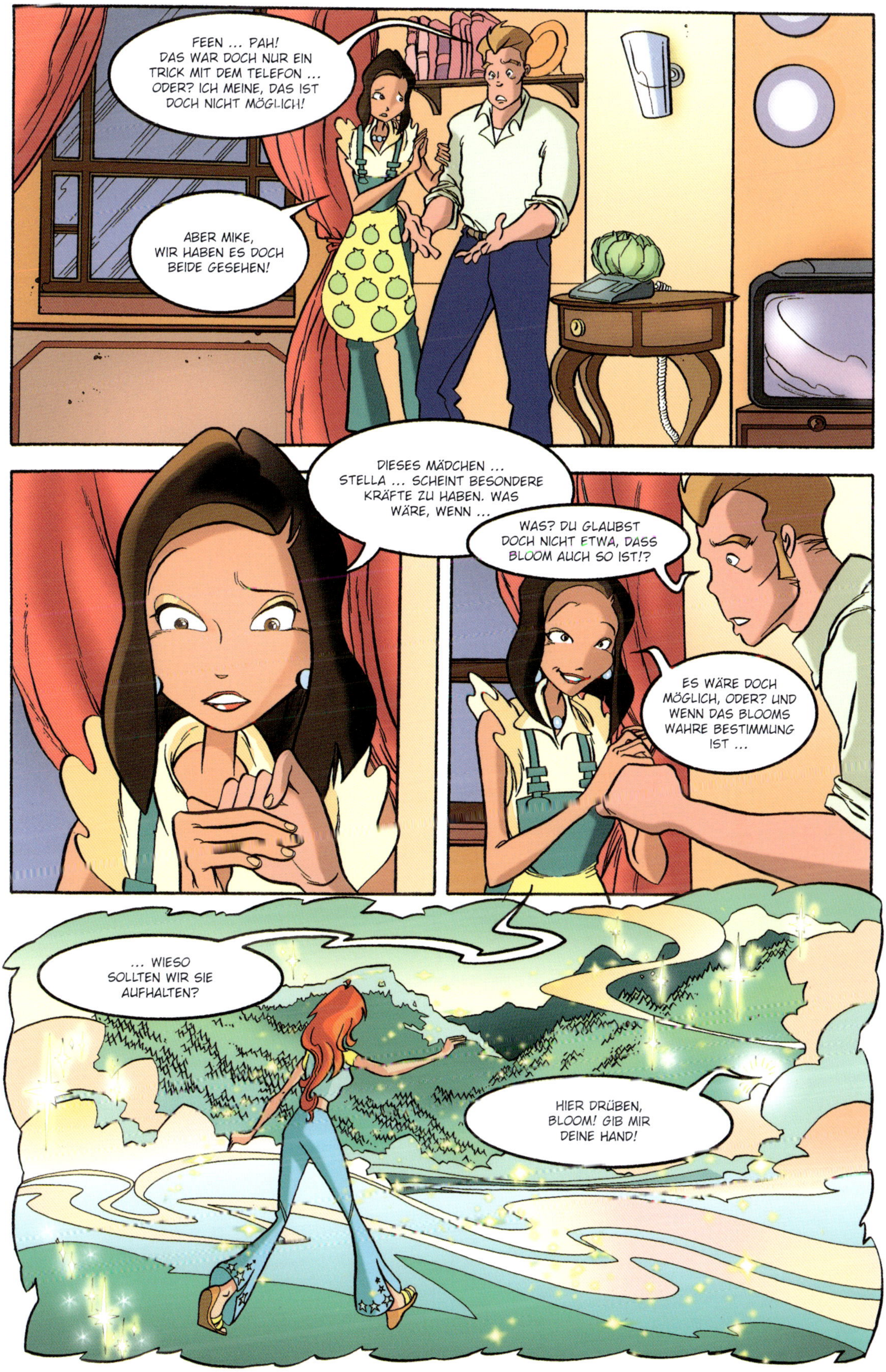
FEEN ... PAH! DAS WAR DOCH NUR EIN TRICK MIT DEM TELEFON ... ODER? ICH MEINE, DAS IST DOCH NICHT MÖGLICH!
ABER MIKE, WIR HABEN ES DOCH BEIDE GESEHEN!
DIESES MÄDCHEN ... STELLA ... SCHEINT BESONDERE KRÄFTE ZU HABEN. WAS WÄRE, WENN ...
WAS? DU GLAUBST DOCH NICHT ETWA, DASS BLOOM AUCH SO IST!?
ES WÄRE DOCH MÖGLICH, ODER? UND WENN DAS BLOOMS WAHRE BESTIMMUNG IST ...
... WIESO SOLLTEN WIR SIE AUFHALTEN?
HIER DRÜBEN, BLOOM! GIB MIR DEINE HAND!

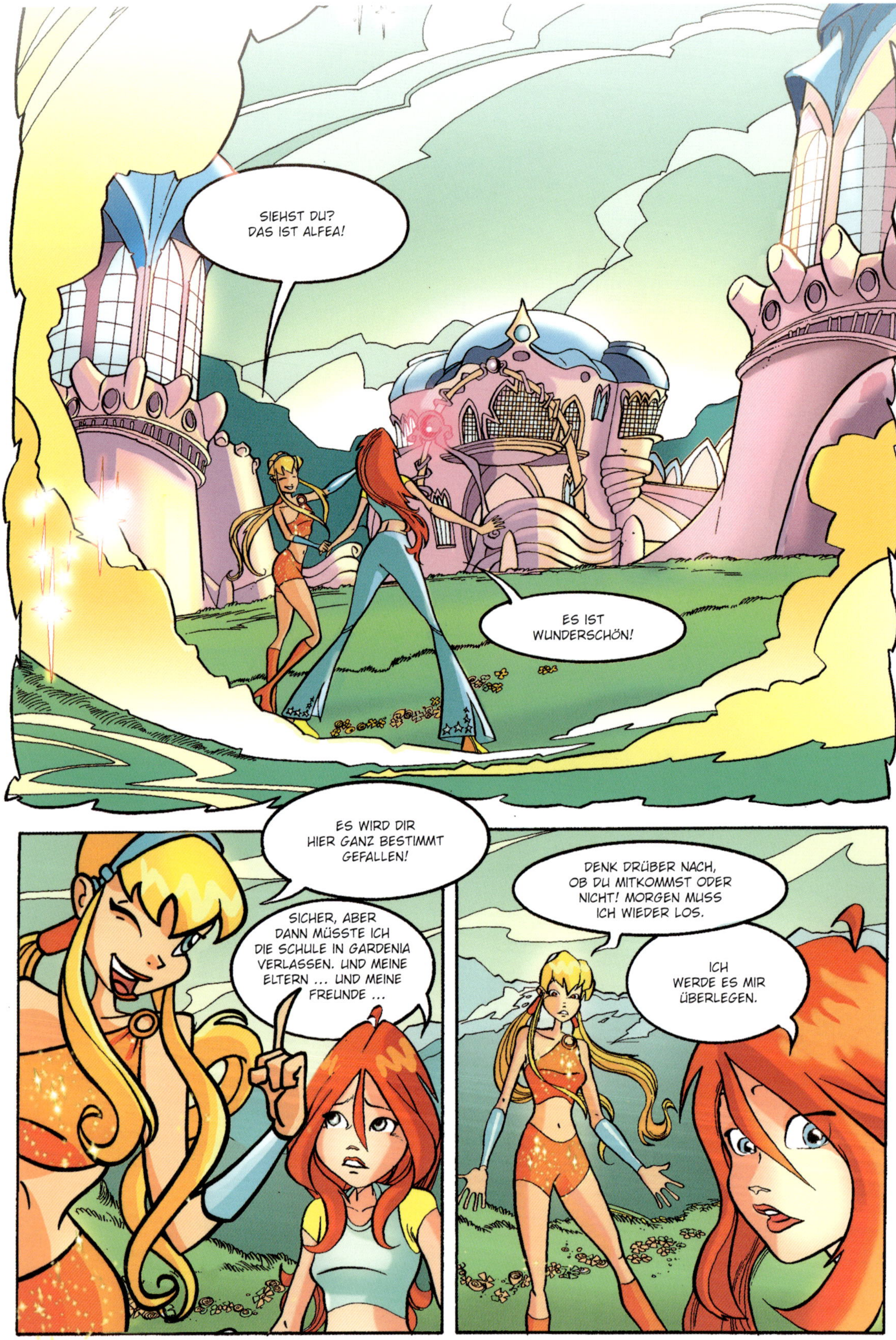
SIEHST DU?
DAS IST ALFEA!
ES IST
WUNDERSCHÖN!
ES WIRD DIR
HIER GANZ BESTIMMT
GEFALLEN!
SICHER, ABER
DANN MÜSSTE ICH
DIE SCHULE IN GARDENIA
VERLASSEN. UND MEINE
ELTERN ... UND MEINE
FREUNDE ...
DENK DRÜBER NACH,
OB DU MITKOMMST ODER
NICHT! MORGEN MUSS
ICH WIEDER LOS.
ICH
WERDE ES MIR
ÜBERLEGEN.

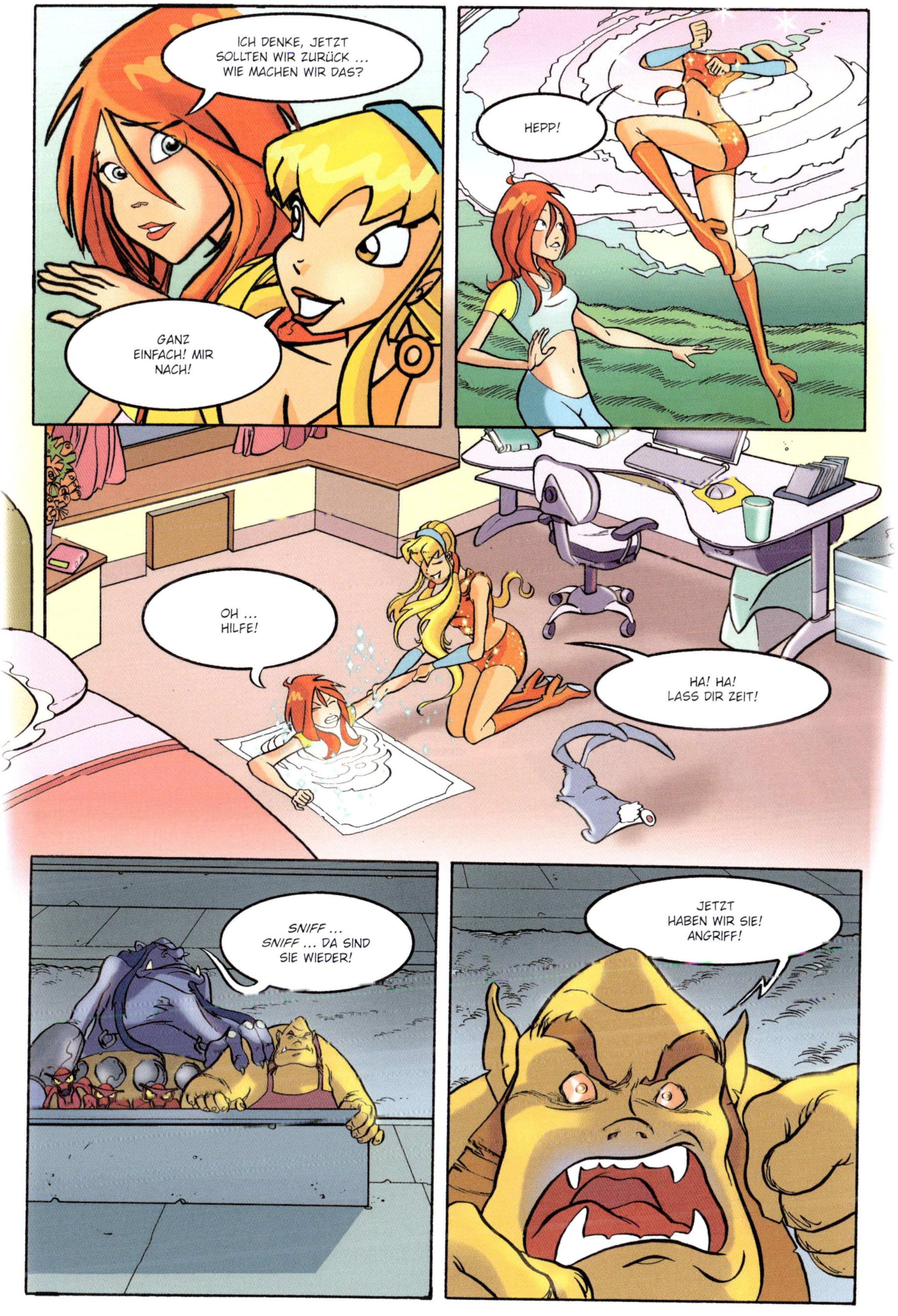
ICH DENKE, JETZT SOLLTEN WIR ZURÜCK ... WIE MACHEN WIR DAS?
GANZ EINFACH! MIR NACH!
HEPP!
OH ... HILFE!
HA! HA! LASS DIR ZEIT!
SNIFF ... SNIFF ... DA SIND SIE WIEDER!
JETZT HABEN WIR SIE! ANGRIFF!

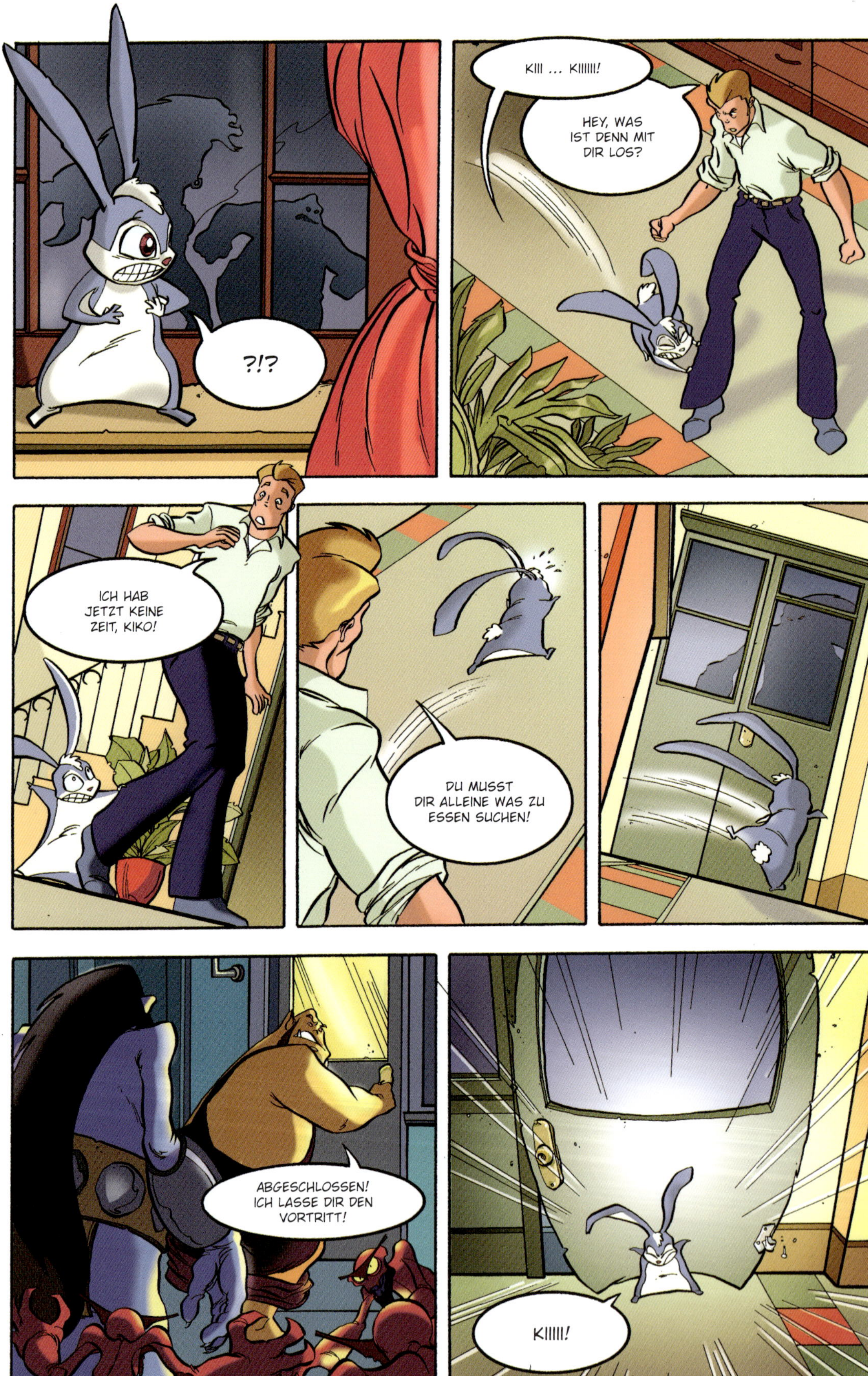
?!?
KIII … KIIIIII!
HEY, WAS IST DENN MIT DIR LOS?
ICH HAB JETZT KEINE ZEIT, KIKO!
DU MUSST DIR ALLEINE WAS ZU ESSEN SUCHEN!
ABGESCHLOSSEN! ICH LASSE DIR DEN VORTRITT!
KIIIII!

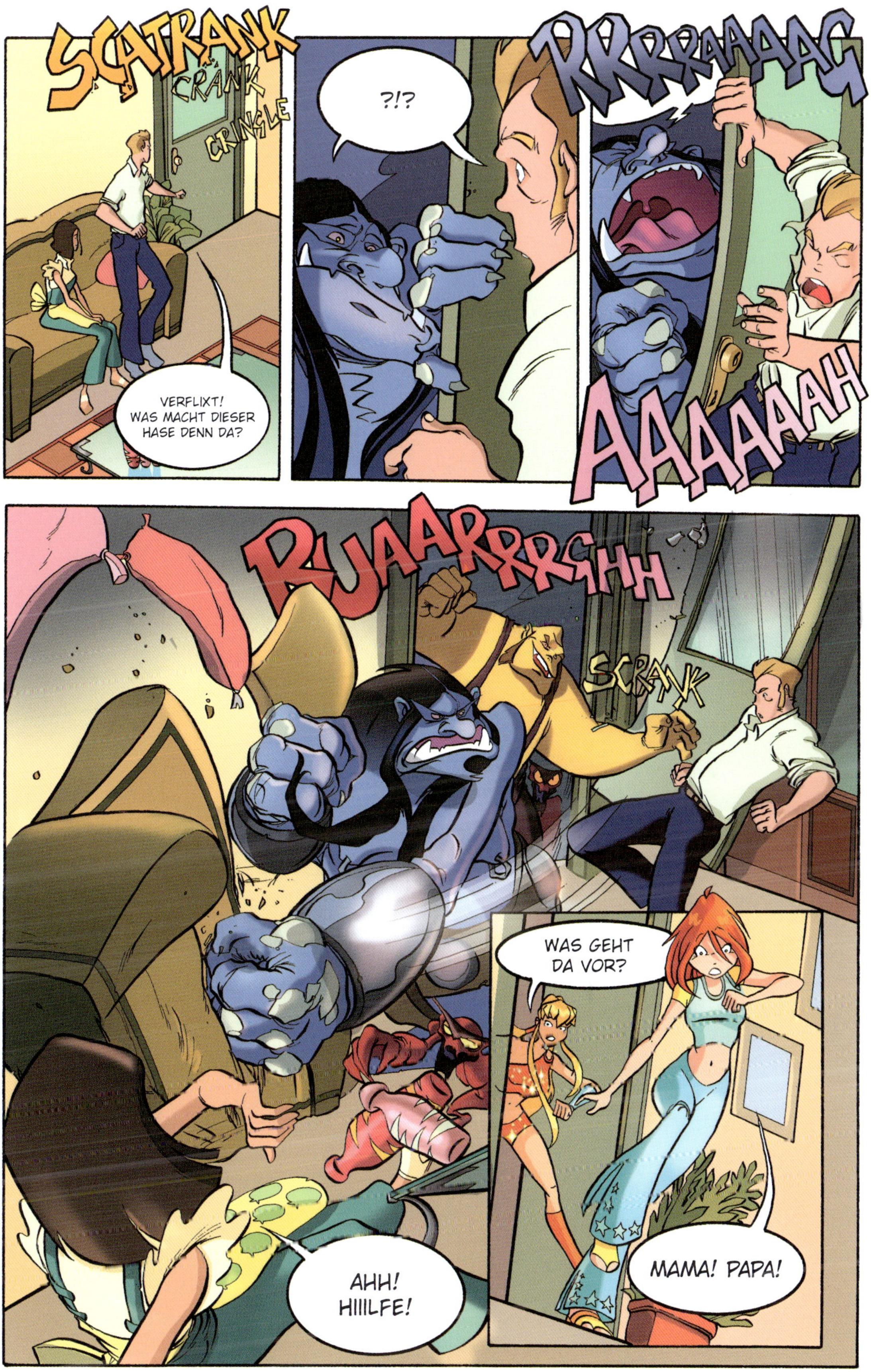

SCATRANK
CRANK
CRINGLE
VERFLIXT! WAS MACHT DIESER HASE DENN DA?
?!?
RRRRAAAAG
AAAAAAH
RUAARRRGHH
SCRANK
WAS GEHT DA VOR?
AHH! HIIILFE!
MAMA! PAPA!

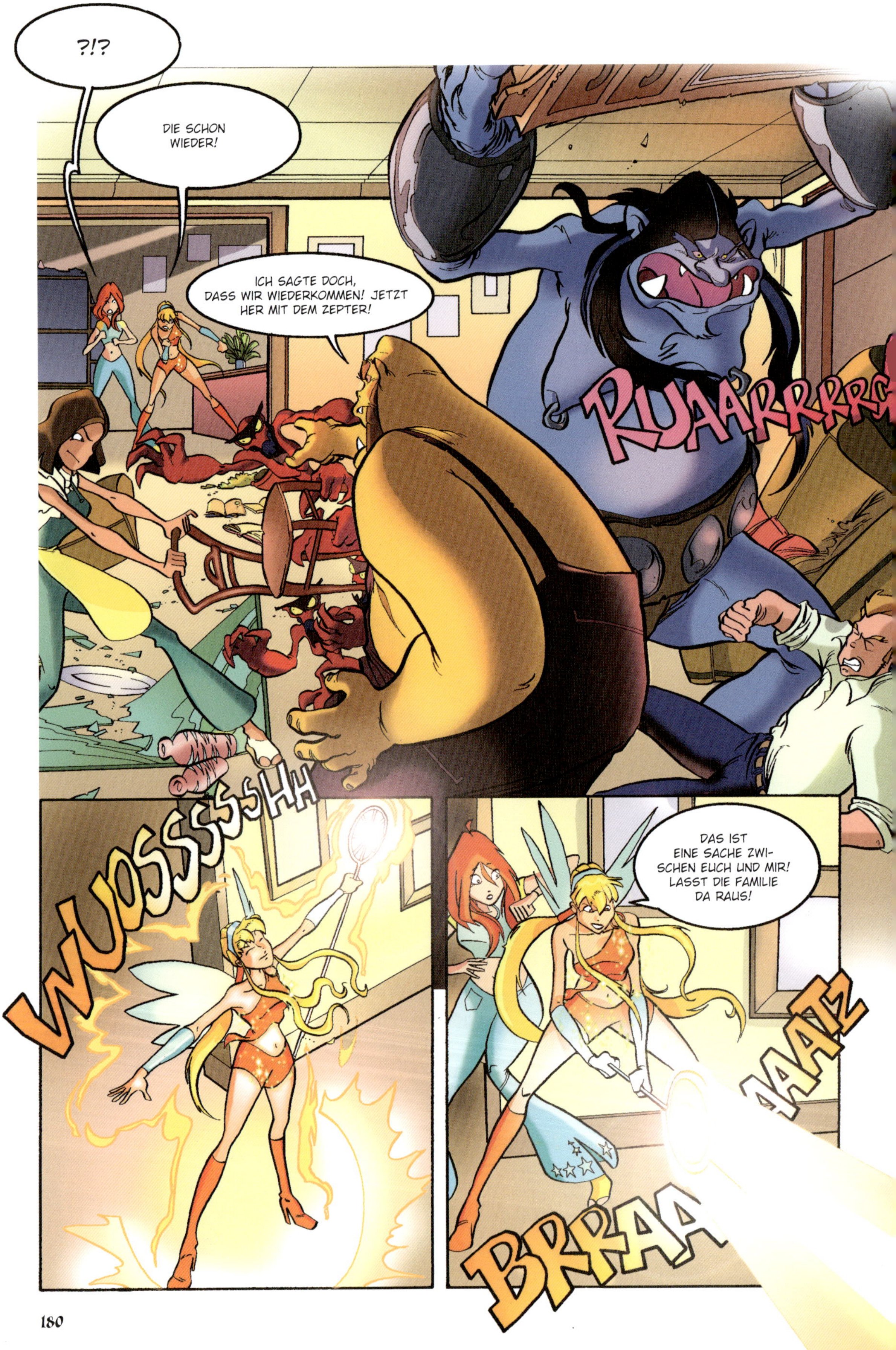
?!?
DIE SCHON WIEDER!
ICH SAGTE DOCH, DASS WIR WIEDERKOMMEN! JETZT HER MIT DEM ZEPTER!
RUAARRRRG
WUOSSSSSSHH
DAS IST EINE SACHE ZWI-SCHEN EUCH UND MIR! LASST DIE FAMILIE DA RAUS!
BRRAAAAATZ

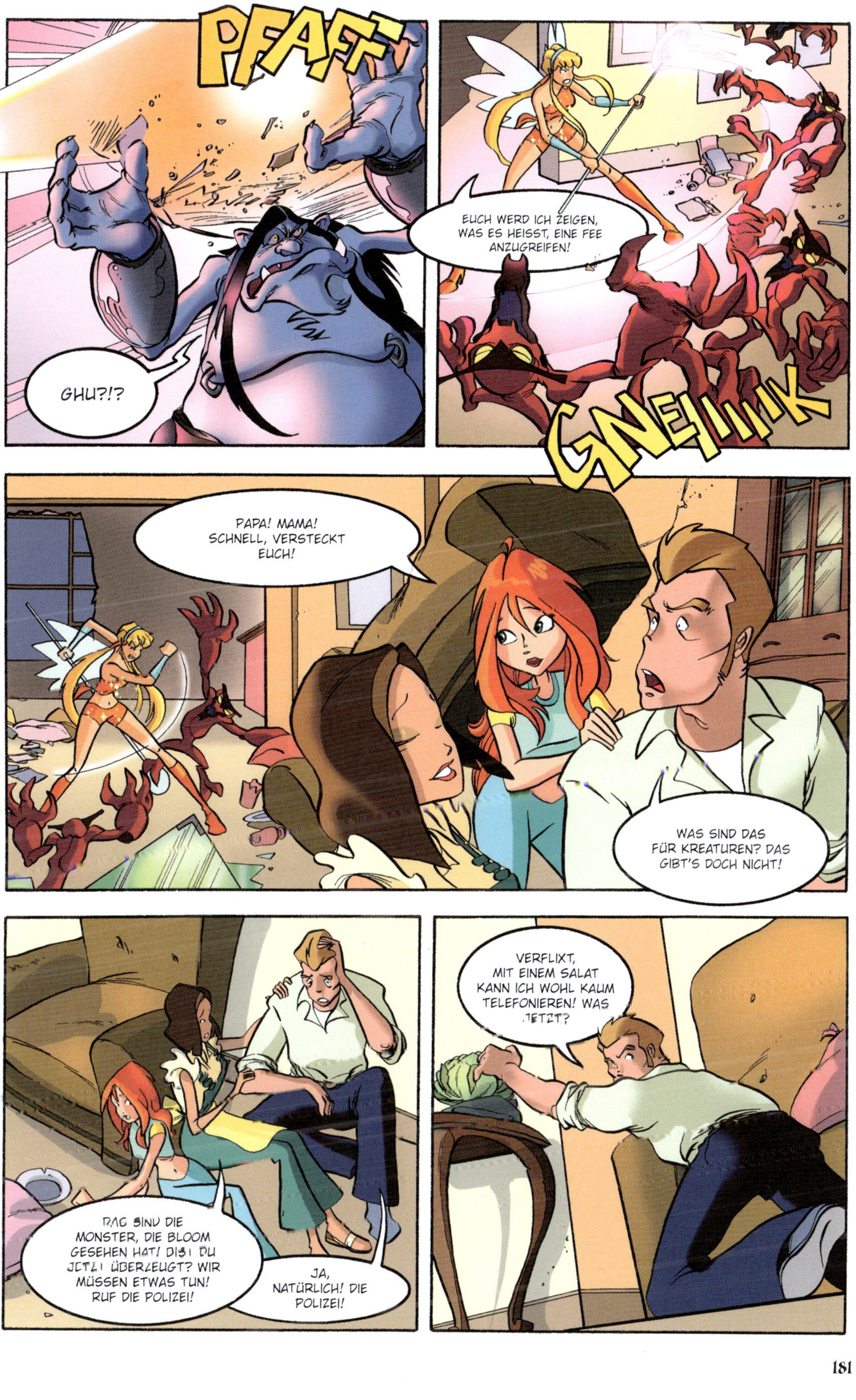
PFAFF
GHU?!?
EUCH WERD ICH ZEIGEN, WAS ES HEISST, EINE FEE ANZUGREIFEN!
GNEHIIIIK
PAPA! MAMA! SCHNELL, VERSTECKT EUCH!
WAS SIND DAS FÜR KREATUREN? DAS GIBT'S DOCH NICHT!
DAS SIND DIE MONSTER, DIE BLOOM GESEHEN HAT! BIST DU JETZT ÜBERZEUGT? WIR MÜSSEN ETWAS TUN! RUF DIE POLIZEI!
JA, NATÜRLICH! DIE POLIZEI!
VERFLIXT, MIT EINEM SALAT KANN ICH WOHL KAUM TELEFONIEREN! WAS JETZT?

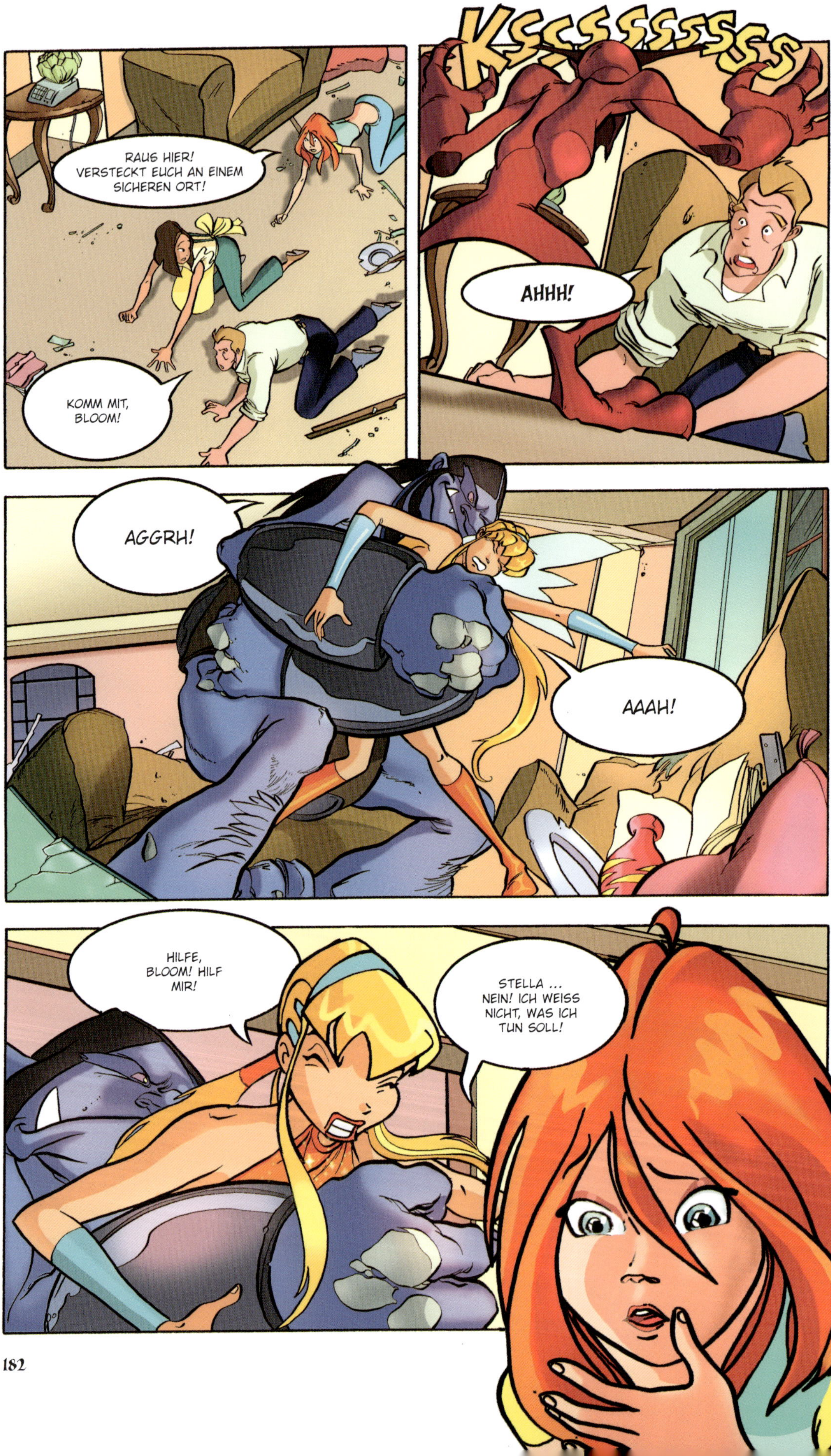
RAUS HIER! VERSTECKT EUCH AN EINEM SICHEREN ORT!
KOMM MIT, BLOOM!
KSSSSSSSSSS
AHHH!
AGGRH!
AAAH!
HILFE, BLOOM! HILF MIR!
STELLA ... NEIN! ICH WEISS NICHT, WAS ICH TUN SOLL!

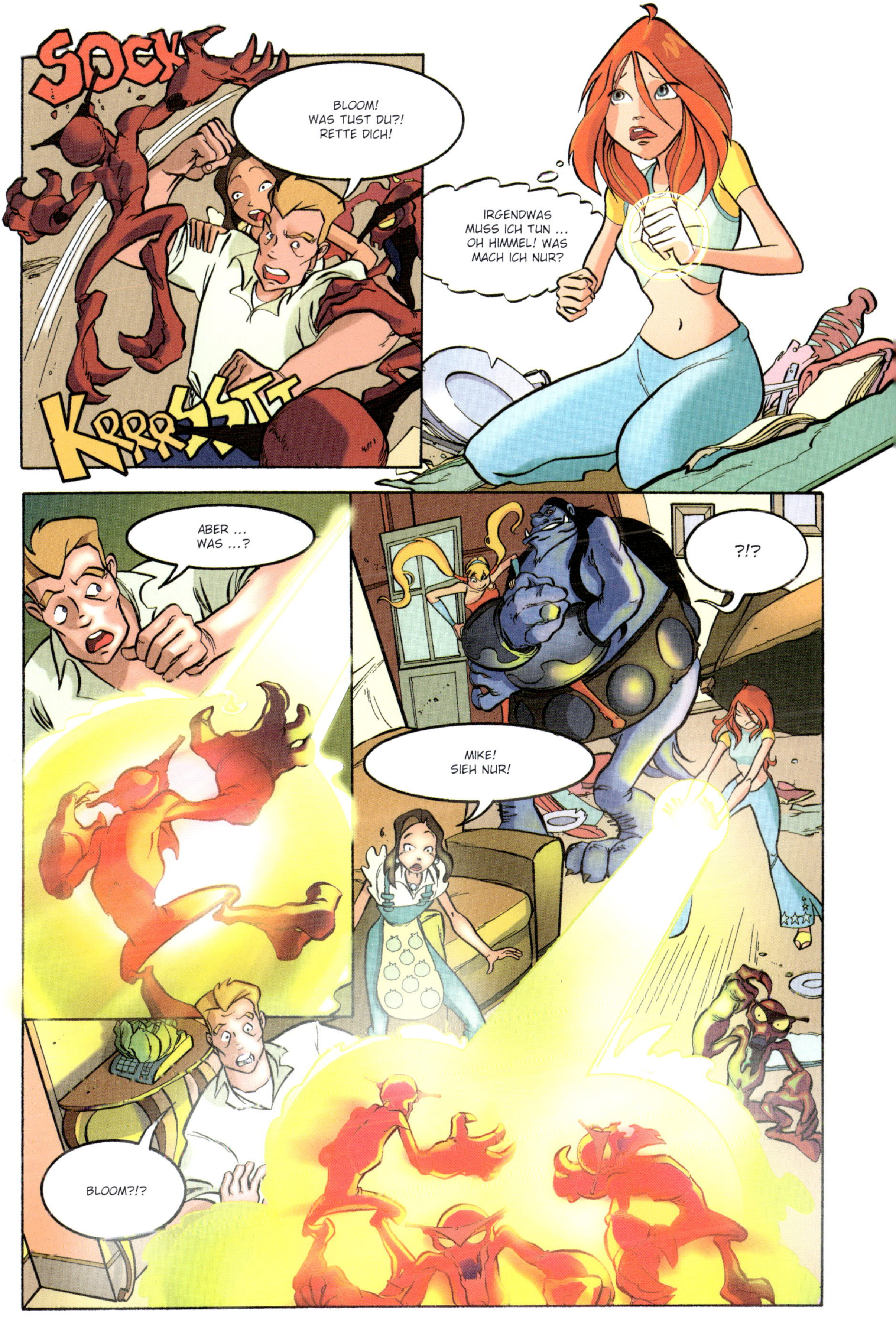
SOCK
BLOOM!
WAS TUST DU?!
RETTE DICH!
KRRRSSTT
IRGENDWAS
MUSS ICH TUN ...
OH HIMMEL! WAS
MACH ICH NUR?
ABER ...
WAS ...?
?!?
MIKE!
SIEH NUR!
BLOOM?!?

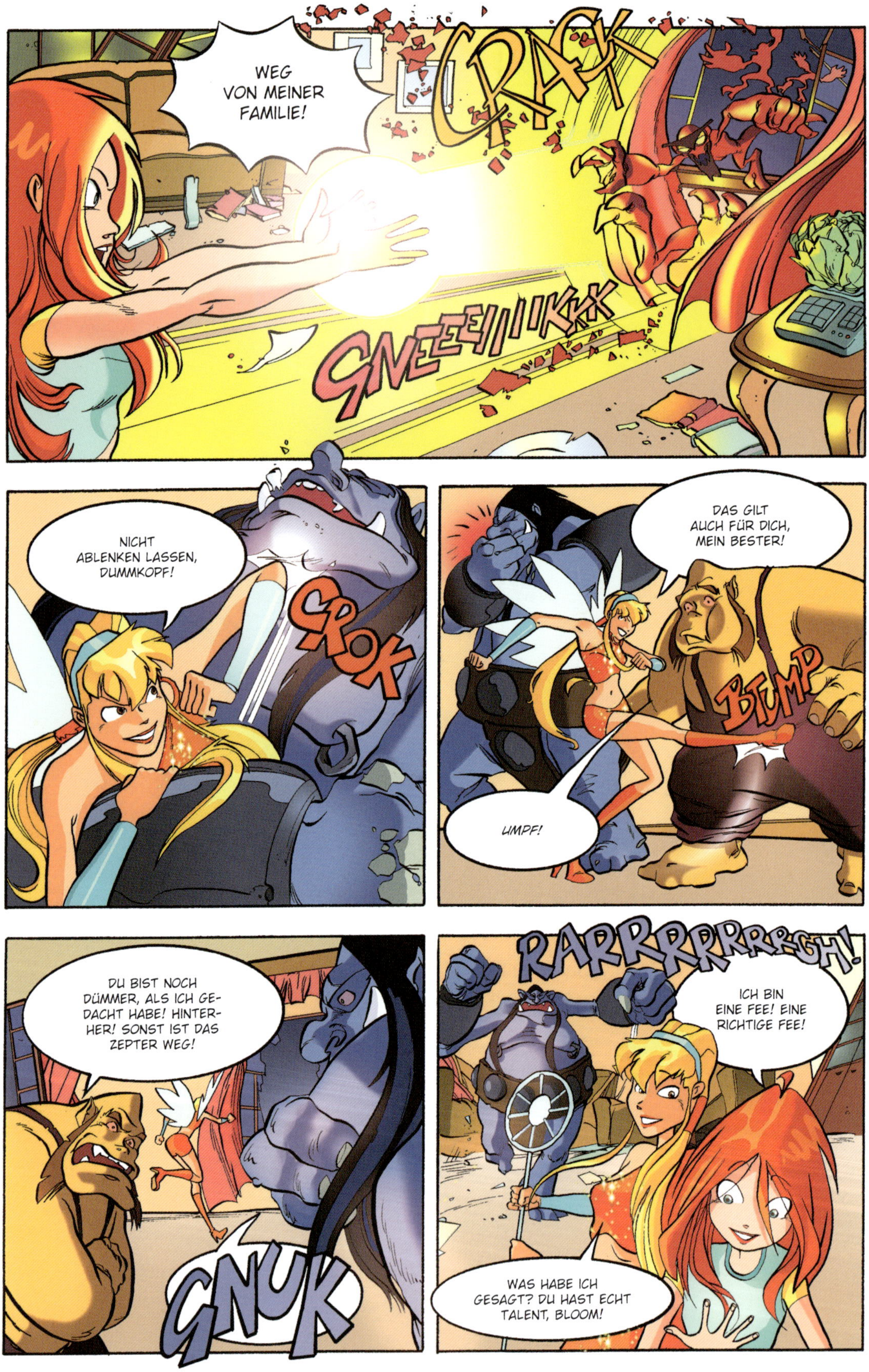
WEG VON MEINER FAMILIE!
CRACK
GNEEEIIIIKKK
NICHT ABLENKEN LASSEN, DUMMKOPF!
CROK
DAS GILT AUCH FÜR DICH, MEIN BESTER!
BUMP
UMPF!
DU BIST NOCH DÜMMER, ALS ICH GEDACHT HABE! HINTERHER! SONST IST DAS ZEPTER WEG!
GNUK
RARRRRRRRGH!
ICH BIN EINE FEE! EINE RICHTIGE FEE!
WAS HABE ICH GESAGT? DU HAST ECHT TALENT, BLOOM!

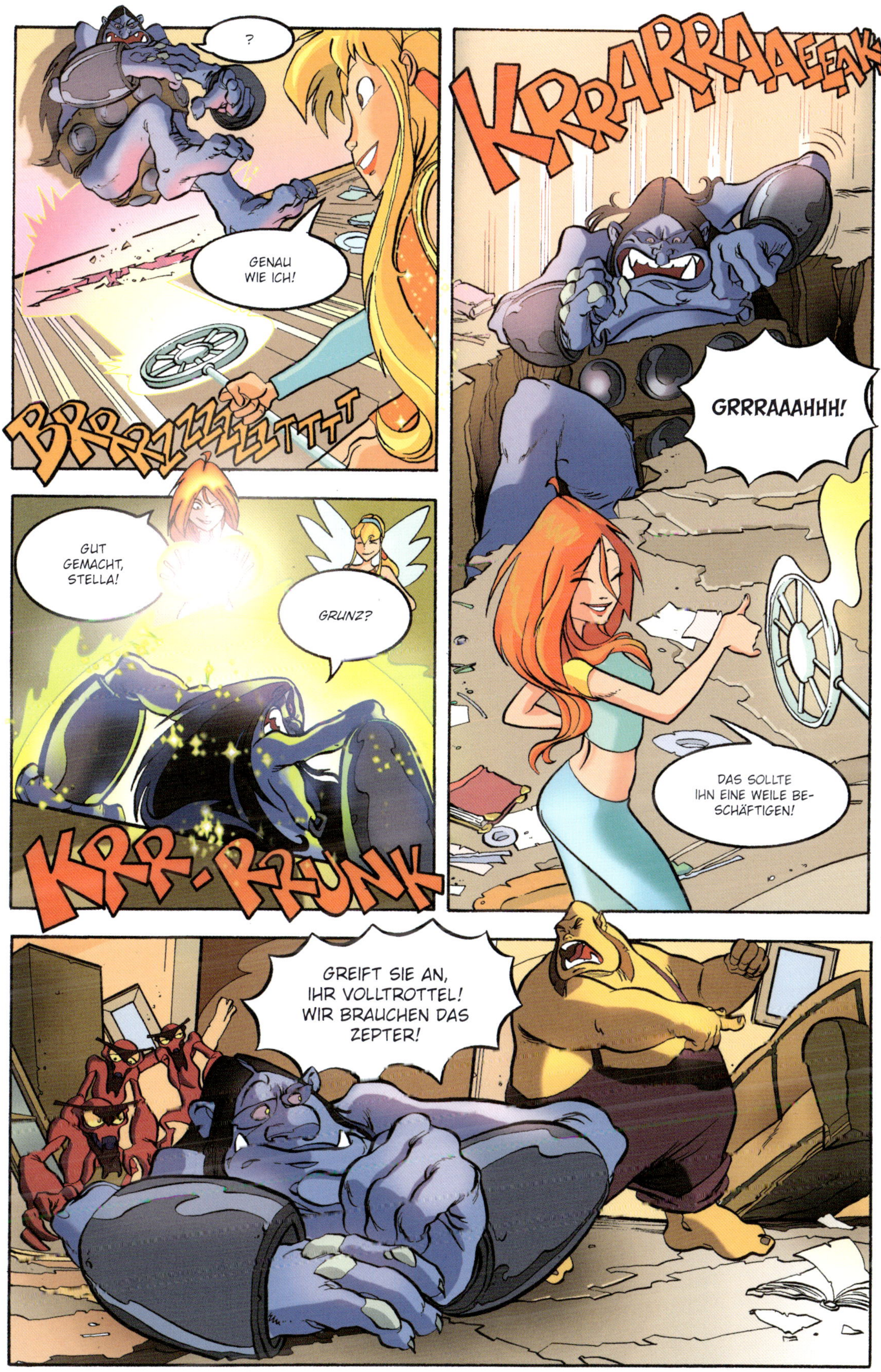
?
GENAU WIE ICH!
BRRRZZZZZZTTTT
GUT GEMACHT, STELLA!
GRUNZ?
KRR-RRUNK
KRRARRRAAEEAKK
GRRRAAAHHH!
DAS SOLLTE IHN EINE WEILE BESCHÄFTIGEN!
GREIFT SIE AN, IHR VOLLTROTTEL! WIR BRAUCHEN DAS ZEPTER!

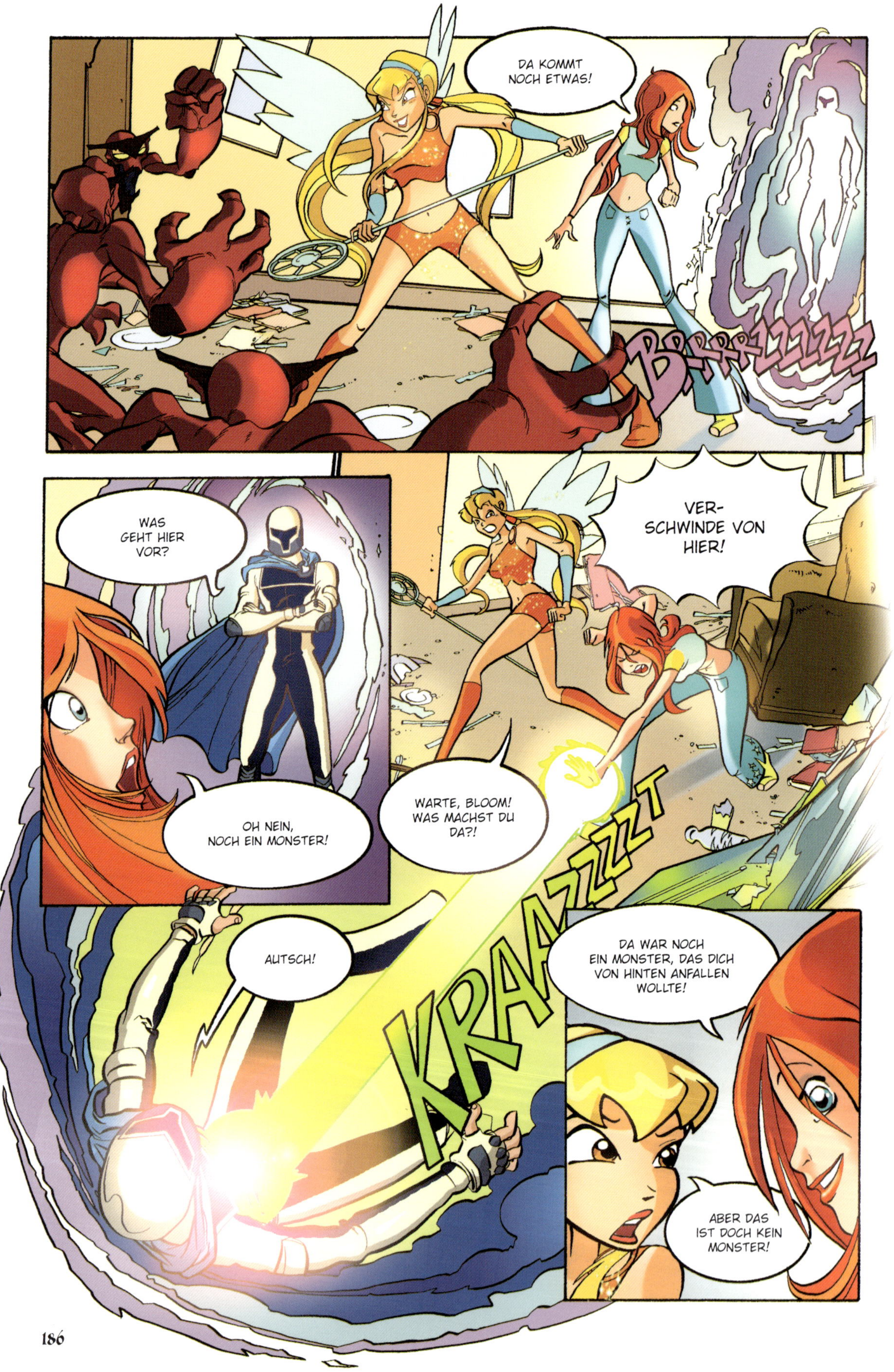

DA KOMMT NOCH ETWAS!
BRRRZZZZZZ
WAS GEHT HIER VOR?
OH NEIN, NOCH EIN MONSTER!
VERSCHWINDE VON HIER!
WARTE, BLOOM! WAS MACHST DU DA?!
KRAAZZZZZT
AUTSCH!
DA WAR NOCH EIN MONSTER, DAS DICH VON HINTEN ANFALLEN WOLLTE!
ABER DAS IST DOCH KEIN MONSTER!

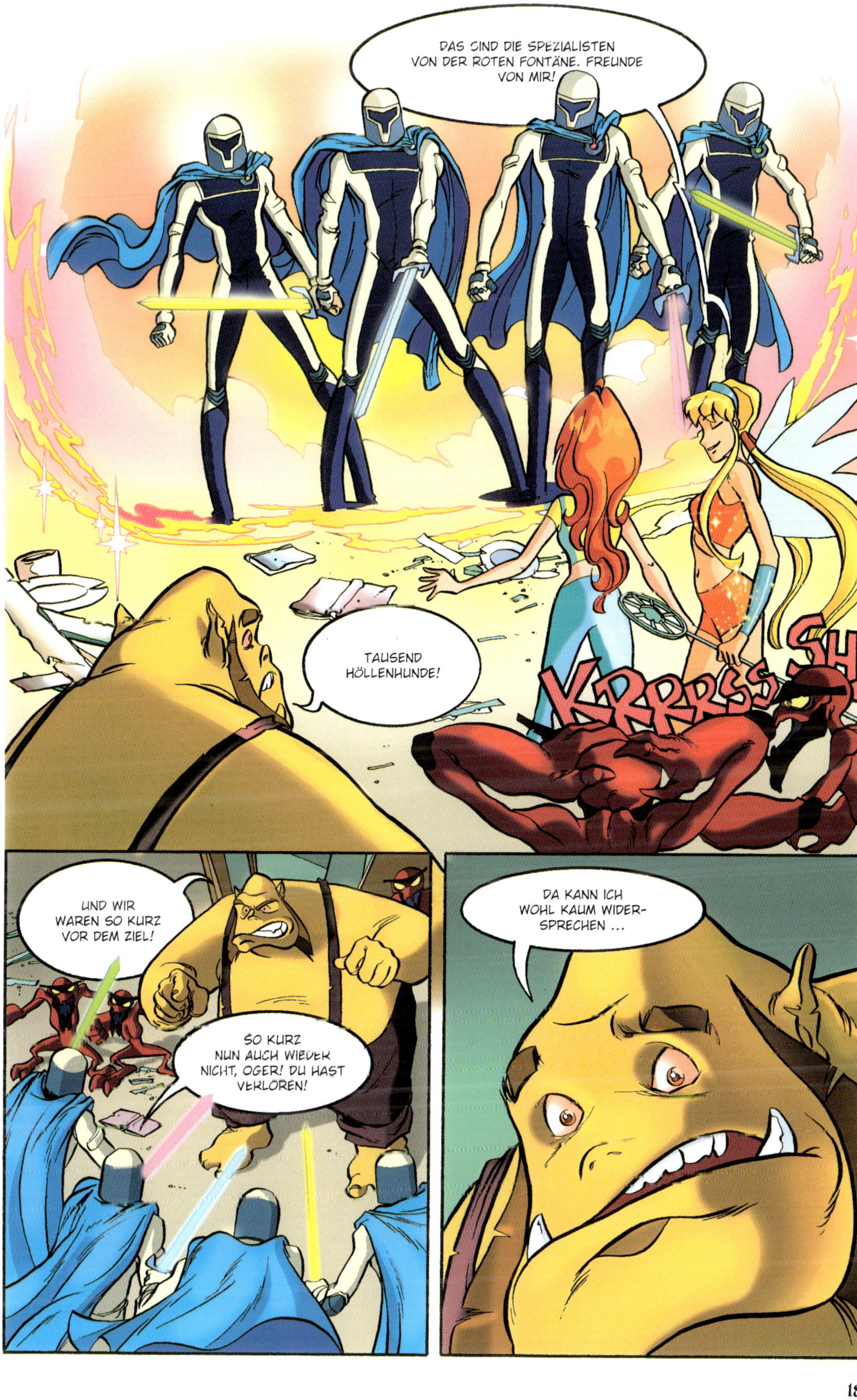
DAS SIND DIE SPEZIALISTEN VON DER ROTEN FONTÄNE. FREUNDE VON MIR!
TAUSEND HÖLLENHUNDE!
KRRRSS
UND WIR WAREN SO KURZ VOR DEM ZIEL!
SO KURZ NUN AUCH WIEDER NICHT, OGER! DU HAST VERLOREN!
DA KANN ICH WOHL KAUM WIDER-SPRECHEN ...

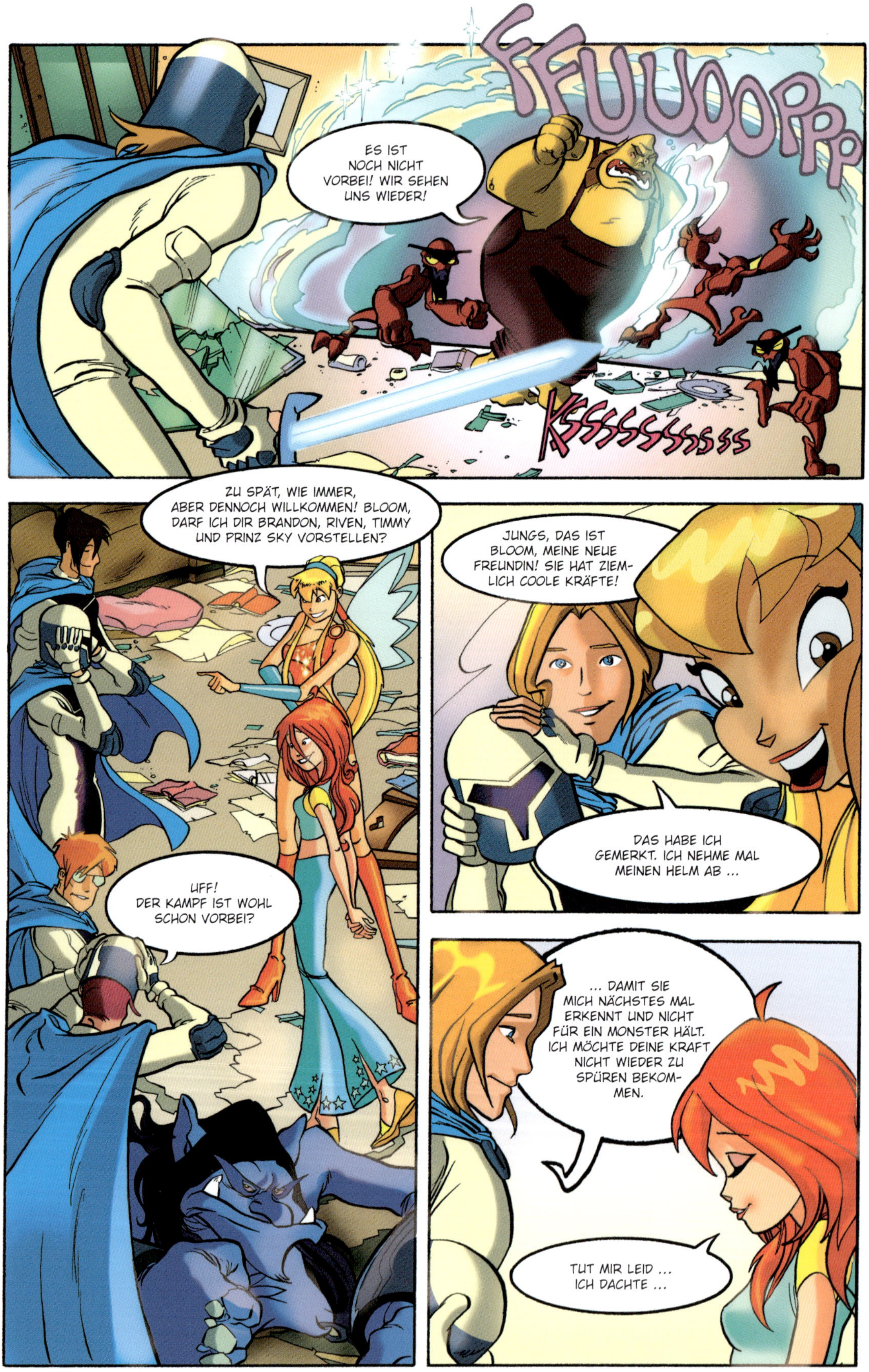
FFUUOOPPP
ES IST NOCH NICHT VORBEI! WIR SEHEN UNS WIEDER!
KSSSSSSSSSS
ZU SPÄT, WIE IMMER, ABER DENNOCH WILLKOMMEN! BLOOM, DARF ICH DIR BRANDON, RIVEN, TIMMY UND PRINZ SKY VORSTELLEN?
UFF! DER KAMPF IST WOHL SCHON VORBEI?
JUNGS, DAS IST BLOOM, MEINE NEUE FREUNDIN! SIE HAT ZIEMLICH COOLE KRÄFTE!
DAS HABE ICH GEMERKT. ICH NEHME MAL MEINEN HELM AB ...
... DAMIT SIE MICH NÄCHSTES MAL ERKENNT UND NICHT FÜR EIN MONSTER HÄLT. ICH MÖCHTE DEINE KRAFT NICHT WIEDER ZU SPÜREN BEKOMMEN.
TUT MIR LEID ... ICH DACHTE ...

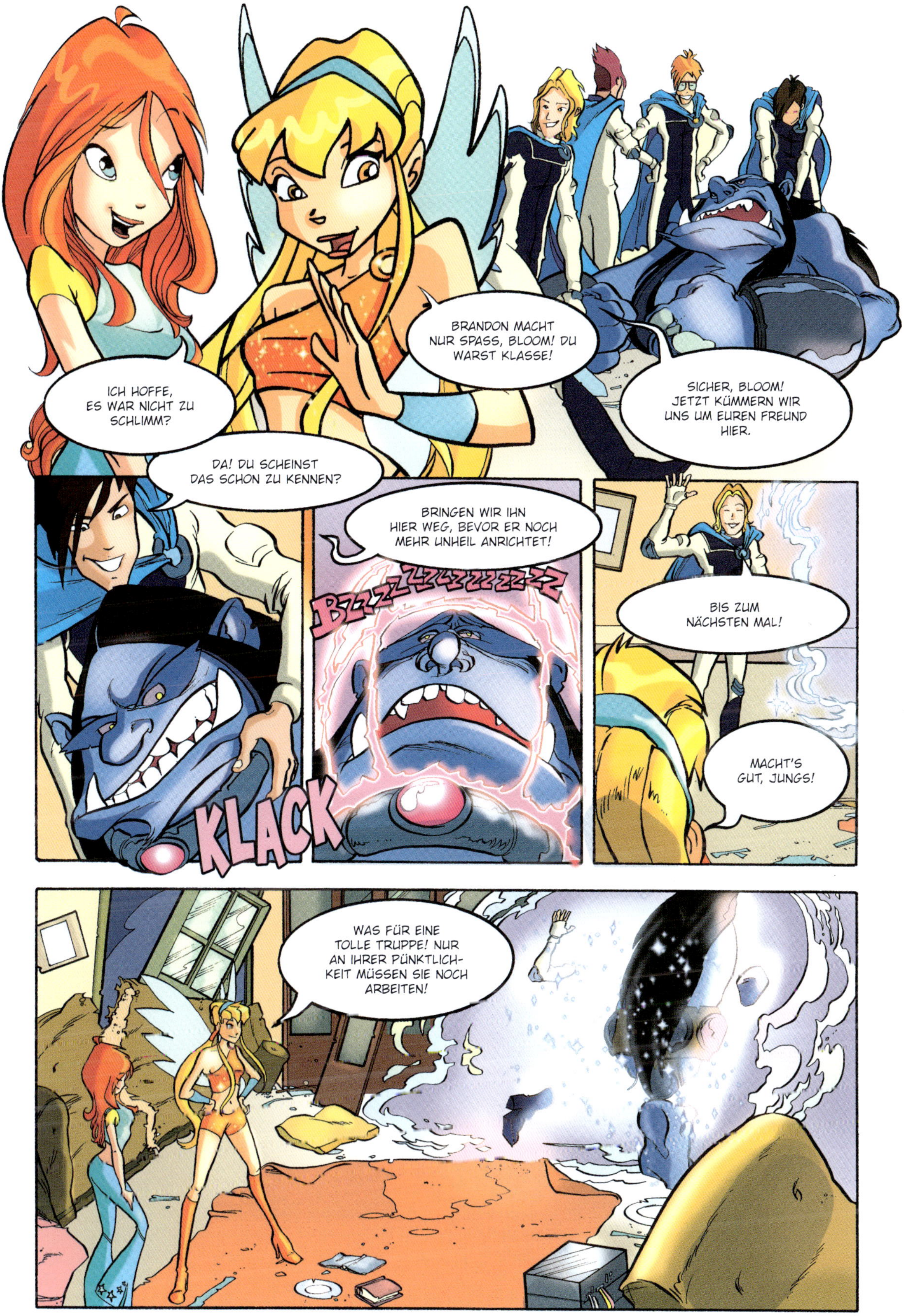
ICH HOFFE, ES WAR NICHT ZU SCHLIMM?
BRANDON MACHT NUR SPASS, BLOOM! DU WARST KLASSE!
SICHER, BLOOM! JETZT KÜMMERN WIR UNS UM EUREN FREUND HIER.
DA! DU SCHEINST DAS SCHON ZU KENNEN?
KLACK
BRINGEN WIR IHN HIER WEG, BEVOR ER NOCH MEHR UNHEIL ANRICHTET!
BZZZZZZZZZZZZZZZ
BIS ZUM NÄCHSTEN MAL!
MACHT'S GUT, JUNGS!
WAS FÜR EINE TOLLE TRUPPE! NUR AN IHRER PÜNKTLICHKEIT MÜSSEN SIE NOCH ARBEITEN!

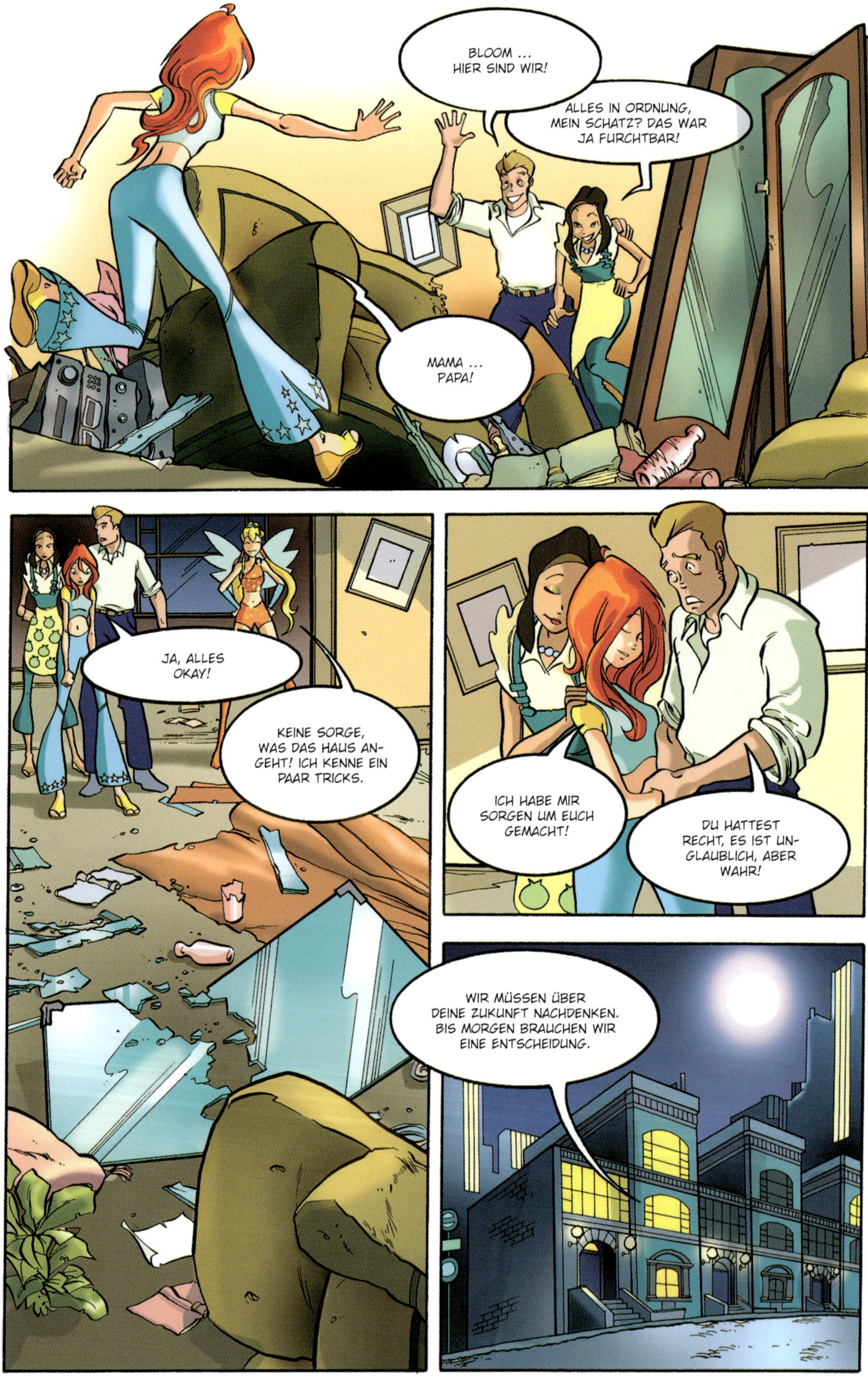
BLOOM ...
HIER SIND WIR!
ALLES IN ORDNUNG, MEIN SCHATZ? DAS WAR JA FURCHTBAR!
MAMA ... PAPA!
JA, ALLES OKAY!
KEINE SORGE, WAS DAS HAUS ANGEHT! ICH KENNE EIN PAAR TRICKS.
ICH HABE MIR SORGEN UM EUCH GEMACHT!
DU HATTEST RECHT, ES IST UNGLAUBLICH, ABER WAHR!
WIR MÜSSEN ÜBER DEINE ZUKUNFT NACHDENKEN. BIS MORGEN BRAUCHEN WIR EINE ENTSCHEIDUNG.

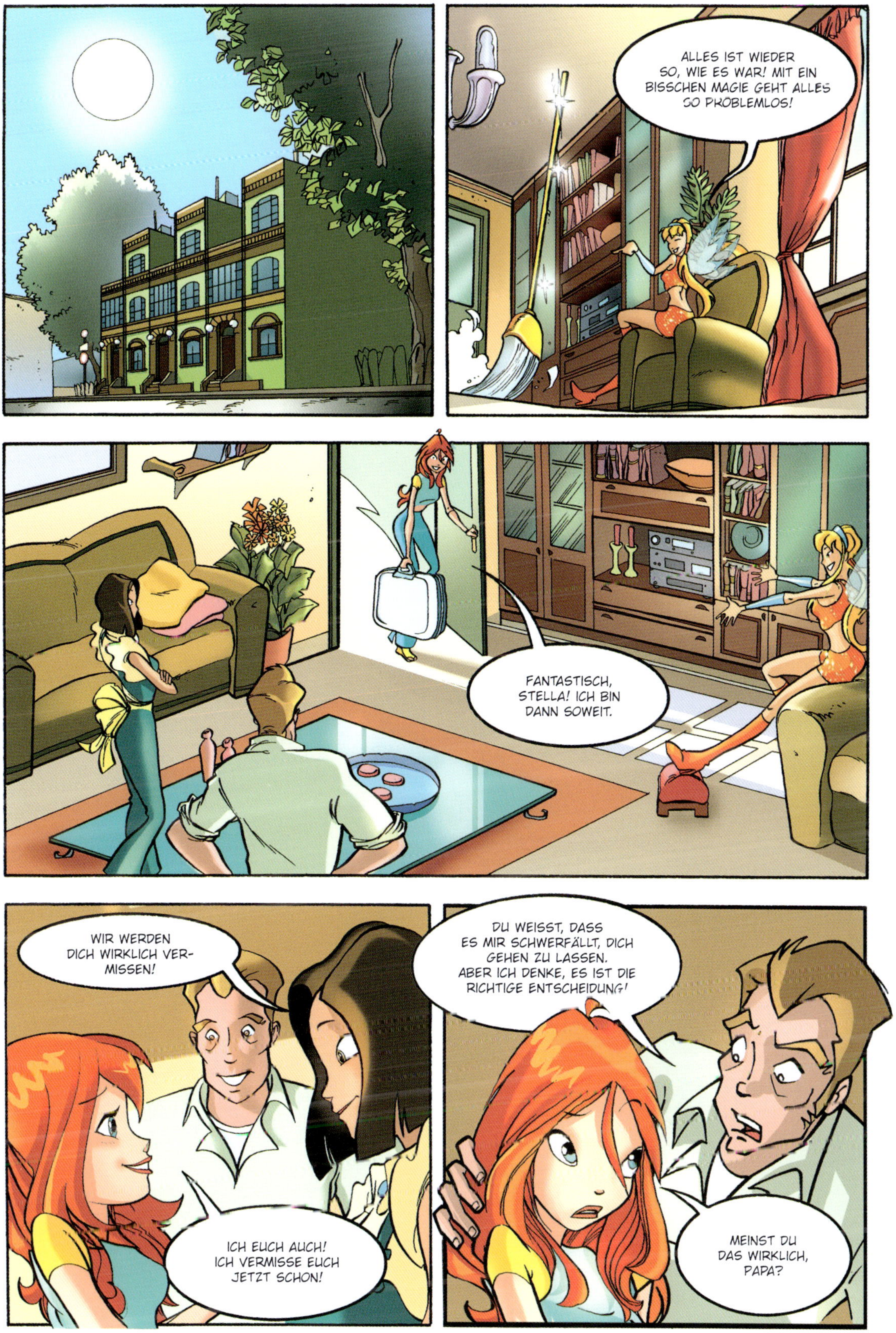
ALLES IST WIEDER SO, WIE ES WAR! MIT EIN BISSCHEN MAGIE GEHT ALLES SO PROBLEMLOS!
FANTASTISCH, STELLA! ICH BIN DANN SOWEIT.
WIR WERDEN DICH WIRKLICH VER-MISSEN!
ICH EUCH AUCH! ICH VERMISSE EUCH JETZT SCHON!
DU WEISST, DASS ES MIR SCHWERFÄLLT, DICH GEHEN ZU LASSEN. ABER ICH DENKE, ES IST DIE RICHTIGE ENTSCHEIDUNG!
MEINST DU DAS WIRKLICH, PAPA?

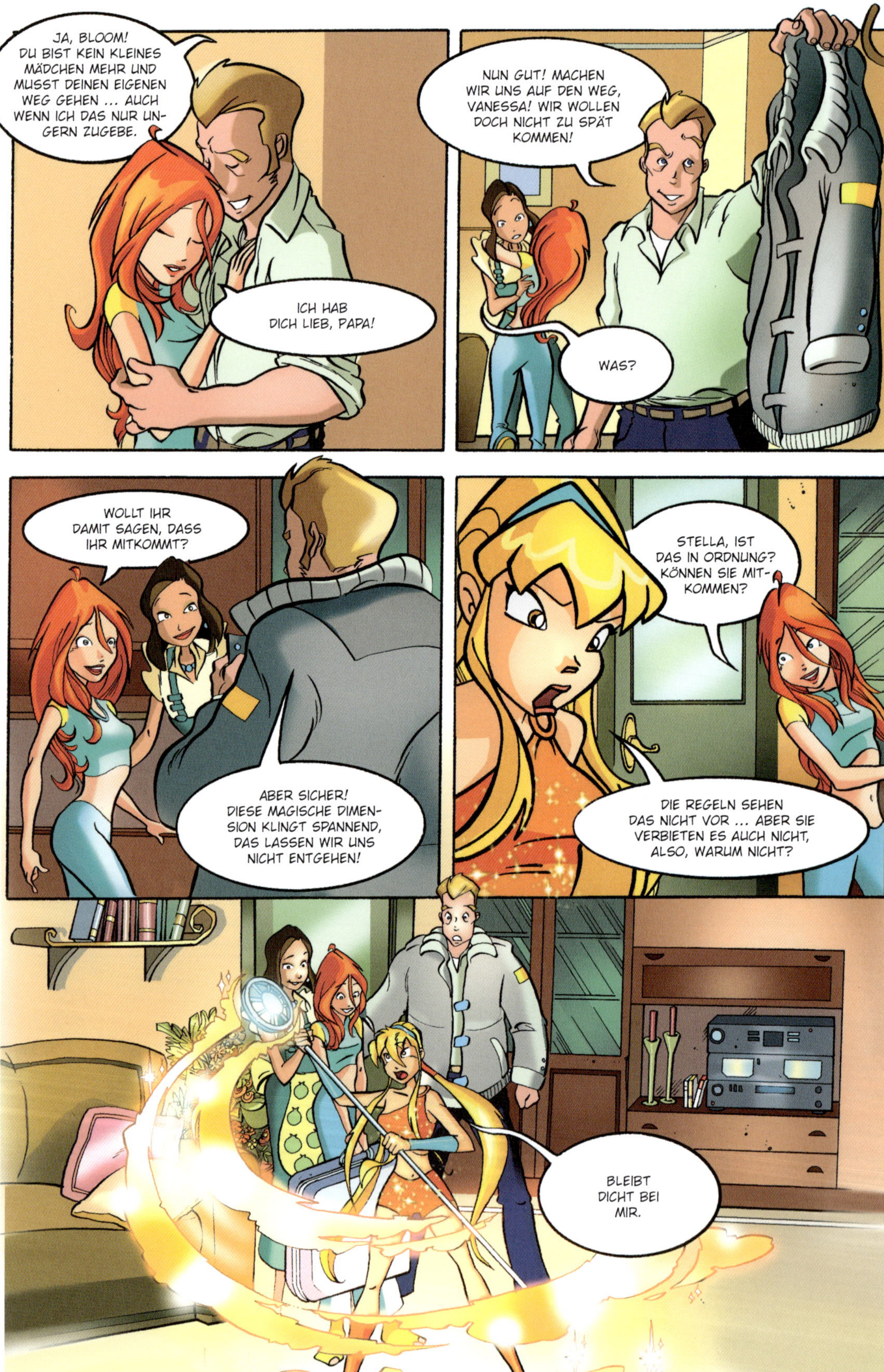

JA, BLOOM! DU BIST KEIN KLEINES MÄDCHEN MEHR UND MUSST DEINEN EIGENEN WEG GEHEN ... AUCH WENN ICH DAS NUR UNGERN ZUGEBE.
ICH HAB DICH LIEB, PAPA!
NUN GUT! MACHEN WIR UNS AUF DEN WEG, VANESSA! WIR WOLLEN DOCH NICHT ZU SPÄT KOMMEN!
WAS?
WOLLT IHR DAMIT SAGEN, DASS IHR MITKOMMT?
ABER SICHER! DIESE MAGISCHE DIMENSION KLINGT SPANNEND, DAS LASSEN WIR UNS NICHT ENTGEHEN!
STELLA, IST DAS IN ORDNUNG? KÖNNEN SIE MITKOMMEN?
DIE REGELN SEHEN DAS NICHT VOR ... ABER SIE VERBIETEN ES AUCH NICHT, ALSO, WARUM NICHT?
BLEIBT DICHT BEI MIR.

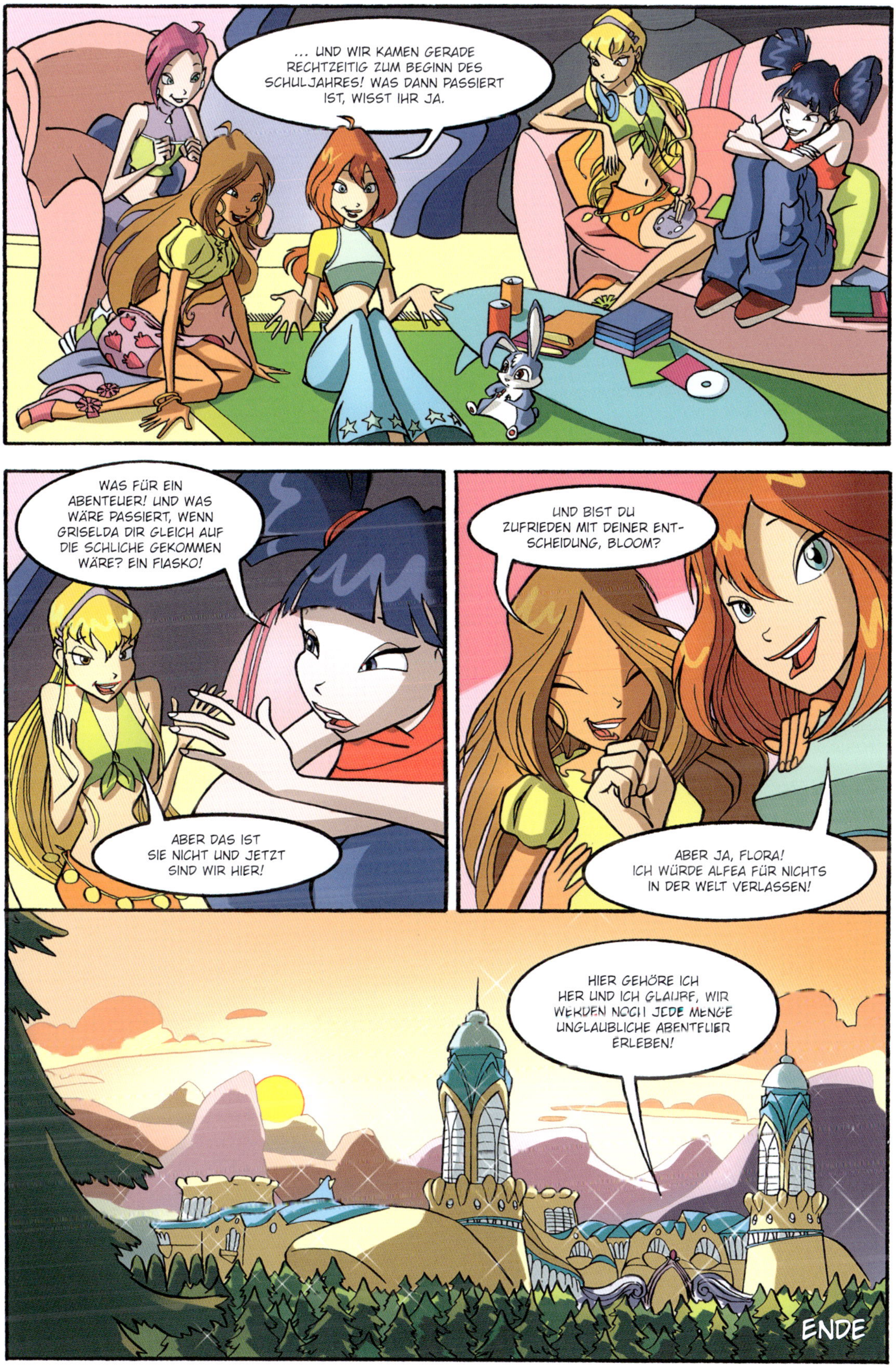
... UND WIR KAMEN GERADE RECHTZEITIG ZUM BEGINN DES SCHULJAHRES! WAS DANN PASSIERT IST, WISST IHR JA.
WAS FÜR EIN ABENTEUER! UND WAS WÄRE PASSIERT, WENN GRISELDA DIR GLEICH AUF DIE SCHLICHE GEKOMMEN WÄRE? EIN FIASKO!
ABER DAS IST SIE NICHT UND JETZT SIND WIR HIER!
UND BIST DU ZUFRIEDEN MIT DEINER ENT-SCHEIDUNG, BLOOM?
ABER JA, FLORA! ICH WÜRDE ALFEA FÜR NICHTS IN DER WELT VERLASSEN!
HIER GEHÖRE ICH HER UND ICH GLAUBE, WIR WERDEN NOCH JEDE MENGE UNGLAUBLICHE ABENTEUER ERLEBEN!
ENDE

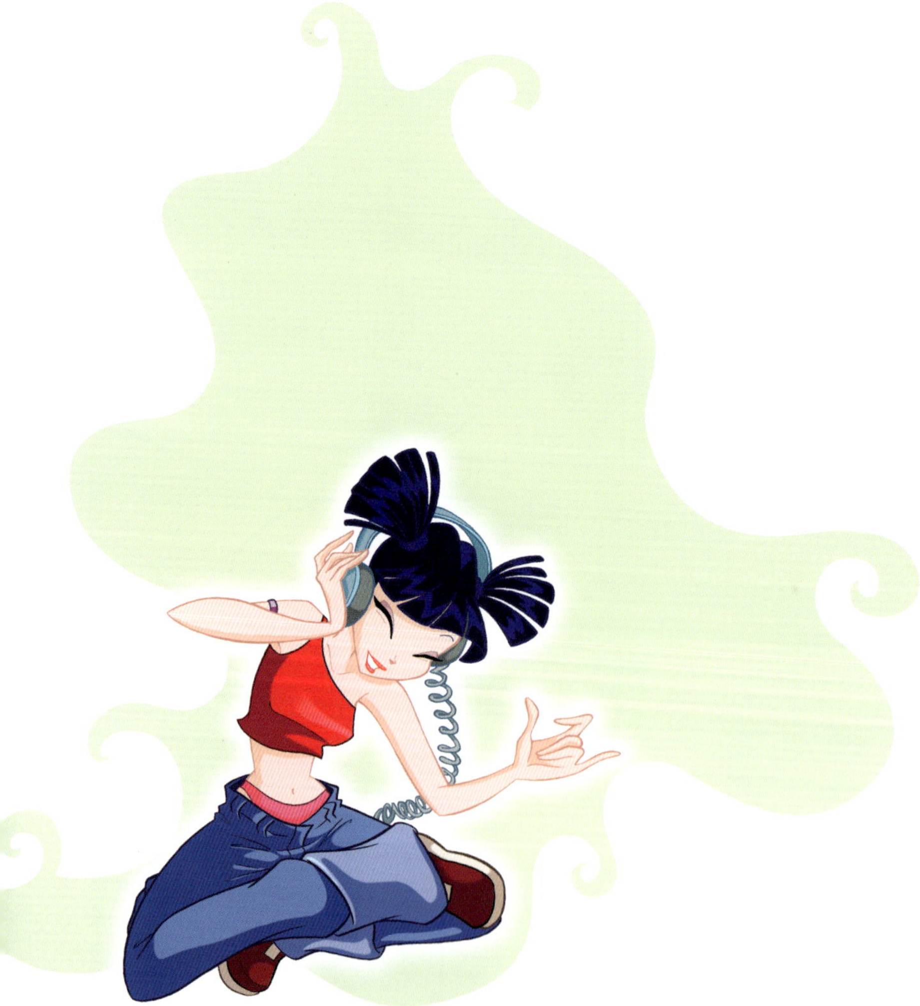

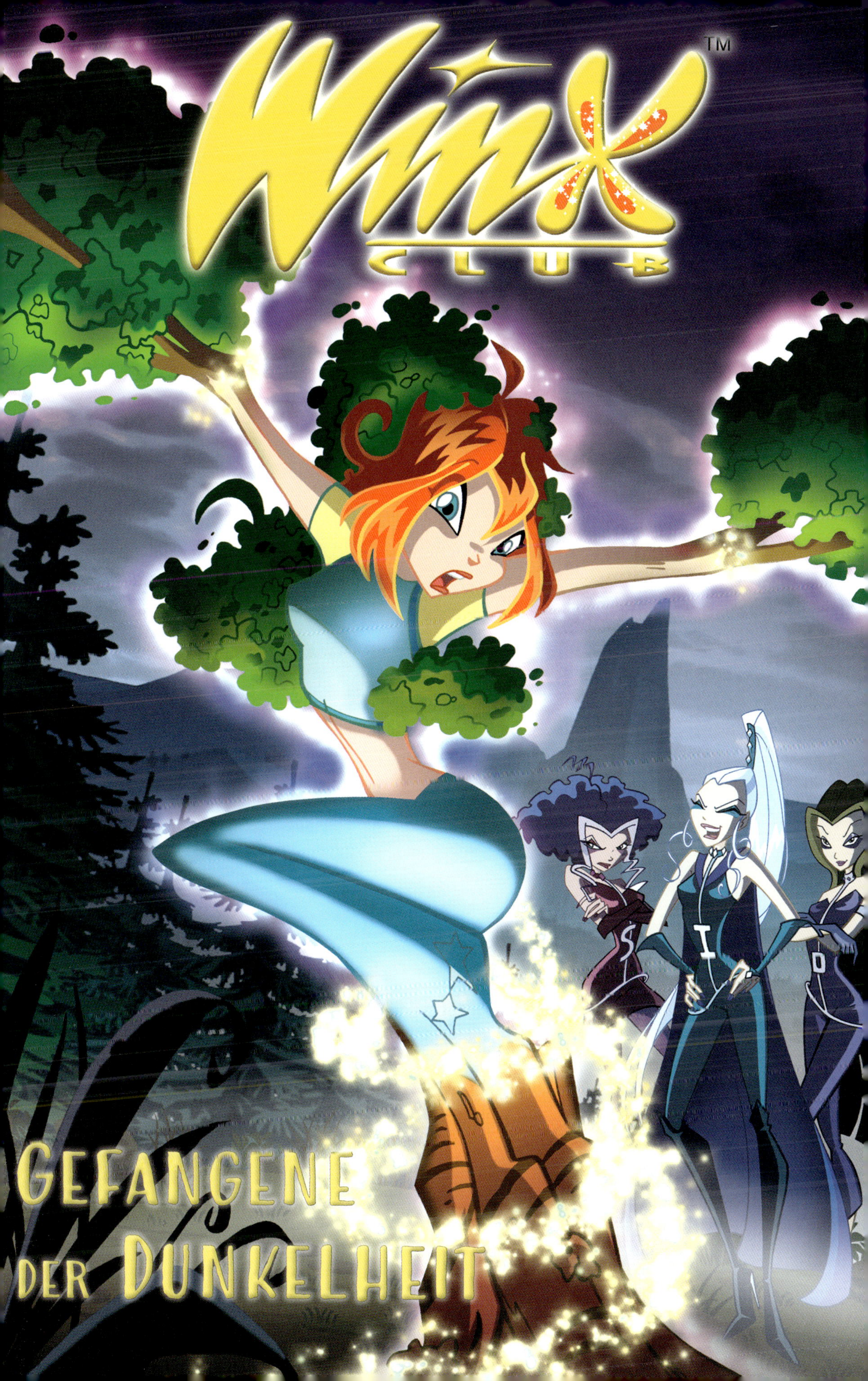
Winx
CLUB
GEFANGENE
DER DUNKELHEIT

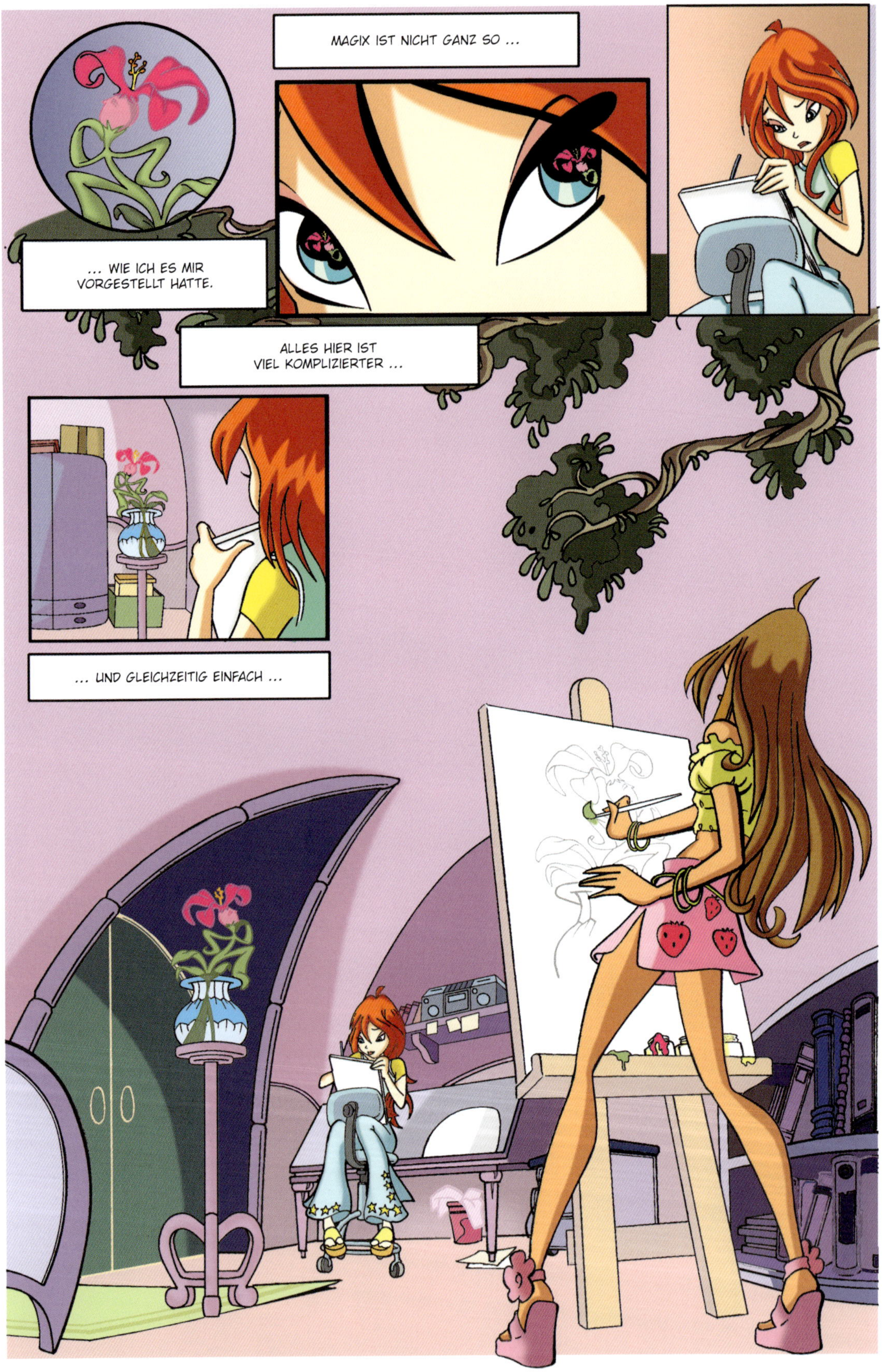
MAGIX IST NICHT GANZ SO ...
... WIE ICH ES MIR VORGESTELLT HATTE.
ALLES HIER IST VIEL KOMPLIZIERTER ...
... UND GLEICHZEITIG EINFACH ...

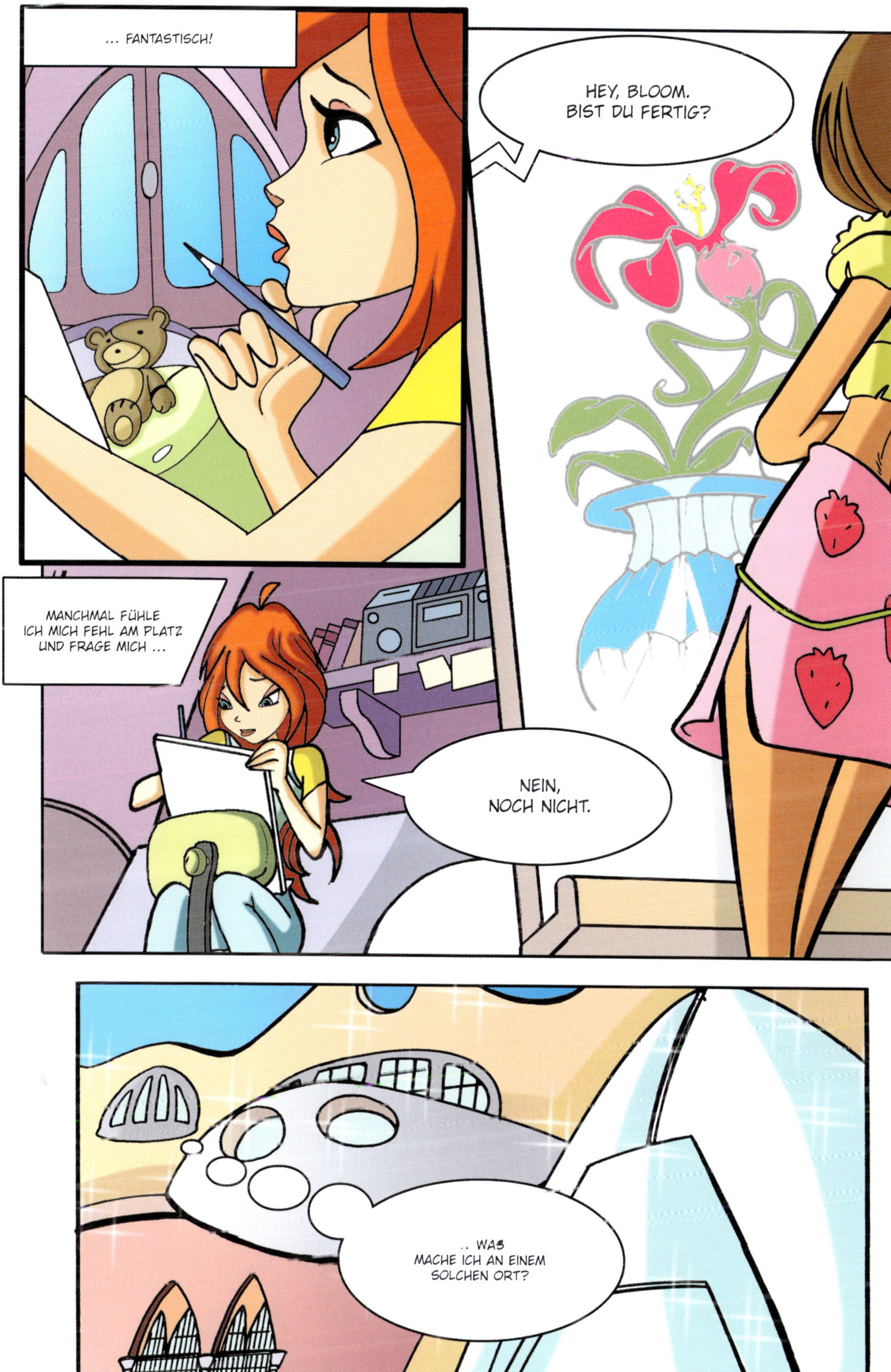
... FANTASTISCH!
HEY, BLOOM.
BIST DU FERTIG?
MANCHMAL FÜHLE
ICH MICH FEHL AM PLATZ
UND FRAGE MICH ...
NEIN,
NOCH NICHT.
.. WAS
MACHE ICH AN EINEM
SOLCHEN ORT?

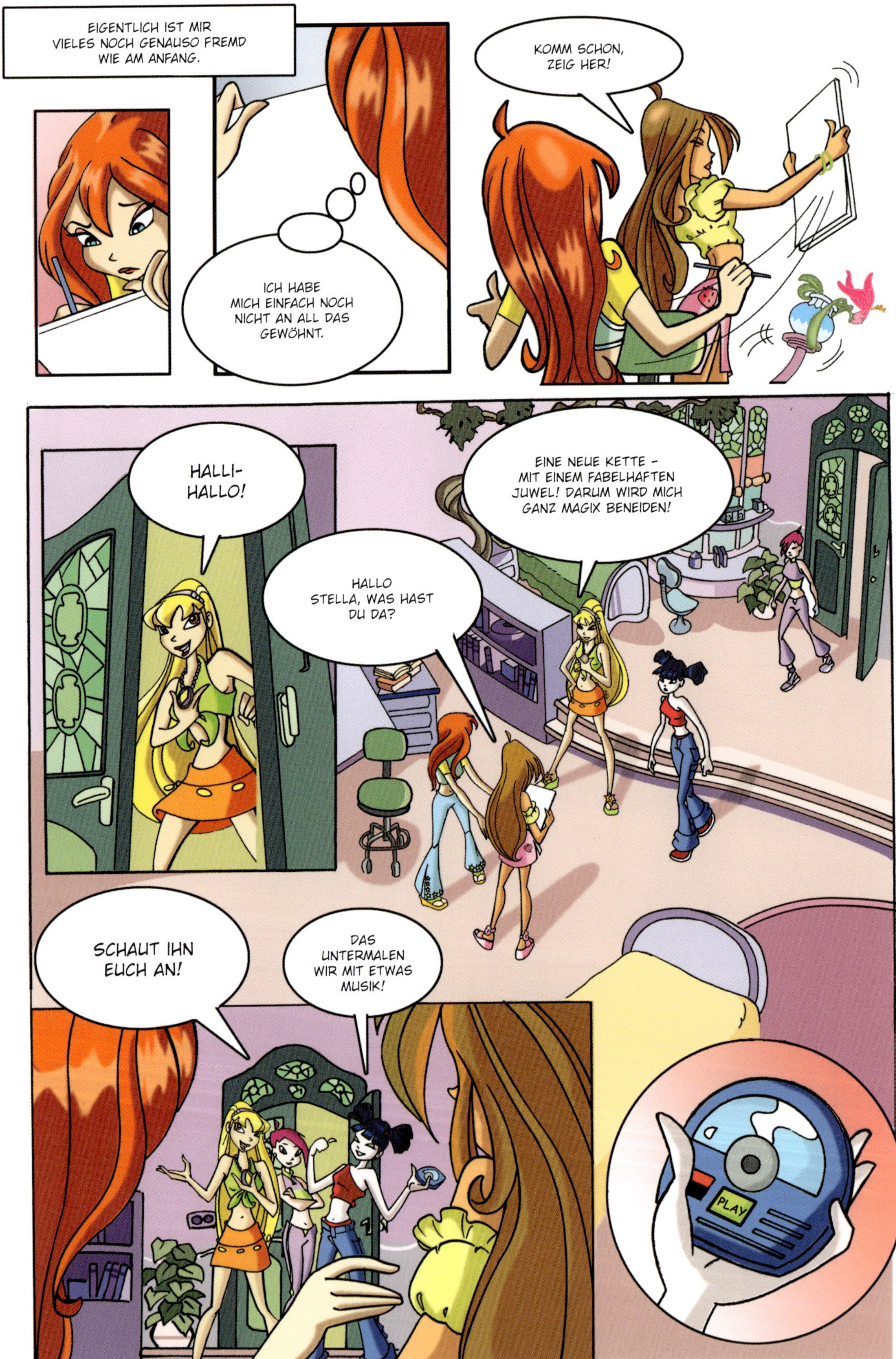
EIGENTLICH IST MIR VIELES NOCH GENAUSO FREMD WIE AM ANFANG.
ICH HABE MICH EINFACH NOCH NICHT AN ALL DAS GEWÖHNT.
KOMM SCHON, ZEIG HER!
HALLI-HALLO!
EINE NEUE KETTE - MIT EINEM FABELHAFTEN JUWEL! DARUM WIRD MICH GANZ MAGIX BENEIDEN!
HALLO STELLA, WAS HAST DU DA?
SCHAUT IHN EUCH AN!
DAS UNTERMALEN WIR MIT ETWAS MUSIK!
PLAY

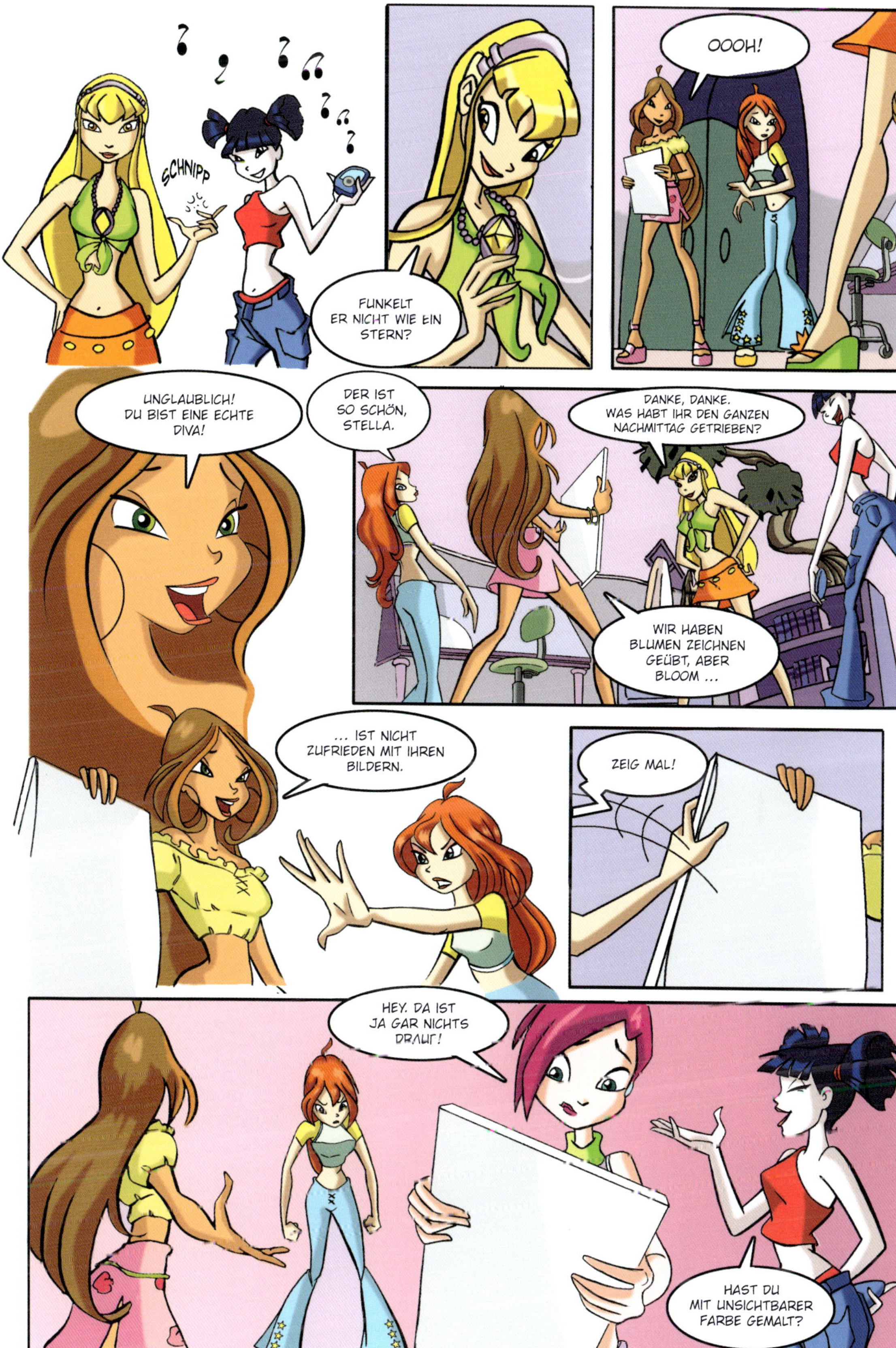
SCHNIPP
FUNKELT ER NICHT WIE EIN STERN?
OOOH!
UNGLAUBLICH! DU BIST EINE ECHTE DIVA!
DER IST SO SCHÖN, STELLA.
DANKE, DANKE. WAS HABT IHR DEN GANZEN NACHMITTAG GETRIEBEN?
WIR HABEN BLUMEN ZEICHNEN GEÜBT, ABER BLOOM …
… IST NICHT ZUFRIEDEN MIT IHREN BILDERN.
ZEIG MAL!
HEY. DA IST JA GAR NICHTS DRAUF!
HAST DU MIT UNSICHTBARER FARBE GEMALT?

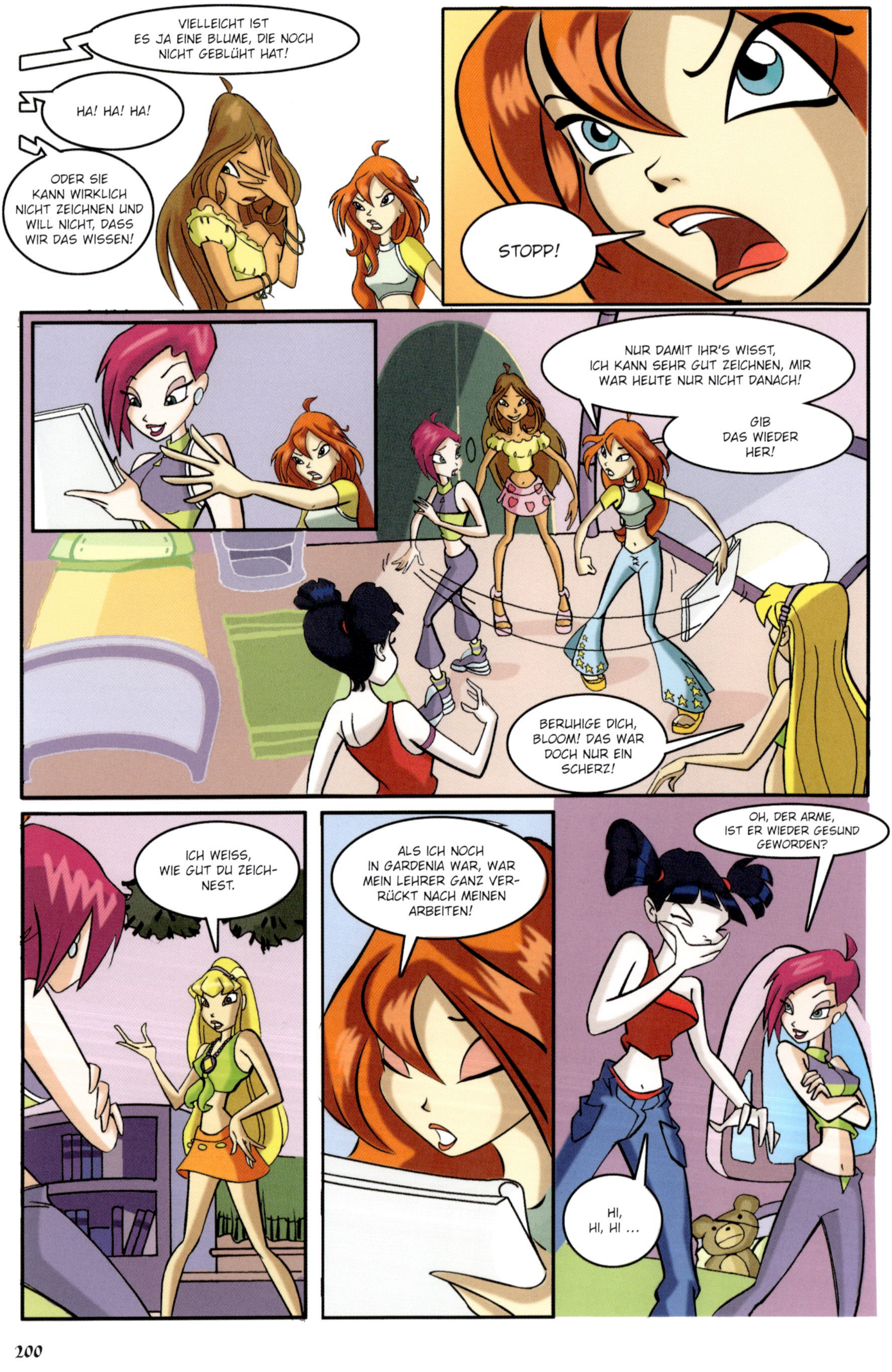
VIELLEICHT IST ES JA EINE BLUME, DIE NOCH NICHT GEBLÜHT HAT!
HA! HA! HA!
ODER SIE KANN WIRKLICH NICHT ZEICHNEN UND WILL NICHT, DASS WIR DAS WISSEN!
STOPP!
NUR DAMIT IHR'S WISST, ICH KANN SEHR GUT ZEICHNEN, MIR WAR HEUTE NUR NICHT DANACH!
GIB DAS WIEDER HER!
BERUHIGE DICH, BLOOM! DAS WAR DOCH NUR EIN SCHERZ!
ICH WEISS, WIE GUT DU ZEICH-NEST.
ALS ICH NOCH IN GARDENIA WAR, WAR MEIN LEHRER GANZ VER-RÜCKT NACH MEINEN ARBEITEN!
OH, DER ARME, IST ER WIEDER GESUND GEWORDEN?
HI, HI, HI …

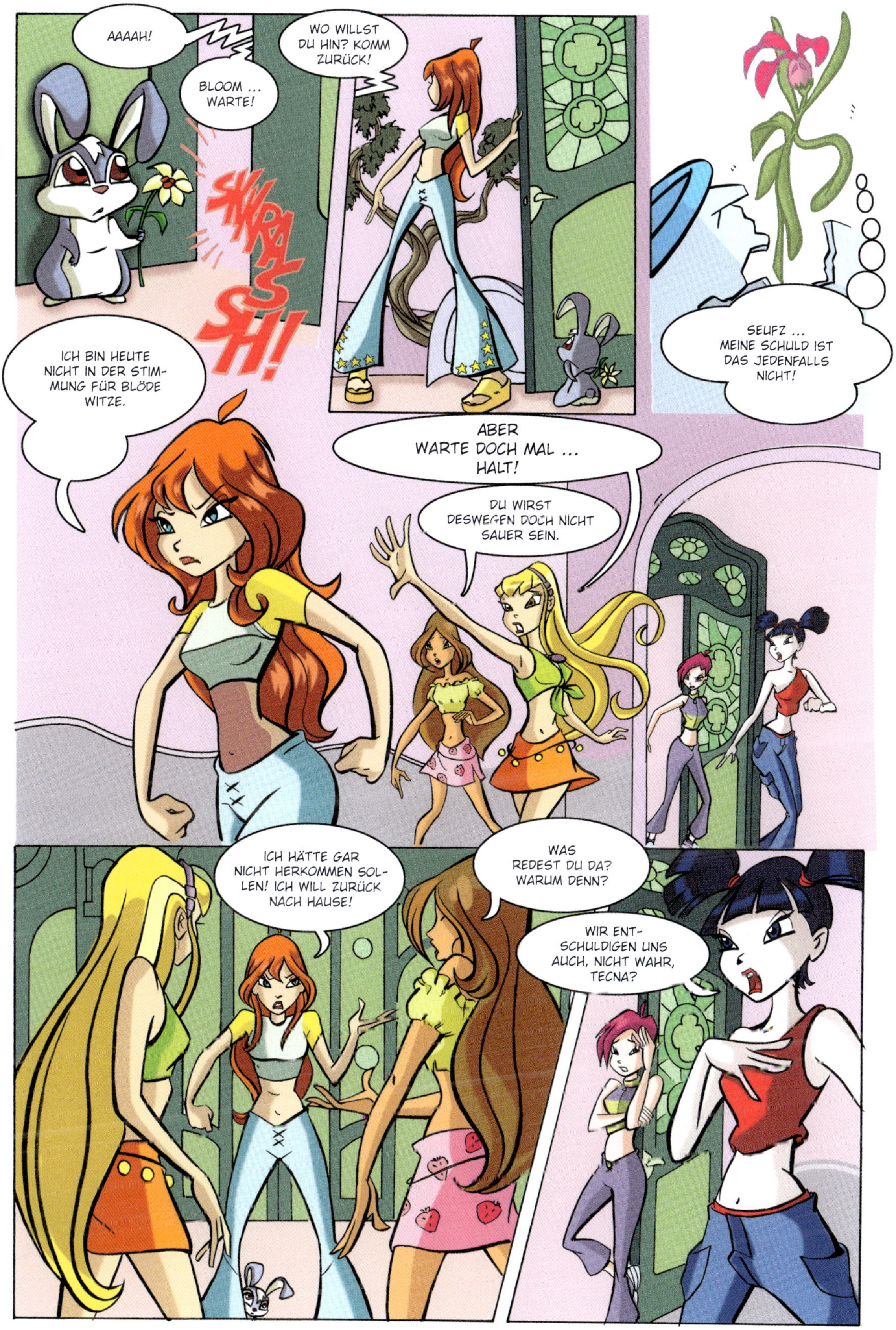
AAAAH!
BLOOM ... WARTE!
SKKRAASSH!
WO WILLST DU HIN? KOMM ZURÜCK!
SEUFZ ... MEINE SCHULD IST DAS JEDENFALLS NICHT!
ICH BIN HEUTE NICHT IN DER STIMMUNG FÜR BLÖDE WITZE.
ABER WARTE DOCH MAL ... HALT!
DU WIRST DESWEGEN DOCH NICHT SAUER SEIN.
ICH HÄTTE GAR NICHT HERKOMMEN SOLLEN! ICH WILL ZURÜCK NACH HAUSE!
WAS REDEST DU DA? WARUM DENN?
WIR ENTSCHULDIGEN UNS AUCH, NICHT WAHR, TECNA?

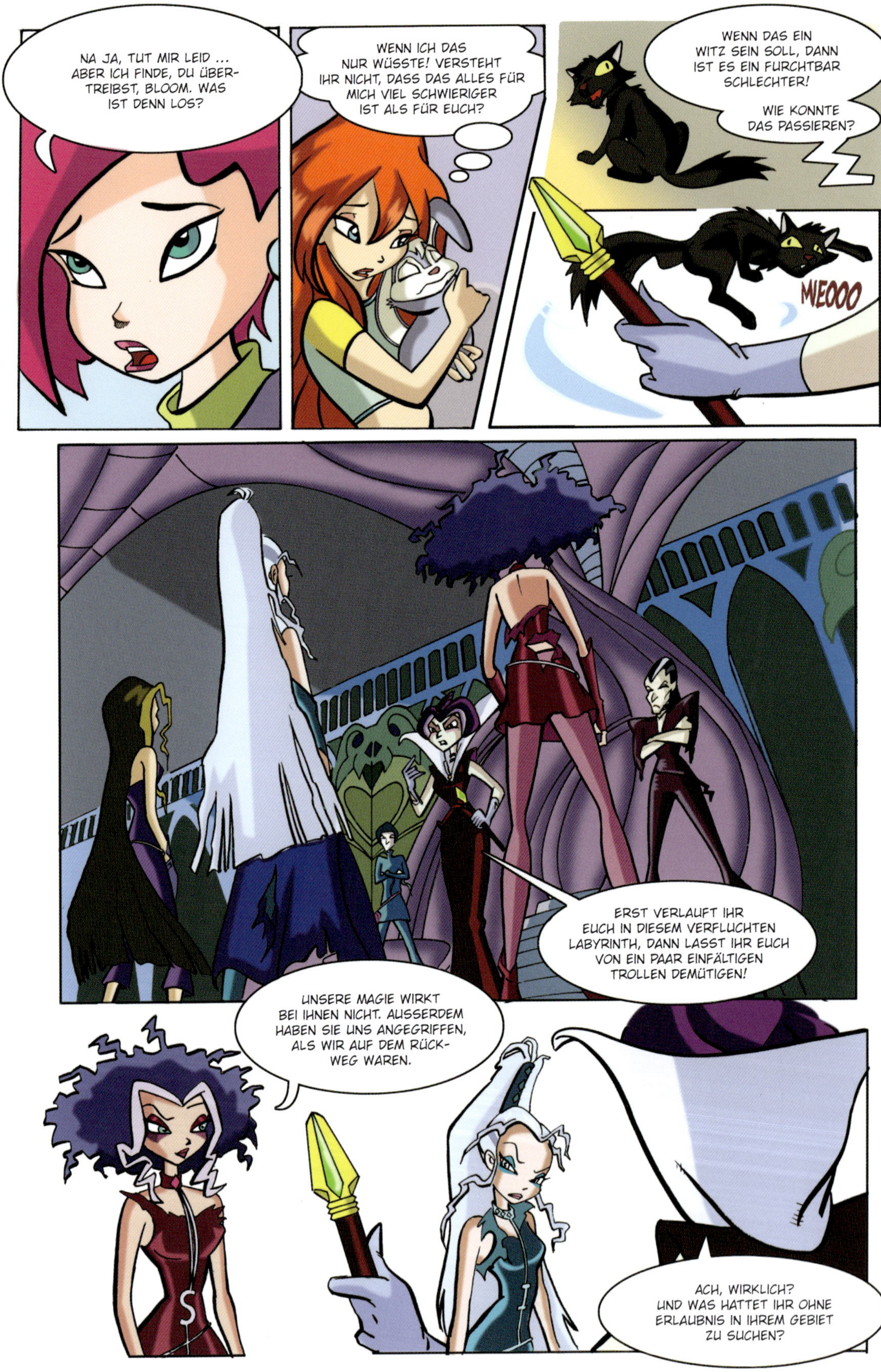
NA JA, TUT MIR LEID … ABER ICH FINDE, DU ÜBERTREIBST, BLOOM. WAS IST DENN LOS?
WENN ICH DAS NUR WÜSSTE! VERSTEHT IHR NICHT, DASS DAS ALLES FÜR MICH VIEL SCHWIERIGER IST ALS FÜR EUCH?
WENN DAS EIN WITZ SEIN SOLL, DANN IST ES EIN FURCHTBAR SCHLECHTER!
WIE KONNTE DAS PASSIEREN?
MIEOOO
ERST VERLAUFT IHR EUCH IN DIESEM VERFLUCHTEN LABYRINTH, DANN LASST IHR EUCH VON EIN PAAR EINFÄLTIGEN TROLLEN DEMÜTIGEN!
UNSERE MAGIE WIRKT BEI IHNEN NICHT. AUSSERDEM HABEN SIE UNS ANGEGRIFFEN, ALS WIR AUF DEM RÜCKWEG WAREN.
ACH, WIRKLICH? UND WAS HATTET IHR OHNE ERLAUBNIS IN IHREM GEBIET ZU SUCHEN?

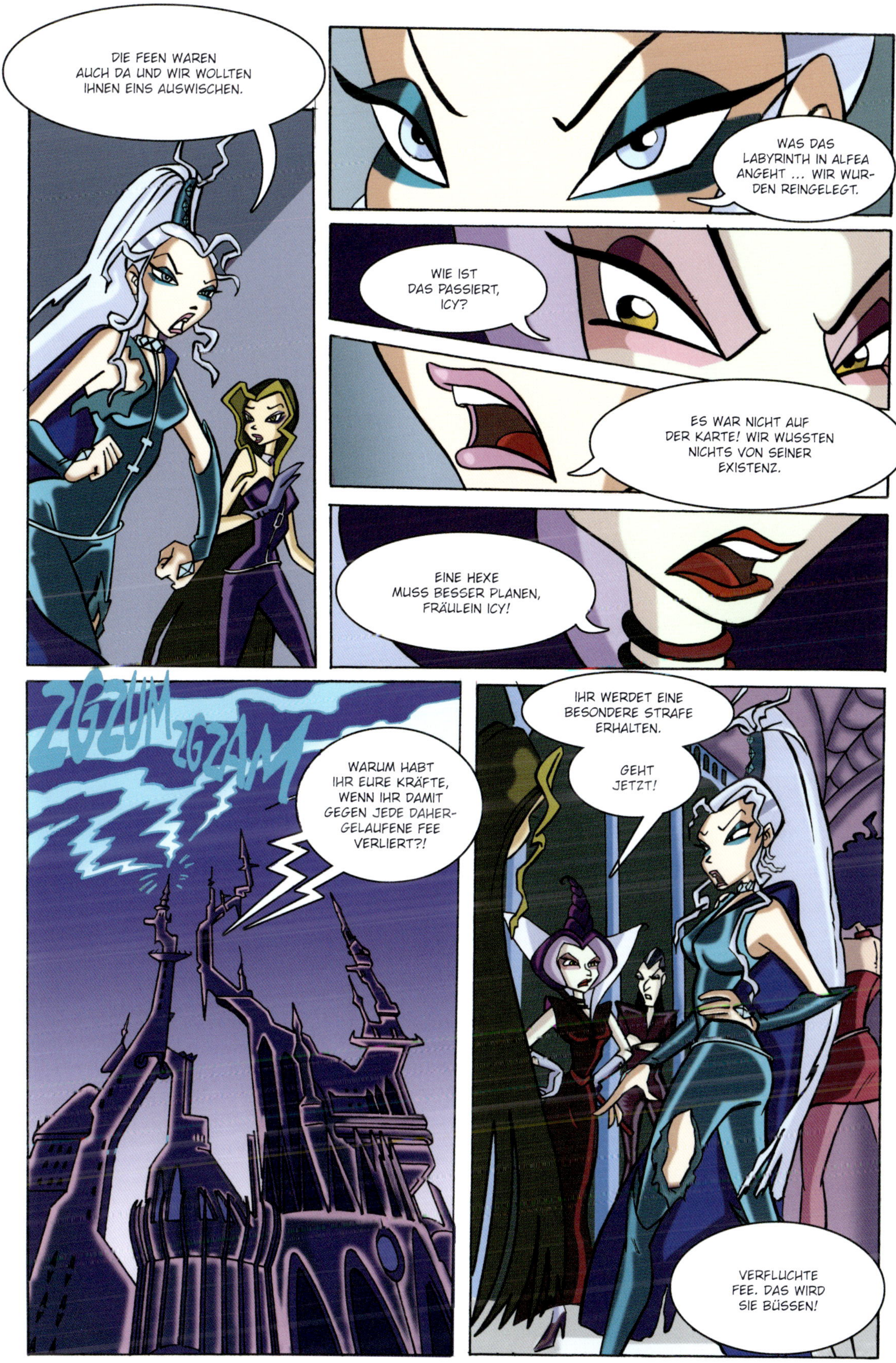
DIE FEEN WAREN AUCH DA UND WIR WOLLTEN IHNEN EINS AUSWISCHEN.
WAS DAS LABYRINTH IN ALFEA ANGEHT ... WIR WURDEN REINGELEGT.
WIE IST DAS PASSIERT, ICY?
ES WAR NICHT AUF DER KARTE! WIR WUSSTEN NICHTS VON SEINER EXISTENZ.
EINE HEXE MUSS BESSER PLANEN, FRÄULEIN ICY!
ZGZUM ZGZAM
WARUM HABT IHR EURE KRÄFTE, WENN IHR DAMIT GEGEN JEDE DAHERGELAUFENE FEE VERLIERT?!
IHR WERDET EINE BESONDERE STRAFE ERHALTEN.
GEHT JETZT!
VERFLUCHTE FEE. DAS WIRD SIE BÜSSEN!

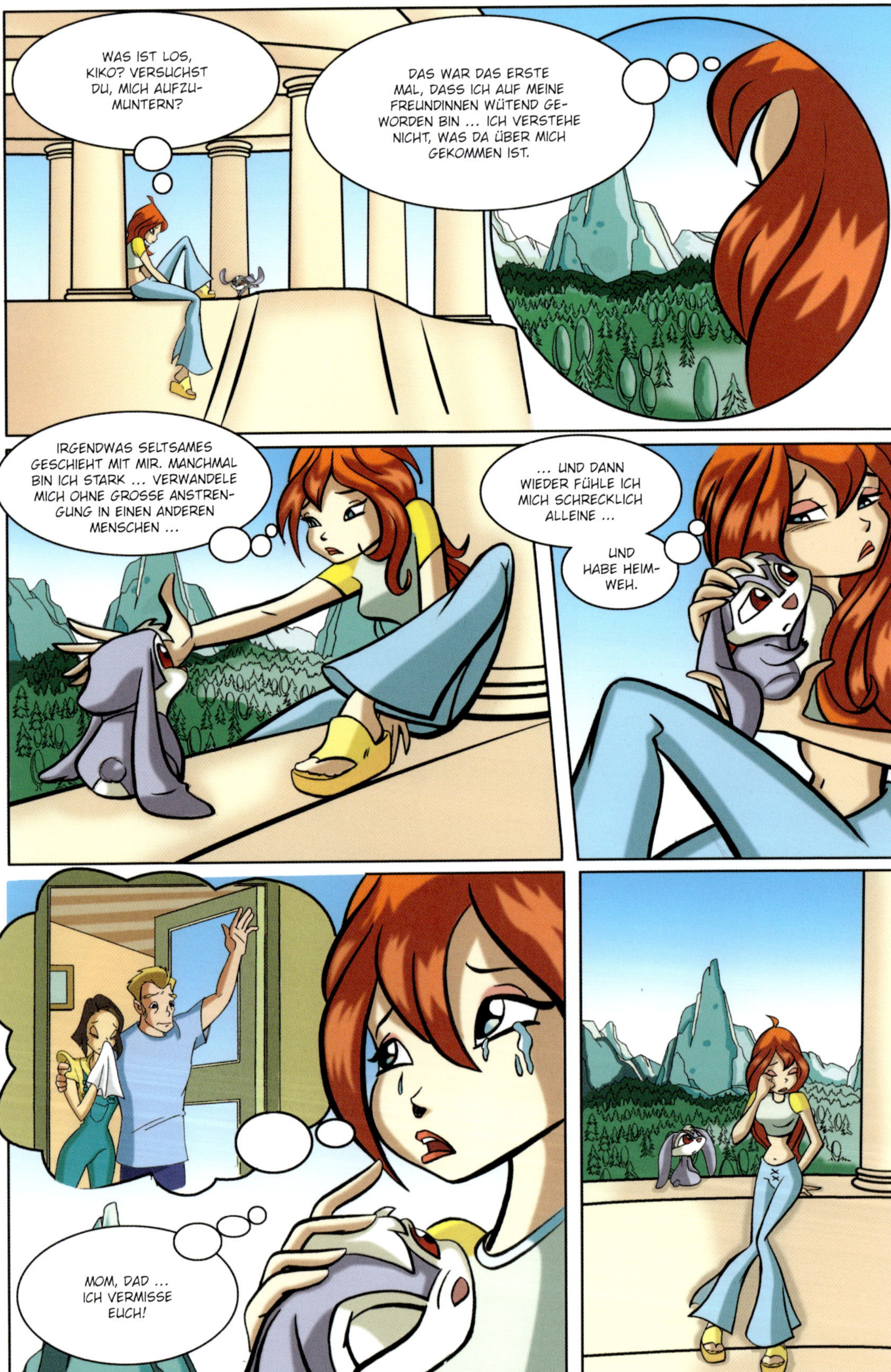
WAS IST LOS, KIKO? VERSUCHST DU, MICH AUFZUMUNTERN?
DAS WAR DAS ERSTE MAL, DASS ICH AUF MEINE FREUNDINNEN WÜTEND GEWORDEN BIN ... ICH VERSTEHE NICHT, WAS DA ÜBER MICH GEKOMMEN IST.
IRGENDWAS SELTSAMES GESCHIEHT MIT MIR. MANCHMAL BIN ICH STARK ... VERWANDELE MICH OHNE GROSSE ANSTRENGUNG IN EINEN ANDEREN MENSCHEN ...
... UND DANN WIEDER FÜHLE ICH MICH SCHRECKLICH ALLEINE ...
UND HABE HEIMWEH.
MOM, DAD ... ICH VERMISSE EUCH!

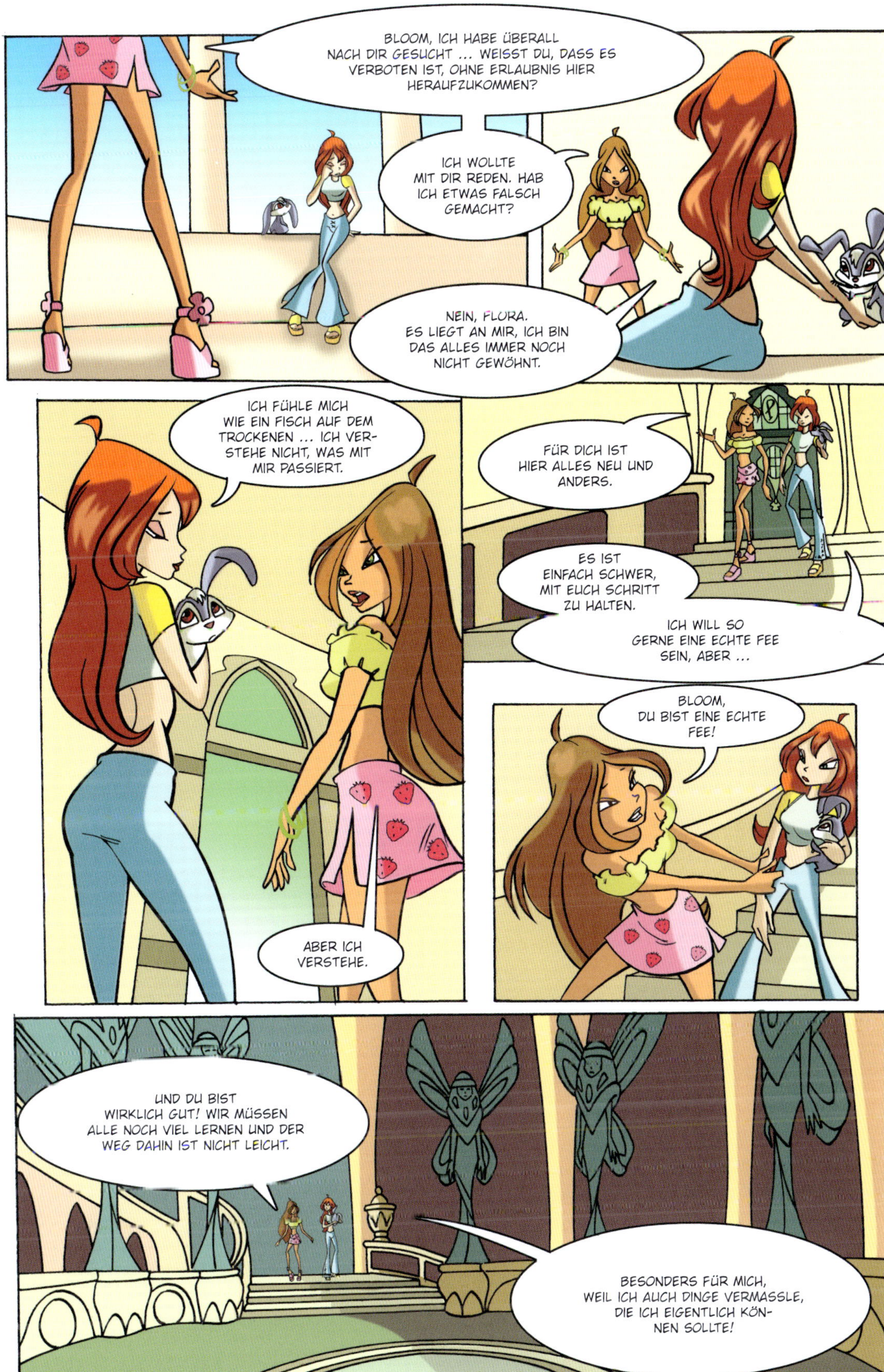
BLOOM, ICH HABE ÜBERALL NACH DIR GESUCHT ... WEISST DU, DASS ES VERBOTEN IST, OHNE ERLAUBNIS HIER HERAUFZUKOMMEN?
ICH WOLLTE MIT DIR REDEN. HAB ICH ETWAS FALSCH GEMACHT?
NEIN, FLORA. ES LIEGT AN MIR, ICH BIN DAS ALLES IMMER NOCH NICHT GEWÖHNT.
ICH FÜHLE MICH WIE EIN FISCH AUF DEM TROCKENEN ... ICH VERSTEHE NICHT, WAS MIT MIR PASSIERT.
ABER ICH VERSTEHE.
FÜR DICH IST HIER ALLES NEU UND ANDERS.
ES IST EINFACH SCHWER, MIT EUCH SCHRITT ZU HALTEN.
ICH WILL SO GERNE EINE ECHTE FEE SEIN, ABER ...
BLOOM, DU BIST EINE ECHTE FEE!
UND DU BIST WIRKLICH GUT! WIR MÜSSEN ALLE NOCH VIEL LERNEN UND DER WEG DAHIN IST NICHT LEICHT.
BESONDERS FÜR MICH, WEIL ICH AUCH DINGE VERMASSLE, DIE ICH EIGENTLICH KÖNNEN SOLLTE!

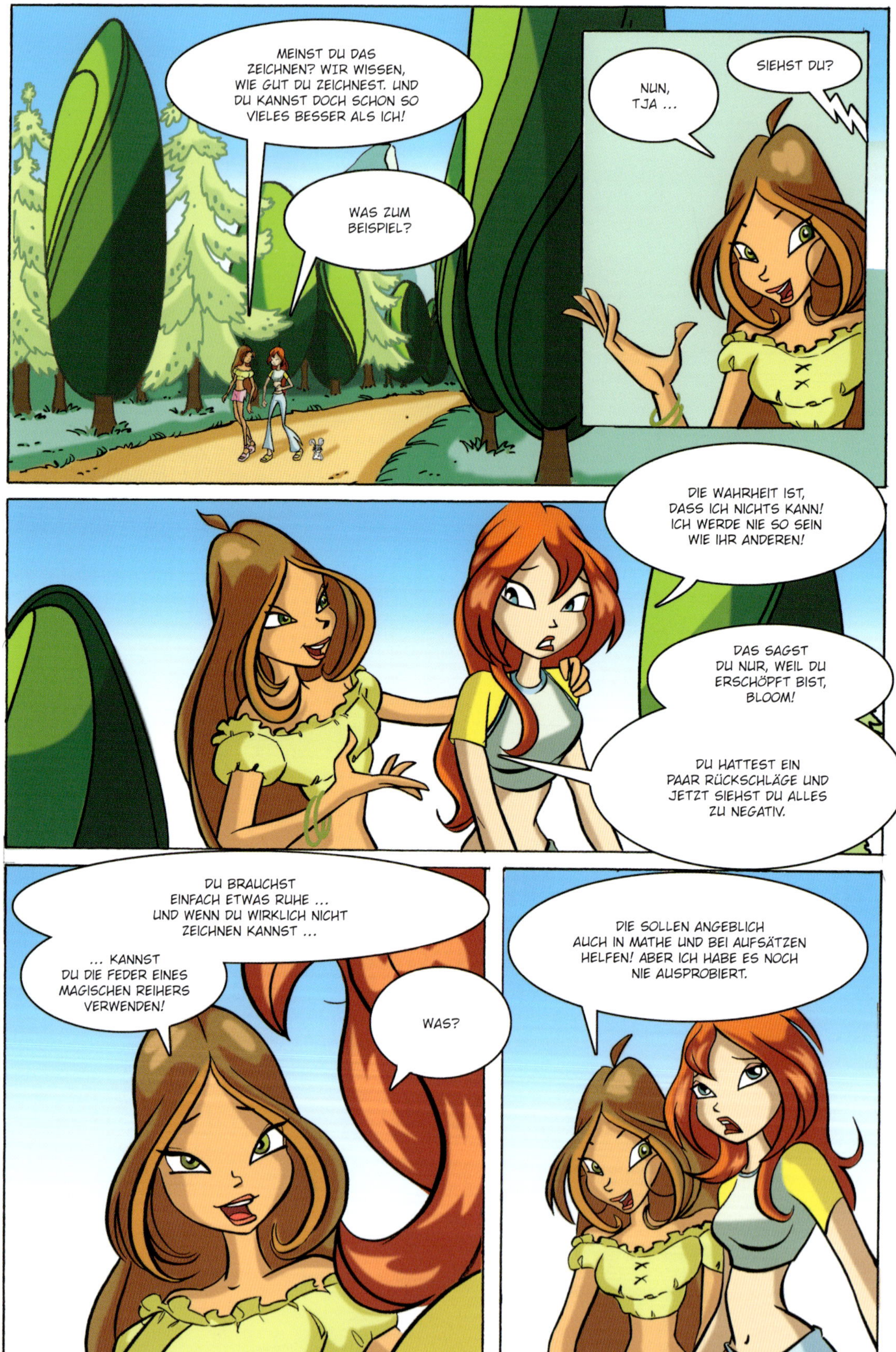
MEINST DU DAS ZEICHNEN? WIR WISSEN, WIE GUT DU ZEICHNEST. UND DU KANNST DOCH SCHON SO VIELES BESSER ALS ICH!
WAS ZUM BEISPIEL?
NUN, TJA …
SIEHST DU?
DIE WAHRHEIT IST, DASS ICH NICHTS KANN! ICH WERDE NIE SO SEIN WIE IHR ANDEREN!
DAS SAGST DU NUR, WEIL DU ERSCHÖPFT BIST, BLOOM!
DU HATTEST EIN PAAR RÜCKSCHLÄGE UND JETZT SIEHST DU ALLES ZU NEGATIV.
DU BRAUCHST EINFACH ETWAS RUHE … UND WENN DU WIRKLICH NICHT ZEICHNEN KANNST …
… KANNST DU DIE FEDER EINES MAGISCHEN REIHERS VERWENDEN!
WAS?
DIE SOLLEN ANGEBLICH AUCH IN MATHE UND BEI AUFSÄTZEN HELFEN! ABER ICH HABE ES NOCH NIE AUSPROBIERT.

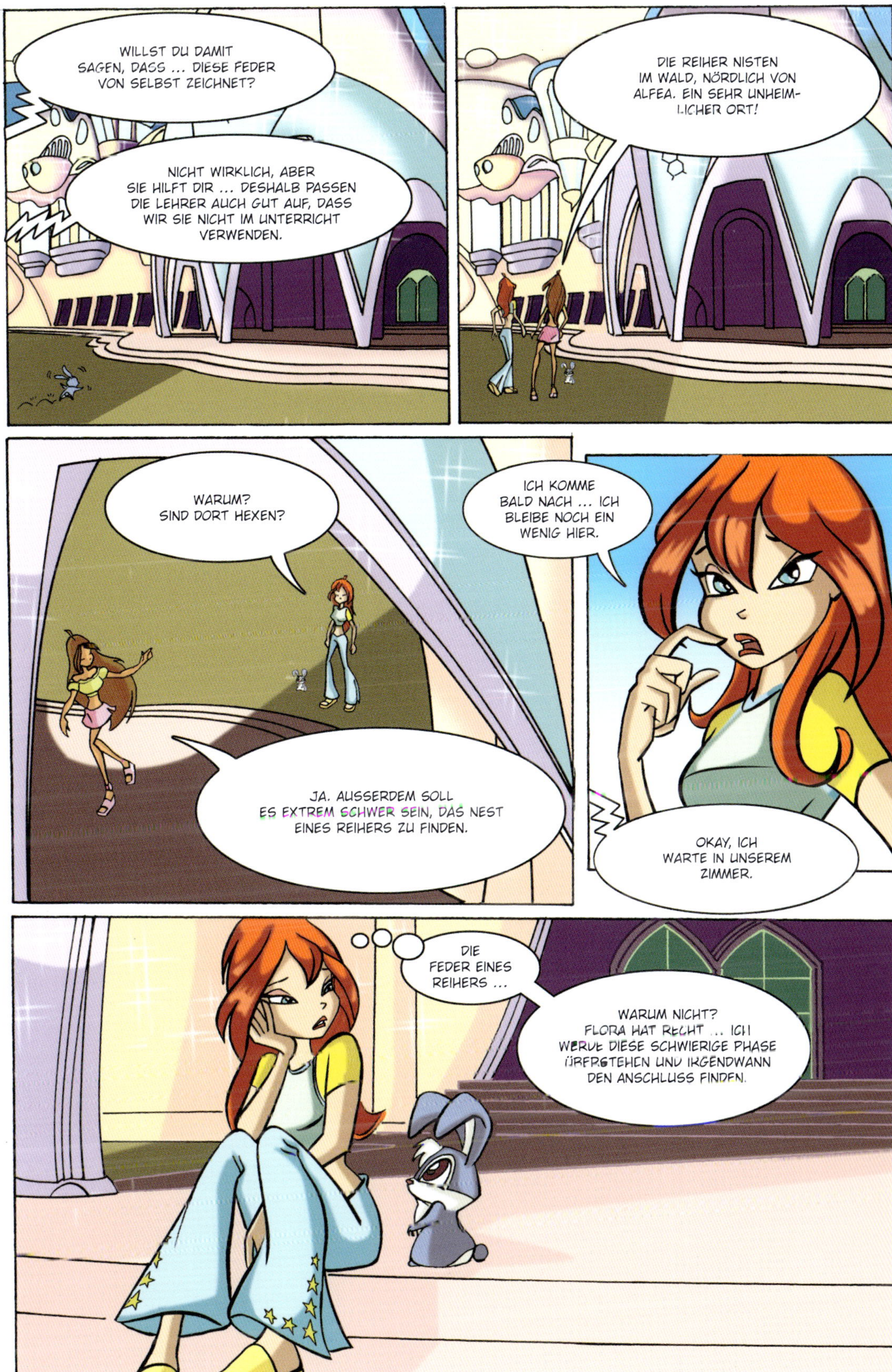
WILLST DU DAMIT SAGEN, DASS ... DIESE FEDER VON SELBST ZEICHNET?
NICHT WIRKLICH, ABER SIE HILFT DIR ... DESHALB PASSEN DIE LEHRER AUCH GUT AUF, DASS WIR SIE NICHT IM UNTERRICHT VERWENDEN.
DIE REIHER NISTEN IM WALD, NÖRDLICH VON ALFEA. EIN SEHR UNHEIM-LICHER ORT!
WARUM? SIND DORT HEXEN?
JA. AUSSERDEM SOLL ES EXTREM SCHWER SEIN, DAS NEST EINES REIHERS ZU FINDEN.
ICH KOMME BALD NACH ... ICH BLEIBE NOCH EIN WENIG HIER.
OKAY, ICH WARTE IN UNSEREM ZIMMER.
DIE FEDER EINES REIHERS ...
WARUM NICHT? FLORA HAT RECHT ... ICH WERDE DIESE SCHWIERIGE PHASE ÜBERSTEHEN UND IRGENDWANN DEN ANSCHLUSS FINDEN.

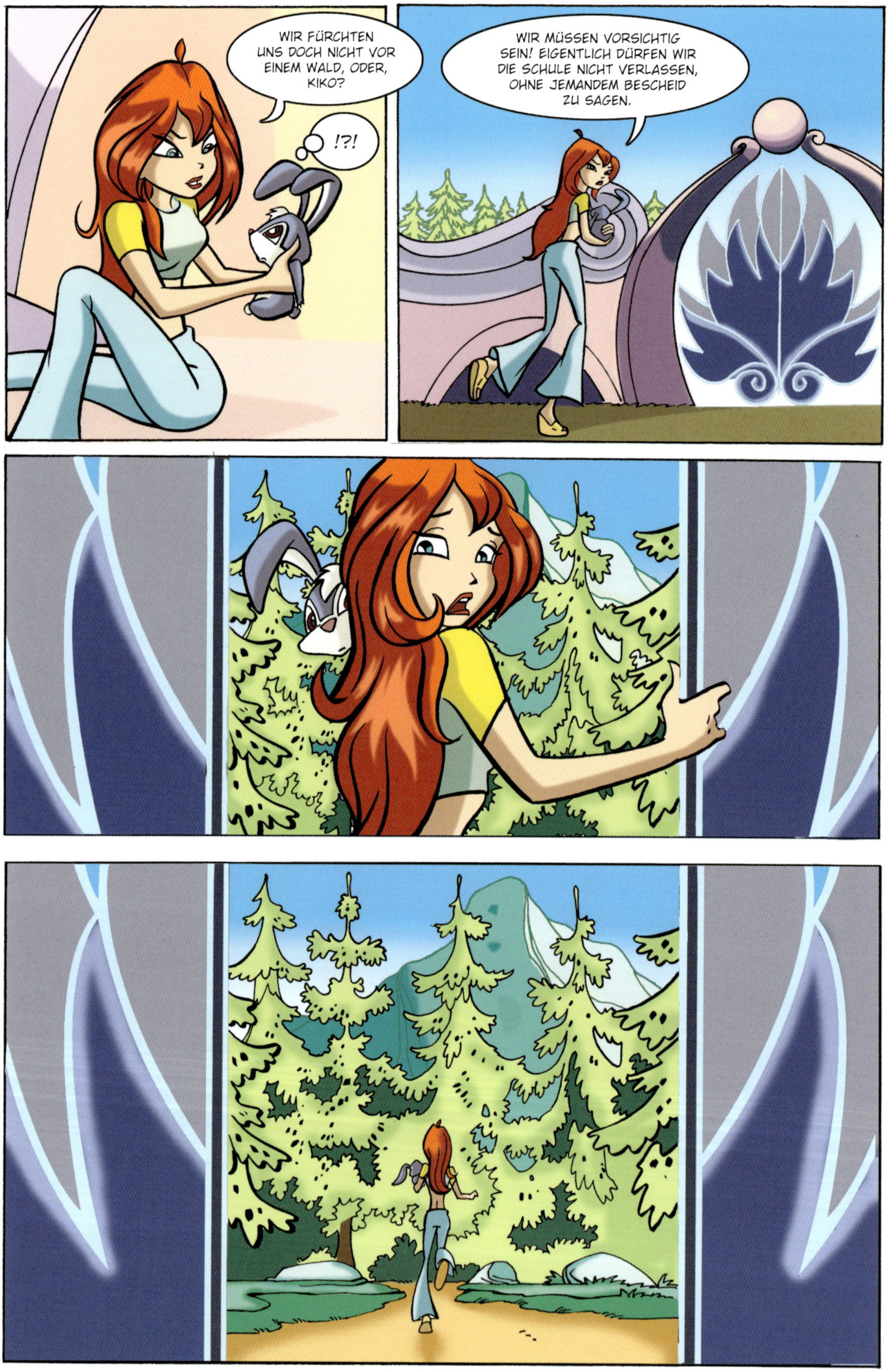
WIR FÜRCHTEN UNS DOCH NICHT VOR EINEM WALD, ODER, KIKO?
!?!
WIR MÜSSEN VORSICHTIG SEIN! EIGENTLICH DÜRFEN WIR DIE SCHULE NICHT VERLASSEN, OHNE JEMANDEM BESCHEID ZU SAGEN.

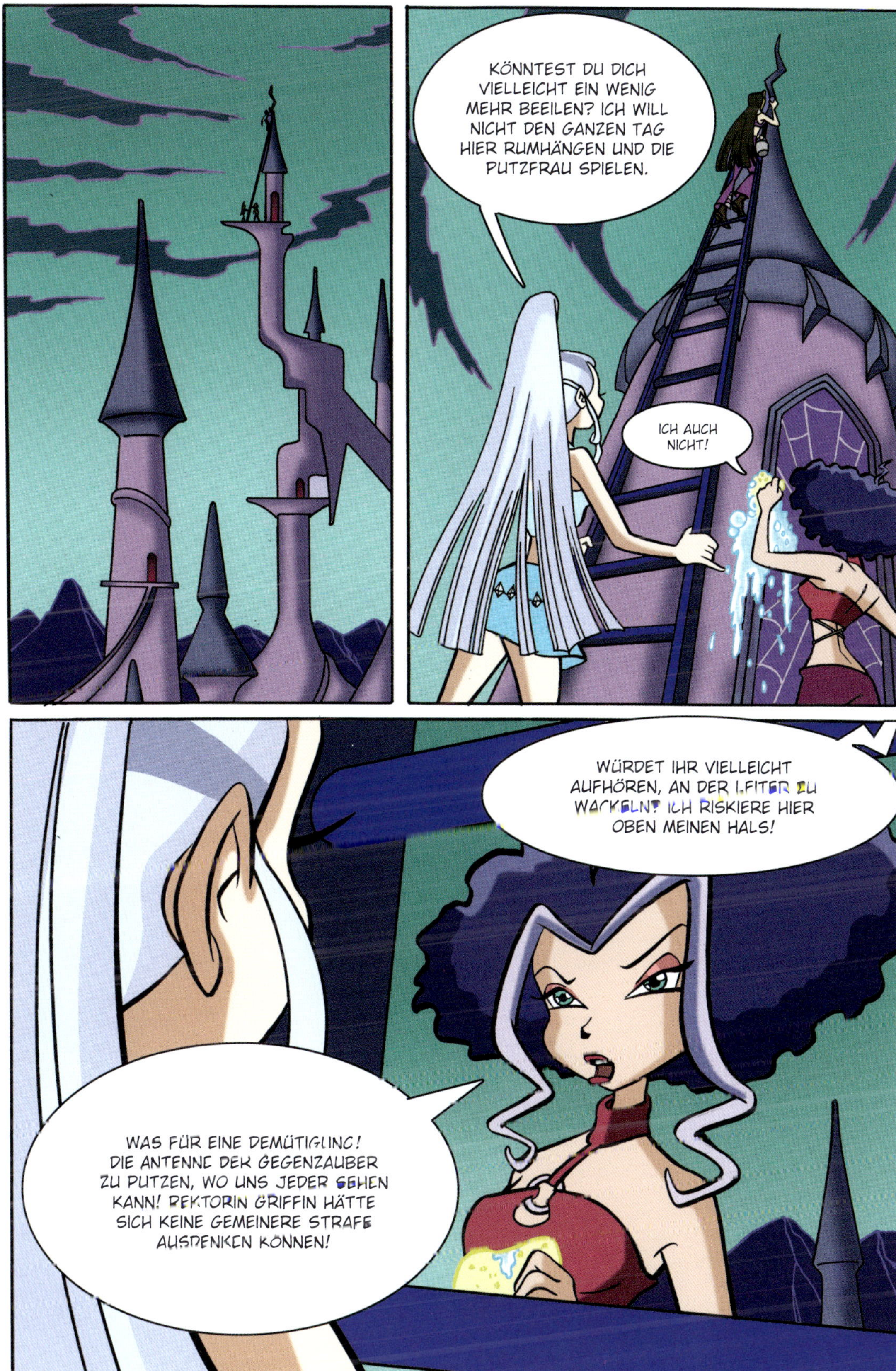
KÖNNTEST DU DICH VIELLEICHT EIN WENIG MEHR BEEILEN? ICH WILL NICHT DEN GANZEN TAG HIER RUMHÄNGEN UND DIE PUTZFRAU SPIELEN.
ICH AUCH NICHT!
WÜRDET IHR VIELLEICHT AUFHÖREN, AN DER LEITER ZU WACKELN? ICH RISKIERE HIER OBEN MEINEN HALS!
WAS FÜR EINE DEMÜTIGUNG! DIE ANTENNE DER GEGENZAUBER ZU PUTZEN, WO UNS JEDER SEHEN KANN! REKTORIN GRIFFIN HÄTTE SICH KEINE GEMEINERE STRAFE AUSDENKEN KÖNNEN!

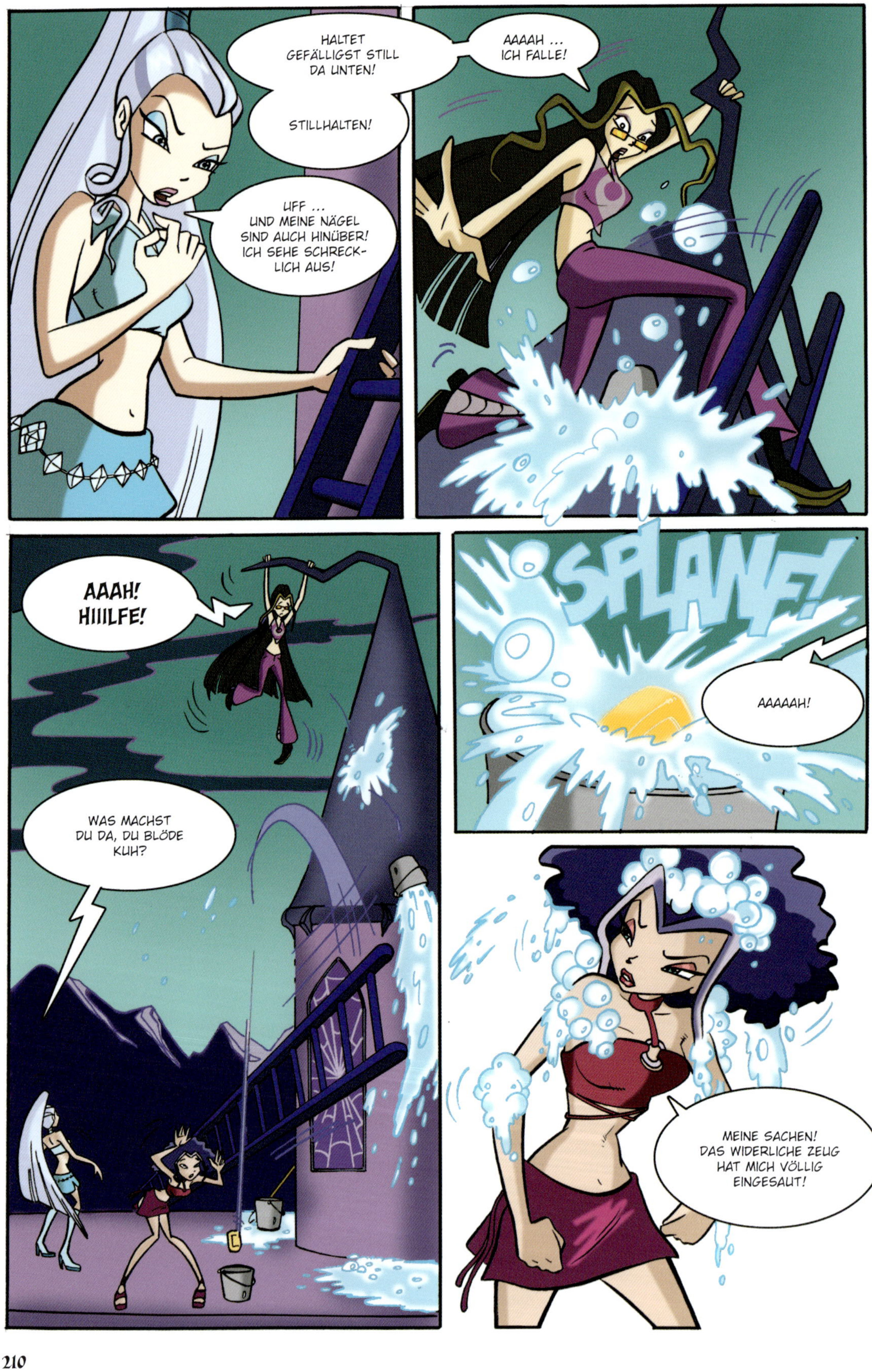
HALTET GEFÄLLIGST STILL DA UNTEN!
STILLHALTEN!
UFF … UND MEINE NÄGEL SIND AUCH HINÜBER! ICH SEHE SCHRECK-LICH AUS!
AAAAH … ICH FALLE!
AAAH! HIIILFE!
WAS MACHST DU DA, DU BLÖDE KUH?
SPLANF!
AAAAAH!
MEINE SACHEN! DAS WIDERLICHE ZEUG HAT MICH VÖLLIG EINGESAUT!

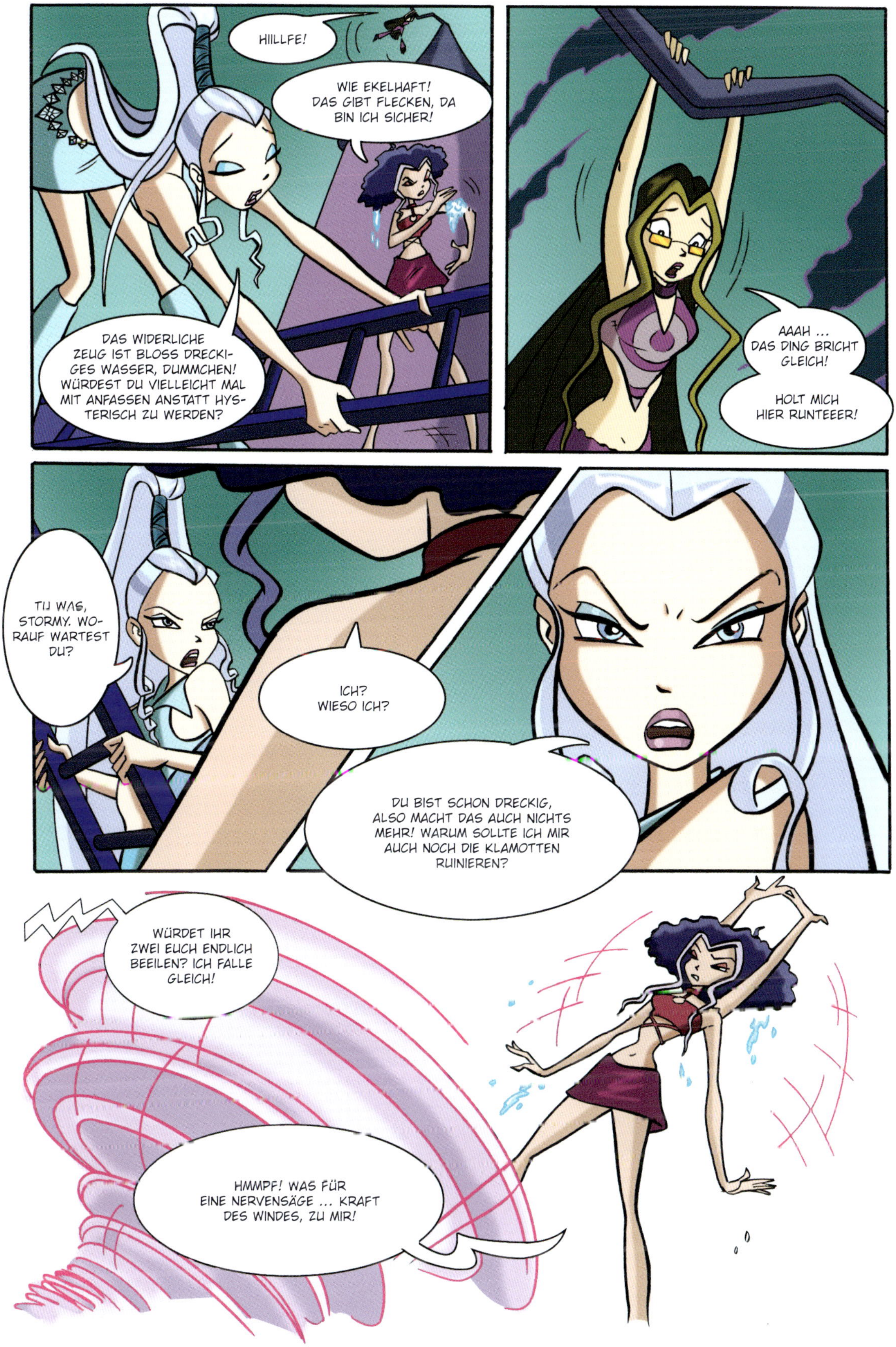
HIILLFE!
WIE EKELHAFT! DAS GIBT FLECKEN, DA BIN ICH SICHER!
DAS WIDERLICHE ZEUG IST BLOSS DRECKIGES WASSER, DUMMCHEN! WÜRDEST DU VIELLEICHT MAL MIT ANFASSEN ANSTATT HYSTERISCH ZU WERDEN?
AAAH ... DAS DING BRICHT GLEICH!
HOLT MICH HIER RUNTEEER!
TU WAS, STORMY. WORAUF WARTEST DU?
ICH? WIESO ICH?
DU BIST SCHON DRECKIG, ALSO MACHT DAS AUCH NICHTS MEHR! WARUM SOLLTE ICH MIR AUCH NOCH DIE KLAMOTTEN RUINIEREN?
WÜRDET IHR ZWEI EUCH ENDLICH BEEILEN? ICH FALLE GLEICH!
HMMPF! WAS FÜR EINE NERVENSÄGE ... KRAFT DES WINDES, ZU MIR!

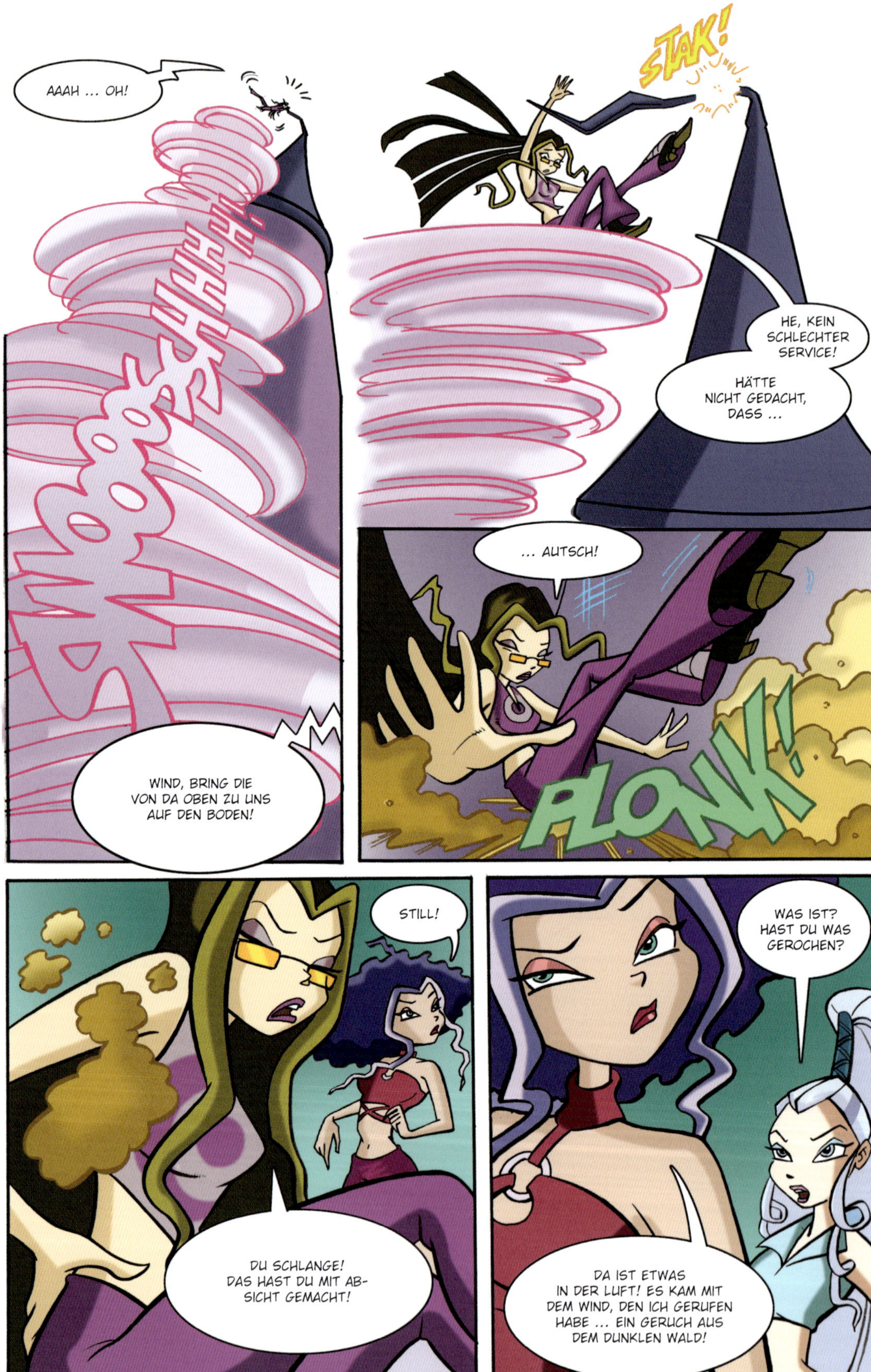
AAAH ... OH!
SWOOOSHHHH
STAK!
HE, KEIN SCHLECHTER SERVICE!
HÄTTE NICHT GEDACHT, DASS ...
WIND, BRING DIE VON DA OBEN ZU UNS AUF DEN BODEN!
... AUTSCH!
PLONK!
STILL!
DU SCHLANGE! DAS HAST DU MIT ABSICHT GEMACHT!
WAS IST? HAST DU WAS GEROCHEN?
DA IST ETWAS IN DER LUFT! ES KAM MIT DEM WIND, DEN ICH GERUFEN HABE ... EIN GERUCH AUS DEM DUNKLEN WALD!

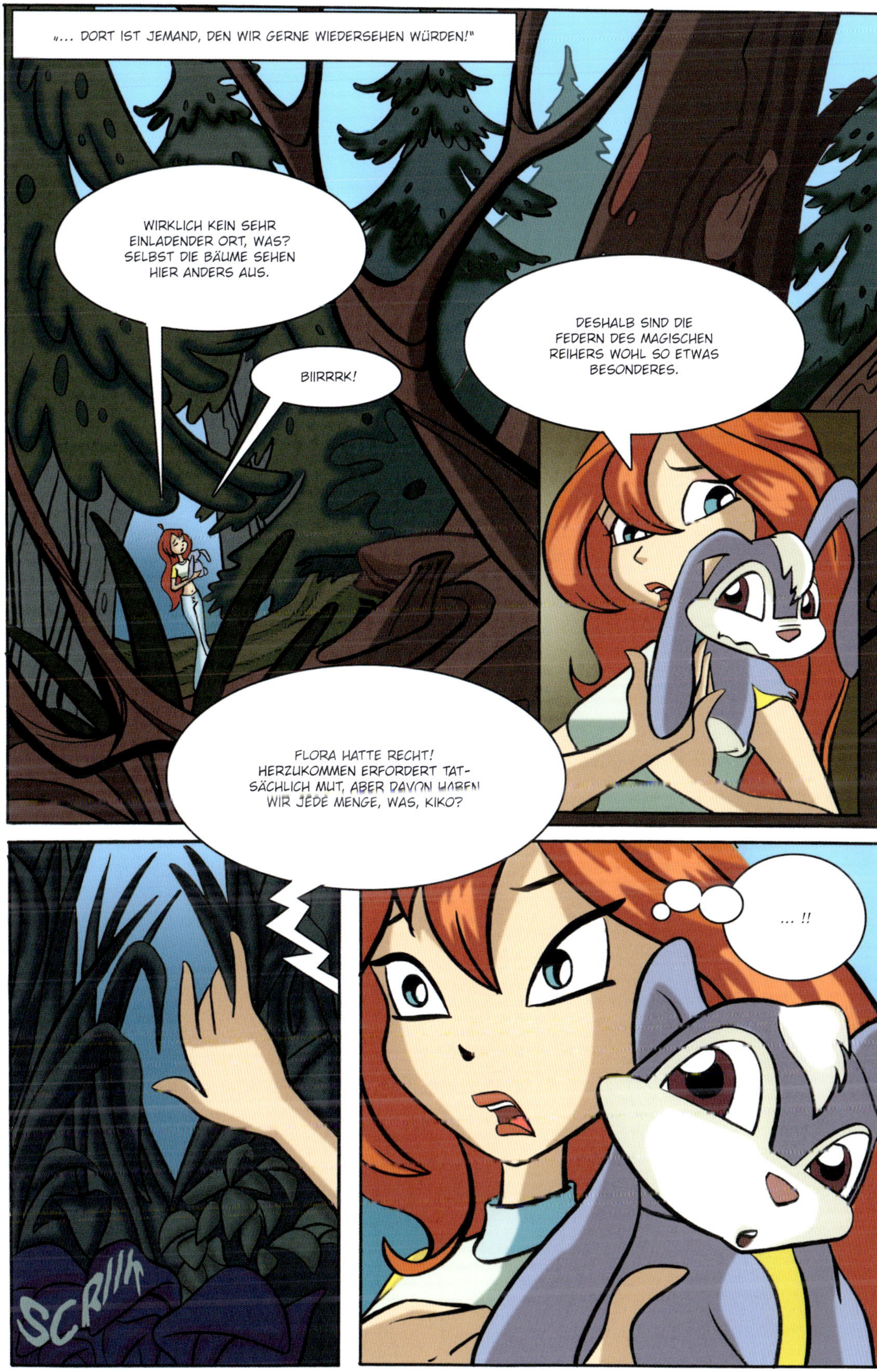
„... DORT IST JEMAND, DEN WIR GERNE WIEDERSEHEN WÜRDEN!"
WIRKLICH KEIN SEHR EINLADENDER ORT, WAS? SELBST DIE BÄUME SEHEN HIER ANDERS AUS.
BIIRRRK!
DESHALB SIND DIE FEDERN DES MAGISCHEN REIHERS WOHL SO ETWAS BESONDERES.
FLORA HATTE RECHT! HERZUKOMMEN ERFORDERT TATSÄCHLICH MUT, ABER DAVON HABEN WIR JEDE MENGE, WAS, KIKO?
... !!
SCRIIK

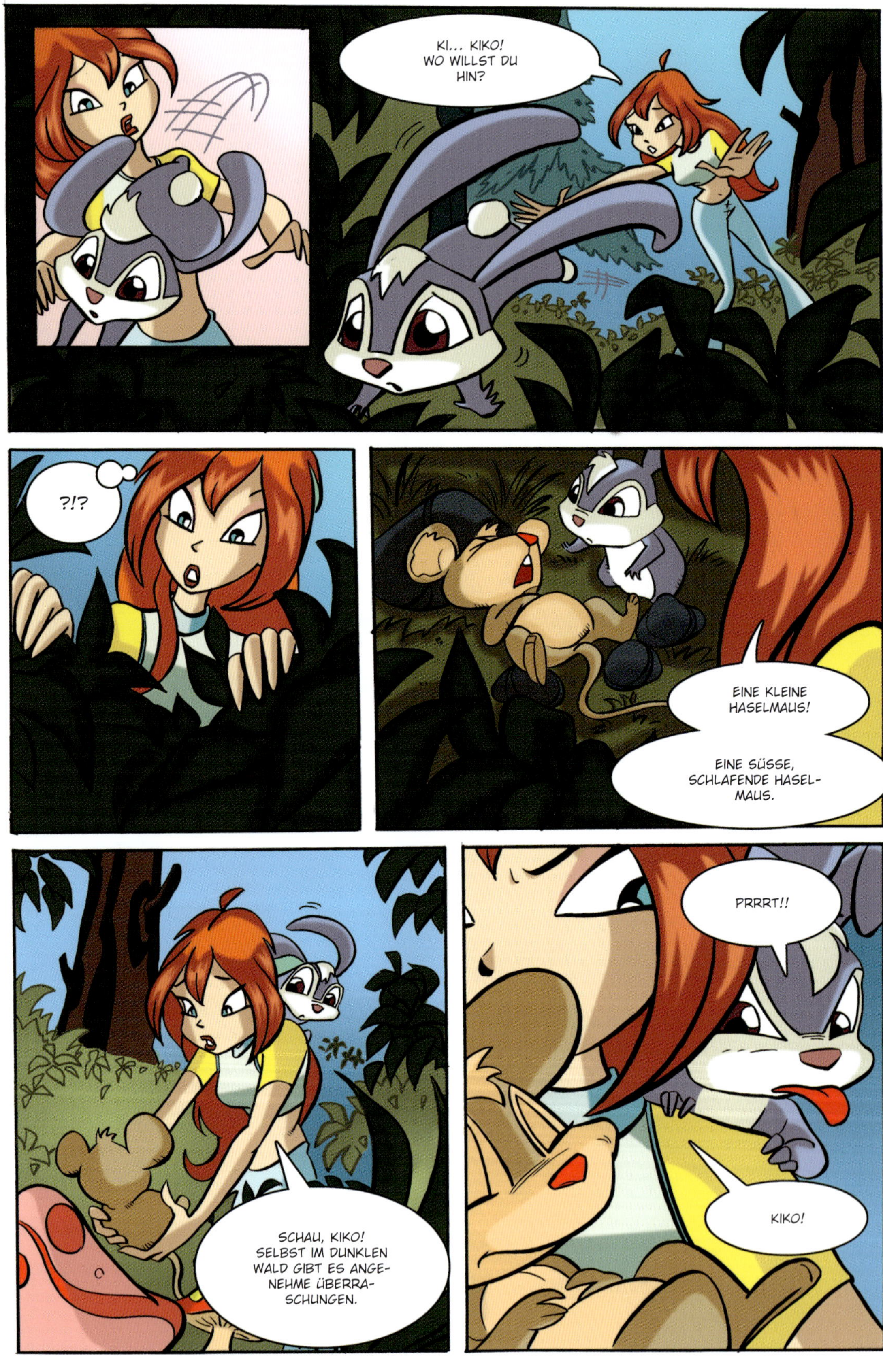
KI... KIKO!
WO WILLST DU
HIN?
?!?
EINE KLEINE
HASELMAUS!
EINE SÜSSE,
SCHLAFENDE HASEL-
MAUS.
SCHAU, KIKO!
SELBST IM DUNKLEN
WALD GIBT ES ANGE-
NEHME ÜBERRA-
SCHUNGEN.
PRRRT!!
KIKO!

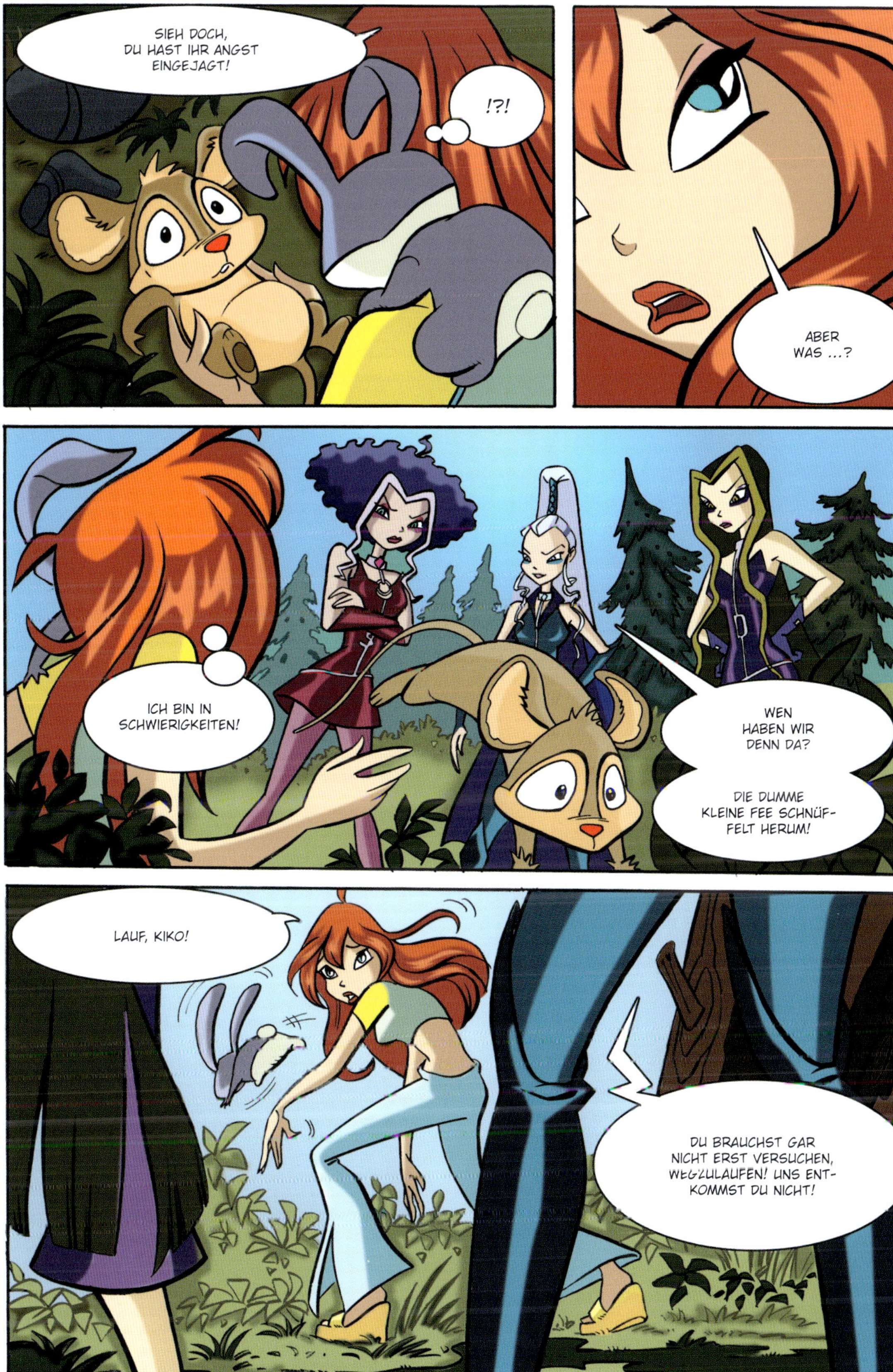
SIEH DOCH, DU HAST IHR ANGST EINGEJAGT!
!?!
ABER WAS ...?
ICH BIN IN SCHWIERIGKEITEN!
WEN HABEN WIR DENN DA?
DIE DUMME KLEINE FEE SCHNÜF-FELT HERUM!
LAUF, KIKO!
DU BRAUCHST GAR NICHT ERST VERSUCHEN, WEGZULAUFEN! UNS ENT-KOMMST DU NICHT!

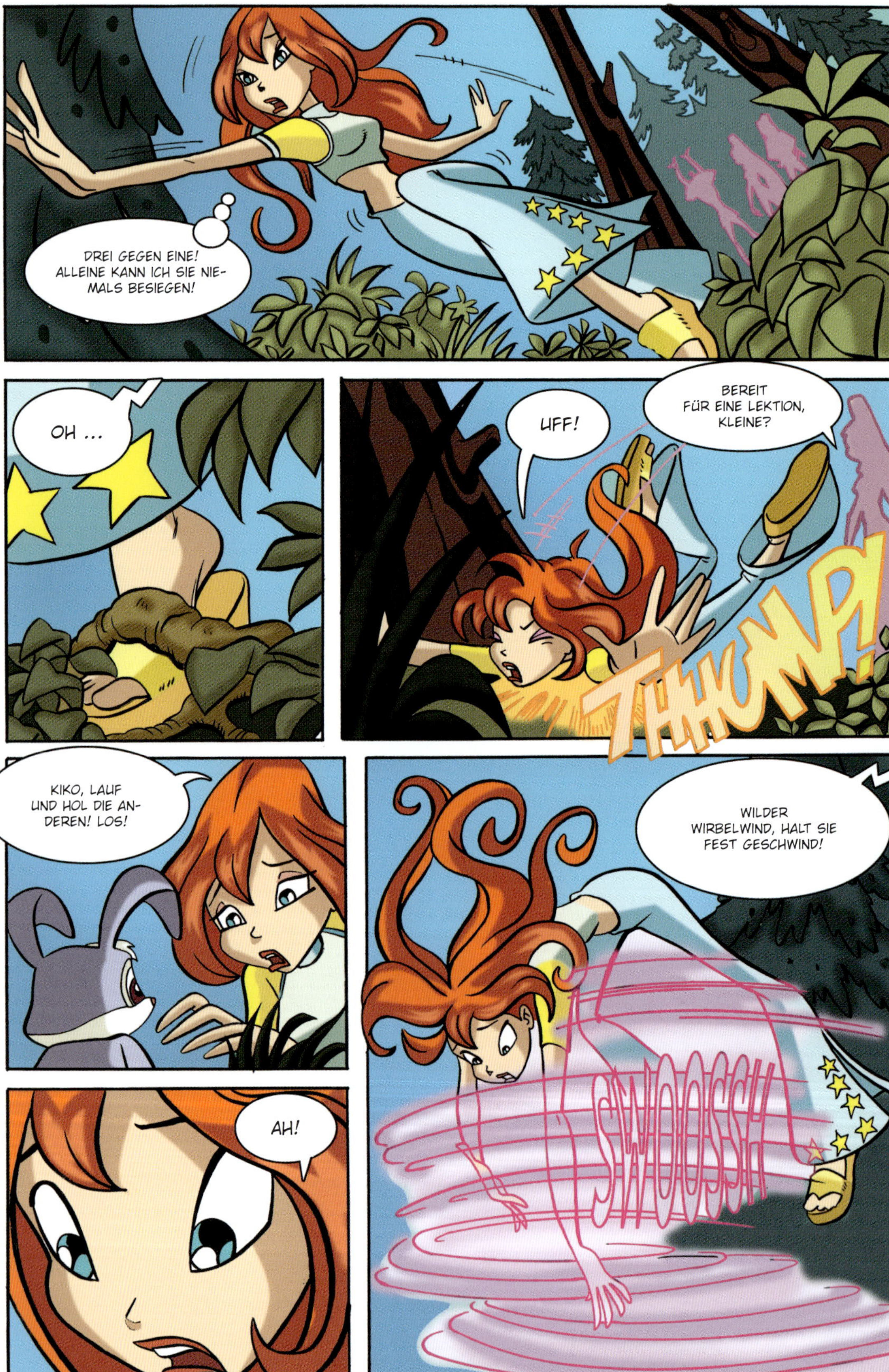
DREI GEGEN EINE! ALLEINE KANN ICH SIE NIEMALS BESIEGEN!
OH ...
UFF!
BEREIT FÜR EINE LEKTION, KLEINE?
THUMP!
KIKO, LAUF UND HOL DIE ANDEREN! LOS!
AH!
WILDER WIRBELWIND, HALT SIE FEST GESCHWIND!
SWOOSSH!

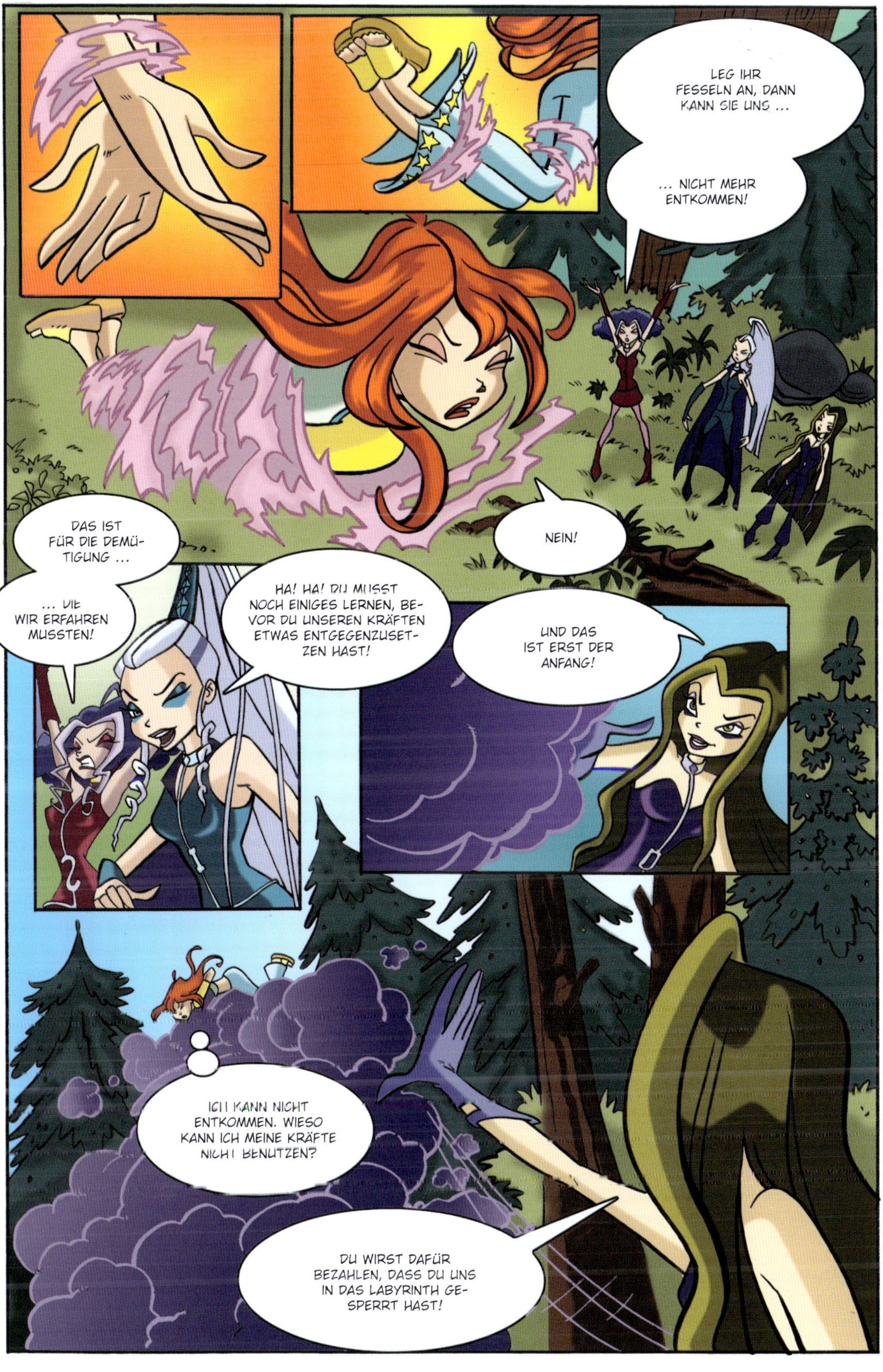
LEG IHR FESSELN AN, DANN KANN SIE UNS ...
... NICHT MEHR ENTKOMMEN!
NEIN!
DAS IST FÜR DIE DEMÜTIGUNG ...
... DIE WIR ERFAHREN MUSSTEN!
HA! HA! DU MUSST NOCH EINIGES LERNEN, BEVOR DU UNSEREN KRÄFTEN ETWAS ENTGEGENZUSETZEN HAST!
UND DAS IST ERST DER ANFANG!
ICH KANN NICHT ENTKOMMEN. WIESO KANN ICH MEINE KRÄFTE NICHT BENUTZEN?
DU WIRST DAFÜR BEZAHLEN, DASS DU UNS IN DAS LABYRINTH GESPERRT HAST!

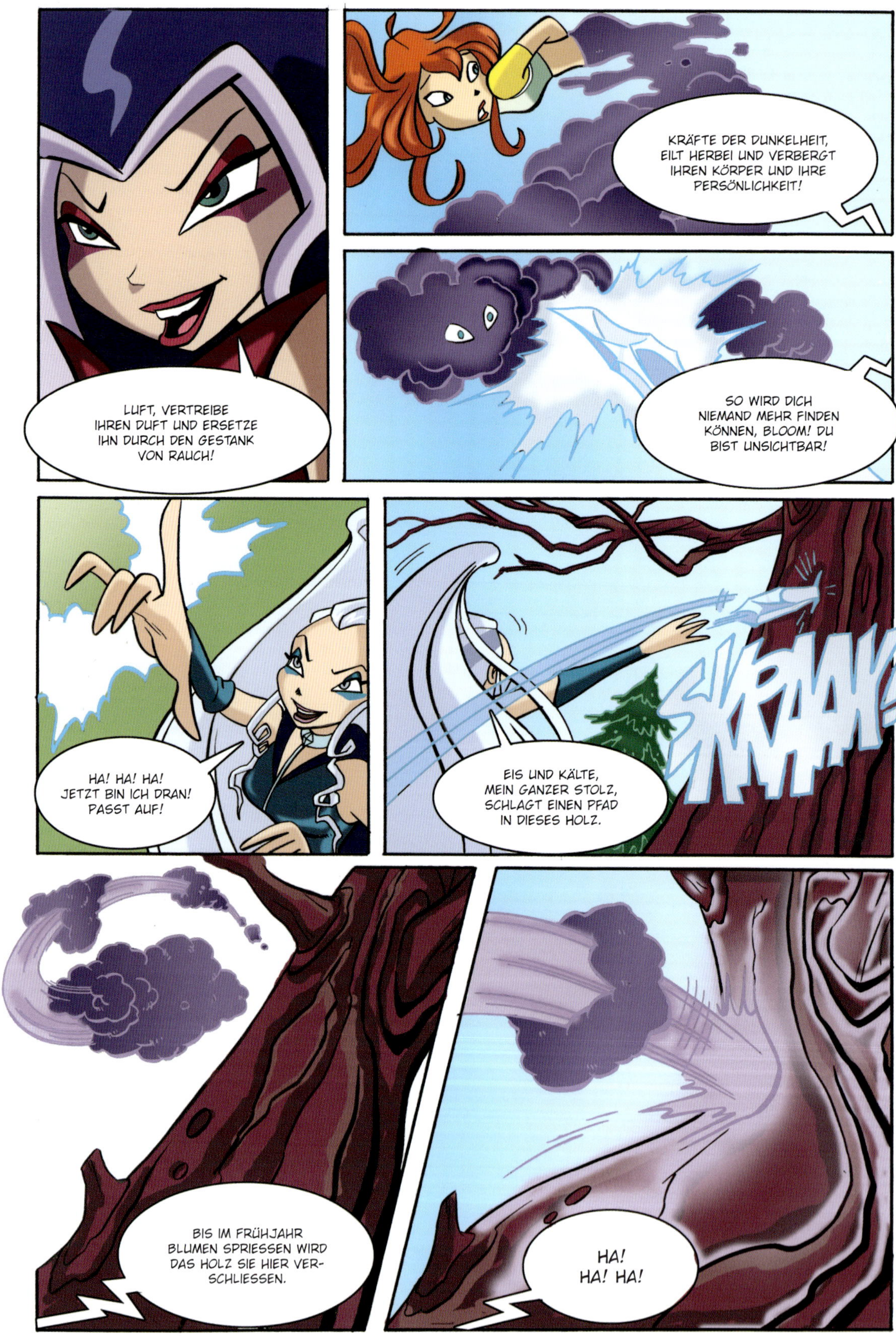
LUFT, VERTREIBE IHREN DUFT UND ERSETZE IHN DURCH DEN GESTANK VON RAUCH!
KRÄFTE DER DUNKELHEIT, EILT HERBEI UND VERBERGT IHREN KÖRPER UND IHRE PERSÖNLICHKEIT!
SO WIRD DICH NIEMAND MEHR FINDEN KÖNNEN, BLOOM! DU BIST UNSICHTBAR!
HA! HA! HA! JETZT BIN ICH DRAN! PASST AUF!
EIS UND KÄLTE, MEIN GANZER STOLZ, SCHLAGT EINEN PFAD IN DIESES HOLZ.
SKRAAK!
BIS IM FRÜHJAHR BLUMEN SPRIESSEN WIRD DAS HOLZ SIE HIER VER-SCHLIESSEN.
HA! HA! HA!

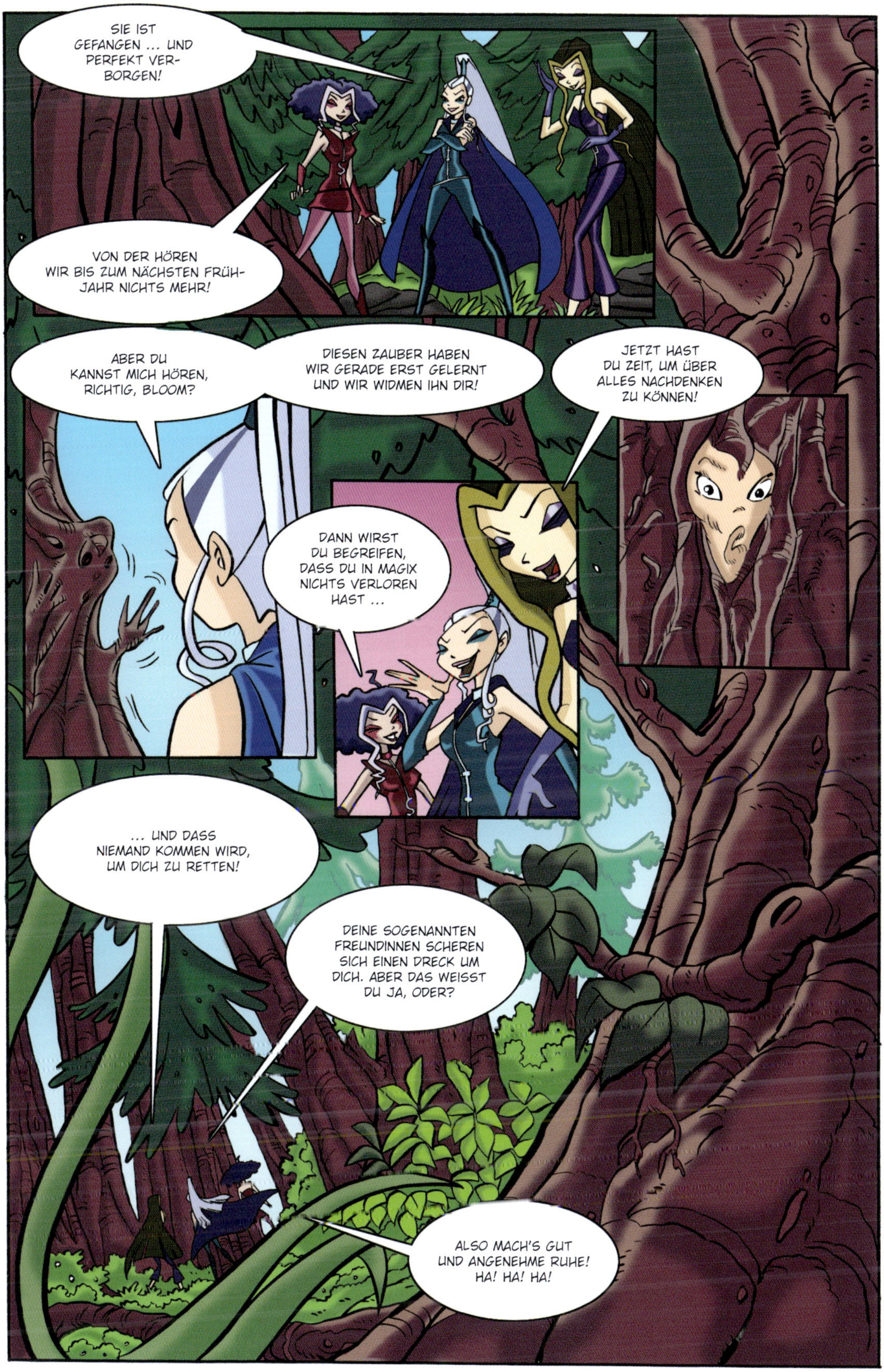
SIE IST GEFANGEN ... UND PERFEKT VERBORGEN!
VON DER HÖREN WIR BIS ZUM NÄCHSTEN FRÜHJAHR NICHTS MEHR!
ABER DU KANNST MICH HÖREN, RICHTIG, BLOOM?
DIESEN ZAUBER HABEN WIR GERADE ERST GELERNT UND WIR WIDMEN IHN DIR!
JETZT HAST DU ZEIT, UM ÜBER ALLES NACHDENKEN ZU KÖNNEN!
DANN WIRST DU BEGREIFEN, DASS DU IN MAGIX NICHTS VERLOREN HAST ...
... UND DASS NIEMAND KOMMEN WIRD, UM DICH ZU RETTEN!
DEINE SOGENANNTEN FREUNDINNEN SCHEREN SICH EINEN DRECK UM DICH. ABER DAS WEISST DU JA, ODER?
ALSO MACH'S GUT UND ANGENEHME RUHE! HA! HA! HA!

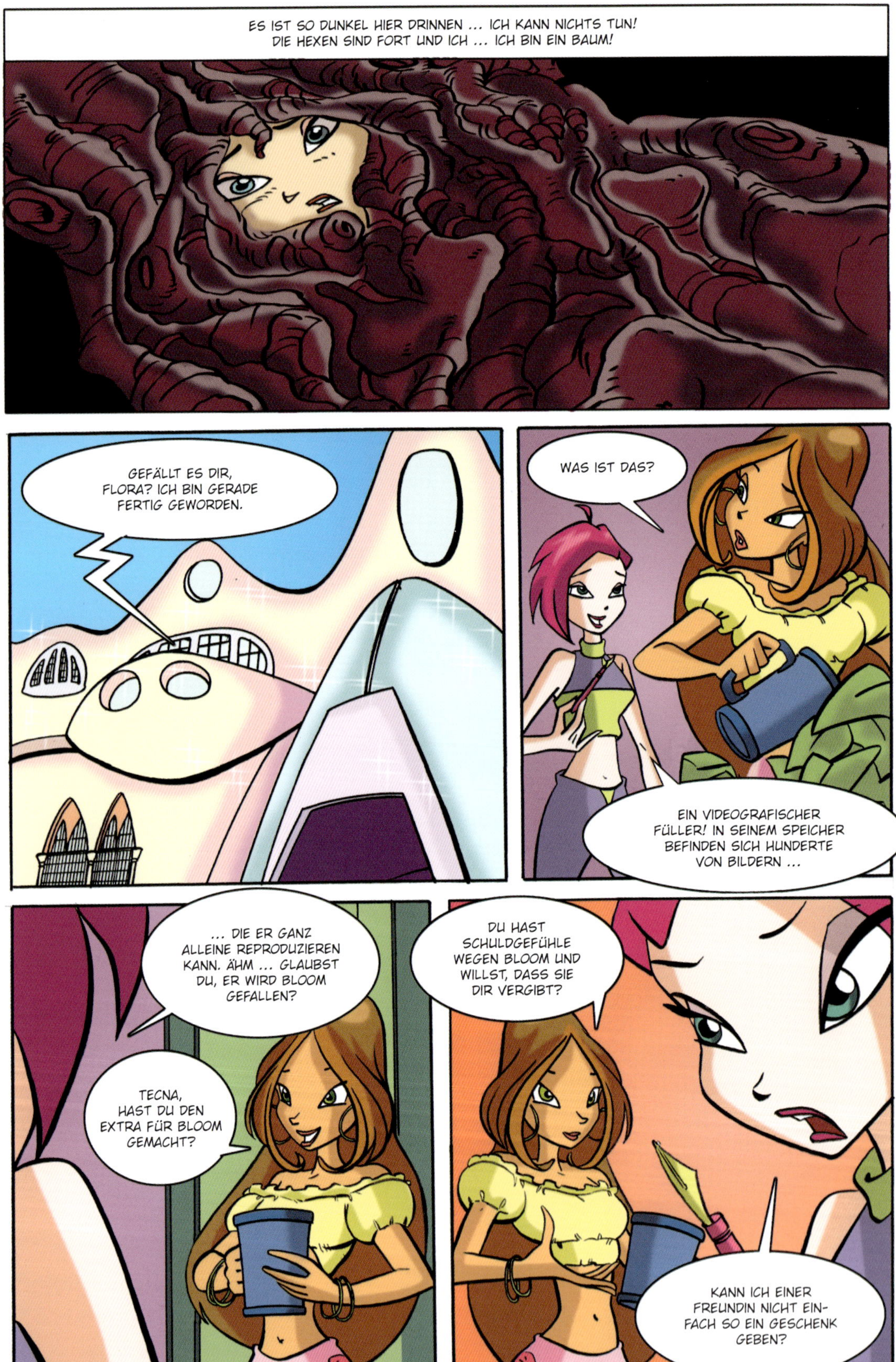

ES IST SO DUNKEL HIER DRINNEN ... ICH KANN NICHTS TUN! DIE HEXEN SIND FORT UND ICH ... ICH BIN EIN BAUM!
GEFÄLLT ES DIR, FLORA? ICH BIN GERADE FERTIG GEWORDEN.
WAS IST DAS?
EIN VIDEOGRAFISCHER FÜLLER! IN SEINEM SPEICHER BEFINDEN SICH HUNDERTE VON BILDERN ...
... DIE ER GANZ ALLEINE REPRODUZIEREN KANN. ÄHM ... GLAUBST DU, ER WIRD BLOOM GEFALLEN?
TECNA, HAST DU DEN EXTRA FÜR BLOOM GEMACHT?
DU HAST SCHULDGEFÜHLE WEGEN BLOOM UND WILLST, DASS SIE DIR VERGIBT?
KANN ICH EINER FREUNDIN NICHT EINFACH SO EIN GESCHENK GEBEN?

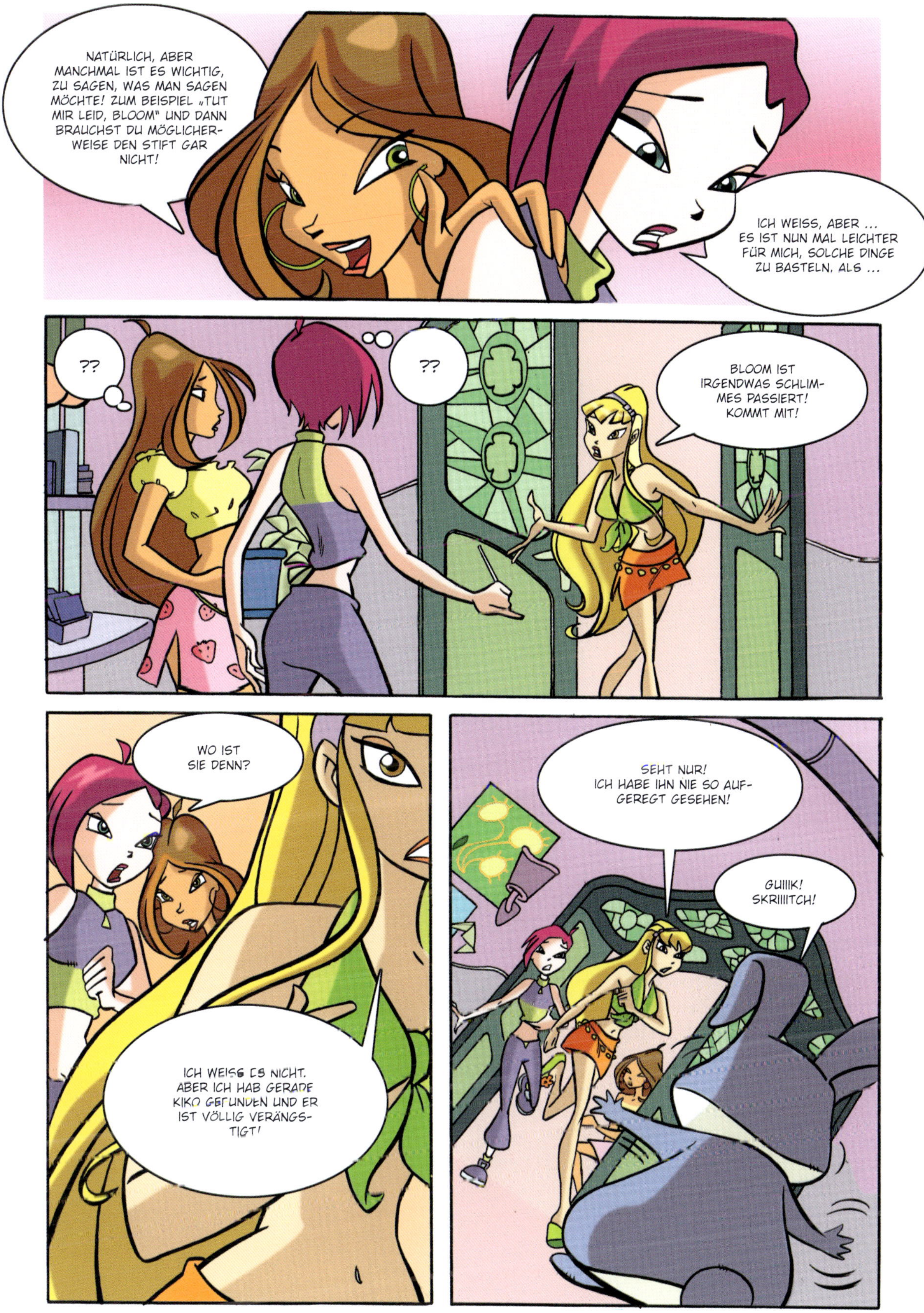
NATÜRLICH, ABER MANCHMAL IST ES WICHTIG, ZU SAGEN, WAS MAN SAGEN MÖCHTE! ZUM BEISPIEL „TUT MIR LEID, BLOOM" UND DANN BRAUCHST DU MÖGLICHERWEISE DEN STIFT GAR NICHT!
ICH WEISS, ABER ... ES IST NUN MAL LEICHTER FÜR MICH, SOLCHE DINGE ZU BASTELN, ALS ...
??
??
BLOOM IST IRGENDWAS SCHLIMMES PASSIERT! KOMMT MIT!
WO IST SIE DENN?
ICH WEISS ES NICHT. ABER ICH HAB GERADE KIKO GEFUNDEN UND ER IST VÖLLIG VERÄNGSTIGT!
SEHT NUR! ICH HABE IHN NIE SO AUFGEREGT GESEHEN!
GUIIIK! SKRIIIITCH!

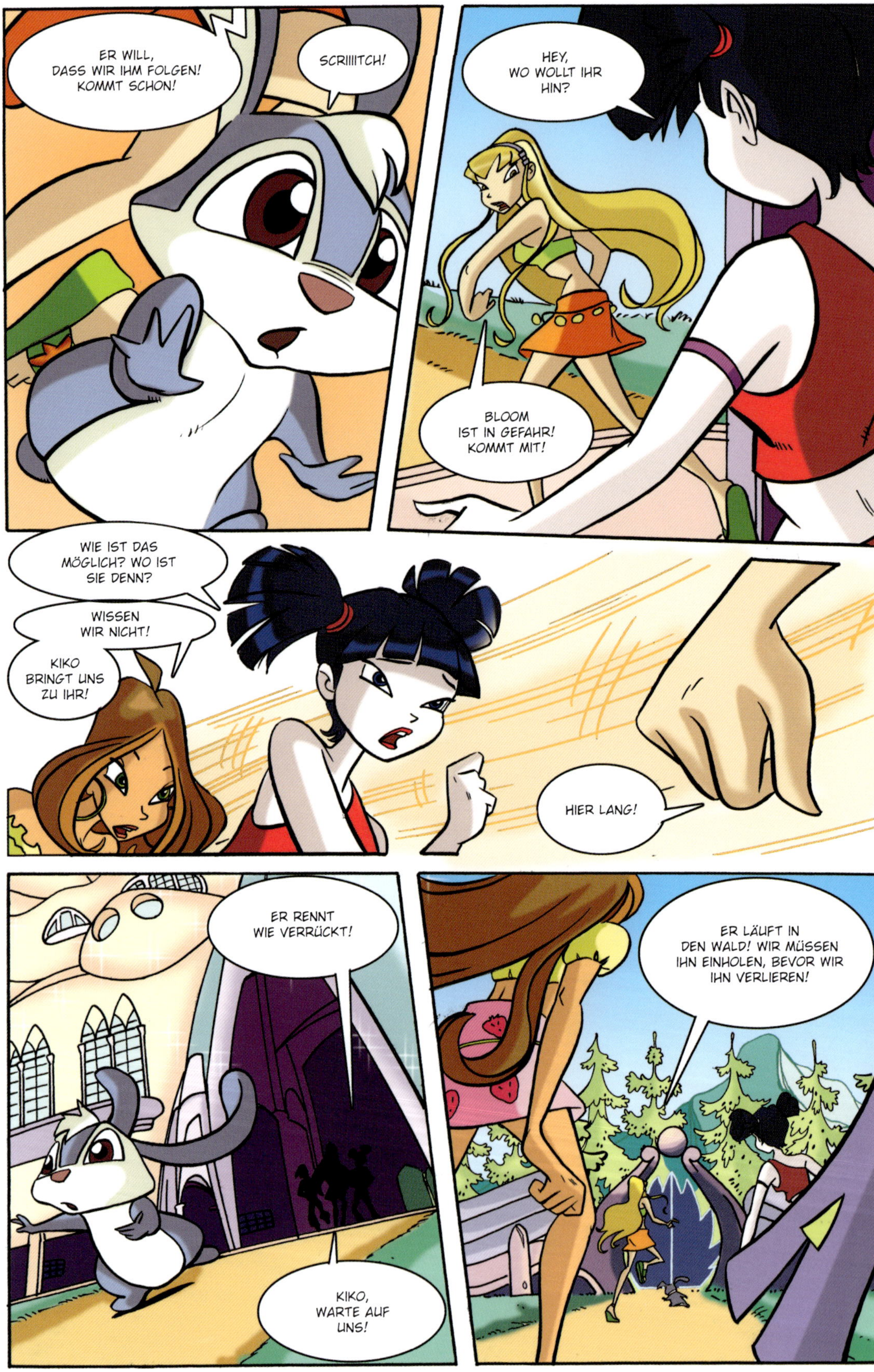
ER WILL, DASS WIR IHM FOLGEN! KOMMT SCHON!
SCRIIIITCH!
HEY, WO WOLLT IHR HIN?
BLOOM IST IN GEFAHR! KOMMT MIT!
WIE IST DAS MÖGLICH? WO IST SIE DENN?
WISSEN WIR NICHT!
KIKO BRINGT UNS ZU IHR!
HIER LANG!
ER RENNT WIE VERRÜCKT!
KIKO, WARTE AUF UNS!
ER LÄUFT IN DEN WALD! WIR MÜSSEN IHN EINHOLEN, BEVOR WIR IHN VERLIEREN!

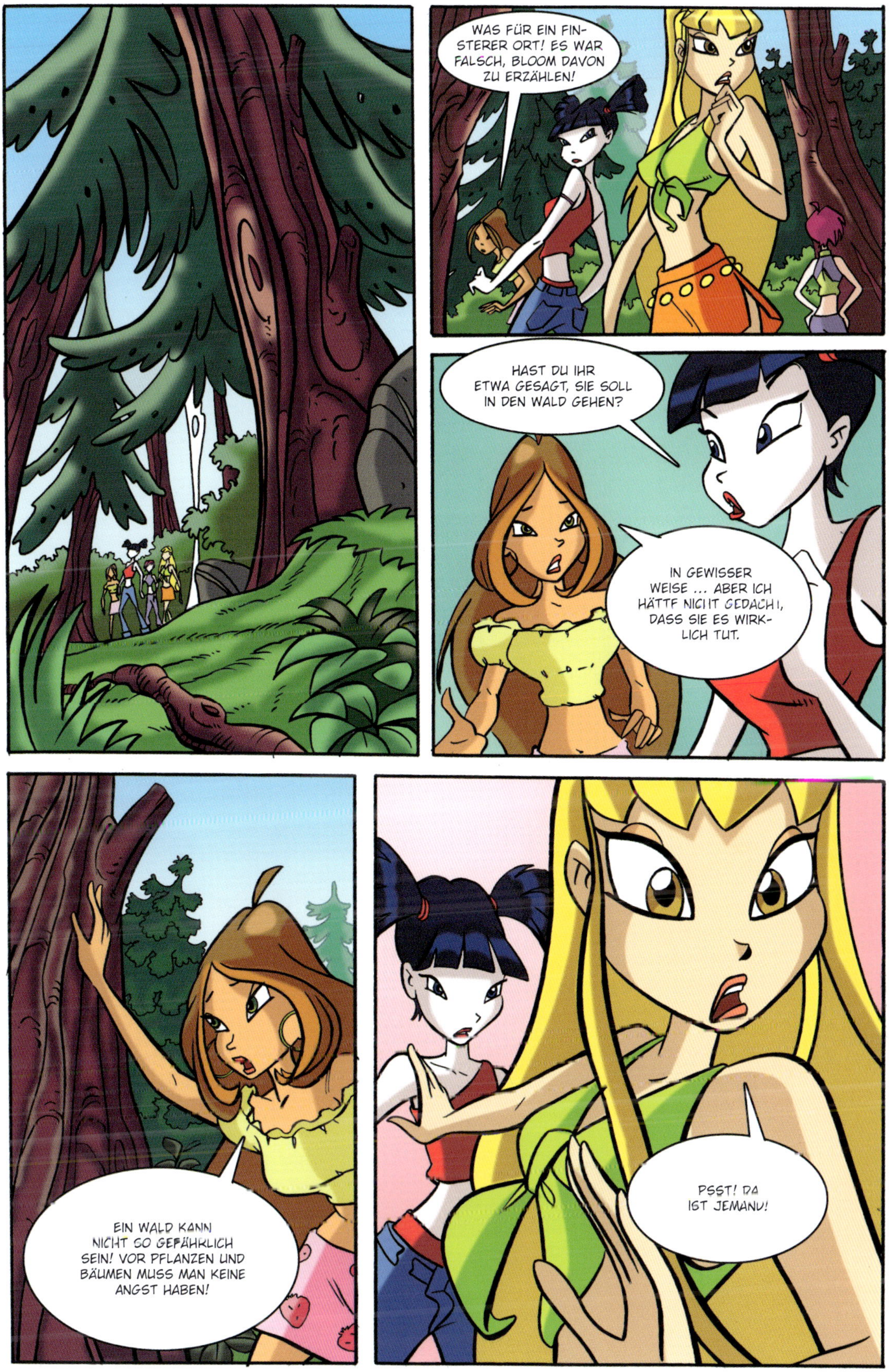
WAS FÜR EIN FIN-
STERER ORT! ES WAR
FALSCH, BLOOM DAVON
ZU ERZÄHLEN!
HAST DU IHR
ETWA GESAGT, SIE SOLL
IN DEN WALD GEHEN?
IN GEWISSER
WEISE ... ABER ICH
HÄTTE NICHT GEDACHT,
DASS SIE ES WIRK-
LICH TUT.
EIN WALD KANN
NICHT SO GEFÄHRLICH
SEIN! VOR PFLANZEN UND
BÄUMEN MUSS MAN KEINE
ANGST HABEN!
PSST! DA
IST JEMAND!

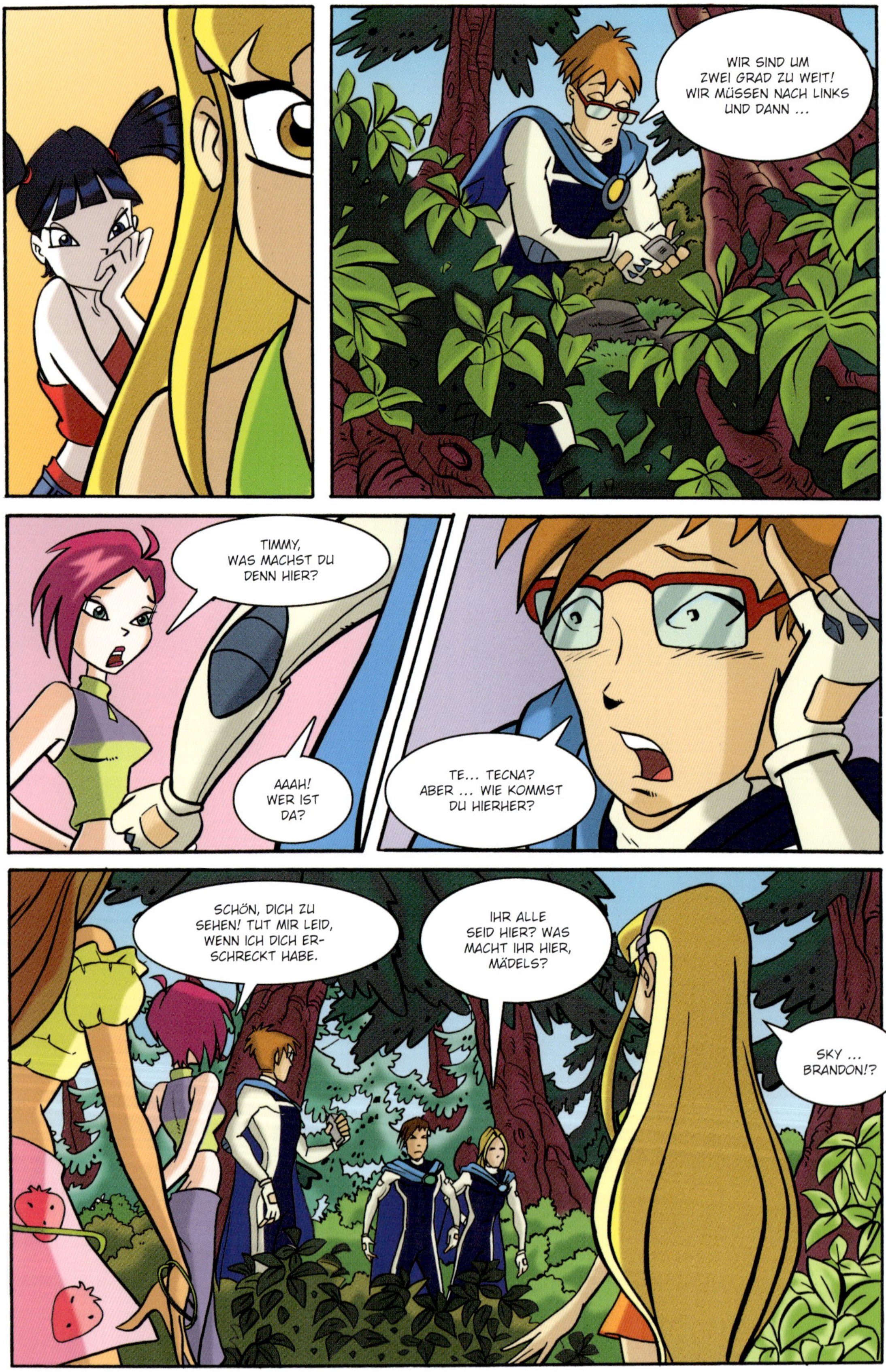
WIR SIND UM ZWEI GRAD ZU WEIT! WIR MÜSSEN NACH LINKS UND DANN ...
TIMMY, WAS MACHST DU DENN HIER?
AAAH! WER IST DA?
TE... TECNA? ABER ... WIE KOMMST DU HIERHER?
SCHÖN, DICH ZU SEHEN! TUT MIR LEID, WENN ICH DICH ER-SCHRECKT HABE.
IHR ALLE SEID HIER? WAS MACHT IHR HIER, MÄDELS?
SKY ... BRANDON!?

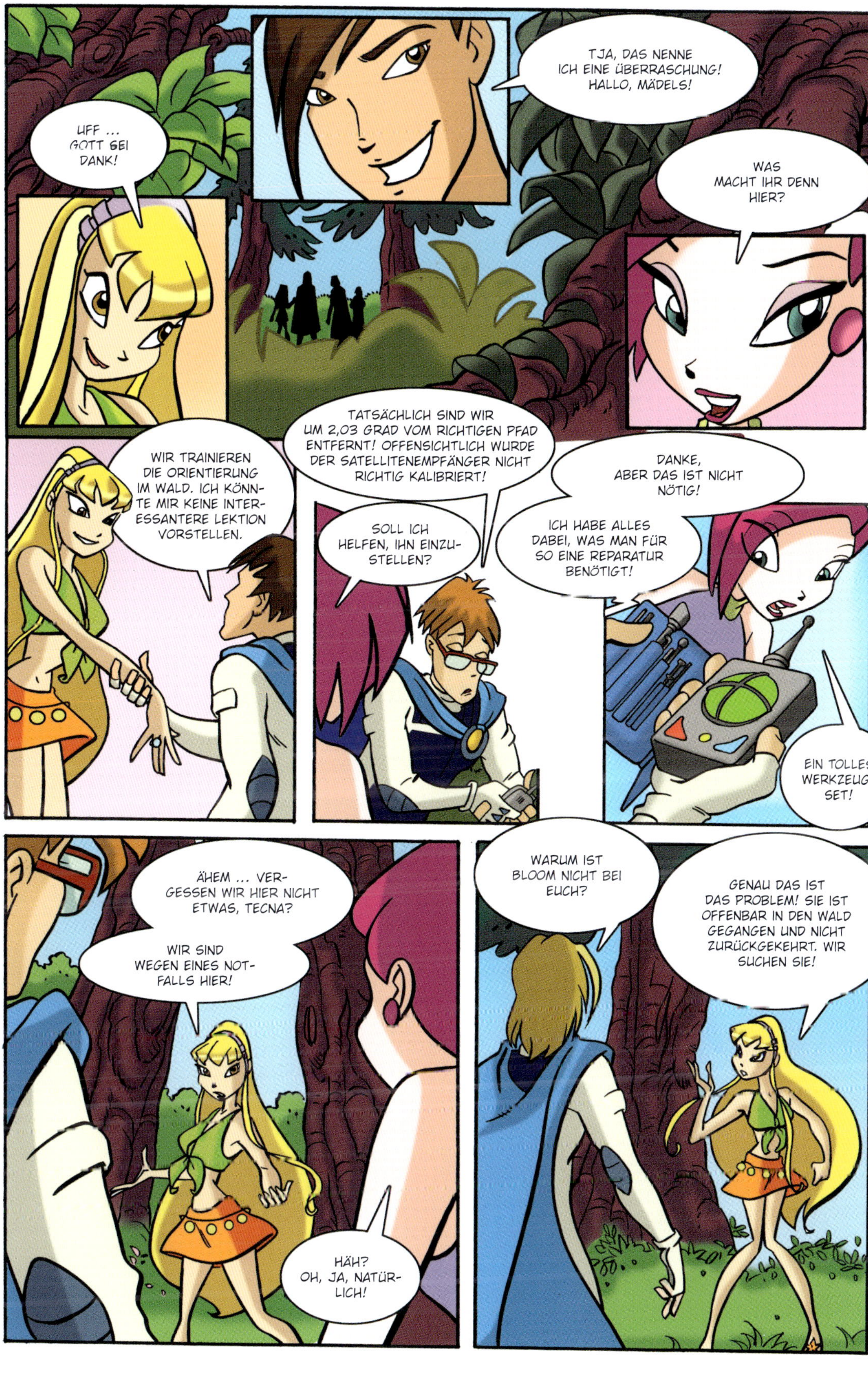
UFF ... GOTT SEI DANK!
TJA, DAS NENNE ICH EINE ÜBERRASCHUNG! HALLO, MÄDELS!
WAS MACHT IHR DENN HIER?
WIR TRAINIEREN DIE ORIENTIERUNG IM WALD. ICH KÖNNTE MIR KEINE INTERESSANTERE LEKTION VORSTELLEN.
TATSÄCHLICH SIND WIR UM 2,03 GRAD VOM RICHTIGEN PFAD ENTFERNT! OFFENSICHTLICH WURDE DER SATELLITENEMPFÄNGER NICHT RICHTIG KALIBRIERT!
SOLL ICH HELFEN, IHN EINZUSTELLEN?
DANKE, ABER DAS IST NICHT NÖTIG!
ICH HABE ALLES DABEI, WAS MAN FÜR SO EINE REPARATUR BENÖTIGT!
EIN TOLLES WERKZEUG-SET!
ÄHEM ... VERGESSEN WIR HIER NICHT ETWAS, TECNA?
WIR SIND WEGEN EINES NOTFALLS HIER!
HÄH? OH, JA, NATÜRLICH!
WARUM IST BLOOM NICHT BEI EUCH?
GENAU DAS IST DAS PROBLEM! SIE IST OFFENBAR IN DEN WALD GEGANGEN UND NICHT ZURÜCKGEKEHRT. WIR SUCHEN SIE!

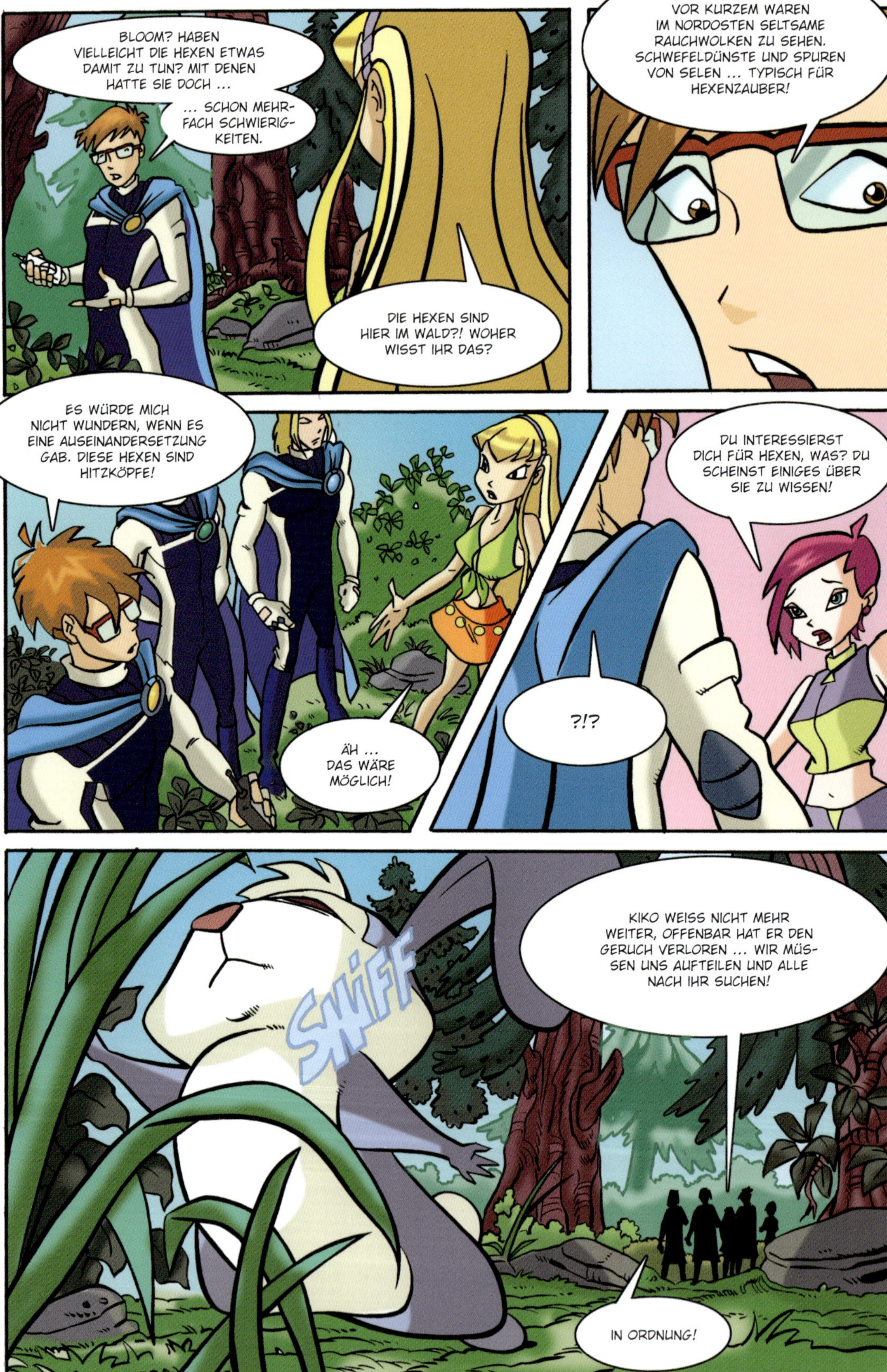
BLOOM? HABEN VIELLEICHT DIE HEXEN ETWAS DAMIT ZU TUN? MIT DENEN HATTE SIE DOCH …
… SCHON MEHRFACH SCHWIERIGKEITEN.
DIE HEXEN SIND HIER IM WALD?! WOHER WISST IHR DAS?
VOR KURZEM WAREN IM NORDOSTEN SELTSAME RAUCHWOLKEN ZU SEHEN. SCHWEFELDÜNSTE UND SPUREN VON SELEN … TYPISCH FÜR HEXENZAUBER!
ES WÜRDE MICH NICHT WUNDERN, WENN ES EINE AUSEINANDERSETZUNG GAB. DIESE HEXEN SIND HITZKÖPFE!
ÄH … DAS WÄRE MÖGLICH!
DU INTERESSIERST DICH FÜR HEXEN, WAS? DU SCHEINST EINIGES ÜBER SIE ZU WISSEN!
?!?
SNIFF
KIKO WEISS NICHT MEHR WEITER, OFFENBAR HAT ER DEN GERUCH VERLOREN … WIR MÜSSEN UNS AUFTEILEN UND ALLE NACH IHR SUCHEN!
IN ORDNUNG!

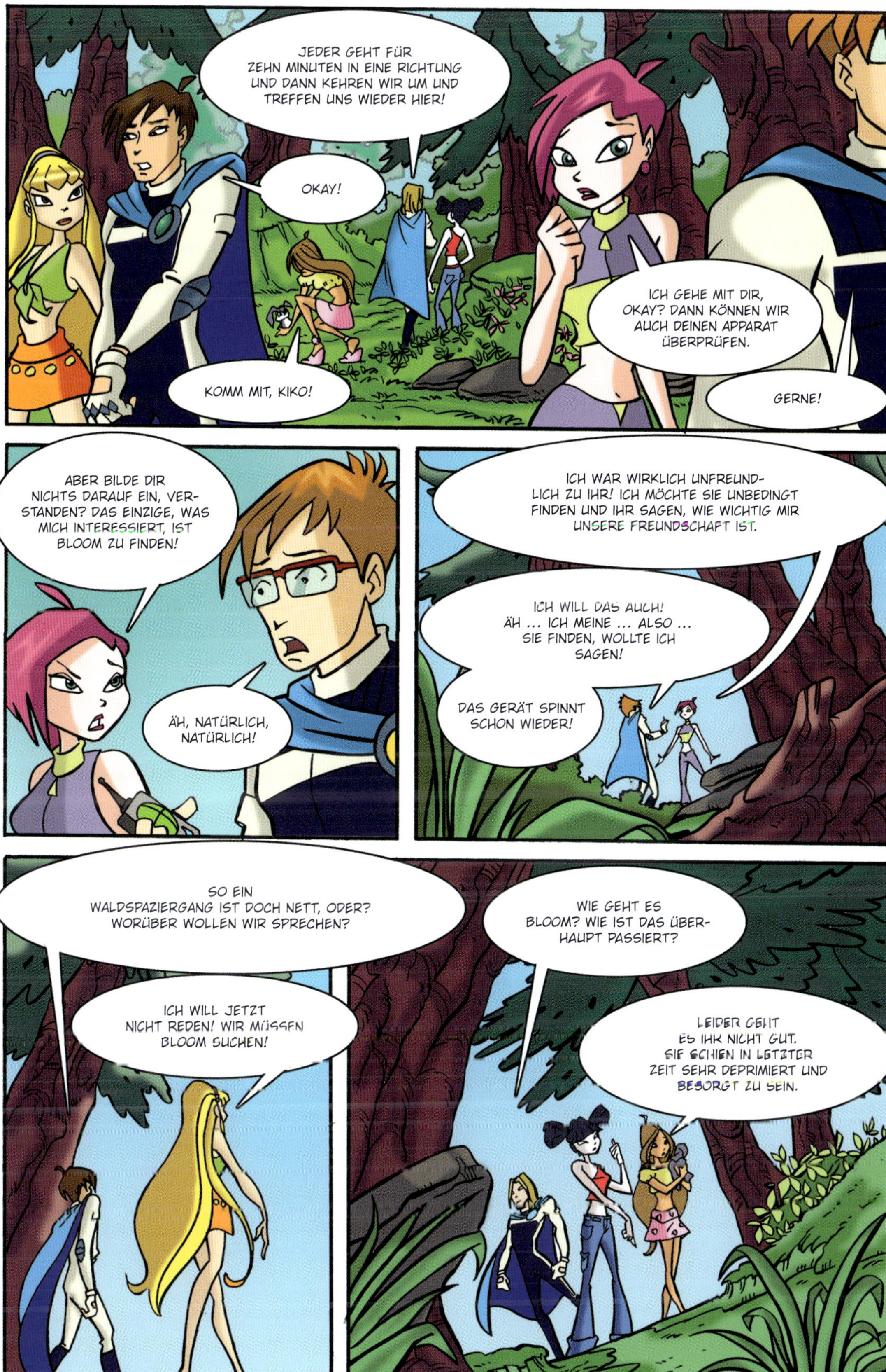
JEDER GEHT FÜR ZEHN MINUTEN IN EINE RICHTUNG UND DANN KEHREN WIR UM UND TREFFEN UNS WIEDER HIER!
OKAY!
KOMM MIT, KIKO!
ICH GEHE MIT DIR, OKAY? DANN KÖNNEN WIR AUCH DEINEN APPARAT ÜBERPRÜFEN.
GERNE!
ABER BILDE DIR NICHTS DARAUF EIN, VERSTANDEN? DAS EINZIGE, WAS MICH INTERESSIERT, IST BLOOM ZU FINDEN!
ÄH, NATÜRLICH, NATÜRLICH!
ICH WAR WIRKLICH UNFREUNDLICH ZU IHR! ICH MÖCHTE SIE UNBEDINGT FINDEN UND IHR SAGEN, WIE WICHTIG MIR UNSERE FREUNDSCHAFT IST.
ICH WILL DAS AUCH! ÄH ... ICH MEINE ... ALSO ... SIE FINDEN, WOLLTE ICH SAGEN!
DAS GERÄT SPINNT SCHON WIEDER!
SO EIN WALDSPAZIERGANG IST DOCH NETT, ODER? WORÜBER WOLLEN WIR SPRECHEN?
ICH WILL JETZT NICHT REDEN! WIR MÜSSEN BLOOM SUCHEN!
WIE GEHT ES BLOOM? WIE IST DAS ÜBERHAUPT PASSIERT?
LEIDER GEHT ES IHR NICHT GUT. SIE SCHIEN IN LETZTER ZEIT SEHR DEPRIMIERT UND BESORGT ZU SEIN.

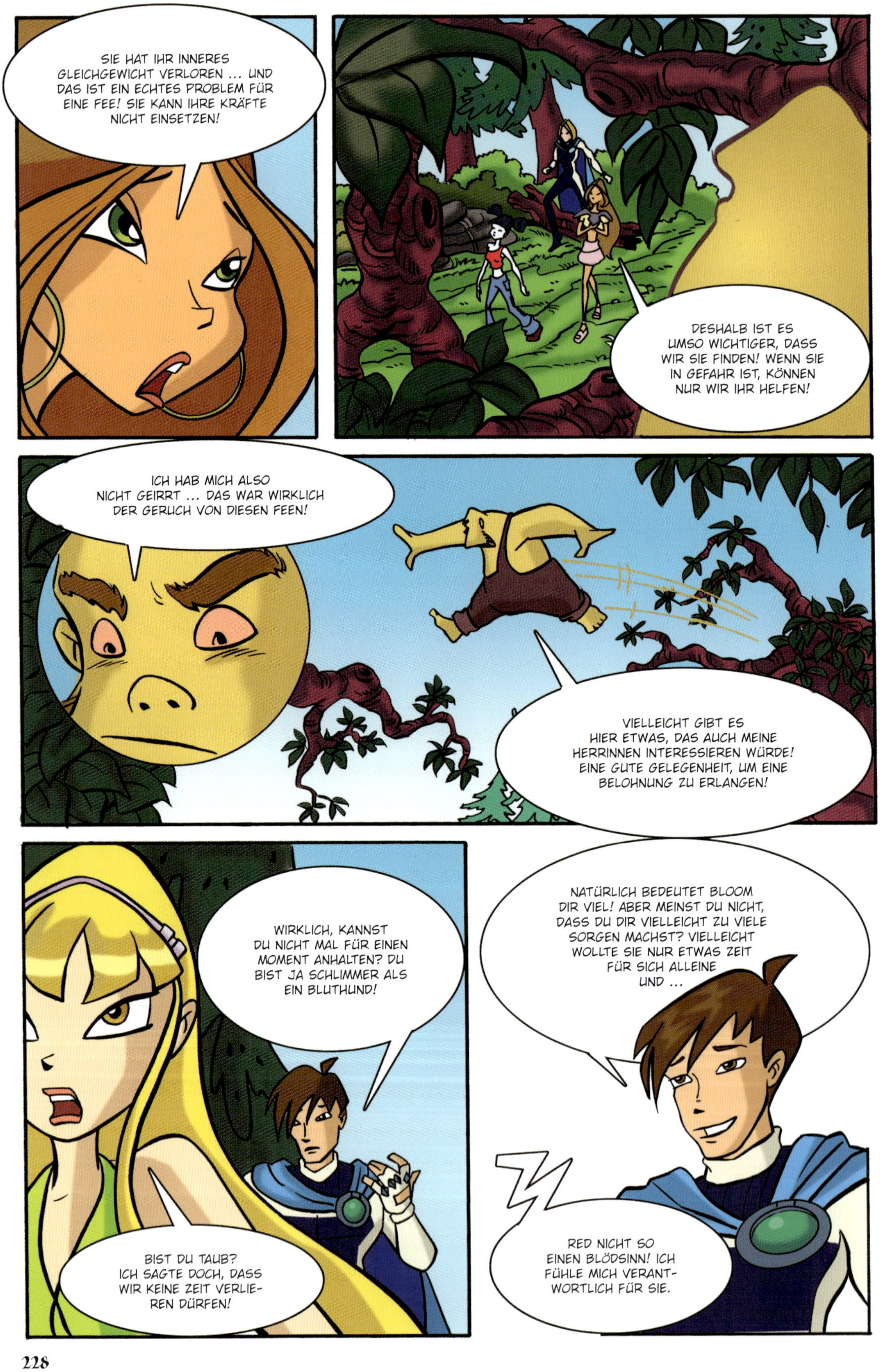
SIE HAT IHR INNERES GLEICHGEWICHT VERLOREN ... UND DAS IST EIN ECHTES PROBLEM FÜR EINE FEE! SIE KANN IHRE KRÄFTE NICHT EINSETZEN!
DESHALB IST ES UMSO WICHTIGER, DASS WIR SIE FINDEN! WENN SIE IN GEFAHR IST, KÖNNEN NUR WIR IHR HELFEN!
ICH HAB MICH ALSO NICHT GEIRRT ... DAS WAR WIRKLICH DER GERUCH VON DIESEN FEEN!
VIELLEICHT GIBT ES HIER ETWAS, DAS AUCH MEINE HERRINNEN INTERESSIEREN WÜRDE! EINE GUTE GELEGENHEIT, UM EINE BELOHNUNG ZU ERLANGEN!
WIRKLICH, KANNST DU NICHT MAL FÜR EINEN MOMENT ANHALTEN? DU BIST JA SCHLIMMER ALS EIN BLUTHUND!
BIST DU TAUB? ICH SAGTE DOCH, DASS WIR KEINE ZEIT VERLIE-REN DÜRFEN!
NATÜRLICH BEDEUTET BLOOM DIR VIEL! ABER MEINST DU NICHT, DASS DU DIR VIELLEICHT ZU VIELE SORGEN MACHST? VIELLEICHT WOLLTE SIE NUR ETWAS ZEIT FÜR SICH ALLEINE UND ...
RED NICHT SO EINEN BLÖDSINN! ICH FÜHLE MICH VERANT-WORTLICH FÜR SIE.

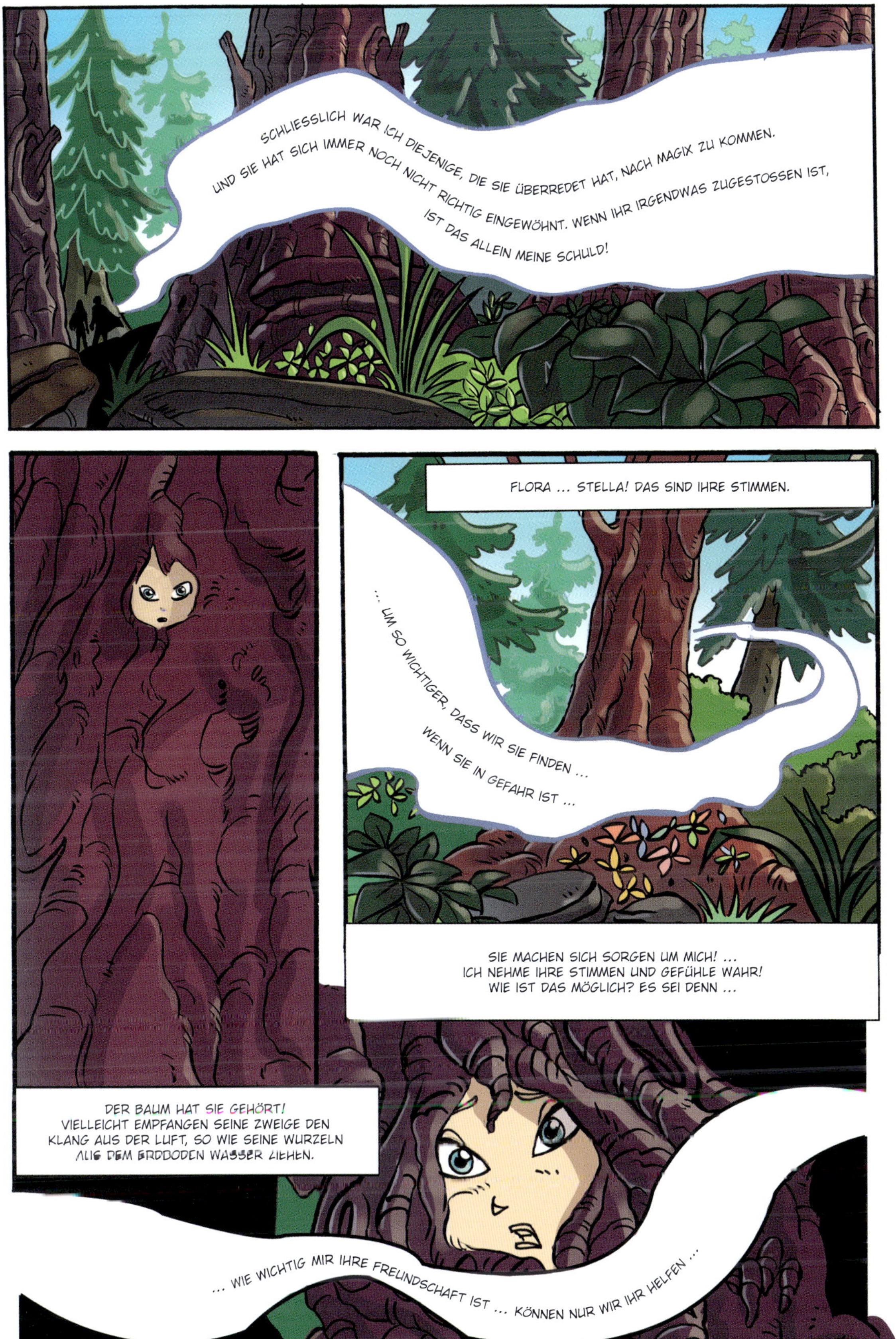
SCHLIESSLICH WAR ICH DIEJENIGE, DIE SIE ÜBERREDET HAT, NACH MAGIX ZU KOMMEN. UND SIE HAT SICH IMMER NOCH NICHT RICHTIG EINGEWÖHNT. WENN IHR IRGENDWAS ZUGESTOSSEN IST, IST DAS ALLEIN MEINE SCHULD!
FLORA … STELLA! DAS SIND IHRE STIMMEN.
… UM SO WICHTIGER, DASS WIR SIE FINDEN … WENN SIE IN GEFAHR IST …
SIE MACHEN SICH SORGEN UM MICH! … ICH NEHME IHRE STIMMEN UND GEFÜHLE WAHR! WIE IST DAS MÖGLICH? ES SEI DENN …
DER BAUM HAT SIE GEHÖRT! VIELLEICHT EMPFANGEN SEINE ZWEIGE DEN KLANG AUS DER LUFT, SO WIE SEINE WURZELN AUS DEM ERDBODEN WASSER ZIEHEN.
… WIE WICHTIG MIR IHRE FREUNDSCHAFT IST … KÖNNEN NUR WIR IHR HELFEN …

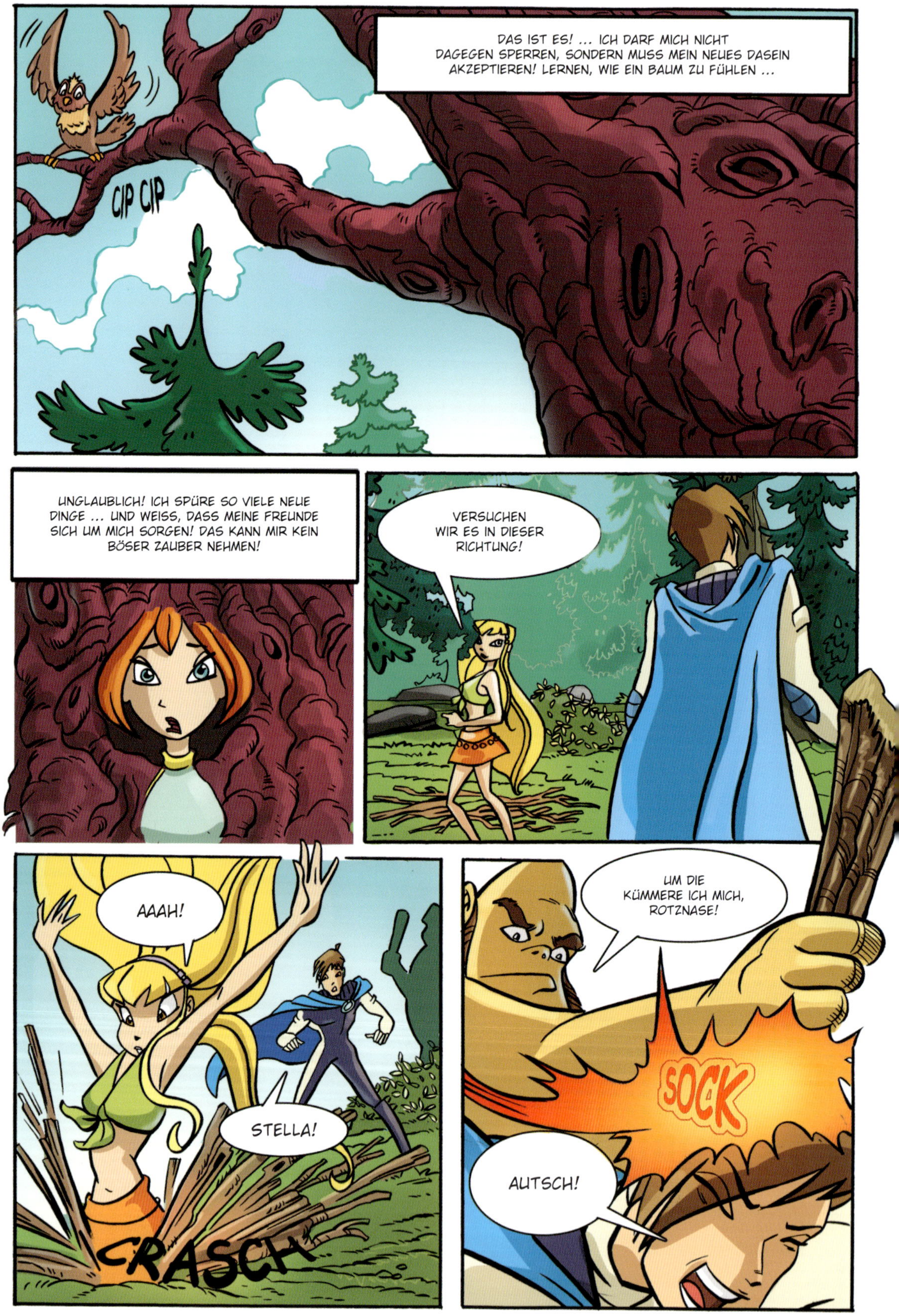
DAS IST ES! ... ICH DARF MICH NICHT DAGEGEN SPERREN, SONDERN MUSS MEIN NEUES DASEIN AKZEPTIEREN! LERNEN, WIE EIN BAUM ZU FÜHLEN ...
CIP CIP
UNGLAUBLICH! ICH SPÜRE SO VIELE NEUE DINGE ... UND WEISS, DASS MEINE FREUNDE SICH UM MICH SORGEN! DAS KANN MIR KEIN BÖSER ZAUBER NEHMEN!
VERSUCHEN WIR ES IN DIESER RICHTUNG!
AAAH!
STELLA!
CRASCH
UM DIE KÜMMERE ICH MICH, ROTZNASE!
SOCK
AUTSCH!

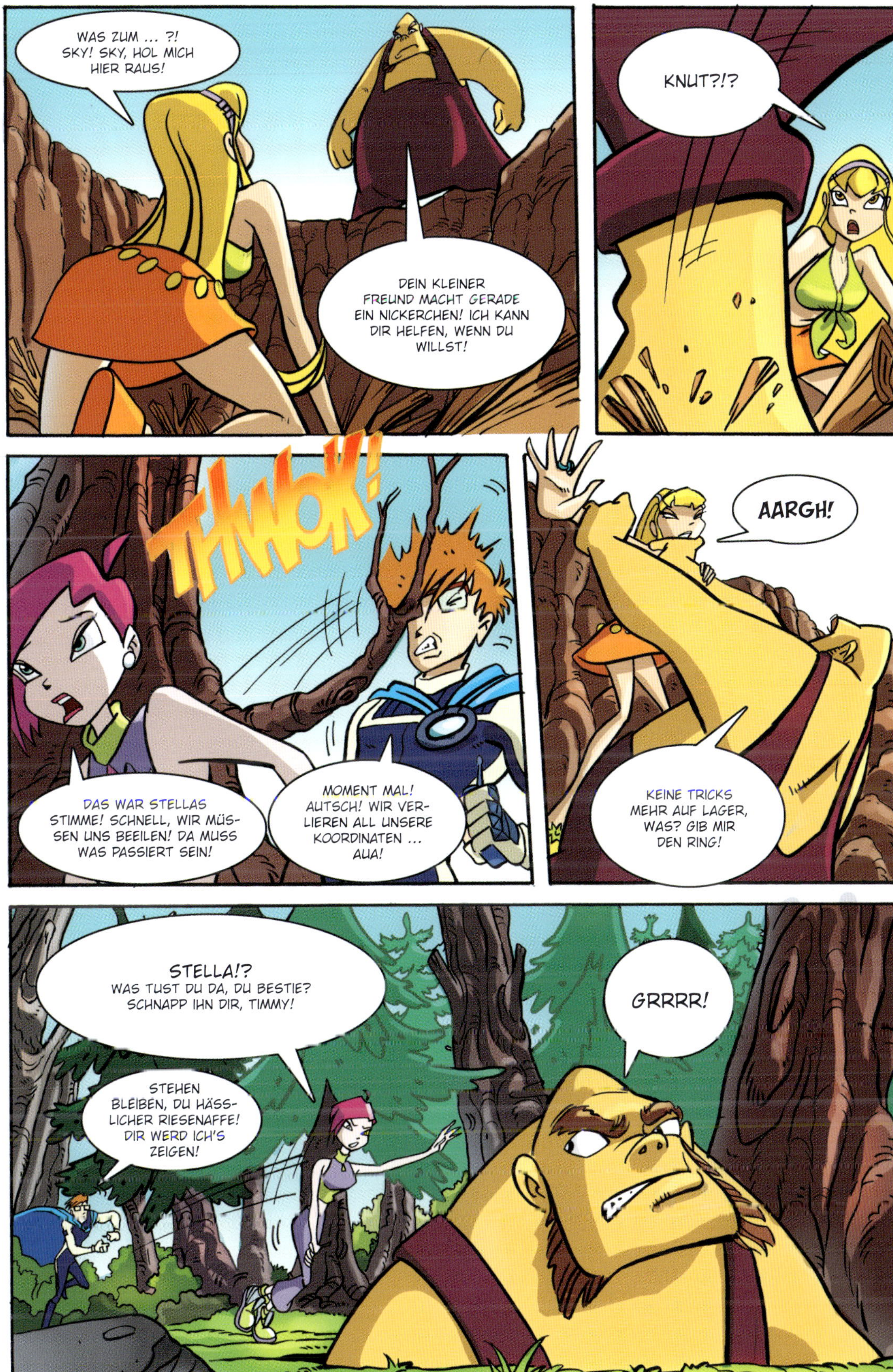
WAS ZUM ... ?! SKY! SKY, HOL MICH HIER RAUS!
DEIN KLEINER FREUND MACHT GERADE EIN NICKERCHEN! ICH KANN DIR HELFEN, WENN DU WILLST!
KNUT?!?
THWOK!
DAS WAR STELLAS STIMME! SCHNELL, WIR MÜSSEN UNS BEEILEN! DA MUSS WAS PASSIERT SEIN!
MOMENT MAL! AUTSCH! WIR VERLIEREN ALL UNSERE KOORDINATEN ... AUA!
AARGH!
KEINE TRICKS MEHR AUF LAGER, WAS? GIB MIR DEN RING!
STELLA!? WAS TUST DU DA, DU BESTIE? SCHNAPP IHN DIR, TIMMY!
STEHEN BLEIBEN, DU HÄSSLICHER RIESENAFFE! DIR WERD ICH'S ZEIGEN!
GRRRR!

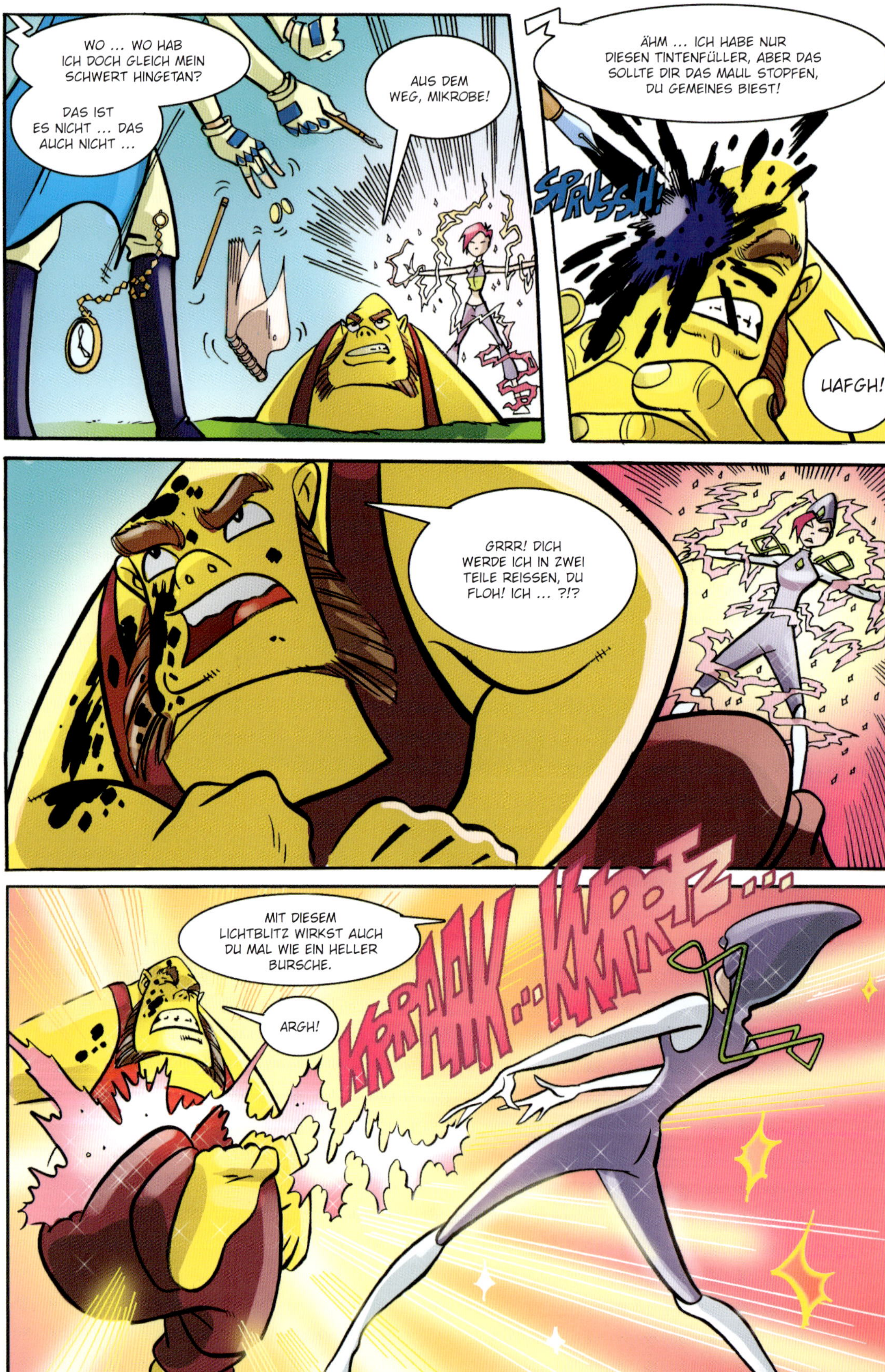
WO … WO HAB ICH DOCH GLEICH MEIN SCHWERT HINGETAN?
DAS IST ES NICHT … DAS AUCH NICHT …
AUS DEM WEG, MIKROBE!
ÄHM … ICH HABE NUR DIESEN TINTENFÜLLER, ABER DAS SOLLTE DIR DAS MAUL STOPFEN, DU GEMEINES BIEST!
SPRUSSH!
UAFGH!
GRRR! DICH WERDE ICH IN ZWEI TEILE REISSEN, DU FLOH! ICH … ?!?
MIT DIESEM LICHTBLITZ WIRKST AUCH DU MAL WIE EIN HELLER BURSCHE.
ARGH!
KRRAAK … KNIRRTZ …

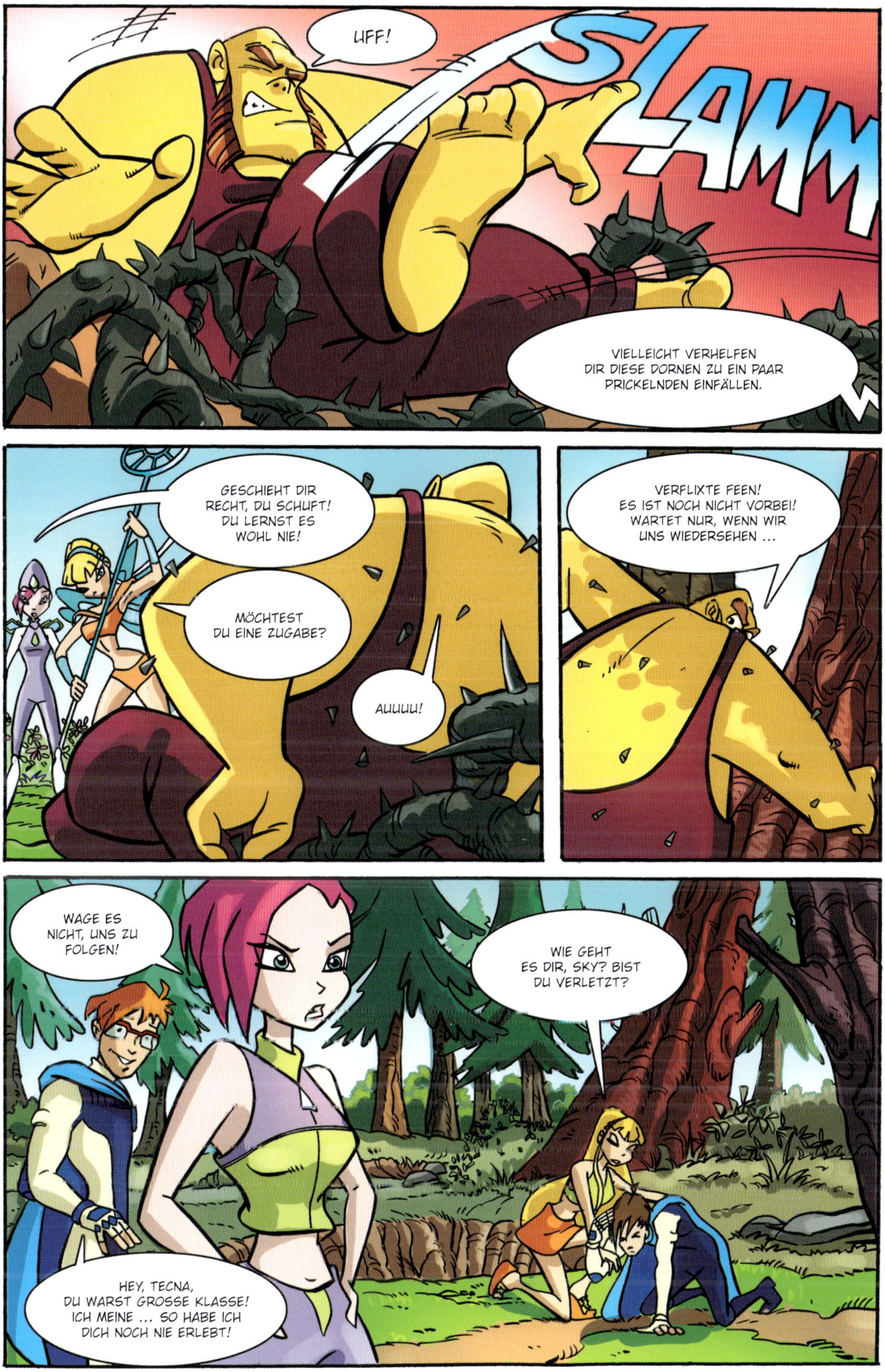
UFF!
SLAMM
VIELLEICHT VERHELFEN DIR DIESE DORNEN ZU EIN PAAR PRICKELNDEN EINFÄLLEN.
GESCHIEHT DIR RECHT, DU SCHUFT! DU LERNST ES WOHL NIE!
MÖCHTEST DU EINE ZUGABE?
AUUUU!
VERFLIXTE FEEN! ES IST NOCH NICHT VORBEI! WARTET NUR, WENN WIR UNS WIEDERSEHEN ...
WAGE ES NICHT, UNS ZU FOLGEN!
WIE GEHT ES DIR, SKY? BIST DU VERLETZT?
HEY, TECNA, DU WARST GROSSE KLASSE! ICH MEINE ... SO HABE ICH DICH NOCH NIE ERLEBT!

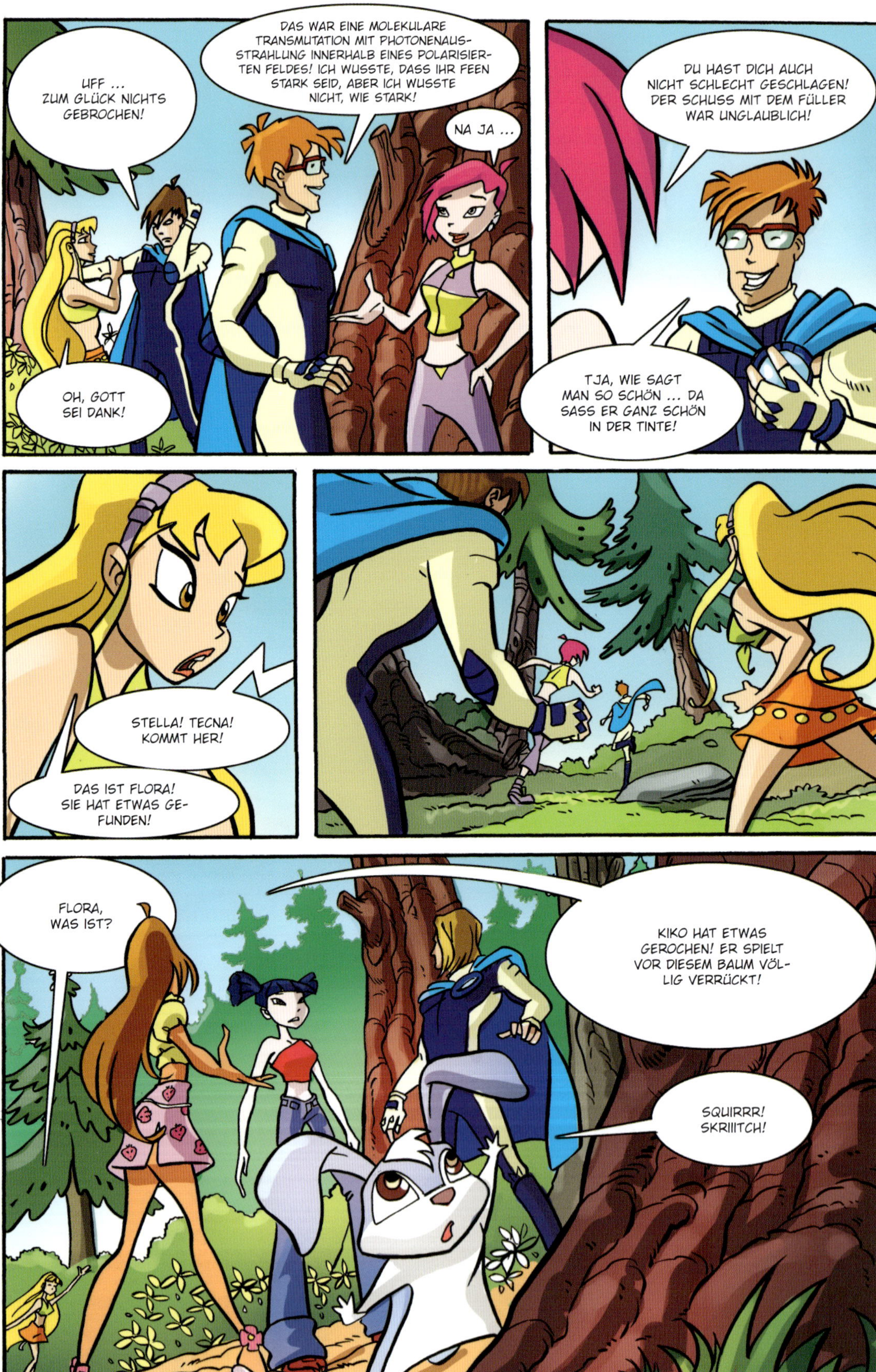
UFF … ZUM GLÜCK NICHTS GEBROCHEN!
DAS WAR EINE MOLEKULARE TRANSMUTATION MIT PHOTONENAUS-STRAHLUNG INNERHALB EINES POLARISIER-TEN FELDES! ICH WUSSTE, DASS IHR FEEN STARK SEID, ABER ICH WUSSTE NICHT, WIE STARK!
NA JA …
OH, GOTT SEI DANK!
DU HAST DICH AUCH NICHT SCHLECHT GESCHLAGEN! DER SCHUSS MIT DEM FÜLLER WAR UNGLAUBLICH!
TJA, WIE SAGT MAN SO SCHÖN … DA SASS ER GANZ SCHÖN IN DER TINTE!
STELLA! TECNA! KOMMT HER!
DAS IST FLORA! SIE HAT ETWAS GE-FUNDEN!
FLORA, WAS IST?
KIKO HAT ETWAS GEROCHEN! ER SPIELT VOR DIESEM BAUM VÖL-LIG VERRÜCKT!
SQUIRRR! SKRIIITCH!

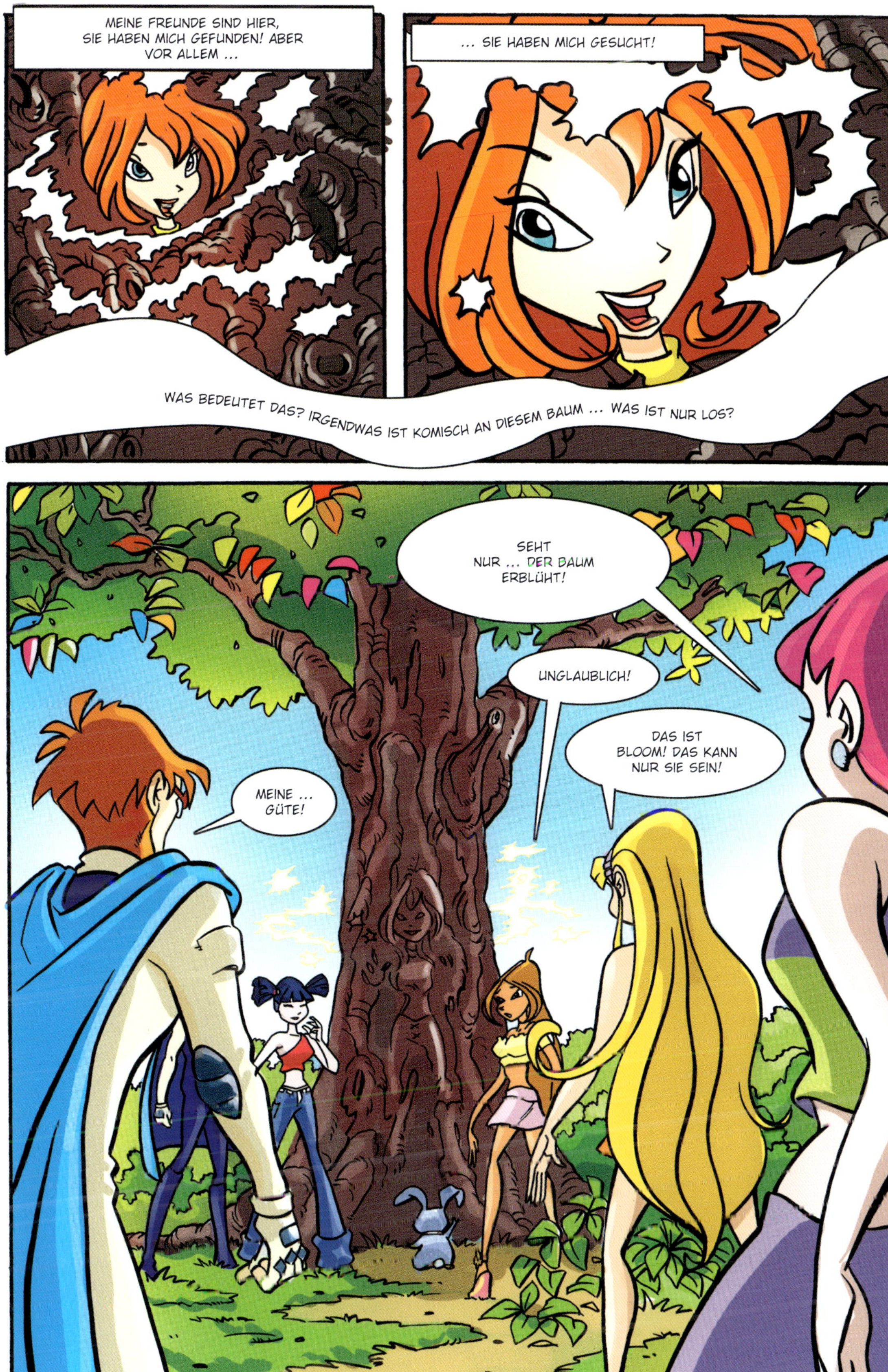
MEINE FREUNDE SIND HIER, SIE HABEN MICH GEFUNDEN! ABER VOR ALLEM ...
... SIE HABEN MICH GESUCHT!
WAS BEDEUTET DAS? IRGENDWAS IST KOMISCH AN DIESEM BAUM ... WAS IST NUR LOS?
SEHT NUR ... DER BAUM ERBLÜHT!
UNGLAUBLICH!
DAS IST BLOOM! DAS KANN NUR SIE SEIN!
MEINE ... GÜTE!

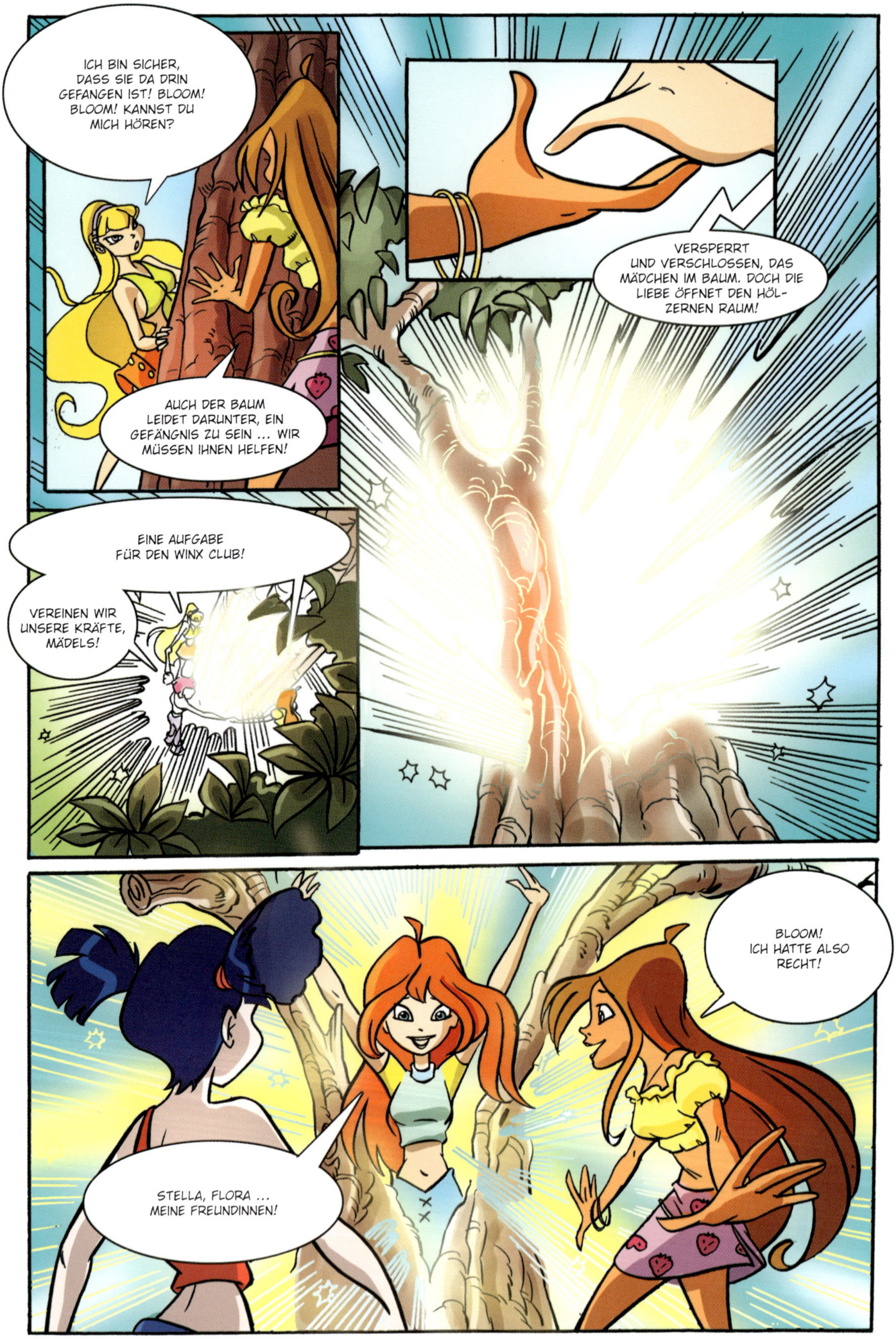
ICH BIN SICHER, DASS SIE DA DRIN GEFANGEN IST! BLOOM! BLOOM! KANNST DU MICH HÖREN?
AUCH DER BAUM LEIDET DARUNTER, EIN GEFÄNGNIS ZU SEIN … WIR MÜSSEN IHNEN HELFEN!
VERSPERRT UND VERSCHLOSSEN, DAS MÄDCHEN IM BAUM. DOCH DIE LIEBE ÖFFNET DEN HÖL-ZERNEN RAUM!
EINE AUFGABE FÜR DEN WINX CLUB!
VEREINEN WIR UNSERE KRÄFTE, MÄDELS!
BLOOM! ICH HATTE ALSO RECHT!
STELLA, FLORA … MEINE FREUNDINNEN!

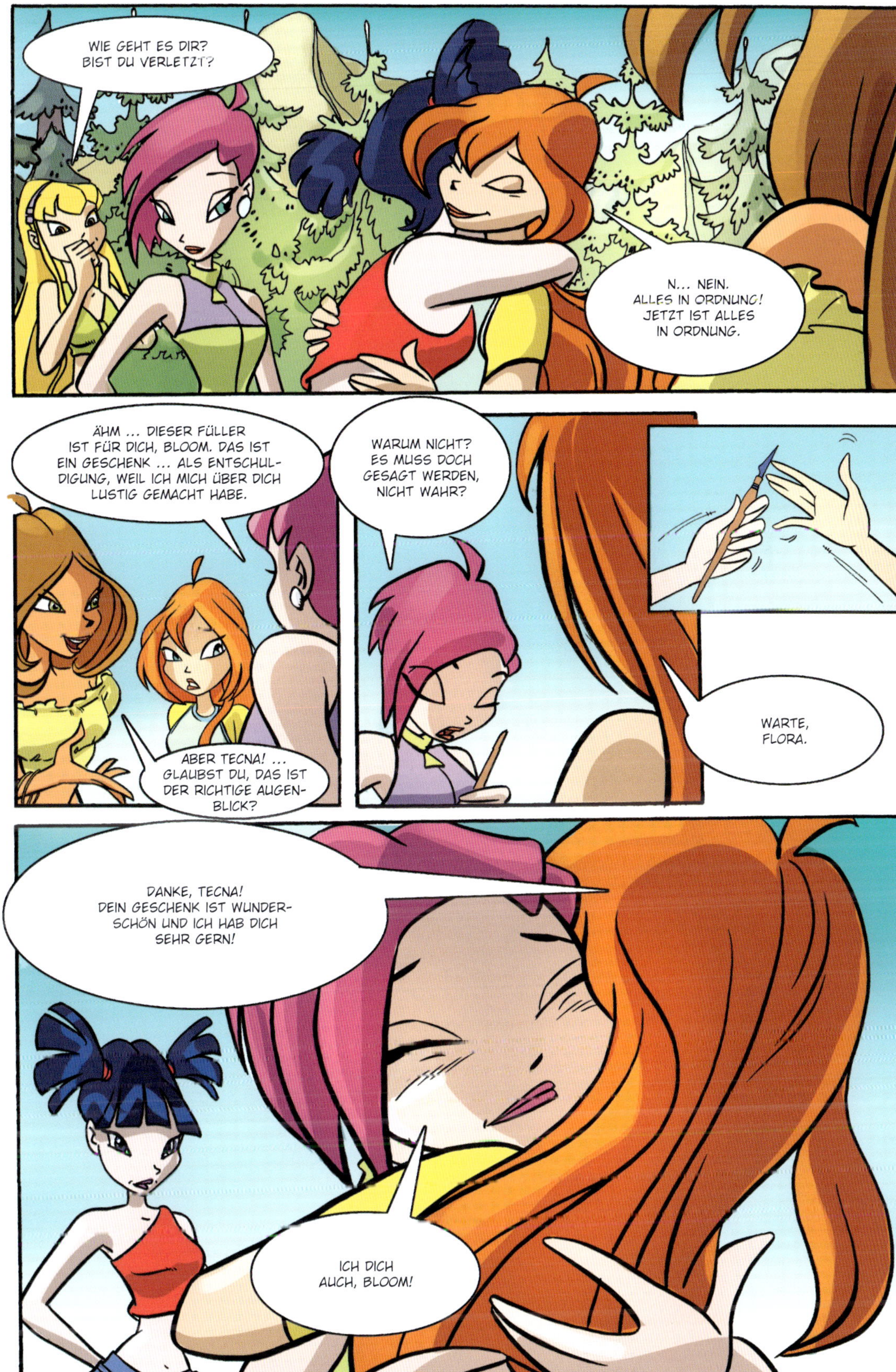
WIE GEHT ES DIR? BIST DU VERLETZT?
N... NEIN. ALLES IN ORDNUNG! JETZT IST ALLES IN ORDNUNG.
ÄHM ... DIESER FÜLLER IST FÜR DICH, BLOOM. DAS IST EIN GESCHENK ... ALS ENTSCHULDIGUNG, WEIL ICH MICH ÜBER DICH LUSTIG GEMACHT HABE.
ABER TECNA! ... GLAUBST DU, DAS IST DER RICHTIGE AUGENBLICK?
WARUM NICHT? ES MUSS DOCH GESAGT WERDEN, NICHT WAHR?
WARTE, FLORA.
DANKE, TECNA! DEIN GESCHENK IST WUNDERSCHÖN UND ICH HAB DICH SEHR GERN!
ICH DICH AUCH, BLOOM!

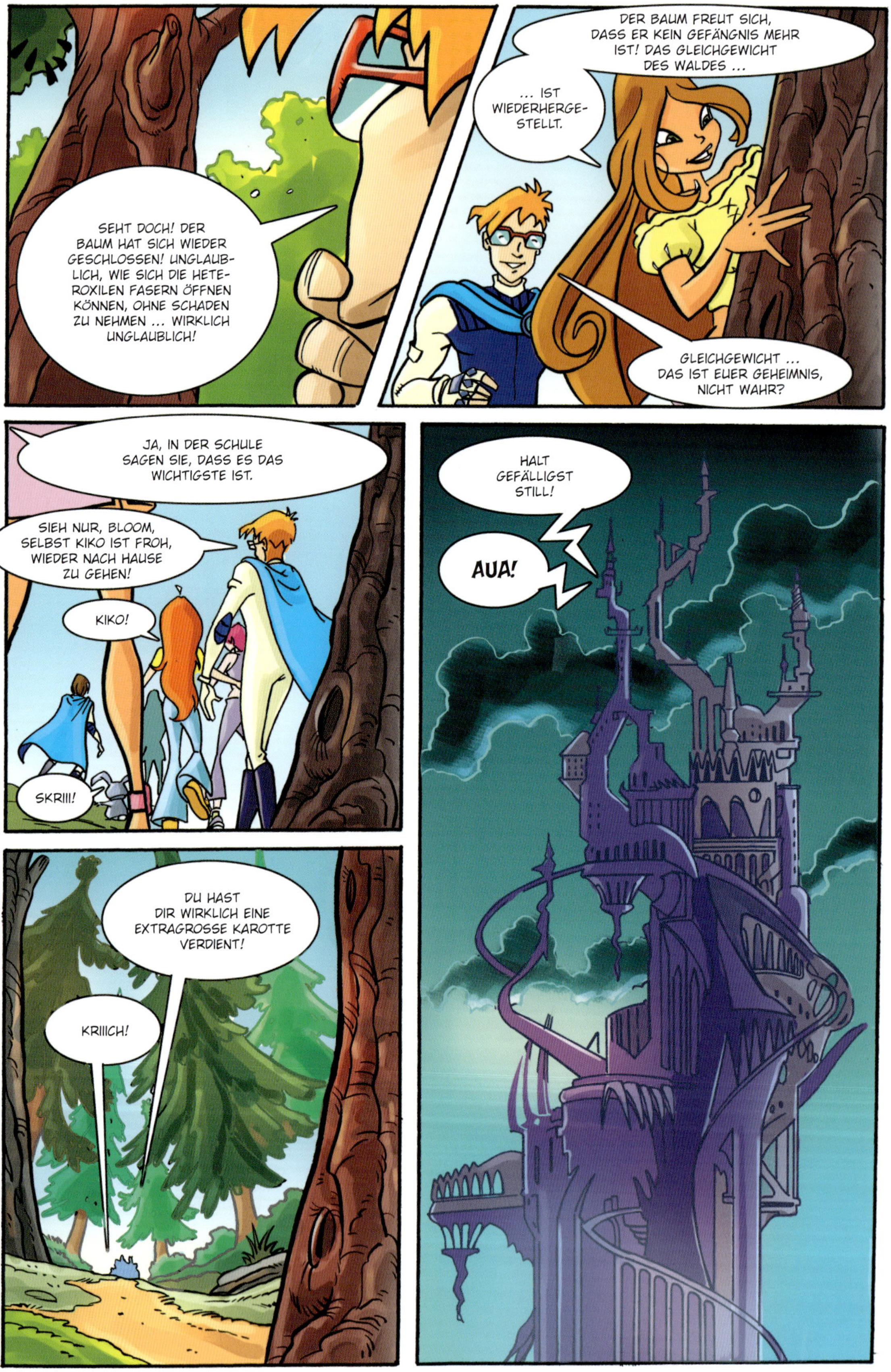
SEHT DOCH! DER BAUM HAT SICH WIEDER GESCHLOSSEN! UNGLAUBLICH, WIE SICH DIE HETEROXILEN FASERN ÖFFNEN KÖNNEN, OHNE SCHADEN ZU NEHMEN ... WIRKLICH UNGLAUBLICH!
DER BAUM FREUT SICH, DASS ER KEIN GEFÄNGNIS MEHR IST! DAS GLEICHGEWICHT DES WALDES ...
... IST WIEDERHERGESTELLT.
GLEICHGEWICHT ... DAS IST EUER GEHEIMNIS, NICHT WAHR?
JA, IN DER SCHULE SAGEN SIE, DASS ES DAS WICHTIGSTE IST.
SIEH NUR, BLOOM, SELBST KIKO IST FROH, WIEDER NACH HAUSE ZU GEHEN!
KIKO!
SKRIII!
DU HAST DIR WIRKLICH EINE EXTRAGROSSE KAROTTE VERDIENT!
KRIIICH!
HALT GEFÄLLIGST STILL!
AUA!

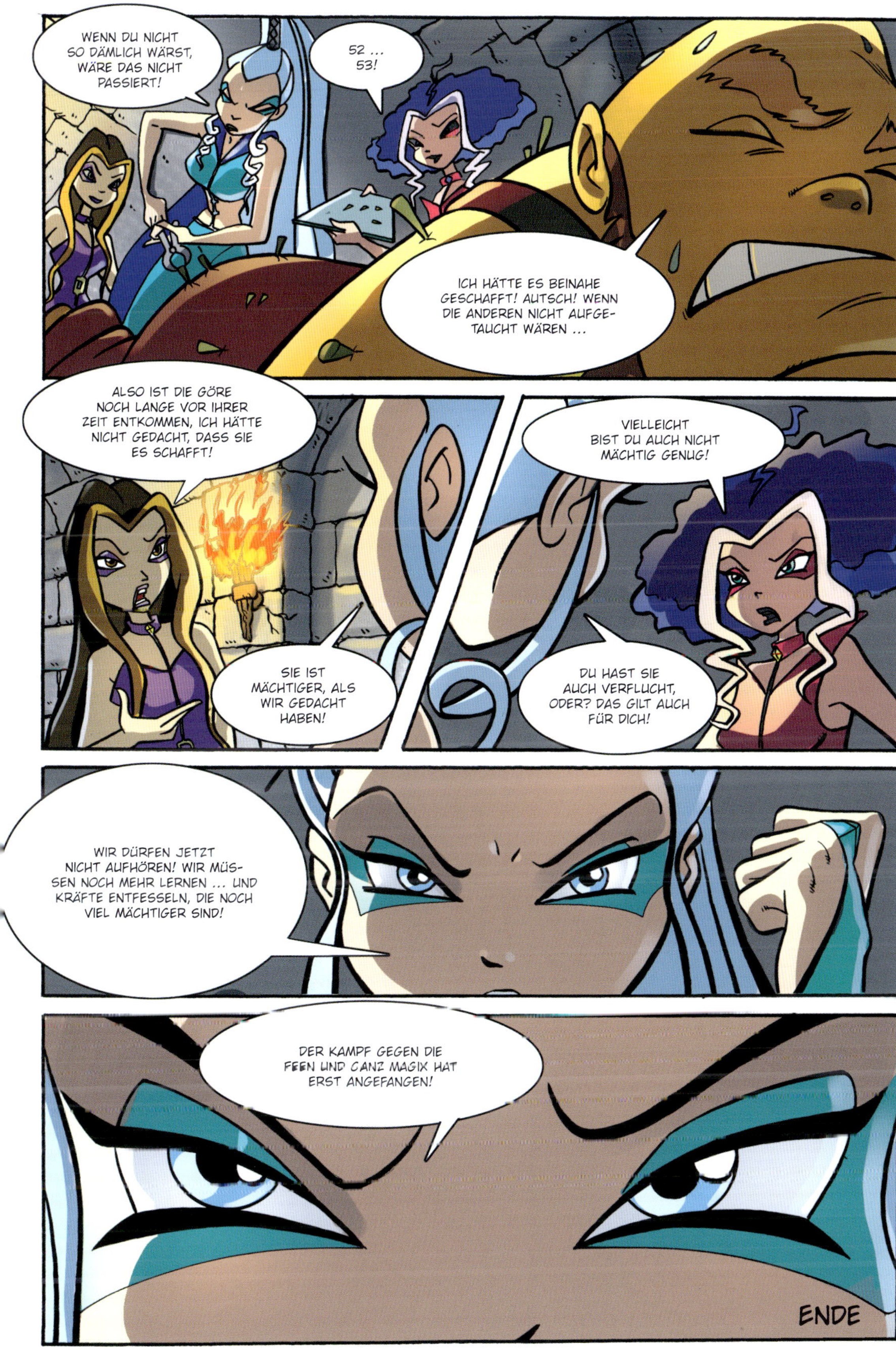
WENN DU NICHT SO DÄMLICH WÄRST, WÄRE DAS NICHT PASSIERT!
52 … 53!
ICH HÄTTE ES BEINAHE GESCHAFFT! AUTSCH! WENN DIE ANDEREN NICHT AUFGETAUCHT WÄREN …
ALSO IST DIE GÖRE NOCH LANGE VOR IHRER ZEIT ENTKOMMEN, ICH HÄTTE NICHT GEDACHT, DASS SIE ES SCHAFFT!
SIE IST MÄCHTIGER, ALS WIR GEDACHT HABEN!
VIELLEICHT BIST DU AUCH NICHT MÄCHTIG GENUG!
DU HAST SIE AUCH VERFLUCHT, ODER? DAS GILT AUCH FÜR DICH!
WIR DÜRFEN JETZT NICHT AUFHÖREN! WIR MÜSSEN NOCH MEHR LERNEN … UND KRÄFTE ENTFESSELN, DIE NOCH VIEL MÄCHTIGER SIND!
DER KAMPF GEGEN DIE FEEN UND GANZ MAGIX HAT ERST ANGEFANGEN!
ENDE

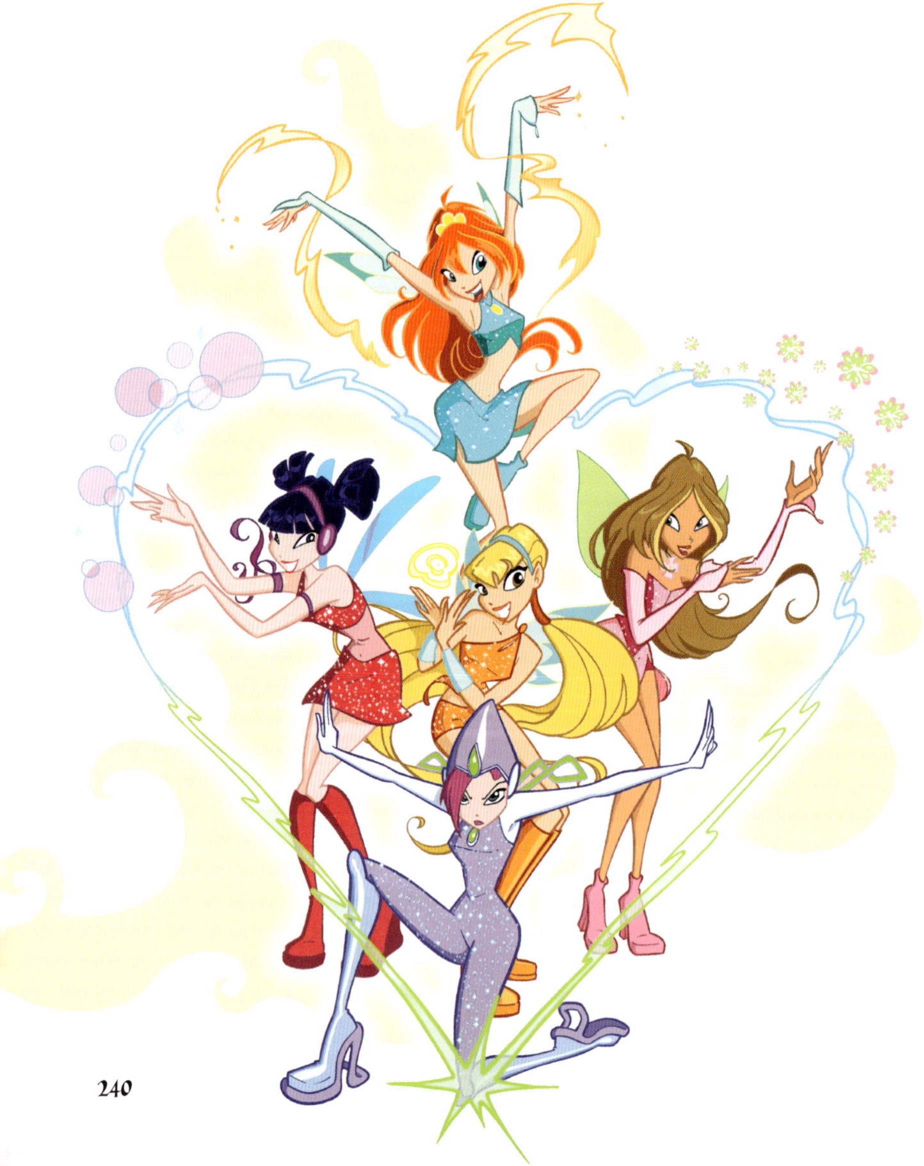

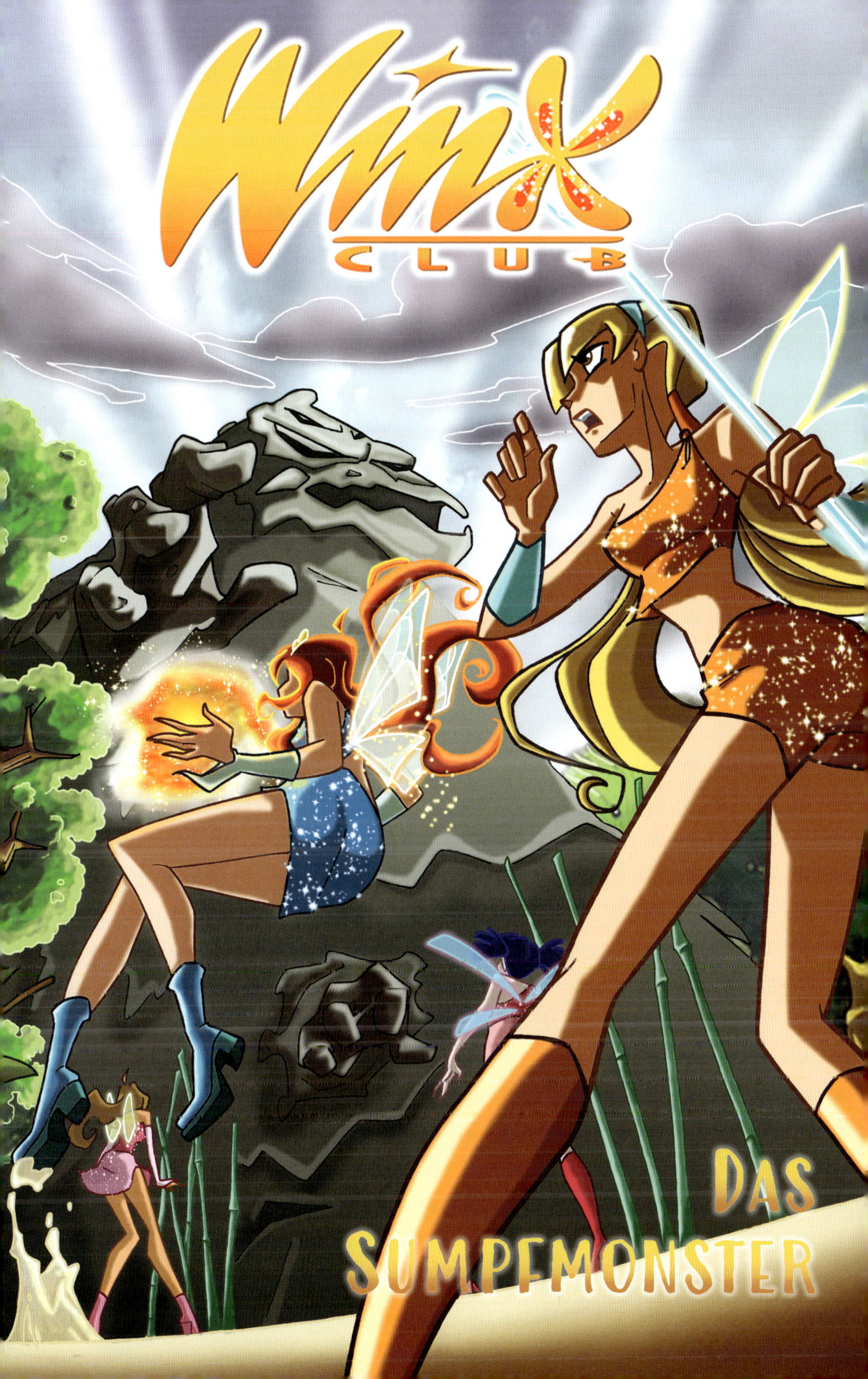
Winx
CLUB
DAS
SUMPFMONSTER

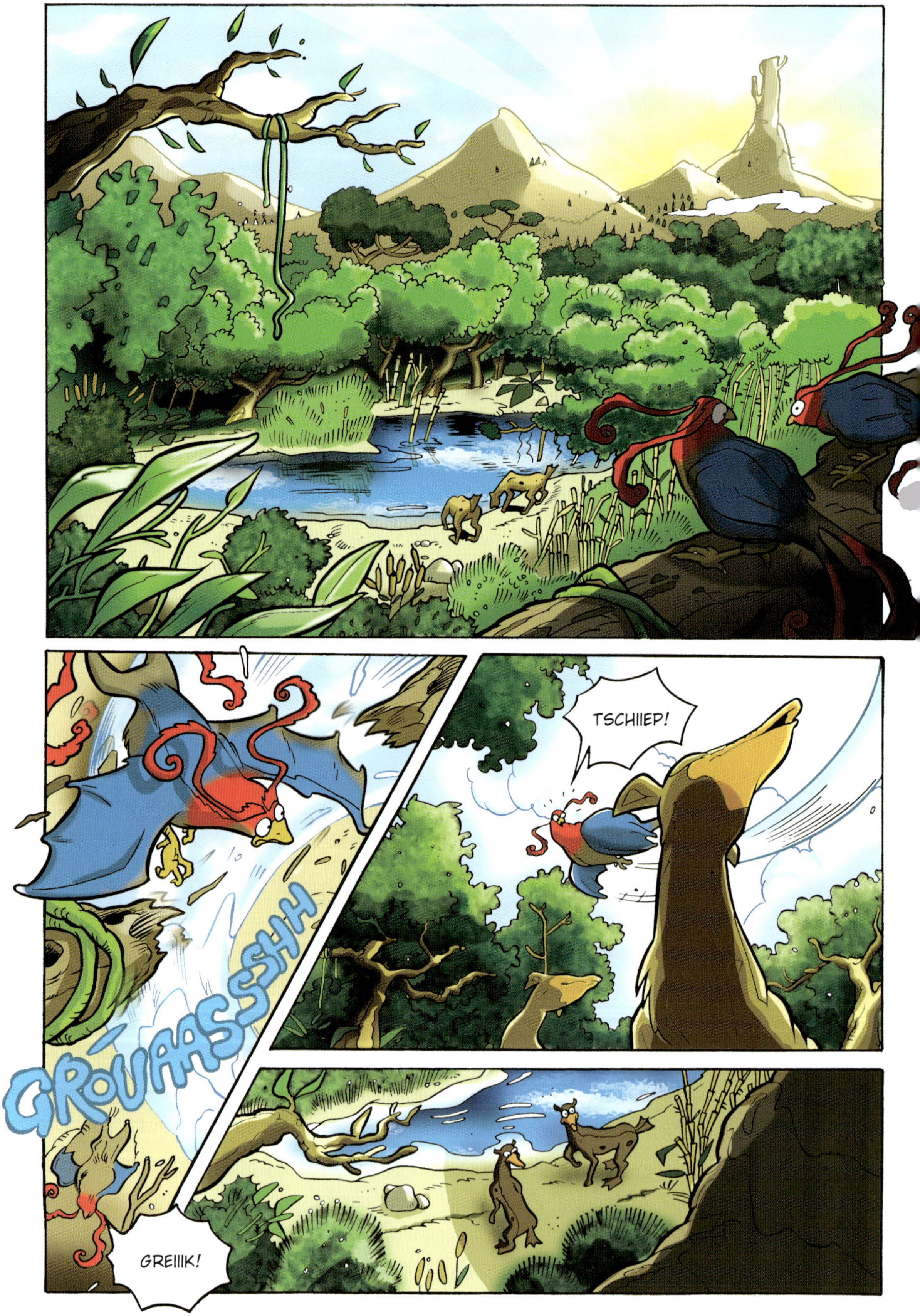
GROUAASSSHH
TSCHIIEP!
GREIIIK!

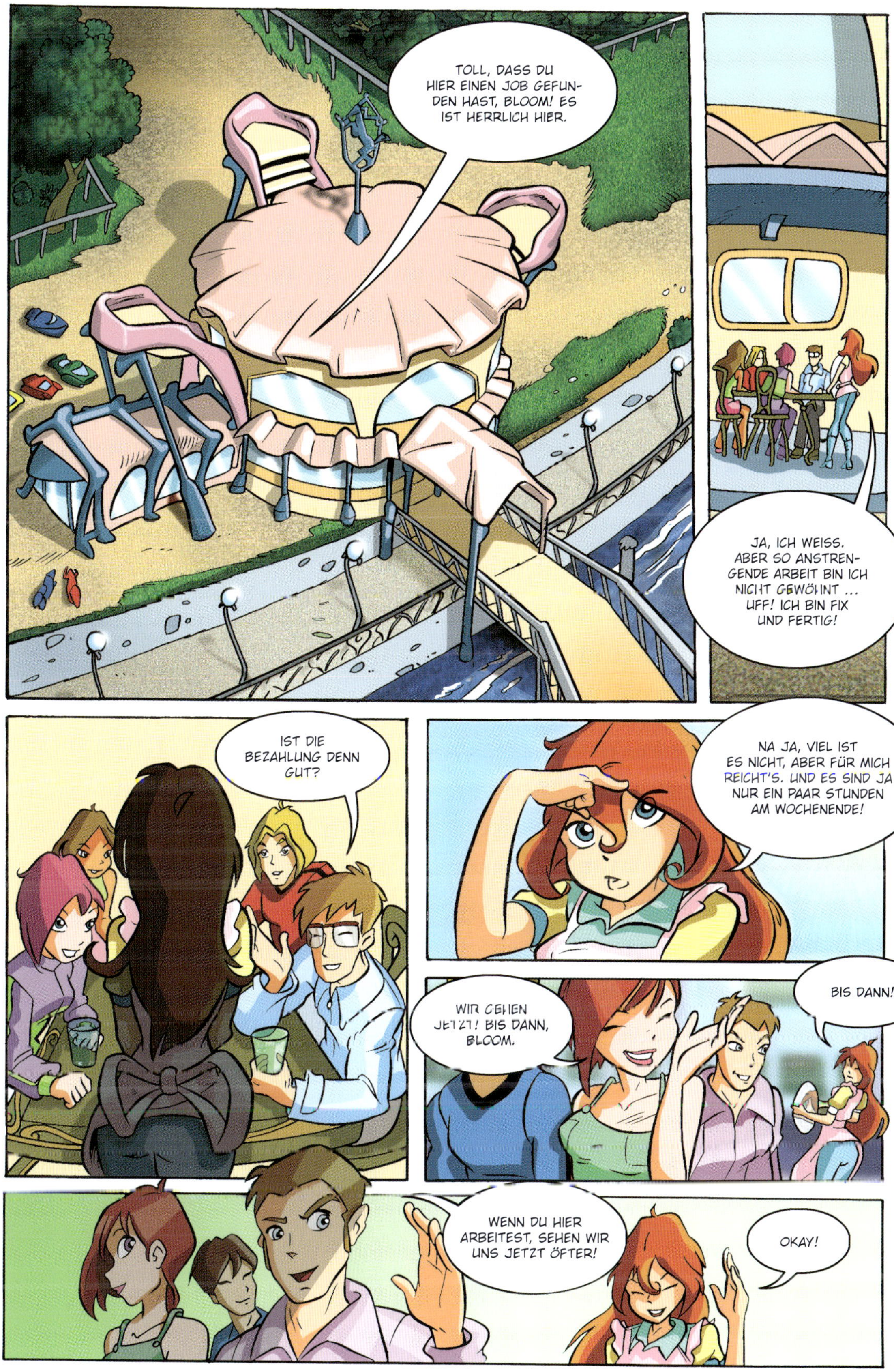
TOLL, DASS DU HIER EINEN JOB GEFUNDEN HAST, BLOOM! ES IST HERRLICH HIER.
JA, ICH WEISS. ABER SO ANSTRENGENDE ARBEIT BIN ICH NICHT GEWÖHNT ... UFF! ICH BIN FIX UND FERTIG!
IST DIE BEZAHLUNG DENN GUT?
NA JA, VIEL IST ES NICHT, ABER FÜR MICH REICHT'S. UND ES SIND JA NUR EIN PAAR STUNDEN AM WOCHENENDE!
WIR GEHEN JETZT! BIS DANN, BLOOM.
BIS DANN!
WENN DU HIER ARBEITEST, SEHEN WIR UNS JETZT ÖFTER!
OKAY!

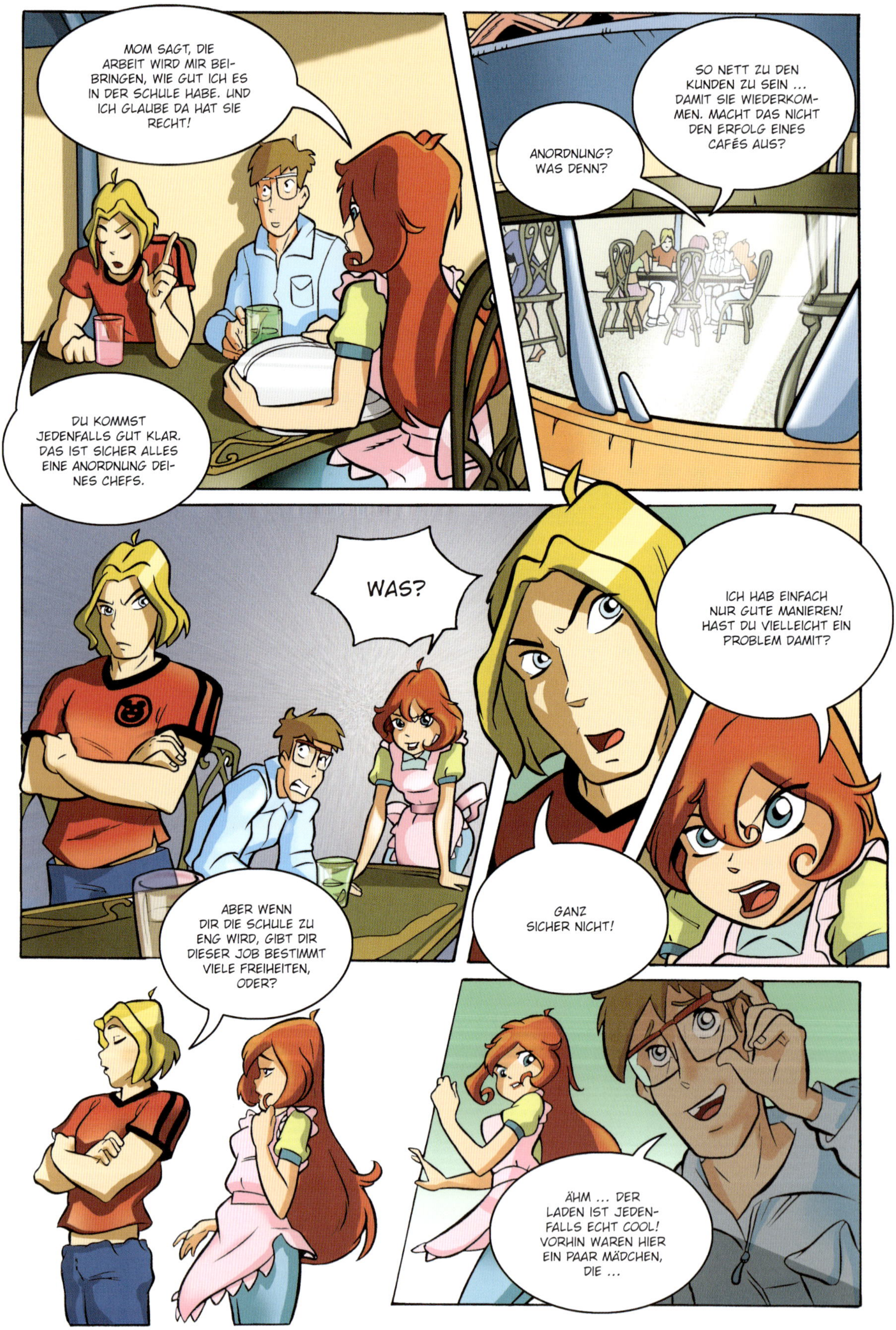
MOM SAGT, DIE ARBEIT WIRD MIR BEIBRINGEN, WIE GUT ICH ES IN DER SCHULE HABE. UND ICH GLAUBE DA HAT SIE RECHT!
DU KOMMST JEDENFALLS GUT KLAR. DAS IST SICHER ALLES EINE ANORDNUNG DEINES CHEFS.
ANORDNUNG? WAS DENN?
SO NETT ZU DEN KUNDEN ZU SEIN … DAMIT SIE WIEDERKOMMEN. MACHT DAS NICHT DEN ERFOLG EINES CAFÉS AUS?
WAS?
ICH HAB EINFACH NUR GUTE MANIEREN! HAST DU VIELLEICHT EIN PROBLEM DAMIT?
GANZ SICHER NICHT!
ABER WENN DIR DIE SCHULE ZU ENG WIRD, GIBT DIR DIESER JOB BESTIMMT VIELE FREIHEITEN, ODER?
ÄHM … DER LADEN IST JEDENFALLS ECHT COOL! VORHIN WAREN HIER EIN PAAR MÄDCHEN, DIE …

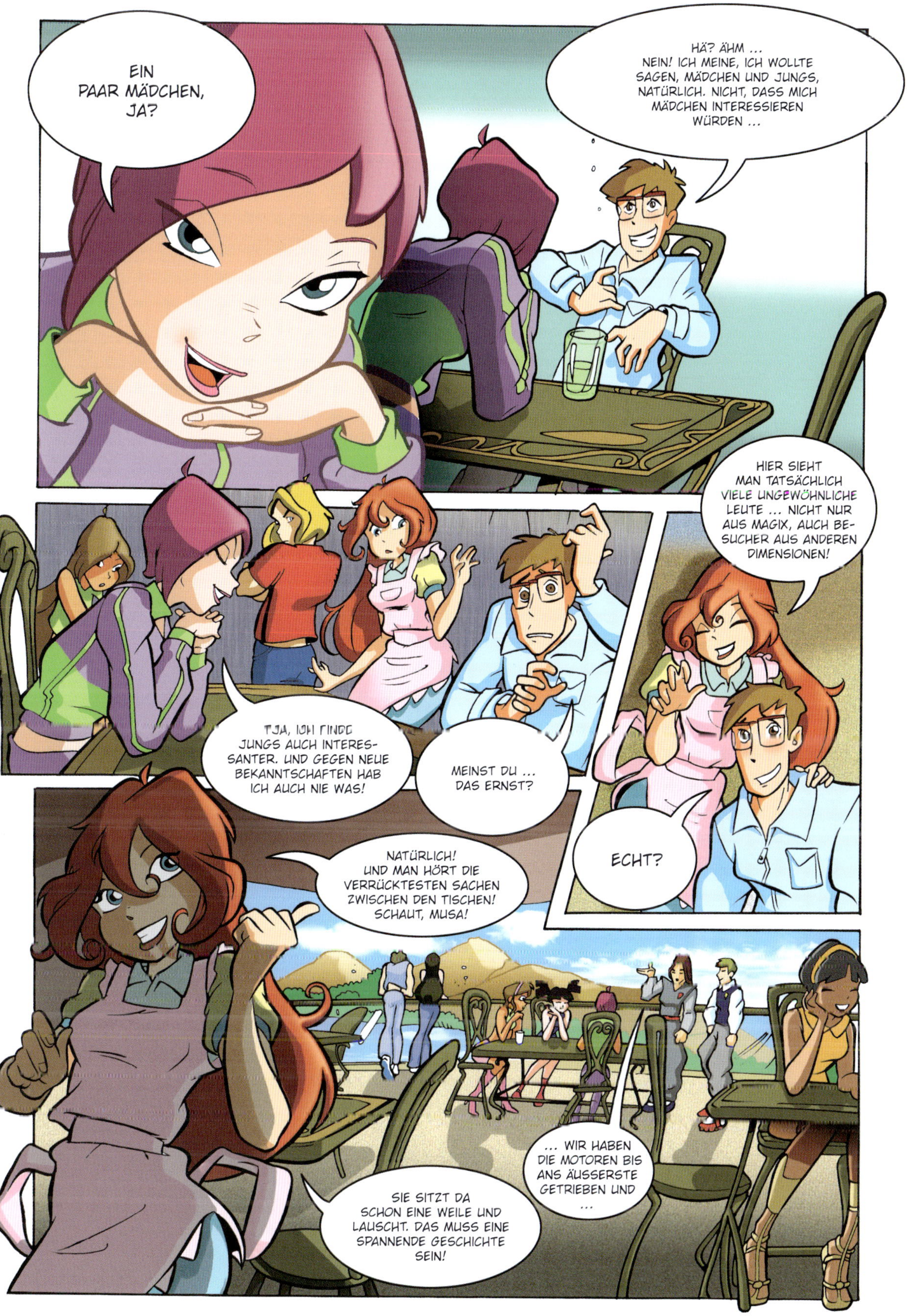

EIN PAAR MÄDCHEN, JA?
HÄ? ÄHM ... NEIN! ICH MEINE, ICH WOLLTE SAGEN, MÄDCHEN UND JUNGS, NATÜRLICH. NICHT, DASS MICH MÄDCHEN INTERESSIEREN WÜRDEN ...
TJA, ICH FINDE JUNGS AUCH INTERESSANTER. UND GEGEN NEUE BEKANNTSCHAFTEN HAB ICH AUCH NIE WAS!
MEINST DU ... DAS ERNST?
HIER SIEHT MAN TATSÄCHLICH VIELE UNGEWÖHNLICHE LEUTE ... NICHT NUR AUS MAGIX, AUCH BESUCHER AUS ANDEREN DIMENSIONEN!
ECHT?
NATÜRLICH! UND MAN HÖRT DIE VERRÜCKTESTEN SACHEN ZWISCHEN DEN TISCHEN! SCHAUT, MUSA!
... WIR HABEN DIE MOTOREN BIS ANS ÄUSSERSTE GETRIEBEN UND ...
SIE SITZT DA SCHON EINE WEILE UND LAUSCHT. DAS MUSS EINE SPANNENDE GESCHICHTE SEIN!

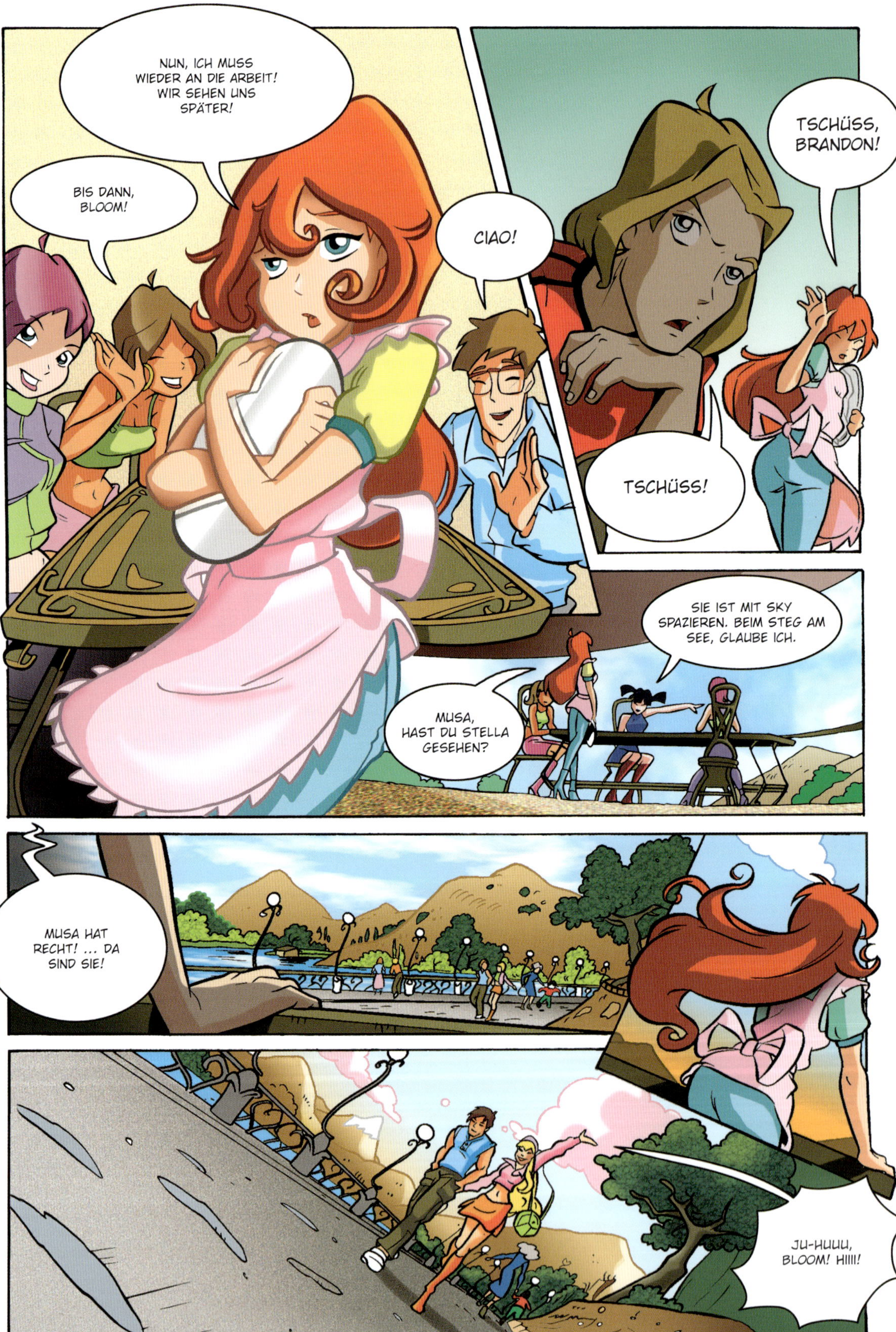

NUN, ICH MUSS WIEDER AN DIE ARBEIT! WIR SEHEN UNS SPÄTER!
BIS DANN, BLOOM!
CIAO!
TSCHÜSS, BRANDON!
TSCHÜSS!
SIE IST MIT SKY SPAZIEREN. BEIM STEG AM SEE, GLAUBE ICH.
MUSA, HAST DU STELLA GESEHEN?
MUSA HAT RECHT! ... DA SIND SIE!
JU-HUUU, BLOOM! HIIII!

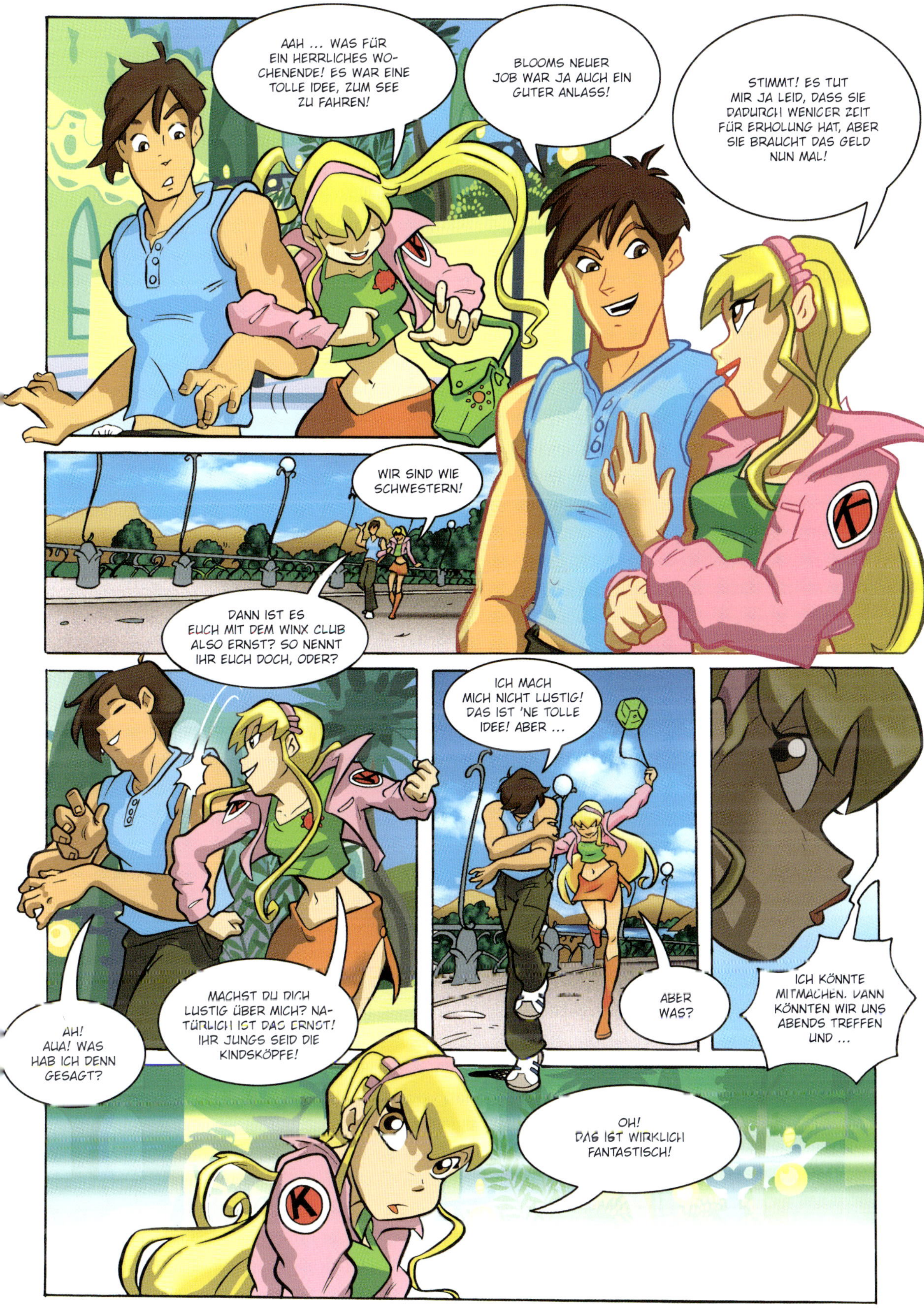
AAH ... WAS FÜR EIN HERRLICHES WOCHENENDE! ES WAR EINE TOLLE IDEE, ZUM SEE ZU FAHREN!
BLOOMS NEUER JOB WAR JA AUCH EIN GUTER ANLASS!
STIMMT! ES TUT MIR JA LEID, DASS SIE DADURCH WENIGER ZEIT FÜR ERHOLUNG HAT, ABER SIE BRAUCHT DAS GELD NUN MAL!
WIR SIND WIE SCHWESTERN!
DANN IST ES EUCH MIT DEM WINX CLUB ALSO ERNST? SO NENNT IHR EUCH DOCH, ODER?
MACHST DU DICH LUSTIG ÜBER MICH? NATÜRLICH IST DAS ERNST! IHR JUNGS SEID DIE KINDSKÖPFE!
AH! AUA! WAS HAB ICH DENN GESAGT?
ICH MACH MICH NICHT LUSTIG! DAS IST 'NE TOLLE IDEE! ABER ...
ABER WAS?
ICH KÖNNTE MITMACHEN. DANN KÖNNTEN WIR UNS ABENDS TREFFEN UND ...
OH! DAS IST WIRKLICH FANTASTISCH!

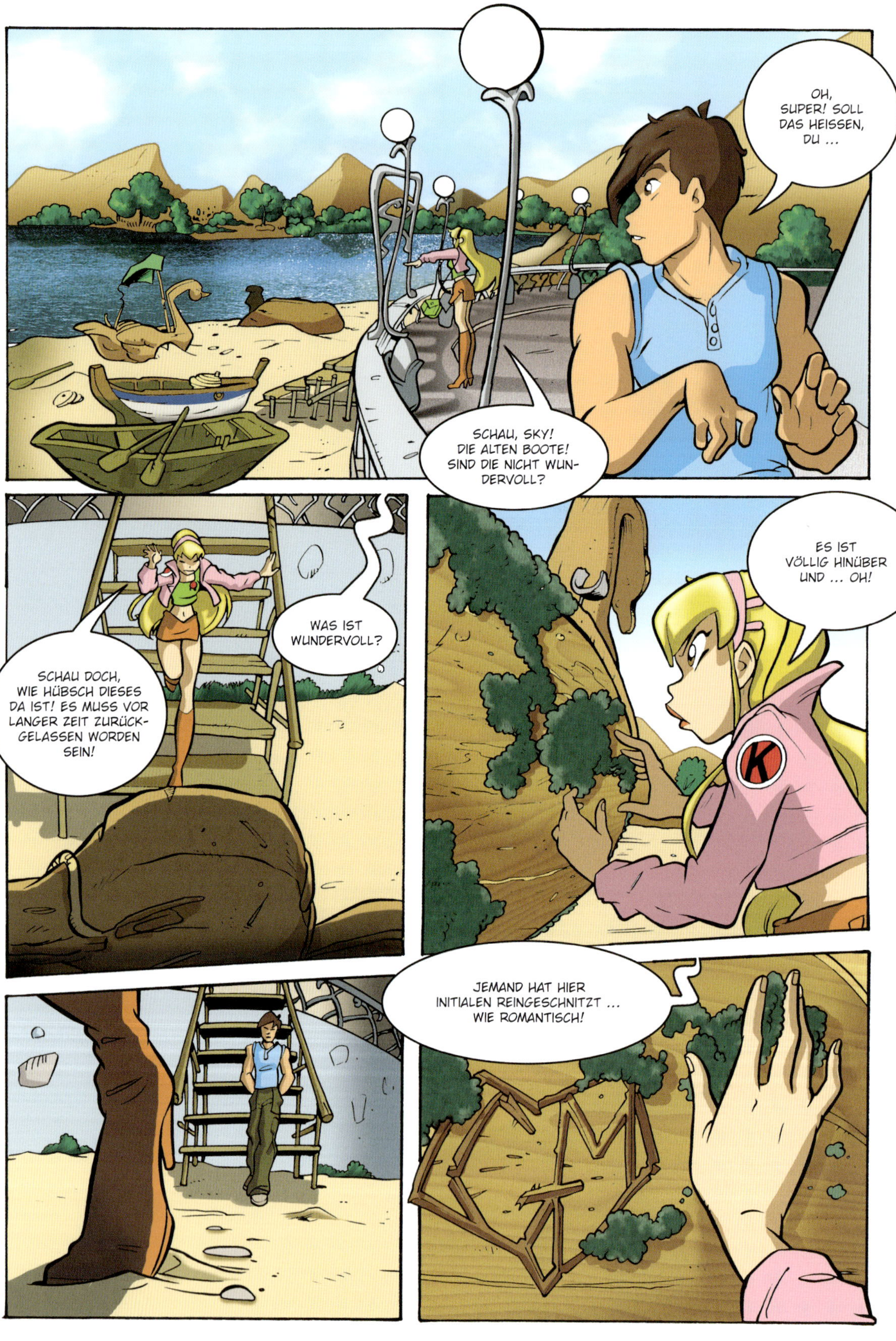
OH, SUPER! SOLL DAS HEISSEN, DU ...
SCHAU, SKY! DIE ALTEN BOOTE! SIND DIE NICHT WUNDERVOLL?
SCHAU DOCH, WIE HÜBSCH DIESES DA IST! ES MUSS VOR LANGER ZEIT ZURÜCKGELASSEN WORDEN SEIN!
WAS IST WUNDERVOLL?
ES IST VÖLLIG HINÜBER UND ... OH!
JEMAND HAT HIER INITIALEN REINGESCHNITZT ... WIE ROMANTISCH!

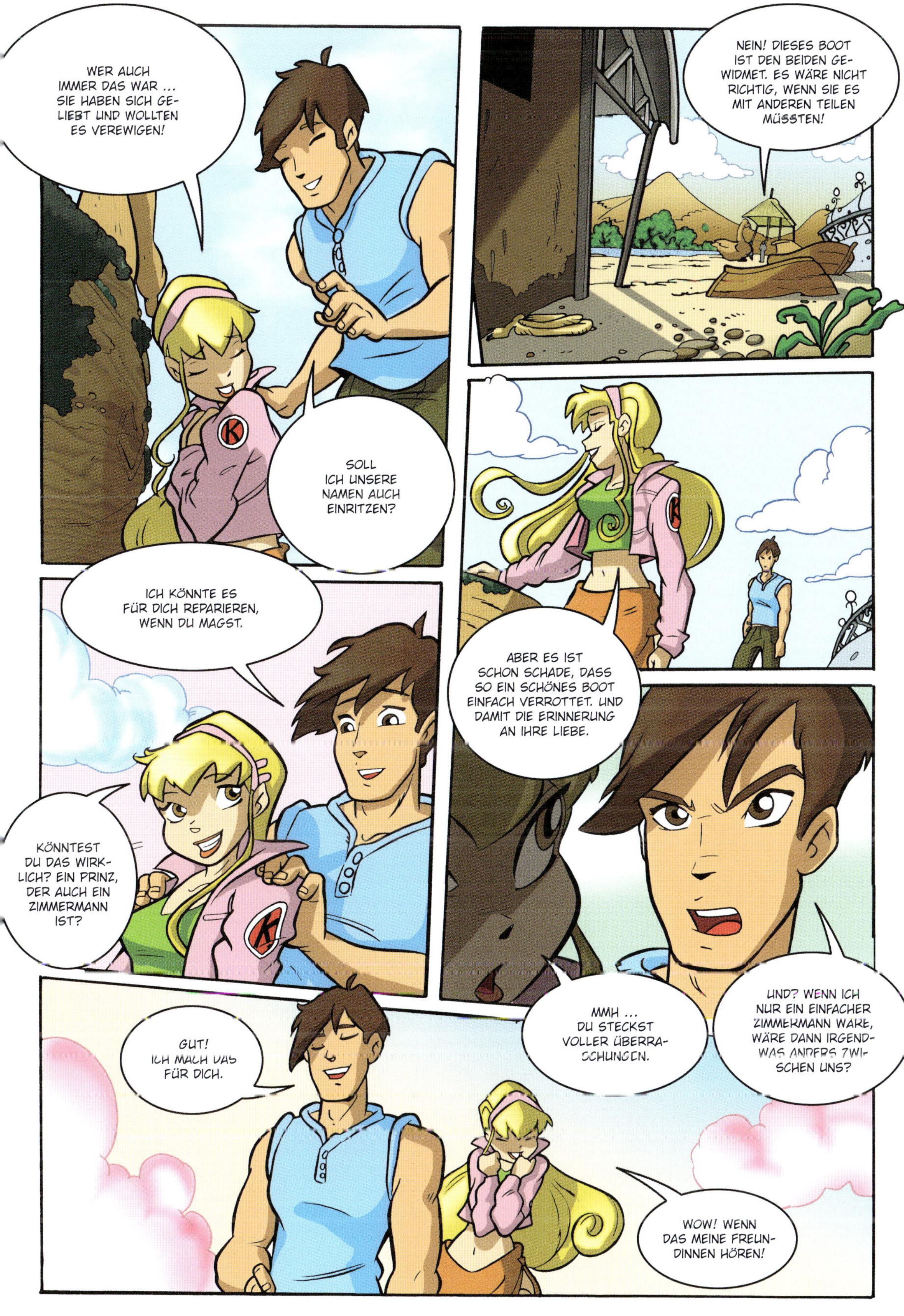
WER AUCH IMMER DAS WAR ... SIE HABEN SICH GELIEBT UND WOLLTEN ES VEREWIGEN!
SOLL ICH UNSERE NAMEN AUCH EINRITZEN?
NEIN! DIESES BOOT IST DEN BEIDEN GEWIDMET. ES WÄRE NICHT RICHTIG, WENN SIE ES MIT ANDEREN TEILEN MÜSSTEN!
ABER ES IST SCHON SCHADE, DASS SO EIN SCHÖNES BOOT EINFACH VERROTTET. UND DAMIT DIE ERINNERUNG AN IHRE LIEBE.
ICH KÖNNTE ES FÜR DICH REPARIEREN, WENN DU MAGST.
KÖNNTEST DU DAS WIRKLICH? EIN PRINZ, DER AUCH EIN ZIMMERMANN IST?
UND? WENN ICH NUR EIN EINFACHER ZIMMERMANN WÄRE, WÄRE DANN IRGENDWAS ANDERS ZWISCHEN UNS?
MMH ... DU STECKST VOLLER ÜBERRASCHUNGEN.
GUT! ICH MACH DAS FÜR DICH.
WOW! WENN DAS MEINE FREUNDINNEN HÖREN!

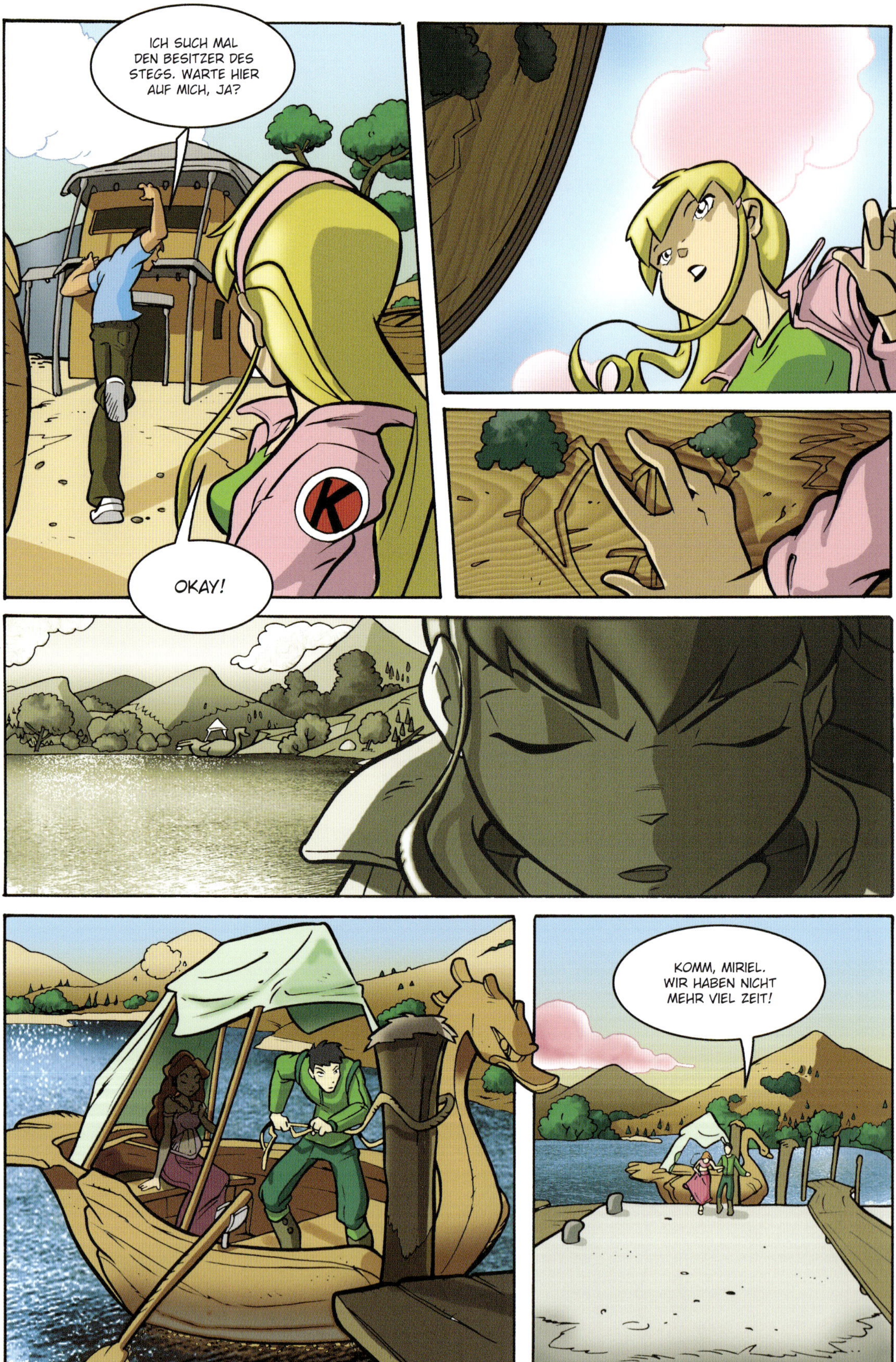
ICH SUCH MAL DEN BESITZER DES STEGS. WARTE HIER AUF MICH, JA?
OKAY!
KOMM, MIRIEL. WIR HABEN NICHT MEHR VIEL ZEIT!

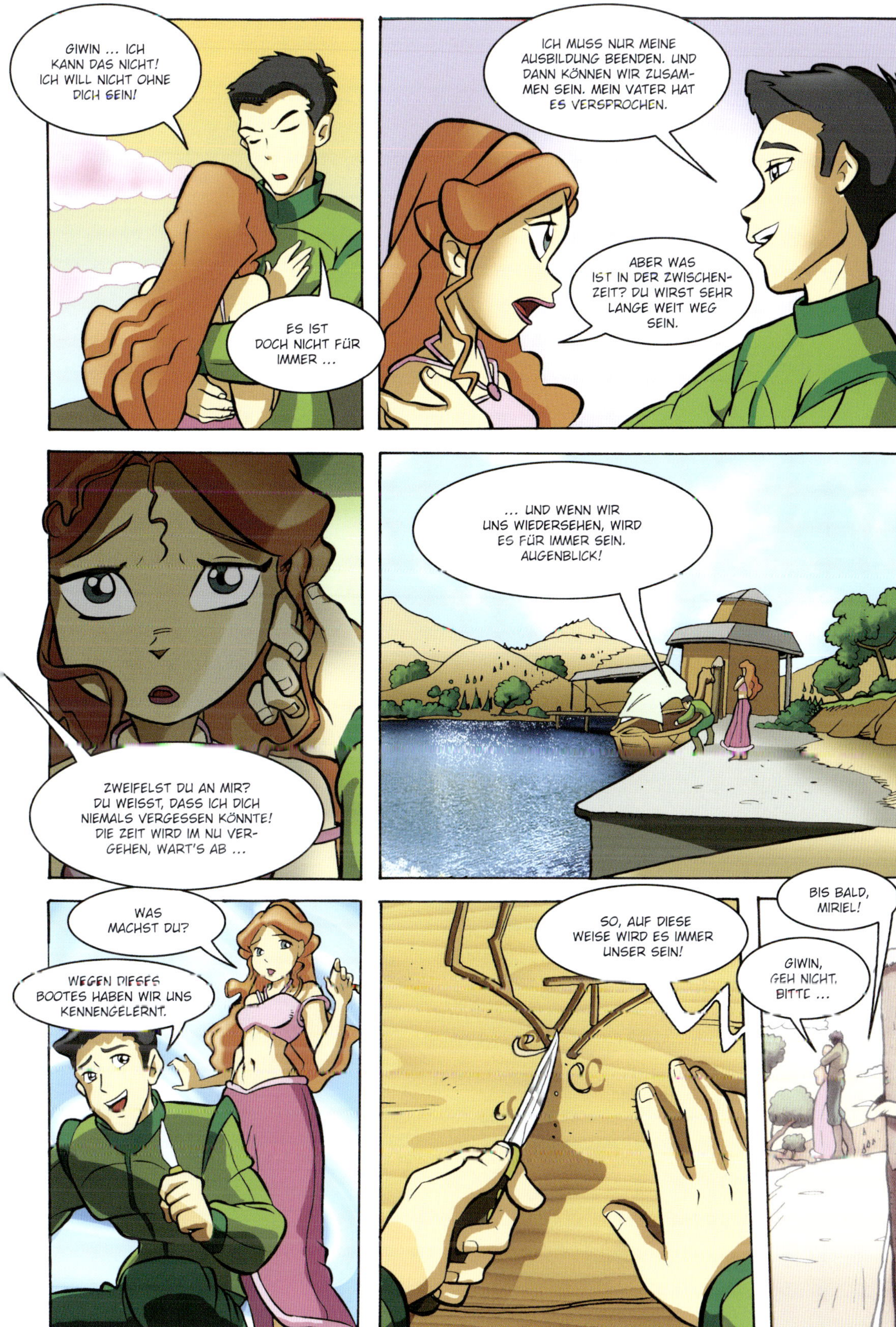
GIWIN ... ICH KANN DAS NICHT! ICH WILL NICHT OHNE DICH SEIN!
ES IST DOCH NICHT FÜR IMMER ...
ICH MUSS NUR MEINE AUSBILDUNG BEENDEN. UND DANN KÖNNEN WIR ZUSAMMEN SEIN. MEIN VATER HAT ES VERSPROCHEN.
ABER WAS IST IN DER ZWISCHENZEIT? DU WIRST SEHR LANGE WEIT WEG SEIN.
ZWEIFELST DU AN MIR? DU WEISST, DASS ICH DICH NIEMALS VERGESSEN KÖNNTE! DIE ZEIT WIRD IM NU VERGEHEN, WART'S AB ...
... UND WENN WIR UNS WIEDERSEHEN, WIRD ES FÜR IMMER SEIN. AUGENBLICK!
WAS MACHST DU?
WEGEN DIESES BOOTES HABEN WIR UNS KENNENGELERNT.
SO, AUF DIESE WEISE WIRD ES IMMER UNSER SEIN!
BIS BALD, MIRIEL!
GIWIN, GEH NICHT, BITTE ...

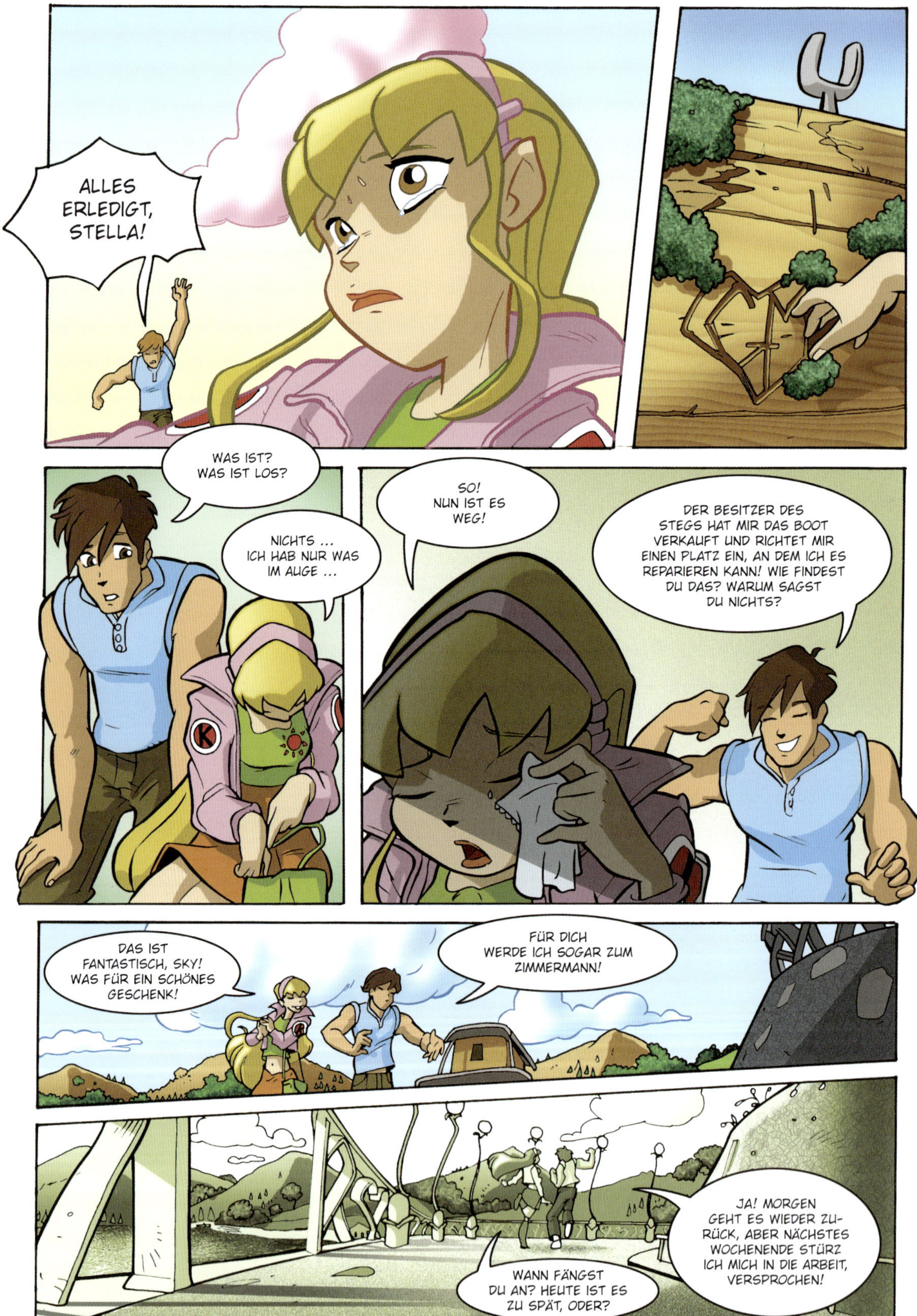
ALLES ERLEDIGT, STELLA!
WAS IST? WAS IST LOS?
NICHTS ... ICH HAB NUR WAS IM AUGE ...
SO! NUN IST ES WEG!
DER BESITZER DES STEGS HAT MIR DAS BOOT VERKAUFT UND RICHTET MIR EINEN PLATZ EIN, AN DEM ICH ES REPARIEREN KANN! WIE FINDEST DU DAS? WARUM SAGST DU NICHTS?
DAS IST FANTASTISCH, SKY! WAS FÜR EIN SCHÖNES GESCHENK!
FÜR DICH WERDE ICH SOGAR ZUM ZIMMERMANN!
WANN FÄNGST DU AN? HEUTE IST ES ZU SPÄT, ODER?
JA! MORGEN GEHT ES WIEDER ZURÜCK, ABER NÄCHSTES WOCHENENDE STÜRZ ICH MICH IN DIE ARBEIT, VERSPROCHEN!

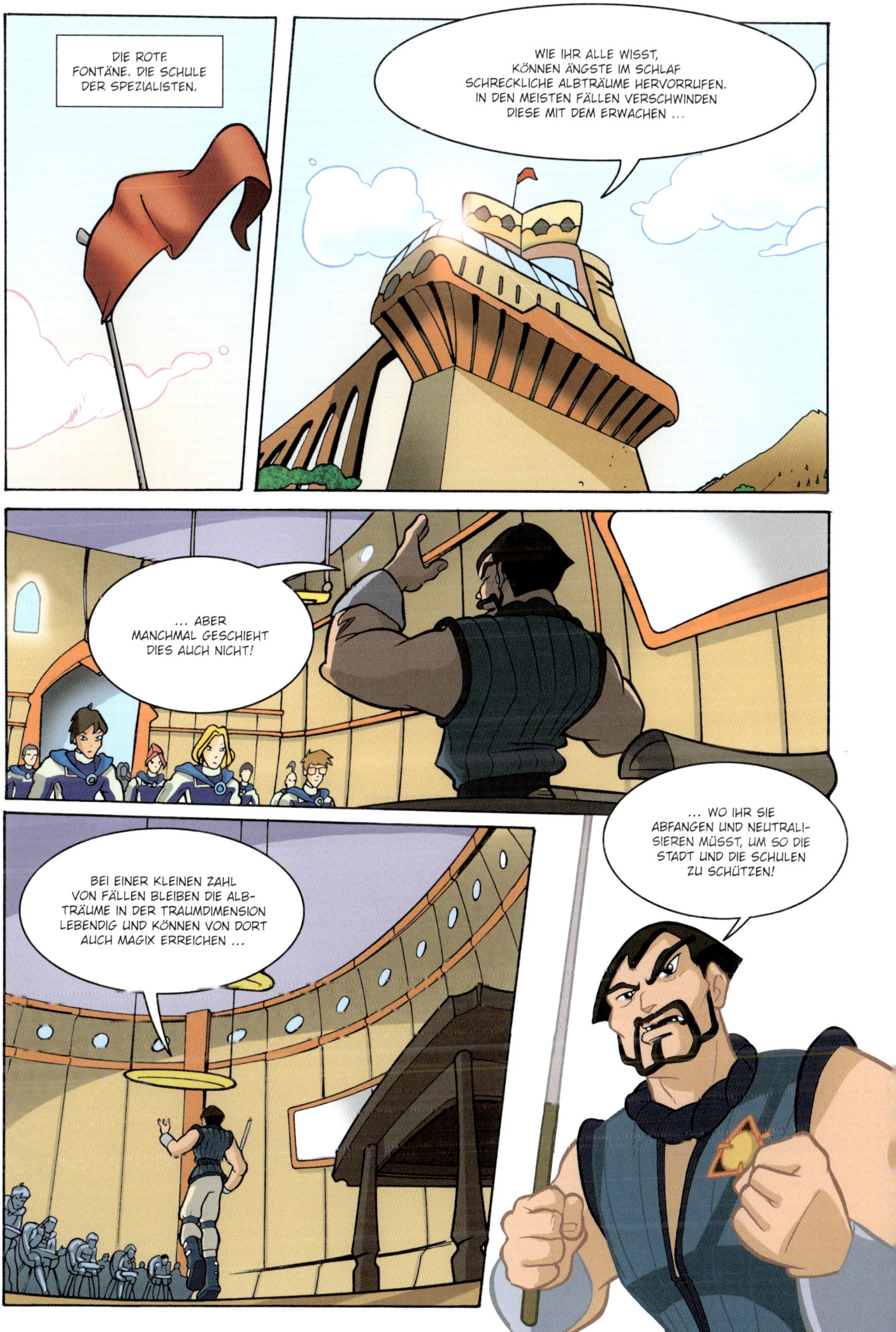
DIE ROTE FONTÄNE. DIE SCHULE DER SPEZIALISTEN.
WIE IHR ALLE WISST, KÖNNEN ÄNGSTE IM SCHLAF SCHRECKLICHE ALBTRÄUME HERVORRUFEN. IN DEN MEISTEN FÄLLEN VERSCHWINDEN DIESE MIT DEM ERWACHEN ...
... ABER MANCHMAL GESCHIEHT DIES AUCH NICHT!
BEI EINER KLEINEN ZAHL VON FÄLLEN BLEIBEN DIE ALBTRÄUME IN DER TRAUMDIMENSION LEBENDIG UND KÖNNEN VON DORT AUCH MAGIX ERREICHEN ...
... WO IHR SIE ABFANGEN UND NEUTRALISIEREN MÜSST, UM SO DIE STADT UND DIE SCHULEN ZU SCHÜTZEN!

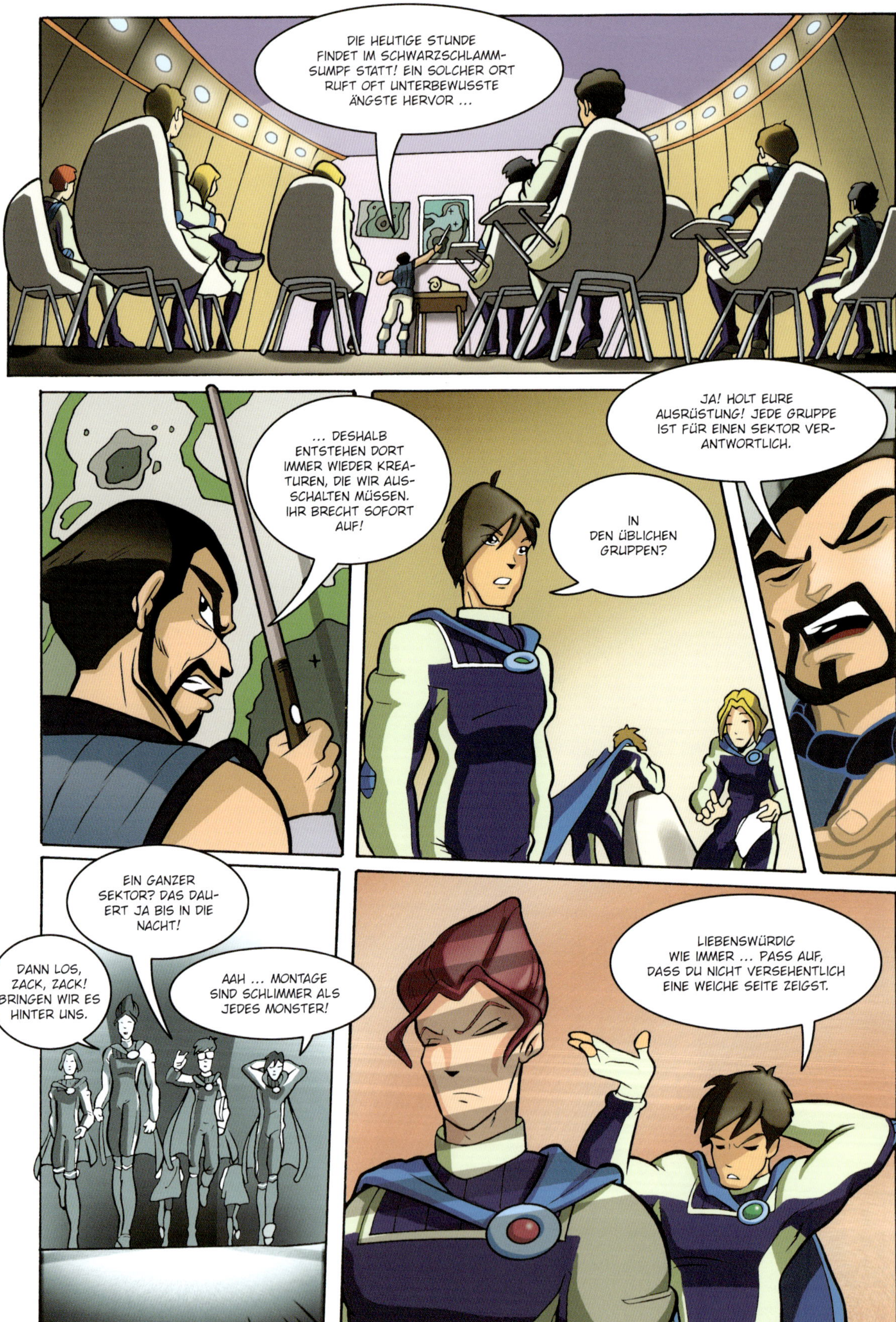
DIE HEUTIGE STUNDE FINDET IM SCHWARZSCHLAMM-SUMPF STATT! EIN SOLCHER ORT RUFT OFT UNTERBEWUSSTE ÄNGSTE HERVOR ...
... DESHALB ENTSTEHEN DORT IMMER WIEDER KREATUREN, DIE WIR AUSSCHALTEN MÜSSEN. IHR BRECHT SOFORT AUF!
IN DEN ÜBLICHEN GRUPPEN?
JA! HOLT EURE AUSRÜSTUNG! JEDE GRUPPE IST FÜR EINEN SEKTOR VERANTWORTLICH.
EIN GANZER SEKTOR? DAS DAUERT JA BIS IN DIE NACHT!
DANN LOS, ZACK, ZACK! BRINGEN WIR ES HINTER UNS.
AAH ... MONTAGE SIND SCHLIMMER ALS JEDES MONSTER!
LIEBENSWÜRDIG WIE IMMER ... PASS AUF, DASS DU NICHT VERSEHENTLICH EINE WEICHE SEITE ZEIGST.

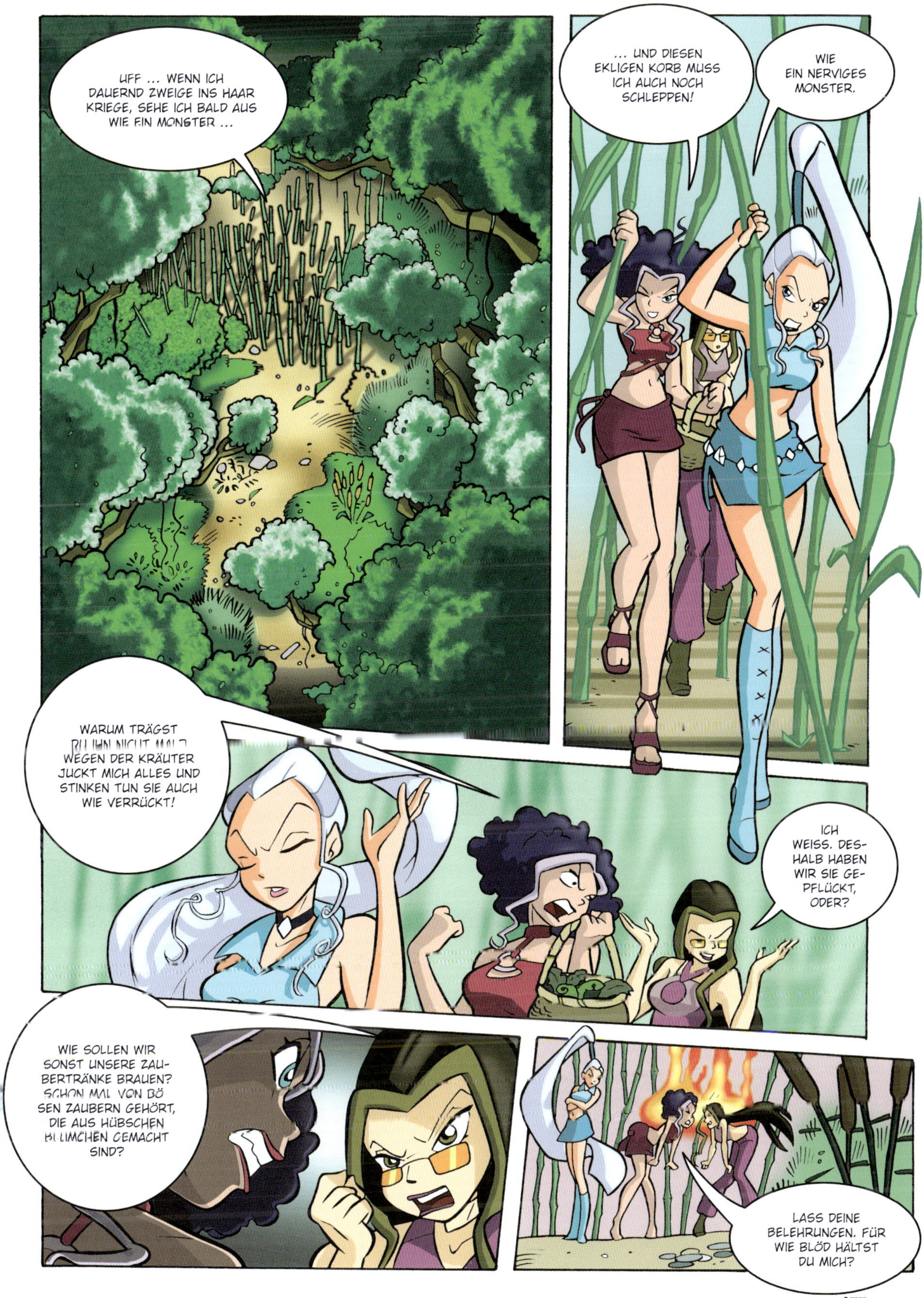
UFF ... WENN ICH DAUERND ZWEIGE INS HAAR KRIEGE, SEHE ICH BALD AUS WIE EIN MONSTER ...
... UND DIESEN EKLIGEN KORB MUSS ICH AUCH NOCH SCHLEPPEN!
WIE EIN NERVIGES MONSTER.
WARUM TRÄGST DU IHN NICHT MAL? WEGEN DER KRÄUTER JUCKT MICH ALLES UND STINKEN TUN SIE AUCH WIE VERRÜCKT!
ICH WEISS. DES-HALB HABEN WIR SIE GE-PFLÜCKT, ODER?
WIE SOLLEN WIR SONST UNSERE ZAU-BERTRÄNKE BRAUEN? SCHON MAL VON BÖ SEN ZAUBERN GEHÖRT, DIE AUS HÜBSCHEN BLÜMCHEN GEMACHT SIND?
LASS DEINE BELEHRUNGEN. FÜR WIE BLÖD HÄLTST DU MICH?

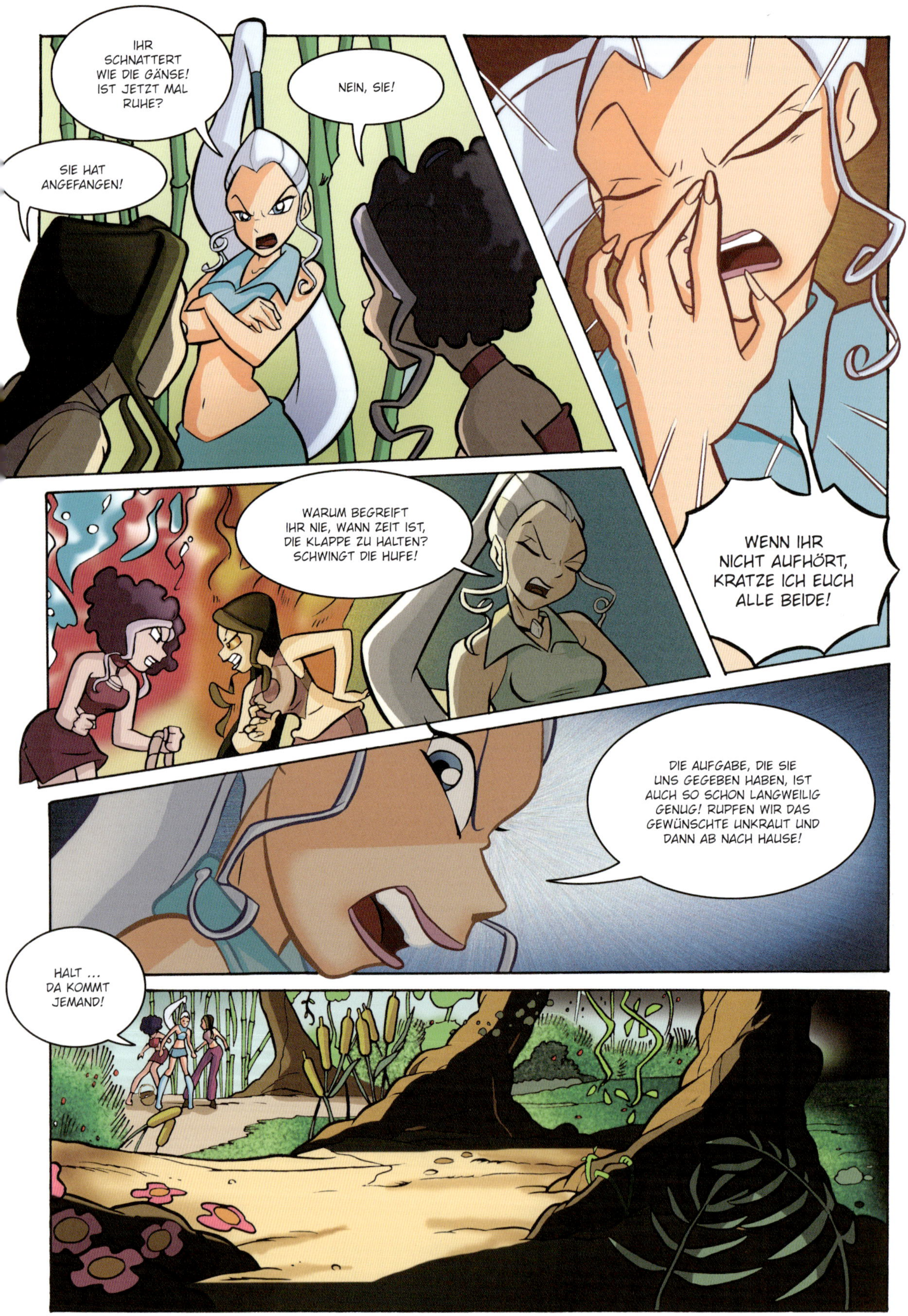
IHR SCHNATTERT WIE DIE GÄNSE! IST JETZT MAL RUHE?
SIE HAT ANGEFANGEN!
NEIN, SIE!
WENN IHR NICHT AUFHÖRT, KRATZE ICH EUCH ALLE BEIDE!
WARUM BEGREIFT IHR NIE, WANN ZEIT IST, DIE KLAPPE ZU HALTEN? SCHWINGT DIE HUFE!
DIE AUFGABE, DIE SIE UNS GEGEBEN HABEN, IST AUCH SO SCHON LANGWEILIG GENUG! RUPFEN WIR DAS GEWÜNSCHTE UNKRAUT UND DANN AB NACH HAUSE!
HALT ... DA KOMMT JEMAND!

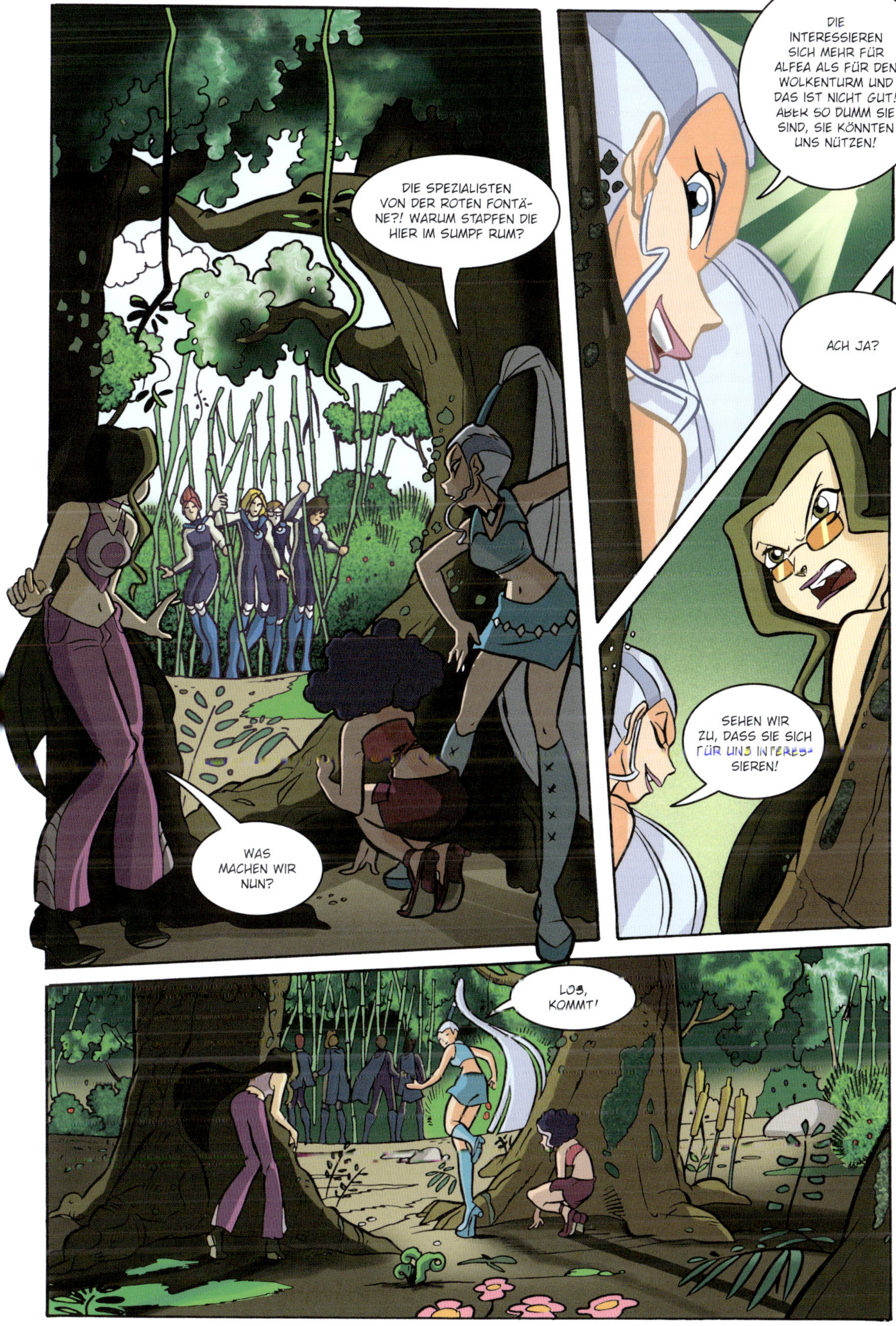
DIE SPEZIALISTEN VON DER ROTEN FONTÄNE?! WARUM STAPFEN DIE HIER IM SUMPF RUM?
WAS MACHEN WIR NUN?
DIE INTERESSIEREN SICH MEHR FÜR ALFEA ALS FÜR DEN WOLKENTURM UND DAS IST NICHT GUT! ABER SO DUMM SIE SIND, SIE KÖNNTEN UNS NÜTZEN!
ACH JA?
SEHEN WIR ZU, DASS SIE SICH FÜR UNS INTERESSIEREN!
LOS, KOMMT!

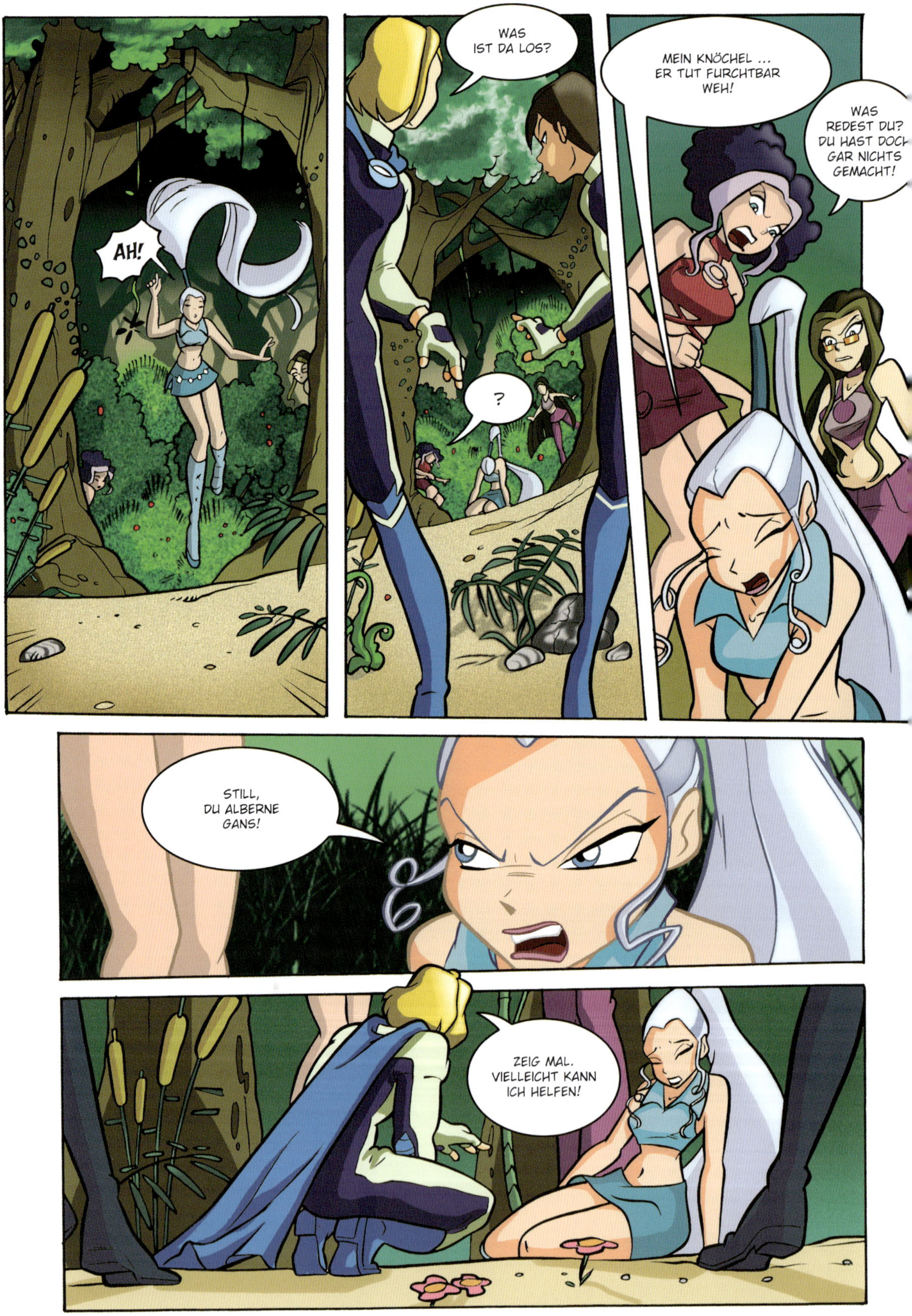
AH!
WAS IST DA LOS?
?
MEIN KNÖCHEL ... ER TUT FURCHTBAR WEH!
WAS REDEST DU? DU HAST DOCH GAR NICHTS GEMACHT!
STILL, DU ALBERNE GANS!
ZEIG MAL. VIELLEICHT KANN ICH HELFEN!

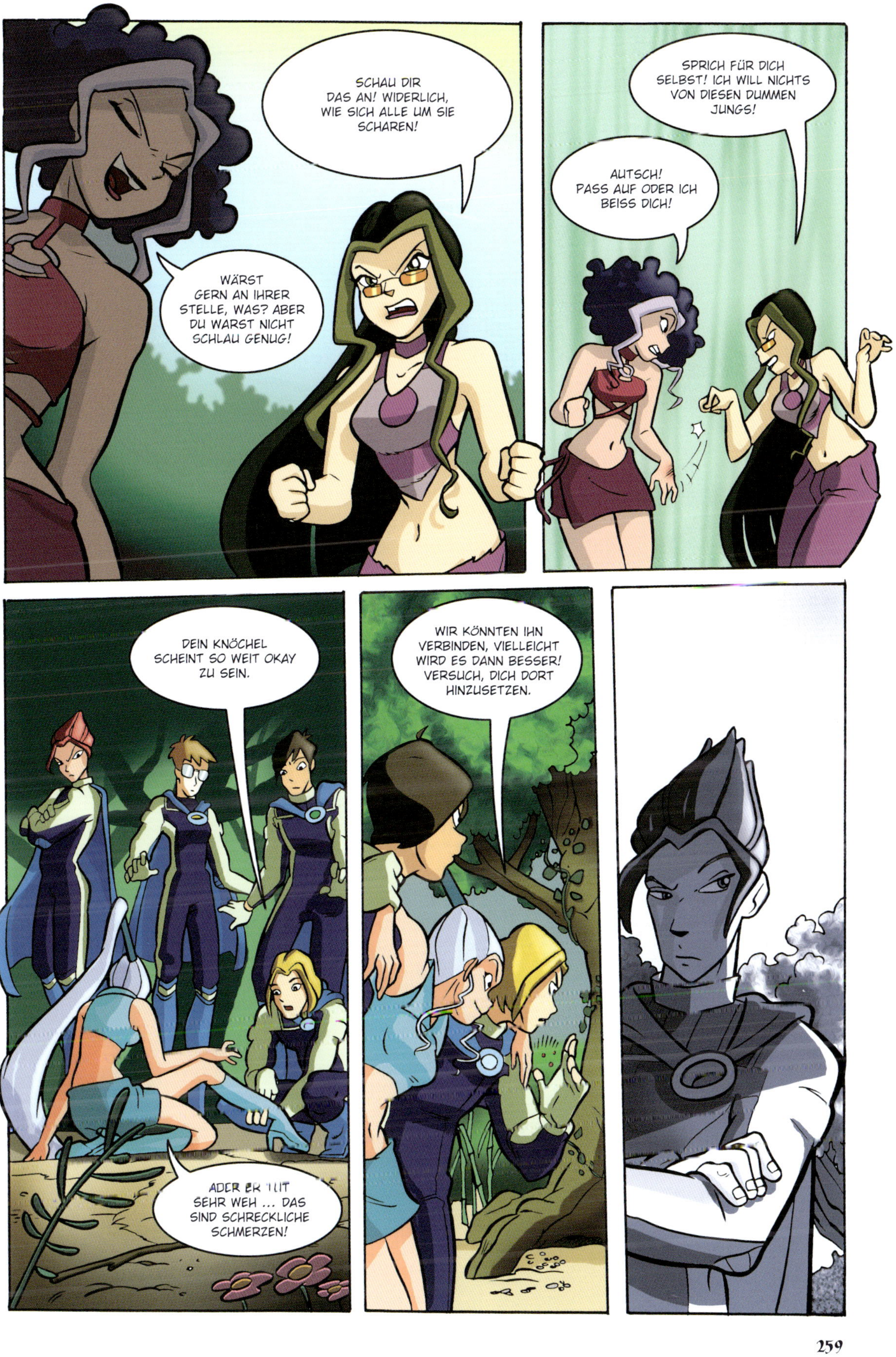
SCHAU DIR DAS AN! WIDERLICH, WIE SICH ALLE UM SIE SCHAREN!
WÄRST GERN AN IHRER STELLE, WAS? ABER DU WARST NICHT SCHLAU GENUG!
SPRICH FÜR DICH SELBST! ICH WILL NICHTS VON DIESEN DUMMEN JUNGS!
AUTSCH! PASS AUF ODER ICH BEISS DICH!
DEIN KNÖCHEL SCHEINT SO WEIT OKAY ZU SEIN.
ABER ER TUT SEHR WEH ... DAS SIND SCHRECKLICHE SCHMERZEN!
WIR KÖNNTEN IHN VERBINDEN, VIELLEICHT WIRD ES DANN BESSER! VERSUCH, DICH DORT HINZUSETZEN.

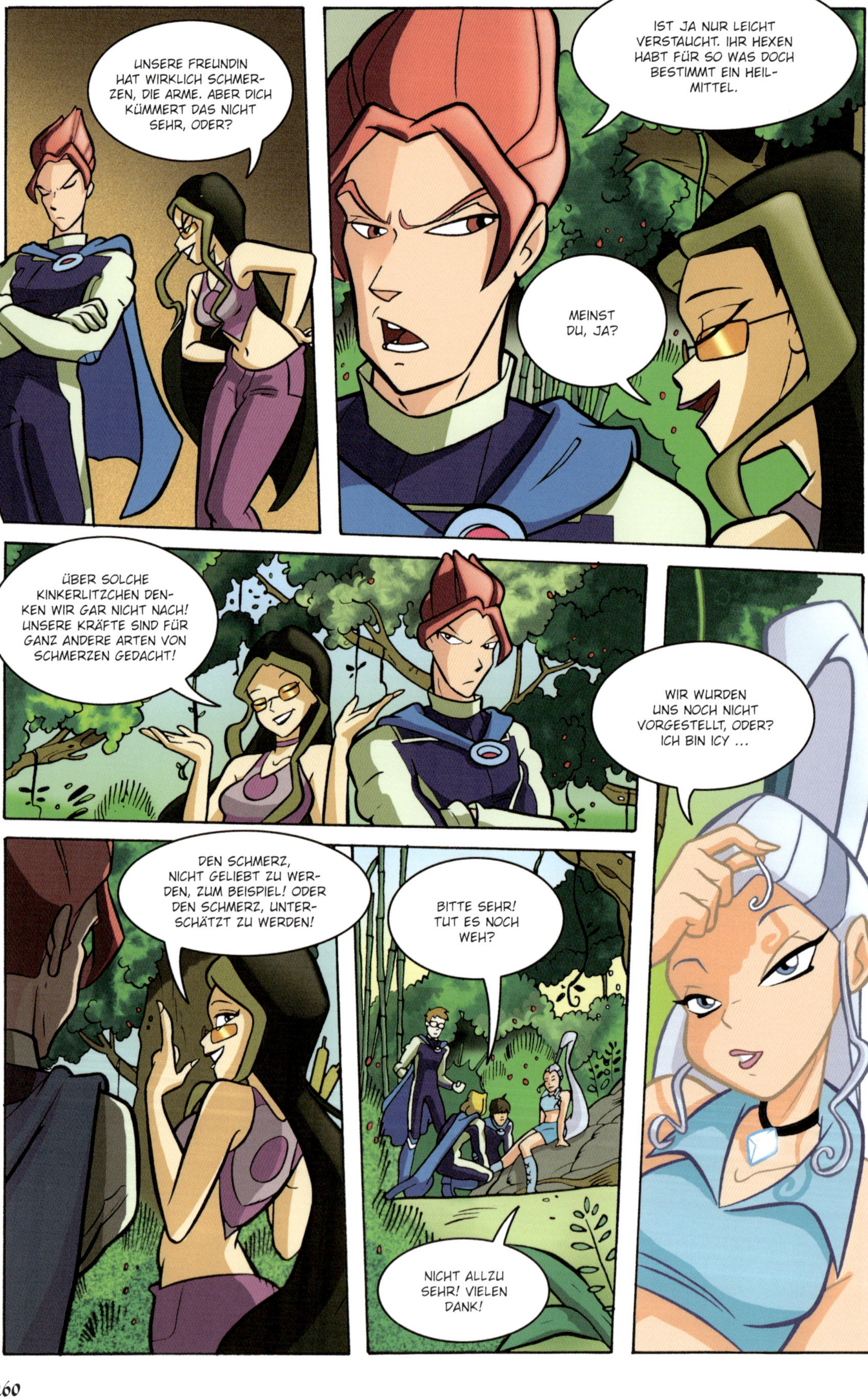
UNSERE FREUNDIN HAT WIRKLICH SCHMERZEN, DIE ARME. ABER DICH KÜMMERT DAS NICHT SEHR, ODER?
IST JA NUR LEICHT VERSTAUCHT. IHR HEXEN HABT FÜR SO WAS DOCH BESTIMMT EIN HEILMITTEL.
MEINST DU, JA?
ÜBER SOLCHE KINKERLITZCHEN DENKEN WIR GAR NICHT NACH! UNSERE KRÄFTE SIND FÜR GANZ ANDERE ARTEN VON SCHMERZEN GEDACHT!
WIR WURDEN UNS NOCH NICHT VORGESTELLT, ODER? ICH BIN ICY …
DEN SCHMERZ, NICHT GELIEBT ZU WERDEN, ZUM BEISPIEL! ODER DEN SCHMERZ, UNTERSCHÄTZT ZU WERDEN!
BITTE SEHR! TUT ES NOCH WEH?
NICHT ALLZU SEHR! VIELEN DANK!

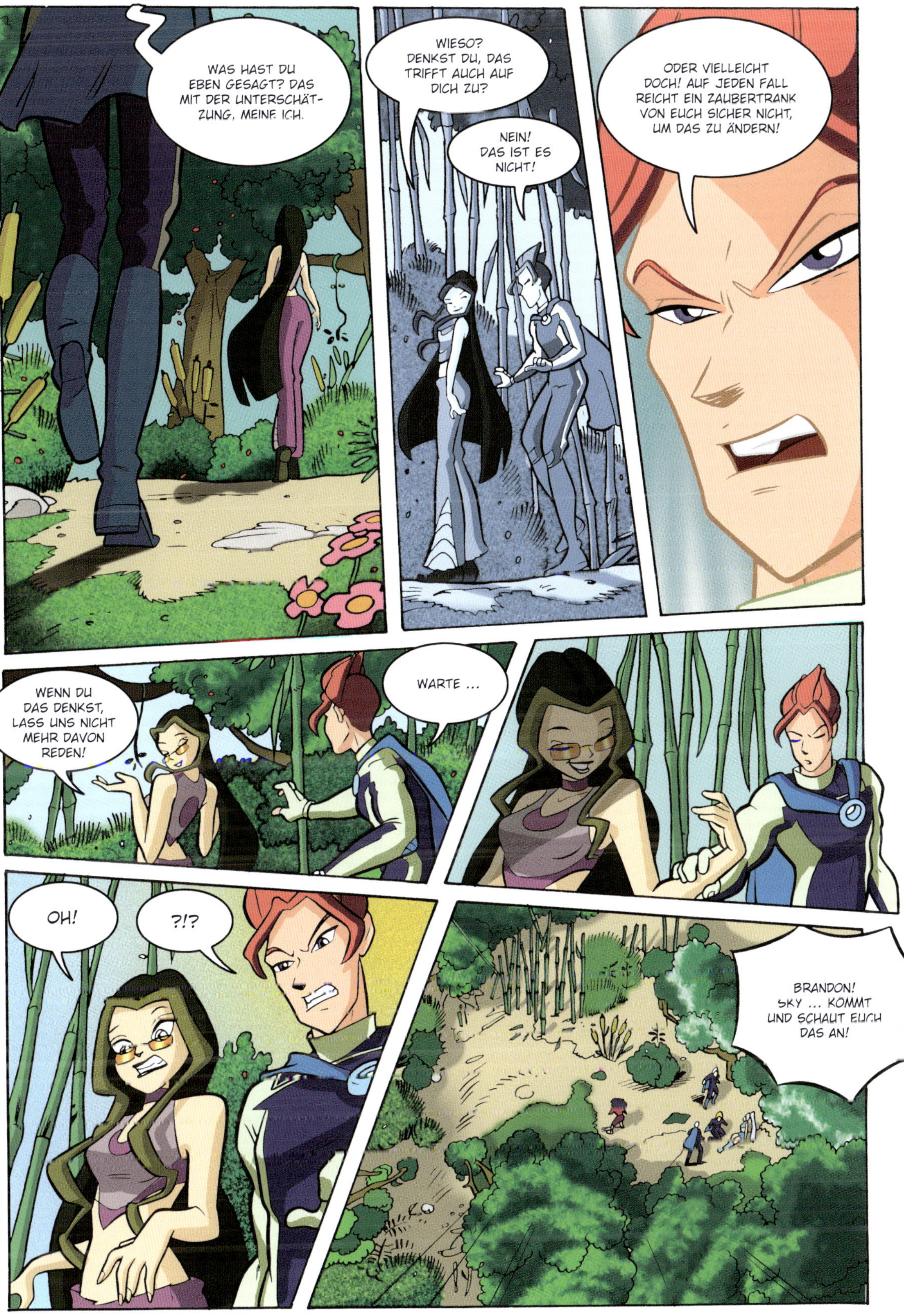
WAS HAST DU EBEN GESAGT? DAS MIT DER UNTERSCHÄTZUNG, MEINE ICH.
WIESO? DENKST DU, DAS TRIFFT AUCH AUF DICH ZU?
NEIN! DAS IST ES NICHT!
ODER VIELLEICHT DOCH! AUF JEDEN FALL REICHT EIN ZAUBERTRANK VON EUCH SICHER NICHT, UM DAS ZU ÄNDERN!
WENN DU DAS DENKST, LASS UNS NICHT MEHR DAVON REDEN!
WARTE ...
OH!
?!?
BRANDON! SKY ... KOMMT UND SCHAUT EUCH DAS AN!

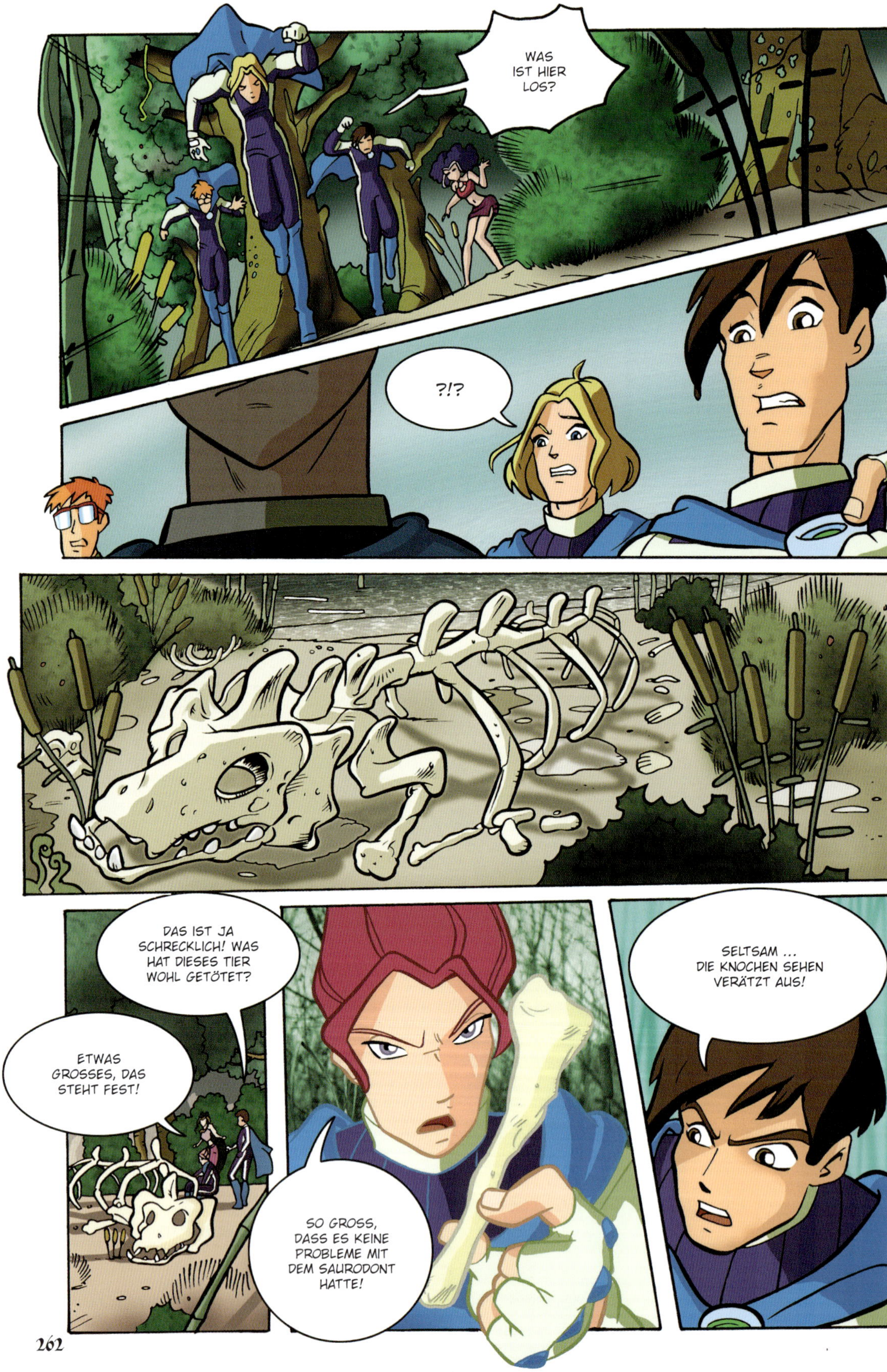
WAS IST HIER LOS?
?!?
DAS IST JA SCHRECKLICH! WAS HAT DIESES TIER WOHL GETÖTET?
ETWAS GROSSES, DAS STEHT FEST!
SO GROSS, DASS ES KEINE PROBLEME MIT DEM SAURODONT HATTE!
SELTSAM ... DIE KNOCHEN SEHEN VERÄTZT AUS!

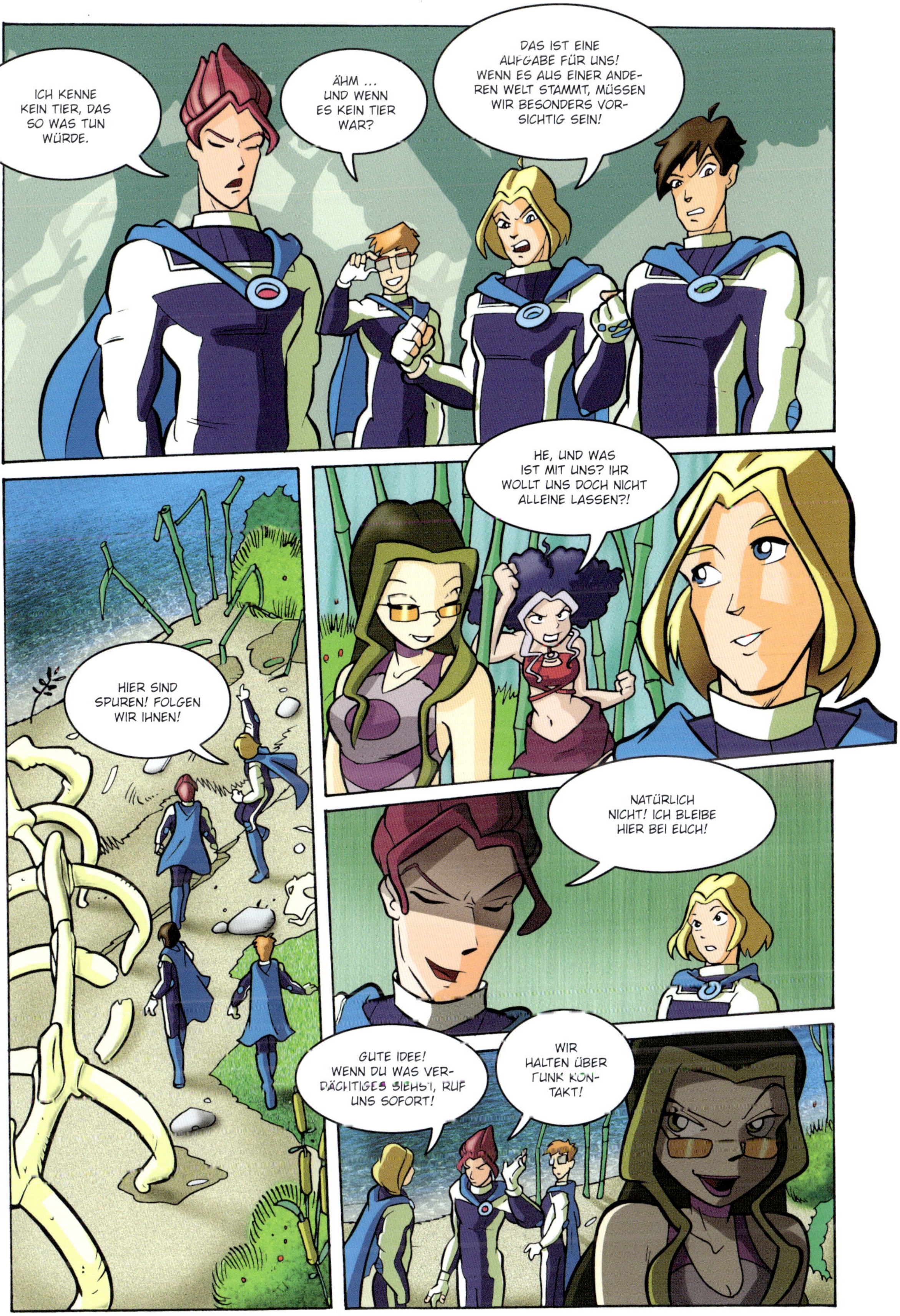
ICH KENNE KEIN TIER, DAS SO WAS TUN WÜRDE.
ÄHM ... UND WENN ES KEIN TIER WAR?
DAS IST EINE AUFGABE FÜR UNS! WENN ES AUS EINER ANDEREN WELT STAMMT, MÜSSEN WIR BESONDERS VORSICHTIG SEIN!
HIER SIND SPUREN! FOLGEN WIR IHNEN!
HE, UND WAS IST MIT UNS? IHR WOLLT UNS DOCH NICHT ALLEINE LASSEN?!
NATÜRLICH NICHT! ICH BLEIBE HIER BEI EUCH!
GUTE IDEE! WENN DU WAS VERDÄCHTIGES SIEHST, RUF UNS SOFORT!
WIR HALTEN ÜBER FUNK KONTAKT!

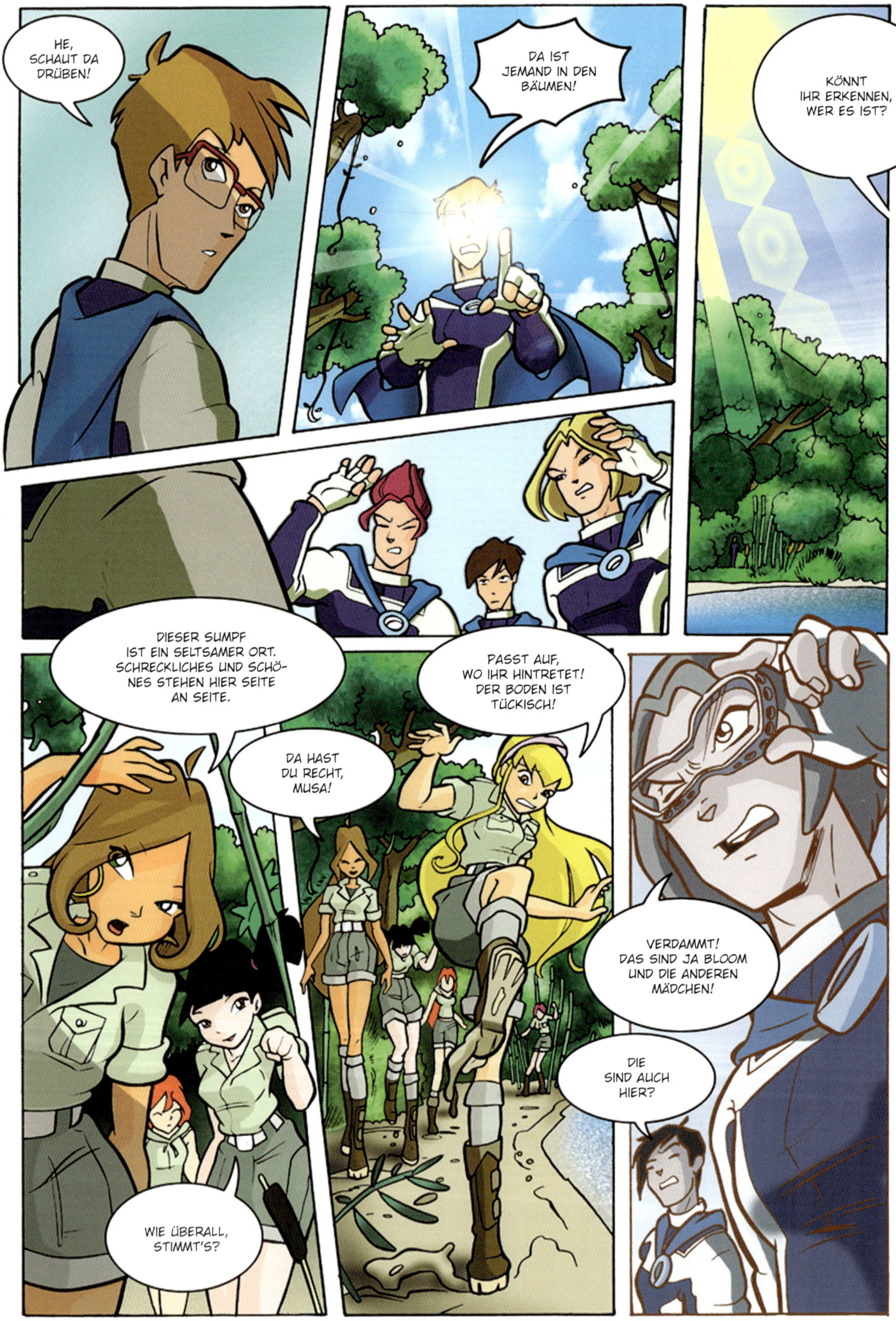
HE, SCHAUT DA DRÜBEN!
DA IST JEMAND IN DEN BÄUMEN!
KÖNNT IHR ERKENNEN, WER ES IST?
DIESER SUMPF IST EIN SELTSAMER ORT. SCHRECKLICHES UND SCHÖNES STEHEN HIER SEITE AN SEITE.
DA HAST DU RECHT, MUSA!
WIE ÜBERALL, STIMMT'S?
PASST AUF, WO IHR HINTRETET! DER BODEN IST TÜCKISCH!
VERDAMMT! DAS SIND JA BLOOM UND DIE ANDEREN MÄDCHEN!
DIE SIND AUCH HIER?

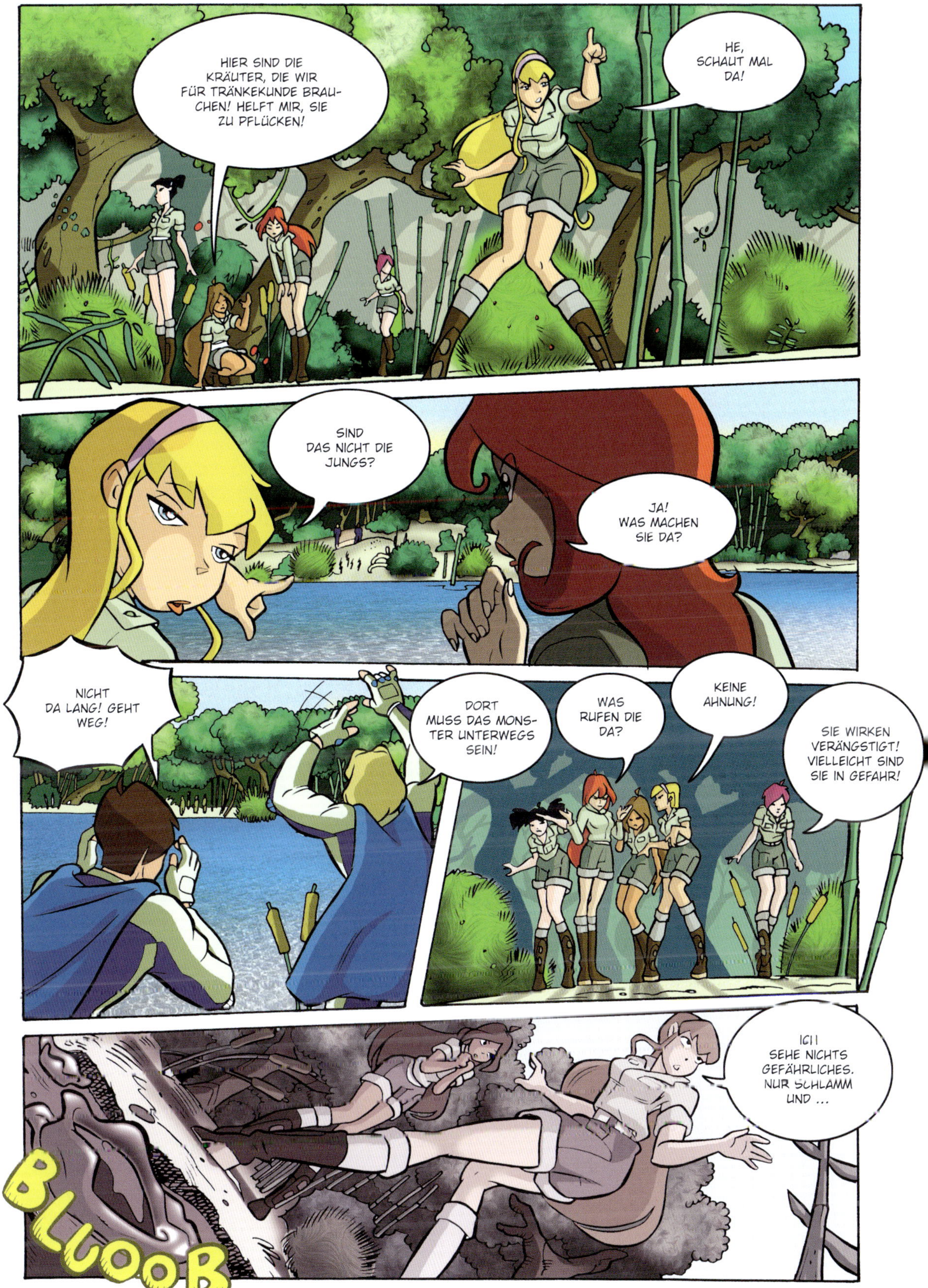
HIER SIND DIE KRÄUTER, DIE WIR FÜR TRÄNKEKUNDE BRAUCHEN! HELFT MIR, SIE ZU PFLÜCKEN!
HE, SCHAUT MAL DA!
SIND DAS NICHT DIE JUNGS?
JA! WAS MACHEN SIE DA?
NICHT DA LANG! GEHT WEG!
DORT MUSS DAS MONSTER UNTERWEGS SEIN!
WAS RUFEN DIE DA?
KEINE AHNUNG!
SIE WIRKEN VERÄNGSTIGT! VIELLEICHT SIND SIE IN GEFAHR!
ICH SEHE NICHTS GEFÄHRLICHES. NUR SCHLAMM UND ...
BLUOOB

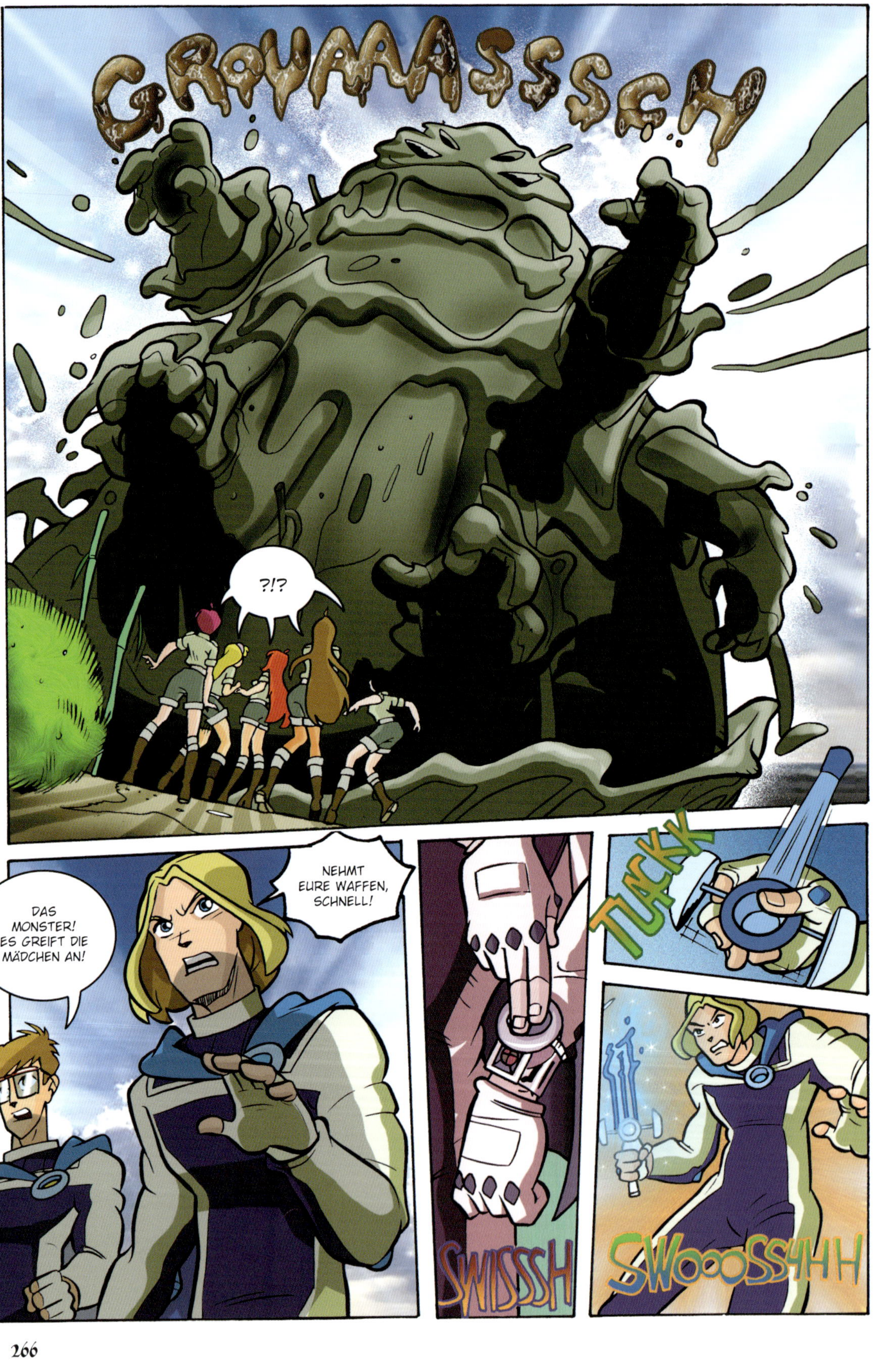
GROUAAASSSCH
?!?
DAS MONSTER! ES GREIFT DIE MÄDCHEN AN!
NEHMT EURE WAFFEN, SCHNELL!
SWISSSH
TUCKK
SWOOOSSHH

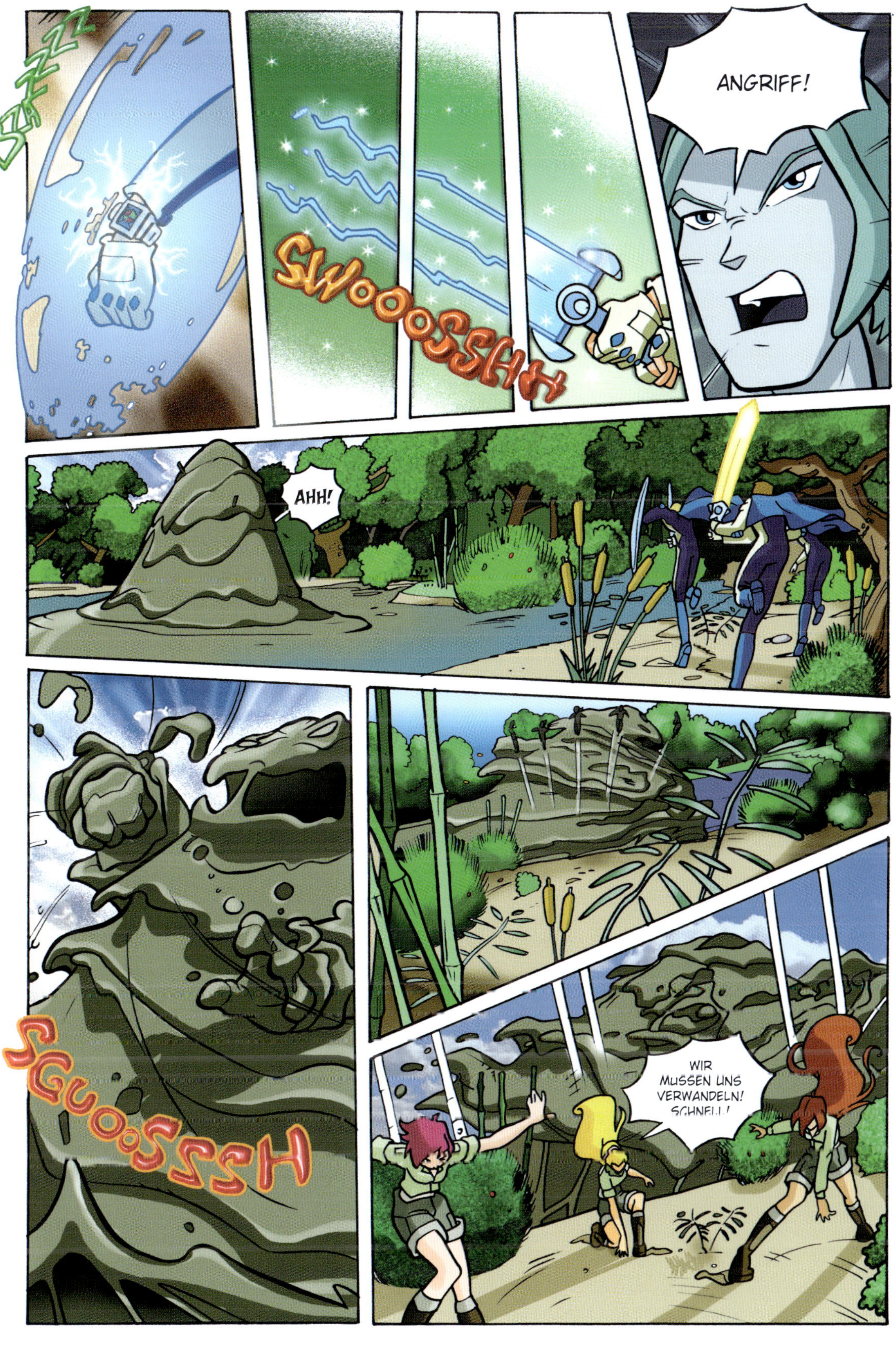
SWOOOSSHH
ANGRIFF!
AHH!
WIR MUSSEN UNS VERWANDELN! SCHNELL!

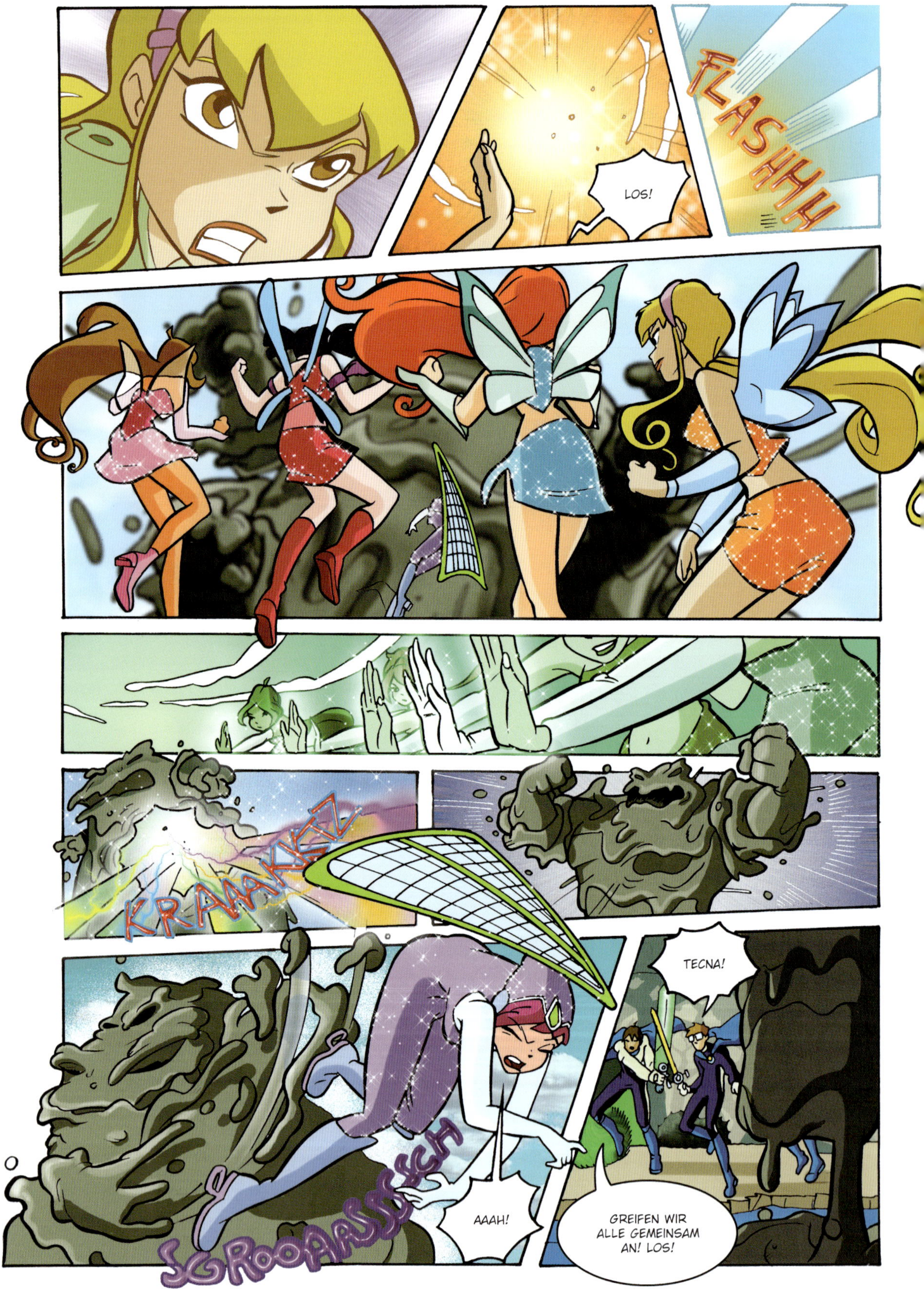
LOS!
FLASHHH
KRAAAKKTZ
SGROOAAASSCH
AAAH!
TECNA!
GREIFEN WIR ALLE GEMEINSAM AN! LOS!

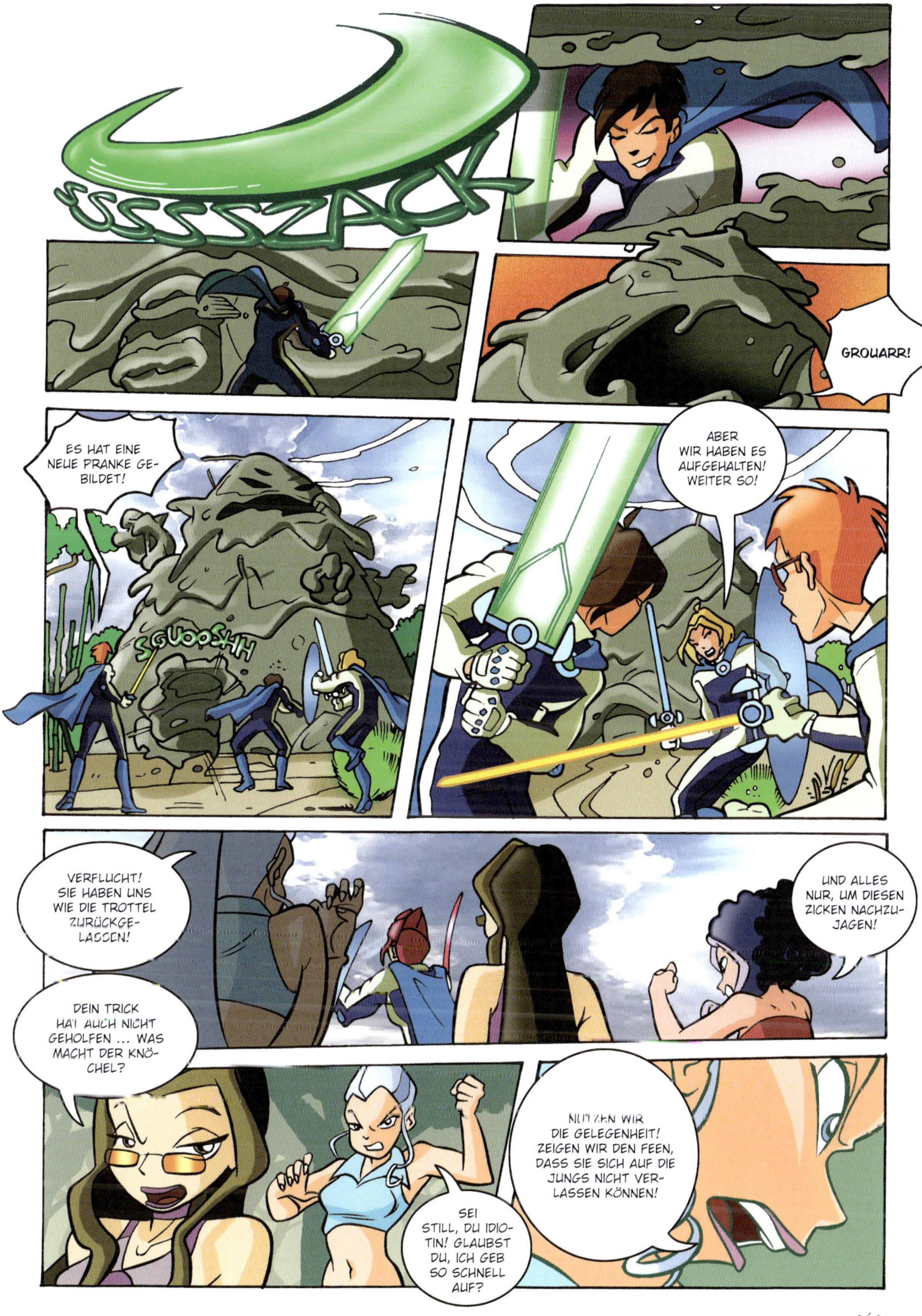
SSSSZACK
GROUARR!
ES HAT EINE NEUE PRANKE GEBILDET!
SGUOOSHH
ABER WIR HABEN ES AUFGEHALTEN! WEITER SO!
VERFLUCHT! SIE HABEN UNS WIE DIE TROTTEL ZURÜCKGELASSEN!
UND ALLES NUR, UM DIESEN ZICKEN NACHZUJAGEN!
DEIN TRICK HAT AUCH NICHT GEHOLFEN ... WAS MACHT DER KNÖCHEL?
NUTZEN WIR DIE GELEGENHEIT! ZEIGEN WIR DEN FEEN, DASS SIE SICH AUF DIE JUNGS NICHT VERLASSEN KÖNNEN!
SEI STILL, DU IDIOTIN! GLAUBST DU, ICH GEB SO SCHNELL AUF?

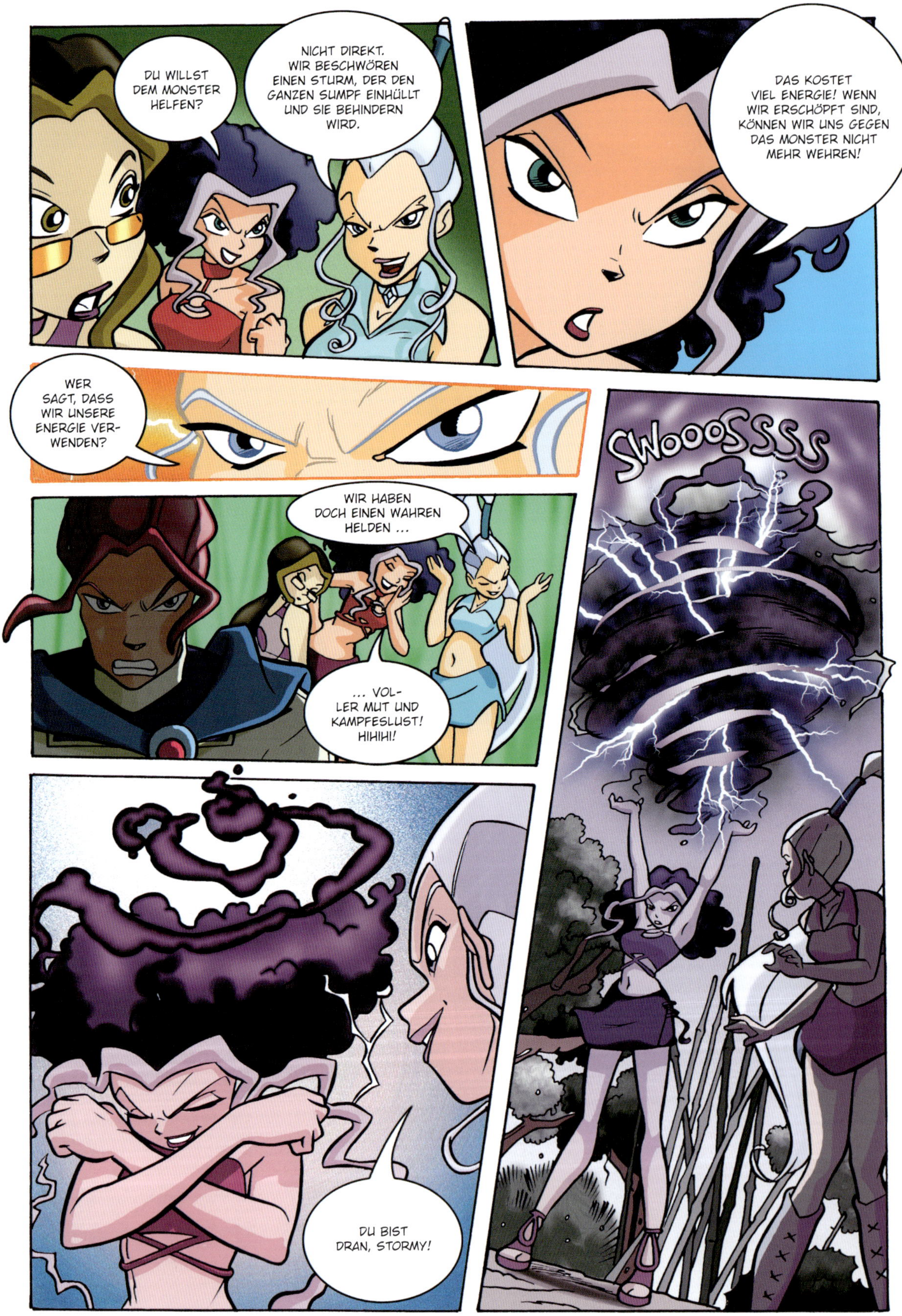
DU WILLST DEM MONSTER HELFEN?
NICHT DIREKT. WIR BESCHWÖREN EINEN STURM, DER DEN GANZEN SUMPF EINHÜLLT UND SIE BEHINDERN WIRD.
DAS KOSTET VIEL ENERGIE! WENN WIR ERSCHÖPFT SIND, KÖNNEN WIR UNS GEGEN DAS MONSTER NICHT MEHR WEHREN!
WER SAGT, DASS WIR UNSERE ENERGIE VERWENDEN?
WIR HABEN DOCH EINEN WAHREN HELDEN …
… VOLLER MUT UND KAMPFESLUST! HIHIHI!
DU BIST DRAN, STORMY!
SWOOOSSSS

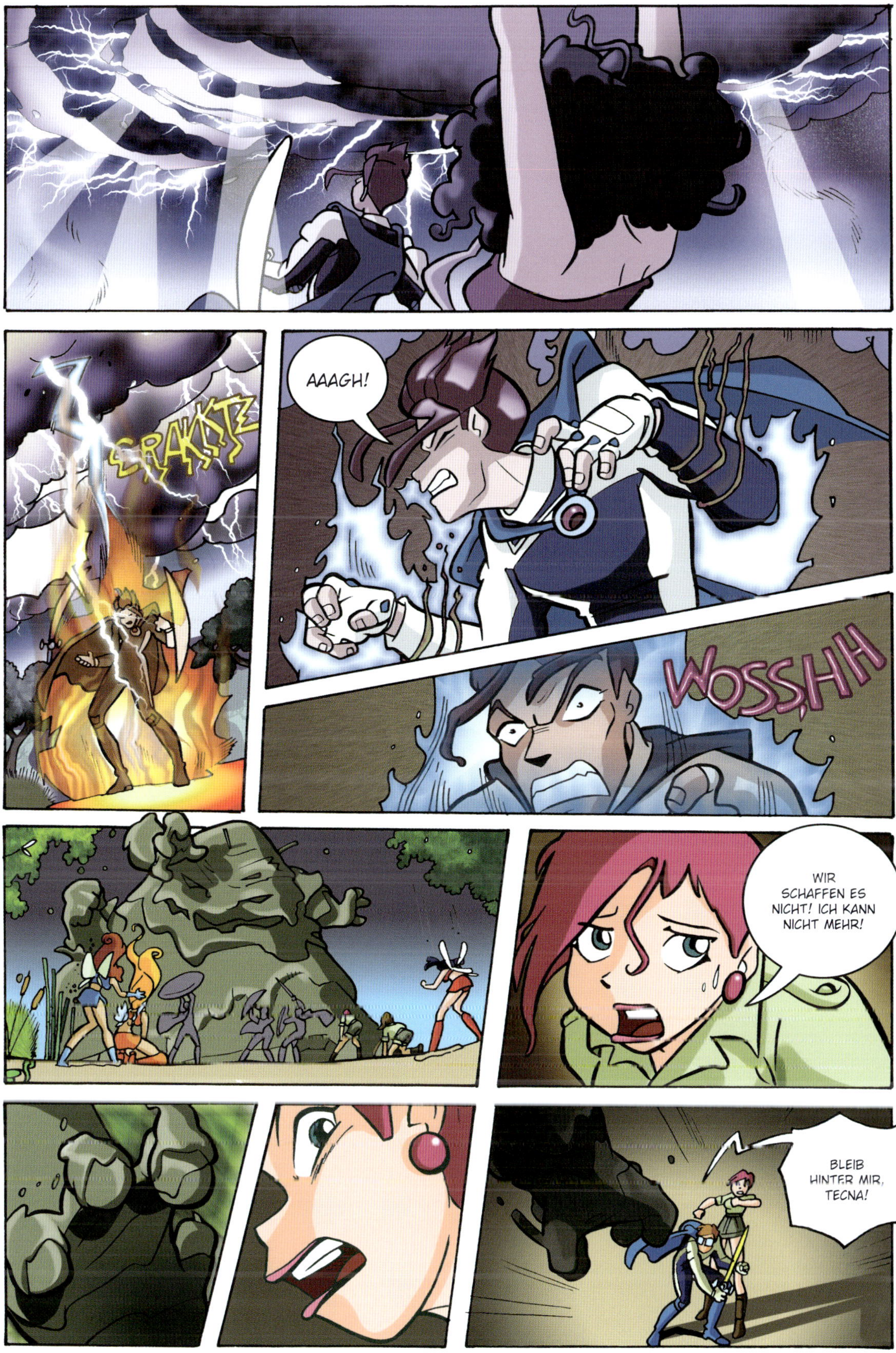
CRAKKTZ
AAAGH!
WOSSHH
WIR SCHAFFEN ES NICHT! ICH KANN NICHT MEHR!
BLEIB HINTER MIR, TECNA!

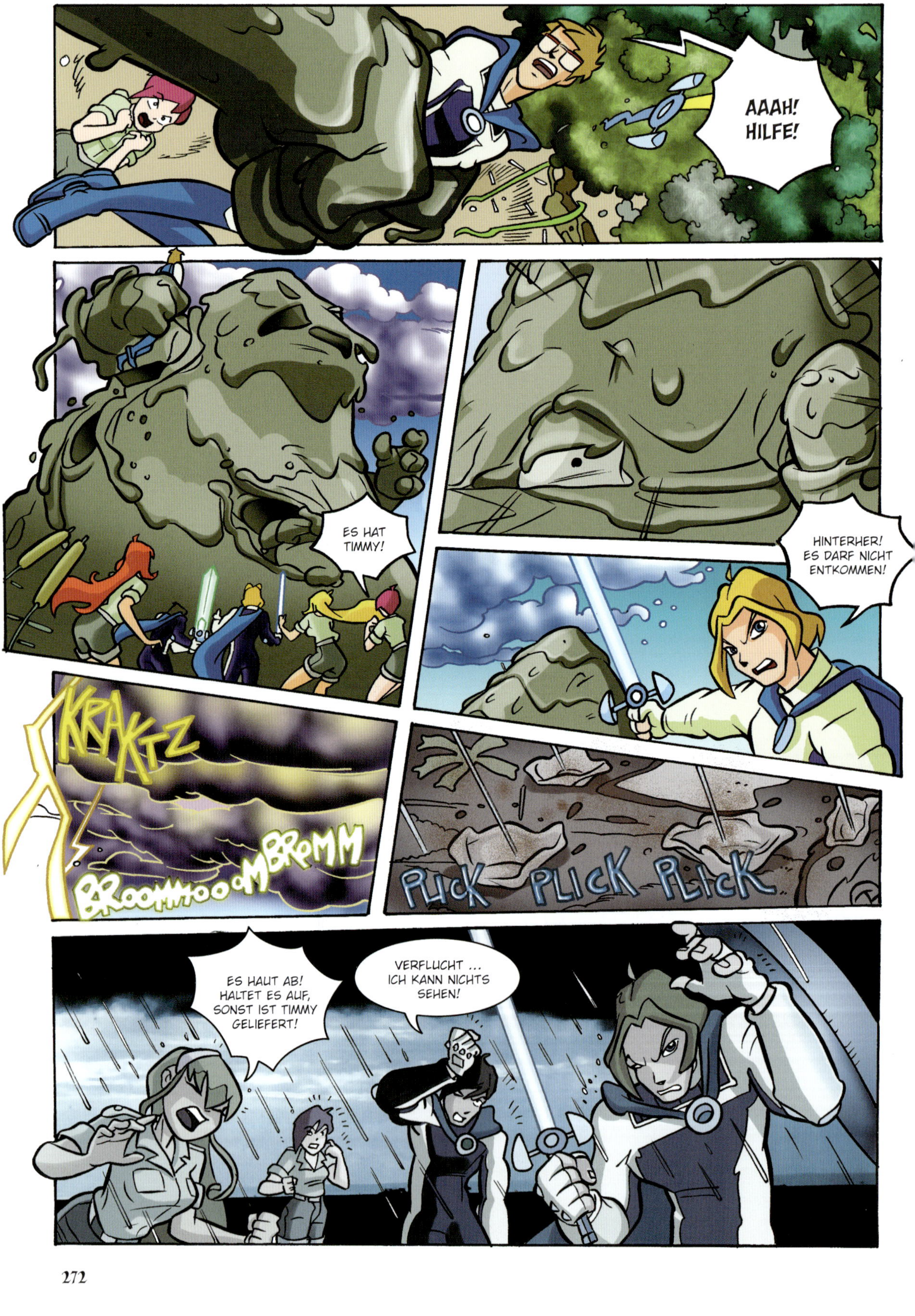
AAAH! HILFE!
ES HAT TIMMY!
HINTERHER! ES DARF NICHT ENTKOMMEN!
KRAKTZ
BROOMMOOOMBREMMM
PLICK PLICK PLICK
ES HAUT AB! HALTET ES AUF, SONST IST TIMMY GELIEFERT!
VERFLUCHT ... ICH KANN NICHTS SEHEN!

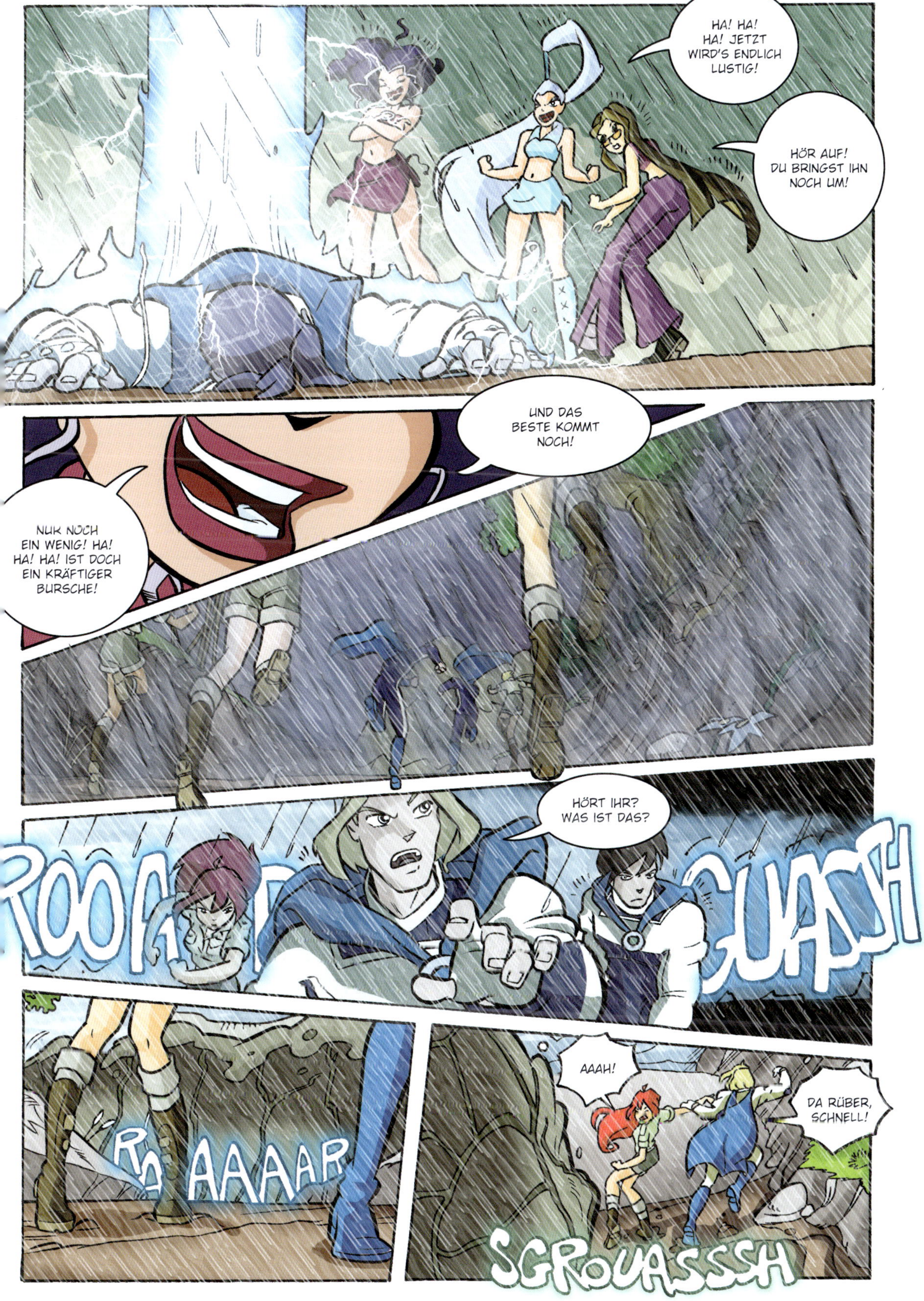
HA! HA!
HA! JETZT WIRD'S ENDLICH LUSTIG!
HÖR AUF! DU BRINGST IHN NOCH UM!
UND DAS BESTE KOMMT NOCH!
NUR NOCH EIN WENIG! HA! HA! HA! IST DOCH EIN KRÄFTIGER BURSCHE!
HÖRT IHR? WAS IST DAS?
ROOA
GUASH
RAAAAAR
AAAH!
DA RÜBER, SCHNELL!
SGROUASSSH

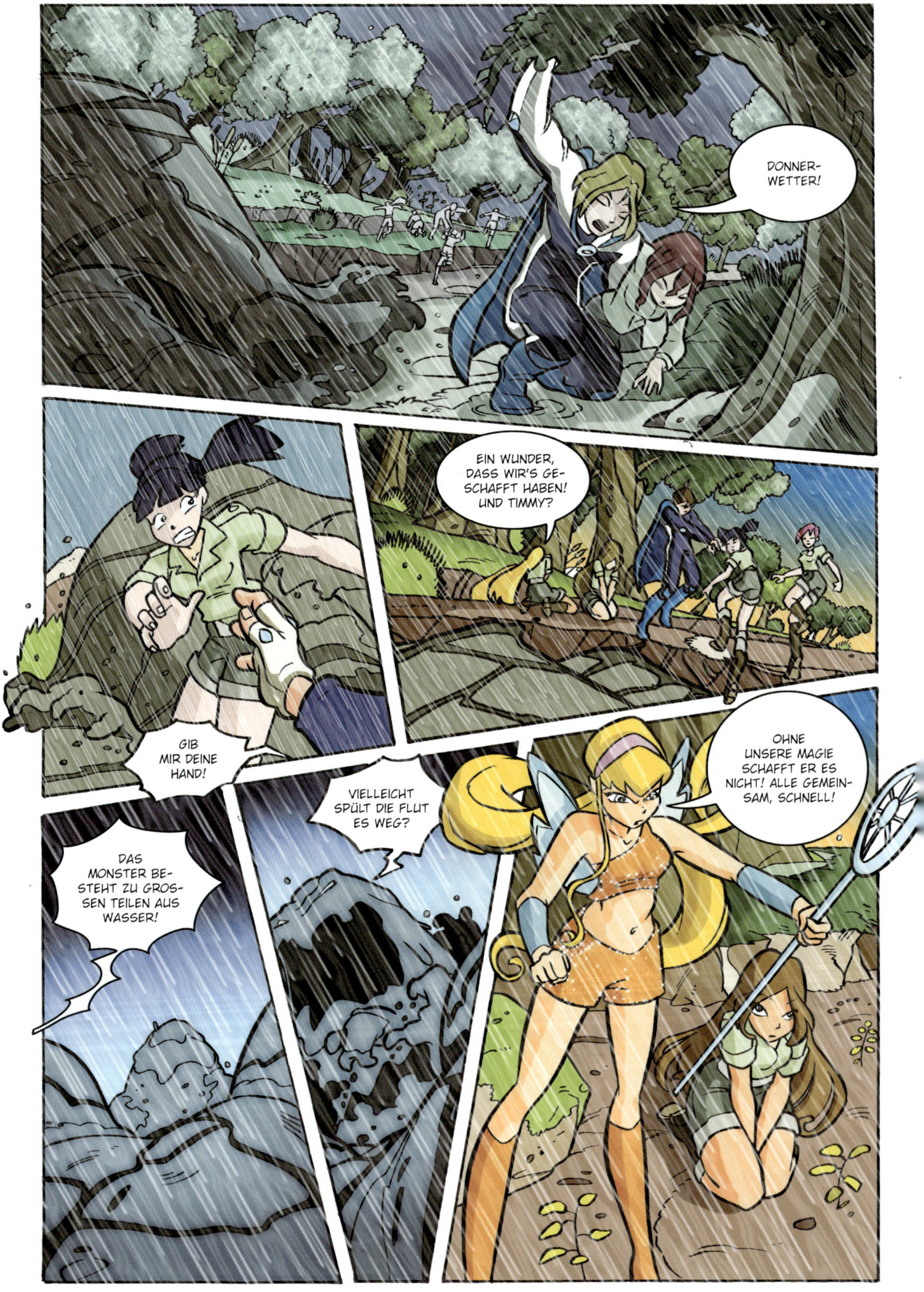
DONNER-
WETTER!
EIN WUNDER, DASS WIR'S GESCHAFFT HABEN! UND TIMMY?
GIB MIR DEINE HAND!
OHNE UNSERE MAGIE SCHAFFT ER ES NICHT! ALLE GEMEINSAM, SCHNELL!
DAS MONSTER BESTEHT ZU GROSSEN TEILEN AUS WASSER!
VIELLEICHT SPÜLT DIE FLUT ES WEG?

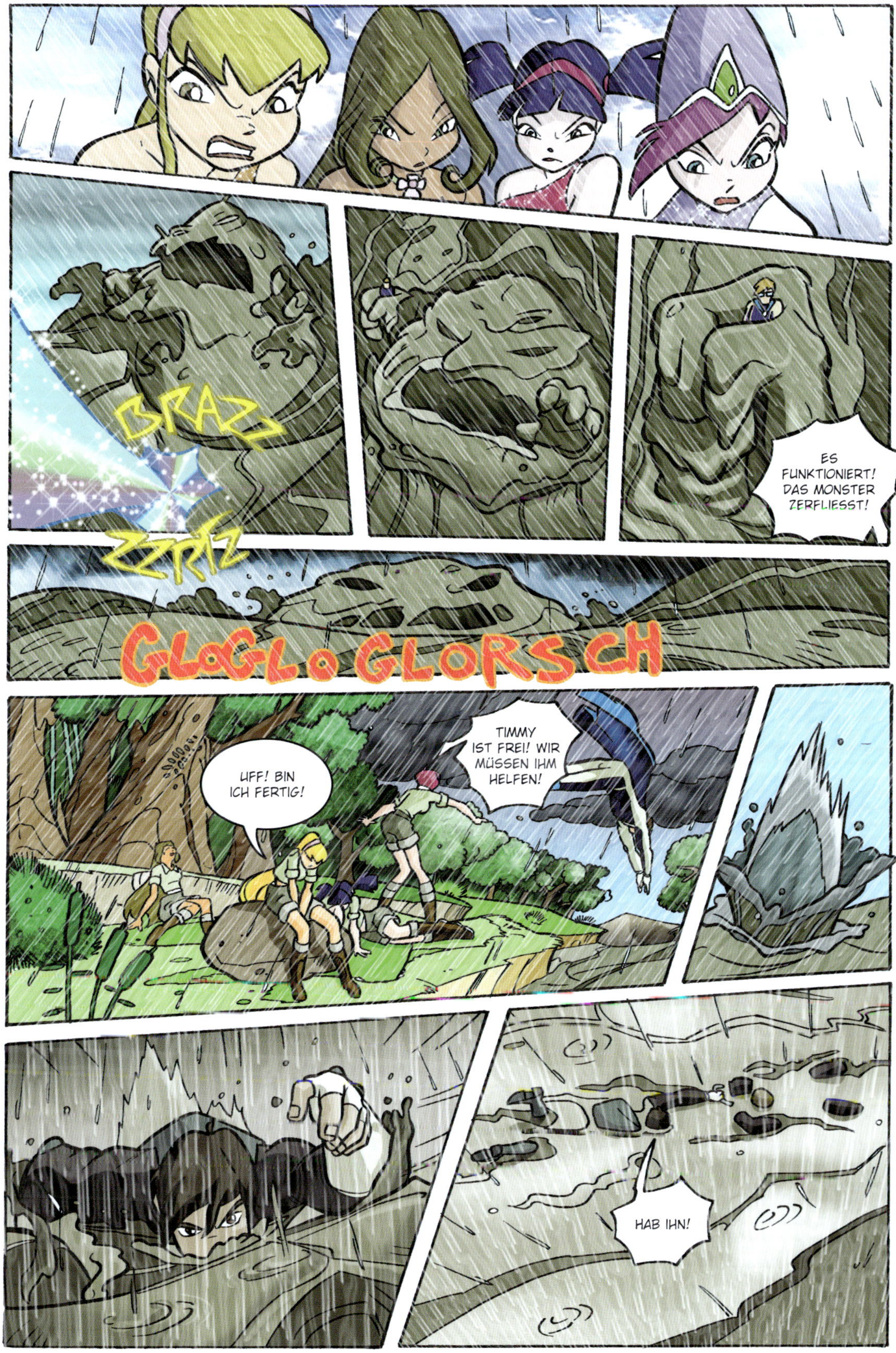
BRAZZ
ES FUNKTIONIERT! DAS MONSTER ZERFLIESST!
ZZRRZ
GLOGLOGLORSCH
UFF! BIN ICH FERTIG!
TIMMY IST FREI! WIR MÜSSEN IHM HELFEN!
HAB IHN!

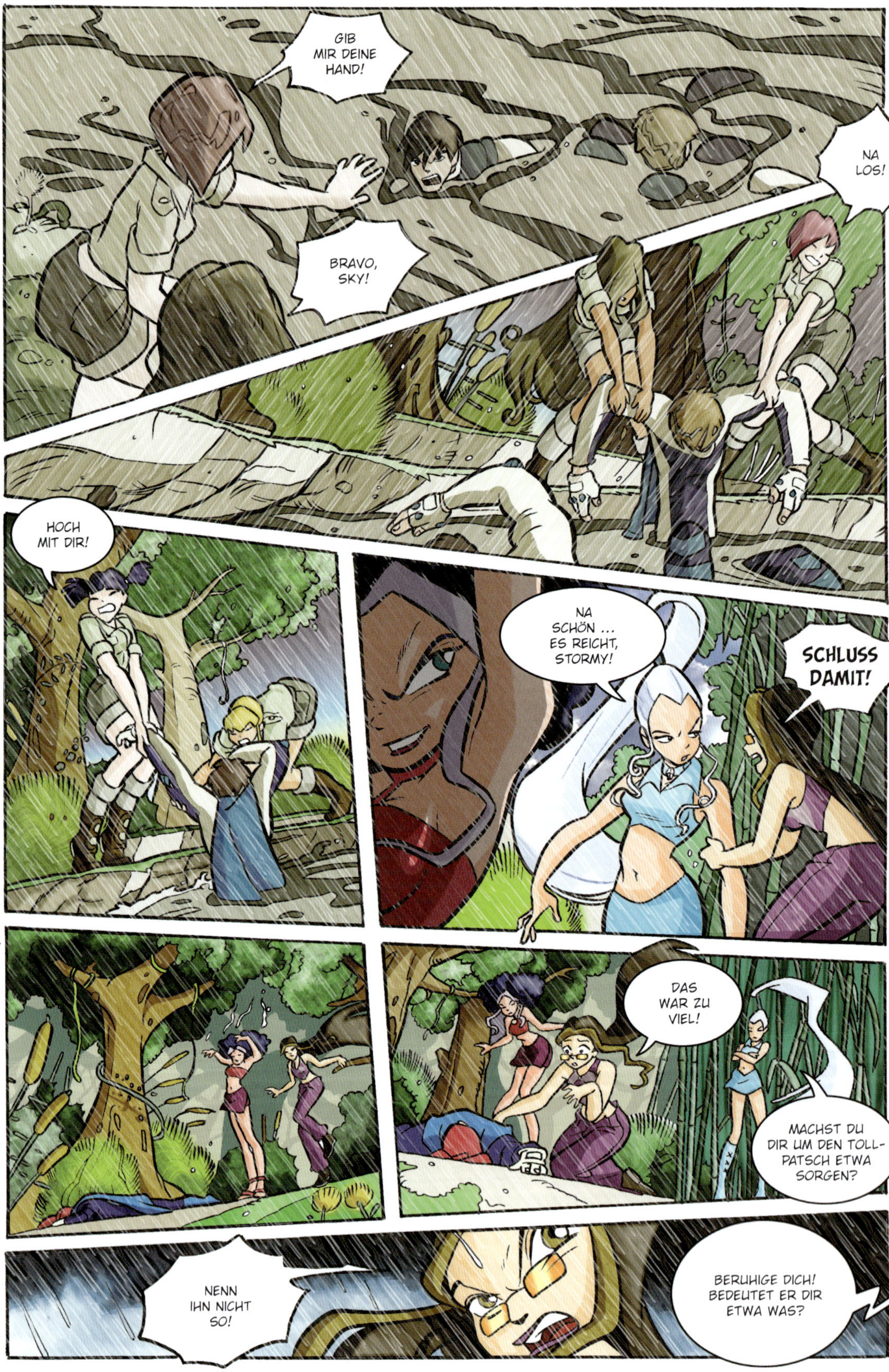
GIB MIR DEINE HAND!
NA LOS!
BRAVO, SKY!
HOCH MIT DIR!
NA SCHÖN ... ES REICHT, STORMY!
SCHLUSS DAMIT!
DAS WAR ZU VIEL!
MACHST DU DIR UM DEN TOLL-PATSCH ETWA SORGEN?
NENN IHN NICHT SO!
BERUHIGE DICH! BEDEUTET ER DIR ETWA WAS?

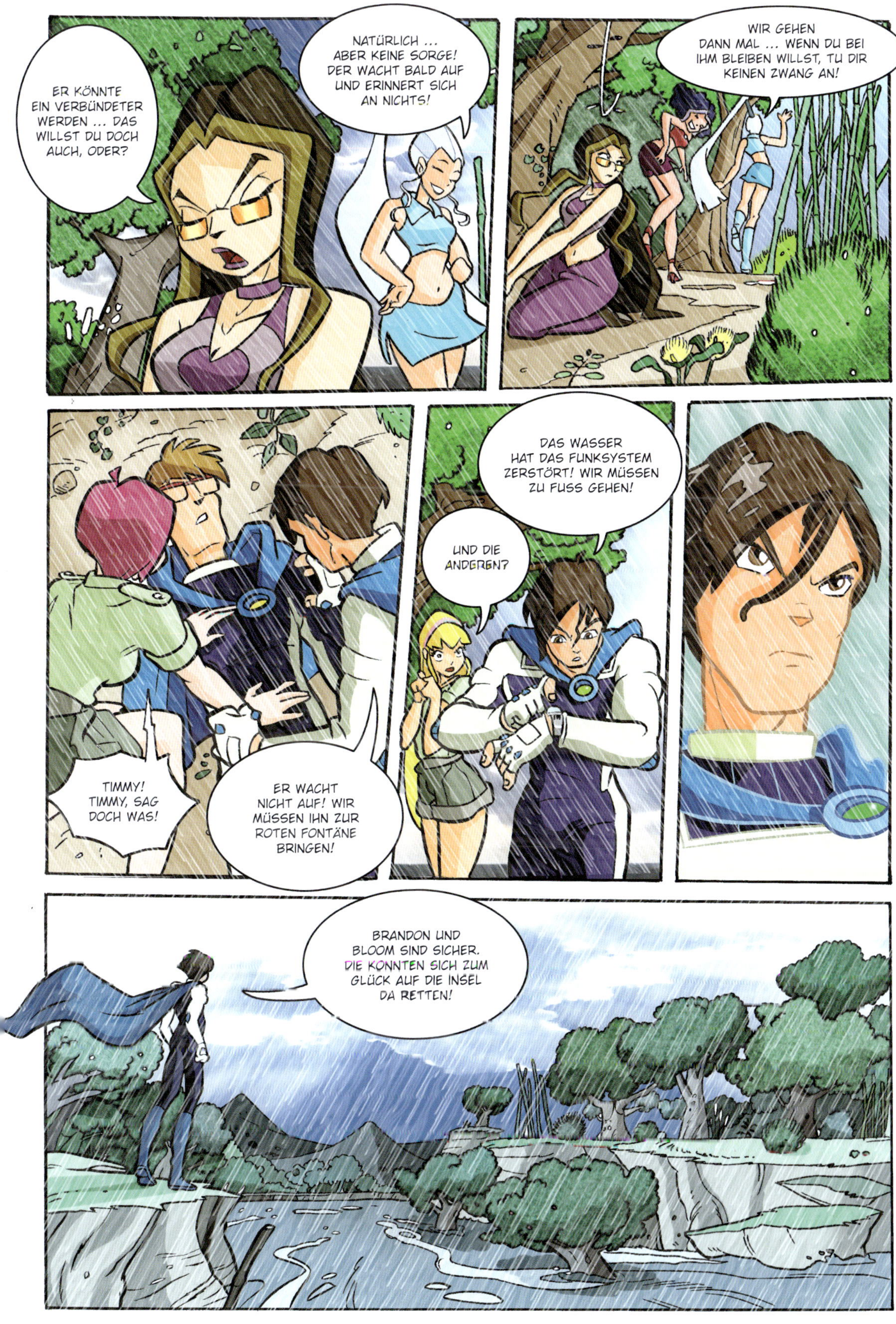

ER KÖNNTE EIN VERBÜNDETER WERDEN ... DAS WILLST DU DOCH AUCH, ODER?
NATÜRLICH ... ABER KEINE SORGE! DER WACHT BALD AUF UND ERINNERT SICH AN NICHTS!
WIR GEHEN DANN MAL ... WENN DU BEI IHM BLEIBEN WILLST, TU DIR KEINEN ZWANG AN!
TIMMY! TIMMY, SAG DOCH WAS!
ER WACHT NICHT AUF! WIR MÜSSEN IHN ZUR ROTEN FONTÄNE BRINGEN!
UND DIE ANDEREN?
DAS WASSER HAT DAS FUNKSYSTEM ZERSTÖRT! WIR MÜSSEN ZU FUSS GEHEN!
BRANDON UND BLOOM SIND SICHER. DIE KONNTEN SICH ZUM GLÜCK AUF DIE INSEL DA RETTEN!

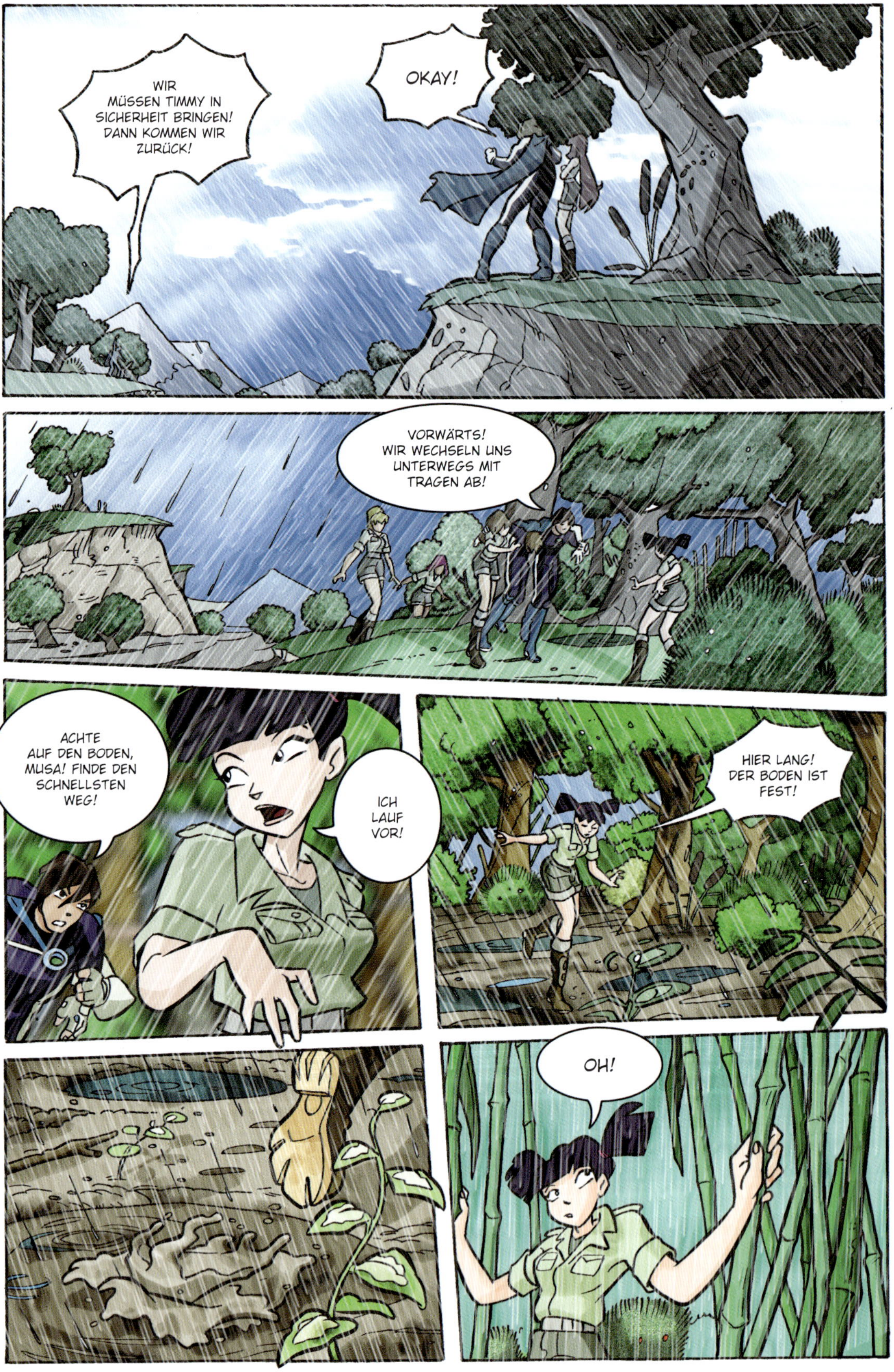
WIR MÜSSEN TIMMY IN SICHERHEIT BRINGEN! DANN KOMMEN WIR ZURÜCK!
OKAY!
VORWÄRTS! WIR WECHSELN UNS UNTERWEGS MIT TRAGEN AB!
ACHTE AUF DEN BODEN, MUSA! FINDE DEN SCHNELLSTEN WEG!
ICH LAUF VOR!
HIER LANG! DER BODEN IST FEST!
OH!

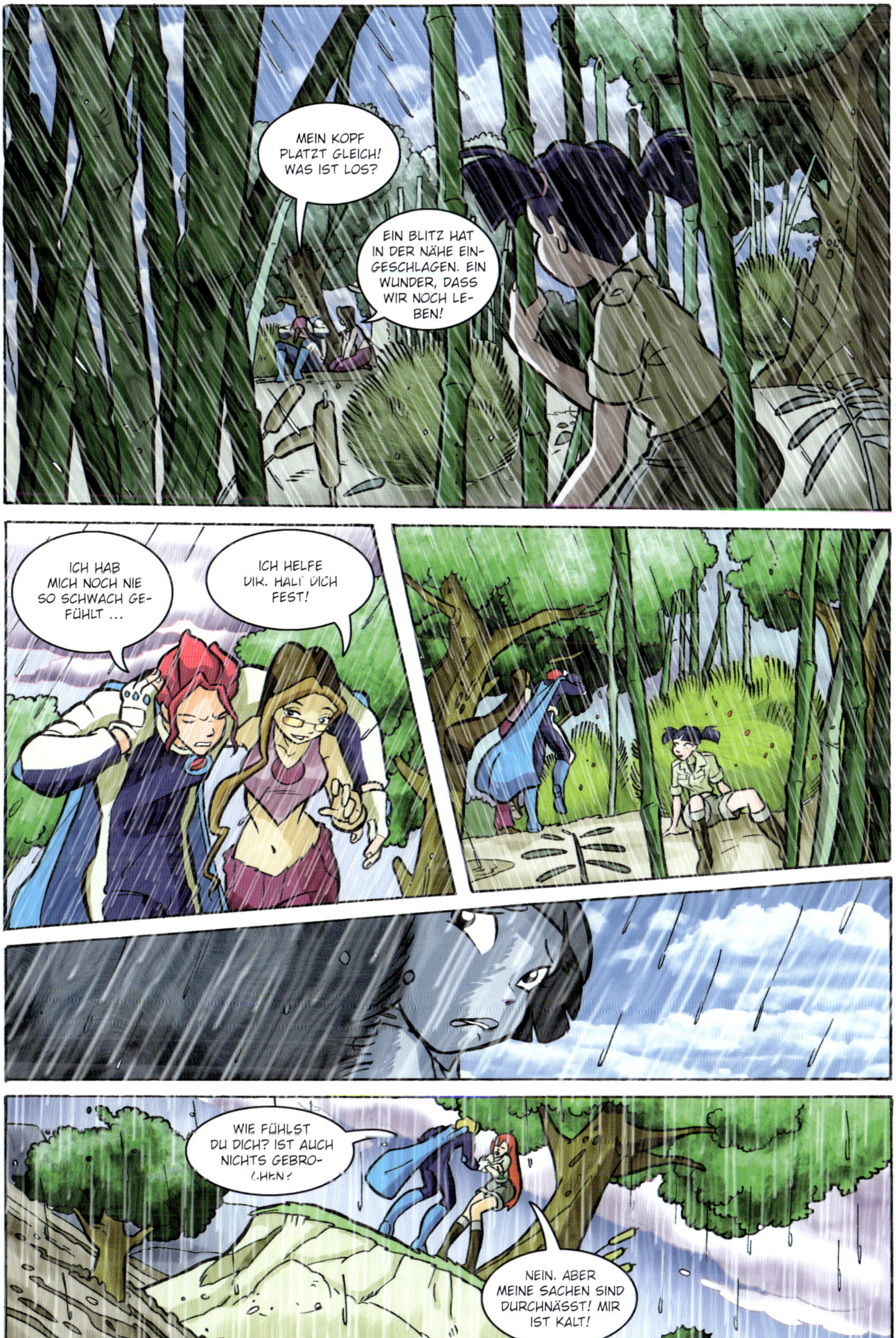
MEIN KOPF PLATZT GLEICH! WAS IST LOS?
EIN BLITZ HAT IN DER NÄHE EINGESCHLAGEN. EIN WUNDER, DASS WIR NOCH LEBEN!
ICH HAB MICH NOCH NIE SO SCHWACH GEFÜHLT ...
ICH HELFE DIR. HALT DICH FEST!
WIE FÜHLST DU DICH? IST AUCH NICHTS GEBROCHEN?
NEIN. ABER MEINE SACHEN SIND DURCHNÄSST! MIR IST KALT!

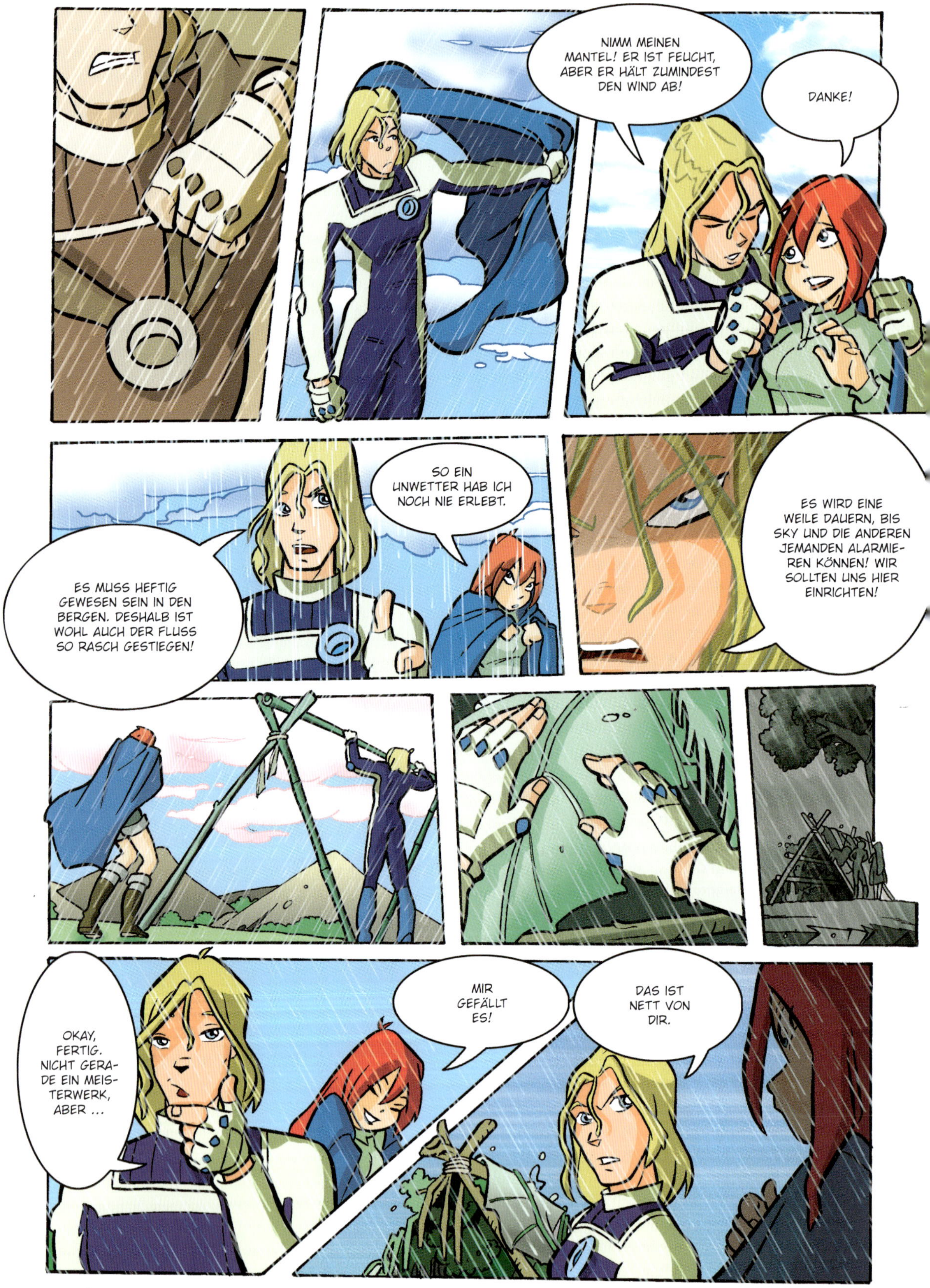
NIMM MEINEN MANTEL! ER IST FEUCHT, ABER ER HÄLT ZUMINDEST DEN WIND AB!
DANKE!
SO EIN UNWETTER HAB ICH NOCH NIE ERLEBT.
ES MUSS HEFTIG GEWESEN SEIN IN DEN BERGEN. DESHALB IST WOHL AUCH DER FLUSS SO RASCH GESTIEGEN!
ES WIRD EINE WEILE DAUERN, BIS SKY UND DIE ANDEREN JEMANDEN ALARMIEREN KÖNNEN! WIR SOLLTEN UNS HIER EINRICHTEN!
OKAY, FERTIG. NICHT GERADE EIN MEISTERWERK, ABER …
MIR GEFÄLLT ES!
DAS IST NETT VON DIR.

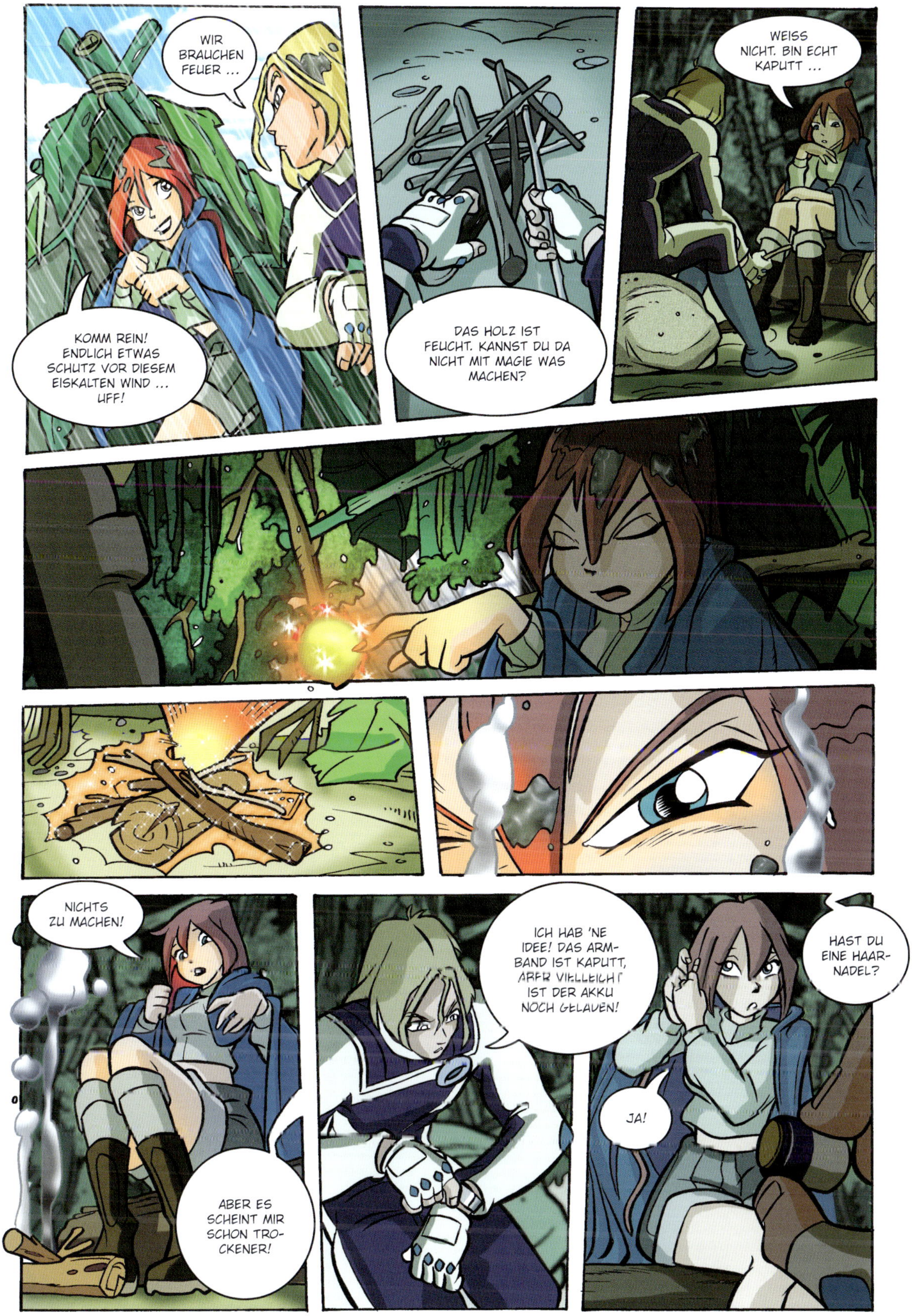
WIR BRAUCHEN FEUER ...
KOMM REIN! ENDLICH ETWAS SCHUTZ VOR DIESEM EISKALTEN WIND ... UFF!
DAS HOLZ IST FEUCHT. KANNST DU DA NICHT MIT MAGIE WAS MACHEN?
WEISS NICHT. BIN ECHT KAPUTT ...
NICHTS ZU MACHEN!
ABER ES SCHEINT MIR SCHON TROCKENER!
ICH HAB 'NE IDEE! DAS ARMBAND IST KAPUTT, ABER VIELLEICHT IST DER AKKU NOCH GELADEN!
HAST DU EINE HAARNADEL?
JA!

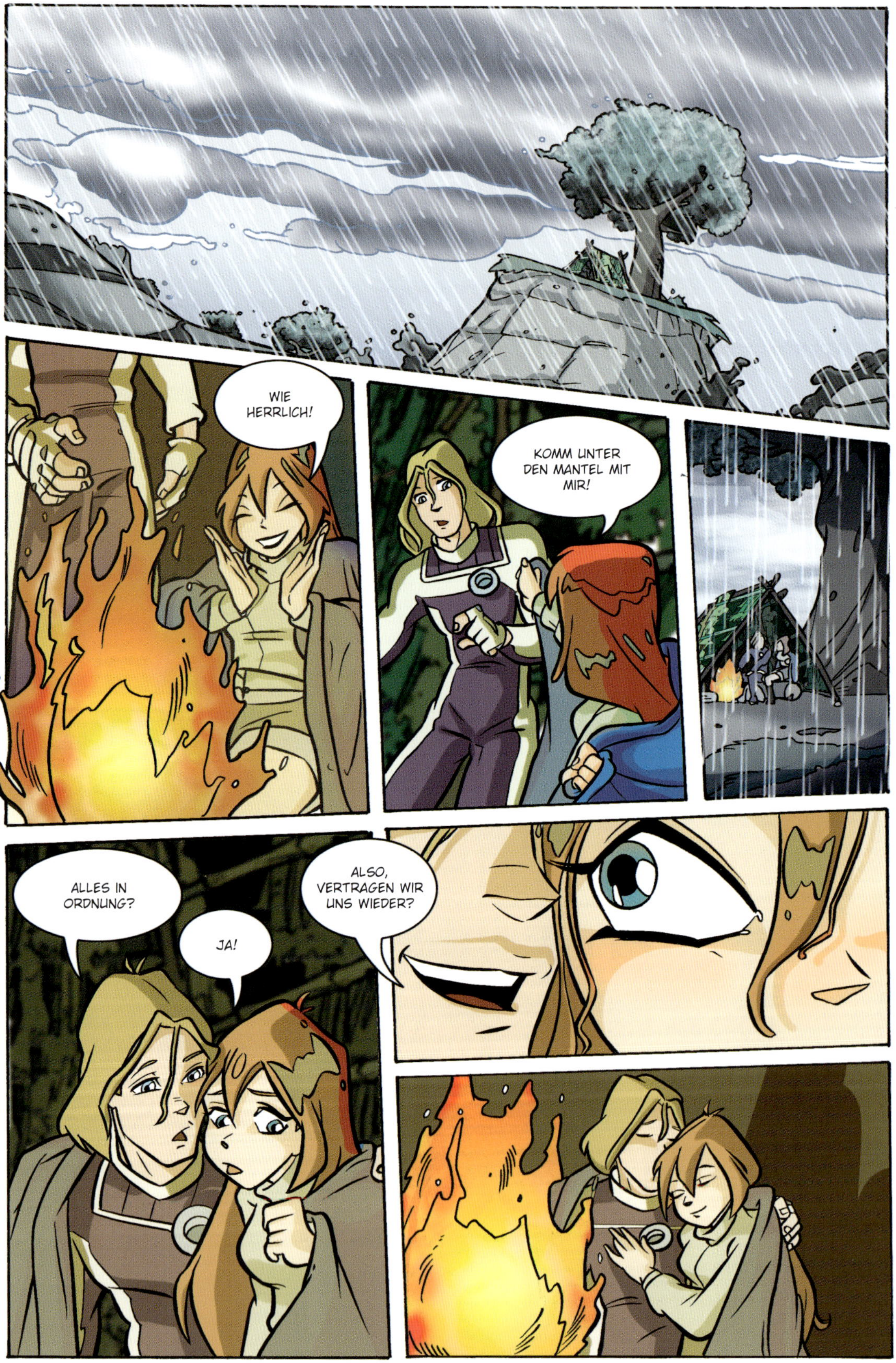
WIE HERRLICH!
KOMM UNTER DEN MANTEL MIT MIR!
ALLES IN ORDNUNG?
JA!
ALSO, VERTRAGEN WIR UNS WIEDER?

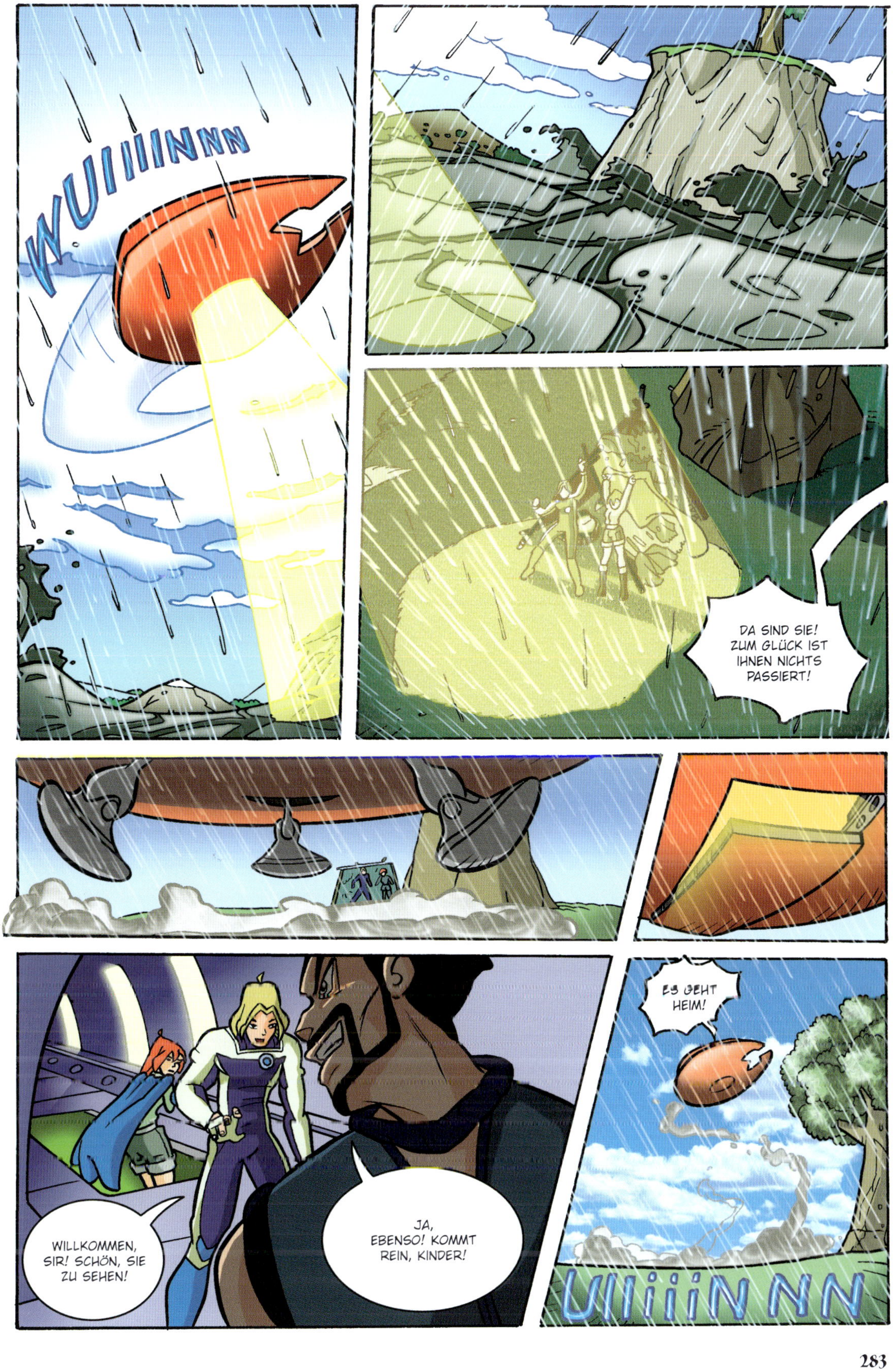
WUIIIINNN
DA SIND SIE! ZUM GLÜCK IST IHNEN NICHTS PASSIERT!
WILLKOMMEN, SIR! SCHÖN, SIE ZU SEHEN!
JA, EBENSO! KOMMT REIN, KINDER!
ES GEHT HEIM!
UIIiiiN NN

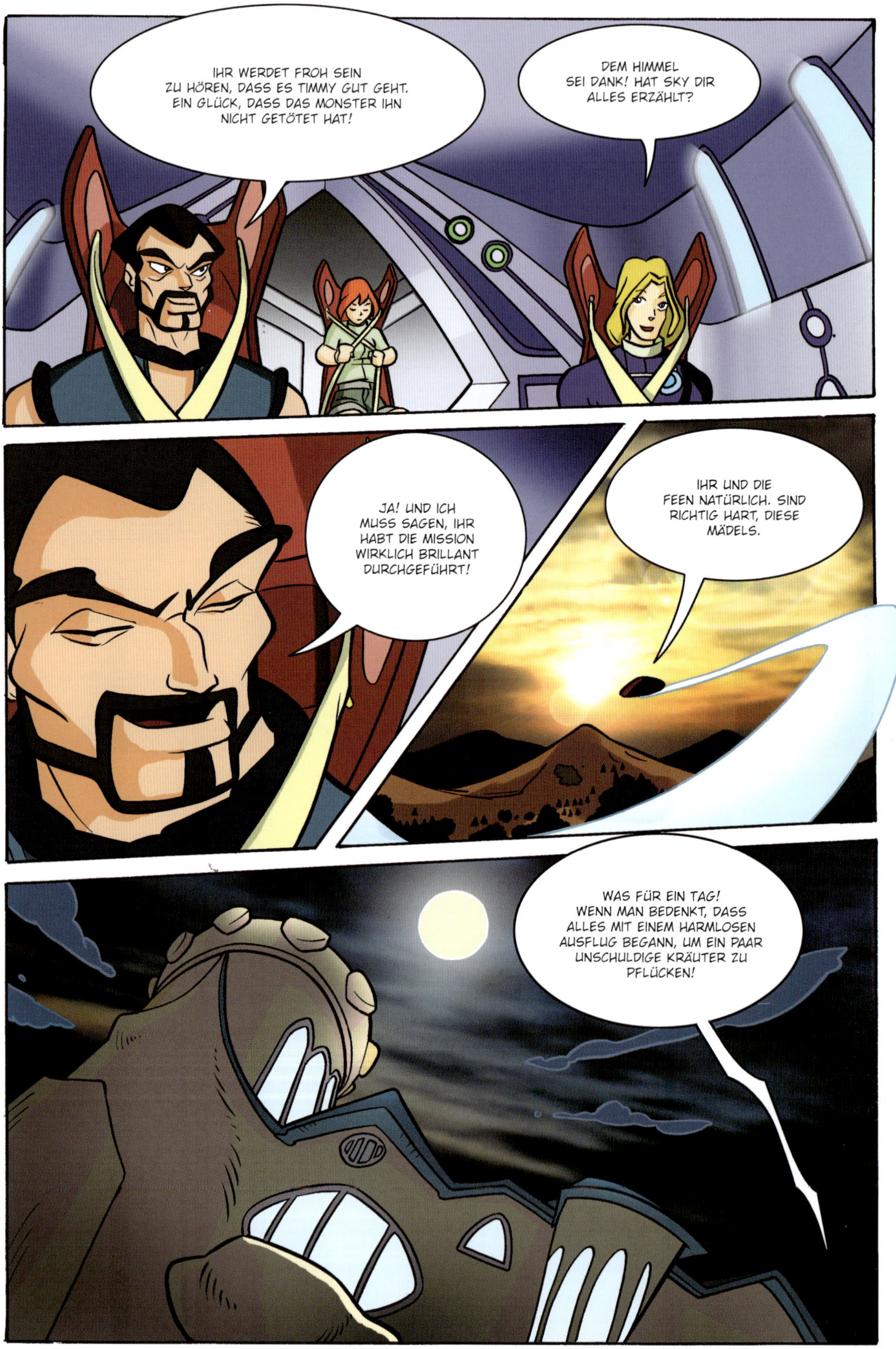
IHR WERDET FROH SEIN ZU HÖREN, DASS ES TIMMY GUT GEHT. EIN GLÜCK, DASS DAS MONSTER IHN NICHT GETÖTET HAT!
DEM HIMMEL SEI DANK! HAT SKY DIR ALLES ERZÄHLT?
JA! UND ICH MUSS SAGEN, IHR HABT DIE MISSION WIRKLICH BRILLANT DURCHGEFÜHRT!
IHR UND DIE FEEN NATÜRLICH. SIND RICHTIG HART, DIESE MÄDELS.
WAS FÜR EIN TAG! WENN MAN BEDENKT, DASS ALLES MIT EINEM HARMLOSEN AUSFLUG BEGANN, UM EIN PAAR UNSCHULDIGE KRÄUTER ZU PFLÜCKEN!

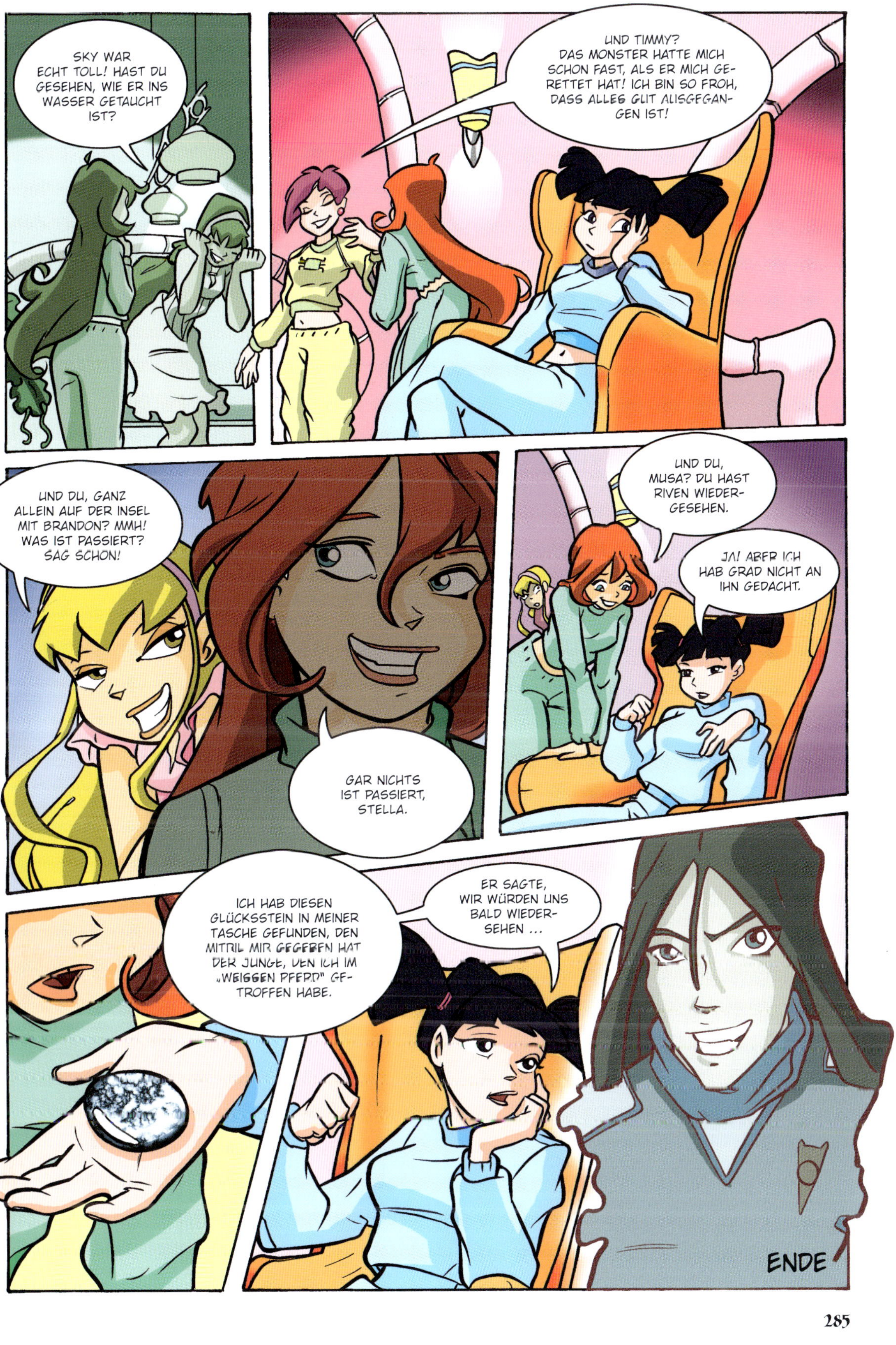
SKY WAR ECHT TOLL! HAST DU GESEHEN, WIE ER INS WASSER GETAUCHT IST?
UND TIMMY? DAS MONSTER HATTE MICH SCHON FAST, ALS ER MICH GERETTET HAT! ICH BIN SO FROH, DASS ALLES GUT AUSGEGANGEN IST!
UND DU, GANZ ALLEIN AUF DER INSEL MIT BRANDON? MMH! WAS IST PASSIERT? SAG SCHON!
GAR NICHTS IST PASSIERT, STELLA.
UND DU, MUSA? DU HAST RIVEN WIEDERGESEHEN.
JA! ABER ICH HAB GRAD NICHT AN IHN GEDACHT.
ICH HAB DIESEN GLÜCKSSTEIN IN MEINER TASCHE GEFUNDEN, DEN MITRIL MIR GEGEBEN HAT, DER JUNGE, DEN ICH IM „WEISSEN PFERD" GETROFFEN HABE.
ER SAGTE, WIR WÜRDEN UNS BALD WIEDERSEHEN ...
ENDE

Willkommen

Stell dir eine Schule vor, die verwinkelter ist als Hogwarts, von mehr magischen Wesen bewohnt wird als ein Zauberwald und voller unvergesslicher Momente ist – willkommen in Alfea, dem angesagtesten Internat für Feen im Winx Club-Universum!

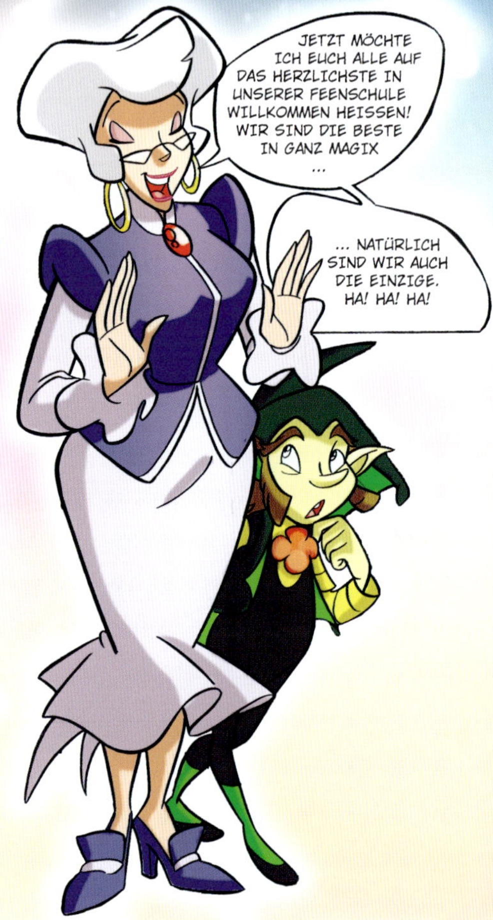

Alfea liegt nahe der pulsierenden Stadt Magix, direkt neben der Roten Fontäne, der Schule der Spezialisten mit ihren Hightech-Waffen und epischen Kampfkünsten. Aber Alfea ist weit mehr als nur ein Ort zum Lernen! Es ist ein lebendiges Zentrum für Abenteuer, Freundschaften und natürlich – Magie!

Ein magischer Tag in Alfea

Von dem Moment an, in dem man durch die majestätischen Tore von Alfea tritt, spürt man die Magie in der Luft. Die Gärten sind voller exotischer Pflanzen und Blumen, die von Flora gepflegt werden. Jeden Morgen erwacht der Campus zum Leben, während Feen aus aller Welt ihre Flügel ausbreiten und zu ihren Klassen fliegen.

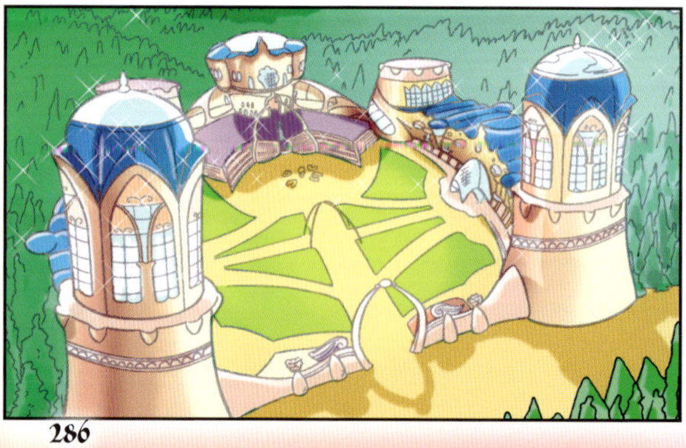

In den ehrwürdigen Hallen leben Feen wie Stella, die Lichtfee mit ihrem strahlenden Charme oder Musa, die Musikfee, die mit ihren Beats die Stimmung hebt. Und natürlich Bloom, die mutige und entschlossene Anführerin der Winx, die die Kraft ihrer geheimnisvollen Drachenflamme erkundet.

in Alfea!

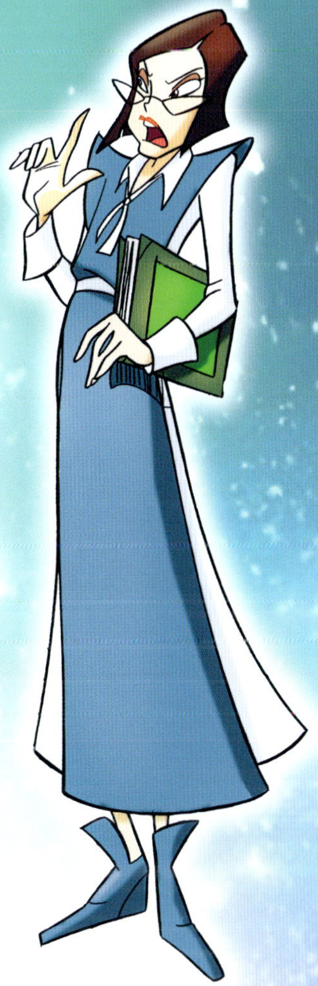

Abenteuer ohne Ende

Unterricht bei Griselda, der strengen, aber weisen stellvertretenden Direktorin, und Faragonda, der warmherzigen Schulleiterin, ist nie langweilig. Ob die Winx lernen, wie man mit Zauberstäben umgeht, Tränke braut oder sich meisterhaft in Verwandlungsmagie übt – jeder Tag in Alfea ist voller magischer Herausforderungen.

Aber es geht nicht nur ums Lernen. Wie wäre es mit Duellen gegen finstere Hexen? Oder spektakulären Missionen mit den Spezialisten der Roten Fontäne? Diese Abenteuer schweißen die Feen und ihre menschlichen Freunde zusammen und schaffen unvergessliche Erlebnisse.

Freundschaften, die verzaubern

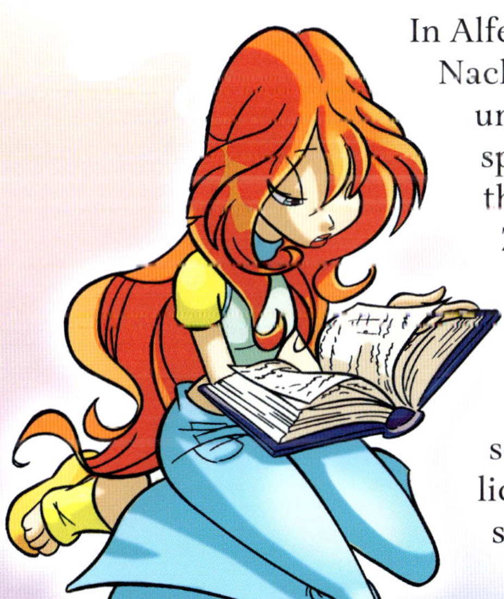

In Alfea entstehen unzertrennliche Bande. Nach einem langen Tag voller Unterricht und Abenteuer, bietet Alfea viele entspannte Ecken. Die gemütlichen Bibliotheken sind der perfekte Ort, um in alten Zauberbüchern zu schmökern. Oder es gibt einfach eine heiße Tasse Kakao im Gemeinschaftsraum, während sich die Feen mit ihren Freundinnen über den neuesten Klatsch und Tratsch austauschen. Die Zimmer in Alfea sind mit persönlichen Noten versehen, was dafür sorgt, dass sich jede Schülerin wie zu Hause fühlt.

Happy Magix!

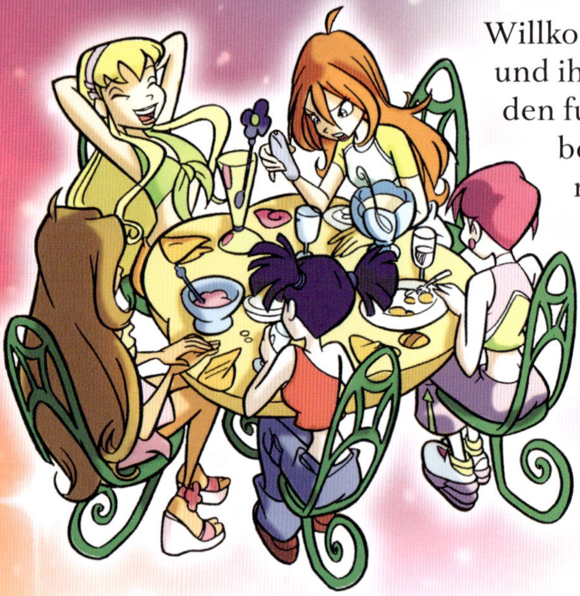

Willkommen in der magischen Dimension und ihrem Zentrum Magix! Hier, zwischen den funkelnden Türmen und den schwebenden Gassen, schlägt das Herz der magischen Welt. In den Winkeln von Schloss Alfea, der renommierten Feenschule, wirbelt der Duft von Zaubertränken und das Kichern junger Feen durch die Luft. Die Winx, legendäre Feen mit Herz und Kraft, beschützen die Stadt und ihre Schule mit Eleganz und Entschlossenheit.

In Magix verschmelzen Technologie und Magie in einer bezaubernden Sinfonie aus Licht und Farbe. Von den prächtigen Palästen der Königreiche bis zu den versteckten Hainen der Naturgeister – jeder Winkel von Magix erzählt eine Geschichte von Abenteuer und Freundschaft.

Die Sonne taucht die Türme von Wolkenturm in ein warmes Glühen, während die Schatten der Roten Fontäne geheimnisvoll über die antiken Ruinen von Magix streichen.
Magix, wo jeder Sonnenstrahl voll Zauber und jede Nacht in Magie getränkt ist. Tauche ein in diese Welt voller Glanz und Gefahr, wo die Winx mit ihren Kräften das Gleichgewicht zwischen Gut und Böse bewahren.
In Magix ist nichts unmöglich – denn hier, in der Welt der Feen und Hexen, können Träume Wirklichkeit werden!

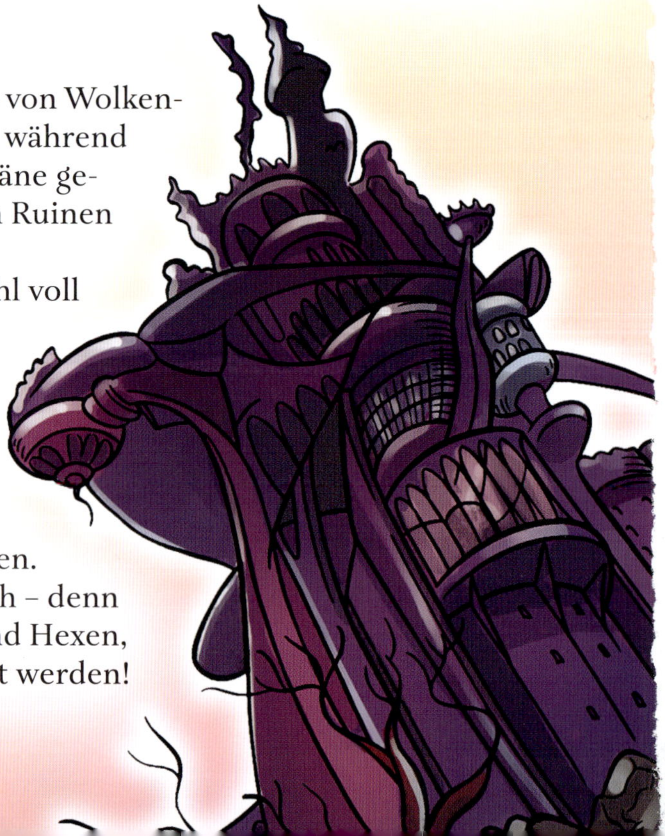

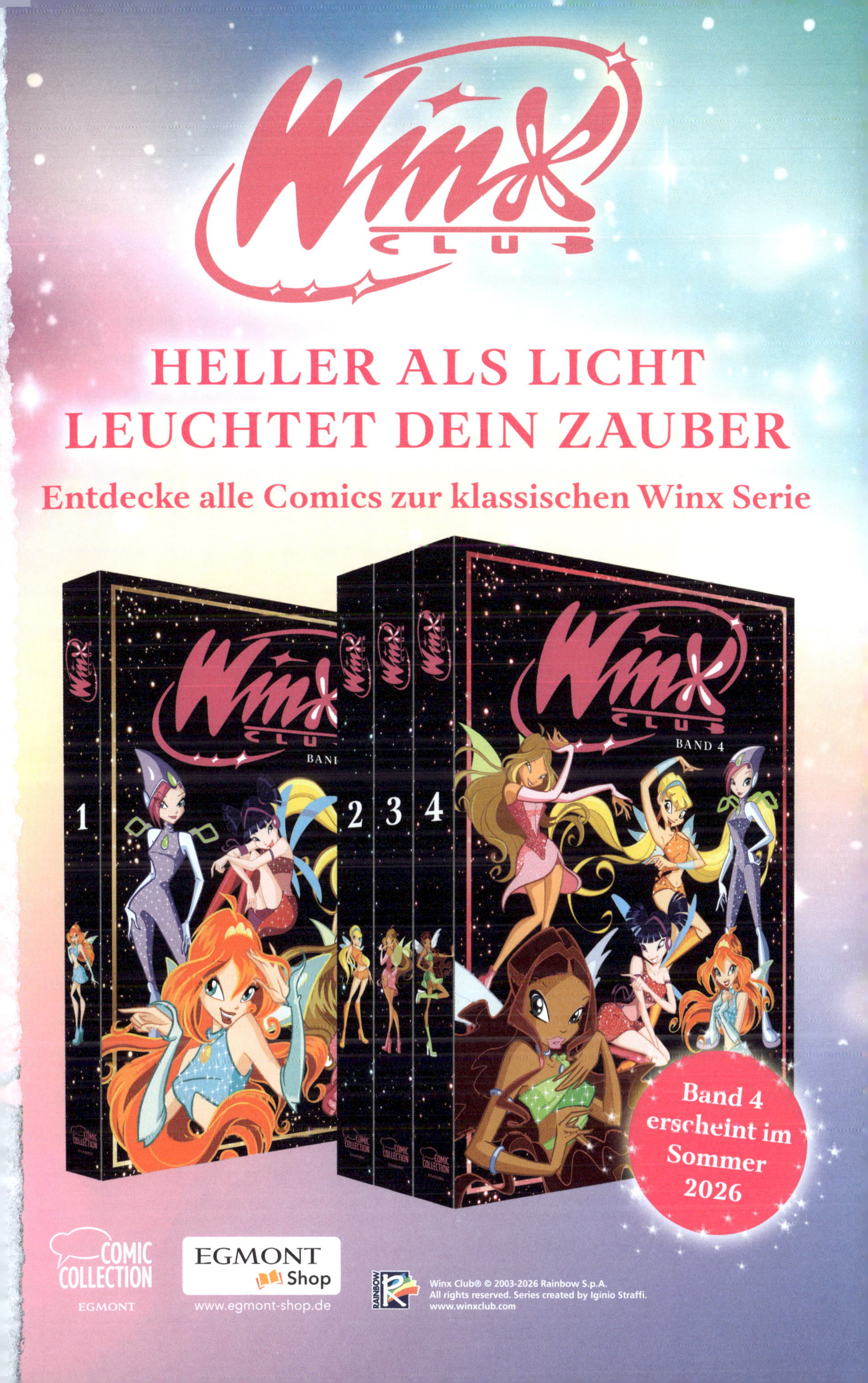
Winx Club
HELLER ALS LICHT
LEUCHTET DEIN ZAUBER
Entdecke alle Comics zur klassischen Winx Serie
1
2
3
4
BAND 4
Band 4 erscheint im Sommer 2026
COMIC COLLECTION
EGMONT
EGMONT
Shop
www.egmont-shop.de
RAINBOW
Winx Club® © 2003-2026 Rainbow S.p.A.
All rights reserved. Series created by Iginio Straffi.
www.winxclub.com